山东大学儒学高等研究院“集部儒学文献萃编”项目和儒学重大基础研究工程之“韩国集部儒学文献萃编”项目结题成果之一

儒家文明协同创新中心后期资助项目

韩国儒学两千年人物传评（上）

李学堂 编著

齊魯書社
·济南·

图书在版编目（CIP）数据

韩国儒学两千年人物传评 / 李学堂编著. -- 济南：齐鲁书社, 2021.12
ISBN 978-7-5333-4519-8

Ⅰ. ①韩… Ⅱ. ①李… Ⅲ. ①儒学－思想史－研究－韩国 Ⅳ. ①B312.6

中国版本图书馆CIP数据核字(2021)第266373号

责任编辑　曹新月
责任校对　王其宝　赵自环
装帧设计　刘　丽　刘羽珂

韩国儒学两千年人物传评
HANGUO RUXUE LIANGQIANNIAN RENWU ZHUANPING
李学堂　编著

主管单位　山东出版传媒股份有限公司
出版发行　齊魯書社
社　　址　济南市市中区舜耕路517号
邮　　编　250003
网　　址　www.qlss.com.cn
电子邮箱　qilupress@126.com
营销中心　（0531）82098521　82098519　82098517
印　　刷　山东新华印务有限公司
开　　本　880mm×1230mm　1/32
印　　张　26.75
插　　页　7
字　　数　648千
版　　次　2021年12月第1版
印　　次　2021年12月第1次印刷
标准书号　ISBN 978-7-5333-4519-8
定　　价　156.00元（上、下册）

儒家文明协同创新中心
学术委员会组成名单

序

承蒙学堂兄的厚爱,有机会为其所编著的《韩国儒学两千年人物传评》写序,实在是荣幸之至,无以言表。据我所知,学堂兄几年来一直致力于韩国儒学的研究,尤其在韩国儒学原始资料与中韩儒学界研究成果的整理方面,已取得了令人叹服的成绩。原始资料的收集与整理,往往不被学界重视,然而原始资料是学术研究中必不可少的基础和前提,至关重要。我认为学堂兄的这本编著,不仅具有原始资料本身的文献学意义,而且有助于后学者了解儒学在韩国的传播及在韩国历史发展进程中的影响和作用。

中国学界专门研究韩国儒学的学者非常有限,甚至对于韩国儒学为“何物”、如何评价韩国儒学的影响和作用上,还没有一个权威的定论。一些学者甚至认为,韩国儒学是中国儒学的“延长线”,其内容不过是中国儒学思想的一部分而已。当然,韩国儒学离不开中国儒学,因为儒学的发源地就是中国。然而,韩国儒学和日本儒学,都有不同于中国儒学的特色,甚至在某些领域领先于中国。韩国儒学继承了中国儒学,也发展了中国儒学,其代表事例就是“性理学”。学界用“中国哲学”“韩国哲学”或者“中国实学”“韩国实学”等对称方式来表述两国的哲学。在韩国有“性理学”,这是由中国的朱子学或称程朱理学、宋明理学在韩国本土衍生而来的。因此,我认为具有韩国特色的朱子学或者程朱理学,就是韩国性理学。韩国的性理学应被视为韩国儒学或哲学发展史上的创举，以及韩国哲学思想史上的标志性成果，它绝不是对中国儒学的朱子学的简单发展。就像学堂兄所说的那样，韩国对中国儒学的吸收过程并非简单的移植和翻版，而是经过了一个长期的消化吸收、扬弃、与土俗文化交汇融合的复杂过程，韩国学者不断凝聚和汇集民族文化的精华要素，从而形成了极具地域特色和民族特色的儒家文化。

离开儒学我们无法谈论韩国人的生活方式和意识构造，这是因为儒学随汉字传入韩国后，已深深扎根在韩国的历史文化和日常生活中。在韩国历史文化的发展过程中，儒学和儒学家到底起到了什么样的作用，学界还没有完全整理和归纳，这不能不说是中韩学界的一大憾事。学堂兄能够把韩国历史文化进程中起重要作用的儒学家进行系统的归纳和整理，实在是非常不易且有重大意义的事情。韩国儒学家到底有多少人，大概还没有一个准确的数据，这是因为除无法确定能够成为“儒家”的标准之外，该问题始终没有引起中国学界的足够重视，甚至在韩国学界也是如此。韩国学界过去的研究成果主要集中在退溪李滉、栗谷李珥、茶山丁若镛、花潭徐敬德、星湖李瀷等几位重要人物的研究上，或是以通史性的方式介绍韩国儒学及其儒学家。近年来，学界开始挖掘相对不曾被世人关注的韩国儒学家，然而其数量也是非常有限。几年前，中韩日三国的实学研究会共同整理了代表各自国家的共近一百人的实学人物资料，也算是对儒学思想家的一次综合性整理。此次整理虽然涉及了三个国家的实学家，但由于人数太多而只是停留在非常简单的介绍层面而已。

学堂兄在《韩国儒学两千年人物传评》中，精选了朝鲜半岛历代具有代表性的儒学家一百人，利用《韩国文集丛刊》中相关人物的传、铭资料和中韩学界对相关人物的最新学术研究成果，以传评的方式，在全面梳理每个人主要生平事迹的基础上，尽量客观地评述其儒学思想的时代特征，旨在为学界和各界人士了解韩国文化尤其是韩国儒学的发展史概况，提供集约式的基础资料。《韩国儒学两千年人物传评》的重要特点和贡献之一，就在于传和评的结合。众所周知，人物之传应该是客观的，以现存的客观资料为基础进行归纳、整理，然而人物的评难免带有一定的主观性。当然，这种主观性以客观性为前提，综合了作者的各种知识和智慧，这正是本书的价值所存、意义所在。学堂兄用传、评结合的方式，梳理了在韩国历史文化发展过程中起重要作用的人物之生平、儒学主张、政治理念、社会实践等内容，使得读者通过阅读，可以清晰地把握儒学传入朝鲜半岛后的本土化过程、发展脉络，以及韩国儒学的特点和历史意义。通过此书，读者也能够比较清楚地了解韩国儒学的学脉传承意识和地域传承意识，这两个意识仍影响着当代韩国政治。

在这里祝贺学堂兄经过几年的努力，终于完成了自己的夙愿，为当代研究韩国儒学思想的后学者们提供了非常宝贵的资料，也为研究韩国儒学的学者提供了宝贵的研究方法。我也深知学堂兄此作，只是他研究韩国儒学成果的一小部分而已，非常期待在未来的时间里，能有机会继续目睹学堂兄一部又一部著作的诞生。

方浩范

2021 年 12 月

编著宗旨

儒学在公元前3世纪便传播海外,成为世界性的学问。韩国、日本、越南等国均成为汉字文化圈的国家,他们不仅使用汉字,而且深受儒学熏染。在历朝历代统治阶层的广泛倡导和知识群体的潜移默化之下,作为治国理政的思想方法和礼义的生活方式,儒学受到许多古代中国周边国家政府和普通民众的广泛认可和自觉接受,遂由此转化为立国理念和民众思维深层的意识形态。在此过程中,作为外来先进文化,儒学逐渐与接受国固有的传统文化相融合,形成了适合其国家发展和现实需要的本土儒学。接受国也由此产生了深具民族特色的政治和生活儒学,涌现出大批儒学和经学大师,形成了众多学派,极大丰富了儒学的思想内容和实践意义。这些国家都有大量的儒学著作存世,尤其是韩国,应该是我国周边国家中儒学典籍存世最多的国家。但这些典籍往往都未经过点校整理,释读上存在着诸多难点,加之海外儒学文献分散在其他国家,查找困难,限制了学者的利用,长期得不到应有的重视,相关儒学家思想成果的研究梳理也就成为无米之炊。

朝鲜半岛自古以来受到中国文化的广泛影响,与中国有着深层次文化交流的历史传统。通过这种交流,儒家文化对于朝鲜半岛也产生了极为深远的影响。但朝鲜半岛对中国儒学的吸收过程并非简单的移植和翻版,而是经过了一个长期的消化吸收、批判扬弃、与土俗文化交汇融合的复杂过程。韩国学者通过不断凝聚汇集民族文化的精华，形成了极具地域特色和民族风格的儒家文化，需要引起国内学界的重点关注。

目前，国内学界对韩国儒学的研究，尚处于起步阶段。李甦平的《韩国儒学史》从儒学传入朝鲜半岛后在各个历史时期的发展变化入手，对多位韩国儒学大家的思想进行了综述和分析。张敏的《韩国思想史纲》是在补充完善了北京大学韩国语言文化专业“韩国思想史”讲义的基础上出版的一本普及性的著作，选取了13位具有代表性的韩国儒学家和佛教思想家，论述了他们各自的思想体系和传承关系、对社会发展的影响及在韩国思想史上的意义等。李甦平主编了“东方著名哲学家评传”系列丛书（黄心川主编，山东人民出版社出版）的韩国卷，选取了15位韩国哲学家（除元晓1人为佛学大师外，其余14位均为儒学家）做评传，为国内学界了解韩国儒学发挥了重要作用。从上述几例著作的既有成果来看，涉及的研究对象数量均不足20位，选取的思想家大都是当时学界关注的热点人物，且基本相互重合，无法涵盖朝鲜半岛各个时期儒学发展的全貌，对部分人物定位模糊，如朴趾源、朴齐家是韩国学界从二十世纪七八十年代开始受到重点关注的朝鲜后期北学派学者，但能否列入儒学家代表人物尚且存疑。

老一辈学者如李甦平、陈来、张立文、葛荣晋、蒙培元、李岩、金成镐、束景南、张敏、李洪淳、朴忠禄等在退溪李滉、南冥曹植和茶山丁若镛等朝鲜性理学和实学派学者的研究上积累了许多开创性的研究成果。在此基础之上，方浩范、苗威、陈良运、魏志江、李光德、洪军、崔雄权、郑日男、朴光海、邢丽菊、邢东风、吴震、于春海、文锡胤、解光宇、金哲洙、蔡家和、强昱、王国彪、曹春茹、谢宝森、许明哲、徐日权、陈冰冰、敖英、朱七星、田丰、邵毅平、余怀彦、蔡雁彬、李焯然、文炳赞、何永波、张品端、林日波、黄卓明、王成、衷尔钜、沈曙东、崔文植、杨伟群、刘刚、金顺今、全锦子、权容玉、唐艳、高琳娜、曹玮等中青代学者在韩国儒学和历史领域的研究引人瞩目。当然,韩国学者的相关研究也十分丰富,本编只能举其要者列于参考文献。近年以来,北京大学、中国人民大学、复旦大学、山东大学和延边大学等国内大学的学术论文以及硕博士研究生的学位论文,不乏以各个时代的韩国儒学家为研究对象的学术成果。随着中韩学界对韩国儒学的研究不断取得新的进展,研究范围更加宽广,涉及人物也大幅增加。如果不能及时汇集梳理,必然滞后于时代发展和学界前进步伐,无法为国内哲学界和儒学研究者提供基本的、可信赖的参考材料,更无法引领相关领域的深入研究和学术交流。

旨在为国内学界和其他各界人士了解韩国儒学文化尤其是为韩国儒学的发展史概况提供集约式的基础资料,本编精选了朝鲜半岛具有代表性的历代儒学家一百人,利用中韩学界对相关人物的最新学术研究成果以及《韩国文集丛刊》中相关人物的传、铭等历史资料,运用传评的方法,在全面梳理每个人物主要生平事迹的基础上,尽量客观地把握及评述其儒学思想的时代特征和现实意义。

根据以上宗旨,编著者在搜集大量相关原始文本,尽可能集成近现代中韩学界文史哲各领域与儒家人物相关研究成果资料的基础上,与韩国专家多次商榷,拟定收录名单如下:

崔致远(857—?)、崔承老(927—989)、金富轼(1075—1151)、崔滋(1188—1260)、白颐正(1247—1323)、李齐贤(1287—1367)、李穀(1298—1351)、李穑(1328—1396)、郑梦周(1337—1392)、郑道传(1342—1398)、李崇仁(1347—1392)、权近(1352—1409)、吉再(1353—1419)、金叔滋

（1389—1456）、卞季良（1369—1430）、梁诚之（1415—1482）、徐居正（1420—1488）、金宗直（1431—1492）、成俔（1439—1504）、郑汝昌（1450—1504）、南孝温（1454—1492）、金宏弼（1454—1504）、金安国（1478—1543）、赵光祖（1482—1519）、徐敬德（1489—1546）、李彦迪（1491—1553）、李恒（1499—1576）、李滉（1501—1570）、曹植（1501—1572）、金麟厚（1510—1560）、柳希春（1513—1577）、卢守慎（1515—1590）、朴淳（1523—1589）、奇大升（1527—1572）、宋翼弼（1534—1599）、成浑（1535—1598）、李珥（1536—1584）、郑澈（1536—1593）、金诚一（1538—1593）、金宇颙（1540—1603）、柳成龙（1542—1607）、郑逑（1543—1620）、赵宪（1544—1592）、金长生（1548—1631）、韩百谦（1552—1615）、张显光（1554—1637）、张兴孝（1564—1633）、申钦（1566—1628）、金集（1574—1656）、赵翼（1579—1655）、郑经世（1563—1633）、许穆（1595—1682）、权諰（1604—1672）、宋浚吉（1606—1672）、俞棨（1607—1664）、李惟泰（1607—1684）、宋时烈（1607—1689）、尹宣举（1610—1669）、尹镌（1617—1680）、柳馨远（1622—1673）、丁时翰（1625—1707）、尹拯（1629—1714）、朴世堂（1629—1703）、朴世采（1631—1695）、赵圣期（1638—1689）、权尚夏（1641—1721）、郑齐斗（1649—1736）、金昌协（1651—1708）、金昌翕（1653—1722）、李栽（1657—1730）、李柬（1677—1727）、李縡（1680—1746）、李瀷（1681—1763）、韩元震（1682—1751）、慎后聃（1702—1761）、李象靖（1711—1781）、任圣周（1711—1788）、安鼎福（1712—1791）、洪大容（1731—1783）、朴趾源（1737—1805）、丁若镛（1762—1836）、洪奭周（1774—1842）、金迈淳（1776—1840）、柳致明（1777—

1861)、金正喜(1786—1856)、李圭景(1788—1856)、李恒老(1792—1868)、奇正镇(1798—1879)、俞莘焕(1801—1859)、崔汉绮(1803—1877)、朴珪寿(1807—1877)、任宪晦(1811—1876)、李震相(1818—1886)、崔益铉(1833—1906)、田愚(1841—1922)、柳麟锡(1842—1915)、郭钟锡(1846—1919)、黄玹(1855—1910)、李炳宪(1870—1940)、金昌淑(1879—1962)。

以上百位儒家人物名单,基本涵盖了统一新罗,高丽前期、中期、后期,朝鲜朝前期、中期、后期,大韩帝国末期、日帝殖民期的朝鲜半岛各时代儒学代表人物。通过梳理这些人物的生平、儒学主张、政治理念、社会实践等内容,可以清晰地把握儒学传入朝鲜半岛以后的本土化过程、儒学思想发展的基本脉络,并可以大致分析出具有民族地域特色的韩国儒学的学术价值之所在。

本书由于选取的人物众多,凭一己之力的个别研究难以涵盖,为了达成集编宗旨,广泛征引了海内外学界同仁的相关研究成果,其中个别人物的思想评述甚至大段引用了相关学者的重要观点,编著者为不能一一征得他们同意并奉上谢辞深感歉意和惶恐。对此,敬请海内外学者同仁海涵宽容,编著者再次鞠躬致谢。韩国成均馆大学校李昑昊教授为入编儒学人物的选定和相关研究襄助了大量基础资料。齐鲁书社的曹新月编辑为本书的出版做了大量的文字润色和修正定稿工作,其严肃认真的校书态度和为读者负责的编书精神让我深受感动,在此一并致以衷心的感谢。由于本人水平有限,各种纰漏在所难免,希望诸位方家批评斧正。

李学堂

2021 年 12 月

目　录

崔致远

崔致远(857—?),字孤云(或海云)。庆州人,肩逸之子。新罗末期著名的思想家、文学家,也是新罗遣唐留学生的代表人物,被尊奉为韩国儒学和汉文学的开山鼻祖、“东国十八贤”之一,有“东国儒宗”“东国文学之祖”的美誉。追谥文昌侯。

一、生平

高丽时期著名史学家金富轼在《三国史记》中介绍,“崔致远,字孤云(或云海云),王京沙梁部人也。史传泯灭,不知其世系”,可知孤云为新罗王京庆州沙梁部人。孤云自幼家境贫寒,属于当时新罗社会的六头品阶层,他虽然不具备很高的社会地位,但“颖慧绝伦”,且接受了很好的汉文学教育。“致远少精敏好学,至年十二,将随海舶入唐求学。”(《三国史记·崔致远传》)在辞别故土、远赴唐朝之时,其父告诫他说:“十年不第进士,则勿谓吾儿,吾亦不谓有儿。往矣勤哉,无隳乃力。”(《桂苑笔耕集序》)“致远至唐,追师学问无怠。乾符元年(874)甲午,礼部侍郎裴瓒下一举及第,调授宣州溧水县尉,考绩为承务郎、侍御史内供奉,赐紫金鱼袋。时黄巢叛,高骈为诸道行营兵马都统以讨之,辟致远为从事,以资书记之任。其表状书启传之至今。”(《三国史记·崔致远传》)

新罗王朝大举习纳唐朝先进文化,仿照唐朝实行科举制度,尤其重视儒学,不断派遣贵族子弟入唐求学。“王遣子弟于唐,请入国学。是时,太宗大征天下名儒为学官,数幸国子监,使之讲论,学生能明一大经已上,皆得补官。……于是高句丽、百济、高□蕃亦遣子弟入学。”(《三国史记·新罗本纪》)新罗统一三国以后,治理国家需要大量人才,于是派遣更多留学生赴唐留学。此时,自费生也日渐增多。这些遣唐生学成归国之后,使汉文化在新罗得到了更广泛的传播,大大促进了文化发展。在唐朝近三百年的历史中,新罗是派遣留唐学生最多的国家。新罗学生入唐求学之风在九世纪达到了高潮,孤云即这一时期最著名的代表人物。

孤云于 874 年及第,877 年任宣州溧水县尉,开始了他在唐的仕途生涯。“禄厚官闲,饱食终日,仕优则学,免掷寸阴。”(《桂苑笔耕集序》)董健研究指出,由于任溧水县尉期间,孤云公务并不繁忙,这为其学术精进和文学创作提供了良好的机会。这一时期孤云的创作成果颇丰,后主要被收录于《中山覆簀集》。根据唐制,一般的州县官员任职期为三年,孤云在溧水县尉任满后,于 880 年投靠淮南节度使高骈门下。这是他在大唐仕途中最辉煌的阶段,先后担任馆驿巡官和都统巡官。在此期间,孤云使出浑身解数为高骈代撰了一系列的表、状、书、启等公私文书,其中以《檄黄巢书》最为著名。正是因为这篇《檄黄巢书》,孤云得到了高骈的进一步赏识、重用,“凡表状文告,皆出其手”。

“秋风唯苦吟,举世少知音。窗外三更雨,灯前万里心。”孤云的悲秋思乡之情在这首《秋夜雨中》诗的字里行间表露无遗。“东飘西转路歧尘,独策羸骖几苦辛。不是不知归去好,只缘归去又家贫。”从这首《途中作》诗中可以看出,身处异国他乡的孤云饱受漂泊之苦,已经产生了归国的念头。

884 年,孤云向唐朝请求归国。“及年二十八岁,有归宁之志。

僖宗知之。光启元年,使将诏书来聘,留为侍读兼翰林学士,守兵部侍郎,知瑞书监。致远自以西学多所得,及来将行己志,而衰季多疑忌,不能容,出为太山郡太守。”(《三国史记·崔致远传》)留唐十六年的孤云于新罗宪康王十年重返新罗,声名鹊起,同崔仁渷、崔承祐并称为“三崔”,《全唐文》中将三人评价为“一代三鹤,金榜题回”。

但好景不长,886年新罗宪康王去世,新罗政府陷入混乱,各地的豪族势力开始抬头,农民起义不断,统治阶级内部矛盾日趋尖锐,孤云成为贵族们猜忌和歧视的对象。孤云在新罗的仕途生活结束了一帆风顺的状态,转入坎坷的游宦生涯。由于豪族势力的排挤,孤云被迫辗转于各地出任郡守或太守。此时的孤云虽被排挤,但他忧国忧民的初衷从未改变。为了扭转新罗颓败的局面,挽救处于危亡中的国家,当时身为天岭郡太守的孤云于894年向真圣女王进献了倡导在新罗实行政治改革的“时务策”。“时务策”中的改革主张受到了真圣女王的赞许,但由于保守派的反对和阻挠,“时务策”中所提倡的政治改革措施并未能付诸实践。孤云“动辄得咎,自伤不遇”,厌倦了宦途,已无心再从政,于四十二岁时毅然向新罗王室辞去官职,同亲朋故友一起进入伽倻山,“逍遥自放山林之下,江海之滨。营台榭,植松竹,枕藉书史,啸咏风月”(《三国史记·崔致远传》),开始了“白云深处好安身”的归隐生活。其间,他遍游庆州南山、陕川清凉寺、智异山双溪寺、合浦月影台等地,最后不知所终。

董健在《论崔致远的哲学思想与历史观》一文中提出,崔致远的生平遭遇对其思想有很大的影响,十六年的在唐生活对崔致远世界观的形成起到了决定性的作用。受到晚唐和罗末思想界的影响,崔致远在唐生活期间,不仅对儒学思想有了极为深刻的理解,还汲取了大量的道家及佛学思想。崔致远对儒、释、道各种文化知识的汲取，对其政治理念、历史观等方面有很大的影响，可以说崔致远的世界观在唐期间已经基本形成。常以儒者自居的崔致远，其思想始终以儒家思想为核心，其政治理念、历史观以儒家思想为基本视角。可以说，孤云的儒学思想体现了唐朝儒学的包容性和新罗儒学的时代特征。

二、儒家思想

孤云所生活的新罗时代十分注重儒学的传播。从 682 年开始，新罗在唐朝制度的影响下设立国学，讲授儒家经典“三史”及“五经”；788 年又仿照唐朝的科举制，设立“读书三品科”，将铨选官吏同研读儒家经典结合起来，进一步促进了儒学在朝鲜半岛地区的发展。儒家“仁政”和“德治”的政治思想为新罗的统治阶级所推行，儒家“忠”“孝”的社会伦理思想也逐渐为新罗民众所接受，儒学思想成为新罗民族精神的重要组成部分，孤云就是在这样的社会环境的熏陶下初步形成了其儒家世界观。

十六年的留唐生涯给孤云提供了一个系统学习并深入研究儒家学说的机会。留唐期间，孤云博览经史子集，精研诗词歌赋，汲取了大量的儒学知识，把握了儒学精髓，对儒家经典《论语》《诗经》《孝经》《尚书》《礼记》中的言论运用自如，开启了对“达则兼济天下，穷则独善其身”的人生境界的不懈追求。

正如汉唐及宋代儒学对释、道思想的吸纳和借鉴最终发展出宋代新儒学的过程一样，孤云的思想植根于其深厚的儒学修养基础之上，发展过程中也产生了对释、道的融合，但由于新罗的社会现实与中国唐宋时期的情况有所不同，其融合又具有特殊性。

1. 崇尚中庸谦恭的君子风范

在新罗儒学史上，孤云可以说是最具学识、最有修养的学者。他十二岁入唐求学，“勤于儒道”，将儒家经典作为研修的事业，一生以儒门学者自居，谦称自己是“小儒”“凡儒”“末儒”“玄菟微儒”。虽然这些谦称名目有差异，但从中可以看出孤云对自身的定位及其儒家世界观。孤云可以说是一位从少年时代起便“圣仁风以目断”的儒生，他曾效法孔子以“发愤忘食，乐以忘忧，不知老之将至”的刻苦钻研精神对待自己的学业，也曾力求“以诗篇为养性之资，以书卷为立身之本”来修养自己的心性，经多年“译殊方之语言，学圣代之章句”，终于深得儒学精髓。他一生尊崇儒道，崇尚孔孟，在作品中经常提到儒家经典“三史”“五经”中的言论。例如，他曾说，“某尝读鲁《论》，见仲尼使漆雕开仕，对曰：仕进之道，未能究习，善其深志，夫子致悦”，表现了精研学问的严谨；“《礼》所谓‘言岂一端而已，夫各有所当’”，“《书》曰‘不矜细行，终累大德’”，反映了他对自身修养的注重。通过这些言论可以看出，孤云对中国的儒家经典极为熟悉，他在作品中对儒家经典的引用信手拈来，反映了其深厚的儒学素养。

孤云在《桂苑笔耕集》卷一《贺改年号表》中引《礼记·中庸》说：“中也者，天下之大本；和也者，天下之达道。致中和，天地位焉，万物育焉。”认为君子要用中和的态度去改变世界，遵循自然规律，使天地各得其所，万物孕育而成，这集中反映了《中庸》所倡导的“天人合一”的思想。在卷十《萧遘相公二首》第二中说：“伏以物忌太盛，器满必倾，自古有言，至今为诫。苟或不能知止，但欲贪荣，则有折鼎足之虞，炊剑头之险。”这与《中庸》所提倡的“过犹不及”的儒家伦理观是一致的。又在卷十八《长启》中提到：“某伏以短绠不可以汲深，顽锋不可以剸滞，是故不能者止。周任有言：‘自宜量力而行,岂可从心所欲。'”并引《六韬》解释其原因与后果:“人才大小犹如斗也,不可盛石,满则弃矣。”他赞誉儒家先贤中庸守道的品德,希望人们能不断自我反省,秉承中庸的操守规范。

同时,孤云的君子风范还表现在他对“忧道不忧贫”的高尚人格的追求。春秋时的儒门圣人孔子特别欣赏颜回安贫乐道、不改其乐的精神,后来这种精神逐渐演化成了儒家所标举的“忧道不忧贫”的君子境界。作为一名新罗文人,孤云常以此自励或励人,他曾在《谢生料状》中自谓:“安贫而已赡晨炊,感德而唯知宿饱。遂使范家釜甑,免恨长闲,颜巷箪瓢,倍加其乐。”在《谢宋绚侍御书》中宣称:“守道安贫,赢得爱闲之乐。”在《与金部郎中别纸》说:“既乐持盈之道,固安养素之机。”提醒自己并激励他人要时刻坚守贫而乐道的君子理念。

2. 忠君报国、匡时济世的入世情怀

儒家思想以“入世”为其根本宗旨,作为儒家思想的忠实追随者,孤云以儒学者自居,并以此为自豪,其人生态度是积极的、入世的。在这样一种儒家世界观的影响之下,孤云先后任职于唐朝和新罗,为官二十余年,无时无刻不以匡时济世为己任,演绎着“达则兼济天下,穷则独善其身”的人生轨迹。

孤云在《智证大师寂照之塔碑铭并序》中说:“至乙巳岁,有国民媒儒道、嫁帝乡,而名挂轮中、职攀柱下者曰崔致远。”这是对自己赴唐求学期间学习儒道,欲以之报国的济民情怀的直白吐露;在《桂苑笔耕集》卷十六《寒食祭阵亡将士文》中,孤云说“生也有涯,古今所叹,名之不朽,忠义为先”,认为人生的最高目标在于“三不朽”,人生的根本在于对国家社稷的忠、义。孤云在仕途生涯中始终秉持着以孟子“仁政爱民”为代表的先秦儒家的政治思想,他曾说“政以仁为本,礼以孝为先”(《孤云先生文集·大嵩福寺碑铭并序》)。他非常推崇中国古代具有仁政色彩的圣贤名儒,如尧、舜、禹、汤、周文王、姜尚、孔子、萧何、陈平、黄霸、寇恂、疏广、廉范等,这些都是古代圣君或者辅佐圣君实现仁政的典范人物。他希望君主"齐家理国,恭己敬亲"(《桂苑笔耕集·贺封公主表》),"不得已而用兵,无所私而煦物"(《桂苑笔耕集·贺收复京阙表》);劝说大臣要"掷玄赏于烟霞,济苍生于涂炭"(《桂苑笔耕集·与金部郎中别纸》)。在他的思想中,以仁政治国平天下的古代圣君和先贤是当代国君和大臣效仿的对象,以仁义实现治国济民和社会大同则是为政者的当行之道。

孤云忧国忧民的情怀体现在他的大量作品之中,如他担忧国家的命运,说"天未悔祸,地犹容奸。时危而生命皆危,世乱而物情亦乱"(《孤云先生文集·新罗寿昌郡护国城八角灯楼记》)。他认为国家治乱关乎天地众生的命运,只有国家太平才是众生之福;"观日暮而途邈,虑烟深而火熸",日常生活的点点滴滴都包含着忧世忧民的情怀。孤云怀揣有朝一日能在新罗建功立业、报效朝廷的雄心壮志,留学唐朝十六年,其最终目的是能使新罗实行仁政、解救众生于水火之中。经过在唐期间的学习、为官的历练,孤云既体验了唐朝先进的政治制度,也目睹了唐朝的衰败,他的政治思想逐渐成熟。归国之后,他结合新罗社会的现实状况,借鉴唐朝兴衰成败的经验教训,向新罗国王进献了倡导在新罗进行综合性社会改革的"时务策"。这些具有针对性的改革措施,既体现了以孤云为代表的新罗入唐留学生的社会理想,也是借鉴唐朝先进的政治理念的成果。孤云为解决新罗严酷的社会现实问题,力图将这些改革措施运用到新罗社会,但新罗的衰亡之势已到了无法挽回的地步,以一介书生之力已难有所作为。这更加使得孤云心灰意冷,产生了类似于屈原的不遇之愤,最终只能选择入山避世的道路。

孤云的政治理想虽然未能真正实现，但其追求的君子人格规范、仁政理想及孝悌观念等成为当时朝鲜半岛儒学传播的最强音，为此后高丽朝儒学为用、朝鲜朝儒学立国奠定了坚实的思想基础。

参考文献：

1. 董健：《论崔致远的哲学思想与历史观》，延边大学 2010 年硕士学位论文。

2. 刘经纬：《崔致远〈四山碑铭〉研究》，山东大学 2015 年硕士学位论文。

3. 樊毓：《崔致远研究》，西北大学 2004 年硕士学位论文。

4. [韩]李在云：《崔致远的生涯研究》，《全州史学》第 3 卷，1995 年。

崔承老

崔承老(927—989),庆州人,出身于新罗贵族家庭。高丽初期的排佛思想家、无神论者。谥文贞。

一、生平

> 崔承老,庆州人。父殷含,仕新罗至元甫,久无嗣,祷而生承老。性聪敏,好学善属文。年十二,太祖召见,使读《论语》,甚嘉之,赐盐盆。命隶元凤省学生,赐鞍马例食二十硕。自是,委以文柄。(《高丽史》卷九十三《崔承老传》)

高丽初期,佛教盛行,寺庙林立,侵占田亩逃避生产已成社会痼疾。崔承老在任官期间向成宗上疏《时务二十八条》(现史六条不传),站在无神论的立场上对佛教及其他宗教迷信进行批判。他首先揭露佛教的弊端和有害性,指出祈佛、祭神只能给国家带来巨大的财力浪费,造成人民生活的困难,批判当权者们广信佛教是竭百姓膏血,以供斋设,佛如有灵,岂肯应供?还说:"息民力而得欢心,则其福必过于所祈之福。"他主张抑佛扬儒,认为佛教是"修身之本",为的是"来生之资",而儒教则是"理国之源",为的是"今日之务","今日至近,来生至远,舍近求远"是错误的,应抑佛扬儒,以利国济民。

在韩国哲学思想史上,崔承老第一次提出排佛论和无神论,这给以后无神论和唯物论的发展带来深刻的影响。但是,他的排佛思想只停留在抑佛的水平上,还没有摆脱人的"祸福贵贱,皆禀于有生之初"的宿命论观点,没能彻底否定佛教,仍把它视为"修身之学"而加以承认。

二、《时务二十八条》与抑佛扬儒

崔承老仕丽初太祖、惠宗、定宗、光宗、景宗、成宗六朝。至成宗时,已是近六十岁的老人。成宗即位,寻求治国之术,崔承老所上治国之策,即《时务二十八条》。

崔承老首先历数高丽成宗之前五朝治乱之得失,其中对太祖立国之初儒释并重的国策阐述如下,亦即《时务二十八条》第一条:

> 自成一统以来,勤政八年,事大以礼,交邻以道,居安无逸,接下思恭。贵道德,崇节俭。卑宫室而期于粗庇风雨,恶衣服而取其但御寒暑。好贤乐善,舍己从人。恭俭礼让之心,发于天性。况生长民间,备尝艰险,众人情伪,无不具知,万事安危,亦能先见。所以赏罚不失其时,邪正不同其路,知其劝惩之道,得帝王之体者,又如此也。加以知人不失其才,御下必得其力,任贤勿贰,去邪勿疑。尊释教,重儒术,为君之令德斯备,有国之嘉猷可遵。但以创业之初,致平日浅,宗庙社稷且未光崇,礼乐文物犹多阙乏,凡百官司之品式,及诸内外之规仪,未及修定,忽遗弓剑,盖国人之不幸,实天道之难谌,深可惜也。(《高丽史》卷九十三《崔承老传》)

崔承老历仕六朝,对各朝的治国之策了若指掌,尤其对太祖之策褒扬有加。他说自从高丽立国以来,太祖"事大以礼,交邻以道,居安无逸,接下思恭。贵道德,崇节俭","好贤乐善,舍己从人",以民生为本,因此"得帝王之体"。暗指太祖的修身之道和治国安邦之策均以儒家思想为指导,虽然因循传统,“尊释教”与“重儒术”并重,但实际上“尊”和“重”之间还是有区别的,不可混淆。然而后世不知“重儒术”,只知“尊释教”,导致从上到下以祈福免灾为事,国匮民乏,民不聊生。对此,崔承老提出时务之策二十八条。后因庚戌兵难流失了其中的六条,故今人看到的是二十二条,皆见于《高丽史》卷九十三《崔承老传》。其中,与儒释政策有关的条目除前文引述外,尚有:

(第二条)窃闻圣上为设功德斋,或亲碾茶,或亲磨麦。臣愚深惜圣体之勤劳也。此弊始于光宗,崇信谗邪,多杀无辜。惑于浮屠果报之说,欲除罪业,浚民膏血,多作佛事。或设毗卢遮那忏悔法,或斋僧于球庭,或设无遮水陆会于归法寺。每值佛斋日,必供乞食僧,或以内道场饼果出施丐者,或以新池穴口与摩利山等处鱼梁为放生所。一岁四遣使,就其界寺院,开演佛经。又禁杀生,御厨肉膳,不使宰夫屠杀,市买以献。至令大小臣民,悉皆忏悔,担负米谷柴炭蒭豆,施与中外道路者,不可胜纪。然以既信谗诉,视人如草莽,诛杀者堆积如山,常竭百姓膏血,以供斋设。当是时,子背父母,奴婢背主,诸犯罪者变形为僧,及游行丐乞之徒来与诸僧相杂赴斋者亦多,有何利益?今圣上在位,所行之事与彼不同,但此数事,只劳圣体,无所得利。愿正君王之体,不为无益之事。

(第三条)我朝侍卫军卒,在太祖时,但充宿卫宫城,其数不多。及光宗信谗,诛责将相,自生疑惑,增益军数,简选州郡有风彩者入侍,皆食内厨,时议以为繁而无益。至景宗朝,虽稍减削,洎于今时其数尚多。伏望遵太祖之法,但留骁勇者,余悉罢遣,则人无嗟怨,国有储积。

(第四条)圣上以酱酒豉羹,施与行路。臣窃谓,圣上欲效光宗消除罪业、普施结缘之意。此所谓“小惠未遍”也。若明其赏罚,徵恶劝善,足以致福。如此碎事,非人君为政之体,乞罢之。

(第五条)我太祖情专事大,然犹数年一遣行李,以修聘礼而已。今非但聘使,且因贸易,使价烦夥,恐为中国之所贱,且因往来,败船殒命者多矣。请自今因其聘使,兼行贸易,其余非时买卖,一皆禁断。

(第六条)凡佛宝钱谷,诸寺僧人,各于州郡,差人勾当,逐年息利,劳扰百姓,请皆禁之。以其钱谷,移置寺院田庄。若其主典有田丁者,并取之,以属于寺院庄所,则民弊稍减矣。

(第七条)王者之理民,非家至而日见之。故分遣守令,往察百姓利害。我圣祖统合之后,欲置外官,盖因草创事烦未遑。今窃见乡豪,每假公务,侵暴百姓,民不堪命。请置外官,虽不得一时尽遣,先于十数州县,并置一官,官各设两三员,以委抚字。

(第八条)伏见圣上,遣使迎屈山僧如哲入内。臣愚以为,哲果能福人者,其所居水土,亦是圣上之有,朝夕饮食,亦是圣上之赐,必有图报之心,每以祝釐为事,何烦迎致,然后敢施福耶?曩者有善会者,规避徭役,出家居山。光宗致敬尽礼,卒之善会暴死道傍,曝露其尸。如彼凡僧,身且取祸,何暇福人?请放哲还山,免致善会之讥。

(第九条)新罗之时,公卿百僚庶人,衣服鞋袜,各有品色。公卿百僚,朝会则著公襕具穿执,朝退则逐便服之。庶人百姓,不得服文彩,所以别贵贱辨尊卑也。由是公襕虽非土产,百僚自足用之。我朝自太祖以来,勿论贵贱,任意服着。官虽高而家贫则不能备公襕,虽无职而家富则用绫罗锦绣。我国土宜好物少而粗物多。文彩之物,皆非土产,而人人得服,则恐于他国使臣迎接之时,百官礼服,不得如法,以取耻焉。乞令百僚朝会,一依中国及新罗之制,具公襕穿执,奏事之时,着袜靴丝鞋革履,庶人不得着文彩纱縠,但用绸绢。

(第十条)臣闻,僧人往来郡县,止宿馆驿,鞭挞吏民,责其迎候供亿之缓,吏民疑其衔命,畏不敢言,弊莫大焉。自今禁僧徒止宿馆驿,以除其弊。

(第十一条)华夏之制,不可不遵,然四方习俗,各随土性,似难尽变。其礼乐诗书之教,君臣父子之道,宜法中华,以革卑陋。其余车马衣服制度,可因土风,使奢俭得中,不必苟同。

(第十二条)诸岛居民,以其先世之罪,生长海中,土无所食,活计甚难。又光禄寺征求无时,日至穷困。请从州郡之例,平其贡役。

(第十三条)我国春设燃灯,冬开八关,广征人众,劳役甚烦。愿加减省,以纾民力。又造种种偶人,工费甚多。一进之后,便加毁破,亦甚无谓也。且偶人非凶礼不用,西朝使臣尝来见之,以为不祥,掩面而过。愿自今,勿许用之。

(第十四条)《易》曰:"圣人感人心而天下和平。"《语》曰:"无为而治者,其舜也欤,夫何为哉?恭己正南面而已。"圣人所以感动天人者,以其有纯一之德、无私之心也。若圣上执心㧑谦,常存敬畏,礼遇臣下,则孰不罄竭心力,进告谋猷,退思匡赞乎?此所谓"君使臣以礼,臣事君以忠"者也。愿圣上日慎一日,不自骄满,接下思恭,傥或有罪者,轻重并论如法,则太平之业可立待也。

(第十五条)太祖除内属奴婢,在宫供役外,出居外郊,耕田纳税。至光宗,多作佛事,役使日繁,乃征在外奴婢,以充役使。内官之分,不足支给,并费仓米。及乎圣朝,弊犹未除。且内厩养马数多,靡费甚广,民受其害。如有边患,粮饷不周。愿圣上一依太祖之制,酌定官中奴婢、厩马之数,余悉分遣于外。

(第十六条)世俗以种善为名,各随所愿,营造佛宇,其数甚多。又有中外僧徒,欲为私住之所,竞行营造,普劝州郡长吏,征民役使,急于公役,民甚苦之。愿严加禁断,以除百姓劳役。

(第十七条)《礼》云:"天子堂九尺,诸侯堂七尺。"自有定制。近来人无尊卑,苟有财力,则皆以营室为先,由是诸州郡县及亭驿津渡豪右竞构大屋,逾越制度,非但尽一家之力,实劳百姓,其弊甚多。伏望命礼官,酌定尊卑家舍制度,令中外遵守。其已营造逾制者,亦令毁撤,以戒后来。

(第十八条)写经塑像,只要传久,何用珍宝为饰,以启盗贼之心。古者,经皆黄纸,且以旃檀木为轴,其肖像不用金银铜铁,但用石土木,故无窃毁者。新罗之季,经像皆用金银,奢侈过度,终底灭亡,使商贾窃毁佛像,转相卖买,以营生产。近代,余风未殄,愿加严禁,以革其弊。

(第十九条)昔,晋德衰而栾、郤、胥、原、狐、续、庆、伯,降在皂隶。我三韩功臣子孙,每宥旨,必云褒录而未有受爵者,混于皂隶。新进之辈,多肆凌侮,怨咨以兴。且光宗末年,诛黜廷臣,世家子孙未得承家。请从累次恩宥,随其功臣等第,录其子孙。又庚子年田科,及三韩后入仕者,亦量授阶职,则冤屈得伸,而灾害不生矣。

(第二十条)崇信佛法,虽非不善,然帝王士庶之为功德事实不同。若庶民所劳者,自身之力;所费者,自己之财,害不及他。帝王则劳民之力，费民之财。昔梁武帝，以天子之尊，修匹夫之善，人以为非者以此。是以帝王深虑其然，事皆酌中，弊不及于臣民。臣闻人之祸福贵贱，皆禀于有生之初，当顺受之。况崇佛教者，只种来生因果，鲜有益于见报，理国之要，恐不在此。且三教各有所业，而行之者，不可混而一之也。行释教者，修身之本；行儒教者，理国之源。修身是来生之资，理国乃今日之务。今日至近，来生至远，舍近求远，不亦谬乎？人君惟当一心无私，普济万物，何用役不愿之人，费仓库之储，以求必无之利乎？昔德宗妃父王景先、驸马高恬，为圣寿延长，铸金铜佛像献之。德宗曰："朕以有为功德，谓无功德。"还其佛像于二人。是其情虽不实，然欲令臣民不得作无利事者如此。我朝冬夏讲会，及先王先后忌斋，其来已久，不可取舍，其他可减者，请减之。若不得减，则依《月令》所说：五月中气，阴阳争，死生分，君子斋戒处必掩身无躁，止声色，薄滋味，节嗜欲，定心气，百官静，事无刑，以定晏阴之所成；十一月中气，阴阳争，诸生荡，君子斋戒处必掩身无躁，去声色，禁嗜欲，安形性，事欲静，以待阴阳之所定。此时则可以停之，何也？极寒则役使者苦，而食物不精洁。极热则汗出淋漓，或误伤群虫。斋供不净洁，有何功德？且今日作善，来日未必获善报。以此而观，莫如修政教。请以一年十二月分半，自二月至四月，自八月至十月，政事功德，参半行之；自五月至七月，自十一月至正月，除功德，专修政事，逐日听政，宵旰图治。每日午后，乃用君子四时之礼，修令安身。如此则顺时令，安圣体，减臣民之劳苦，岂不为大功德乎？

（第二十一条）《语》曰："非其鬼而祭之，谄也。"《传》曰："鬼神非其族类不享。"所谓"淫祀无福"。我朝宗庙社稷之祀尚多，未如法者，其山岳之祭，星宿之醮，烦渎过度。所谓“祭不欲数，数则烦，烦则不敬”。虽圣上斋心致敬，固无所怠，然其享官视为寻常事，厌倦而不致敬，则神其肯享之乎？昔汉文帝，凡祭祀使有司敬而不祈，其见超然，可谓盛德也。如使神明无知，则安能降福？若其有知，私己求媚，君子尚难悦之，况神明乎？祭祀之费，皆出于民之膏血与其力役。臣愚以为若息民力而得欢心，则其福必过于所祈之福。愿圣上除别例祈祭，常存恭己责躬之心，以格上天，则灾害自去，福禄自来矣。

（第二十二条）本朝良贱之法，其来尚矣。我圣祖创业之初，其群臣除本有奴婢者外，其他本无者，或从军得俘，或货买奴之。圣祖尝欲放俘为良，而虑动功臣之意，许从便宜，至于六十余年，无有控诉者。逮至光宗，始令按验奴婢，辨其是非，于是功臣等，莫不嗟怨，而无谏者。大穆王后切谏不听，贱隶得志，凌轹尊贵，竞构虚伪，谋陷本主者不可胜纪。光宗自作祸胎，不克遏绝，至于末年，枉杀甚多，失德大矣。昔侯景围梁台城，近臣朱异家奴逾城投景，景授仪同。其奴乘马披锦袍，临城呼曰：“朱异仕宦五十年，方得中领军。我始仕侯王，已为仪同。”于是城中僮奴，竞出投景，台城遂陷。愿圣上深鉴前事，勿使以贱凌贵，于奴主之分，执中处之。大抵官贵者识理，鲜有非法；官卑者，苟非智足以饰非，安能以良作贱乎？惟宫院及公卿，虽或有以威势作非者，而今政镜无私，安能肆乎？幽厉失道，不掩宣平之德；吕后不德，不累文景之贤。唯当今判决，务要详明，俾无后悔。前代所决，不须追究，以启纷纭。

李甦平对崔承老的《时务二十八条》进行了深入阐释，所提条目中有八条是对佞佛误国的尖锐批评。李甦平指出，崔承老认为高丽朝从太祖至成宗六十余年来，佛教盛行，寺院林立，浚民膏血，导致高丽社会耕地减少,经济衰败,人人惑于佛教果报之说,欲除罪业。面对这些情况,作为六朝重臣,崔承老建议成宗应少做佛事,作为治国之策必须光大儒学。如他在第二十条中说:“且三教各有所业,而行之者,不可混而一之也。行释教者,修身之本;行儒教者,理国之源。修身是来生之资,理国乃今日之务。今日至近,来生至远,舍近求远,不亦谬乎?”这段话可视为崔承老的儒佛观。一方面,他指出佛教重修身,儒教重理国,修身在来世,理国为今世,故舍近求远是不合理的。这是他对佛教的批评。另一方面,他强调三教各有所业,不可混为一谈,认为佛教是修身之大本,儒教是理国之根本,都很重要。可见,崔承老的儒佛观取一种“时中”哲学。用他自己的话来说就是,帝王做佛事要“事皆酌中”。“崇信佛法,虽非不善,然帝王士庶之为功德事实不同。若庶民所劳者,自身之力;所费者,自己之财,害不及他。帝王则劳民之力,费民之财。昔梁武帝,以天子之尊,修匹夫之善,人以为非者以此。是以帝王深虑其然,事皆酌中。”崔承老举中国梁武帝舍身为佛的例子,试图说明在对待儒佛关系的态度上,应采取“时中”姿态,即做事应适度,否则会弊及于臣民。

李甦平认为,崔承老对待儒佛关系的这种“时中”哲学根源于他对儒学“时中”论的重视。崔承老正是以儒教“时中”论观察社会、治理社会。例如他在第十一条中讲:“华夏之制,不可不遵,然四方习俗,各随土性,似难尽变。其礼乐诗书之教,君臣父子之道,宜法中华,以革卑陋。其余车马衣服制度,可因土风,使奢俭得中,不必苟同。”这里,崔承老认为对于华夏之制、中华之风,有些应学习、遵守,有些则“不必苟同”。这种思想体现了高丽民族的自主性、主体性精神。这种自主性、主体性则依据于儒学的“时中”论。文中“得中”二字很重要,它代表了一种客观标准。崔承老认为,这种客观标准正是改革社会旧弊、治理国家所要依据的一种准则。如崔承老在《时务二十八条》中的第二条和第四条中，就君王治国之术提出要讲究“中”道。他指出，圣上为治理国家，或“设功德斋”，或“亲碾茶”，或“亲磨麦”，或“以酱酒豉羹，施与行路”，而这不过是“小惠未遍”，不是治国之本。只有使赏罚之度“时中”，即“明其赏罚”，使善恶之界“时中”，即“徵恶劝善”，才是“人君为政之体”。

崔承老在第三条中就侍卫军卒的人数多寡问题，也指出要讲求“中”道。他说，太祖时兵数为宜，不多亦不少，光宗时军卒繁多而无益。因此，他建议只留骁勇者，多余者罢遣，这样做可使“人无嗟怨”，而“国有储积”。实际上，这就是“时中”之策。崔承老在第十五条中，就宫内奴婢之数，亦指出应符合“中”道。他认为，光宗时宫内奴婢人数增多，致使“不足支给”“靡费甚广”，应“依太祖之制”，使宫中奴婢之数既不过多，造成浪费，也不过少，以致人力紧张，而是适度、“时中”。

此外，崔承老所强调的儒学“时中”思想，还表现在对待“良贱”“主奴”的关系上。《时务二十八条》中的第二十二条就是集中论述这一问题。他强调在处理“君臣”“主奴”关系时，一定要做到“执中”，否则，就会“以贱凌贵”“以良作贱”。“执中”是君王行南面之术时的一项重要原则。

上述“酌中”“得中”“执中”集中体现了崔承老政治哲学中的“时中”理论。他建议成宗以儒家的“时中”论治理国家、调教百姓。成宗听从崔承老的建议，按“时中”论原则行事，确实使高丽王朝一度得到了中兴。总体来说，崔承老的《时务二十八条》中贯彻了一个基本原则，这就是儒家的“时中”论。所以，“时中”论构成了崔承老政治哲学的基本内容和特点。

基于以上分析，李甦平认为，以高丽太祖的《十训要》和崔承老的《时务二十八条》为代表的高丽前期儒学具有浓厚的政治性色彩。这种政治性色彩或以“三教和合”、或以“时中”论的形式凸显出来。其实，崔承老的“时中”理论也是一种儒释融合理论。在高丽前期，之所以儒学要以与佛教相结合的形式呈现，是因为佛教是高丽王朝的国教，具有极大的号召力和影响力。所以，高丽太祖和崔承老在主观上主张以儒治国，但客观上受到了佛教势力的制约，儒释结合成为最适宜的一种理国治民的统治术。

参考文献：

1. 李甦平：《韩国儒学史》，北京：人民出版社，2009 年。

2. [韩]郑成植：《崔承老的儒佛观探究》，《韩国哲学论集》第 26 卷，2009 年。

3. [韩]赵显杰：《高丽初期儒教政治理念研究》，《大韩政治学会报》第 12 辑，2004 年。

4. [韩]张日奎：《崔承老的儒教政治理念与崔致远追崇》，《韩国思想与文化》第 21 辑，2003 年。

金富轼

金富轼(1075—1151),字立之,号雷川。庆州人。高丽中期著名史学家、文学家。谥文烈。

一、生平

雷川为新罗武烈王后裔,曾祖父魏英于新罗末年归附高丽太祖后被任命为庆州之长,其后直到雷川兄弟出世,均家居庆州。其父覲科举入仕授礼部侍郎、左谏议大夫,但不幸在雷川十三岁时英年早逝。兄弟五人在孤母抚养下自幼熟读诗书,除了出家为僧的玄湛,富弼、富佾、富辙(后改名富仪)皆科举及第"以文学进",出任官职。其母因之受高丽王嘉奖,但以诸子皆受国禄而谢绝。

高丽肃宗元年(1096),年仅二十二岁的雷川科举及第,后历任安西大都护府司录、参军事,又经枢密院承宣魏继廷荐举为直翰林。其后二十余年间任翰林院文翰职,精研学问,并为睿宗、仁宗进讲经史。1116 年,以文翰官身份随枢密院知奏事李资谅出使宋朝,代高丽王为宋朝赐给大晟乐谢恩。在使宋的六个月里,雷川受到宋徽宗的款待,归国时带回司马光《资治通鉴》一帙。1126 年,晋升为御史大夫、枢密院副使,次年为祝贺宋高宗继位受高丽朝廷派遣再次出使宋朝,但因被宋朝拒绝而中途返回。1130 年,晋升为政堂文学兼修国史,后历任检校司空参知政事、守司空中书侍郎同中书门下平章事等。1135 年，以判兵部事被任命为元帅，指挥平定“妙清之乱”，之后辞官。受高丽仁宗委托，雷川参阅古朝鲜的《旧三国史》《留记》等大量文献资料和中国的《通典》《册府元龟》等古籍，并吸收一些民间传说，在告老还乡后的第四年，即 1145 年，终于编撰完成使他名留青史的著作《三国史记》。该书分本纪、志、年表、列传四部分，较为详尽地记述了高句丽、新罗、百济三国和新罗统一时期的政治、经济、军事、文化等方面的情况及重要历史人物的生平事迹。经过雷川再创作的列传，记载了军事将领、爱国英雄、文人学士等各类人物的事迹。1147 年，高丽毅宗即位后，雷川获“封乐浪郡开国侯，食邑一千户，食实封四百户”。1151 年，雷川去世后，配享仁宗庙廷，谥号文烈。

除《三国史记》外，雷川还与朴升中、郑克永等编写了《睿宗实录》《仁宗实录》，著有文集二十卷。另有诗文传世，其诗不尚绮丽，咏史感怀诗《征西军幕有感》《结绮宫》《甘露寺次韵》等为其代表诗作。

二、儒家思想

雷川自述平生“少年攻章句之雕篆，壮齿好典谟而吟讽，钻仰遗风，勃勃深期丁附凤”（《东文选·仲尼凤赋》），“天资鲁钝，刳心学道，自慊子夏之儒；操翰为文，未入相如之室”（《东文选·让参知政事判户部事表》），可见其科举及第以后仍以孔子、子夏、司马相如为楷模，以求儒学与文学并进。这里所说的典谟既可指《尚书》的《尧典》《大禹谟》等，也可指儒家的全部经典。实际上，其诗文，除《诗经》《尚书》《周易》《论语》等儒家经典之外，还经常引用《老子》《庄子》及中国史书中的典故。徐兢《高丽图经》卷八“金富轼”条说“富轼丰貌硕体、面黑目露，然博学强识，善属文，知古今，为其学士所信服，无能出其右者”，对雷川之博学多识极为赞赏。

金圣基指出，儒学自汉四郡时传入朝鲜半岛，但相对于具有伦理特性的先秦儒学，朝鲜半岛最先接受的是具有汉唐儒学特性的典章制度，从顺序上来说可以说是一种错时的接受。

汉唐儒学所重视的训考学强调对天文、地理、历史史实等的博学，重视语言的客观性和历史性，其关心对象聚焦在语言本身，而对认识语言的方法或对其主体的探究比较疏忽。因此，相对于后世的宋明理学，汉唐儒学具有词章之学的倾向。朝鲜半岛直到三国时代，文化水平达到一定程度后，方确认了先秦儒学的本质即其伦理性，影响到了社会的教化风尚。但新罗统一以后，受唐儒重视文章辞藻风潮的影响，虽然在文化上有所发展，但形成了不重视儒家质朴道德精神，一味追求浮华文学的倾向。这种倾向反映在高丽初期登用人才制度上，即科举科目明显以文章辞藻为中心。

因此，高丽前期儒学以汉唐儒学为主，有时也表现出朝忠孝仁义的教化风尚方向努力的倾向，但在以佛教为国教的高丽王朝，儒学仅被用作记录国家文书、美化佛教仪式的治世器具。

在这种局面之下，仍然可以看到高丽儒者们苦心孤诣地将儒学提升为克服现实矛盾的治世王道，以治世之学克服相较于佛教的劣势。高丽立国初期崔承老（927—989）的《时务二十八条》即一例。

金圣基认为，经过类似崔承老注重现实问题的过程，高丽前期的儒家思想逐渐摆脱清一色的汉唐风格，向先秦风格过渡。约在崔承老所处时代半世纪之后，崔冲（984—1068）实现了具有先秦儒学性质的“修己治人”君子学的转向。崔冲之后的儒学家接续了这种潮流，形成了接受作为新学的宋儒学（性理学）的基础。因此，韩国性理学的发生并非高丽后期输入的纯粹外来的学问思想，而是在高丽前期已经具备了一定的思想基础。

在雷川所处的十二世纪，高丽与宋朝在儒学方面已经存在着持续的交流。尹瓘（？—1111）在1098年出使宋朝，曾经与程伊川（1033—1107）谈论《周易》，并有唱酬诗《坡平尹氏绎史辑览》。除了高丽与宋朝之间的使行往来，高丽遣宋宾贡及第者也起到了文化交流的作用。权适（1094—1147）为睿宗时遣宋留学生，在宋朝及第后返回高丽，其《入宋船次上朴学士启》中说“王丞相大变颓风，圣宋之儒术兴矣”。这说明此时高丽已经认识到宋朝儒学的新学风。与宋朝的交流过程中，宋朝逐渐成熟的新儒学影响到当时的高丽文人，使高丽国内革新儒学的呼声越来越高涨。

但金圣基指出，雷川是否受到这股革新传统儒学气流的影响仍然存疑，不过可以确认的是雷川受高丽和金氏家族所处的现实状况影响而与儒学革新的思想潮流背道而驰的事实。以下《高丽史》的记录内容可以提供把握其儒学性质的端绪。

> 一日王幸国子监，命富轼讲《易》，令彦颐问难。彦颐颇精于《易》，辨问纵横，富轼难于应答，汗流被面。（《高丽史》卷九十六《尹瓘传》）

雷川博学多识，亦曾在内殿进讲《周易》，却因无法应对尹彦颐的问题而狼狈不堪，可见其对经典并未精研，也未达到像其后儒学即主要是修己之学的性理学一样深究事物本质和理致的地步。雷川的儒学仍然可以看作继承了高丽初期崔承老的传统，把儒学当作解决现实问题的“治人之学”，而以应用于实践为主。

雷川在两次出使宋朝的过程中对宋朝的先进文化有了直接的体验，但也目睹了“靖康之耻”和宋朝的南迁，深切感受到国防和精诚团结应对外敌的重要性。这从其编纂《三国史记》时屡次强调高句丽和百济的亡国及后者复兴失败的原因中可以看出。雷川吸取北宋灭亡的惨痛教训，对高丽当时的内忧外患有了清醒的认识，形成了以儒家“尊王意识”为核心的政治思想体系。尊重大义和名分的传统儒学思想在《三国史记》中体现为一切以尊王和保全国体为最优先考虑的坚定立场。

三、《三国史记》与事大思想

《三国史记》是韩国古代保存至今的第一部断代史，雷川为了这部著作倾注了多年心血，在编撰过程中，所参考的主要史料就有数十种之多。据宋代王应麟的《玉海》记载，《三国史记》在问世二十五年后就传入中国，并被藏于秘阁，可见其受重视的程度。

《三国史记》与《高丽史》《李朝实录》构成了韩国古代史。《三国史记》是研究新罗、百济及高句丽之历史的珍贵资料。这部史书记载了长达九百九十二年（前57年至935年）的历史，包括韩国的原始社会末期、奴隶社会和封建社会早期的三种社会形态之基本历史发展过程，尤其是保留了古代的方言，如新罗国王称居西干、次次雄、尼师今。因此，这部名著提供了研究韩国历史、语言、文化、风俗习惯的珍贵资料。这部韩国历史名著，采用中国《史记》开创的纪传体的体裁，被后来韩国封建史学家奉为正宗。《高丽史》《李朝实录》均是仿照其体例编撰。

雷川的历史观点，主要表现在作者评论上。《三国史记》评述历史事件的特点，是以“论”的形式提出作者对重要历史事件的看法。全书共有“论曰”三十一条，其中《新罗本纪》十条、《百济本纪》六条、《高句丽本纪》七条、《列传》八条。这些论述集中地反映了作者的立场与观点，也是雷川从历史事件中总结的经验教训。其主要的观点是：维护与巩固封建统治，歌颂封建国家的英雄人物，鼓励高丽积极学习中国的先进文化，站在封建统治阶级的立场上反对农民的反抗斗争。其核心价值理念是“袭圣贤之风化，革鸿荒之俗，为礼义之邦”。

雷川在《新罗本纪》最后的“论曰”中说：

> 以至诚事中国，梯航朝聘之使相续不绝，常遣子弟造朝而宿卫，入学而讲习，于以袭圣贤之风化，革鸿荒之俗，为礼义之邦。又凭王师之威灵，平百济、高句丽，取其地郡县之，可谓盛矣。(《三国史记》卷十二《新罗本纪》)

苗威因此提出，新罗“以至诚事中国”，不仅是彼时东亚秩序所决定的，从本身来说，新罗之所以欣然遣使“梯航朝聘”唐朝，派子弟入唐宿卫、学习，其主观目的非常明确，即“袭圣贤之风化，革鸿荒之俗，为礼义之邦”，也就是学习中国先进文化，进而革除本国陋习，使自己国家得以位列“礼义之邦”。事实上，新罗的“事大”外交政策给国家带来了切实的好处，先后借助唐朝的力量灭亡了宿敌百济、高句丽，进而扩大了自己的领域，彻底改变了朝鲜半岛的势力布局，使新罗发展为强盛的国家。如果除去狭隘的、偏颇的思维方式，从客观上评价新罗与唐朝关系中的积极因素，是不会对“事大”史观表现出否定乃至敌视态度的。包括雷川在内的古人，对“事大”观的认识皆很平和，并未有后来民族主义觉醒之后的屈辱感。“事大”一方面是传统或大势所趋，另一方面也是为了保国，为了自己国家的生存和发展，这也是古代统治阶层前承历史或审时度势的选择。因而，新罗之后的高丽王朝和朝鲜王朝皆以务实的精神和弹性的策略处理与中国王朝的关系。

作为朝鲜半岛第一部正史的著述者，雷川的历史观内蕴丰富。其正统思想与“事大”观、中国古代“中原中心论”和儒家“春秋大义论”有密切关系，也是出于朝鲜半岛自身安定和生存发展的需要而形成的现实对策。

参考文献：

1. [韩]金圣基:《金富轼的儒学思想与诗世界》,《韩国汉诗研究》第 12 辑,2004 年。

2. 苗威:《关于金富轼历史观的探讨》,《社会科学战线》2012 年第 3 期。

3. [韩]金性彦:《金富轼的生平与诗》,《韩国汉诗研究》第 1 辑,1995 年。

崔 滋

崔滋(1188—1260),字树德,号东山叟。海州人。名儒文宪公冲六代孙,右仆射敏之子。高丽后期著名文臣。谥文清。

一、生平

1212年,东山叟文科及第,授尚州司录,有治绩,晋为国子监学谕。以《虞美人草歌》《水精杯诗》为李奎报所知,历任济州太守、正言、尚州牧使、殿中少监、宝文阁待制等。1233年,与崔璘、权述出使金国。后任忠清、全罗按察使,国子监大司成,知御史台事,尚书右仆射,翰林学士承旨,枢密副使。1250年,与中书舍人洪缙出使蒙古。1256年,任中书平章事、守太师、门下侍郎、同中书门下平章事、判吏部事。1258年,第四代崔氏政权倒台,东山叟以首相稳定政局。东山叟继承了李奎报的文学观,在文学批评史上与李仁老齐名,著有《崔文忠公家集》十卷,但失传,现传《补闲集》《东文选》等收录其诗、赋等作品各数篇。

二、王道政治观

高丽前期,成宗确立了儒家政治思想,实施儒家政治,其后儒家思想在高丽广泛传播。高丽中期,与宋朝开展的广泛的文化交流,使新儒学的伦理观念和义理思想逐渐传入高丽,促进了东山叟忠君尊君的王道政治观的形成。

东山叟引用崔惟清训诫子弟的诗文表达了其忠君尊君思想。

文肃公惟清，留守南都日，有二子在辇下。公以诗训之曰："家传清白无余物，只有经书万卷存。恣汝分将勤读阅，立身行道使君尊。"因自注曰："君尊则国理，国理则家安，家安则身安，身安则余无所求。"二嗣果以儒雅位宰相。(《补闲集》卷上)

东山叟借崔惟清诫子弟诗提出尊君乃国家实行王道政治的根本思想，与儒家修齐治平思想一脉相承。他之所以特别强调尊君，与当时武臣之乱后国君受武将胁迫、权威受到极大威胁的政治现实有密切关系。同时，他强调读圣贤之书，只有勤读经书万卷，才能打下修齐治平的基础，实现尊君忠君的王道政治理想。

李兴钟指出，东山叟认为实现王道政治必须忠君尊君，国王则要实行德治。"固国不以山河，在德不在险。"而德治一是要勤俭："凡政理清平，皆由俭始。俭则习俗归厚，胡皇天不佑，胡基祚不长久哉？"一是要顺天事大："畏天之威，乐天之道。以小事大，于时保之。"(《东文选 · 三都赋》)并引用尚书崔瀹上睿宗书"帝王当好经术，日与儒雅讨论经史，咨诹政理，化民成俗之无暇，安有事童子之雕虫，数与轻荡词臣吟风啸月，以丧天衷之淳正耶"，提出国王应该喜好经术，经常与儒雅之士讨论经史和国家政策，教化百姓，养成美风良俗。

三、忠孝观

东山叟认为忠诚即臣下事君之大节，并举孔子、杜甫、金良镜(？—1235)为例加以说明。

孔子三月无君，则皇皇如也。杜子美在寒窘中，句句不忘君臣之大节。况名爵如公者，虽在阃外，恋恋有爱君之心，固其宜也。尝于洛山祝圣斋罢有作云："华祝精诚动觉天，奉炉双泪湿香烟。直将龟鹤三千岁，算作吾皇第一年。"爱君之意，略见于此。（《补闲集》卷中）

强调金良镜爱君恋君之心如孔子、杜甫一样，都是君臣之大节。东山叟认为，忠诚于人和动物均源之本性，并举义犬为救主而累死之例证明这个道理。

金盖仁，居宁县人也，畜一狗甚怜。尝一日出行，狗亦随之。盖仁醉卧道周而睡，野烧将及。狗乃濡身于傍川，来往环绕以润著草茅，令绝火道，气尽乃毙。……后有人作诗云："人耻呼为畜，公然负大恩。主危身不死，安足犬同论。"（《补闲集》卷中）

以义犬在主人危急之时尽忠守护的事例说明臣子对国王必须尽忠尽节的"忠则尽命"思想。

儒家思想认为孝以事亲与忠以事君是相辅相成的关系，东山叟对孝亲也十分重视。

及第柳公器子源，五岁解联句，晋阳公召见占"炉"字，即应命曰："炉堆凤炭侯家暖。"公嘉之，赐缯帛，问所欲，曰："愿除父官。"即署为甫州卒。（《补闲集》卷下）

李兴钟认为，东山叟之所以记录上述内容，是由于他认为子成父愿即为孝。孟子曰："道在迩而求诸远，事在易而求诸难：人人亲其亲，长其长，而天下平。"（《孟子·离娄上》）即只有对父母尽孝才能对国家尽忠，才能天下太平。

赵承宣伯琪，文正公之子，弱冠擢第，不数年腰犀为衬衣使。过清风县，其监务井宗厚膝行膜拜而进曰："我是严君同榜，不幸陆沉，年将七十始得此任。"赵惊起，避席再拜。作诗

> 赠之曰："青衫门外白头翁，曾共先人折桂丛。同榜尽为卿相贵，可怜七十在清风。"时赵年二十余，诗语已老。(《补闲集》卷下)

这里赵伯琪正如"老吾老以及人之老"(《孟子·梁惠王上》)所要求的，对与家父同榜及第的老人"惊起，避席再拜"，表现了敬老孝亲的态度，东山叟对此予以高度评价。这种孝思想的普及，最初起因于高丽成宗在儒教主义政教目的意识下打下的儒教化基础，又因成宗以后的历代诸王持续推进儒教主义的发展而形成。

四、《诗经》论

东山叟认为诗文的作用是感悟人心、发扬微旨，必须"蹈道""归正"。

> 文者，蹈道之门，不涉不经之语。然欲鼓气肆言，竦动时听，或涉于险怪。况诗之作，本乎比兴讽喻，故必寓托奇诡，然后其气壮、其意深、其辞显，足以感悟人心、发扬微旨，终归于正。(《补闲集序》)

东山叟强调诗文与经文的区别在于诗文以文学的语言和形式表达思想，重视文气壮、文意深、文辞显，因此在形式上允许"寓托奇诡"。这种论断基于《诗大序》"诗言志"说和"六义"说："诗者，志之所之也，在心为志，发言为诗。""诗有六义焉：一曰风，二曰赋，三曰比，四曰兴，五曰雅，六曰颂。上以风化下，下以风刺上，主文而谲谏。"而"感悟人心、发扬微旨"则指诗的功能和作用——"正得失，动天地，感鬼神，莫近于诗。先王以是经夫妇，成孝敬，厚人伦，美教化，移风俗"。可见，东山叟的诗论是在对《诗大序》的深刻理解基础上形成的见解。

然以仆言之，其醉吟之际，狂海荡然，锦肠烂然，即已相类。至于律格严整、对偶真切，于匆匆不暇中尤见功夫，似过之也。作《读雅诗叙》云："《诗》三百篇非必出于圣贤之口，而仲尼皆录为万世之经者，岂非以美刺之言，发其性情之真，而感动之切，入人骨髓之深耶？然则虽刍荛贱隶，苟其言中道，则圣人之所不敢舍。况大贤君子之所作，文义俱胜，华实相副者，独不入于《雅》《颂》之列乎?"余近得《乐天集》阅之，纵横和裕，而无锻炼之迹，似近而远，既华而实，《诗》之六义备矣。弃庵之言然。白诗于《风》《雅》之义，深浅异耳，其关于教化一也。杜牧自负文章俊逸，讥乐天之诗龙杂浅陋，当时狸德若视日者，皆从而作谤，哗然同辞。故至于今诗人，虽不及知古人所谓"白俗"之意者，犹曰"长庆杂说，何足看也"。笑哉。凡新学诗，欲壮其气力，虽不读可矣。若缙绅先觉，闲居览阅，乐天忘忧，非白诗莫可。古人以白公为人才者，盖其辞和易，言风俗、叙物理甚的于人情也。今观文顺公诗，虽气韵逸越，侔于太白，其明道德、陈风谕，略与白公契合，可谓天才、人才备矣。（《补闲集》卷中）

东山叟在这里拥护《诗大序》的"六义"说，认为"虽刍荛贱隶，苟其言中道，则圣人之所不敢舍"的原因是这些诗篇虽出自草野贱民之口，但"以美刺之言，发其性情之真，而感动之切，入人骨髓之深"，更何况"大贤君子之所作，文义俱胜，华实相副者，独不入于《雅》《颂》之列乎?"指出孔子删诗的标准是合乎"感悟人心、发扬微旨"，反对杜牧对白居易诗"俗"的批判，主张白诗"其辞和易，言风俗、叙物理甚的于人情"，是符合《诗》三百篇宗旨的好诗；文顺公李奎报的诗虽然在气韵方面追求李白风格，但在"明道德、陈风谕"方面与白居易风格相一致，即符合《诗经》遗旨。

据河政承分析，东山叟主张作诗只有熟读经史百家之书，才能拟古而出新。

虽文顺公，遍阅经史百家，熏芳染彩，故其辞自然、富艳。（《补闲集》卷中）

文安公曰："吴世才先生才识绝伦，尝得《类篇》览之，曰'为学莫此为急'，乃手写毕颂。"凡作者，当先审字本，凡与经史百家所用，参会商酌，应笔即使辞辄精强，能发难得巧语。（《补闲集》卷中）

认为只有像李奎报和吴世才那样熟读经史百家之书，才能在写诗作文时融会贯通，随手拈来，自成妙文。如果没有经史功底，而刻意琢磨锻炼，反而不如古人的自然天成。

凡诗琢炼如工部，妙则妙矣，彼手生者，欲琢弥苦，而拙涩愈甚，虚雕肝肾而已。岂若各随才局，吐出天然无砻错之痕？今之事锻炼者，皆师贞肃公。李眉叟曰："章句之法不外是。"如使古人见之，安知不谓生拙也。（《补闲集》卷下）

东山叟认为"吐出天然无砻错之痕"之诗才是好诗。这种诗即《诗大序》所谓"情动于中而形于言，言之不足，故嗟叹之；嗟叹之不足，故永歌之；永歌之不足，不知手之舞之足之蹈之也"，"故变风发乎情，止乎礼义。发乎情，民之性也；止乎礼义，先王之泽也"。如果徒事锻炼雕琢，而不是抒发性情，那样的诗在古人看来，就只能是"生拙"之诗。

可见东山叟的诗论主张以《诗大序》的"六义"为旨归，提倡熟读经史百家而达到融会贯通，以创作抒发性情、自然天成之诗。

参考文献：

1.［韩］李兴钟：《崔滋思想研究》，《史学志》第24辑，1991年。

2.［韩］河政承：《崔滋的文学论》，《东方汉文学》第 29 辑，2005 年。

3.［韩］李香培：《从〈补闲集〉看崔滋的主气论》，《诗话学》第 3、4 辑，2001 年。

白颐正

白颐正(1247—1323),字若轩,号彝斋。蓝浦人。高丽后期著名的朱子学者。谥文宪。

一、生平

据白文宝的《淡庵逸集》记载,朝鲜半岛白氏一族始于白宇经(749—821),本为唐朝苏州人,后“避谗东渡,仕新罗宣德王,官光禄大夫、左仆射、大司徒,号松溪”。至高丽时期,白氏一族仍为世家大族。彝斋早年与权溥、禹倬游学于高丽大儒安珦门下。1284年,权晅作为同知贡举取士,彝斋与权汉功、金元祥、崔诚之、蔡洪哲等人同年登第。作为安珦门人,彝斋与安珦以第一批引入朱子学的士人而名闻东国。彝斋官至佥议评理,东国士人尊称其为“海东夫子”。卒年七十七岁。彝斋后裔编撰的《白彝斋实记》,收录了彝斋的诗、行状、墓志铭、门人录等,是研究彝斋的重要史料。

二、彝斋与高丽后期性理学之传播

刘刚指出,彝斋虽然入元只有一次,但他在元朝居住了十年之久。大德二年(1298)八月,元帝下诏褫夺忠宣王的高丽王位,还位于其父忠烈王,并召忠宣王入元。彝斋作为宿卫随忠宣王入元,其师安珦作为佥议参理一同前往大都。忠宣王从此常居大都,彝斋因此也在元朝居住了十年。据《淡庵逸集》记载:“戊戌(1298),元遣使册世子为王,即忠宣王也。八月,征王入朝。王如元,公(彝斋)以宿卫从之,留都下十年。”李齐贤在其著作中记载:“白彝斋颐正,从德陵(即忠宣王),留都下十年。”虽然上述两则属不同时期的史料,但彝斋在大都居住了十年时间应该是史实。至大元年(1308)七月,忠烈王病逝。八月,忠宣王从元大都返回高丽继承王位。如果从彝斋于大德二年(1298)八月入元并在大都居住十年来推算,那么他应该是在至大元年八月至十二月之间回国。

当时元朝与高丽已经结为“宗主国”与“藩属国”的关系,在元朝黩武和压榨下,高丽社会呈现出“士皆衽金革操弓矢,读书者十不一二。六籍之传,不绝如缕”的现象。安珦于1290年第一次将朱子学的著作引入高丽,彝斋、权溥、禹倬、朴全之等均为安珦门人,他们在第一时间接触到了朱子学。经过初步的学习,彝斋自然是对朱子学心向往之。彝斋作为忠宣王扈从,留居大都,恰好为其学习朱子学提供了机会。据《高丽史·白颐正传》载:“时程朱之学始行中国,未及东方,颐正在元得而学之东还。”从“在元得而学之”而不是“入元学习”来判断,彝斋是作为宿卫陪同忠宣王在大都居住,研习朱子学只是彝斋扈从忠宣王的一个伴生成果。

在元朝,朱子学已成为显学,而元大都正是名儒聚集之地,朱子学的著作成为大都的畅销书。彝斋利用这么一个天时、地利和人和的机会,在大都购买了大量朱子学的书籍并开始研习。关于彝斋等在元大都研习朱子学的起因,刘中玉先生在其《高丽忠宣王王璋与元士大夫在万卷堂中的交往》一文中写道:忠宣王“令从臣安珦、白颐正等向阎复、姚燧等研习程朱之学”。安珦和彝斋均是受忠宣王之命在元向阎复、姚燧、虞集等研习朱子学。考虑到彝斋在元时间较长,加之姚燧、阎复、耶律有尚、元明善、虞集等新生代理学家也都有在大都任职的经历,我们虽然不能确定彝斋直接师从姚燧、虞集等人研习朱子学,但由于彝斋的确有着与大都儒士切磋和研习朱子学的便利条件,因此大致可以判定彝斋与元朝的文人、儒士有所接触,并且至少对其研习朱子学起到了辅助作用。

刘刚认为,彝斋虽然在元研习朱子学十年,但终究未能成为开宗立派的理学宗师。其中原因之一是,在 1298 年之前,郝经、姚枢、窦默、许衡、刘因等人就已去世,彝斋所接触到的元朝儒士基本上都是以许衡为首的鲁斋学派和以刘因为首的静修学派的弟子辈,这些弟子对朱子学大都沿袭朱熹的理论学说,在学术方面也没有太多的创新和开拓。就彝斋而言,他对于朱子学尚处于学习和消化吸收阶段,不会也不可能对朱子学有所创新和发展。高丽忠肃朝赐给彝斋的谥号为文宪。据《史记正义论例·谥法解》记载:"道德博闻曰文。""博文多能曰宪。"据此分析,忠肃朝对于彝斋的评价应该是勤学好问、博学多才、道德高尚,但还没有达到能够开宗立派成为一代宗师的程度。应该说这个评价是很公允的。彝斋虽然未能达到开宗立派的程度,但他仍然是高丽在引入、传播朱子学方面承前启后的重要人物,而且他在归国之后还直接、间接地培养出了李齐贤、朴忠佐、李縠、白文宝、李仁复等高丽名贤,对高丽朱子学的传播有不可磨灭的贡献。

通过分析目前史料,刘刚提出,在十四世纪初,高丽国内的朱子学传布尚不广,而彝斋率先在安珦门下和元大都研习朱子学,并在回国之后积极传授朱子学。史载彝斋归国后,"与同门四五人,日相讲授。以经籍为渊海,笺疏为梯航。东方学者始知有性理之学"。另据记载,彝斋回国后,"与先生(安珦)之胤竹屋公(安于器)及同门菊斋(权溥)、东庵(李瑱)诸公,校阅训诲"。结合以上两则史料,与彝斋共同研究朱子学的同门有权溥、禹倬、李瑱、安于器（安珦之子）等人。彝斋的门人有李齐贤、朴忠佐、白文宝、李仁复等，后皆为高丽名贤，门人中继承彝斋的衣钵并将朱子学继续发扬光大者，尤以李齐贤、李穀为著名。后人评价彝斋说："是时，九斋之教已微，八关之俗未变，戎马在郊，艅艎在岛，士不遑读书者垂四十年。独先生卓然自立，辟破昏蒙，以启斯文之关键，则其为东儒之源，不可没也。"对于高丽朱子学的传播而言，彝斋的确配得上"东儒之源"的称号。

彝斋晚年屏居田庐，曾赋诗一首曰："矮屋萧条十肘余，焚香静读圣人书。自从人爵生天爵，情欲秋林日渐疏。"（《东文选·燕居》）从诗中我们可以得知，彝斋晚年生活非常困窘。低矮、狭小的草屋，简陋的室内陈设，但这一切都没有使彝斋沮丧，他在追求信仰的路上怡然自得，以读圣人书为最大乐趣，以提升自己的品德为目的，最终远远胜过那些与之同年登第的权贵，从而得以流芳百世。与彝斋同年登第的人当中，权汉功、金元祥均列在《高丽史·奸臣传》之中，蔡洪哲则笃信佛教，崔诚之则有收受贿赂、卖官鬻爵的劣迹。虽然《高丽史·白颐正传》仅有不足百字，但其"安分穷理之学，湛虚纯一之象"的确影响后来者，成为后来儒士们效仿的对象。李氏朝鲜大儒李滉（1501—1570）评价彝斋说："上距程朱之世，且二百年之久，而后其书始至于东。譬如积阴之下，阳德闯发，而将亨其能，阐扬昭揭，使其道大行于世，责在吾儒之徒。而其见于史者，仅有白颐正等数人。"（《淡庵逸集·退溪易东书院记》）据《高丽史》记载，彝斋"天资纯厚，有公辅器。事忠宣，有志辅导，忠宣不用其言"。这表明彝斋有意辅佐忠宣王，给忠宣王提出一些建议，但忠宣王与彝斋意见相左，不听其劝谏，究其原因主要是忠宣王与彝斋的信仰追求不同。

彝斋以朱子学为自己安身立命的信仰，而忠宣王则信仰比较复杂,既好儒又好佛。忠宣王虽然从年少时便读儒家经典,但更爱好词章之学,曾自诩为"词垣之臣";后来他在元结交的虽多为硕学鸿儒如姚燧、虞集、赵孟頫、元明善、张养浩等人,但也多是赏玩书画,吟诗弄词,并没有对朱子学进行深入的探讨,更远未达到研究义理之学的程度。忠宣王曾感叹"京师文学之士,皆天下之选。吾府中未有其人,是吾羞也"(《高丽史·李齐贤传》),并以此为由召李齐贤入元侍从,这也从另一个层面反映出忠宣王喜好的是文学之士,而非深研义理之学的朱子学者。另外,他受高丽王室崇佛的影响,自幼便追随父母出入寺院,因此佛教对他的影响巨大。在遭受事业(被夺王位)、家庭(与父王不和,与元朝的公主婚后不睦)上的不幸之后,忠宣王内心更加倾向于佛教,以寻求精神安慰,也是情有可原、顺理成章之事。而且,年龄愈长,忠宣王对佛教的迷恋程度愈深,关于他饭僧、出入寺院等记载不绝于书。史载,忠宣王经常"闭户焚香,竟日危坐,唯酷嗜浮图法(即佛教)"。沉溺于佛教之中的忠宣王曾经有出家为僧的念头。1306 年,王惟绍等人在离间忠烈王、忠宣王父子时曾说:"往者,前王(即忠宣王)自愿为僧,而省官不听。"由此可见佛教在忠宣王心目中的地位。而这一阶段恰好是彝斋在大都研习朱子学的黄金时期。正是在大都的十年造就了彝斋在朱子学入丽及其传播过程中的重要地位,使彝斋成为后学们敬仰的楷模。忠宣王与彝斋这对君臣在各自的信仰之路上愈走愈远,因此两人在治国理念和道德修养方面的分歧也越来越大。即使彝斋有辅佐君王之才,但不被重用也无用武之地,足可叹息。事实上,彝斋自元朝回国之后,就没有受到忠宣王的重用,而与他同年登第的权汉功、金元祥、崔诚之、蔡洪哲等人均受到重用,权势熏天。直到 1314 年,忠肃王即位之后,彝斋才被提拔为佥议评理并商议会议都监事。此时六十七岁的彝斋距离致仕(即退休)

的时间只有三年了。彝斋在一首诗里写道:“自笑浮名真误我,拂衣犹未老沧州。”这也表明了他与世俗功名决裂,专心研读、传播朱子学的信心和决心。

韩国学者金忠烈评价彝斋说:“就朱子学东传的问题而言,若安珦是最初积极介绍朱子学的人物,白颐正则是实际学得朱子学展现于高丽学界的最早的研究家。”金忠烈称彝斋为研究家固然有些过誉,但彝斋在元居留期间主动研习朱子学,回国后大力传播朱子学,称其对朱子学在高丽的传播有着重要贡献则一点也不为过。

参考文献:

1. 刘刚:《朱子学传入朝鲜半岛研究(1290—1409)》,暨南大学2012年博士学位论文。

2. [韩]朴弘奎:《高丽末期朱子学的接受与应用》,《亚细亚研究》第43辑,2000年。

3. [韩]都贤哲:《高丽后期朱子学的接受与朱子书普及》,《东方学志》第77辑,1993年。

李齐贤

李齐贤(1287—1367),初名之公,字仲思,号益斋、实斋,又号栎翁。庆州人。高丽后期著名学者、文人。谥文忠,封鸡林府院君。

一、生平

益斋出身书香门第,为高丽建国之初三韩功臣金书后裔。其父瑱科举及第,授检校侍中,母为“三韩甲族”月城朴氏。益斋自幼受到良好的文化熏陶,十五岁丙科及第,十七岁步入仕途,授权务奉先库判官、延庆宫录事,二十二岁选入艺文春秋馆。此后五年,先后任点校寺丞、知密直司、政堂文学、判三司事、西海道按廉使等职。当时高丽政权武臣专政,统治阶级内部和阶级矛盾日趋激化,政治、经济和社会处于极度混乱之中。高丽政权亦受元廷掌控,高丽王随时听命于元廷。1313 年,忠宣王让位于太子忠肃王,自己以太尉身份赴元大都,构置“万卷堂”,以书史自娱,以“京师文学之士,皆天下之选。吾府中未有其人,是吾羞也”为由,召益斋来大都以为侍从。自 1315 年至 1341 年,益斋居留中国二十六年,其间遍交名士,与姚燧、阎复、元明善、赵孟頫、张养浩等过从甚密,以为知己。

益斋在中国游历名山大川,足迹几遍中华。1317 年,他以成均馆祭酒身份奉使峨眉山。1319年,随忠宣王到江南降香游历。忠宣王流放吐蕃后,益斋曾去朵思麻探望慰问。他一生中先后到过甘肃、陕西、山西、河南、河北、湖南、湖北、四川、西藏、江浙等地,可以说中国是他的第二故乡。

1341年,益斋五十四岁时回到高丽,为忠穆王师,并编写忠烈、忠宣、忠肃三朝实录及其他史书。1348年,六十一岁时再次出使元朝。回国后,被恭愍王拜为右政丞。他曾向恭愍王提出许多革新建议,但屡遭拒绝,于是心灰意冷,不久便挂冠离职,专门从事著述活动。其著作有《益斋乱稿》《益斋集》《栎翁稗说》《孝行录》《云锦楼记》等。

二、益斋与高丽后期性理学之传播

李甦平在《朱子学在高丽时代的传播与发展》一文中,对朱子学在高丽后期的传承谱系做了深入探讨。她认为,在高丽儒学史上,朱子学是在1290年由安珦传入高丽王朝的。忠烈王十五年(1289),安珦随忠宣王赴元大都,得以自由地会见当地学者,阅览有关朱子学的书籍并手抄新刊《朱子全书》。忠烈王十六年(1290),安珦回国,将朱子学传入高丽。

继安珦之后,尚有两位重要的赴元学者白颐正和权溥,他们在将朱子学引入高丽方面,亦做出了不可磨灭的贡献。益斋的《栎翁稗说》记载:

> 白彝斋颐正,从德陵,留都下十年,多求程朱性理之书以归。

白颐正曾伴忠宣王在元十年左右,学习程朱理学而后归国。《东国通鉴》"忠肃王元年春正月"条中记有:"颐正……累官佥议评理、商议会议都监事,后封上党君,时程朱之学始行中国,未及东方，颐正在元得而学之东还。”白颐正在元学习朱子学期间，正是元统治者将朱子学定为官学之际。所以，他深知朱子学的重要性。归国后，他将朱子学传授给益斋等人，后又经益斋等人传播，在丽末鲜初形成了高丽朱子学的谱系。可以说，白颐正奠定了高丽朱子学传承的基础。

《栎翁稗说》记载：

> 我外舅政丞菊斋权公，得《四书集注》，镂板以广其传，学者又知有道学矣。

这里的菊斋权公即权溥（1262—1346），曾于1302年至1309年两次赴元学习朱子学。由于程朱理学重视四书，所以当时元朝社会以《论语》《孟子》《大学》《中庸》为刊行普及读本。权溥注意到这一现象，回国后，努力刊行、普及朱熹的《四书集注》。正是权溥对朱熹《四书集注》本的刊行和推广，才使得高丽儒学由以前的汉唐儒学转向了朱子学。而这正是权溥对引进朱子学所立下的功绩。

据李甦平研究，当时入元的高丽学人大多滞留于元大都一带，所以只知作为官学的朱子学，而不闻散落于中国南方一带的陆学。其结果，被引入高丽的就只能是朱子学。

益斋是高丽朱子学学脉中的一位重要学者。益斋作为权溥之婿，天资聪慧，十五岁时登成均试状元榜，二十八岁时向白颐正学习程朱理学并被忠宣王选贤送入元京万卷堂，进一步学习朱子学。《高丽史》中《李齐贤传》有这样的记载：

> 忠肃以大尉留燕邸，构万卷堂……召齐贤至都。时姚燧、阎复、元明善、赵孟𫖯等，咸游王门，齐贤相从学益进，燧等称叹不置。

前文中提到的阎复、赵孟𫖯是元代著名的大文豪，而姚燧和元明善则是元代程朱理学的著名学者。姚燧(1238—1313)是元代理学宗师许衡的大弟子,他以弘扬程朱理学为己任,在许衡之门的地位堪与孔门的子游、子夏相比拟。元明善(?—1322)是吴澄草庐学派的重要传人之一,以研习理学、经学而闻名于世。益斋经常与他们在一起切磋,成为对程朱理学有很深造诣的学者。他认为,朱子学是学习儒学的捷径,程朱之书是教化修养的向导。他在《栎翁稗说》中讲:"吾家有朱晦庵注,读之所谓涣然冰释。"又在《益斋乱稿》中说:"天下同文,家有程朱之书,人知性理之学,教之之道,亦庶几矣。"益斋这些言论反映了他对程朱学的理解和喜爱。

益斋诚如其号"实斋",主张儒学为务实、笃行之学,认为儒学是日用事物之道,因此不提倡观念性的理论,只举出历史上的实例,对应现实,警诫未来。如他所写的《史赞》,就是以历史史实告诫为政者实行王道的一部史鉴书。他在"景王条"中举出孟子所说"夫仁政,必自经界始。经界不正,井地不均,谷禄不平",说明以仁政治理国家要从农村经济做起,这是治国之本。在"成王条"中,他对崔承老的《时务二十八条》,给予很高的评价,并将实践《时务二十八条》的成王之业绩,定为帝王实行儒治的模范和标准。益斋赞美成王以儒治国的实行说:"承老见成王有志可与有为,乃进此书,皆实录也。成王立宗庙,定社稷,赡学以养士,复试以求贤,励守令,恤其民,赉孝节,美其俗,每下守札,词旨恳恻,而以移风易俗为务。……去浮夸,务笃实,以好古之心,求新民之理,行之无倦而戒其欲速,躬行心得而推己及人。齐变至鲁,鲁变至道,可冀也。"(《史赞·成王条》)这种赞誉,表明益斋坚信儒学以务实、笃行为根本,必有益于人伦事物。在心性修养方面,益斋主张敬以直内,修养工夫。他说:"以敬以慎,敬慎之实,莫如修德。修德之要,莫如向学……更择贤儒,讲《孝经》《语》《孟》《庸》《学》,以习格致诚正之道……四书既熟,讲以六经……习与性成,德造罔觉。”(《东国通鉴·上都堂书》)可见,益斋强调儒家经典是修养心性的必读书,按照儒家敬、慎、修养心性的要旨方可性成德造。益斋后将朱子学传授给了其弟子李穀。

三、性理学思想

益斋因忠宣王之命,入元大都万卷堂,其间与元儒姚燧、元明善、张养浩、赵孟頫等人周旋往来,这些人都是元代程朱性理学界的中枢人物,益斋与其交游、耳熏目染,不可能不受影响。

何永波在《高丽李齐贤与性理学的传播》一文中提出,益斋作为继承宋元新儒学正统渊源的儒学思想家,虽然没有留下专门的性理学著述可供研究,但可以通过散见于《益斋乱稿》中的言论探讨其对新儒学之认识。

第一,益斋具有正统的儒家历史观。益斋不仅是文学家,而且是一位“讨论坟典,淹贯精研,折衷以至”的史学家,对文史有渊博的知识,也留下了许多重要的历史著述。《栎翁稗说》前集,自太祖始,至忠宪王止,叙述高丽历代历史,其中《忠宪王世家》为其代表性的文章,从中可以看出益斋正统的儒家历史观。

第二,对“仁”“义”之认识。儒家思想以“仁”“义”为核心,益斋在其文章中经常提到“仁”“义”的问题,如“已推彰信之仁,又笃念功之义”,并在文章中把“仁”之概念对比于佛教之“慈悲”,把“义”之概念对比于佛教之“喜舍”,说韩愈抓着儒家的仁义道德之道,柳宗元抓着儒家的中庸之道,可见益斋的儒佛观更接近于柳宗元,即重视中庸之道的儒家思想。

益斋虽然没有对释、道与儒的关系予以专门论述,但从其诗《庐山三笑》中可以略见一斑:

释道于儒理本齐，强将分别自相迷。三贤用意无人识，一笑非关过虎溪。

诗中，他以“虎溪三笑”典故阐释了自己的认识。诗中起句便提出儒、释、道三教在“理”上本有相通之处，承句更点明若人为地将三教加以区分而形成门户之见毫无益处。而正是由于《庐山三笑》中的释、道、儒三人都是虚怀若谷，相互包容，他们之间的谈笑才没有任何障碍。转句中三个人究竟谈了什么、用意在哪里没有明说，但结句中的会心一笑似乎给出了答案，即相互理解和包容，共同探讨真理的喜悦，使儒、释、道之间找到了共同的理的真谛。这里可以看出益斋“君子不器”的弘量大度，虽然与真正性理学者的仁义观有很大差异，但可以看作是原始儒学与新儒学交替期的特色和局限。

第三，“诚”“敬”之观念。《礼记·中庸》说“诚者天之道也，诚之者人之道也”，指出“诚”是天的根本属性，努力求诚以达到合乎诚的境界则是为人之道。又说“诚者，物之终始，不诚无物”，认为一切事物的存在皆依赖于“诚”。孟子亦云“诚者，天之道也；思诚者，人之道也”；朱熹以“诚”为“天理之本然”。何为“敬”？《大学》提出“为人臣，止于敬”；孔子答子游问孝，曰“今之孝者，是谓能养。至于犬马，皆能有养。不敬，何以别乎？”“敬”是子对父或臣对君之端重庄严的心理态度，也可以说是人向“天理之本然”不断迈进的心态。所以，要完成儒家最高理想之“仁”，一定要以“诚”“敬”为基础。

益斋也为了实行“仁”之根本“忠”“孝”，十分重视“诚”“敬”。他说，“既敏以明，亦敬以诚，乃宣乃力”，“敬以事君，诚以事亲”，“勤以从政，诚以事君”，“能哲而惠，自诚以明”。

益斋的正统儒家历史观、对“仁”“义”的认识及“诚”“敬”等儒家观念表现在其作品中，特别强调爱国、忠君、亲民、孝亲之理的践行。

何永波认为，益斋虽然没有专门的性理学著作，但这并不影响他在韩国儒学史上的特殊地位。益斋推崇性理学，在史论、政论、文学作品方面深受性理学的巨大影响。同时，他处处率身垂范，表现出了儒学大家的良好修养和深厚的儒学造诣。韩国学者金忠烈认为，益斋之学“会通经学、文章学与性理学”，且具有思想上的开放性、经世上的实用性。这个评论是既深刻而又合乎实际的。高丽末期著名哲学家李穀，师承益斋，是高丽后期传播和发展朱子学的主要代表人物之一，也是高丽末期儒学的集大成者。他在任大司成期间，讲授朱子学，培养出了如郑梦周、权近等众多著名儒学家。所以金忠烈认为，将高丽末期性理学的初期谱系设定为安珦—白颐正—李齐贤—李穀—李穑，是符合历史事实的。益斋承上启下，对性理学在高丽的传播发展做出了巨大贡献，是一个不可或缺的人物。之后经由李穑、郑梦周、郑道传和权近的进一步深入传播，朝鲜朱子学终于迎来了全盛期。

参考文献：

1. 李甦平：《朱子学在高丽时代的传播与发展》，《南昌大学学报(人文社会科学版)》2013 年第 1 期。

2. 何永波：《高丽李齐贤与性理学的传播》，《理论界》2010 年第 6 期。

3. [韩]崔凤准：《李齐贤性理学的历史观与传统文化认识》，《韩国思想史学》第 31 辑，2008 年。

4. [韩]朴现圭：《高丽后期性理学与汉文学的交涉现象——高丽末性理学与李齐贤的接受过程》，《汉文学报》第 13 辑，2005 年。

5. [韩]申千湜：《李齐贤的学问与思想》，《明知史论》第 9 辑，1998 年。

李 穀

李穀(1298—1351),字仲父,号稼亭。韩山人。益斋李齐贤门人、牧隐李穑之父,丽末著名学者、诗人。谥文孝。

一、生平(据《稼亭先生年谱》整理)

韩山李氏始祖允卿之六代孙,赞成使自成之子。1317年,中举子科。1320年,中益斋先生李齐贤知贡举秀才科第二名,调福州司录参军事。1326年,中征东省乡试第三名。1331年,拜艺文检阅。1332年,中征东行省乡试第一名。1333年,会试中殿试二甲,赐进士出身,授承事郎、翰林国史院检阅官。1334年,奉勉励学校诏书,使本省。1337年,授儒林郎、征东行中书省左右司员外郎,拜中显大夫成均祭酒、艺文馆提学、知制教。1341年,赍征东行省贺改元表赴京师,因留居。1345年,扈驾上都。本年冬,拜奉翊大夫判典校寺事、艺文馆提学、同知春秋馆事、上护军。又拜奉翊大夫密直副使,馆职如前。1348年,为中书差监仓,拜匡靖大夫都佥议赞成事、右文馆大提学、监春秋馆事、上护军。是年东还。1351年卒,赠谥文孝公。

稼亭曾参与增修《编年纲目》,编撰高丽忠烈、忠宣、忠肃三朝实录。善诗文,其诸多汉诗和汉文作品,揭露了官僚贵族的荒淫奢侈,对农民疾苦深表同情,代表作《橡栗歌》揭露了农村劳动人民遭受残酷剥削的境况。著有《稼亭集》二十卷。

二、稼亭与高丽末期性理学之传播

据刘刚《朱子学传入朝鲜半岛研究(1290—1409)》一文阐述,1333年,稼亭在元中第之后,元朝委任其为翰林国史院检阅官。稼亭在元为官,得以与元朝名儒共事、切磋,如鱼得水。史载:“縠与中朝文士交游讲劘,所造益深。为文章操笔立成,辞严义奥,典雅高古,不敢以外国人视也。”

在元朝翰林院中,作为外国人的稼亭丝毫不逊色于元朝的学者,令元朝学者刮目相看,不敢等闲视之。1334年,稼亭奉兴学诏出使征东行省。元朝名儒欧阳玄、揭傒斯、陈旅、宋本、谢端、岳至、焦鼎、王士点、王沂、潘迪、宋褧、程益、程谦、郭嘉等人均为其出使东还赠诗,时任国子助教的陈旅还撰写了《送李中父使征东行省序》。后来为稼亭题咏的元朝名儒还有苏天爵、贡师泰、黄溍、王思诚、刘闻、刘阅、余阙、成遵等人。能得到欧阳玄、揭傒斯等众元朝名儒的赠诗和题咏,作为高丽人的稼亭可谓独享殊荣。稼亭之师李齐贤也只是与虞集、元明善、赵孟頫、张养浩等数人有所唱和,稼亭之子李穑虽名震海内外,但身处元末乱世,因士人逃散而无奈东归,也没有能够达到其父与元朝名儒交往的层次和深度。

稼亭是高丽末期与元朝儒士交流最广泛的朱子学者。据陈高华统计,与稼亭有文字交往的元朝儒士多达三十一人。稼亭在元大都交往的这些元朝名儒多为1314年开科取士之后的进士出身,有些甚至还是稼亭的同年。他们都是饱读程朱书籍的士人,朱子学造诣深厚。其中,苏天爵便是元朝中期著名的理学家,他是刘因的再传弟子。元朝理学家有一个共同特征,即他们“作为理学家而又擅长文学”,长期居留元大都的稼亭也逐渐为元朝儒士所同化而擅长文学。可以说,当时的元大都是世界政治、文化的中心,汇聚了元朝的学术精英。无疑,元大都的朱子学研究水准也是一流的。任职在元朝翰林院中的稼亭深受影响,与当时元朝名儒研究、交流朱子学的心得,其对朱子学的造诣和视野也是国际性的,在当时的元朝也可称得上是知名学者。因此,在高丽国内,稼亭作为朱子学者而闻名,高丽学者也认为稼亭"深于性理之学"。

高丽自"藩属"于元朝以来,两次助战元朝东征日本,加之元朝对高丽的索取及佛教盛行,造成其国内文风不振,学校破败不堪,人不思学。元朝于1314年正式开科取士,科考的恢复,给元朝、高丽士人带来了出仕的希望,高丽国内士人们读书的愿望也被激发起来。自1315年元朝第一次会试至1333年稼亭中第为止,高丽已经有六位士人在元中第,而且他们回国后大多被迅速提拔,并委任为要职。这些中第的高丽士人既为高丽争光,同时也成为高丽学子的学习楷模,他们的成功对高丽士人们来说是巨大的鞭策。1334年,稼亭自元奉勉励学校诏书,出使高丽。《稼亭集》中记载了这次出使经历:"余惟圣元文治大洽,今诏天下作新学校。余猥厕天朝搢绅之列,得奉是诏,来布东方。历观诸郡,庙学颓坏,生徒惰业,往往皆是。孰知圣元崇儒美意乎?"从1314年正式开科取士至1334年元朝颁布兴学诏,已经过去二十年时间,虽然高丽的情况已经是"家有程朱之书,人知性理之学",但学子仍然处于"生徒惰业"的懈怠状态,这从一个侧面反映出朱子学的传播与普及在高丽仍需经历一个较长的过程。因此,刘刚指出,稼亭奉兴学诏东归,势必会加快高丽朱子学的传播与学校的创建。

三、理学思想

1. 扬儒排佛

稼亭在元朝科举中第之后,因为成绩优秀而被元朝委任为翰林国史院检阅官。他是入元中第并在元朝出仕的第一位高丽士人。据刘刚研究,稼亭的座主李齐贤著有针对佛教弊端的文章,基本上对佛教采取了敬而远之的态度,但仍然没有从根本上严格区分佛、儒。稼亭入元中科举出仕元朝之后,与元朝数十位名儒共事,深受他们的影响,对于佛教已经有了排斥之心。从稼亭开始,高丽士人开始从根本上严格区分佛、儒。稼亭多次明确表示"余不读佛氏之书,不知所谓因果罪福之说"。虽然稼亭仍然受邀或奉命为某些寺院撰写碑记,但都事先声明自己不信释教,只是以儒者的身份来撰写。这点与元朝理学家姚燧非常相似,姚燧也时常不得已为寺院撰写碑记。姚燧在《延鳌寺碑》中写道,"燧学儒者,未尝知为佛氏之言",以此来严格划清自己与佛教之间的关系。稼亭这种类似于姚燧的表现从一个侧面反映出高丽末期,尤其是在元朝恢复科举、朱子学成为官方哲学之后,高丽儒士们已经开始自觉地接受朱子学并严格划分儒、佛之间的界限,高丽国内已经开始出现儒、佛对立的倾向。如稼亭在《兴王寺重修兴教院落成会记》中即说:"本国地虽极东,而于西方之教(即佛教),行之最先矣。……余未尝读释氏之书,不知所谓云云者。姑以儒言之。"

刘刚指出,虽然稼亭不读佛教书籍,不信佛,以儒者自尊,表明其所处的时代已经发展到了儒士们自觉划清儒、佛界限的阶段,但在高丽,佛教的势力仍然十分强大。据稼亭在《高丽国天台佛恩寺重兴记》所说:"故其教(佛教)盛行于天下,而东方事之弥笃。人无智愚老幼,皆知有佛。凡死丧患难,动辄号之,谓非佛若不能一日于世者。故佛刹相望,几半于人家。"这表明,高丽除士大夫阶层对朱子学有所认识和传播之外,王室权贵与普通百姓依旧信佛甚笃。另据稼亭的《大都天台法王寺记》记载,高丽当时仍然是沿用旧俗:"凡事君事亲、养生送死,一以佛教。人或不然,群怪而众訾之,谓于忠孝有未尽也。”在高丽社会中仍然是佛教的风俗占据主流地位,不以佛事事君事亲、养生送死之人,会遭到世人的诟骂,并被视为不忠不孝之人。由此可知,宗教信仰的改变以及社会习俗的转变,需要经过一个长期的过程。

2. 忠孝节义思想

刘刚指出,经过许衡、刘因等人大力推介,朱子学逐渐成为元朝的官方哲学,崇尚忠孝节义蔚然成风。稼亭多次入元,见到元朝廷为表彰忠孝节义之人而立牌坊、赐匾额,起初以此为怪,后来了解到推崇忠孝节义可以起到移风易俗、净化社会风气的功效,感到非常震撼。高丽国内由于朱子学传入较晚,加之传播和被接受的过程较长,对于忠孝节义的事迹少有立牌坊等表彰行为。高丽国内节妇曹氏的事迹后来为稼亭所知,稼亭亲自为曹氏写传记,并建议对曹氏“守三从之义”的节义精神进行表彰。据《节妇曹氏传》记载,曹氏出生于 1265 年,十三岁出嫁,生有一女。1291 年,曹氏的丈夫不幸战死。后曹氏的女儿出嫁,曹氏跟随女儿一同居住。其女生一男一女,后病逝。曹氏又随其孙女出嫁并一同居住。曹氏“寡居五十年,日夜勤女工,衣食女若孙,使不失所,而宾婚丧祭之用是给”。稼亭提倡将曹氏作为高丽本国的节义楷模,让世人效仿,由此既可以改善社会风气,又符合朱子学的忠孝节义思想。

稼亭的经世观依归于以四书五经为基础的性理学经世思想,但相对于后世学者如郑道传的易姓革命派来说,稼亭止步于原则论立场,并未提出具体的、体系化的制度改革措施。正如郑道传在《陶隐文集序》中所说,李穀、李穡父子“北学中原,得师友渊源之正,穷性命道德之说。既东还,延引诸生,见而兴起者,乌川郑公达可、京山李公子安、潘阳朴公尚衷、密阳朴公子虚、永嘉金公敬之、权公可远、茂松尹公绍宗,虽以予之不肖,亦获侧于数君子之列”。

可见稼亭在高丽与元朝的儒学交流史上,以及高丽儒学的发展史上具有重要的历史地位。

参考文献:

1. 刘刚:《朱子学传入朝鲜半岛研究(1290—1409)》,暨南大学2012年博士学位论文。

2. [韩]马宗洛:《稼亭李穀的生涯与思想》,《韩国思想史学》第31辑,2008年。

3. [韩]金钟镇:《李穀散文与性理学的交涉样相》,《汉文学报》第13辑,2005年。

4. [韩]韩永愚:《稼亭李穀的生涯与思想》,《韩国史论》第40辑,1998年。

5. [韩]柳仁熙:《李穀·李穑的伦理哲学与高丽儒学的特点》,《东方学志》第101辑,1998年。

李　穑

李穑（1328—1396），字颖叔，号牧隐。韩山人。李縠（稼亭）之子。丽末著名学者、儒学教育家、诗人。谥文靖。

一、生平（据权近《朝鲜牧隐先生李文靖公行状》整理）

公讳穑，字颖叔，号牧隐。忠清道韩州人。曾祖为追封奉翊大夫、版图判书昌世；祖为宣赠奉训大夫、秘书监丞，本国追封匡靖大夫、都佥议赞成事自成；考为宣授奉议大夫、征东行中书省左右司郎中，本国匡靖大夫、都佥议赞成事、右文馆大提学、监春秋馆事、上护军，谥文孝公縠，中元朝元统癸酉制科，有文集二十卷行于世。妣为宣封辽阳县君、本国咸昌郡夫人金氏，以天历戊辰五月辛未生公。公聪慧异常，自知读书，见辄成诵。至正辛巳，公年甫十四，中本国成均试，崭然已有声。始冠将婚，一时高门望族择东床者，皆欲归其女，至婚夕犹争。乃娶安东权氏，宣授明威将军诸军万户府万户、本国重大匡花原君仲达之女，元朝朝列大夫太子左赞善、本国三重大匡都佥议、右政丞汉功之孙也。

戊子，稼亭先生在元朝为中瑞司典簿，公以朝官子，补国子监生员，在学三年，得受中国渊源之学，切磨涵渍，益大以进，尤邃于性理之书。辛卯正月，稼亭还本国卒，奔丧终制。癸巳夏五月，恭愍王开科试士，公为魁，授肃雍府丞。秋，中征东行省解元，仍充进奉使书状官赴京。甲午二月，翰林学士承旨欧阳玄、礼部尚书王思诚，同掌会试，公又得中。三月，对策殿庭，擢中二甲第二名。读卷官参知政事杜秉彝、翰林承旨欧阳玄诸公，大加称赏，敕授应奉翰林文字承仕郎、同知制诰兼国史院编修官。东归须次，恭愍王就加通直郎、典理正郎、艺文应教、知制教兼春秋馆编修官。乙未春，为王府必阇赤，掌书批目，儒林荣选也，升授奉善大夫、试内史舍人、知制教兼春秋馆编修官。夏，又充书状官，奉表如京。八月，礼仕翰林院。冬，权经历。丙申正月，以母老弃官东归，盖亦知天下将乱也。秋，本国官制行，改中散大夫、吏部侍郎、翰林直学士、知制诰兼春秋馆编修官兼兵部郎中，以掌文武之选。初，公上言时政八事，皆蒙施行。丁酉，试国子祭酒，知阁门，阶中大夫，为知印尚书，是必阇赤之长也，其选尤荣。辛丑十一月，红巾军陷王京，乘舆播越，臣僚仓卒多溃散，公从王不离侧，一心捍卫，参谋协赞，洪济多艰，弼成克复之功，策勋一等，赐以铁券、田一百结、奴婢二十口。癸卯，宣授奉训大夫、征东行中书省儒学提举。冬，拜本国端诚辅理功臣、奉翊大夫、密直提学、同知春秋馆事、上护军，自是与闻国政二十余年，虽在罢闲，每有大政，必就问焉。乙巳，同知贡举，取尹绍宗等二十八人。丁未冬，宣授朝列大夫、征东行中书省左右司郎中，以本国判开城兼成均大司成。

初自辛丑经兵之后，学校废弛，王欲复兴，改创成均于崇文馆之旧址，以讲授员少，择一时经术之士若永嘉金九容、乌川郑梦周、潘阳朴尚衷、密阳朴宜中、京山李崇仁等，皆以他官兼学官，以公为之长。兼大司成，自公始也。明年戊申春，四方学者坌集，诸公分经授业，每日讲毕，相与论难疑义，各臻其极。公怡然中处，辨析折中，必务合于程朱之旨，竟夕忘倦。于是，东方性理之学大兴，学者祛其记诵词章之习，而穷身心性命之理，知宗斯道而不惑于异端，欲正其义而不谋于功利，儒风学术，焕然一新，皆先生教诲之力也。夏四月，王幸九斋，亲试诸生经义，命公读卷，取李詹等七人赐及第。己酉夏，同知贡举，取柳伯濡等三十三人，始用中朝科举易书通考之法。辛亥，知贡举，取金潜等三十三人。癸丑冬，封韩山君，阶大匡。间奉旨铭指空、懒翁二和尚浮屠，其徒因多往来于门，凡求诗文，扣者辄应，颇有佞佛之讥。公闻之曰："彼谓追福君亲，予不敢拒也。"丙寅，知贡举，取孟思诚等三十三人。

戊辰，朝廷欲置铁岭卫，侍中崔莹当国用事，举兵谋攻辽，太上王举义回军，执退莹，起公为门下侍中。公曰："今国家有衅，非王及执政亲朝，无以辨之，王幼不能行，是老夫之责也。"即自请如京，王及国人皆以公老且病固止之。公曰："臣以布衣，位至极品，常欲以死报之，今得死所矣。设死道路，以尸将命，苟得达国命于天子，虽死犹生。"入朝于京师，高皇帝嘉赉有加，优礼以遣。己巳，还国。秋，请退，拜判门下府事。冬，恭让君立。壬申四月，复贬衿州。六月，徙骊兴。七月，太上王即位，忌公者欲加极刑。公曰："吾平生不妄语，敢诬服乎？虽死，吾为直鬼也。"语闻，王察其情特原之，移置长兴府，赖公专活者多。冬，宥归韩州。自恭让初年，忌公者屡以计必欲置之死地，王辄救之得全，及是，忌公者不敢复施其计。乙亥秋，游关东入五台山，因留居之。王遣使召迎，复封韩山，进见而退，送至中门，待以故旧之礼。丙子，公年六十九。夏五月，请往骊江避暑，将登舟疾作，召男种善于京城。初七日，疾革，有僧进语其道，公举手挥之曰："死生之理，吾无疑矣。"言讫而卒。讣闻，王悼甚，辍膳停朝三日，遣使吊祭，赙赠有加，谥文靖公。十月，子孙奉柩归于韩州。十一月甲寅，葬于加智之原。

公天资明睿，学问精博，处事详明，秉心宽恕，议论可否，明白简切，而必主于忠厚；待人接物，谦恭恺悌，和气油然，而凛乎不可犯。其为宰相，务遵成宪，不喜纷更，而持大体。忠君爱亲之念，至老不衰，每形于辞色，现于诗文。勉进后学，必以伦理为主，孳孳不倦。博览群书，尤深于理学。凡为文章，操笔即书，如风行水流，略无凝滞，而辞义精到，格律高古，浩浩滔滔，如江河注海。有集诗三十五卷、文二十卷。自元季至正癸巳，至明朝洪武己巳，数十年间，掌国文翰，多更变故，险难之际，能修词命，屡见嘉叹。及公贬斥，忌公者典文，始以表辞见责于帝。则公之文章智识，有补于世如此。惜恭愍徒知致敬，而不能尽用其言，后长百僚，而未几罢免，遂见诋姗，经济之学，卒莫大施，天也。为家不问有无费，虽至屡空，不以动心。平生无疾言遽色，家人仆隶或有失，必徐以理晓譬之，未尝加以怒言。尊俎之间，油油然而处，亦不及乱，襟怀洒落，言动从容，喜怒不形，圭角不露，浑是一团和气。久居宠利，而不见其骄盈；晚遭屯难，而不见其陨获。缧绁非辱，圭组非荣，公之操存守履，亦可谓确乎不拔者矣。

二、牧隐与丽末鲜初性理学之传播

王国彪指出，性理学在高丽恭愍王（1352—1374 年在位）时期得到广泛传播。恭愍王遵行元朝的科举制度，并大力扶持性理学，重用牧隐、郑梦周等性理学大家，因此程朱理学迅速传播。恭愍王十一年（元至正二十二年，1362），红巾军攻陷王都开京（开城），焚荡屋舍无数，致使学校荒废，教育稍弛。为了蓄养人才、重振儒风，恭愍王在校舍修缮资金筹措、师生考核等几个方面采取了有力措施。恭愍王十六年设立“五经四书斋”，要求国学生主攻五经、四书，研习朱子的性理之学。十八年，始用元朝乡试、会试、殿试之制，将《四书集注》定为考试用书，这两项措施确保了性理学在高丽的普及与研究。

恭愍王十六年时，高丽朝廷还在崇文馆旧址重建成均馆，并任命牧隐为开城府判事兼成均大司成。由于当时的馆生不过数十人，牧隐以奖拔人才为务，增置生员，选用性理之士为教官，重新订立成均学规，他本人也每日坐明伦堂，亲自督学，孜孜不倦，此举使性理学蔚然成风。权近《朝鲜牧隐先生李文靖公行状》详载此事，当时“以讲授员少，择一时经术之士若永嘉金九容、乌川郑梦周、潘阳朴尚衷、密阳朴宜中、京山李崇仁等，皆以他官兼学官，以公为之长。兼大司成，自公始也。明年戊申春，四方学者坌集，诸公分经授业，每日讲毕，相与论难疑义，各臻其极。公怡然中处，辨析折衷，必务合于程朱之旨，竟夕忘倦。于是，东方性理之学大兴，学者祛其记诵词章之习，而穷身心性命之理，知宗斯道而不惑于异端，欲正其义而不谋于功利，儒风学术，焕然一新，皆先生教诲之力也”。李崇仁《赠李生序》也详细描绘了当时的情景：“是时学徒日臻，斋庑殆不能容。教官晨兴入馆门，既升堂，学徒序立庭东西，叉手磬躬行礼讫。各执所治经，左右前后如墙进，而教官中。学徒受业竟，又相发难，有所折衷也而后罢。读书声穷日不辍，予数人喜形于色，相谓曰：‘斯文其兴矣乎？’”（《陶隐先生文集·赠李生序》）

牧隐在《咋至九斋坐松下，松阴薄，日将午，热尤甚，于是告诸生曰，入紫霞洞，就凉冷处赋咏如何。诸生踊跃导行，至安心寺前乱水坐南岸。刻烛出题，烛未半，雨骤至，引诸生走入寺，衣巾尽湿，殊有佳致。赋三诗，曰〈松风〉，予所命也；曰〈宰相行〉，光阳君李先生所命也；曰〈骤雨〉，上党韩先生所命也。初持马报仆者，闵祗候安仁也。从仆者，闵令中理，豚犬种学也。从上党者，乃子尚敬，婿安景俭也。其邂逅者，典校令金可久，典法总郎任献，典校副令廉廷秀也。既归，颓然困卧。及觉，真如梦中。歌以录之，日已高矣》诗中叙述了与学生探究性理之学的情形:“国家崇文教多术,大作泮宫高碑矶。仍开九斋各授徒,侁侁青衿盈国都。夏天都会松山麓,读书赋诗须刻烛。全篇警句世所知,讨论讲习仍孜孜。昔贤遗迹可对越,风移世变成挑挞。如今濂洛教初行,讴吟直欲求性情。”不难想象,牧隐改变了以往只是背诵诗赋的学风,与学生共同研讨性理学,开始了形而上的探讨,涉及了“性”“情”等理学的基本范畴。多年以后,牧隐仍然对此念念不忘,他在《有怀成均馆》一诗中再次满怀深情地回忆当时开课授业的情形和感受:“璧水光阴记少年,八斋环列诵声连。升堂最怕抽签讲,为是音讹意莫传。当时诸子总真儒,说到精微肯嗫嚅。独有牧翁长闭口,中堂兀坐似枯株。教养诸生岂有他,欲令风化播中和。金陵王气回天意,讲舌徒然似决河。”于此可见,当时诵读、精讲性理学之书(包括《四书集注》等)的盛况。王国彪认为,正是由于牧隐更定成均馆学式,将性理学作为课程设置和教学内容的主导,朱子学才由此成为高丽读书人的必修内容,并最终成为高丽末年儒学的主流思想。

三、性理学思想

根据陈来《李牧隐理学思想简论》,可把牧隐的性理学思想归纳如下:

1. 天则理说

牧隐的天论,直接针对汉唐儒学的天论,而加以理学的申发,这是颇有意义的,他说:

> 天可问乎?《楚词》是已。历汉至唐,柳子厚氏出,死力以对焉。仲舒氏曰“道之大原出于天”,于是乎寐若寤焉,醉若醒焉。然犹曰“苍苍者天也”,而不知民彝物则之出于此,而全体是天也。于是乃曰:“天则理也。”然后人始知人事之无非天

矣。夫性也,在人物指人物而名之曰人也、物也,是迹也。求其所以然而辩之,则在人者性也,在物者亦性也,同一性也,则同一天也。(《牧隐文稿》卷十《直说三篇》)

在牧隐看来,汉唐儒学的天说,以元气论为代表,其思维模式根源于屈原的《天问》。这种天论近于科学的宇宙论。其实,董仲舒提出的“道之大原出于天”,已经开始从道的方面去理解天,开辟了儒学对天论的新的理解。把天作为人道的根源来理解,对于儒学而言,比起把天作为物质的实体来理解要更有意义。但唐代的儒者仍然多从“苍苍者天也”来理解天,完全忽略了从道德的根源这种角度理解天的哲学立场。所以,牧隐继承了宋代理学“天即理也”的思想,针对这种“苍苍者天也”的看法,提出“天则理也”。这个思想包含两方面的含义:第一,认为天就是民彝物则之所自出,也就是社会伦理与事物法则的根源;第二,认为天涵盖了事物的全体,人世间的每一事物都为理所支配,“人事之无非天”。这种“天即理”的理解应该被视为一种理学本体论的说法。

中国理学强调的“天即理也”,往往多针对古代经典中的天帝或上帝即主宰之天而言,较少有从汉唐元气论的物质之天来强调的。在这一点上,可以说中国理学创立时提出的“天即理”更多的是针对超自然主义的宗教式的“天”的理解,而高丽末理学初传入时提出的“天则理”思想更多的是针对自然主义科学式的“天”。其实,这两方面的针对性都是理学所以为理学的重要出发点,在这一点上,牧隐应当说是有贡献的。

2. 明德明命说

牧隐很重视《大学》的明德说,他说:

《书》曰“克明德”,人之得乎天而具众理、应万事,本然之善也。气质或拘之,物欲或蔽之,于是乎失之矣。得之于天,失之于己，故曰虚位。然其本然之体，未尝亡焉，发见于俄顷之间，守之固，扩之充，则在我者，非自外至也。生而具之者德也，失而复之者德也。(《牧隐文稿》卷十《韩氏四子名字说》)

这里所说的"得乎天""具众理""应万事"，是指明德而言。朱子《大学章句》云："明德者，人之所得乎天，而虚灵不昧，以具众理而应万事者也。"若对比《孟子·尽心上》朱子集注，"心者，人之神明，所以具众理而应万事者也"，则可以说牧隐所说明德及其解释"人之得乎天而具众理、应万事"应当是指"心"。

值得注意的是，牧隐提出"本然之善"来说明心。朱子《大学章句》解释明德曰："但为气禀所拘，人欲所蔽，则有时而昏，然其本体之明，则有未尝息者。"牧隐不用"本体之明"，而改用"本然之善"，说明他把"明德"理解为本然的善心，这就接近于孟子"本心"的观念，而与朱子的说法有所不同。牧隐在元至正八年(1348)来中国，已在吴澄死后，所以牧隐以"本然之善"说心，似乎表现出他在元朝受到的一些元代理学合会朱陆思想的影响。这表现在他对《大学》明德说的解释上，便是不完全同于朱子，而是有其独立的思考。他在另一处又谈道：

本然之善固在也，而人有贤、不肖、智、愚之相去也，何哉？气质敝之于前，物欲拘之于后，日趋于晦昧之地，否塞沉痼，不可救药矣。呜呼，人而至此，可不悲哉！一日克己复礼，则如清风兴而群阴之消也。方寸之间粲烂光明，察乎天地，通于神明矣。……在天曰明命，在人曰明德，非二物也，而天与人判而离也久矣。……困学之士惟力行一言实入道之门也。力行之道，孜孜屹屹，不舍昼夜。始也，吾心也，昭昭之明也；终也，吾心也，与日月合其明，则尧之放勋光被亦不能远过于此，其克明之大验欤！……天之体本于太极，散于万物，脉络整齐，其明大矣。然人之虚灵不昧虽在方寸之间,然与天也断然无毫发之异,谓天与人不相属者,非知斯道者也。(《牧隐文稿》卷十《可明说》)

既然人人都有本然的善心,为何人又有贤愚的不同?在这个问题上他仍然用朱子的解释,以气质和物欲来说明,即气质、物欲遮蔽、阻塞了本心,以致贤、不肖的差别。然而,气质、物欲的蒙蔽不是不可以去除的。人若能克己复礼,力行持守,气质、物欲对本心的蒙蔽就可消除,从而恢复本心的光明,使本心的明德与天地合其明。照这个思想,古人所谓天人合一,就是人心的明德与天地同其明,而无丝毫的差异。他认为能知道这个道理的人才是"知道者"。

在牧隐看来,《尚书·太甲》所说的"明命"与《大学》所说的"明德"是一而不二的,这既是说本然的明德如此,也是说去除了蒙蔽而恢复了的明德亦如此。明命是天,明德是人,明命和明德的一致即体现了天人合一。

他认为明德之所以与明命同一,则是因为明德来源于明命,这见于他的另外所说:

心在天地曰明命,赋之物均矣,而人最灵。然其气禀拘于前,物欲蔽于后,三品之说所由起也。圣人忧之,立教以明伦,克己以复礼,于是,上下四方均齐方正矣。(《牧隐文稿》卷六《平心堂记》)

照这个说法,如果加以放大,就可以说明命是天地之心,是宇宙的心,此宇宙之心赋予人和万物,在人即为明德,为人之本心。在这个意义上就构成为一种大心说,这样的天人合一就成为天人一心说,这也是值得注意的。此外,他还谈道:

以吾儒言之,曰明命,以天言也;曰明德,以人言也。顾明命，明明德，学者之事也。孩提之童，无不知爱其亲，是心之明也；赤子匍匐将入井，是心之暗也。不能纯乎明，不能纯乎暗，是学者之未定者也。学有缉熙光被四表，学者之极功，圣人之能事，此日之拂于扶桑，升于天而无所不照者欤。（《牧隐文稿》卷六《杲庵记》）

这也是肯定明命与明德的一贯性和统一性，并把孟子所说的四端良知作为明德的表现，作为心之明的表现，而学者的修养工夫就是《大学》所说的顾明命、明明德，即去除昏暗的蒙蔽，发挥本心的光明。

3. 浩然之气说

牧隐很重视气的观念，特别是浩然之气的观念，他说：

浩然之气，其天地之初乎？天地以之位。其万物之原乎？万物以之育。惟其合是气以为体，是以发是气以为用。是气也无畔岸，无罅漏，无厚薄、清浊、夷夏之别，名之曰浩然，不亦可乎？尧之仁，舜之智，以至夫子温良恭俭让，皆由自强不息、纯亦不已而发见者也。惟强故能不挠于天下之物，天下之物无得而沮之，所以不息也。惟纯故能不杂于天下之物，天下之物无得而间之，所以不已也。……然天地也，万物也，同一体也。人之一身而天地万物备，修其身，先持其志，持其志，气斯可养驯，至于不息不已之地，则所谓眇然之身，上下与天地同流。（《牧隐文稿》卷十《浩然说，赠郑甫州别》）

从宇宙论上说，气是天地的根源，也是万物的生命本原。从宇宙本原上看，浩然之气是浑然一体的、无限的、无分化的存在。在这个意义上，作为宇宙本原的浩然之气近于一般所说的元气。但牧隐所说的浩然之气还有其特点，这就是，它本身是“自强不息”“纯亦不已”的。牧隐在这里把《易传》和《中庸》的概念引进来，这样理解的浩然之气就不同于一般所说的元气。朱子《中庸章句》认为“纯亦不已”，是“以明至诚无息之意”。由此，浩然之气的“无息”便同时被理解为具有“至诚”的无息的意义，亦即包含着道德的意义。

人的一身就是由这样的浩然之气所构成的，所以人的一身具备了浩然之气的本来属性，只是常人被物欲所遮蔽了，浩然之气的属性不能表现出来。人只要以持志来修身养气，就可以使身体的气达到“不息”“不已”的境地。这种不息不已的修养境地既可以说是人与天地的浩然之气的合一，也可以说是对本来所禀赋的浩然之气的回归。从人与天地的浩然之气的合一来说，这是“合是气以为体”；从养气而达到浩然之气充满于身来说，这是“发是气以为用”。二者是人生的终极目标和境界。这样的修养，主要通过养气达到，其修养而达到的与天地同流的境地也是养气工夫所达到的境地，更近于身体之气的养练，而不是指养心工夫所达到的精神境界。

从宇宙观上看，这种思想认为，天、地、人都是浩然之气所构成的，天地与万物是一体的，天人也是一体的，这一体的基础便是气，故气是世界统一性的基础。从而，孟子所说的“万物皆备于我”也应当从人身具备天地之气的角度来理解。他还认为，浩然之气不仅是一切事物的实体的基础，同时也是一切事物本来有的功能与作用。

4. 气之理乱说

牧隐把气的观念运用于对社会的说明，他说：

虽道之在大虚，本无形也，而能形之者，惟气为然。是以大而为天地，明而为日月，散而为风雨霜露，峙而为山岳，流而为江河，秩然而为君臣父子之伦，粲然而为礼乐刑政之具。其于世道也，清明而为理，秽浊而为乱，皆气之所形也。天人无间，感应不惑，故彝伦叙而政教明，则日月顺轨，风雨以时，而景星庆云、醴泉朱草之瑞至焉。彝伦斁而政教废，则日月告凶，风雨为灾，而彗孛飞流、山崩水渴（竭）之变作焉。然则理乱之机，审之人事而可见；理乱之象，求之风月而足矣。（《牧隐文稿》卷一《西京风月楼记》）

这是牧隐气论思想的一种表现。道是无形的，气是有形的，从天地、日月、风雨、山川、江河，到伦理、刑政，这些都是一气之散殊；无论自然、政治、社会，一切有形事物都是气之流行的不同形式。而道就体现在气上。一个社会，清明有序，这是气的一种形态；一个社会污浊秽乱，这也是气的一种形态，社会的治理或混乱，都是气之所形，是不同的气的表现或气的不同状态。由于他认为所谓社会秩序就是气的一种状态或象状，而不同的社会秩序是气的不同象态，因此，社会是气，自然也是气，社会的气象和自然的气象是相沟通并相感应的。如果伦理有序、政教和顺，社会的气象与自然的气象相感通，就会风调雨顺；如果伦理败坏，政教废弛，则天象异常，地震山崩。这就是天人无间、天人感应。天人无间是指自然与社会有密切关联，所以社会的治乱，在起因上固然是人事的问题，而在现象上则从自然的风雨就可以辨察出来；天人感应是说人世的气和天地的气相互感应。这显然是一种天人一体的世界观。

这种气的一元论，把不同的社会秩序归结为或理解为不同的气或气的不同状态，体现了古老的世界观在把握社会现象方面的特点，这种气类的社会观也是把天和人、宇宙和社会通联起来，构成为天人合一、一体的总体世界观。这种世界观，从总体上看，还是属于汉唐气学的世界观，这种社会历史观没有突出“天理”，没有指出“道”的作用，而只是强调气象，这说明理学的思想还没有深入于牧隐的社会历史观，也反映了韩国理学发展处于初期尚未深入的特点。

5. 性情工夫论

牧隐也论及性情关系，他说：

> 孝于家、忠于国，将何以为之本乎？予曰……善事父母其名曰孝，移之于君其名曰忠，名虽殊而理则一。理之一即所谓中也。何也？夫人之生也，具健顺五常之德，所谓性也，曷尝有忠与孝哉？寂然不动，鉴空衡平，性之体也，其名曰中；感而遂通，云行水流，性之用也，其名曰和。中之体立则天地位，和之用行则万物育。（《牧隐文稿》卷十《伯中说，赠李状元别》）

这里的“名虽殊而理则一”表现了牧隐的理一分殊的思想，但整段内容比较复杂。如“所谓性也，曷尝有忠与孝哉”，应当说是受了二程“性中只有个仁义礼智四者而已，曷尝有孝弟”的说法影响。而“鉴空衡平，性之体也”则是受朱子《大学或问》论心体之说“人之一心，湛然虚明，如鉴之空，如衡之平”的影响。

就其理一分殊说来看，他以“中”为理一，“忠孝”为分殊，而“中”是性之体，处于寂然不动的状态，这意味着一切分殊的德行都归本于性，是本性的不同表现。这种把理一归于心性的思想，与朱子有所不同。

在中和体用的说法上，朱子所谓“鉴空衡平”是说心体，不是说性；“性之德”则是说明性情的分别，如“中为性之德，和为情之德”。牧隐虽受朱子影响，但他用“鉴空衡平”来说“性之体”。另外，朱子用“道之体”和“道之用”说中和，以中和论性情之德，以寂感论心之体用，这些都与牧隐不同。不过牧隐以情为“性之用”，则来自朱子。总之，他把朱子解释《大学》和《中庸》的思想混合一起，加以运用。他的基本思想是强调性是体、是“中”、是一，其他各种德行都是用，是分殊。这种心性论当然是一种理学的心性德行论。

在工夫方面，他回应了佛教的主寂说，说：

吾儒者自庖羲氏以来所守而相传者，亦曰寂而已矣。至于吾不肖，盖不敢坠失也。大极，寂之本也，一动一静而万物化醇焉。人心，寂之次也，一感一应而万善流行焉。是以《大学》纲领在于静定，非寂之谓乎？《中庸》枢纽在于戒惧，非寂之谓乎？戒惧敬也，静定亦敬也，敬者主一无适而已矣。主一有所守也，无适无所移也。有所守而无所移，不曰寂不可也。……如或槁木其形，寒灰其心，而滞于寂，则与吾儒之群鸟兽者何异？吾儒之绝物也，释氏之罪人也。(《牧隐文稿》卷六《寂庵记》)

这是说，儒家在本体和工夫两方面都没有否定寂或静的意义。牧隐认为，“太极动静”的静，“人心寂感”的寂，《大学》讲“静定”的静，《中庸》讲“戒慎乎其所不睹”，这些都是寂。但儒家在宇宙论上讲一动一静，一感一应，不是只讲寂静，这与佛教不同。在工夫上，儒家的静定、戒惧都属主敬的工夫，注重主一无适，但反对枯槁绝物的修养方法。从这方面可以看出，牧隐基本上是坚持程朱理学的立场的。

6. 理寓于象说

牧隐思想的一个重要特点是，注重体用一原，因用见体，因物见理，强调在事事物物上见道。他说：

道在天地间，贯幽明，包大小，无物不有，无时不然，其体用固粲然也，而人之行之有传与否焉。(《牧隐文稿》卷八《送绝传上人序》)

这是坚持道的存在的普遍性，道的存在和作用体现在一切事物之上，没有空间和时间的限制。对道的这种认识，导致他对“物”的重视和强调。故他又说：

> 夫理无形也，寓于物；物之象也，理之著也。是故龙图龟书，圣人之所则；而蓍草之生，所以尽阴阳奇耦之变，而为万世开物成务之宗，则虽细物，何可少哉！（《牧隐文稿》卷三《葵轩记》）

这是受程颐《易传序》“至微者理也，至著者象也”的影响，认为理寓于物象，不是独立存在的，所以一切细小的事物都体现了理，都是理的表现。这种理象论成为牧隐“重物”思想的哲学基础，表明在理事论上，他是重事重物的。他说过：“求其理之所在，则著于象。求其象之所在，则见乎萱。二物微矣，一字末矣，而天理人情之昭著。”（《牧隐文稿·萱庭记》）他还说：

> 至理之象著矣，至于学校继兴，作成人材，必使学者观乎鸢飞鱼跃之间，深体化育流行之妙于吾心全体大用之地，圣学之功成矣。至于盆鱼之乐，亦有助于后学，盖有物有则，无一事而非仁矣。（《牧隐文稿》卷二《渔隐记》）

程颐的理象合一说成为牧隐观察事物的基本方法论。在牧隐看来，正是因为在存在论上一切事物都是理的显现，所以教育的方法，就是要使学者观察一切生生不息的事物及其变化，在大化流行的具体细节上体验吾心的体用。强调在细小的物象上体验理，特别是在自然物上观察体验理则，以此为圣人之学的途径，以达到一种精神境界，这既是牧隐格物观的一种表现，也是牧隐理学思想的一个特点。

经过以上分析，陈来认为，总体来看，牧隐的思想主要继承了程朱的理学思想，同时也受到元代理学发展的影响。他的思想既有天人一气的思想，又有天人一心的思想。他的哲学的基本倾向是，重气而不轻理，重心而不忽性，重物而不忘道。他的思想作为韩国早期朱子学的一个形态，确有其值得重视的意义。

牧隐的性理学思想，以气为基本，以性为中坚，以修养工夫为归宿,认为气是宇宙万物的本原,是一切事物的构成因素,是道的实体。牧隐论气,常将宇宙间自然之气引申为孟子所谓"浩然之气",赋予气伦理意味。在人格类型上,牧隐向往周敦颐的修养境界,以儒隐自命,喜周敦颐"静寂"之说,牧隐的最后指向是华严宗"一即一切,一切即一""体用如一""舒卷自如""各正性命""自然天成"的境界。此境界儒、释、道不分,有很强的三教合一的意味。

牧隐一生虽多在官场,但时时以文化之传承自命,对性理学在朝鲜朝初期的传播起了重要作用。他认为儒学不仅是儒者个人修养身心的学问,也可以辅治王道。这一点在中国已经得到证明,在朝鲜也将起到同样的作用。而儒学正统在宋以后表现为性理学,这正是他大力表彰性理学的用意所在。

参考文献:

1. 陈来:《李牧隐理学思想简论》,《云南大学学报(社会科学版)》2006 年第 4 期。

2. 王国彪:《李穑与〈论语〉在高丽末期的传播》,《当代韩国》2013 年第 2 期。

3. [韩]郑载喆:《牧隐李穑的世界认识》,《汉文学论集》第 11 辑,1993 年。

郑梦周

郑梦周(1337—1392),字达可,号圃隐。庆州人。十四世纪高丽末期著名政治家、学者、诗人,与李穑(牧隐)、李崇仁(陶隐)、吉再(冶隐)并称为“丽末四隐”,被誉为韩国理学中兴之祖、“杜门洞七十二贤录”之首、“东国十八贤”之一。谥文忠。

一、生平(据《圃隐先生行状》整理)

圃隐天分甚高,豪迈绝伦。少有大志,好学不倦,博览群书。每日诵读《中庸》《大学》,穷理以致其知,反躬以践其行,直积力久,独得濂洛不传之秘。李穑评价曰:“歌鹿鸣而贲丘园之束帛,擢状元而擅文苑之英华。”

恭愍王四年(1355)正月,丁父忧,庐墓终制。恭愍王十四年(1365)正月丁母忧,庐墓。当时高丽丧制紊弛,士大夫遭丧,皆百日即吉。唯圃隐在双亲墓前筑庐守孝,哀礼俱尽。服阕,拜通直郎、典工正郎,皆辞官不就,国家以旌闾嘉奖之。

恭愍王九年(1360),政堂文学金得培知贡举,枢密直学士韩邦信同知贡举,圃隐应举,连魁三场,遂擢第一。越明年,金得培破红巾军赴开京,被金镛所杀,枭首尚州。圃隐有诗文《祭金元帅》与《祭金得培文》,痛惜座主被害。时开京才被战乱,学校荒废,恭愍王锐意复兴,创建成均馆,以李穑兼大司成,并选硕儒如圃隐、金九容、李崇仁等兼学官。当时传入高丽的经书只有《四书集注》,而圃隐讲说发越,超出人意,闻者颇疑。等到胡炳文《四书通》传入后,发现与圃隐所论非常吻合,诸儒尤加叹服。李穑称赞曰:“梦周论理,横说竖说,无非当理。”

恭愍王十七年(明洪武元年,1368),朱元璋在南京建立明朝。建国之初,周边形势对明政权极为不利,因此明廷采取拉拢高丽的政策。翌年,恭愍王为表示对明朝的友好,派使臣“奉表如京师贺圣节”。此后,高丽与明朝关系更加密切,多次遣使臣赴南京贺圣节、贺正、贺千秋节,明太祖也遣使臣到高丽回赐经书、乐器等物。

在这种背景下,恭愍王二十一年(1372)三月,三十六岁的圃隐以书状官身份从知密直司事洪师范赴明贺平蜀兼请子弟入学。是年八月,还道江苏太仓时,至海中许山遭飓风,师范溺死,圃隐割鞯而食,濒死乃生。

恭愍王二十三年(1374),恭愍王被宠臣洪伦所弑。高丽朝中的亲元分子暗中勾结逃到漠北的元朝残余势力,企图反明复辟,他们极力挑拨明朝与高丽的关系,劫杀明朝正使林密、蔡斌。高丽禑王在亲元派李仁任等权臣的拥戴下继承王位,高丽与明朝的关系变得紧张起来。

禑王元年(1375),圃隐三十九岁,拜右司议大夫、艺文馆直提学,充春秋馆修撰,寻拜成均大司成。恭愍王被弑、金义杀明使蔡斌等事发生后,高丽国人恂惧,不敢通使明朝。圃隐首陈大义,主张尽早详奏明朝,消除其对高丽的怀疑,使其释然无惑,以免引起交争。于是高丽始遣使臣赴南京告丧,且辩释金义杀明使之事。时北元遣使赐诏,权臣李仁任、池奫欲复事元,商议迎接元使。圃隐与文臣十数人上《请勿迎元使疏》,文辞恳切,劝高丽王远北元而亲明朝,因此受到李仁任等亲元派嫉恨,被贬流放彦阳二年许。

禑王三年(1377),圃隐四十一岁。三月,圃隐自彦阳还京,途中作《雨中登义城北楼》。诗曰:"草色青连驿路,桃花暖覆人家。春愁正浓似酒,世味渐薄如纱。"既表达其初回开京的喜悦,又反映出政治上的失落。其时倭寇侵犯滨海州郡,高丽患之,派圃隐以前大司成身份出使日本。圃隐到达日本后,极陈两国古今交邻利害,使得日方主将敬服。翌年,日本放还高丽俘虏尹明、安遇世等数百人,战乱得以平息。在出使日本期间,有日本僧人求诗,圃隐援笔立就。禑王六年,倭寇再犯,圃隐以助战元帅从李成桂至全罗道云峰,击倭大捷而还。而在圃隐遭杀殉节后,有日本斋僧前来为他荐福,其道德信义于此可见一斑。

禑王继位后,恢复了与北元的宗藩关系,破坏了与明朝的关系。明廷愤恨高丽多变,对高丽来使"却贡"。禑王八年(1382),圃隐四十六岁,于四月、十一月两次奉命赴京师贺正,但是至辽东,皆因明朝不纳而还。

禑王十年(1384),圃隐四十八岁,拜匡靖大夫、政堂文学。因高丽与明朝关系淡薄,明太祖增定高丽岁贡,并以五年岁贡不如约而杖流高丽使臣洪尚载、金宝生、李子庸等于远地。当时高丽臣僚都不愿赴京师贺圣节,圃隐与郑道传不畏艰难,晨夜倍道,如期赴京师觐见明太祖,明太祖敕礼部优礼以待,并放还洪尚载等高丽使臣,两国之间的紧张关系得到缓解。

禑王十二年(1386),圃隐五十岁。二月,高丽遣圃隐如京师请冠服及蠲免岁贡。圃隐面见太祖,奏对详明,"得除五年未纳者及增定岁贡常数……三年一朝,贡良骑五十匹"。禑王闻此消息甚喜,赐圃隐衣带鞍马,拜门下评理。这次出使,虽然在冠服问题上未能得到解决,但在岁贡问题上取得了重大进展。《圃隐集》中的纪行诗也多为这次出使的所见所闻，可见此行大获成功，圃隐心情愉快，遂诗兴勃发，颇多吟颂。

禑王十三年(1387)，圃隐五十一岁，请解职，获封永原君。五月，密直偰长寿自京师还，钦蒙宣谕，许令高丽冠服皆袭华制。六月，依大明之制，圃隐与河仑、李崇仁等建议，革胡服袭华制，定百官冠服。因高丽进贡种马不符明朝规定，圃隐遂于十二月如京师请通朝聘。翌年正月，至辽东未得纳而还。

禑王十四年(1388)，禑王令崔莹及李成桂攻打辽东，并停用洪武年号，恢复着蒙古服。李成桂反对，发动政变，废除禑王，改立其子辛昌为王。时权臣豪夺民田，占至数圻，国贫民瘠，圃隐请革私田，民赖以生。1389 年，李成桂又以辛昌不是王氏正统，将其废黜并流放江华岛，与圃隐共同册立高丽神宗七世孙瑶为王(即恭让王)，并放逐崔莹。从此高丽王朝驱逐了内部的亲元权贵，恢复了与明朝的友好关系。

恭让王二年(1390)，圃隐五十四岁，官至宰相。高丽多故，机务浩繁。圃隐不动声色，处大事，决大疑，左酬右答，咸适其宜。又内建五部学堂，外置乡校，设水站便漕运，整纲纪立国体，大显其经邦济世之才。翌年，恭让王赐圃隐“安社功臣”之号。

恭让王四年(1392)，圃隐取《大明律》、《至正条格》、本朝法令，参酌删定，撰新律以进，以图拯救国亡之势。及李朝将建，圃隐不仕李朝，于该年四月初四遇害，享年五十六岁。

圃隐有《圃隐集》行于世。恭让王四年七月，高丽亡。圃隐逝世后初葬于海丰郡。永乐四年(1406)三月，迁葬于龙仁县治之东的晒布村。圃隐之子宗诚、宗本为其父作本传，门生咸傅霖作行状，门生权采、卢守慎、卞季良、河仑、朴信分别撰序，卞季良为圃隐夫人李氏撰祭文。

二、理学思想

据李甦平《朱子学在高丽时代的传播与发展》所述,《高丽史》本传评价圃隐“天分至方,豪迈绝伦,有忠孝大节,少好学不倦,研穷性理,深有所得”。他于二十三岁时三登文科状元,高扬文名;三十岁时成为礼曹正郎兼成均博士,在成均馆教授性理学;三十六岁时任书状官之职赴明朝,自此成为亲明派的领导人。后因忠孝于高丽社稷,圃隐与易姓革命的李成桂一派相对抗而遭杀害。正是由于他的这种节义精神,其忠名得以在韩国儒学史上彪炳千古。

在学术上,圃隐被称誉为“东方理学之祖”。但是,因为圃隐被斩首示众,没收家产,所以有关他学问的文献资料也被毁失传,只留下诗三百余首和有限的书、铭、记等不足二十篇。因此,李甦平认为,研究圃隐的学术思想,探究他被称为“东方理学之祖”的原因,只能从以下三个方面进行,即从旁人传言中、其诗文中、其节义精神中进行研究。

1. 从旁人传言中考察圃隐的性理学思想

牧隐李穑是圃隐的好友,他曾推荐圃隐在成均馆教授性理学,对圃隐的学术思想深为了解。

李穑为圃隐作诗五首,书、记各一篇,其中有关的记载如下:

李穑在《忆郑散骑三首》的第一首诗中说:“光风霁月郑乌川,独究遗篇续不传。”在《圃隐斋记》中又说:“乌川郑达可,歌鹿鸣而贲丘园之束帛,擢状元而擅文苑之英华;续道绪于濂洛之源,引诸生于诗书之囿。”《高丽史》本传评价圃隐的学问时说“梦周论理,横说竖说,无非当理,推为东方理学之祖”。

李穑的上述言论说明了一个事实,即圃隐是研究理学(性理学)的鼻祖。如上述诗文中的“独究遗篇续不传”,其中的“遗篇”

主要指理学的基本著作《大学》《中庸》《论语》《孟子》。

据郑道传回忆说，他年轻时兴趣在诗词文章，后听人讲圃隐曾说，词章之学为末艺，应当学身心之学，而身心之学就在《大学》《中庸》两书之中。于是，郑道传找来这两部书进行研究，后又登门求教于圃隐，闻所未闻，大获教益。临别时，圃隐送他一部《孟子》。郑道传还对圃隐在四书方面的心得及其讲论要旨评论道："先生于《大学》之提纲，《中庸》之会极，得明道传道之旨；于《论》《孟》之精微，得操存涵养之要，体验扩充之方。"[《三峰集·圃隐奉使稿序(丙寅)》]这是说，他的学问得程朱理学传道之宗旨，即从《大学》和《中庸》中把握了儒学为心身之学的要旨，又从《论语》和《孟子》中体验到了修养心身的方法。可见，圃隐是通过研究四书而接受程朱理学和发扬儒学道统的。为此，李穑评价他是"续道绪于濂洛之源"，即他是承继周敦颐和二程讲性理学。关于这一点，他的门生卞季良等人曾说："高丽文士皆以诗骚为业，惟圃隐始倡性理之学。"(《圃隐先生文集·摭录》)这话与郑道传的说法相吻合，表明在高丽文士都沉浸于诗文词章之学时，唯有圃隐提倡性理之学。另外，还有古川一乡士的传言也印证了圃隐是较早研究性理学的学者之一。他说："呜呼！高丽之季，箕化已远，大道湮没，一时君臣，迷惑于异端。而唯吾先生挺然独立于众楚之中，以扶吾道、辟异端为己任。非有所得于心，能如是乎？虽比并于濂洛真儒无愧，而其有功于东方，则与孔子无异焉。"(《圃隐先生文集·摭录》)高丽之时，唯有圃隐傲首独立提倡性理学。所以，李穑评价圃隐是"东方理学之祖"。

2. 从其诗文中探究圃隐的性理学思想

李甦平认为，研究圃隐的性理学思想，主要是依据他的诗文。圃隐的诗，不仅对高丽时人有重要影响作用，而且还被选入由中国文人编的诗集中。如明末清初钱谦益编的《列朝诗集》、清朱彝尊编的《明诗综》等诗集中，圃隐的诗有十四首之多。这是因为他的诗文多是“性理之作”。圃隐诗文所反映的性理学思想，可以归纳为以下两个方面的内容：

（1）对朱熹理学思想的阐释

在韩国学者中，圃隐大概是最早以自己的思想学说为朱熹著作加注的学者。曹好益在《圃隐先生诗集重刊跋》中说：“朱子《四书集注》行于东方，无有知其义者，独先生剖析精微，为之训解，及云峰胡氏《四书通》至，所论皆合，时人始服先生之深于道学矣。”这是说在高丽时代，圃隐最早为朱熹的《四书集注》作训解（有《四书训解》，失传），而时人不知正确与否。当胡炳文（号云峰）的《四书通》传到高丽时，人们才发现圃隐对朱熹理学思想的理解与胡炳文完全吻合，因此对圃隐佩服不已。

圃隐论理的态度是非常认真和谨慎的，诚如他在《吟诗》中所形容的那样：

> 终朝高咏又微吟，苦似披沙欲炼金。莫怪作诗成太瘦，只缘佳句每难寻。（《圃隐先生文集》卷一）

阐释朱熹思想，就如同吟诗一般，又苦又艰辛，人都累瘦了。为了准确把握朱熹思想，圃隐在《次遁村韵呈四君子》诗中描述了羡慕陶隐，希望静心研究朱子学的情景：

> 独擅文章继牧翁，粲然星斗列胸中。更将六籍窗前读，手自研朱考异同。（《圃隐先生文集》卷二）

圃隐认真研读六经，努力探索朱子学的义理。他在一篇名为《圆照卷子》的杂著中写道：

> 如天之圆，广大无边；如镜之照，了达微妙。此浮屠之所以喻道与心，而吾家亦许之以近理。然其圆也可以应万事乎，其照也可以穷精义乎？吾恨不得时遭乎灵山之会，诘一言于

黄面老子。(《圃隐先生文集》卷三)

圃隐认为,道教的“道”和佛教的“心”都不如性理学的“理”,因为“理”可以“应万事”,可以“穷精义”。以“应万事”“穷精义”来评价朱熹的理学思想是很到位的,这实质上就是全祖望所说的“致广大,尽精微,综罗百代”。

(2)对孔孟儒学思想的发扬

圃隐对于孔子非常虔诚并积极发扬其儒学思想。如他在《冬夜读春秋》一首诗中写道:“仲尼笔削义精微,雪夜青灯细玩时。早抱吾身进中国,傍人不识谓居夷。”这首诗一方面突出地表达了他对《春秋》中“内诸夏,外夷狄”要旨的体会,另一方面也显示了他进中国、拜孔师的迫切心境。对于孟子,圃隐同样很虔诚,尤其是对孟子的“浩然之气”和“万物皆备于我矣,反身而诚,乐莫大焉”的观点,更是竭力发扬。例如:

> 皇天降生民,厥气大且刚。夫人自不察,乃寓于寻常。养之固有道,浩然谁敢当。恭承孟氏训,勿助与勿忘。千古同此心,鸢鱼妙洋洋。斯言知者少,为子著此章。(《圃隐先生文集》卷二《浩然卷子》)

诗文中的“恭承孟氏训”和“为子著此章”表明了圃隐发扬孟子思想的决心。诗中的“厥气大且刚”“养之固有道”“勿助与勿忘”说明孟子讲“浩然之气”为“至大至刚”,要“善养之”,而善养之法则为“勿助与勿忘”。诗中的“千古同此心,鸢鱼妙洋洋”讲明孟子的“万物皆备于我矣,反身而诚,乐莫大焉”的道理是普遍存在的。

3. 从其节义精神中体味圃隐的性理学思想

朝鲜朝著名性理学者李滉称赞圃隐的学问和人品时说“圃翁风烈振吾东,作庙渠渠壮学宫。寄语藏修诸士子,渊源节义两堪宗”[《退溪先生文集·临皋书院(永川)》]。这就集中说明了圃隐不论是在儒学学理方面,还是在节义精神方面,都堪称韩国人的宗主。正是因为他平日讲求性理学,所以在改朝换代的关键时刻,能够做到一臣不侍二主,而他忠君忠国的节义精神也正是他所主张的性理学的体现和光大。对此,南公辙在《圃隐郑文忠公书院碑铭》一文中说:"先生之节,实出于平日之学问。"

在丽末李氏革命之时,圃隐并非不知高丽王朝大势已去,人心已向李氏。当时,也有不少人劝他要识时务顺大势,归向李氏。如《慵斋丛话》中有一段记述说:"圃隐,学问精粹,文章亦浩瀚。丽季为侍中,以尽忠辅国为己任。革命之际,天命人心,皆有所推戴,公独毅然有不可犯之色。有僧素与相识者,告公曰:'时事可知,公何胶守苦节?'公曰:'受人社稷,岂敢有二心,吾已有所处矣。'"又有记述说:"当丽季国势岌岌,有僧赠圃隐曰:'江南万里野花发,何处春风无好山。'圃隐流涕曰:'呜呼!其晚也,其晚也。'"(《圃隐先生文集·摭录》)这两则记述中僧人的言说及诗句,其义都十分明白,即规劝圃隐移情于李氏朝鲜。但圃隐严词相拒,说自身受人社稷,不能三心二意,表达了对高丽王朝忠心耿耿、至死不变的节烈精神和气概。

对此,朝鲜朝名儒柳成龙从大理名分、纲常节义等方面进行了十分详细的理论分析和评价。他说:"大厦将倾,而一木扶之;沧海横流,而一苇抗(杭)之。知其不可而犹且为之者,分定故也。古人云,天地生人,各无不足之理,常思天下君臣父子,有多少不尽分处。所谓分者,何也?天之所以命物,而物之所以为则者也。然则,木之支厦,分也,苇之抗(杭)海,分也。臣子之忠孝于君亲而竭诚尽节,以至捐躯殒命者,亦分也。学者,学此而已;知者,知此而已;行者,行此而已。尽此者圣,勉此者贤。如此而生,如此而死,得丧祸福,随其所遇,而吾心安焉。若夫时之不幸,势之难为,则君子不以为病焉。圃隐郑先生,以义理之学,为诸儒倡,当时翕然宗之。今其微言绪论虽无所寻逐，然即其所就之大者而观之，则其亦求尽乎性分之内，而不愿乎其外者欤？不然，何其见之明而守之固，决之勇而行之果欤！呜呼！先生在家为孝子，立朝为忠臣。迨乎丽运告讫，天命去矣，民心离矣。圣人作，万物睹，一时智能之士，争欲乘风云之势，依日月之光，以求尺寸之功，孰肯以王氏社稷为念哉。惟先生挺然独立于风波荡覆之际，确然自守于邦国危疑之日，义形于色，不以夷险贰其心。既竭其力之所至，不得则以身殉之，无所怨悔，岂所谓知其不可而犹且为之者耶？然先生一死，而天衷以位，人极以建，民彝物则赖以不坠。斯固心之所安而分之所定，于先生何戚焉？或有以先生周旋乱世，不早洁身为疑者。孟子曰：'有安社稷臣者，以安社稷为悦。'先生有焉。由其如是，故不屑屑于进退出处之常，以委身处命于昏乱之世，尽瘁宣力，国存与存，国亡与亡，其忠盛矣。任高丽五百年纲常之重于前，启朝鲜亿万载节义之教于后，先生之功大矣。"[《西厓先生文集·圃隐集跋(乙酉)》]李甦平认为，从柳成龙的论述中可以体味到圃隐"国存与存，国亡与亡"的忠贞节烈精神是对孟子"有安社稷臣者，以安社稷为悦"之语的观照，是对儒家忠君侍国、忠贞不贰大节的忠实继承和认真践履。圃隐的忠孝节义既是其研穷性理的结果，亦是其性理学修养升华和所达境界的产物。

参考文献：

1. 李甦平：《朱子学在高丽时代的传播与发展》，《南昌大学学报(人文社会科学版)》2013 年第 1 期。

2. 翟雅玲：《高丽末年恭愍、辛禑时期的儒臣——郑梦周研究》，内蒙古师范大学 2009 年硕士学位论文。

3. [韩]郑成植：《郑梦周的经学思想研究》，《东洋文化研究》第 2 辑，2008 年。

郑道传

郑道传(1342—1398),字宗之,号三峰。奉化人。丽末鲜初文臣、学者、诗人,时称“东方真儒”。追谥文宪。

一、生平(据《年谱》整理)

三峰生于官宦家庭,其父云敬(1305—1366)官至检校密直提学,曾作为贺正使书状官朝燕京,与李縠、安轴(谨斋,1282—1348)等名士为忘年交,共同游览东方山水。道传少时好学不倦、博览群书,精通礼乐、阴阳、兵历等。恭愍王十二年(元至正二十三年,1363)十月,进士及第。恭愍王十三年(元至正二十四年,1364),授忠州司录,赴居开京。恭愍王十四年(元至正二十五年,1365)夏,除典校注簿。恭愍王十五年(元至正二十六年,1366),转通礼门祗候。恭愍王十六年(元至正二十七年,1367)正月丁父忧,奔丧。同年十二月,又丁母忧,庐墓终制三年。时高丽丧制紊弛,士大夫遭丧,皆百日即吉,道传庐墓三年,丧礼俱尽。服丧期间,讲究经籍,南方学者多从之,教诲诸弟,皆能成立。阳村权近(1352—1409)称赞曰:“其讲诗书,能以近言形容至理……听者皆服,是以执经从游者填隘门巷,尝从学而登显仕者,比肩而立……浮屠之徒亦有从而化者焉。”(《三峰集序》)恭愍王十九年(明洪武三年,1370),守丧终制,还三峰故居。时明太祖派人前往高丽,颁诏册封恭愍王为高丽国王，并赐金印，明、丽两国宗藩关系正式确立。此后，高丽与明朝关系密切，多次派使臣赴南京朝贺，明太祖也派遣使臣到高丽回赐经书、乐器、颁行历法。恭愍王十六年时，创立成均馆，以李穑兼大司成。李穑及其门下弟子在丽末鲜初性理学发展中起到不可磨灭的作用。时大明龙兴，恭愍王率先归附明朝，明太祖赐祭服乐器。恭愍王二十二年（明洪武六年，1373），恭愍王亲享太庙，命议礼、数、乐、节，甚器之，迁三峰为仪正郎兼成均太常博士。恭愍王二十三年（明洪武七年，1374），恭愍王被宠臣洪伦所弑，高丽朝中的亲元分子暗中勾结逃到漠北的元朝残余势力，劫杀明朝正使林密、蔡斌，企图反明复辟。辛禑在李仁任等亲元派的拥戴下继承王位是为禑王，朝内亲元势力抬头，高丽和明朝的关系紧张起来，遭到郑道传与郑梦周等亲明势力的极力反对。

禑王元年（明洪武八年，1375），三峰除成均馆司艺、艺文应教制教。当时，明使被杀，高丽不敢通使明朝。三峰谓仁任曰："应尽早向明朝告丧，奏明杀使之由。"时亲元派李仁任、池奫却欲迎北元使，三峰与金九容、李崇仁、权近等上疏，李仁任却其书不受，令三峰迎北元使。三峰怒曰："我当斩使首以来，不则缚送于明。"言词颇不逊。夏，被流放于会津县。同年十二月，著《心问天答》二篇。禑王三年（明洪武十年，1377）十二月，自会津还三峰故居。禑王四年（明洪武十一年，1378）至禑王八年（明洪武十五年，1382），三峰结庐三角山下讲学，以训导后生、辟异端为己任。禑王九年（明洪武十六年，1383）秋，时李成桂为东北面都指挥使，其军队"号令严肃、卒伍整齐"，三峰称赞其军队曰"美哉此军，何事不可济"。李成桂大悦，重用三峰，携其共赴咸州。禑王十年（明洪武十七年，1384）七月，拜典校副令。时高丽与明朝关系紧张，明太祖增定岁贡，乃以五岁贡不如约，杖流使臣洪尚载、金宝生、李子庸等于远地。当时,高丽群臣皆不敢赴京师贺圣节,三峰作为书状官与郑梦周不畏艰险,晨夜倍道,如期赴京师觐见明太祖,两国之间的关系得到缓解。禑王十一年(明洪武十八年,1385)四月,三峰自南京还高丽,授成均馆祭酒、知制教。五月,禑王欲遣使向明太祖请求册封为王及赐恭愍王谥号,命三峰表文。明太祖阅三峰之文后嘉之曰:“表辞诚切。”九月,大明遣使张溥、段佑、周倬赴高丽册封禑王,三峰与大明使臣作唱和诗,使臣览其赠行诗称赞曰“东方有人矣”。禑王十二年(明洪武十九年,1386)出守南阳府。禑王十三年(明洪武二十年,1387),由李成桂推荐,召拜成均大司成。禑王十四年(明洪武二十一年,1388),明廷在鸭绿江东部设置铁岭卫,明确提出接收元管辖下铁岭以北的领地和领地内女真人的要求。禑王得知消息后决定出兵攻打辽东,李成桂反对禑王等亲元派攻打辽东的决策,从威化岛撤军发动政变,废除禑王。此举一出,三峰主张立高丽王氏,曹敏修等谋立辛昌,李穑认为当立前王之子。自此三峰与李穑产生分歧。

辛昌任命三峰等人为书筵侍读,未几,擢密直副使。时高丽土地兼并严重,权臣豪夺民田,三峰等人力革私田,民赖以生。十月,三峰与权近同知贡举,选拔进士李致等三十三人。恭让王元年(明洪武二十二年,1389),李成桂与三峰、沈德符、郑梦周、偰长寿、成石磷、赵浚会于国寺,议立王氏,册立高丽神宗十世孙瑶为王,即恭让王。封三峰为奉化县忠义君、佐命功臣,拜三司右使。恭让王二年(明洪武二十三年,1390)正月,以三峰及郑梦周为知经筵事。六月,除政堂文学,如京师贺圣节,并辨明李成桂攻明的事件始末。恭让王命三峰撰积庆园中兴碑,并赐衣一袭,厩马一匹。恭让王三年(明洪武二十四年,1391),三军都总制府建立,王命李成桂为总制使,赵浚为左军总制使,三峰为右军总制使。当时李成桂独掌朝纲,有篡位之心。三月,李成桂出猎时坠马受伤,郑梦周等人趁机谋划剪灭其党羽,上疏弹劾赵浚、三峰,谓三峰"滥居功臣之列,混淆朝廷",并将其流放于奉化县,将其子废为庶人。恭让王四年(明洪武二十五年,1392)正月,宥还荣州。六月,被召回,封为忠义君。七月,与赵浚等协谋,推戴李成桂为王,李氏封三峰为佐命开国功臣、门下侍郎赞成事、判都评议使司事、义兴亲军卫节制使、奉化伯。著兵书《五行阵出奇图》,王命军士习之。冬,以门下侍郎赞成事朝京师。

朝鲜太祖大王二年(明洪武二十六年,1393)三月,由明朝返回。七月,被任命为东北面都安抚使,撰《文德曲》《梦金尺》《受宝录》乐词三篇进献。九月,被任命为判三司事。朝鲜太祖大王三年(明洪武二十七年,1394)六月,编撰《朝鲜经国典》,制定国家在行政、财税、军事、礼仪、刑罚、工程营建等方面的运作规范。十一月,李成桂听从三峰的建议择都汉阳,建宗庙社稷,宫室城池。时明太祖问责朝鲜"说诱女真,潜渡鸭江"和"遣人至辽东,赍布帛金银,假以行礼诱我边将"等行为,三峰撰《本朝辨明诱辽东边将女直等事表略(甲戌)》。十二月,著《心气理篇》三篇。朝鲜太祖大王四年(明洪武二十八年,1395)正月,撰进《高丽史》。六月,抄录周汉以来至朝鲜的监司沿革之得失,附先儒所论之说,著《监司要约》。十月,汉阳宫庙既成,令三峰命名新宫诸殿及诸门,其中新宫命名为景福宫,一直沿用至今。三峰承命制进贺正表笺,明太祖责之"表辞侮慢",遂命遣三峰入京。李成桂为三峰开脱曰"病不能行,表辞实总(即郑总)等所撰",并遣郑总、柳珣等人前往谢罪。明太祖大怒,扣押了郑总等人。朝鲜太祖大王五年(明洪武二十九年,1396)五月,著《经济文鉴》。十二月,命三峰为东北面都宣抚巡察使。朝鲜太祖大王六年(明洪武三十年,1397)二月,因三峰"表辞侮慢"之事，明太祖谓朝鲜使臣偰长寿、辛有贤曰："开国承家，小人勿用。……郑道传等乃小人之尤者，在王左右，岂能助其为善。"六月，三峰向李成桂提出出兵辽东的请求，遭到赵浚等人的反对。十二月，著述《经济文鉴别集》。朝鲜太祖大王七年（明洪武三十一年，1398）正月，三峰与权近为成均馆提调，集四品以下儒士讲习经史。夏，著《佛氏杂辨》十九篇。八月，发生恭昭之乱，又称戊寅靖社，三峰被李芳远军队斩首，其家被抄没后改成宫中饲养马匹的司仆寺，其子亦被废为庶人，并遭禁锢。

三峰著有《三峰集》十四卷。第一次刊印是在 1397 年，由三峰自编，其子郑津请成石磷筛选、权近批点。其曾孙郑文炯在 1464 年重刻《三峰集》并补刊了《经济文鉴》《朝鲜经国典》《佛氏杂辨》《心气理篇》等文，后附申叔舟的《后序》。1476 年，又于《三峰集》中补刊了《经济文鉴别集》。1791 年新刊行《三峰集》，依正祖之命由奎章阁按类编辑、注释、校正后于大丘再刊。文集中除文学作品外，还有政治著作《朝鲜经国典》《经济文鉴》及《经济文鉴别集》，军事著作《阵法》和三部哲学著作《心气理篇》《心问天答》《佛氏杂辨》。

二、抑佛崇儒

三峰的著作《佛氏杂辨》为后世朝鲜王朝崇儒抑佛的政策奠定了理论基础。三峰以朱熹的"万理皆实"为武器，有力地批驳了佛教的"万理皆虚"之说。他的专著《佛氏杂辨》从哲学的角度对佛教进行了全面的批判，发挥了唯物主义和辩证法的合理思想。三峰反对佛教"轮回之说"，提出天地万物由"气"形成的唯物主义观点。他认为人和万物都为"天地之气所生"，"气之凝聚者，为形质，为神气"，"形质"与"神气"紧密相连，一旦形质消灭，神气也不复存在，人死了,精神再不能存在。他还提出事物处于不断发生、发展、消亡的运动变化之中的辩证观点,认为“人物之生生而无穷,乃天地之化,运行而不已者也”。这种“生生无穷”“运行不已”不是简单的循环,而是质的变化、前进式的发展。从日常生活来看,儒者之道是饮食男女等日常之事的看法存在着至理,尧舜之道也不过如此。佛教却是教人辞家人、绝男女,草衣木食,独坐于岩穴,以虚空寂灭为宗,所行全非平常生活之道,所以应该予以排斥。敖英指出,三峰不仅对僧人的出家、乞食这些细枝末节进行批判,更着重从根本上对佛教的轮回说、因果报应论等基本教义进行批判。三峰认为,只有从根本上对佛教进行批判与排斥,才能动摇乃至颠覆佛教赖以存在的基础。

三峰认为太极是先行于客观物质世界的精神实体,阴阳是从太极中派生出来的第二性的东西。他的理气观是唯心主义论,认为理是“天理之先”,是派生万物的精神实体,是气、心的根据和始源;气由理派生,心亦由理禀生。三峰在认识论上尽管有“知万物之理具于吾心”的唯心主义先验论思想,但他提出面对复杂多样的客观世界,人们可以借璇玑、玉衡等仪器和数学的乘除算法来认识和计算的合理观点。

在伦理道德观上,三峰极力鼓吹“三纲五常”,特别强调忠孝思想,是“性三品”说的提倡者。但是,他作为改革派的政治家,在同佛教大僧侣、权臣保守势力的斗争中,提出了整顿土地制度、抑制世臣大地主和大僧侣特权、巩固中央集权、发展生产、富国强兵等有利于社会发展的进步举措。

敖英指出,作为丽末鲜初的朱子学者,三峰以排斥佛教为己任,全方位且彻底地对佛教进行批判。三峰的排佛论为朱子学在朝鲜朝确立统治地位奠定了坚实的基础。

1. 对佛教的出家、行乞等行为进行批判

三峰引经据典，对僧人出家、乞食等行为从理论高度上进行了批判。

在原始佛教的教义中，要想获得解脱，就一定要出家修行。这种“弃君臣、去父子”的出家行为对人伦造成了极大的破坏，三峰认为这种行为远离了道。“道之外无物，物之外无道。”道本就与物不离不弃，所以天地之间，道无处不在。父子之道在于亲，君臣之道在于严，夫妇、长幼、朋友等人伦关系中也都有其相应的道，“所以不可须臾离也”。因此，佛教出家修行这一毁坏人伦的行为，从本质上来说远离了道。他强调人不可无食，因为“无食害性命”。三峰以《尚书・洪范》“八政”（一曰食，二曰货，三曰祀，四曰司空，五曰司徒，六曰司寇，七曰宾，八曰师）、《尚书・武成》“重民五教，惟食、丧、祭”和《论语》“子贡问政”（足食，足兵，民信之矣）等儒家经典以食为先的记载为依据，强调食物对于人的重要性。在他看来，古之圣人深知粮食的重要性，所以“教以稼穑，制以贡赋”，使“军国有须，祭祀宾客有给，鳏寡老幼有养，而无匮乏饥饿之叹”。相反，佛教却“出人伦之外，去稼穑之事，绝生生之本”，如果大家都信奉佛教，将“天下无人”“天下无食”，也就没有“可乞之人”“可乞之食”了。虽然人不能无食，但是也不可“苟食”，因为“苟食害义理”。所谓“苟食”就是不劳而食。三峰认为，“上而天子公卿大夫治民而食，下而农工商贾勤力而食，中而为士者入孝出悌、守先王之道以待后之学者而食”，都属“各有其职，以受天养”。反过来看，作为佛教创始人的释迦牟尼“以父之位为不义而不居”，没有尽到“治民”的责任；“以男耕女织为不义而去之”，未尽到生产的责任；“无父子君臣夫妇”，也没有尽到守护“先王之道”之责。因此这样的人，即使一日只吃一粒米，都是“苟食”。佛教认为自食其力是不义,难道乞食就是义吗?可见,佛教之说是"无理无义"的。三峰还对舍利和佛像放光等现象进行了驳斥,因为这些所谓的灵异现象最容易使人对佛教深信不疑。他认为,人有舍利,就像是蛇、虺、蚌、蛤有珠子一样,没有什么稀奇的。虽然舍利看似坚硬无比,但羚羊角却可以将其粉碎。更何况舍利"当寒而不得以为衣,当饥而不得以为食,战者不足以为兵器,病者不足以为汤药",一点实用价值都没有,应该将其投入水火之中毁掉。至于佛像放光的现象也没有什么可奇怪的,因为"腐草朽木"也会有夜里放光的现象。在三峰看来,世人是因为厌烦平常的事物而喜欢奇异罕见的东西,所以才会放弃实际的利益而追求佛教这一"虚法"。

2. 对因果、轮回等佛教教义进行驳斥

三峰认为,"太极有动静而阴阳生,阴阳有变合而五行具。于是无极太极之真、阴阳五行之精妙合而凝,人物生生焉"。就是说无论人还是物,都是阴阳五行"妙合"而成的。万物虽生生不息,但非永恒,"其已生者往而过,未生者来而续,其间不容一息之停也","有聚必有散,有生必有死",人死后则"魂气归于天,体魄降于地";天地间就像一个大熔炉,万事万物都会"销铄已尽","安有已散者复合,而已往者复来乎?"轮回说认为一切有情众生在获得解脱之前,都要在天神、地狱、饿鬼、畜生、修罗、人间这六道中生死循环。轮回说容易引起"人死精神不灭"的误解。他从儒家"人性本善"的角度出发,认为好好色、恶恶臭之人是发自内心的、"无所为而为"的,绝不是因为害怕遭受地狱之苦而有所不为。因此,佛教的地狱之说不足为信。

他从性理学的角度出发,认为"未有天地万物之前,毕竟先有太极","太极生两仪,两仪生四象"。一切事物变化都由此产生,就像是水有源头,才会有万流如注;树木有根,才能够枝繁叶茂。这些全非人力所能控制。简单来讲,自佛圆寂千年之后,天地之间日月星辰的运行、寒暑更替以及二十四节气的轮换都没有什么改变,所以佛教以万物为虚幻的说法可欺骗一个人,却不可能取信于千万人,可以存在于一时,却不能存在于千万世。

3. 对儒家、佛教的异同进行比较

儒家认为“心具众理”,理是心中所固有的,而佛教认为心“空寂无知”,心中无理。再有,儒家讲究“酬酢万变”,根据事物发展的准则采取适宜的行动,而佛教对待事物讲究“随顺一切”,听之任之。由此,三峰得出“释氏虚,吾儒实;释氏(心与理)二,吾儒(心与理)一;释氏间断,吾儒连续”的结论。此外,佛教认为心即性,“迷之为心,悟之则性”,心与性就像眼与目一样,只是称呼不同而已,没有本质区别。佛教诸家所说也有不同,都无定论,皆为“游词”。另外,儒家强调“尽心知性”,以本心来穷理,而佛教讲究“观心见性”。

敖英指出,针对佛教心、迹分离的说法,三峰提出了心、迹统一的观点。他认为,迹是心在事物上的反映,四端、五常以及万事万物之理都具于一心之中,并且在人接物应事的过程中反映出来。所以“有是心,必有是迹,不可判而为二也”。他认为,人见孺子落井而有怵惕恻隐之心,说明人心之中本有仁之性。而见父思孝,见子思慈,事君以忠,使臣以礼,交友以信等都是仁义之心发于外的迹。“所谓体用一源,显微无间者也。”佛教却是把心与迹区分开来的,“取其心不取其迹”,认为“文殊大圣,游诸酒肆,迹虽非而心则是”,从而导致僧侣们的种种恶习。因此,在这一问题上,儒佛是有区别的。

儒家讲的“恻隐”和佛教所谓“慈悲”都是“仁之用”。但二者“立言虽同”,“其所施之方则大相远矣”。儒家讲“仁”,从“人我同类、物我同生”的角度出发,由己推人,由人及物,即“亲亲而仁民,仁民而爱物”,“仁”是一、实而连贯的。佛教则不然,它讲求即便面对毒如豺虎、微如蚊虻的事物,也要“以身馁之”;即使对待与自身毫无关系的人,也要“推食而食之”,“推衣而衣之”,反而对“至亲如父子、至敬如君臣”的人,“绝而去之”,视如路人。这种做法无异于斩断了“慈悲之心”的本源,很难说是真正的仁心。如此“无义无理”是儒家所不能容忍的。

在三峰看来,儒家与佛教“句句同而事事异”。儒家所说的“虚”,是“虚而有”;佛教所说的“虚”是“虚而无”。儒家的“寂”,虽“寂”而有所感应;佛教的“寂”,是绝对的寂灭。儒家讲“知行”,即人们要知道自己的一心之中具有万物之理,并要遵循它来行动而无所违。佛教讲“悟修”,“悟”来自本来空无一物的心中,“修”就是要绝万物而不累自心。儒家提倡“酬酢万变”,说的是心在应对万物的时候,按照一定的规则进行恰当的处理,就像是要使孩子孝顺而不能使其为贼,要令臣子为忠而不叛乱等。而佛教说“随顺一切”,就是听任孩子孝不孝、贼不贼,不管臣子忠不忠、乱不乱。因此,二者之间的差别实在是太大。

三峰始终站在儒家的立场上对佛教进行驳斥,其引用了大量儒家经典及性理学理论作为批判依据。他强调,理是先天的、具于万事万物之中的,而阴阳五行之气是万物得以生成的根源,也是人和事物活动的动力。人与物的不同、人与人之间的差别都是因为所禀之气不同。

虽然三峰是一个坚定的朱子学者,但是他对佛教也有一定的了解。他不仅在文章中援引过《金刚般若经》《圆觉经》《楞严经》《大乘起信论》等佛教经典,还很熟悉佛教的基本教义。他紧紧抓住了轮回说中轮回的主体问题,对佛教进行批判。他指出,缘起论是佛教的根本,是其“毁弃人伦”的根源,所以一定得“砭而药之”。但是三峰对佛教又有一定的误解。比如佛教所说的“性”多指成佛的可能性,也就是佛性。它并没有善恶之分,与朱子学或者儒家所说的纯善的人性不同。再有,佛教所说的轮回六道都是“有情”之道,而不包括草木岩石等“无情”之道。“有情”与“无情”的“情”指的是“情识”。但他在批评轮回说的时候却以草木为例,可见他对佛教的理解还不够准确和深入。尽管三峰的排佛论不是“孤明先发”,但他对佛教的批判非常彻底,没有为佛教的存在留下丝毫余地,为朱子学在朝鲜的传播、发展乃至成为官学扫清了道路。三峰的排佛论是对之前朱子学者批佛论的最好总结。

在韩国学者的著述中,多将三峰和权近放到高丽末期或者朝鲜初期的重要儒学学者中进行论述,可见两人对性理学所做出的特殊贡献。在朝鲜性理学学脉中,三峰是李穑的门人、权近的老师。同时,三峰是朝鲜的助产者、经始者,是儒学东传朝鲜半岛以来首次实现儒学立国、儒学治国的主要人物。他的学生权近特作《三峰先生真赞》评价其容貌、气质、才气、学问事业,如下:

> 温厚之色,严重之容,瞻之如仰高山,即之如坐春风。观其睟面而盎背者,可以知和顺之积中也。
>
> 光焰万丈,气吐长虹,方其穷而其志不挫,及其达而其德益崇。是其胸次浩然而自得者,必有因其集义以充之者也。
>
> 好善之笃,处事之通,宽弘若河海之广,信果若蓍龟之公,则其局量规模之大,又非迂僻固滞者之所可得而同也。
>
> 若夫性理之学,经济之功,辟异端以明吾道之正,仗大义以佐兴运之隆,文垂不朽,化洽无穷,真社稷之重臣,而后学之所宗也。(《阳村先生文集》卷二十三)

权近分别对三峰之容貌、气质、才气以及学问事业做了概括性评价。诚如权近所说,三峰在“辟异端以明吾道之正”方面做出了杰出贡献。可以说,通过三峰从学理层面对佛教的批判,朱子学才确立了其在朝鲜朝的官方哲学地位。

参考文献:

1. 敖英:《论高丽末郑道传的“排佛论”》,《辽东学院学报(社会科学版)》2012 年第 6 期。

2. 李甦平:《论三峰郑道传排佛的儒学》,《韩国研究论丛》第 15 辑,2007 年。

3. 白丹:《朝鲜开国功臣——郑道传研究》,内蒙古师范大学 2010 年硕士学位论文。

4. [韩]赵抗德:《三峰郑道传的改革思想》,《东洋哲学研究》第 70 辑,2012 年。

李崇仁

李崇仁(1347—1392),字子安,号陶隐。星州人。高丽末期学者,与牧隐李穑、圃隐郑梦周、冶隐吉再合称“丽末四隐”。谥文忠。

一、生平(据《年谱》整理)

恭愍王十一年(元至正二十二年,1362),陶隐文科及第后授肃雍府丞。恭愍王十六年(元至正二十七年,1367),擢成均馆博士,与李穑、郑梦周等讲论四书五经。恭愍王十八年(明洪武二年,1369),与李穑同知贡举,选柳伯濡等三十三人。恭愍王十九年(明洪武三年,1370),兼进德博士,乡试及第。恭愍王二十一年(明洪武五年,1372),晋艺文应教、门下舍人,作《贺平蜀表》。恭愍王二十二年(明洪武六年,1373),晋成均直讲。本年十月扈驾西江,作应制诗。恭愍王二十三年(明洪武七年,1374),作《承袭表》。禑王元年(明洪武八年,1375),晋典理总郎兼宝文阁直提学。本年八月,与金九容、郑梦周等上《请勿迎元使疏》,被流配京山府,作《哀秋夕辞》述志。禑王二年(明洪武九年,1376),作《述怀》诗示流配诸公。禑王三年(明洪武十年,1377)七月,被召还,除成均馆司成,迁右司议大夫。本年九月,赠赴日本的郑梦周序。冬,诗稿获李穑所作跋文。禑王四年(明洪武十一年,1378),晋密直提学。禑王七年(明洪武十四年,1381),丁母忧。禑王八年(明洪武十五年,

1382)，以上护军任选举，选李升商等九十九人。本年十一月，作《请谥表》。禑王十年(明洪武十七年，1384)晋艺文馆提学。本年七月，为郑梦周赴明制《贺节表》《陈情表》。禑王十一年(明洪武十八年，1385)九月，诗集获明朝使臣周倬、张溥作序、跋，以王命制《谢恩表》。禑王十二年(明洪武十九年，1386)十二月，以贺正使赴明，呈《请衣冠表》。禑王十三年(明洪武二十年，1387)，过呜呼岛，作吊田横诗。本年六月归国，与郑梦周、河仑等建议革胡服袭华制，定百官冠服，议定大夫、士庙祭仪，上《进重刊陈澔〈集说礼记〉笺》。禑王十四年(明洪武二十一年，1388)，拥戴昌王继位。秋，以李仁任姻亲流配通州。本年十月召还，除签书密直司事，自请为贺节使赴明。昌王元年(明洪武二十二年，1389)正月，访明朝礼部侍郎高巽志，得诗集跋文，归国后除艺文馆提学。本年十月，受吴思忠等弹劾，流配京山府。恭让王元年(明洪武二十二年，1389)五月，受尹彝、李初狱事牵连系清州狱。本年六月，以水灾放还安置。恭让王二年(明洪武二十三年，1390)正月，获赦京外从便。本年十一月召还，除同知司事，与郑梦周、李穑等修撰实录。恭让王三年(明洪武二十四年，1391)正月，晋知密直司事、同知春秋馆事。本年四月，以圃隐党削职流配岭南。旋被郑道传所派孙兴宗、黄居正杖杀。朝鲜太宗大王六年(明永乐四年，1406)，追赠礼曹判书，谥文忠，配享忠贤祠、延风书院、安山书院。后以太宗大王命刊行其文集，权近作文集序。1863 年，李俊浩、李道复等复刊其文集。1901 年，李圭衡在星州二乐亭再刊其文集。

二、性理学思想

陶隐受许衡学风影响，强调践行《小学》中的伦理观。1367 年，他由李穑举荐任成均馆直讲，讲授儒学经典。李穑《陶隐斋记》称赞陶隐的学问时，说：

子安氏年十六，以诗赋中壬寅科，辞气老成。……未几，学问文章日进而不少止，渊乎其深也，晔乎其光也，周情孔思，层见而叠出也。向之老而自负者，翕然从子安氏，求正其所学焉。(《牧隐文稿》卷四)

可见，陶隐精研周公、孔子之学，以儒学为其学问基础，达到了很高的境界。陶隐不仅积极接受高丽末期传入的性理学思想，对老庄等诸子百家书、佛教经典也广泛涉猎。权近在《陶隐李先生崇仁文集序》中评价陶隐的学问倾向：

学问精博。本之以濂、洛性理之说，经史子集百氏之书，靡不贯穿。所造既深，所见益高，卓然立乎正大之域。至于浮屠、老庄之言，亦莫不研究其是否。

陶隐以宋代性理学为根本，对诸子百家和释氏之学予以关注研究，老庄思想和佛学理论由是成为其政治失意期精神皈依处。

1. 为己之学

陶隐以性理学作为修养、学问和经世治国的根本，强调为己之学、礼乐和春秋大义。在《示馆中僚友》诗中，他提出儒学即为君子学。“壮年空有志，独立竟无徒。既见申韩用，仍闻佛老俱。圣谟还寂寞，吾事可呜呼。且问座中友，谁为君子儒?”诗中陶隐慨叹高丽末期仍未倡明圣人之学，主张将成为君子和圣人的为己之学作为修养核心和追求目标。

对于为己、修己之学，陶隐在《赠李生序》中提出应按照一定的阶段顺序逐步修养，欲速则不达。

予惟古人之学为己，其进修之序如门阶堂室，等级斩截。不可欲速而有所躐焉，不可不及而有所废焉，循循焉勉勉焉，由门而堂而室，道德之实，硼𡁻于中，则文章之发，不能不焕然

矣。初岂有意于蕲人用为哉。虽然，己修而人不用者鲜矣。（《陶隐先生文集》卷四）

正如登堂入室需要按台阶先入门而堂而室一样，为己之学的修养亦应按序进修，道德修养到一定程度，自然会通过其文章表现出来，决不能急功近利，追求功利之学。这里援用的“登堂入室”的典故出自《论语·先进》：“子曰：‘由之瑟，奚为于丘之门？’门人不敬子路。子曰：‘由也升堂矣，未入于室也。’”这是孔子勉励弟子做学问要精益求精。陶隐借用孔子的典故，要求自己的门人也要踏实地做修己之学。而修己之学的落脚点为“用”，即经世治国的实用之学。反之，汲汲于功名利禄，奔走于权贵之门，不去做修己之学，到头来只能是本末倒置，无所成就。“圣人制名器，本以待有德。在我要自修，彼岂徼倖得？张也游圣门，胡为学干禄？吁嗟斯世人，奔走忘昏旭。岂皆纡朱青？亦或脂鼎镬。不见空谷中，青刍人如玉。”［《陶隐先生文集·秋夜感怀（其八）》］这里反复强调修己之学非为干禄，而是为做“如玉之人”。“空谷”句典出《诗经·小雅·白驹》：“皎皎白驹，在彼空谷。生刍一束，其人如玉。”陶隐作为成均馆讲官，对经书“所造既深，所见益高”，表露出追循圣人道德理想的崇高目标。

斯文欲坠地，玄圣应时生。周流骋列国，遥遥指蛮荆。庶将启聋聩，荼蓼交中情。呜呼吾已矣！归欤托遗经。包羲迄文、武，煌煌集大成。所以生民来，极口无能名。［《陶隐先生文集》卷一《秋夜感怀（其二）》］

孔子生于儒学之道坠地的乱世，他周游诸侯列国，以图恢复儒家的德治，却未能如愿，只好留下经书，以期来者。陶隐称颂孔子集夏、殷、周三代圣人教诲之大成并将经典流传后世的伟大功绩，更为自身处于丽末乱世无法实现圣人之道而慨叹不已。

在《题金可行诗稿后》中,陶隐说:

鸡林金可行以其所作诗稿见示,造语雅驯,寄兴深远,忠君爱亲尊师亲友,有开于世教者十之八九。予读之悚然敛衽曰:“有是哉,有是哉!”呜呼,诗不可以伪为也!氓之蚩蚩不能掩淫泆之情,孟德短歌不能掩篡夺之谋。曾谓诗之发不本于情性乎!(《陶隐先生文集》卷五)

抒发性情、陶冶性情固然是诗之大旨之一,但陶隐更强调诗中所折射的对忠、爱、敬、信等德目的修养,即诗的教化作用。《论语》提出的诗“思无邪”观亦即强调诗对性情乃至社会风尚的教化,在这个意义上诗与礼、乐是相辅相成的关系。

臣窃观经文,有曰:“道德仁义,非礼,不成;教训正俗,非礼,不备;分争辨讼,非礼,不决;君臣上下、父子兄弟,非礼,不定;班朝理军,莅官行法,非礼,严威不行;祷祠祭祀,供给鬼神,非礼,不诚不庄。”大哉言乎!圣人所以为万世教可谓尽矣。然则是经岂可一日离于心目哉?虽然,臣又观“毋不敬”三字为一经之冠,此乃尧之敬明,舜之温恭,禹之祗德,汤之圣敬日跻,文王之小心翼翼,圣人相传之心法也。(《陶隐先生文集》卷五《进重刊陈澔〈集说礼记〉笺》)

这里陶隐首先引用了《礼记·曲礼》的内容强调礼的政治意义和社会功能,原文是:“道德仁义,非礼,不成;教训正俗,非礼,不备;分争辨讼,非礼,不决;君臣上下、父子兄弟,非礼,不定;宦学事师,非礼,不亲;班朝治军,莅官行法,非礼,威严不行;祷祠祭祀,供给鬼神,非礼,不诚不庄。是以君子恭敬、撙节、退让以明礼。”陶隐认为礼的根本意义在于《曲礼》开篇所言“毋不敬”三字,即“毋不敬,俨若思,安定辞,安民哉”。这正是圣人制礼的宗旨、相传的心法。因此陶隐曾进言说,“臣闻五经皆垂世立教之大典,而礼之用为急。古先帝王,莫不由之以兴至理"(《陶隐先生文集·进重刊陈澔〈集说礼记〉笺》),提出以礼治国是治世之良药,更是改变高丽末期社会混乱局面的当务之急。

陶隐认为儒学是注重品德修养的为己之学,而不是功利之学。陶隐指出,忠孝、仁义、敬是构成儒家道德体系的重要德目,力主以礼治国,这在佛教泛滥的高丽末期不失为一种进步理念,为朝鲜朝初期儒学立国提供了理论基础。

2. 义理易学

在高丽时代,《周易》作为学者的基本素养,是国子监科举明经业考试的规定科目。至高丽末期,宋代程颐《易传》传入后,《周易》与性理学对新进士大夫阶层形成宇宙论的哲学基础起了绝对作用。

郑梦周通过研究和讲论《易传》从而对《周易》和性理学造诣颇深。陶隐与郑梦周同为成均馆教官,通过《易传》对《周易》也颇为理解。在赠阳村权近的《八卦,赠阳村待制》诗中,陶隐提及八卦各卦的吉凶意义,并归纳出各卦的道德意义以作为行为准则。"姤女壮勿取,剥果硕不食。既忧临八月,无疾复七日。大人乾利见,康侯晋用锡。夬夬扬王庭,泰来汇征吉。"(《陶隐先生文集·八卦,赠阳村待制》)陶隐指出,各卦随着阴阳消长而显示出进退存亡和吉凶之象。

他从《泰卦》之象中演绎出仁和春秋大义。"泰道三阳进,洪钧一气流。体仁存《大易》,谨始法《春秋》。"(《陶隐先生文集·正朝宫门帖子》)

陶隐从以三阳为中心的《无妄卦》中引申出了儒家哲学的道德意义。《无妄卦》是《易经》六十四卦中第二十五卦,为异卦(下震上乾)相叠。乾为天为刚为健,震为雷为刚为动。动而健,刚阳盛,人心振奋,必有所得,但唯循纯正,不可妄行。《周易程氏传·无妄·象》,曰:“动以天为无妄,动而以天,动为主也。”陶隐《拟宫门正朝帖字》诗曰:“三阳初气候,万物始蕃滋。天道真无妄,君王茂对时。”陶隐通过应天无妄的《无妄卦》卦象强调君王应时而动的真实无妄。陶隐从《无妄卦》卦爻之象中找到了儒家哲学的道德根源,即真实无妄的“诚”。

陶隐依据《大有卦》之象提出了儒家哲学的德目。在《送日本释有天祐上人还国序》中引用《周易》“自天祐之,吉无不利”,以及孔子“顺也”“信也”“尚贤也”《系辞》之意做了自己的阐述:

> 予尝观大有之为卦,贞乾悔离,刚之至而明之大也。上九,刚明之极而善处大有者也。周公之辞曰:“自天祐之,吉无不利。”吾夫子《系辞》焉而申之曰:“祐者助也。天之所助者顺也,人之所助者信也。履顺思乎信,又以尚贤也。是以自天祐之,吉无不利。”夫顺也,信也,尚贤也,非刚明畴能尔哉。(《陶隐先生文集》卷四)

这里陶隐依据《大有卦》至刚大明之德,引申出了孔子“顺”“信”“尚贤”的德目,并反论依照“刚”“明”卦象行事的重要性。由此可见,陶隐致力于依据《周易》卦爻辞的含义来阐释儒家哲学的义理思想。

陶隐认同宋代义理易学的阴阳观而主张扶阳抑阴。他把坤卦纯阴与自然的生生之理相联系加以说明,说“坤阴用事政难禁,万汇归根未易寻。昨夜南枝生一白,焚香端坐见天心”。正是由于冬季的纯阴中蕴含着阳,梅花才能在寒冷无比的冬季傲雪绽放,这体现了《复卦》所谓的“天地生生不息之心”。在给艺文应教郑曼硕作的《复斋记》中,他对“天地之心”做了进一步说明:

> 吾友艺文应教西原郑曼硕氏扁其所居曰复斋,求余文记

之。余尝读《易·复》之一卦，因以参考先儒之说，以为复有三：繇阴阳，有天地之复焉；繇动静，有圣人之复焉；繇善恶，有众人之复焉。盖复之为卦，阳之消极于上，而方息于下者也。孟冬之月，纯阴用事，俯仰两间，品汇归藏。既而一阳复萌，生物之心，盎然呈露。乃天命流行，造化发育，机缄之动，实始于此，所谓"复，其见天地之心乎"。（《陶隐先生文集》卷四）

陶隐认为《复卦》之"复"有三意：从阴阳来说，为天地之复；从动静来说，为圣人之复；从善恶来说，为众人之复。纯阴而一阳复萌，阴消阳长，则可以观察到天命流行、造化发育的"天地之心"。那么，圣人之心与众人之心的区别在哪里呢？

维圣人亦然，其未感物也，此心之鉴空衡平于寂然中者，虽鬼神亦莫得而窥也。及夫酬酢之际，如舜之好生，禹之拯溺，文王之视民如伤，是乃圣人所以心天地之心，而人因其动而见者也。若夫众人之生，气禀既驳矣，物欲又蔽矣，丧其心而不自知者皆是。然其本然之善固在，如阳之未尝尽而必复也。故随感而见，自有所不可遏者焉。（《陶隐先生文集》卷四《复斋记》）

圣人"心天地之心"，众人却由于气禀和物欲的遮蔽丧失其心而不自知，然而其本然之善固在，当圣人感物酬酢、显露天地之心时，众人仍然可以"随感而见，自有所不可遏者"，通过圣人的感化、教化而复见天地之心。这种观点也源于程颐在《周易程氏传》中解释《复卦》的彖辞"复其见天地之心乎"时提出的运动观命题。程颐认为，天地万物无时不在变化之中，无一息停留，变动是普遍存在的；正是由于变动，天地万物才能够持久。他说："凡天地所生之物，虽山岳之坚厚，未有能不变者也，故恒非一定之谓也，一定则不能恒矣。唯随时变易，乃常道也。"（《周易程氏传·恒·彖》）即恒常与不变是不等同的，反而与变化联系密切，变是常道。程颐强调动是天地万物的根本原则，他说："消长相因，天之理也。……一阳复于下，乃天地生物之心也。先儒皆以静为见天地之心，盖不知动之端乃天地之心也。""天地之心"即指天地万物的主宰原则。《复卦》第一爻是阳爻，阳是动，彖辞言"复其见天地之心乎"，所以程颐说"一阳复于下"是天地生物之心。陶隐由此演化出由众人之心到圣人之心的复天地之心路径，提出了众人"本然之善固在，如阳之未尝尽而必复"的论断，显示出从《周易》理解中接受性理学思想影响的倾向。

陶隐致力于仁义礼智理想秩序的社会实践，提倡通过为己之学和义理易学实现礼乐治国的儒家政治理想，在高丽末期性理学的学脉中占有重要地位。

参考文献：

1. [韩]郑成植：《陶隐李崇仁的历史意识》，《东洋文化研究》第 15 辑，2013 年。

2. [韩]严延硕：《陶隐李崇仁的儒学思想和节义实践》，《民族文化论丛》第 50 辑，2012 年。

3. [韩]高惠玲：《陶隐李崇仁的生涯及历史地位》，《民族文化论丛》第 50 辑，2012 年。

权　近

权近(1352—1409)，字可远，号阳村，安东人。丽末鲜初文臣、学者、诗人。谥文忠。

一、生平

阳村出身于文臣大贵族家庭，是高丽后期大儒学者权溥(1262—1346)的曾孙、牧隐李穑门人。其曾祖权溥与安珦、白颐正、禹倬等人最早从元朝引进朱子学。阳村一生致力于性理学研究和传播，在学问观上，不拘泥于前人的学术观点，敢于创新，勇于探索，创立了一种以图解说的研究方法，提出了一套“天人心性合一”的宇宙模式，奠定了朝鲜朝儒学的基础。

阳村自幼聪明，十岁开始读书，十七岁中成均试，翌年先中馆试，后殿试丙科及第，同年七月被任命为春秋检阅，由此开始了官场生涯，历仕高丽末期禑、昌两朝。高丽与朝鲜两朝交替之时，阳村追随李穑，在政治上持温和派的改良立场。1389 年，由李穑推荐，阳村作为门下评理尹承顺的副使，赴明请求派使臣监国高丽，以制止李成桂为首的新兴激进势力。但是，由于明朝的不干涉态度，阳村一行没有达到目的，之后他们又曾多次向明朝提出类似请求，均遭拒绝。阳村受此事牵连，于恭让王元年(1389)先后谪居牛峰等地，从此直到 1393 年初为止，一直过着或流放、入狱，或闲居在野的生活。在这四五年间，阳村并没有虚度光阴，他一方面专心著述，其《入学图说》等就是在此期间撰作而成；另一方面又以教导后学为己任，当时有许多仰慕其学问的儒生云集于其谪居地向其请教。

朝鲜朝建立初期，阳村跟随同门郑道传等旧朝文人出仕新朝政权，先后任成均馆直讲、艺文馆应教等，最后官至大提学。阳村长期居文翰之任，凡经国策要、外交文字等多出其手。作为目睹李氏朝鲜建国的高丽旧臣，阳村顺应时代潮流而动，站在支持新王朝改革图新的立场，从历史根源上肯定朝鲜朝的正统性。他提出从与帝尧并时的檀君创建古朝鲜开始，“传世不知几，历年曾过千”，朝鲜朝承传古檀君血脉，无论从继承关系考虑，还是从国号称谓上看，完全称得上“朝鲜”正统的继承者。阳村的这种历史文化认同观，得到了朝鲜太祖大王李成桂的高度认可，其本人被委以重用。

李成桂大力倡行程朱理学，欲将其确立为国家的指导理念，因而很需要像阳村这样的大儒学家协助。1393 年，李成桂亲自召见阳村，封其为检校艺文春秋馆大学士、成均馆大司成。但在出仕初期，阳村受到开国功臣郑道传等人的猜忌和暗害，这种政治上的不安生活直至 1398 年郑道传等人因王子乱被处死才结束。从此，阳村取代郑道传，活跃在李朝政界和学界，历任政堂文学、大司宪等职，为安定、巩固李朝做出了贡献。太宗大王李芳远即位后，阳村深受信任和宠幸，获封佐命一等功臣，官至艺文馆大提学兼成均馆大司成等。

阳村熟谙儒家学说，对宋儒之书尤其是程朱理学之书深有研究，为郑道传的理学著作《心气理篇》作了详注，注中阐发了自己对性理经义的看法。阳村著作有《四书五经口诀》《五经浅见录》《东国史略》《入学图说》等，后世认为《入学图说》和《五经浅见录》之

《礼记浅见录》为其性理学代表作。

二、性理学思想

阳村是朝鲜朝早期性理学巨擘,其性理学思想在《入学图说》中得到彻底体现。

《入学图说》是阳村为弟子讲解四书五经而作的以图解说、深入浅出的一部著作,其中又以《天人心性合一之图》和《天人心性分释之图》为其根本。

于春海《权近〈天人心性合一之图〉研究》表明,《天人心性合一之图》以儒家最基本的"天人合一"思想为根本出发点,以天、人、心、性四大要素为核心内容,将其"内在因果"以图形方式展现出来。该图上部为圆,下部为方,俨然一个半身人像。从图中可以清晰分辨出头、颈、肩以及腹部。之所以画成人形,是为状天人合一之理,故名之为《天人心性合一之图》。该图将天与人之间的关系巧妙结合起来,蕴含了天人合一的精深思想。权近说:"就人心性上,以明理气善恶之殊,以示学者……人兽草木千形万状,合正性命者,皆自一太极中流出。故万物各具一理,万理同出一源,一草一木各一太极,而天下无性外之物。故《中庸》言,能尽其性,则能尽人之性,而可以赞天地之化育,呜呼,至哉。"在此基础上,他又着重解释了"五常""四端""七情"等心性问题。他说:"心之虚灵知觉则一而已宜矣,然语其虚灵之所以为体,则不过五常之性,万事万物之理无不统。语其知觉之所以为用,则不过四端七情之感,而万事万物之变无不管。"又说:"四端属于性发,而七情……其所发,或有不中节者,不可直谓之性发。"阳村还提出了天人相类相通的学说:"盖天地万物,本同一体,故人之心正,则天地之心亦正,人之气顺,则天地之气亦顺。是天地之有灾祥,良由人事之有得失也。

人事得，则灾祥顺其常；人事失，则灾祥反其正。”

于春海认为，阳村的学说本于中国宋代的程朱理学，继承了朱子理是万物之本体的思想。朱熹以太极为理，阴阳变易之理即太极。阳村则认为，宇宙的本体是理，一理散之而为万物，合之则又归于一理。理是万物的始生点，也是万物的归宿。一理弥漫涵盖天地，统摄万物，而又能退藏于微隐，万物统一于它。理是无所不包、无所不在的。理在天地之先，天地是在理以后形成的。天地有生灭成毁，而理是无始无终的，是不依赖天地万物而永恒、独立存在的。阳村在《入学图说》序中说，该图是以周敦颐的《太极图》为主，参考了朱熹的《中庸章句》而作的。由此可见，他对太极即理乃万物之本的观点深信不疑，并加以细致解释和阐述。

阳村的《天人心性合一之图》中金木水火土处于图的显著部位，足以显示他对五行学说的看重。既然世上一切都由这五种物质构成且生克循环，那么，四季的更替、朝代的更迭都是顺乎天意的，不以人的意志为转移。阳村所处的时代正是高丽末期，不久高丽王朝就被李朝政权所取代，阳村秉持着天意不可违的思想接受了这一历史变化。他认为，五行之间的关系是世间一切事物的规范图式，一切事物都应有一定的原则去规范它的行为。人间道德层面中的五行即仁、义、礼、智、信，也规范了人的种种行为。

于春海认为，阳村对性的看法更多是受朱熹的影响，这从他将性分为“天命之性”和“气质之性”可以看出。“天命之性”是由理派生的，而“气质之性”是由气派生的。阳村秉承朱子思想，在《三峰集》卷十《心气理篇注》中说：“心则又兼得理气，而为一身之主宰也。故理在天地之先，而气由是生，心亦禀之，以为德也。”可见阳村对朱子思想体悟极深。

阳村的理学从本质上来说是一种“圣学”。在《入学图说》的第一幅图解中，可以明显看出阳村所倡导的“成圣之法”。在这幅图解中，阳村认为只有圣人才能真正与天合一，要实现成圣的目标，敬与诚这两个概念十分重要。另外，他指出，人可以分为截然不同的三类：众人、君子、圣人。生而与天和谐一致，是圣人所独有的禀赋，而君子与众人则必须持敬，君子敬则能成圣，众人敬则能避免完全失去人性。

阳村认为，人道希圣并期冀实现与天道合一，而这一过程必须通过内心的修炼才能完成。阳村与宋代理学先贤的关注点不同，他更注重心，而不是性。因此，心是阳村思想的关键。阳村《入学图说》的特点之一是它遵循了理学理一分殊的本质论，而其论证过程本身也表达了这一观点。阳村不仅系统地使用体、用这对概念，还大量使用了合、分交替的阐释方法。从这一点看，阳村更多地采用了一生二，二生万物，万物在本质上又是一的思想。在阳村的所有著作中，我们都可以看到这一与二的辩证。由此可以看出，阳村把理学看作专为统治者尤其是君王所设计的教育，强调在心上所下功夫的定本作用。

于春海研究表明，阳村的《入学图说》深受宋代周敦颐《太极图》、朱熹《中庸章句》等的影响，将“天以阴阳五行化生万物，气以成形，而理亦赋焉”的理论加以图式化，并发展出了本土性理学人性修养的目的、方法和具体路径。阳村由此开创了朝鲜朝性理学者广泛使用的一种图解式治学方法，以至于这种方法成为朝鲜性理学特色之一。在丽末鲜初之际，阳村的性理学不仅对中国程朱理学有所细化、有所发展，具有重要的学术价值，还以通俗易懂的图说方法推广、宣讲儒家思想，对性理学在朝鲜朝广泛传播，并最终成为治国理念发挥了重要作用。

参考文献：

1. 于春海：《权近〈天人心性合一之图〉研究》，《周易研究》2010 年第 5 期。

2. 李甦平：《论权近的性理学思想》，《韩国研究论丛》第 20 辑，2009 年。

3. 李岩：《论权近的尊周事大思想及其使行诗》，《延边大学学报（社会科学版）》2009 年第 5 期。

4. [韩]姜文植：《权近的生涯与交游人物》，《韩国学报》第 27 期，1991 年。

吉再

吉再(1353—1419),字再父,号冶隐、金乌山人。海平人。丽末鲜初文臣、学者,朝鲜朝私学创始人,与牧隐李穑、圃隐郑梦周、陶隐李崇仁合称为“丽末四隐”。谥忠节。

一、生平

冶隐祖籍庆尚道善山海平,父为知锦州事吉元进,母为被追赠版图判书金希迪之女。1386 年,文科及第。1388 年,拜成均馆博士。1392 年,李成桂登位后,不仕,返回故乡创办书堂,致力于教育事业,成为朝鲜朝私学教育之先驱。其教育理论以性理学传播、排斥佛教为主要内容,故得到李朝统治者支持,门徒众多。冶隐著有《冶隐集》《冶隐续集》,其言行录《冶隐先生言行拾遗》亦流传后世。

冶隐专注于性理学的研究,作为重视节义的思想家而名垂青史。1362 年,他于冷山桃李寺初学文字。1370 年,师从商山司录朴贲学习《论语》与《孟子》,初次接触性理学思想。其后又师从李穑、郑梦周、权近,在学问上日益精进。1374 年,进入国子监,中生员试。1383 年,中司马监试。1386 年,进士及第,随后官拜清州牧司录,但未赴任而是选择与后来成为朝鲜太宗大王的李芳远一起在成均馆探讨学问之道。1387 年,拜成均馆学正。次年,晋升为成均馆博士。当时,太学的学徒及两班贵族子弟都希望拜他为师。1389年,官拜门下注书,但他深知国家将衰,于次年以侍奉老母为由辞官归隐。1391年,被任命为鸡林府与安边的教授,均未赴任。听到禑王讣告,冶隐拒食菜果与酰酱三年,以为禑王行丧。1400年,世子欲拜他为奉常博士,但他上疏表明自己不事二主的忠义之心,坚辞不就。此事传播开来后,仰慕其品德的学者前去与其讨论儒家经典与性理学思想。其弟子有金叔滋、金宗直等,后形成了以金宏弼、郑汝昌、赵光祖等人为中心的学派。

冶隐一生致力于性理学研究与教育事业,为后世留下了许多宝贵的思想。他不屑于名利与官职的诱惑,甘于隐士生活,创办书院,传道授业解惑,培育出大量的学者。冶隐一生都在追求极致的孝诚、高尚的道德,践行儒道精神,以《小学》与朱子《家礼》为行为准则,其不事二君的节义思想及对德行的实践为世人做出了榜样。冶隐去世后,世宗大王感其节义之心,赠谥号忠节。

二、忠孝思想

冶隐自幼年之时便显示出与众不同的孝行。其父游宦松都时,娶检校军器监卢英之女为二夫人。冶隐之母闻讯后十分生气,于是就向其父表达愤怒与不满,冶隐却觉得母亲的这一行为十分不合礼仪,于是伏在母亲面前说道:

> 妇之于夫,子之于亲,虽有不义,不可少有非之之心。人伦之变,古昔圣人亦不免,但处之以正,以待天定而已。余蒙母慈,以至成立,今母之怨,非所以慈余也。(《冶隐先生言行拾遗》卷上《行状》)

其母听了这番话后深有所感,此后不再向其父抱怨。冶隐在师从朴贲期间向母亲提出去侍奉父亲的请求,说:"有父不觐,非人子也。”到京城之后，侍奉父亲尽心尽孝。庶母卢氏刚开始对冶隐并不十分慈爱，但冶隐侍奉卢氏如己母一般，卢氏终被其孝心打动，最后视其如己出。1384 年，冶隐之父辞世，冶隐与妻子谨遵朱子《家礼》行三年丧以显孝道。在《又五言律诗，阳村权近》诗中，冶隐提出孝诚为儒者应有之良心的观点。诗曰：“孝诚格天意，禫晨风日晴。乌啼悲未哺，驹隙恸难停。圣训遵无坠，斯文晦复明。良心谁不有，感涕为君零。”从中，我们可以看出冶隐至诚至孝的思想及对儒家礼仪的敬奉。1390 年，冶隐辞去门下注书官职回乡侍奉年迈老母，每天昏定晨醒为母亲铺被清扫，自己也乐在其中。妻子欲代而行之，冶隐说道：“吾母老矣，后虽欲为母为此，不可得也。”妻子被其孝行感动，也像他一样尽心尽力地侍奉婆母。冶隐早年曾为君王和师门行三年丧，此后每遇亲丧必定严格按照朱子《家礼》行三年丧。因担心父亲的坟墓会被樵夫破坏，他便在墓旁建屋看守。冶隐六十二岁时，因岳父离世，他代替岳家从军的长子穿麻服行丧。冶隐的身体力行使他成为人们争相效仿的模范，也使当地的风俗发生了改变。同时，践行孝礼使人们增强了对朱子学的认同感。

冶隐作为理学家、教育家，以节义精神闻名于世，世称“冶隐先生”。他身为高丽遗臣，不愿出仕李朝，在其《泮宫偶吟》诗中写道：“身虽从众无奇特，志则夷齐饿首阳。”夷齐即指商朝末年的伯夷、叔齐二人。伯夷、叔齐是商末忠臣，商亡，誓不食周粟，采薇而食，最后饿死在首阳山上，以抱节守志而闻名。冶隐便以伯夷、叔齐二人为榜样，不事二主。他隐居在金乌山下以传授朱子学为乐。太宗大王早年曾与冶隐一同在成均馆读书，关系较好。他将冶隐招至汉城，欲任命为奉常博士。冶隐上疏拒绝，说：“忠臣不事二君。臣以草莱，委质伪朝，蒙其亲试，且受爵命，不宜复在盛朝，以累名教。”太宗大王知道难以说服冶隐,便优礼相待,并将他送回家。成宗大王时期,时任同副承旨的金季昌上疏请重用节义之士,他说:“人君不可不重节义之士。当平居之时不以倚任,则危乱之际难以收用。节义之士,世不多得,前朝五百年,唯郑梦周、冶隐二人而已。”冶隐这种“头戴一天,心怀全节”的节义精神影响了当时的儒士,士林派更是以冶隐为楷模。冶隐对节义精神的继往开来之功的确值得后世尊敬。

冶隐秉承“人之初,性本善”的本然之性,终其一生极尽孝道。由于冶隐的孝思想已达到了至诚感神的境界,其孝亲精神不仅给身边的人,甚至给整个朝鲜朝都带来了极大的影响。他的这种孝思想放大来看,便是对社会和民族的“忠”。他坚守“忠臣不事二君,烈女不更二夫”原则,十分重视对国家和君主的忠诚。冶隐讲求:为人子,对父母极尽孝道;为人臣,对君主极尽忠心;为弟子,对师门极尽遵从与爱戴。他用自己的实际行动向世人展示了实践儒道的整个过程。他的这种君、师、父一体的忠孝思想作为一种独特的礼文化对后世产生了深远的影响。

三、性理学道统

高丽王朝末期,宋朝的新儒学传入并被接受,高丽统治者以之作为一种新的理念进行各种制度改革,开始重视伦理教育,社会风俗逐渐发生变化。在此过程中,立志保卫高丽的义理派与发起易姓革命的事功派互相对立,由此引发了各种事件,最后事功派获得胜利。从新儒学被接受开始大约一百年之后,一个标榜着儒教立国的新王朝建立起来。

在这个通过易姓革命建立的朝鲜王朝,高丽末期杜门洞七十二贤之一、被称作“儒教的殉道者”的郑圃隐的“杀身成仁”及冶隐的高世清节都获得了高度评价。世宗大王甚至专门把反对过朝鲜朝建国的郑梦周和冶隐作为高丽的忠臣记录在案，显示朝鲜朝对忠义精神的褒扬。

不仅冶隐的忠孝思想得到重视，他对圣学发展所做出的巨大贡献也得到了承认。朝鲜朝中期以后，士林派在学问上和政治上影响力逐渐壮大，他们评价冶隐在继承“东方理学之祖”郑梦周的道学思想及向后进儒生传授学问等方面都发挥了巨大作用。这在韩国儒学史上具有重大的意义，即确立了冶隐在朝鲜朝性理学道统上的地位。

宣祖大王即位之后，随着士林派大举进入政界，士林派立场的正当性和其学问的传授谱系被广泛讨论。宣祖大王二年(1569)六月，奇大升回答宣祖召对时，高度评价了冶隐在高丽末期学界中的活动，称其为“东方学问的源流”，冶隐高尚的学德使圣学在前朝得到发扬。

但奇大升之时，尚没有确立圣学传授谱系的概念。宣祖大王三年四月，成均馆儒生们提议文庙祀奉四贤，即金宏弼、郑汝昌、赵光祖、李彦迪。宣祖大王八年，又追加了李滉，自此一直保持着五贤祀奉的形态。光海君二年(1610)，朝鲜朝的儒生们开始重视在士林势力的成长中发挥关键作用的节义思想，师友间的纽带意识才逐渐增强，这促进了其谱系意识的形成。最终，在十七世纪后半期确立了李穑—郑梦周—权近—吉再—金叔滋—金宗直—金宏弼—郑汝昌—赵光祖—李彦迪—李滉的谱系图。

冶隐在高丽灭亡后坚决拒绝出任新朝官职而选择隐退，显示了忠贞的出处观和节义精神。回到故乡善山后，冶隐开立私学，一心投入到性理学教育上，为朝鲜朝性理学的发展打下了根基。

在韩国儒学思想史上，冶隐的儒学实践和思想学问都受到了高度评价：首先，其可与曾参、闵损相提并论的极致孝行受到世人称颂；其次，其可与伯夷、叔齐相比的节义精神照亮了韩国精神史的道路，对后世产生了极大影响；最后，他继承了传播到朝鲜半岛的程朱理学的学脉，尤其是郑圃隐的节义道脉，成为朝鲜朝发展性理学的开拓者。

参考文献：

1. 刘刚：《朱子学传入朝鲜半岛研究(1290—1409)》，暨南大学2012年博士学位论文。

2. [韩]金益洙：《冶隐吉再的生涯与思想》，《韩国思想与文化》第10辑，2000年。

3. [韩]杨日模：《冶隐吉再的忠节论》，《民族文化论丛》第50辑，2012年。

金叔滋

金叔滋（1389—1456），字子培，号江湖、江湖散人。善山人。朝鲜朝初期文臣、学者。谥文康。

一、生平

江湖金叔滋，光伟之曾孙，恩宥之孙，王官之子，母为俞仁贵之女。天性向学，十二岁师从吉再受《小学》等书，听说易学大师别洞尹祥迁任黄涧县监，即前往受《周易》，由此悟得阴阳变化之数和原始要终之妙谛。1414年，中司马试。1419年，文科及第，授学谕。1435年，被荐为成均馆主簿，历世子右正字、善山及金海教授。1449年，除开宁县监，晋司宰副正。1454年，晋成均馆司艺，次年辞官回密阳致力于教育后进。

作为继承了吉再学统的程朱理学巨儒，江湖在朝鲜儒学史上影响巨大。江湖遵循朱子《小学》法度，极尽孝诚，诲人不倦，甚至在亲丧期间，也要在庐墓边建成书斋，于朝夕拜祭之后再悉心教授弟子。他讲学按照《童蒙须知》、《幼学字说》、《正俗篇》、《小学》、《孝经》、四书五经、《资治通鉴》、诸子百家顺序一一教授。江湖继承了吉再重视《小学》及实践的学问姿态，其道统和学统后由其子金宗直继承，极大地影响了十六世纪士林的学风。

二、《海东杂录》有关记述

金叔滋，善山人，字子培，尝游学于吉再门下，学问高诣，为一代名儒。我英庙朝登第，晚年罢官南还，构草堂于凝川上，放情丘壑，惟意所如，自号江湖散人。官至成均司艺。公性本恬淡，不屑屑于事为之末，人或以为迂阔，而大节则确然不挠，处世六十余年，无一行欠缺者。常训子弟曰："人有言人之过失及议国事，初虽同坐当避之。闻人过恶，如闻父母之名，耳可得闻，口不可言。汝曹当以伏波之戒书诸绅，终身省之。"以读书法，训子弟曰："勿谓古人糟粕，务要体认自家分内事，穷而行己，达而治人，一以圣贤为法。"虽愚孩朴钝，必谆谆叩两端，令开悟，而后已。平居每清晨而起，盥濯衣服冠而坐，虽妻子婢仆，不见其惰慢之容。虽无宾客，头不脱冠，腰不脱鞶，衣服鞍具，不贵鲜丽，只要俭素坚致而已。辔络鞯系若绝，则以麻绳代之。公著述简洁精致，其志辞命意，一字不苟。常训读书之法，曰："读书慎勿粗心、大胆，容易放过，须仔细看破。"公为人，动静语默，皆律以规矩。奉亲以孝，敦行孝悌。公诲人不倦，先入之《小学》，使之从事于爱亲敬长、隆师亲友之间，以涵养其本源，然后许取他书，故其教不烦捶楚，而人乐于学。公于祭祀，凡所羞馔具，务令精洁，戒饬膳人，虽鱼肉之片段，不祭不得与儿童猫犬食。公于奉宗庙，曲致诚敬，凡国家大事，及水火、盗贼、婚娶、死生，必以告。尝叹曰："今俗忌日之祭，不以肉为羞，子孙则以忌日为终身之丧，不忍食肉可也，死者有何丧。"公于祭祀，曲致诚敬，虽穷迫之际，仪物有加而无减，在道路必载主于竹轿而自随。公为县，不求赫赫名，专以革污俗、兴六行为首务，大理学校，至于牺尊簠簋椅卓铏坫，无不精完，必亲诣释奠，凡奠需预畜之，至于菱芡脯醢,罔有阙焉。宰县时,凡祭牺牲粢盛醴齐,必令丰腆,乃曰:“吾为专城之主,壤地虽褊小,岂乏吾祭之需,丰于享祀,何伤于廉?”于是邑人皆感化焉。于墓祭,则前期上墓,绕茔域三匝,艾薙草木,祭毕盘桓眺望,如有求而不得,至暮乃归。为县时,救荒则必急于水火,乃曰:“昔韩韶活沟壑民,欲含笑入地,汲黯矫制开仓,而无辞于罪。苟存心万民,何惧于法?”发军须必赈给之,民感其惠。秋熟,不烦鞭扑悉偿之。为县时,每春秋躬出入阡陌,巡视堤堰,民乏种者贷之,乏食者周之,勤者慰,而惰者惩之。公为县卒,其叙吏胥,作为约束。虽簿书之微,明于检核,故吏不敢售其奸。公在开宁,筑灰洞松谷松林三陂,溉田七八百顷,至今民赖其利。公为县时,乃曰:“四时改火,守令视为文具,此乃先王裁成辅相之事,且火之久者,熏为疠疫,爱民者所当急也。”每候至,令钻木于厅事前,令布民户。为县时,必申明邻保之法,穷里僻村,皆设捕盗关,以故盗入境未信宿,而辄为所擒。……公精于易学,子弟来受业,则常于案上揲蓍,布卦以教之。丁忧庐茔侧,寒暑一褐一屦,身不脱绖带,枕苫蔬粝,终始不懈。尝在官,语人曰:“吾行将谢事,开三径抚松菊,每于春时,带笭箵拾蟹蛤,蟹蛤何曾飞且走耶?”高丽时,诸郡州户长,或本贯之俗,强梗不遵法度,遂至荡弛,欲绥治而镇服之,则自大官谢事于朝,还为户长,夹辅守宰,以听民治焉。公为人,端方而简直,居官以廉,听讼以清。著述精致,为诗工于下字,然触兴则为之不强为也。(《海东杂录二·本朝二》)

参考文献:

1.《岭南文集解题:江湖实记》,《民族文化研究所资料丛书》第4卷,1988年。

卞季良

卞季良(1369—1430),字巨卿,号春亭。密阳人。李穑、权近门人。朝鲜朝初期文臣、著名学者。谥文肃。

一、生平

春亭,父为检校判中枢院事玉鸾,母为济危宝副使曹硕之女。春亭自幼天资聪颖,四岁便能诵古诗对句,七岁能缀联句。1382年,中进士试,次年中生员试。1385年,郑梦周知贡举,春亭文科及第,被任命为典校主簿、备巡卫精勇郎将兼进德博士。1392年,随着朝鲜王朝的建立,被任命为千牛卫中领中郎将兼典医监丞,称疾不出。1396年,授校书监丞知制教、成均馆学正。1407年,中文科乙科第一名,被授予堂上官礼曹右参议之职,次年晋世子左辅德。1415年,晋世子右副宾客。此时,朝鲜国内旱灾十分严重,春亭为此十分担忧。他认为向天祭祀非礼,于是请求在圆坛祭祀。太宗大王命他作祭文,派领议政柳廷显去行祭礼,果然天降大雨。此后直到太宗大王末期为止,春亭一直历任各曹要职。1419年,他力排众议,极力主张征讨倭寇,为李从茂己亥东征的胜利做出了巨大贡献。1420年,朝鲜朝设立集贤殿,春亭得授大提学职。1426年,授右军都总制府判事。春亭以文衡执掌外交文书二十年,作为科举考官秉承公平公正原则,一扫高丽末期的考场弊端。作为丽末鲜初馆阁文学的代表人物，春亭先后作《华山别曲》、《大行太上王谥册文》、箕子墓碑文、《乐天亭记》、《献陵志文》，赞扬朝鲜王朝的建国伟业。他还将历代臣子的言行中值得借鉴的内容汇编为《政府相规说》，撰写了韩国历史上最早的人文地理志《新撰八道地理志》，制作了朝鲜朝药草地图。除此之外，春亭参与整理了《世宗实录·地理志》，对《高丽史》《太祖实录》《太宗实录》等历史文献的编写做出了极大的贡献。

春亭经历了丽末鲜初的社会与政治动荡，继承了当时社会的主流文化。他对佛教与道教持包容性态度，认为应以儒家的“文治”作为社会政治的指导思想。与郑道传等人不同，他认为只有强化中央集权，才能实现整个社会的政治安定。春亭的这种思想在朝鲜王朝建立初期社会政治尚不稳定的局面下得到了统治者的赏识。他知识渊博，读书涉猎之广可称当时之最。春亭一生致力于学问研究，致力于实现儒家思想与社会政治的统一，透视春亭可以了解儒家思想成为朝鲜王朝治国指导思想的过程。朝鲜朝初期，春亭与郑道传、权近、河仑等人作为馆阁文学先驱留下了不可磨灭的业绩。春亭的著作《春亭集》，是研究丽末鲜初历史与朝鲜朝儒家政治思想的宝贵资料。

二、性理学思想

丽末鲜初处于从汉唐儒学到性理学的转变时期，学问的主导权从高丽儒学和佛教的宗教性权威逐渐转移到朝鲜性理学的学问权威上来。在这一阶段，既有像郑道传等通过排斥佛教和道教的方式确立性理学的中心地位，并希冀以此重构社会政治文化新秩序的学者和政治家，也有一些像权近、春亭等提倡多种思想共存的学者。春亭师从当时著名的学者，李穑、郑梦周、权近等人都曾直接或间接地给予他学问方面的指导。春亭在接受他们思想影响的同时，也形成了自己独具特色的学问观。他博览群书，涉及儒、佛、道、历史等诸多领域，对形成自己的学问观起了重要作用，其学问水平可以说达到了朝鲜朝初期的最高峰。他虽然认同性理学作为学问核心的观点，但并不否认其他学问以及宗教的存在意义与价值，也未将儒、佛、道视作对立者来看，而是认为其中必有相通共存之处。这样的观点与郑道传等人抑佛排佛的主张大相径庭。在治学上，春亭主张博与精结合，在不同阶段要有所选择，而且必须具有敢于怀疑权威的治学态度。在春亭所作的《心与性》的策问题中，可以看出其对性理学命题的问题意识。

> 所谓中者，心欤？性欤？各有所指而不相管摄欤？……曾子作《大学》而不言性，子思作《中庸》而不言心，有何意欤？……心与性，果可岐而二之欤？……性与心，果可合而为一欤？……犬牛之性，犹人之性者，同欤？异欤？……心之虚灵知觉，一而已矣，或谓存心，或谓正心，或谓收放心，以至以礼制心，以仁存心，何其言之不一欤？曰正，曰收，曰制，曰存，其有工夫难易之不同者欤？性恶之言，起于荀；善恶混之说，发于杨；三品之论，出于韩。三子皆生孟子之后，深知性善之说矣，然其言不同，何所据欤？……程子谓孟子为论性不论气不备者，果确论欤？性之说，若是其支离，而至于心，独无异论，何欤？（《春亭先生文集》卷八）

春亭针对理、气、心、性、善、恶、中等性理学命题所提出的以上问题，体现出他对性理学的理解已经达到极高境界。春亭反对经典的教条说教，强调即使是圣人的教训也要结合自处环境和实际情况探寻其现实意义。他认为，作为学者，对圣贤的教训一定要静心寻找其中的真意，而不是一味地把圣贤之语当定论来看，治学时心中要怀有对社会现实的担忧并寻找“时中”的学理。他的这种观点是一种批判式的读书观，在当时可谓独树一帜。

朴秉连认为，春亭对政治的看法大都是从儒教教义的角度出发进行思考的结果，但也不能说儒教教义就是春亭的政治思想。春亭的政治思想虽然的确集中于儒教教义，但他在肯定儒教教义的同时，还强调应随时代、现实的变化而赋予其特殊意义的重要性，这也是他思想的独特性所在。换句话说，如何将儒教教义本土化、具体化是春亭一直深入思考和探究的问题。

> 制度损益，历代不同，援引纷纭，莫之有定。何以使合乎先王之道，适于时俗之宜，勒成一代之典，以为永世持循之具欤？（《春亭先生文集》卷八《修人纪厚民生审治体立治法》）

像这样将先王的“道”与世俗的“时宜”结合起来的对立求道，构成了春亭政治思想的框架，从中可以发现他独特的思维逻辑与思考方式。在求“道”中，他将重点放在“时宜”上，而这种所谓的“时宜”并不是单纯的权道，而是作为一种将“上经”具体化、现实化以实现“位相”的手段与方式。春亭将自身这种思想意识总结为“执中”。

> 为治之道，本于心；为治之法，因乎时。道不本于心，无以为出治之原；法不因乎时，无以为致治之具。存心以出治道，顺时以立治法，其要在乎执中。而执中之要，则舍精一何以哉？（《春亭先生文集》卷八《存心出治之道立法定制之宜》）

从以上言论来看，春亭在强调“精一执中”时与其他的儒者并没有大的差异，但春亭的一大特征便是强调“时”的特殊性。他认为，按照“帝王存心出治之要”的古训探索和实践“治道”的同时，应该考虑“当今立法定制之宜”，即探寻应对社会现实的具体“治法”，这表明春亭的政治思想是开放的、与时俱进的。

春亭所处的时代正是新王朝建立的时期,为适应时代的要求,与实践“圣治”相比,在这一时期为实现政治目的而探究具体的制度和立法方案显得更为重要。也就是说,立法与制度并不能单纯地遵循古制,还要在探究圣人的立法内容时,斟酌“时中”的意义所在,做到与当时的人心与风俗相符。换句话说,便是不盲目地遵循古制,强调与朝鲜社会的现实情况相符合。

对他来说,“中”不仅仅属于“存心”的领域,它作为一种实践指南还贯通于“制法”的领域。“存心”若不与“中”相一致则不足以立大本,“出治”若不经由“中”也无法实践“道”,在“制法”的过程中若不斟酌“中”就会违背以前的制度而无法实行。另外,值得注意的是,春亭的“敬”与朝鲜后期朱子学者的“敬”略有不同。他认为,“敬”的学习与强健心性有关,道家的修炼法对此有帮助。

春亭这种因时代不同,实践儒教原理的方式也应该不同的思想,与其君主中心政治论有着密切的联系。春亭反对宰相中心主义政治论,主张君主中心主义的政治模式。从现代政治学的角度来看,这种主张在当时是十分具有创新性的。由于春亭的政治思想与太宗大王的政治路线相一致,他本人受到太宗大王赏识,为维护朝鲜朝初期社会的秩序稳定与发展发挥了巨大作用。

三、有为而治

在儒家思想中,所谓“内圣外王”,指的是能通晓天意的同时也能掌握统治权。如果道德、学问上的道统与政治上的王统不能实现一致而分裂开来的话,那么“圣训”与“君道”的解释权就会从帝王的手中转移到士大夫阶层手中。比起对君主的忠心,士大夫们更强调对根本性的“道”与“理”的忠诚。

因此,无法实现“内圣”的君主就要遵从士大夫的教导专注于学习“圣学”,如此君主“外王”的领导权便不可避免地受到一些限制。这就进入了一种什么也不做的“无为而治”的模式当中。但是,春亭反对这种“无为而治”的政治主张,他认为万事都由勤勉开始,一步步地达到所要实现的目标。在他看来,天道酬勤才使得万物生长,同理,只有王道酬勤才能创造伟大的功绩。

> 大禹克勤于邦。文王自朝至于日中昃,不遑暇食,用咸和万民。汉、唐之君跻世小康者,亦莫不以勤而致之也。盖仁者,王德之体;明者,王德之用。而勤,则所以尽体用之全者也。(《春亭先生文集》卷七《永乐十七年七月日封事》)

从以上的言论可以看出春亭对君主勤勉治国的重视。他将“仁”视作“王德”的体,将“明”视作“王德”的用,从勤勉涵盖了体用的认知角度上给予了勤勉以高度的认可和赞同。这便是《周易》中所提到的“天行健,君子以自强不息”的君子之道。春亭的有为而治的思想正是继承这一主张的体现。

春亭是朝鲜朝初期辅助太宗大王与世宗大王开创盛世之治的杰出政治家,在国家的制度制定与文化发展上做出了相当大的贡献。他的政治思想概括来说就是在儒家的政治理想与朝鲜朝社会现实中找到一个折中点,将二者完美地统一起来。他不仅对儒学有研究,对佛教、道教也有涉猎并留下了相关论述,在文学上所取得的成就也十分可观。作为丽末鲜初的学者、政治家,他提出了不一味遵循古人的批判式的读书观与政治理念,开创了社会新风气,并对后世产生了深远影响。

参考文献:

1. [韩]朴秉连:《卞季良的政治思想与政治活动》,《东洋政治思想史》第8卷,2009年。

2. 林哲权:《春亭卞季良与诗经的关联研究》,延边大学 2011 年硕士学位论文。

3. [韩]李汉秀:《朝鲜初期卞季良的时代认识与权道论》,《历史与社会》第 27 卷,2001 年。

梁诚之

梁诚之(1415—1482),字纯夫,号讷斋、松坡。南原人。朝鲜朝初期文臣、学者。谥文襄。

一、生平(据金安国《南原君神道碑铭》整理)

梁本南原贵姓,有曰能让,娶高丽宗室左仆射王琳之女,以望族,选任本府兵部郎中,遂世其吏职。至八世孙俊,登第,官至成均祭酒,即公高祖。是生奉翊版图判书讳佑,即公曾祖。是生通宪判卫尉寺事讳硕隆,即公祖。是生赠议政府左赞成讳九畴,即公考,配赠贞敬夫人权氏,资宪全州府尹讳湛之女。赞成公有子三人,公其中子也。公讳诚之,字纯夫,号讷斋。以永乐乙未九月丁未生,聪明异凡。六岁,始读书。九岁,知属文。世宗大王二十三年正统辛酉,中进士、生员,两试连捷文科第二人,初授庆昌府丞,选入集贤殿,升副修撰,转司谏院左正言,复入集贤殿,累升至直提学。乙亥七月,世祖大王即位,奉审平安道闾延等三废邑形势,还修进地图、地志,并上《道内便宜十八事》,上嘉纳。明年正月,上罢朝,引诸臣置酒,令各陈所蕴。公进曰:"殿下每杯酒谈论,诚盛事,但望节饮,调摄玉体。"上大加叹赏曰:"唯汝爱我。"命加通政。五月,因轮对,启曰:"昏夜闾巷间,与世子勋臣,同幸大臣第,非便。宗亲朝衙,亦宜分番。宿卫禁兵,勿一时赐酒。边镇将士,当禁节宴。"公所启皆有深虑，上亦然之。未几，果有变谋败。又累疏陈便宜。上曰："尔留心国事，知无不言，予深嘉赏。"庚辰正月，进阶嘉善，同知春秋馆事。三月，如大明，回奏张宁等赍来敕谕事意。辛巳七月，升嘉靖。癸未九月，加资宪，兼弘文馆提学。天顺八年，上巡幸，以公为守相，谓左右曰："梁诚之，予之诸葛亮也。"擢拜吏曹判书。上尝阅武，顾谓申叔舟曰："梁诚之，有王佐才。"拜司宪府大司宪。后数年，上设拔英试，以旌异才，公中二等。成宗大王即位三年，论辅佐功，策赐纯诚明亮佐理功臣，封南原君，兼弘文馆大提学，后拜工曹判书。辛丑十一月，上命召正二品宰相于阙庭，试制诗论，公居首，超升崇政。

公气度温醇，性无表里，喜读书，博览强记，数行俱下，自中国以及东方，上下数千载间，治乱兴亡，人物贤否，了然如昨。又能考究古今天下山川、厄塞、州郡沿革，如足履而目击之，且有筹略，常惓惓以裨益国家为虑，未尝顷刻忘于怀。为宪府，弹劾二十疏外，平时上便宜至四十四道、三百三十三条，而其大者总二十四事，建宗社大计三，议朝廷大政二。为君上而两进忠谏，在宪府而三振台纲，又五论边方重事，十进军国秘计。试知选举，前后所取文科一十六榜。公早丧亲，父葬阳智，母葬横城，每以未及禄养为戚，及显达，请于朝，以长子瑗监阳智县，次子琇监横城县，俱以邑宰，上冢各六年，荣孝可谓无憾矣。晚节谢事优游，日与宾朋儒老，商确诗史，或以奚童匹马，游适通津别墅，萧然如野老，以终天年，公可谓始终两全矣。

公所著奏议十卷、家集六卷，又参修五朝实录、日记、《高丽史节要》、《东国通鉴》，集撰《东文选》《治平要览》《东国舆地胜览》，又奉教集撰列圣御制诗、《皇极治平图》、《龙飞御天歌》、《海东姓氏录》、《东国图经》、《五伦录》、《三纲史略》、《农蚕书》、《畜牧书》、《谕善书》、时政记、《八道地理志》、《沿边防戍图》，译进《明皇戒鉴》，校进《医方类聚》《孙子注解》等书。

二、经世思想

讷斋是一位经世家，他虽然没有留下有关经学或性理学的著述，但其经世观中体现出彻底的儒学教义基调。

讷斋在《论君道(癸酉正月初七日，以直集贤殿上)》的奏议中对年幼的成宗大王提出忠告。

> 天命难谌，人心无常，一念不敬，则或以致万事之差；一事不谨，则或以贻无穷之患。《书》所谓“无疆惟休，亦无疆惟恤”，正谓此也。臣闻人君处心之要有三：曰仁，曰明，曰刚。仁者，爱养斯民之谓也；明者，分别善恶之谓也；刚者，斥远小人之谓也。治国之要亦有三：曰任人，曰从谏，曰赏罚。任人则万事理，从谏则万善聚，信赏必罚，则善劝恶惩，而鼓舞一世矣。(《讷斋先生集》卷一)

讷斋引用《尚书·召诰》篇的“无疆惟休，亦无疆惟恤”，告诫成宗大王心有一丝不敬则万事不成，待一事不诚则引起无穷忧患。故“当勤正学，以澄出治之源；近正人，以资熏陶之益。委任大臣，廓开言路，日慎一日，谨终于始，相与上下同心，中外协力，以永保祖宗太平之治于无穷”。提出作为君王，首先要勤于学习“正学”，即圣贤经传。在《便宜十二事》的奏议中，他又陈述了帝王学习“书史”的必要性：

> 臣闻古今帝王，虽有聪明冠古之资、博问之学，必御经筵，讲论书史。无他，人主一心，裁制万机，至烦且劳，一日须读一番经书，以澄圣虑，然后方寸虚明，万理俱备，知人明而人不足与间也，处事当而政不足与适也。(《讷斋先生集》卷二)

讷斋在集贤殿直提学任上,向朝鲜国王提出二十四项重大举措:春秋大射、增置五京、岳镇海渎、设蕃部乐、议行冠礼、定服色、禁服妖、祭前代君相、护前代陵墓、文庙从祀、武成立庙、配享功臣、文崔立祠、侍臣荫子、文武科法、遣子入学、革其人法、议罢分台、州郡奴婢、区处白丁、诸州判官、诸镇置卫、京都四辅、诸道置镇。其中,主张文庙配享朝鲜历代先贤的"文庙从祀"条说:

> 文庙从祀。盖东方自箕子受封以后,洪范遗教,久而不坠。唐为君子之国,宋称礼义之邦,文献之美,侔拟中华,而配食文庙者,独新罗之薛聪、崔致远,高丽之安珦三人而已。臣闻学士双冀在前朝,始设科举,以振文风;文宪公崔冲又设九斋,以教诸生。至于文忠公李齐贤、文忠公郑梦周、本朝文忠公权近,其文章道德,人皆可以垂范万世,乞皆配享先圣,以劝后人。若曰东方贤者,焉能如古之人?则孔孟之后,亦有程朱,且贤者如是其难也,则后人何学为圣贤乎?中国之配享者,果皆如孔孟程朱乎?东方之士,皆不可如中国人乎?大抵人主须施一大政事,以示劝惩之意,然后可以动人观听而风移俗易矣。(《讷斋先生集》卷二《便宜二十四事》)

讷斋主张将高丽时代的文宪公崔冲、文忠公李齐贤、文忠公郑梦周,朝鲜文忠公权近等配享文庙,并且提出今人不必不如古人、东方亦有贤者论,认为这一举措对劝人向学、移风易俗具有重大意义。

在科举取才上,讷斋提出人才标准具有多样性,应根据实用性原则合理确定考试科目。

> 文武科法。盖今文科初场讲经之时,四书五经外,如韩文、柳文等书,任意试讲,实无定规。中场则并试古赋,本非急务,又进士以此取之。终场则诸史时务,虽参酌出题,至论历

代之事，权辞以对，曰汉唐之治，何足论于今日，取之者亦不以为意。以此，史学不明，甚为不可。且武科试，并讲四书五经，亦为未便。乞《武经七书》外，只讲将鉴、兵鉴、兵要、陈说。文科则四书五经外，只讲《左传》《史记》《通鉴》《宋元节要》《三国史记》《高丽史》。中场，试表笺，以习臣子事上之文；试诏教，以习君上令下之文。终场，历代时务，迭出为题。如今年试历代，明年试时务，以此定制，以新科举之法。(《讷斋先生集》卷二《便宜二十四事》)

讷斋提出的"四书五经外，只讲《左传》《史记》《通鉴》《宋元节要》《三国史记》《高丽史》"的主张，与其经史并重的思想密切相关。他曾在《请殿讲兼讲史学》中向朝鲜国王建议说：

臣窃惟经以载道，史以记事。非经，无以澄出治之源；非史，无以考理乱之迹。一经一史，不可以偏废也。恭惟我主上殿下，以武功定内乱，以文教致太平，每月朔望，特召成均学徒、艺文词臣，亲赐讲论，岂不与汉明之执经问难，唐宗之讨论文籍，同一盛心也哉。今成均儒生，则学官日讲，礼曹月讲，春秋都会，三年大比，若师儒得人，则固可以作成人材矣。但须精择艺文兼官二十人，因其所长，分为理学、史学二业，定置治《周易》《易学启蒙》《性理大全》者五人，《胡传春秋》《左传春秋》《史记》《前汉》者五人，《通鉴纲目》《续编纲目》《宋元节要》者五人，《三国史记》《东国史略》《高丽全史》者五人。五人之中，三、四品得一人，五、六品二人，参外二人，皆兼治四书、《诗》《书》《礼记》，至殿讲日，每学，例讲二三人，以此初一日讲十人，十五日讲十人，三朔内三度。不通者，左迁本职，三度通者，特加一资。于以论性理之学，于以讲古今事迹，经史两学，各置都提调二人、提调三人，常加考察，仍令侍讲，不胜

幸甚。(《讷斋先生集》卷二)

成均馆、艺文馆作为朝鲜朝培养治国理民高层官吏的高等学府,其讲授科目和考察制度对国家的文教起着重要的导向作用。讷斋提出的讲授科目主要涉及理学和史学,其中理学科目有《周易》《易学启蒙》《性理大全》《四书》《诗》《书》《礼记》,史学科目有《胡传春秋》《左传春秋》《史记》《前汉书》《通鉴纲目》《续编纲目》《宋元节要》《三国史记》《东国史略》《高丽全史》,可见在讷斋看来,理学与史学对培养治国之才之思想学问的重要性。

除了从制度上和导向上文史并重,讷斋还提出向明朝派遣留学生学习其文物的主张。在《便宜二十四事》的"遣子入学"条中,讷斋提出:

> 遣子入学。盖子弟入学,其利有六。得贤师友,而质问疑难,一也;亲炙贤士大夫,而熏陶其气质,二也;人心风俗,彼此形势,无不知之,三也;亲见文献之美,礼乐名物,以渐改习俗之陋,四也;或购求坟典,以补阙遗,五也;因以学中国之语音,以正象译之讹,六也。今虽奏请,似难蒙允,乞于入朝每行李,择集贤、艺文、校书、成均、承文院中学问精熟、文章敏赡、器局宏远者各一人,就差入送,不烦游学,则庶几所见既广,所得亦多,而皆可为国家有用之才矣。(《讷斋先生集》卷二)

讷斋认为留学生赴明朝学习,不论是在语言习俗方面,还是在学问品德方面都能受到中国文化的熏陶,将来可以在治理国家上大有作为,对促进朝鲜朝与明朝的政治和文化交流也具有重要意义。

由前文所引奏议内容可以看出,讷斋在国家政策层面和具体措施方面对奠定儒学在朝鲜朝传播和发展的根基起了重大作用。在朝鲜王朝,参与国家管理的学者文臣都谨遵朱子学说,将儒学用于实践道德与经世济民，因此讷斋将儒学视为实学，并将其与政治、经济、国防、地理紧密结合，取得了巨大成果，他也由此被称为引发朝鲜朝实学思潮的思想巨人。

参考文献：

1. [韩]崔根德：《讷斋梁诚之的生涯与经世思想》，《儒教思想研究》第 22 辑，2005 年。

2. [韩]申斗焕：《朝鲜前期"民族礼乐"小考——以讷斋梁诚之为中心》，《东洋礼学》第 11 辑，2003 年。

3. [韩]申斗焕：《讷斋梁诚之上疏文的现实对应论理》，《汉文学报》第 3 辑，2000 年。

徐居正

徐居正(1420—1488),字刚中、子元,号四佳亭、亭亭亭。大丘人。朝鲜朝初期著名文臣、儒学家。谥文忠。

一、生平

四佳徐居正,曾祖益进,祖户曹典书义,父安州牧使弥性,母为阳村权近之女,姊兄崔恒。

据《成宗实录》记载,四佳六岁便能诗文,被人称为"神童",师从松月堂赵须、泰斋柳方善,学识超人,儒学、天文、地理、医药、卜筮、性命、风水无不贯通。文章自成一家,尤擅作诗。1438 年,中生员、进士两试。1444 年,文科乙科及第,授司宰监直长,晋集贤殿博士并兼经筵司经。1447 年,升弘文馆副修撰、知制教兼世子右正字。1451 年,升任副校理。1453 年,以从事官的身份随首阳大君出使明朝。1455 年,晋世子右弼善。1456 年,转任成均馆司艺。1457 年,文科重试及第,授右司谏、知制教。1458 年,高中庭试,升工曹参议、知制教、礼曹参议,受世祖命著《五行总括》。1460 年,任吏曹参议,以谢恩使赴明朝,在通州馆中与安南使臣较量诗才,令之叹服,辽东人丘霁观其初稿后赞叹不已。1465 年,任艺文馆提学、中枢府同知事。次年,拔英试乙科及第,升礼曹参判;登俊试中第三名,特加为行同知中枢府事,参与纂修《经国大典》。1467 年,晋刑曹判书，兼任艺文馆大提学、成均馆知事，掌文衡，国家典册、辞命均出其手。1470年，升左参赞。1471年，录勋纯诚明亮佐理功臣三等，封达城君。1474年，拜为左参赞。1476年，以远接使迎中国使臣，以善酬唱升右赞成，参编《三国史节要》。1477年，兼任都总管。次年，兼职大提学，授汉城府判尹，撰《东文选》一百三十卷。1479年，晋吏曹判书，依宋朝制度颁布叙用馆试、汉城试、乡试七次及第之人法令。1480年，注释《吴子》，撰进《历代年表》。1481年，撰进《新撰东国舆地胜览》五十卷，任兵曹判书。1483年，授左赞成。1485年，兼任世子贰师，参修《东国通鉴》五十七卷。1486年，著《笔苑杂记》，补充史官缺漏。1487年，王世子入学，任博士，讲授《论语》。次年，去世。

四佳历仕六代国王，掌文衡二十六年，先后主持二十三次科举考试，为国家选拔了众多人才。但他晚年仕途不顺，屡遭诟病，后索性辞官回归故里，从此不问仕途之事，终日以作诗饮酒为乐，因此，在这一时期创作的文学作品数量最多且艺术价值颇高。

四佳作诗为文不落古人窠臼，风格雄健富丽，律诗代表作品有《苦雨叹》《老牛叹》《东家叹》等。任元濬（1423—1500）推许四佳诗文说其“规模之大，原委乎李、杜；步趣之敏，出入乎韩、白”（《四佳集序》）。四佳作品数量之多在东国文士中甚为罕见，“五七言古风、近体、歌行、绝句万余首，为诗集者五十余卷；序、记、说、跋、碑铭、墓志数百余篇，为文集者二十余卷”。今传《四佳集》是尹文裕等人于肃宗大王三十一年（1705）集佚刊成。其中诗集二十五卷、文集六卷，以时存成宗朝书芸阁活字旧版为底本；另有诗集补遗三卷、文集补遗二卷，为徐氏后人多方汇集而来，所存仅为原集之一半。其所撰《东文选》是一部珍贵的文学选集，收录有新罗以来的诗文，使一些重要作家的作品得以流传后世，对保存古代文化遗产做出了重大贡献。他还参与纂修《经国大典》《新撰东国舆地胜览》。《三国史节要》《东国通鉴》皆为四佳受命与时贤同撰，但大抵出于他一人之手。至如《五行总括》《历代年表》《东人诗话》《太平闲话滑稽传》《笔苑杂记》等，皆为其平居所著。在中国文献的整理方面，四佳参与增注于济、蔡正孙所编《唐宋千家联珠诗格》（参见卞东波《唐宋千家联珠诗格校证》），并以谚文翻译了《联珠诗格》及《黄山谷诗集》。

二、儒学教育

在对性理学的接受上，四佳虽然有着严谨的家学渊源，但是他所学并非直接由权近本人传授，而是由以权近学说为根本的整个家族（学派）传授。其性理学思想、儒学教育思想分别体现在《东文选》和《全州乡校重新记》中。

> 恭惟我国家，崇儒重道，建学立师，虽穷陬僻邑，莫不皆然，况全为我祖宗丰沛之地，而南国人才之渊薮，则其所以教养之者，尤所当先。乡之子弟，又多文献世家，乐善好学，故一乡化之，茂才间出，是虽坤灵淑气之所钟，亦莫非教养之有素也。府学旧在治内，岁辛酉，奉安太祖睟容于庆基殿，与殿密迩，诗书之诵，夏楚之施，喧嚣不绝，非所以肃妥圣灵也，乃移构于城西六七里，凡圣殿、讲堂、斋庑、庖厨，以次该备。但其地深旷，与州间敻阻，不能无草窃虎豹之虞也，则缭垣墙，固扃镐，惟坚致是尚而已。岁己亥，鸡林李先生有仁，出尹于兹，先谒宣圣，次揖诸生而进之，讲论俎豆之事，慨然以兴化砺贤为心，课学有程，供廪有优，至于缮修细务，亦措置有裕。越庚子春，建新楼五楹，穹隆爽垲，制度适宜，既告成，先生率诸生登临，觞而落之，顾谓诸生曰："二三子之于斯楼，其有所得者

乎?"曰:"昔楼之未建也,学舍湫隘,我辈读书吾伊之暇,虽欲祛堙郁,畅精神,顾无息焉游焉之地,闷闷然执热而思濯也。今登斯楼,涤我烦襟,雪我滞思,观乎山,可以体其仁,观乎水,可以养其智,观鸢鱼之飞跃,而知道体之昭著。一俯仰,学也,一动静,亦学也,凡目寓耳得,万物之职职者,何莫非吾养性之助乎?推而极其功,亦可以参赞化育,而与天地同流矣,先生之嘉惠我辈者至矣。至如流连玩愒,讲诵作辍,则非先生之所望于我辈也。"先生笑而领之。诸生欲侈公之赐,而求予记。予亦属籍于乡,义不敢辞。予惟,学校教化之地,教之之道,无他,因人之所固有者道之耳,仁义礼智,人之固有者,然不能无或蔽而昧焉,则于人伦日用事物之酬酢,有不得其宜者,是以,圣人著书立言,以诏后世,皆所以明人伦也。读是书,明是道,发为文章,措诸事业,其所系岂不重且大耶?然其所以教诲劝砺之责,必有主者。今之居官者,屑屑焉刀笔箱箧是务,而迂视兴学,乡学尤甚。孟子曰:"一乡之善士,斯友一国之善士,一国之善士,斯友天下之善士。"由乡而国而天下,曾谓乡学而少之也哉?先生能以教养为己任,学校为先务,既楼之,又觞之,又与诸子而讨论之,其胸次悠然,物我无间,则可以颉颃于舞雩咏归之天,其襟度恢廓,天地同广者,则可与语尼圣登泰山小天下之气象矣。孰知先生一楼之构,有关于斯文若是耶?所望于诸生者,精而察,力而行,毋荒而业,毋毁而随,能勿辜先生教育作成之意,可也。呜呼,闽越僻邑,其俗不能通文书吏事。常衮为观察使,召与之礼,士皆翕然从之;欧阳詹始举进士,而文治渐兴。况吾御乡,人才全盛之地,而先生之开道劝砺者若是,将见家邹鲁、人朱程,出而邦家用者,必彬彬有人矣。是以书。(《四佳文集》卷二《全州乡校重新记》)

四佳认为“崇儒重道，建学立师”是朝鲜朝的文化传统，“仁义礼智，人之固有者，然不能无或蔽而昧焉，则于人伦日用事物之酬酢，有不得其宜者，是以，圣人著书立言，以诏后世，皆所以明人伦也”，因此书院、乡校在传播儒学、教化百姓方面起着重要作用。教授儒家学说，不仅可以培养治国人才，而且可兴起文治，使“家邹鲁、人朱程”。

三、道气论

儒家历来重视“道”与“文”的关系，有“文道合一”“文以载道”之说，但儒家学者在对于道、文、理、气等作为哲学概念或文学概念的阐释上众说纷纭。高丽末期对于儒家传统的接受以性理学为特征，而“道文”此时已经被性理学者赋予了“道德”的内容。因此，朝鲜朝初期关于“道文”的议论始终围绕“文以贯道”“文以载道”而展开。四佳在《东文选序》中，阐述了自己对“道”与“文”的认识：

> 乾坤肇判，文乃生焉。日月星辰，森列乎上，而为天之文；山海岳渎，流峙乎下，而为地之文。圣人画卦造书，人文渐宣，精一中极，文之体也；诗书礼乐，文之用也。是以，代各有文，而文各有体。读典谟，知唐虞之文；读训诰誓命，知三代之文；秦而汉，汉而魏、晋，魏、晋而隋、唐，隋、唐而宋、元，论其世，考其文，则以文选、文粹、文鉴、文类诸篇，而亦概论后世文运之上下者矣。近世论文者，有曰宋不唐、唐不汉、汉不春秋战国、战国不三代唐虞，此诚有见之论也。吾东方檀君立国，鸿荒莫追。箕子阐九畴，敷八条，当其时，必有文治可尚，而载籍不存。三国鼎峙，干戈日寻，安事诗书？然在高句丽，乙支文德善辞命，抗隋家百万之师；在新罗，入唐登第者，五十有余人，崔致远黄巢之檄，名震天下，非无能言之士，而今皆罕传，良可

叹已。高丽氏统三以来，文治渐兴，光宗设科取士，睿宗好文雅，继而仁、明，亦尚儒雅。豪杰之士，彬彬辈出，当两宋、辽、金抢攘之日，屡以文词，得纾国患。至元朝，由宾贡中制科，与中原才士颉颃上下者，前后相望。皇明混一，光岳气全。我国家列圣相承，涵养百年，人物之生于其间，磅礴精粹，作为文章，动荡发越者，亦无让于古。是则我东方之文，非汉、唐之文，亦非宋、元之文，而乃我国之文也，宜与历代之文，并行于天地间，胡可泯焉而无传也哉？奈何金台铉作《文鉴》，失之疏略；崔瀣著《东人文》，散逸尚多，岂不为文献之一大慨也哉？恭惟殿下，天纵圣学，日御经筵，乐观经史，以篇翰著述，虽非六籍之比，然亦可见文运之兴替，命领敦宁府事臣卢思慎、吏曹判书臣姜希孟、工曹判书臣梁诚之、吏曹参判臣李坡暨臣居正，裒集诸家所作，粹为一帙。臣等仰承隆委，采自三国，至于当代，辞赋诗文若干体，取其词理醇正，有补治教者，分门类聚，厘为百三十卷，编成以进，赐名曰《东文选》。

臣居正窃念，《易》曰："观乎人文，以化成天下。"盖天地有自然之文，故圣人法天地之文。时运有盛衰之殊，故文章有高下之异，六经之后，惟汉、唐、宋、元、皇朝之文，为近古，由其天地气盛，大音自完，无异时南北分裂之患故也。吾东方之文，始于三国，盛于高丽，极于圣朝，其关于天地气运之盛衰者，因亦可考矣。况文者，贯道之器，六经之文，非有意于文，而自然配乎道，后世之文，先有意于文，而或未纯乎道。今之学者，诚能心于道，不文于文，本乎经，不规规于诸子，崇雅黜浮，高明正太，则其所以羽翼圣经者，必有其道。如或文于文，不本乎道，背六经之规矱，落诸子之科臼，则文非贯道之文，而非今日开牖之盛意也。然今圣明在上，天地气盛，人物之应期而生，

以文鸣世者,必于于而兴焉,亦何患乎无人也?臣虽不才,尚当秉笔俟之。戊戌。(《四佳文集》卷四)

从这段引文可以看出,四佳虽然引用"贯道"以说明"文"的作用,但是他显然更加注重"道",而将"文"看作体现"道"的工具。他所强调的"道",在于"六经",而"文"则需"本乎经",这体现出一个性理学载道论者的观点。四佳对"道"的重视,很自然地便会导致对"文"的相对轻视,这体现出作为家学渊源的性理学对其文学论的影响。对四佳而言,"文"既然作为"贯道之器",不过是体现"道"的工具,那也就不存在"贯道"与"载道"的分别,因此他关于"道文"的观点,虽然来源于性理学,但是尚未真正升格为对"道文"关系的争论。在四佳处,作为文学思想的贯道论与载道论之间,在关乎"道文"传统的认定上,是不存在根本冲突的。

四佳在《成均馆尊经阁记》中说:"经者,载道之器,而道者,圣人之心,可不尊是经以究圣人之心,达是经以行圣人之道乎?师儒而体此,则书无不读,理无不通,而训迪明矣;贤士而体此,则穷理尽性,明体适用,而将大有施设矣。圣人培养人才,扶持世道之机,孰有过于此者乎?"可见,四佳认为"经"是"载道之器","道"是"圣人之心"。虽然这种认识有明显的性理学色彩,但它表明四佳已经意识到了载道论的文学功用。他认为圣人之心、圣人之言和圣人之道可以通过观察天地的发育、流峙、生息及读解圣人经书的言语文章而知。

大哉圣人之心乎,旨哉圣人之言乎,其犹天地之道乎。天之道,不可得而知,所可知者,日月星辰之昭列也,风霆雨露之发育也。地之道,不可得而知,所可知者,山岳海渎之流峙也,昆虫草木之生息也。圣人之道,高明配天,博厚配地,苟非发于政教,施为言语文章之间,何以知圣人之心乎。(《四佳文

集》卷五《应制喜雨诗并序》)

四佳认为文学是自然生成的。他将“文”分为天、地、人“三才”来理解的理论被后人所继承,成为传统的文学观之一。所谓“三才”之“道”,即天地自然之理必定要通过天地自然之“文”来体现,依赖于主宰天地的人而呈现出和谐的样貌。他强调将“文”与自然相联系,看重以宇宙自然之理为基础的文学意义。天之“文”、地之“文”、人之“文”形成“道”的一体化概念,自然之“道”通过圣人体现的便是“文”。

关于“文”的概念,四佳通过“三才”的形而上学的存在论给予了说明。而关于“性情”的理解,他则通过诗的概念予以说明。四佳认为诗是言志的,认为志是心之所用,诗是心之所发。由于心之所动的状态为志,所以他认为,志是诗所体现的内容。即心是无形的、静态的,发之则为志,而诗正是体现志的一种形式。他还认为,心与天地自然相联系,心作为一种天性,是一种自然的感情。而关于心,四佳不止一次提到“诗者,心之发,气之充”的观点,在此介入了对气的理解。在他看来,诗是气的充满,而这里的气正是连接心与自然的媒介,同时也是实现“心之所动”的动力。四佳认为,天地自然之“道”转化为气作用于人心,从而发露为诗。

他主张诗发于性情,性情是诗的核心。同时,他秉持主气的文学论,认为气是形成世界万物的根源,宇宙万物中气无处不在,掌握着万物的生长与变化。这可以说是四佳文学论的思想基础。四佳将言的发生解释为气的作用,将自然、人、文学三者通过气联系在一起。他认为文章的完成是凭借从天而得的气来实现的,由此可见他在文学中的重气立场十分鲜明。

四佳一生,历仕六朝,历文科重试、拔英试、登俊试,官至赞成事、大提学,封达城君,侍经筵四十五年,主文衡二十六年,掌选二十三榜，为一代斯文宗匠。成宗大王七年（明成化十二年，1476），明使祁顺、张瑾出使朝鲜，四佳以能文充任远接使及馆伴，其文才深受明使赏识，祁顺评价他说“如公之才，求之中朝，不过二三人耳”（《成宗实录》卷二百二十三）。他活跃于世宗大王至成宗大王统治期间，重视儒家教育，提出重视圣人之道与自然之气的文学观，开创了朝鲜初期的新文风，是当时儒家文学成就的集大成者。

参考文献：

1. 崔雄权：《论朝鲜朝诗人徐居正的“虎溪三笑”题画诗》，《中国比较文学》2013 年第 1 期。

2. 郑日男：《论徐居正诗的〈楚辞〉接受》，《汉文学报》第 21 辑，2009 年。

3. ［韩］金尚日：《徐居正的儒佛交游论及与僧侣交游诗》，《东亚语文学》第 44 辑，2005 年。

金宗直

金宗直(1431—1492),字孝盥、季昷,号占毕斋。庆尚道密阳人。朝鲜朝初期文臣、性理学家。谥文忠。

一、生平

占毕斋金宗直,父司艺叔滋,母司宰监正密阳朴弘信之女。占毕斋的家门是善山金氏的别派一善金氏,原为土姓吏族,丽末始升为士族,但依然家境贫寒,直到江湖金叔滋文科及第出仕,家境才稍为好转。

占毕斋六岁时受家学,十六岁时应试汉城科举,因作《白龙赋》落榜,于是留诗汉江济川亭曰:"雪里寒梅雨后山,看时容易画时难。早知不入时人眼,宁把胭脂写牡丹。"显示出他的文学自负与潜在的现实态度。占毕斋一生具有前期节义指向和后期顺应现实的两面性,成为后人论议的对象。他二十六岁时丁父忧,居丧三年。1453年,中进士试。1459年,试年文科正科及第,从此步入仕途。1462年,晋承文院著作(正八品)兼艺文奉教。后历任监察、庆尚道兵马评事、吏曹佐郎、修撰等。1472年,以侍母为由,得授咸阳郡守,暇授弟子,此时郑汝昌、金宏弼等师从其门下。1476年,转任善山府使,以善治名望大盛,求学弟子愈多。其在两次外任期间所教授弟子后来大举进入政界,以新进士大夫的身份活跃于政治舞台，形成了所谓的士林派。1483年之后，历任右副承旨、左副承旨、吏曹参判、艺文馆提学、兵曹参判、弘文馆提学、工曹参判等。1486年，与申从濩等参修《东国舆地胜览》。他在这一时期所作的《吊义帝文》被时任史官的弟子金驲孙收录到史草中，成为后来戊午士祸的导火索。文中他引用中国古史人物来比喻楚义帝端宗大王，批判世祖大王篡夺王位，展现了性理学者重视历史正统和节义义理的思想。后又任弘文馆应教、知中枢府事（正二品），不久以病请辞，归乡讲论经传。1492年，辞世。

占毕斋仕世祖、成宗二朝，崇尚并实践节义和道义，带动了崇尚节义的风气，受士林尊敬，其本人成为当时诸多学者的精神领袖。这些学者出仕后批判勋戚的非理和非道，引起柳子光、郑文炯、李克墩等勋戚忌惮，他们于1498年（燕山君四年）以占毕斋生前所写《吊义帝文》诽谤世祖大王篡位为由发起戊午士祸，导致众多学者惨遭迫害，占毕斋被剖棺斩尸。中宗大王反正后，占毕斋得到平反，得以享祭密阳艺林书院、善山金乌书院、咸阳柏渊书院、金泉景濂书院、开宁德林书院，获赐谥号文忠。

占毕斋自幼便从学于其父金叔滋，通文章、史学，重视节义，堪称士林派鼻祖，为延续朝鲜时代道学正脉发挥了中枢性作用，其道学思想为其弟子金宏弼、郑汝昌、金驲孙、俞好仁、南孝温、曹伟、李孟专、李宗准等人所继承。金宏弼又培养了诸如赵光祖等杰出人物，延续了朝鲜时代道统的正脉。占毕斋著有《占毕斋集》《游头流录》《青丘风雅》《堂后日记》等，编著有《一善志》《彝尊录》《东国舆地胜览》等。戊午士祸时，其众多著述均不幸被焚毁。

二、道学道统

占毕斋承继了郑梦周一脉的道统，在朝鲜儒学学脉中占有重要地位，但后人对于其人，则众说纷纭，这主要在于后世缺少能够明确表明其政治意见与倾向的文字记录。现传的《占毕斋集》大部分由诗构成，表明其学术思想的文章很少，这给评价占毕斋带来了很大的困难。

后人对占毕斋议论纷纷的另一原因在于看待其节义问题的视角各不相同。作为讽刺世祖大王篡位的《吊义帝文》的作者，占毕斋又在世祖朝政权中任职并赞扬世祖大王。人们联系和区分这种截然不同的行为的角度和方式不同，对其评价自然也不尽相同。

对于占毕斋这样一个经历过政治巨浪的人物，显然不能简单评判，除却后世的各种议论，与之同时代之人所给予的评价不失为一种参考。占毕斋的挚友洪贵达在《神道碑铭并序》记载其“德行文章政事，自孔门高弟，未有骈之者，况其外者乎？才优者行缺，性素者治拙，乃恒状也，若吾文简（忠）公，则不然。行为人表，学为人师，生而上眷遇，殁而众哀慕”，对占毕斋的德行文章极为赞颂。

宋时烈对占毕斋在朝鲜朝道学学统上的地位也曾明确给予评价：

> 盖圃隐始以程朱之说，启牖东土，其横竖说话，直契无违，则其谓之理学之宗者，不亦宜乎。至其以金司艺叔滋为传圃隐之学于冶隐，以授其子毕斋，以至于金文敬公，而遂及于先生，则窃恐不得为不易之定论也。先生授受之统，非后学所敢议。然窃以诸老先生之尚论及以先生言论风旨观之，则窃谓中间数君子，特以发其端而已，惟受学于文敬公者，不可诬也。盖先生负特立之资，膺奎明之会，不由师传，独契道妙，由濂洛关闽之学，上求乎《大学》《语》《孟》《中庸》之旨，规模正大，工夫严密，粹然圣贤之道，而纯乎帝王之法矣。虽未能行之于一时，而传之于后者，可以愈久而无弊矣。呜呼，此岂人力之所

与哉，天实启之也。朝廷既从祀文庙，则其崇报也极矣。而京外章甫，又即丘墓之傍，建祠妥灵，而讲堂则未遑也。其后，章甫搢绅，又合谋鸠材，经始于己亥三月，讫功于辛丑二月，藏修游息之所，于是略备矣。而先生五世孙今三山使君渭叟，为诸生求记于余。余以为先生之生于我东者，实如濂溪之于宋朝也，岂必授受次第如贯珠，然后乃为道学之传哉。凡后人之登斯堂者，不徒想像乎先生之容色、声音，而必须讲求乎先生之所学。夫先生之所学，不过近宗乎程朱之正脉而上求乎洙泗之妙旨而已。(《宋子大全》卷一百四十三《龙仁县深谷书院讲堂记》)

宋时烈认为占毕斋继承了圃隐郑梦周的道统，其学问“独契道妙，由濂洛关闽之学，上求乎《大学》《语》《孟》《中庸》之旨，规模正大，工夫严密，粹然圣贤之道，而纯乎帝王之法矣”。除却对占毕斋学问规模的具体论述，进一步评价说占毕斋之学“不过近宗乎程朱之正脉而上求乎洙泗之妙旨而已”。可见，占毕斋学术的程朱理学底蕴之深厚。

关于占毕斋的儒学渊源，中宗时新进士林领袖赵光祖曾说：“金宗直，初受业于吉再，再即郑梦周之门人也，宗直传业渊源，固有自矣。”这种评价在为戊午士祸和己卯士祸时屈死的士林人士申冤的过程中经常被言及，这些人是为延续占毕斋的学问谱系而牺牲的，由此，依托占毕斋的儒学渊源的体系就自然而然被确立起来。士林派还把占毕斋与东方理学之祖郑梦周相提并论，这主要是从延续节义道统脉络的角度而言，即“光祖得之于金宏弼，宏弼得之于占毕斋，宗直得之于前朝臣吉再，吉再得之于郑梦周。”(中宗大王三十九年五月，辛百龄等人为赵光祖、金净、奇遵等己卯明贤申冤的上疏)“呜呼，光祖之学之正，其所传者有自来矣，自少慨然有求道之志，受业于金宏弼，宏弼受业于占毕斋，宗直之学传于其父司艺臣叔滋，叔滋之学传于高丽臣吉再，吉再之学，传于郑梦周，梦周之学，实为吾东方之祖，则其学问之渊源类此。”（仁宗大王元年三月朴谨为赵光祖申冤的疏文）在朝鲜朝中期，占毕斋接续郑梦周道统的说法成为公论。

就占毕斋到底是学者还是文人的问题，众说纷纭。李滉曾多次提到占毕斋，他在《和陶集饮酒二十首（其十六）》诗中说：

吾东号邹鲁，儒者诵六经。岂无知好之，何人始有成。矫矫郑乌川，守死终不更。占毕文起衰，求道盈其庭。有能青出蓝，金郑相继鸣。莫逮门下役，抚躬伤幽情。（《增补退溪全书》卷一）

在此李滉提到了通过诵读六经而建功立业的郑梦周和占毕斋，说郑梦周以死来实践六经的教义，占毕斋则用文章来振兴衰世。但是退溪并非只把占毕斋的文章当作文学作品看，这是因为占毕斋的文章能“兴起衰世”，有很多人“求道盈其庭”，这些向他求道的人中出现了像金宏弼、郑汝昌一样的杰出人物。退溪自己因没有得到占毕斋的传授而“伤幽情”。

占毕师门百世名，沿文溯道得鸿生。成功未半嗟蒙难，唤起群昏尚未醒。[《增补退溪全书》卷一《闲居次赵士敬、具景瑞、金舜举、权景受诸人唱酬韵十四首（其十二）》]

这首诗是与《和陶集饮酒二十首（其十六）》同一时期的作品，说占毕斋“沿文溯道”，也就是说他的文章是追求道义的文章，正因为如此，他的门下才出现了很多大儒。在这首诗的自注里李滉这样写道：

占毕主于诗文，而典雅近道。其门人沿流溯源，如寒暄诸公，大有奋志，大业未究，而淫祸已及，为斯文之厄，久而愈甚，可胜叹哉。

由于从占毕斋到金宏弼、郑汝昌的学脉传承关系，李滉认为占毕斋在道学渊源里占有很重要的位置。但实际上，占毕斋认为是前代师表权近开启了朝鲜性理学，并在其中发挥了重大作用。占毕斋的弟子们为了自己获得名分，把渊源上溯至东方理学鼻祖和以节义著称的郑梦周身上，反而把权近排除在外。这主要是中宗大王时期以赵光祖为中心的新进势力和与之相对的勋旧势力间政治博弈的结果。新进士人为了强化自身的政治立场，标榜自身学问的正统性，把学问渊源指向理学和节义的象征——郑梦周，自然把属于勋旧系列的权近排除在外。之后朝鲜朝性理学的脉络在士林派中延续，这种谱系也就成了既定事实，但无法排除这种谱系的人为嫌疑。

三、道文观

朝鲜朝初期的文人按照文学观的不同，分为道学与词章两派，占毕斋主张道主文从、经文一致一直被认为是道学派的代表人物。道学派将经学视为根本，道本文末的载道论是宋朝以来的文学传统与普遍认识，这种观点也被朝鲜初期文人普遍接受。但占毕斋的道主文从、经文一致的观点与道本文末的观点有所区别，他并不忽视文章的重要性，不把道学与文章视为二物。他主张经文一致是为了批判治经术者只知句读训诂，而治文章者只注重修辞语句的偏颇作法，认为这样做实际上不符合正道。占毕斋认为圣贤的诗、书、六艺都是经术，而承载诗、书、六艺的文章可称为真正的文章，因为它们体现了经文一致的基本立场。占毕斋在肯定经文一致的同时没有否定词章的价值，而是积极肯定其效用性。占毕斋还持有天禀论的文学观，否定“文章有穷而后工”以及“诗能穷人”

观点，认为诗的工拙和诗人的“穷达”无关，而是与天禀有关，主张若人与生俱来的气量与品性良好，不论周围环境好坏，总能做出优秀文章，这就是所谓的天禀论。他的这种天禀论注重自然与人的关系，为后人所接受、效仿。

占毕斋作为伟大的性理学家和士林派的领袖，毕其一生钻研学问，为朝鲜朝后期性理学的发展做出了极大的贡献。虽然他在儒学渊源这一问题上有很多不同于他人的见解，但其在性理学思想上的巨大成就是不可忽视的。他谨遵儒家的节义观，重视道学，敢于讽刺权威，将儒家的思想贯彻到整个社会政治体系中，同时强调道主文从、经文一致，提出了天禀论。作为一位伟大的性理学者，他不仅性理学造诣颇深，而且取得了很高的文学成就，培育了大量儒学后进，使朝鲜朝的统治秩序得到了巩固。

参考文献：

1.［韩］宋雄燮：《时代脉络下看金宗直及其弟子》，《士文化》第23辑，2013年。

2.［韩］宋载卲著，李学堂译：《韩国汉文学思想研究》，济南：山东大学出版社，2009年。

3.［韩］郑经柱：《金宗直评传》，《年报与评传》第4辑，2010年。

成　伣

成伣(1439—1504),字磬叔,号慵斋、浮休子、虚白堂、菊坞。昌宁人。朝鲜朝前期文臣、学者。谥文戴。

一、生平(据金安国《虚白堂先生文戴成公行状》整理)

高祖汝完,曾祖石因,祖揜,考资宪大夫知中枢院事念祖。妣,海州牧使安从约之女,以正统四年己未生公。公生而聪秀异常,甫十余岁,枢院公卒,与伯兄文安公、仲兄真逸斋,庐于墓侧三年,从伯兄受业。寻常读书不辍,内承母训,克遵义方。伯仲公视其学日进,大奇之曰:"能继吾家者必是儿也。"天顺三年己卯,中进士试。六年壬午,擢科,选入承文院。七年,拜从仕郎、艺文馆检阅兼春秋馆记事官。十月,兼弘文馆正字。八年七月,加承仕郎兼议政府检详、条例司录事。

成化元年正月,升待教。四年十月,迁宗学司诲兼经筵侍讲官,时睿宗大王新即位,妙选经筵官,只置六人,公其一也,常引入卧内,讲论经史,时人荣之。五年闰二月,加奉列兼经筵检讨官,艺文馆应教、知制教,承文院副校理。七月,加奉正,侍讲院司经。九月,丁内忧。七年,服阕,拜艺文馆修撰兼承文院校检,以汉训质正官随文安公赴京师,道途往还,佚相酬唱,遂汇为《观光录》若干卷,华士叹服,求见者坌集。九年八月,升艺文馆副校理、知制教兼经筵侍读官,承文院校理。十年正月,拜司宪府持平。四月,以言事左迁汉城府判官。五月,出为全罗道都事。将行,政府启曰,某才宜馆职,不可外补,特拜成均馆直讲。七月,拜艺文馆副校理。十一年,随上党府院君韩明浍朝京师,与李琼仝、崔淑精同行,二人皆有才名,公相与唱和,应答如响,滔滔不竭,二人皆服之。十四年二月,拜承文院判校。六月,拜弘文馆直提学兼经筵侍讲官、春秋馆编修官、承文院参校,余如旧。九月,升副提学。时成宗大王方尚文雅,公昵侍左右,累蒙恩眷,尝上八条封事。上大加称赏,赐宴于内,御书褒之。十五年,特拜司谏院大司谏,时工曹判书、参判有不协人望者,公抗章论效,请罢其职,时论伟之,又驳铨曹用人之失,执政多忌之。时成均馆学生,多放浪不检,铨曹启云,是由师表非人,遂荐公为大司成。公至,旧习一变。十六年正月,还拜弘文馆副提学。四月,拜同副承旨,屡升至右承旨。十七年,郑太监同捧诏来,政院以迎接都监郎厅荐注失当,皆罢职,公亦与焉。十九年二月,还拜右承旨。十月,特升嘉善刑曹参判。十一月,出为江原道观察使。二十年,拜同知中枢府事。二十一年春,以千秋使赴京。

弘治元年二月,董侍讲越、王给事敞奉使来,公应接尽礼,相与唱和。两公叹服,后见本国人赴京者,必问公安否。二年六月,又拜成均馆大司成。四年三月,兼同知成均馆、春秋馆事。六年闰五月,拜司宪府大司宪。时有外戚超拜内职者,公累疏极论,又驳铨曹注拟之失,人多严惮之。七月,特拜庆尚道观察使。时方删定乐律,朝议以公专掌其事,不宜外任,命递之,特超资宪,拜礼曹判书兼同知春秋馆事。公以滥超辞。上曰:"卿知礼乐,故特授之耳,予久欲授卿此职,今亦晚矣,何滥之有,其勿辞。"十一月,兼世子右宾客。十二月,成庙升遐,公为殡殿都监提调,专掌丧礼,曲尽情文,未尝少差。九年十二月,拜知中枢府事。公长礼部凡四年,授据古礼,务合时宜,至于诸学试艺,克尽公度,朝论重之。十年正月,特升正宪。九月,拜汉城府判尹兼同知经筵事,艺文馆提学、弘文馆提学。十三年正月,拜工曹判书,余如旧。七月,兼弘文馆大提学、艺文馆大提学,知成均馆、春秋馆事,掌文衡也。九月,又拜大司宪,知无不言,务得事体。十四年,还拜中枢府事,余如旧。十月,公患疾,废主日遣内医候视,并赐药饵,疾遂间,然自是气颇困惫,竟不起。赠公为崇政大夫、议政府左赞成,命礼官改葬致祭,录用其子,赠谥曰文戴公。博闻多见,文;典礼不愆,戴。

公天性宽裕,襟度冲虚,与物无竞,不汲汲于仕宦,不屑屑于得失,平居无疾言遽色,家人小子如有所失,未尝加以武怒,怡然处之。凡衣服、饮食、车马、宫室,略不致意,虽至弊污,未尝修饰,不营生业,世业田庄多有废弃者。常鸡鸣而起,静坐一室,左右图书,手不释卷,虽隆寒盛暑,未尝废也。夜则对月鼓琴,翛然遐想,望之如神仙中人。每诫子弟曰:“汝等如吾执心则学业何难成就?”尝作诗曰:“所恶是谄谀,所欲惟忠荩。”书与二子诵之。平生不喜访权贵,人有来谒者,亦不甚款待。以是,官至六卿,门巷萧然。惟好探山水,虽居室,常以江湖风月为怀,闻名山胜区,靡远不讨。尝以承旨见罢,与仁川君蔡寿约游金刚山,野服萧然,从数僮探奇穷胜,饫而后返,戒诸仆勿言名职,出入郡邑,莫知为谁也,其任率类此。少时,与卢交城诸伴学琴,公独得其妙,通晓律吕,为掌乐院兼官及提调前后二十余年,其节奏多所更定。成宗大王尝命一时文士,撰定乐章,皆让公焉。今之合字诸谱《乐学轨范》,皆公所撰也,人称近代知音一人而已。再为成均馆大司成,又为同知馆事,继文匡公洪贵达掌文衡,以兴起斯文为己任,屡掌试围,得人尤盛。及卒,知与不知,皆伤惜之,门生、故吏、僚友、亲戚,吊赙奠祭,连络不绝。公于诸子百史，无不探讨，为文章雄赡宏富，不事雕篆，诗又豪健，一时高文大册，皆出其手。

所著《虚白堂诗集》十五卷、《补集》五卷、《文集》十五卷、《风雅录》上下卷、《浮休子谈论》六卷、《奏议稗说》六卷、《慵斋闲话》十二卷、《锦囊行迹》四十三卷、《桑榆备览》四十卷、《经纶大轨》五十余卷（未就而卒）。所撰《风骚轨范》三十卷行于世。其余命撰诸书，应制篇章称是。

据上文可知，作为朝鲜朝初期名门昌宁成氏家的一员，慵斋很有抱负，生前的官僚生活也相对安定。但慵斋去世几个月之后发生了甲子士祸，他被剖棺斩尸，后来得到平反，获赐谥号文戴。作为一位儒者，他对道与文之间的关系有独到理解，致力于将圣人之道的最高价值实践于现实生活中。朝鲜朝初期的文学版图大致可以分为馆阁文学、处士文学以及局外人文学，慵斋沿袭了徐居正的思想，继承并发展了馆阁文学。

二、儒者与道

所谓儒者，即试图将圣人之道的最高理想实践于现实的人。具备儒者这种基本属性的朝鲜两班士大夫对文学的实用性给予极大关注，因此，无论什么观点，他们尽管对于“道”与“文”之间的关系在看法上有诸多不同，但都以在文学中实现“道”的理想为前提。慵斋对“道”含义的理解如下：

物不可以苟合，故受之以贲。贲者饰也，合而饰之，以化成天下也。盈天地之间者皆物也，物来自物也，缘物以设教，然后能物物也。贲之为卦，离下艮上，刚柔相交，文明之义也。天道不可以苟合，日月星辰以明之，阴阳寒暑以节之，风雨霜露以调之，四时六气错行变化，不失其差，故天文得成，不然则文不成而道不行也。人道亦犹是也，人道之可行者皆物也，物莫大于礼，而文以饰之也。父子不可以苟合，苟合则相亵而不敬，必使昏定晨省，愉色婉容，尽孝敬之实而合之也。［《虚白堂文集》卷十一《拟东坡十论（其四）》］

《周易·序卦传》曰："物不可以苟合而已，故受之以贲。贲者，饰也；致饰然后亨则尽矣。"引文以《序卦传》为据，阐明文饰对化成天下之道的作用。李正源指出，慵斋提出了自然的运行原理即为天道的观点，认为由于日、月、星、阴阳、寒暑、雨、风、霜、露承担各自角色，天文才得以流行，天道才得以实现。天地自然有序实现天文的过程反映在社会生活中即实现人道的过程。所谓人道，即人间社会的各个成员遵循既定的本分，担当各自的职责，而实现社会秩序。因此，实现人道的核心内容为"礼"，即儒家礼法的等级秩序，其表现即为遵循父子君臣之礼、夫妇兄弟之礼、长幼师友宾主之礼。慵斋认为，如果人们都谨遵自己的本分，国家文明就会得到大的发展。慵斋在《礼以养人为本》中提出礼为治国不可缺少的要素，人类间的礼法扩散到全国就会形成制度，由此把礼法与国家制度联系到了一起。

古之善养礼者，虞、周也。伯夷典礼，后夔典乐，契逊五品以养之，故成雍熙之治。周公制礼作乐，其养之之实，具于《周礼》《仪礼》之书，故成、康承文、武之治，以成其美。［《虚白堂文集》卷十一《拟东坡十论（其八）》］

慵斋在这段文章中赞扬了舜与周公建立礼乐秩序、开创盛世的功绩。舜知人善任使天下大治，通过礼乐教育使得仁义思想深入人心，使礼行于社会。周公则根据社会中人们身份地位不同制定明确礼法，有效维持了社会秩序。两人在通过礼乐实现社会文明这一点上是相通的。慵斋在著述中，经常提及舜、周公等圣人以教化建立国家秩序体系，孔子阐述六经以礼乐教化百姓。慵斋的论述折射出其所处的十五世纪朝鲜的思想潮流脉络，即朝鲜朝建国进入守成期后建立新型文化体系的需要。慵斋认为，君主要建功立业，臣子的辅佐是必不可少的。慵斋在《儒者可与守成》中阐明了儒者的重要性："国不可一日无儒也，无儒则道无所寓，道无所寓则治何由而得成乎？古之儒者，大则继天立极，经纶化育。其次，开物成务，以施事功。至于经术、文章、刑名、法律、医卜、书画之微者，莫不各售所技，以补治道，人君集众艺而大成，犹河海集众流为大也。"[《虚白堂文集·拟东坡十论（其三）》]由此可见，慵斋认为治道是通过儒者来实现的，这种儒道一定程度上带有文明主义和经世的性质。他认为儒者有三个不同层面：一种是"继天立极，经纶化育"的人物，他们是以尧、舜为代表的中国上古时代的圣人，是实践儒道的远古帝王；一种是揭示万物之理而实现业绩的人物，即"开物成务"之人，他们是以文王、周公、孔子为代表，将儒学应用于管理国家及教化百姓；最后一种则是以经学、文章、法律等领域的学问帮助君主治道的臣子。慵斋认为，作为实践儒道的主体，君主和臣子的作用是同样重要的，就像想要建房子的人将各事委任给各自擅长的人一样，君主也应当信赖臣子并任贤为用。

君王的旨意通过臣子而得以实现，臣子作为儒道的实现主体至关重要。慵斋认为儒者的作用即遵循君王的旨意将儒道实践于整个人间社会，而当下正是君主与臣子共同实现儒道的时期，作为儒者应当有实现理想的自信。这种思想在他的论述中被反复提及。关于儒道，他说："臣不可不用儒道以事上，君不可不用儒道以驭下，上下皆儒，故其治不劳而成。三皇尚矣，五帝莫盛于尧舜，尧舜以儒道授受，而皋、夔、稷、卨之臣，亦以礼乐刑政之学，亮天工而熙庶绩，以成风动之化。"[《虚白堂文集·拟东坡十论（其三）》]即君臣必须以儒道治国并风化天下。慵斋认为，为官辅佐君主，是儒者的职责任务。“昔者，周公有归老之志，告成王曰：‘兹予其明农哉。’王曰：‘公功棐迪笃，公无困哉。’夫周公作柱周室，以求贤任能为己任，吐哺握发，犹恐不及，何暇舍国事而务穑事哉？其所言者，盖明其忠赤，而不以去位为嫌也。今子又承睿眷，超跻膴秩，謇謇匪躬，将有棐迪之功，子虽欲退休而明农，朝廷岂舍子哉？”（《虚白堂文集·黄正明农亭记》）慵斋对儒者的角色及存在意义持肯定态度，坚信儒者作为知识阶层能够肩负起引导社会文明与教化百姓的重任。

三、经世文艺论

慵斋主张六经为文章根源，持道文一致的载道文学观，认为古代圣贤的文章即为正统文学。他说：“夫六经者，圣人之言行。而文章者，六经之土苴。为文而不法乎古，则犹御风而无翼也。为文而不本乎经，则犹凌波而无楫也。”（《虚白堂文集·与林功书》）慵斋认为六经之语乃道德文章，足以经世，从而将载道之文融入经世文学之中。

李正源指出，慵斋对诗的效用论也十分重视。他说：“诗可以寓性情，该物理，验风俗，知善恶。居则触兴抽思，消遣岁月；出则作为《雅》《颂》，黼黻王度。”（《虚白堂文集·浮休子传》）可见，他对诗抒发性情及风教的作用十分重视。所谓风教，即文学的功利性与效用性，这与古人所说的温柔敦厚的诗教观相一致。只有通过涵养温柔敦厚的性情才能醇化情感，只有通过诗才能实现对社会精神的教化，这是慵斋的诗观。他所说的作《雅》《颂》以辅王度进一步体现了诗是一种经世文章、一种与治世紧密相关的馆阁文学。在朝鲜朝前期，士大夫们都主张发挥文学的实用性，十分重视文学在外交及教化中的作用，认为载道文学可以帮助朝鲜朝实现经国济世的最高理想。如此，文学就不仅是一种单纯的理想，它还和政治现实紧密相关。这一观点我们可以通过 1487 年慵斋上疏给成宗大王的《治道八事》看出。与其说慵斋是单纯的文人或著述家，倒不如说他是重视经世的文人。他虽然强调经术为本、文艺为末，但也强调不能因为文章、杂艺为末就忽视其本身的重要作用。他认为，文章、杂艺同样可成为治道的要紧之处，要十分重视，作为儒者绝不能忽视二者的存在意义。慵斋的这种思想与“君子不器”的伦理是相对立的。他的经世文学的伦理不偏狭于道学主义的范畴，具备一种包容性的性质。由此可见，他编纂类似《乐学轨范》也不是偶然的，对文章、杂艺的这种关心从理论上来说也是源于他的经世文学论。同时，他的文学论还带有文艺趣向，其文学观中最奇特之处便在于他对文艺多样性面貌的喜爱与追求。他反对偏狭的道德主义文学论，肯定文章乃至杂艺的存在意义与价值。他不仅主张这种文学观，还将其体现在自己的著述活动中。由此，我们可以看出慵斋的文学路线与道学者的是有很大区别的。

慵斋精于乐学，认为音乐有正邪之殊，不仅关乎世俗之隆替，而且关乎政治上的治化。

> 乐也者，出于天而寓于人，发于虚而成于自然，所以使人心感而动荡，血脉流通而精神怡悦也。因所感之不同而声亦不同，其喜心感者，发以散；怒心感者，粗而厉；哀心感者，噍而杀；乐心感者，啴而缓。能合其声之不同而一之者，在君上导之如何耳，所导有正邪之殊，而俗之隆替系焉。此乐之道所以大关于治化者也。（《虚白堂文集》卷七《乐学轨范序》）

在理气与诗的关系上，他强调以理为贵，以气为辅的诗观。“诗难言也，言诗者论气而不论理，非也。气以行于外，理以守诸内,守于内者不固,则行于外者未免泛驾而诡遇。诗以理为贵也,善为诗者悟于理,故能不失根本。苟失根本,虽豪宕浓艳,雕锼万状,而不可谓之诗也。自丽季至国朝,诗之名家非一,而能悟其理者盖寡。平者失于野,豪者失于缛,奇者失于险,巧者失于碎,俗习卒至于委靡而不回。吁,此则诗之不幸也。”(《虚白堂文集·濡溪诗集序》)这种诗观反映了其主理的性理学观念。

总而言之,慵斋的文艺论强调经世的效用性,重视文艺的价值,提倡文学内容与形式多样化的理念,具有十分重要的时代意义。

慵斋作为朝鲜朝前期著名学者,为朝鲜朝社会文明的进步做出了较大贡献。他主张,君主和臣子作为实践儒道的主体之作用是同样重要的,肯定了儒者在建立儒家社会礼仪秩序中所承担的重要责任和作用。同时,他的经世文学论在当时具有重要的创新意义,与道学者的文学论不同,他肯定了文艺的存在意义与价值。他的这些观点,在推动朝鲜朝礼乐文化的发展上起了重要作用。其著作也成为后人研究朝鲜王朝文艺的珍贵史料。

参考文献:

1. [韩]李正源:《成俔的文学思想》,《韩国诗歌文化研究》第11辑,2003年。

2. [韩]金东俊:《成俔的人生与诗》,《韩国汉诗作家研究》第3辑,1998年。

3. [韩]李来宗:《慵斋成俔的文学论》,《汉文学论集》第5辑,1987年。

郑汝昌

郑汝昌(1450—1504),字伯勖,号一蠹、睡翁。河东人。占毕斋金宗直门人。朝鲜朝前期文臣、学者,"东国十八贤"之一。谥文献。

一、生平

曾祖判宗簿寺事之义,祖判典农寺事复周,父咸吉道兵马虞候六乙,母为牧使崔孝孙之女。一蠹从小天资聪颖,十一岁时,明朝礼科掌科事给事中张宁与锦衣卫都指挥佥事武忠出使朝鲜,张宁在义州官衙见到一蠹及其弟,分别为之取名"汝昌"与"汝裕"。1467年,一蠹之父战死沙场,十八岁的一蠹闻讯后悲痛欲绝,在堆满尸体的战场上找到其父尸体安葬于故乡,极尽哀情。服丧期满后,按朝廷惯例,以有功者之子叙用为军职要员。一蠹却说:"子女怎能以父亲的牺牲来享受这荣光,即便这是国家的恩惠,我也不忍接受啊!"拒绝了朝廷的任命。二十一岁时,他师从当时有逸民名望的李宽义研习学问,在性理学及文学方面受李宽义影响甚大。二十三岁时,他与毕生道友金宏弼向金宗直求学,与朴汉柱、金宏弼并称"毕门三贤"。金宗直认为,经术与文章并非二歧,主张道文一致,但一蠹持有不同的诗文观,他虽然并不否认诗的文学本体地位,但认为情感张扬的诗不利于养心冶性。1483年,司马试中进士,以理学著称。1486 年,一蠹之母染异疾,他极力照顾并在母亲死后侍墓三年,后来前往智异山岳阳洞附近的蟾津营造房舍,打算以种梅养竹了此一生。1490 年,参议尹兢赞赏其孝行与学识,荐其为昭格署参奉,但未赴任。同年,别试文科丙科及第,授艺文馆检阅等职。1495 年,任安阴县监,了解到百姓苦于赋敛,作便宜疏十条,实施一年后治下政治清明,百姓赞颂。1498 年,戊午士祸时被流放于钟城。1504 年,甲子士祸时遭剖棺斩尸。1610 年,平反后升庑至文庙,谥号文献,祭享景贤书院、蓝溪书院。

一蠹师事金宗直,继承了东方道学的正统,为朝鲜朝前期朱子学的发展做出了重要贡献,他可以说是掀开了朝鲜朝性理学序章的儒宗。一蠹精通《论语》,对性理学根源和体用关系进行了深入探究。《一蠹遗集》是研究其思想的宝贵资料。

二、性理道学

高丽末期道学(性理学)传入朝鲜半岛后而形成的儒学者群体,以朝鲜王朝的建国为契机分为两类:一类人积极参与朝鲜朝的创建并提供思想上的支持;另一类人反对改朝换代而遭受迫害。前者在朝鲜王朝掌握政权成为权力集团,形成了官学派即勋旧派,后者继承了东方理学道统,隐居乡里专注于修身和养成后进,形成了在野士林派。后者以士林身份进入政界以金叔滋为开端,但其官阶低微,到了其子金宗直才正式进入中央政界。燕山君时期,金叔滋因《吊义帝文》受到牵连,弟子金驲孙、郑汝昌、金宏弼等惨遭迫害,饱受煎熬,失去了实现道学理念的机会。中宗大王反正之后,赵光祖进入政界,士林派追求的道学至治主义理念才真正反映到国家政策上。

道学派的理念以《小学》的修身观念为基础,一蠹之师士林巨匠金宗直"以兴起斯文、训迪后人为己任,执洒扫之礼、修六艺之学者,满于前""以病辞职,南还密阳田庄,学者从四方来集。依朱子《学规》,以涵养本源为进德之基,以穷探性理为修业之本,所见益高"(《占毕斋集·占毕斋先生年谱》)。此时(成宗大王三年,1472),"一蠹郑汝昌与寒暄金宏弼相友,诣先生门下请学。以古人为学次第教之,先读《小学》《大学》,遂及《语》《孟》,日承指教,寻知纲领旨趣,研穷道义"(《占毕斋集·占毕斋先生年谱》)。从这些记载内容可知,金宗直的教育思想继承了吉再以朱子《小学》为根基、以修身为中心的观念。《小学》为宋代朱熹与其弟子刘清之合编的教材。朱子曾强调:"后生初学,且看《小学》之书,那是做人底样子","修身大法,小学备矣","古人于小学存养已熟,根基已深厚,到大学,只就上面点化出些精彩"。可见,朱子重视《小学》的观念对朝鲜性理学的教育思想影响巨大。

《小学》的核心概念是"敬",中心思想即程朱学修养论——"居敬"工夫。儒学的终极目的是修养人格、成圣成贤,宋代道学的"存天理,灭人欲""尊德性,道问学"的最高理想亦是如此。因此,在朱子学中,理气说或心性论的目的是提供关于人格修养的哲学根据。在朱子哲学的体系中,理气说取主理说,世界的本质是理,人性道德本善;心性论则认为人类的本性是理,欲为善,就要取得善的宇宙精神和人类精神,以成就善人的目标。但是不善反恶的原因是什么呢?这是因为在宇宙中有善恶未定的气,在人间也有善恶未定的气质,要想改变这气质,恢复本然的善性,就需要人格修养。因此,"居敬"工夫就成为恢复本然之体或本然之善的修养法。

一蠹认为世界上所有人和事物均由理、气形成,在宇宙论体系上持理气二元、理本论立场。但一蠹的理气论将性之善恶的讨论联系起来,认为"善恶皆天理"。

天地之间，有理有气，而气之流行，未尝不本于理也。故天下之道，有善有恶，而恶之为岐，亦未尝不出于善也。夫冲漠无兆眹者理也，而其所乘而流行之机则气也。著显有施为者气也，而其所浑而主宰之妙则理也。无兆眹，故无情意计度，而纯粹至善于未几之前；有施为，故能凝结运用，而清浊偏正于方动之际矣。其曰诚无为，则至善于未几之前可见，而所谓太极也。其曰几善恶，则偏正于方动之际可审。而所谓动阳静阴也，夫气之动也，理为之主则万殊而有一本之同，固其理也。

人物之生，得是理而为性，禀是气而为形，则虽其气发，而有善不善之殊，而原其本，则未尝不出于理也。然而既曰，理无不善而气有清浊，则固知恶之非理之本然也。而程子之言曰："天下善恶，皆天理也。"以愚而观之，不能无惑焉。孟子，亚圣也，而其言曰性善，则天理之固善无恶，而不汩于气也明矣。而今乃曰善恶皆天理，何也？曰："不然。理虽至善，而因气而运行者也。朱子所谓性本善而已，才堕入气质中，便熏染之说，不可不察也。《易》曰：'一阴一阳之谓道，继之者善也，成之者性也。'夫道也、善也、性也，则固至善之理。而曰阴阳，曰继之，曰成之，则可以见理之乘气机而流行也。知乘气机而流行，则朱子所谓此性为恶所汩之说，可得而言矣。知性之汩于恶，则善恶皆天理之说，因可讨寻矣。大抵理只是搭附在气禀上，而气不能无美恶之殊，既是气禀恶，则便知是那性坏了，故恶亦不可不谓之性也。故朱子论之曰：'恻隐是善，于不当恻隐处恻隐，则是恶。虽是恶，原头若无这物事，则却如何做得？本皆天理，只是被人欲反了，故不善而为恶耳。'以此而求之，则所谓善恶皆天理者，盖指其发处而言也。"

故朱子因孟子性善之言而说之曰:“是就用处,发明人性之善。”因明道继善之言而说之曰:“却将来就人发处说。”以此数说而原程子之意,则其意岂不曰此理固本善,而不发则无以见其善,而及其发见,而后始知其善也。如水之在山,其清不可得而见也,流出而见其清,然后知其本清也。然则与周子所谓诚无为、几善恶之说,暗与之合矣。非谓性中元有此两物相对而生也,盖谓水为泥沙所混而不成,不唤做水,性为恶所汩而不成,不唤做性也。是以,朱子之言曰:“放火杀人,可谓至恶,若把那去炊饭,杀其人之所当杀,岂不是天理。只缘翻了道理,有背有面,顺之则是,背之则非,缘有此理,方有此恶。”又曰:“沟渠至浊,当初若无清泠底水,缘何有此。”旨哉斯言也。气之动也,理为之主,而天下无理外之物之意,多少蕴畜于其间矣。(《一蠹先生续集》卷一《善恶天理论》)

一蠹的《善恶天理论》是针对宋代性理学尤其是程颢的“人生气禀,理有善恶”“天下善恶皆天理”“事有善有恶,皆天理也”的命题所阐发的见解。一蠹在《立志论》中说:“然而从善如登,从欲如流。自世远人亡之后,近代之所谓学者,靡然入于功利之说,其孰能强其如登之难而以存天理,脱其如流之易而以遏人欲乎?”(《一蠹先生续集·立志论》)他针对宋代程颢的说法,首次提出了疑问,并把它与平时实践的修养论联系起来。这里一蠹对性的善恶及理气的结构都有所论及。“天地之间,有理有气,而气之流行,未尝不本于理也。故天下之道,有善有恶,而恶之为岐,亦未尝不出于善也。”天地间有理有气,气所活动的地方不能没有理作为根本。因此,善与恶均是理所决定,恶的存在亦是从善中分离出来的。“夫气之动也,理为之主则万殊而有一本之同,固其理也。人物之生,得是理而为性,禀是气而为形,则虽其气发,而有善不善之殊,而原其本,则未尝不出于理也。”由气凝聚的人物万殊之形在性上来说固然有善或不善之区分,从本体论上来说皆得禀一本之理而为之性。“然而既曰,理无不善而气有清浊,则固知恶之非理之本然也。而程子之言曰:‘天下善恶,皆天理也。’以愚而观之,不能无惑焉。”对性即理、善恶皆天理、性本善等性理学概念的理解上有所存疑,显示出一蠹对性理学的哲学思考和学者精神。

一蠹一生致力于道学,对诗学较少言及,因此后人只能通过南孝温《秋江冷话》中记述的一蠹言论来分析其诗观。

> 郑伯勖有周、程、张、朱之见,穷通五经,独不取攻诗之士,曰:“诗,性情之发,何屑屑强下工夫为?其意虽不为诗,德备而经通,则亦何为病?”总如此,与腐儒之见无异。如古之十二律、八音、五声,消融渣滓,动荡血脉,故圣贤人无不知之习之,然不可生知,故孔子从苌弘学之。诗功于人亦然,使人清其心,使人虚其怀,使人无邪心,使人养浩然。牢笼百态,弥漫乎天地之间,不得如古人自然,而诗则必若勉思积功,然后庶几乎万一。是故,邵子、周子亦未免于好诗,而朱文公晚年,好读杜诗、后山,而泛楚骚,或与释相酬唱。衡山之诗,五日之内百余篇。自(伯)勖以诗为异端,则亦异端周、邵乎?晦庵乎?占毕斋金先生曰:“诗陶冶性情。”吾从师说。(《秋江先生文集》卷七)

南孝温与一蠹一起师从金宗直,但二人在对诗的认识上显示出了明显不同。一蠹认为德备经通即可,没必要强自为诗,诗乃情性之发,如果无是情性而为诗,则对修养性情并无帮助。而秋江认为这与腐儒之见无异,宁愿遵循师门的主张——“诗陶冶性情”。这里显示出二人之间注重道学与注重词章的见解差异。一蠹反对学者专注于诗,表明了载道论立场。虽然诗观不同,但秋江仍然认为一蠹"有周、程、张、朱之见,穷通五经",承认一蠹在性理学和经学上的非凡成就。

在金宗直的弟子中,传承了朝鲜道统的人物为一蠹与金宏弼。此二人在进入朝廷之后,以出众的学问、品德,努力实践道学价值观,成为大臣中间举足轻重的人物,虽死于士祸,但他们的精神被赵光祖等人继承,为发展朝鲜朝道学起了重要作用。

一蠹的理气论以程朱性理学为基础,为朝鲜朝开启理论性理学起到了桥梁作用。尤其是他的理气二元论思考,在韩国儒学史和朝鲜朝性理学史上产生了巨大影响,为后来李滉和李珥进行气发理乘和理气之妙的论理做了重要铺垫。一蠹把理学的存在构造表述为"理之乘气机而流行",可以说是理气论之先驱。由于在性理学上有主理论倾向,也可以说他是朝鲜主理说之先驱。

一蠹以程朱学为基础探讨性理学和道学奥妙,深入研究经学和性理学的体用关系,并将之贯彻于朝鲜社会的实践之中。这种真儒精神,成为十六世纪之后朝鲜朝士林所追求和坚守的基本精神。

一蠹奉行孝友忠信,把成圣成贤作为学问目标,将"诚""敬""实"的精神贯穿于经学和性理学研究,竭诚以《小学》加强身心修养,期待建立一个善的世界,把"义"作为判断一切的基准。一蠹的孝诚思想、义理精神、德治主义、仁政思想成为朝鲜朝的宝贵精神财富,为后人树立了精神标杆。

参考文献:

1. [韩]金永宇:《一蠹郑汝昌的性理说考察》,《岭南学》第 13 辑,2013 年。

2. [韩]崔英成:《一蠹郑汝昌的生涯与学问历程》,《东洋哲学研究》第38辑,2004年。

3. [韩]金起贤:《郑汝昌道学的特色小考》,《东洋哲学研究》第38辑,2004年。

南孝温

南孝温(1454—1492),字伯恭,号秋江、杏雨、最乐堂、碧沙。宜宁人。朝鲜朝前期文人、学者。“生六臣”之一。谥文贞。

一、生平(据南公辙《墓碣铭》整理)

公讳孝温,字伯恭,学者称秋江先生。南氏世居宜宁,其先有讳在,议政府领议政,谥忠景,配享太祖庙廷。曾祖讳简,直提学,以清名著于时。祖讳俊,司宪府监察。考讳恮,生员。妣李氏。公生于景泰甲戌。为人清明豪迈,在群辈中,超然有高士风,性喜酒,时时剧饮大醉,好为危言诡论,以触忌讳。一日,母恭人有忧戒语,公自是绝不复饮,作止酒赋以自警。其后朋友劝之,亦不饮也。甫弱冠,已有求道志,负笈从占毕斋金先生门,得闻性理之学。先生不名公而号之曰:“老夫非子之师,子乃老夫之友也。”成庙三年,公上疏请复昭陵。自昭陵废,人皆囚舌,不敢出一言,公至是抗论之,固大骇当世矣。都承旨任士洪言:“此非人臣所敢议。”倡议力排。领议政郑昌孙曾与废陵之议,亦沮之。时人皆目之为狂生,公益悲愤嫉俗,恸哭入山泽中,或终日不返。尝著《六臣传》,门生故旧惧及祸,竞止之。公笑曰:“吾岂畏一死,而终没忠臣之名乎?”《传》卒行于时。既而移家江湖间,躬耕读书,暇则戴箬笠手钓竿,与渔人、樵子,混迹以行。仰见白日在天,叹曰:“人生也直,人不可欺,天可欺乎?”庚子,中司马试,遂不赴举。其友金悦卿谓之曰:“我则受先王厚恩,不仕宜也,子则异于是,其为世道,可一出矣。”公曰:“复昭陵后应试亦未晚也。”悦卿亦不复言。

公少从事学问,辅以师友,与朱溪正、(李)深源、安兴公子挺皆友善,结为竹林羽士,砥砺名行,为一时士类领袖,缙绅章雨道东南者,无不礼于其门。文章简洁,好自言其志,有文集四编传于世。公著《鬼神论》,言绌伸幽明之理。后朝鲜使者至日本,其国人至今诵之,问何以得此论,则其传已久,今不记云。公卒时年才三十九,葬于高阳大壮里之原。配尹氏,郡守塤女。一男,忠世。

燕山甲子,史祸作,占毕斋门徒以党锢死者亡虑百余人。追论公言昭陵事,掘其冢戮之,忠世亦坐死,无嗣。中宗大王即位,始复昭陵,雪公冤,赠承政院左承旨。高阳、宜宁、长兴诸郡,并立祠俎豆之。正祖大王又命加赠资宪大夫、吏曹判书。公以一布衣终,其所树立,仅有复昭陵一疏,然推其志,虽谓之轩天地、耀日月,可也。议者谓公与在朝任言责者有异,或言占毕斋既仕于光陵,不当作某文字。其时翰林书之史草以贻祸,非也,是皆不究经权本末之论也。当甲子之祸,士大夫膏铁锧、夷九族者项背相望,世皆惴惴然指读书为祸胎,而君臣大伦之与天地相经纬者,独赖而不坠,其谁之功也?士当观大节与其事之是非正否。二公之仕与不仕,当言与不当言,不必论也,况其义人得而言者乎?自东京白马之事,已有激成出位之论,拘文牵法,曲訾傍议者不可胜数。韩子言:“小人好议论,而不乐成人之美。”呜呼,此朝鲜朝士祸大关系人,彼后生辈其可得而议之哉!且禅代之际,自古难言之。是时在廷诸臣,相率首鼠喙伏,甚者受顾命反眼,略不知耻者非一二也。公固知天命有归,而犹欲以一身,搘拄纲常,始既为箕子之狂、豫让之行,终至发冢剖棺,脔胔剔骸,瓜蔓株拿,祸延朋族,而不自知悔,公可谓尽心矣。

秋江去世后祭享于文峰书院、汭阳书院、西山书院、彰节祠、宜宁乡祠。著作有《秋江冷话》《师友名行录》《鬼神论》等，文集有《秋江集》。

二、正心之学

秋江毕生追求正心，这种追求在其文集中随处可见。在《心论》中，秋江全面阐述了自己对心的理解。关于心的产生过程，他说："动者，二五之气；静者，无极之理。理寓于气，则必有知觉，知觉乃所以为心也。"(《秋江先生文集·心论》)他认为动者乃阴阳五行之气，静者乃无极之理，理与气相结合必会产生知觉，而这知觉便是心，也就是理、气—知觉—心。通过这样的过程而形成心，而后心又产生性、情、意、志。他认为，心乃"万物万事之根本"，宇宙的所有现象与事物的根源都是心，因此只有心正才能通正道。这种正道具体表现在王道政治的实现上，正心是实现王道政治必不可少的条件以及重要基础。这也就是《大学》中所提及的"欲治国者""欲齐家者"必须以"修其身"为基础。秋江认为作为体的这种心只有人才有，只有心正才能使其"通上下"。由此可以看出，秋江将人置于宇宙万物的中心，人只有拥有正心，或者真心、直心才能实现所有秩序的协调。这种想法显示出秋江以人为中心的思考方式及对正心在人格实现上发挥的影响力的重视。当时，性理学者一般把本然之性与气质之性分开理解，强调理与气的差异性，而秋江的见解却与之相反，认为"性为一"，气质之性是包含在性当中的。他主张理气结合而产生万物的性理学宇宙论，认为从自然到人、从物性到人性都是一致的。

秋江的正心论源于其本身固有的士的意识。他认为，作为士，正心是应有的基本姿态，修己以实现至治的理想是士的本分和人生指标。在秋江看来，齐家、治国必以修己为先，而修己的核心正是正心。这种正心的思想在仕途上体现为实现经国济民的理想。秋江认为，接受天地精气的是人，而主宰人的身体的是心，人间活动的所有动因也是心。他在短暂的人生中，多次就不当的现实问题提出自己的看法和主张，诱发这种行为的根本性动因就是正心。当然，作为当时士阶层的一员，理应站在百姓的立场上思考问题并对百姓进行教化，努力实现尧、舜的至治，但当这种理想在现实中遭遇挫折时，坚持这种正心的理想并非易事。作为一名儒者，秋江执着地追求正心，将正心的理想实践于其整个人生过程。他的这种对现实政治体制的反抗与将名分视作生命的行为正是源于作为一名儒者的彻底的自我认识。不管是他的生活还是学问，都以正心为标准，他理想中的王道政治也是以正心为出发点。

> 夫心在腔里，而寂然之谓性，感发之谓情，几焉之谓意，之焉之谓志，分而为三千三百，合而为无声无臭，无不由此心始焉，此心之所以为万物万事之根本欤？夫禽兽莫不有饮食男女之心，草木莫不有敷荣收敛之心，然赋质偏驳，故其用不全。惟人受之全，而体夫太极也无间。……合七曜五行飞潜动植而目之曰道，妙百骸五事四性七情而总之曰心，百气并行而不悖于道，百行并臻而不害于心，则心者亦体夫道者也。(《秋江先生文集》卷五《心论》)

他认为，世界所有的现象如果不以心为根源的话，就没法开始，所以说所有的现象都是以心为根本的，道为万物生生不息的原理，心则体道而成四性七情。秋江的这种主张意味着心包含仁义礼智的道德性，是人类意识活动的主体，人类的意识和生存姿态都是由心的向所决定的。

秋江的诗观也是以其正心论主张为基础的。他认为,诗从心出,按照个人的心意而变化,故正诗能陶冶人心中的性情。

得天地之正气者人一,人身之主宰者心一,人心之宣泄于外者言一。人言之最精且清者诗,心正者诗正,心邪者诗邪。商周之颂,桑间之风是也。然太古之时,四岳之气完,人物之性全,樵行而歌吟者,为标枝击壤之歌;守闺而咏言者,为汉广摽梅之诗。初不用功于诗,而诗自精全。自后人心讹漓,风气不完,风变而骚怨,骚变而五言支离,五言变而律诗拘束。汉而魏,晋而唐,浸不如古矣。虽以太白、宗元为唐之诗伯,而所以为四言诗,所以为平淮雅者,犹未免时习,视古之稚人妇子,亦且不逮远矣。是故,士君子莫不于诗下功焉,如杜诗读书破万卷,下笔如有神;欧阳子从三上觅之;而晚唐之士,积功夫或至二三十年,始与风雅彷佛者间或有之,夫岂偶然哉?郑伯勖有周、程、张、朱之见,穷通五经,独不取攻诗之士,曰:"诗,性情之发,何屑屑强下工夫为?其意虽不为诗,德备而经通,则亦何为病?"总如此,与腐儒之见无异。如古之十二律、八音、五声,消融渣滓,动荡血脉,故圣贤人无不知之习之,然不可生知,故孔子从苌弘学之。诗功于人亦然,使人清其心,使人虚其怀,使人无邪心,使人养浩然。牢笼百态,弥漫乎天地之间,不得如古人自然,而诗则必若勉思积功,然后庶几乎万一。是故,邵子、周子亦未免于好诗,而朱文公晚年,好读杜诗、后山,而注楚骚,或与释相酬唱。衡山之诗,五日之内百余篇。自(伯)勖以诗为异端,则亦异端周、邵乎?晦庵乎?占毕斋金先生曰:"诗陶冶性情。"吾从师说。(《秋江先生文集》卷七《秋江冷话》)

对于得天地正气者来说,心为人身之主宰,而言则为人心之宣外者。在秋江看来,诗为人言之最精最清者,因此人心的正邪决定诗的正邪。他引用朱子"古今诗三变"之说,指出《诗经》之诗为诗之典范,诗的功用为"清其心""虚其怀""无邪心""养浩然(之气)",并以此为据,反驳了郑汝昌的"诗,性情之发,何屑屑强下工夫为?"的论断。最后,他声明自己认同"诗陶冶性情"的观点。

秋江的性理学著作除《心论》之外,还有《性论》《命论》《鬼神论》等。《性论》论述了本然之性和气质之性;《命论》论述了常命和变命与兴亡的关系;《鬼神论》认为鬼神不过是气之伸屈,是自然现象,对祖先祭祀、不迁位祭祀、奉享做了阐述,还重点论述了"专心"的意义,奠定了朝鲜朝无神论的基础。

作为朝鲜朝前期出身名门的学者,秋江一生并未选择步入仕途。由于所坚持的政治理想与现实相矛盾,他踏上了与现实脱离的"隐者"之路。作为一位儒家的理想主义者,他明显表现出对现实政治体制的否定与不满,反映出儒者追求和对社会正义与人的良心的坚持。由于在现实生活中屡遭挫折,他便以"方外人"方式度过一生。但秋江的"方外人"生活并非老庄的道仙思想的展现,而是一种彻底的儒家立场与主张。秋江以正心为思想基础,强调正心修身、正名与义理。作为一位儒者,他的儒学理想虽然未能在现实中得到实现,但仍然给后世留下了深远的影响。

参考文献:

1. [韩]郑出宪:《对秋江南孝温的生涯资料的辨证与探索》,《大东汉文学会刊》第35卷,2011年。

2. [韩]沈在箕:《南孝温的鬼神论》,《韩文汉字文化》第87卷,2006年。

3. [韩]安大会:《南孝温论》,《韩国汉诗作家研究》第3辑,

1998 年。

4. [韩]金钟九:《秋江南孝温文学研究》,成均馆大学 1997 年博士学位论文。

5. [韩]金达秀:《秋江南孝温研究》,成均馆大学 1985 年硕士学位论文。

金宏弼

金宏弼(1454—1504),字大猷,号蓑翁、寒暄堂,金宗直门人。瑞兴人。朝鲜朝前期著名文臣、性理学者,“东国十八贤”之一。谥文敬。

一、生平(据奇大升《故承议郎、邢曹佐郎赠大匡辅国崇禄大夫、议政府右议政兼领经筵事金先生行状》整理)

曾祖中坤,通政大夫礼曹参议;祖小亨,奉训郎义盈库使。父纽,御侮将军行忠佐卫司勇,妣清州韩氏。先生讳宏弼,字大猷,其先黄海道瑞兴府人,后徙庆尚道玄风县,今为玄风人。先生以景泰甲戌五月二十五日寅时,生于汉阳贞陵洞之私第。少豪逸不羁,游走市街,鞭笞人物,人见先生至,辄避匿。既长,发愤学文,中成化庚子生员试。是岁,圆觉寺僧潜转佛像,谓佛自回立,士女奔波。台谏交章请罪,不得允。先生草疏数千言,乞穷核奸状,肆诸市朝,其言反复援譬,明白剀切,欲以感悟君心,疏上报罢。弘治癸丑,成庙命举遗逸。明年甲寅夏,庆尚监司上先生行义。十月,授南部参奉。已而成庙宾天,世子袭位。乙卯十月,移典牲署参奉,俄因吏曹上禀,命叙六品。丙辰春,拜军资监主簿,迁司宪府监察。冬,御命鞫狱于金浦县。丁巳春,转刑曹佐郎,狱讼明恕,人皆称服。戊午秋,史狱起,以先生游占毕斋门,决配熙川。庚申夏,移配顺天。

时祸机叵测，先生处之夷然，不改常操。甲子九月，加罪戊午党人。先生闻有命，沐浴冠带而出，神色不变，徐须衔口曰："身体发肤，受之父母，不可并此受伤。"乃就刑。十月初一日也，年五十一，葬于玄风乌舌里松林甫老洞先茔之傍。家被籍没，诸子皆分配。正德丙寅，中庙靖国，普雪被罪诸人，赠先生承政院都承旨。丁丑年间，大臣囚(因)公论献议，以先生世所罕出，例赠未足表异，请加赠崇品，岁廪其妻，录用子孙。传曰可。遂赠右议政。又命春秋仲月，官为致祭焉。

先生初从占毕斋金先生请业，先生以《小学》授之曰："苟志于学，宜从此始，光风霁月，亦不外此。"先生眷眷服膺，手不释卷。人或问反时事，必曰："《小学》童子，何知大义？"尝作诗，有"《小学》书中悟昨非"之句。金先生批曰："此言乃作圣根基，鲁斋后岂无其人乎？"先生笃志力行，常以《小学》自律，奉亲尽其孝，承事极其敬。平居鸡鸣而起，省问如礼，终日危坐，讲习不懈，虽家人，未尝见其惰容。年三十四，丁外艰，饘粥致哀，绝而复苏。庐墓三年，一依礼制。服除，必晨拜祠堂，次诣母夫人问起居。母夫人性严，意或不惬，必立色不言。先生惶恐不敢退，起敬起孝，得其悦豫乃退。尝训诸子曰："汝等心存敬畏，毋教懈惰，人或议己，切勿相较。"又引古语以诲之曰："言人之恶，如含血喷人，先污其口，汝等必以此为戒。"又教诸女曰："异日往之汝家，惟舅姑是顺，惟祭祀是谨。至于麻丝纴绖，罔或不勤，无敢多言，以招人议。事良人遇娣姒，必须敬慎，财利之间，尤不较多少，惟恐失兄弟欢心。御婢仆以恩，有过则教之，教而不从，乃可示罚也。"曾祖妣郭氏先世坟茔在玄风者岁久圮坏，樵牧不诃。先生谓郭门诸族曰："先茔如此，为子孙所不忍睹，切宜禁护。又于令节，以时羞告虔，因而讲睦，不亦可乎？"于是，莫不乐从，以为恒式。

先生以兴起斯文、训迪后生为己任，远近闻风，慕而从之，执经升堂，至不能容。先生诲诱不倦，随才成就，后多有名于世。与咸阳郑先生伯勖，志同道合，特相友善。每相见，与之研磨道义，商确古今，或至达曙。先生为学，精积力久，犹恐不及，确而不滞，通而不流。其应官处俗，不求甚异于人，虽仕务迫遽，亦不废讲授。伯勖先生尝以谤议将腾，劝止之。先生不听曰："释陆行设教，其徒考业者千余人，或止之曰：'祸患可畏。'行曰：'使先知觉后知，先觉觉后觉。吾所知者，告人耳。祸福，天也。吾何与哉？'行虽缁流，其言亦可取也。"喜读昌黎文，每至《〈张中丞传〉后叙》"巡呼云曰：'南八，男儿死耳，不可为不义屈！'"未尝不三复流涕焉。娶顺天朴氏，平阳府院君天祥之后、副司猛礼孙之女，家在陕川郡冶炉县末谷村。先生从而寓居，名其所寓曰寒暄堂，后归玄风马山里率礼村，自参议府君以来世居之地也，入都则居于好贤坊里第。先生以自古名门盛族，莫不有家训，而东国士大夫鲜有之，是以化导不及于妻孥，教渾不下于臧获，乃作《家范》，以训子孙，制为仪节，仿诸《内则》。至于内外婢仆，使各有名号，分之以职，较其勤惰，而升降劝惩之。其俸料之差，视升降而增减；吉凶之费，随丰约而纾缩。又有朔望读法听训之规，然亦未及推而行之也。雅有高趣，尤爱佳山水，闻杨根郡有迷原，卜居往访之，乐其泉石之美，有筑室终老之志，竟不果。窃念先生天资甚高，制行尤严，率厉学者，倡明斯道，其功大矣，不幸遭遇乱世，不及见诸行事，竟殉身而后焉。然而一时学者，仰如山斗，风声所及，兴起者象，则其所施亦远矣。今其流风余论，日就埋灭，而道德精微之蕴，又无所因而征焉，则岂非后学之重不幸也？

中宗大王反正后，追赠寒暄堂为都承旨，其后代亦受朝廷优待。1575 年，领议政，1577 年赐谥号文敬。1610 年，由于台谏（司宪府、司谏院)与成均馆及各道儒生接连上疏,朝鲜朝遂将寒暄堂、郑汝昌、赵光祖、李彦迪、李滉尊为五贤,从祠文庙。

从朝鲜朝前期开始,政治思想、社会文化及学术倾向等均与儒学息息相关。儒家把孔、孟、程、朱等先圣先贤尊为典范人物,将人伦道德的实践作为最高之价值理想,而寒暄堂则是朝鲜朝前期将儒家思想真正应用于修身和社会实践,因此成为从祠文庙的第一人。寒暄堂继承了郑梦周、吉再、金叔滋、金宗直传承下来的道学正统,在此基础上加入自己的领悟和见解,形成了全新的思想体系,可以说青出于蓝而胜于蓝。寒暄堂曾师从金宗直学习朱子《小学》,自称"《小学》童子",其从《小学》中发展而来的处身、服丧、率家的思想主张成为当时士大夫遵从的模范,以"寒暄堂家范"之名广为流传。当时,前去向寒暄堂问学的弟子络绎不绝,主要有赵光祖、金安国、李长坤、金正国、李长吉、李绩、尹信等人。寒暄堂离世后,随着书院的大举设立,他成为祭享于牙山仁山书院、瑞兴花谷书院、熙川象贤书院、顺川玉川书院、玄风道东书院的典范人物。

二、《小学》实践

寒暄堂作为朝鲜朝前期著名的性理学者,对儒学思想特别是行为规范之书《小学》做了深入研究,不仅从理论上把握了其精髓,而且将其中的处身规范付诸实践,在实践中不断地加以发展完善。

寒暄堂认为,儒学最根本的目的便是"修己治人",因此在学问上偏重解释道学原理,追求道学之实践价值,把道学实践和道德教育当作神圣的使命,培养了一大批优秀的儒家思想继承者。

朱子《小学》全书共六卷,分内外篇。内篇四卷,分《立教》《明伦》《敬身》《稽古》四部分。《立教》主要讲教育的重要性和方法,《明伦》主要讲父子之亲、君臣之义、夫妇之别、长幼之序、朋友之交,《敬身》主要讲“居敬”的修养工夫,《稽古》辑录了历代思想家的行为表现;外篇两卷分为《嘉言》《善行》,分别辑录了汉代至宋代思想家的言论和行为表现。朱子及其弟子编纂《小学》的目的是从小向儿童灌输封建道德观念,使封建道德的基本原则成为人们内在的道德品质,为封建统治阶级培养人才。

高丽时期传入的《小学》成为朝鲜王朝教化百姓的基础理论读本和开展儒学教育的纲领所在。在朝鲜朝前期,新进士人在出仕之前,大都先在乡村教育后生,广泛普及儒学经典,致力于启蒙人伦的教化事业。他们积极地实施乡约,建立书院,注重三纲五伦等伦理规范,特别是对于《小学》中规定的纲领更是显示出极大兴趣,期望构建新的时代秩序,建立理想的现实世界。其中寒暄堂对研究和实践《小学》的热情最高。据南孝温的《秋江集》记载,寒暄堂一直致力于《小学》实践活动,可以说是将生活伦理教科书《小学》应用到现实生活的道学大家。寒暄堂二十一岁时拜金宗直为师,开始正式接触《小学》。受到金宗直勉励,寒暄堂数年埋头于对《小学》的研究,到了而立之年,更以“《小学》童子”闻名乡里。《小学》教导人们律身修己,寒暄堂重视的正是修己的道理,而并非治人。通过对《小学》文章中律己思想的研习以及在文学创作过程中的修身养性,寒暄堂真正体会到了道学思想的渊博,修身律己思想成为其主要的思想支柱,身外之物在高清的节操映衬下已经变得苍白无力。寒暄堂将《小学》视为学问的根本,以此形成了自己独特的学问思想,即以《小学》为中心立志修笃。到了十五世纪末,在寒暄堂的努力下,《小学》不仅成为指导儒学实践的思想理论,也成为更加系统的学问。从此,《小学》思想被视为一种生活哲学,开辟了道学的新的实践方向。

寒暄堂一生都致力于性理学研究和《小学》的教育事业,将《小学》规范不断传播发展，并将其与修身律己思想融会贯通，应用于生活实践中，将性理学生活规范日常化。他尽心侍奉父母，三十四岁时丁父忧，庐墓三年，一边尽心地侍奉母亲，一边努力读书钻研。四十岁左右出任司宪府监察、刑曹佐郎。四十五岁时受师金宗直笔祸事件连累，流放平安道熙川，在流配地艰苦的条件之下，仍然坚守高尚的道德节操，继续读书研究儒学，直至因甲子士祸被赐死。

在死亡面前，寒暄堂泰然自若，沐浴冠带，边用嘴含着自己胡子，边背诵“身体发肤，受之父母”的诫命。从寒暄堂面对死亡的态度不难看出，他是一位将《小学》思想生活化的儒学大家、一位以敬为基础不断实践孝诚思想的道学者，为了所信奉的、所追求的道而最终离世。不仅如此，他按照《小学》对实践的要求，通过不断钻研和实践，将前代儒学家的词章儒学转化为穷理的道学，将为人之学转化为为己之学，使道学转化为一种修身养性的学问，自身也成为后世儒学家的师表。

三、道德文学

寒暄堂主张道文一致的载道论文学观，在文学创作方面主张理之发现和以文学传道，以教化世俗。他创作了很多诗歌作品，但是他追求的并非文学上的造诣，而是为己的修身养性。在文学作品中，他致力于探究道学原理并将其消化疏通，形成了独特的价值观念，并以之作为修身养性的一种手段。在寒暄堂流传下来的文学作品中，大部分的诗赋作品倾向于表现其内心思想及其道学。道学是性理学进行实践之后形成的儒学，道学派的诗不注重自然景物的描写，而是将道学的自得境界升华为美学。寒暄堂的诗文在士祸中大部分被烧为灰烬，但从仅存的几首诗歌和散文作品《秋毫可亚于山赋》《寒水戒》中仍可以窥见其道德文学的思想底蕴。

在《秋毫可亚于山赋》中，寒暄堂将秋毫的微小和泰山的巨大相比较，感叹人们忽略自身本质而追求微小事物，并引用周濂溪的《太极图说》和朱子的理气说阐述有理有分的思想。虽然寒暄堂在文中所说的理与分的关系并不分明，但从他把分看成理之分可以明显看出，他以理一分殊为基础解释世界的起源和现象。寒暄堂告诫人们应该抛弃的是管中窥天、锥指大地的愚昧，而不是自己的根本。

在朝鲜朝道统的传承体系中，寒暄堂的《小学》观对后世影响巨大。据载：

然其以道自任，隐然远绍梦周之绪，深究濂、洛之源者，有若金宏弼其人也。宏弼为人，气局端方、性行修洁、笃志圣学、勉力践实，视听言动，敬无不在，危坐俨然，即之温然。教人谆谆，蔼见至诚，有就学者，莫不先之以《小学》《大学》，规模已定，节目有伦，遭世政乱，间关患难，处之怡如，笃敬做功，如初不弛，以日以夜，死而后已。游其门者，得闻斯道之柸朴；承其颜者，仰慕斯人之风仪。今之学者，拟为山斗，尚知其有以贵德行而贱文艺，尊经术而抑异端，殿下之欲以明好恶、审取舍，整顿纲纪、宣扬风化者，实繇宏弼之力也。(《中宗实录》卷二十九)

盖我东国先正之于道学，虽有不待文王而兴者，然其归终在于节义章句文辞之间，求其专事为己，直以真践实履为学者，惟寒暄为然。(《寒冈先生文集》卷十五《寒暄堂金先生师友门人录》)

时金先生宏弼谪在熙川，往从之，遂闻为学之方，自是厉志定业，坚苦笃信，不违课式，昼讲必切问，夜退必近思，不以记诵词章之习，少经于心；不使鄙倍惰慢之容，暂设于体。人或劝以举子业，为求利达，则乃以不属文辞。……先生之于金先生，其犹二程之于周子乎。金先生字大猷，号寒暄堂，常肃然冠服，终日竟夜，未尝有惰容倦色，嗒然不与人言，盖用力于喜怒哀乐未发前气象也。(《耻斋先生遗稿》卷一《大司宪静庵先生行状》)

可见，寒暄堂上承金宗直下启赵光祖、金安国等，自认清《小学》的重要性后，以“《小学》童子”自处，通过真挚的实践成就了高风亮节，成为当时师友和后世儒生的道学典范，接续了朝鲜朝前期道学的正脉。

参考文献：

1. [韩]秋齐协：《寒暄堂金宏弼的道学与退溪学》，《岭南学》第25辑，2014年。

2. [韩]郑庆洙：《寒暄堂金宏弼的道学传承情况》，《岭南学》第22辑，2012年。

3. [韩]张都圭：《寒暄堂金宏弼的道学与诗小考》，《韩国思想与文化》第49辑，2009年。

金安国

金安国(1478—1543),字国卿,号慕斋。金宏弼门人、思斋金正国之兄,与赵光祖、奇遵、金净、金湜等士林派士人,同为朝鲜朝中期著名文臣、学者。谥文敬。

一、生平(据《先生行状》整理)

公讳安国,字国卿,号慕斋,义城人。祖讳益龄,通政大夫成川都护府使。考讳琏,奉训郎礼宾寺参奉。妣阳川许氏,吏曹参议芝之女。成化戊戌八月初六日,生公。公生而颖秀,七岁,始学《小学》,读至“孝哉,闵子骞”,曰:“人当以此为法,我何时能长,行得此事耶?”闻者异之。至十二三,读经史通大义,不过三遍,成诵不忘。十五六,始慕程朱之学,笃信力行,博通书史,文章亦已大成。所著《大游赋》,脍炙一时。十七,丁内艰。十九,丁外艰,前后居庐,哀毁尽礼,手刻碣文,躬执奠爨。弘治十四年辛酉,中进士第一、生员第二。生员试制,亦在第一,而考官以一人不可兼魁,遂置第二,公年二十四也。十六年癸亥,擢文科别试第二,补承文院权知副正字,阶通仕,旋授正字。正德元年丙寅,华使徐穆、吉时来,公以远接使从事官,起为虎贲卫司果兼知制教,阶秉节,拜承文院校检,又兼侍讲院司书。

正德元年丙寅,复入弘文馆为副校理,阶宣教。二年丁卯,时承废朝昏浊之余，丧礼废毁未复，一日于经筵启曰："三纲者，天地之大经，古人谓之支天三柱，不可一日废者也。自废朝短丧之后，人皆忘亲弃礼，彝伦坠地，请下明教，别示劝惩之典，以立风教。"四年己巳，拜司宪府掌令，务持风节，刚直不挠，时人畏惮。尝于经筵启曰："今人不以理学为重，请择文士就知理学者学焉。"上从之。十一年丙子，拜承政院同副承旨。又于经筵，上曰："孝弟，人伦之至行，为治当以孝弟为先。"公启曰："徒知为治以孝弟之为美，不知行之之事则无益矣。欲使一国敦行孝弟，须令上自公卿大夫，下至闾巷小民，国学、乡校、家塾，崇习朱文公《小学》，自其幼少，习与性成，长而成德，化达四境。人敦于行，则自然风俗淳美，人材亦盛矣。请谕中外，俾崇是书，广印颁布，使人人皆得诵习，以新一世。祖宗朝撰《三纲行实》，形诸图画，播之歌咏，颁诸中外，使民劝习，甚盛意也。然长、幼、朋、友与三纲，并为五伦，以长、幼推之敦睦宗族，以朋、友推之乡党僚吏，亦人道所重，不可阙也。以臣迂阔之见，当以此二者，补为《五伦行实》，择古人善行，为图画诗章，颁诸中外，敦劝而奖励之。"上深然之。十二年丁丑，拜庆尚道观察使兼兵马水军节度使。御札下政厅曰："庆尚大道，某虽不次，人器相当，故特超拜。"公益自感激思效，诣阙启曰："本道虽有《小学》板本，刊久刓缺，不合教诲。世宗朝刊行程愈《集说》一本，甚切于初学，欲刊于本道广布，请赐文楼所藏刊之。"上可之。

公下界行至玄风县，亲祭于金先生宏弼之墓。人有从兄弟讼田者，公告之以孝悌亲睦之道，两人感服裂状，再拜而退。乡人以学行闻者，或造庐访问，或礼请敬接，孝子节妇，亦皆旌表，存问厚馈，一方风动，兴起于善。手撰《二伦行实》，又谚解《吕氏乡约》《农书》《蚕书》《辟瘟方》《疮疹方》，刊印颁布。凡为政以仁恕为本，教人以《小学》为先，所著劝《小学》诗，邑皆有之。十三年戊寅，秩满，为同知中枢府事。夏，以谢恩副使朝京。其还也，献所购朱子《论孟》《或问》《朱子大全》《朱子语类》《延平答问》，两程传道《粹言》，张子《语录》《经学理窟》，胡子《知言》，丘濬《家礼仪节》及《古今表选》，曰：“上方向理学，而濂洛诸贤所著性理之书，我国多不得见。臣欲多购来献，而求之书肆，亦不尽有，只买今所献而已，乞下弘文馆讲习。且如《家礼仪节》，乃丘氏因朱子《家礼》，有所损益，以宜于时，使人易行，实朱子《家礼》之羽翼；《古今表选》，则我国事大表笺为重，而儒士不务学焉，每当文书甚窘，故并购来。”冬，兼知经筵、同知成均馆事。

十四年己卯，十一月，大司宪赵光祖等被罪，公亦见罢，居利川注村，构小亭于所居之东，名曰恩逸。日与诸生讲论经义，学者日众，虽蔬食菜羹，必与之共。持时论者，以此为非，将置于罪。或有爱公者，劝谢遣学徒，公笑而不答，讲书不辍。甃砖作小塘如斗，引水注其中，放小鱼而观之。一夕有门人侍坐，至夜静人绝，鱼跃有声，公曰：“大小虽异，自乐则同，且静中有动，是吾所乐者。”又构草堂，扁曰八怡，一晦庵塘，二濂溪莲，三康节风，四庄周鱼，五张翰莼，六灵运草，七渊明柳，八太白月，逍遥自适，吟弄风月，若将终身者十九年，然爱君一念，未尝少弛也。

嘉靖十八年己亥，华使华察、薛廷宠来，公为馆伴，应接之际，务尽诚敬，无有愆度，酬唱诗章，典重雅赡，协于华国之望。尝侍经筵，启曰：“我国取士，讲四书三经，力不能给，皆不能浸深穷研，只剽裂口诵，以为试讲之计，诸儒学识浅陋，无该博精通者，以此也。臣见朱子论科举规矩，于每式年试举时，豫令试某经，则举人皆治其经，极其精研。既试，中者则能精一经者也，落者亦专精一经者。后试，又令试某经，则举人又治其经甚精，及其试，中者，精治二经者也。又后如是，则儒皆尽治五经，中者亦皆精研者，力亦裕为云。

今中原科举专治一经者，亦仿此意，式年则已有成法，难遽改之，别试则可依此式，使专治经。”上深然之。二十二年癸卯正月初四日，疾革。

公资性过人，充养有道，和粹之气，盎于面背，刚而不厉，直而有容，忠贯日月，诚质神明，见善若出诸已，闻恶如不及救。是以，教人而人易从，怒人而人不怨。自十五六时，有志于学，及闻金宏弼论学，慨然有求道之志。而其学问必以考亭为表准，故文章事业，皆在日用常行之间，而不务过于高远虚诞之事。每当事，委曲的确，无非济世急时之要道。而不知公者，常有烦碎之诮。人或以语公，则辄笑曰：“常人心粗，圣人心细，安事舍精趋粗，自以为通乎？”尝教子弟曰：“惟谦与恭，是君子盛德，汝辈固当佩服终身。汝尝见我以傲惰加人，言人过失乎？宁死，不愿闻子孙有此行也。”其闲居，昧爽而起，整冠束带，俨然端坐，终日讨论，未尝少懈。居常慨叹曰：“吾东方地气偏薄，人禀不厚，又不知理学，所以因学成德者甚寡，是吾平生所痛恨者也。”故公之教后学，虽因其才之高下，各有所施，必劝《性理大全》《群书》等书，务求变其气质者，则无智愚贤不肖之有异焉。

戊戌夏，以病休告闲居。人有告曰：“时论恶公接引后生，讲学明理，何不少裁以避谤语？”公曰：“大臣用舍在上，岂惧人言改吾度耶？”公有日记，平生言行，尽在于此，其不愧屋漏可知。司马温公曰：“平生所为，未尝有不可对人言者。”其斯人欤，其斯人欤？尝有家训，一忠君曰：平时则勿欺尽职，临危则效死勿贰。二孝亲曰：竭力奉养，务得欢心，勤业立身，务欲光显。三友爱同气曰：尽我友爱之心，兄弟虽待我有不平之气，勿怀忿恨，益加友爱，临财务让，勿怀加得之心。四睦宗族曰：平时则相睦，患难则相救，有无相资，勿相忿争，彼虽忤薄，我益加厚。五处乡党交朋友曰：敬尊长，逊言语,恭礼度,和易恺悌;勿藏机阴隐,有无相资,患难相恤,泛爱容众,敬慕才德;务欲成人之事,勿怀猜妒谤毁斥短;勿加轻侮忿怒、陵暴于人,唯以温恭谦让为事,有益友则务交从景学;勿从放荡、狂妄、奸谲、险躁之人;勿失信于期约、言语之际。六慎言语曰:勿夸己长而谈人短;勿谈人过恶及隐微之事;勿谈国家朝廷政令得失;勿言守令宰相、朝官得失;勿喜谈淫亵丑语,闻人善则喜而常谈之;勿言毁人之语;勿谈傲慢侮人之言;勿谈反常凶悖之言;勿诪张妄谎言语。七慎行曰:常忍忿怒之发,人虽加我以不美、不平、陵慢、侵夺、殴骂之事,勿遽忿怒,徐观平气而善处之;勿致斗哄,况言语不平之间,则尤不可忿怒而相校,以失欢睦之心也;居官处家,勿犯义贪财,务执清约;勿过饮酒醪,以致伤性酗妄;勿耽于女色,以至污行败家;勿耽博弈、游惰以妨学业;勿奢侈衣服鞍马,务崇俭约;借人书册杂物,须爱护全。居官曰:勤职任务,清操谨慎,勿忽略,勿卑小,务皆当周密,至钱谷出纳之事,尤当慎密勿疏忽;诚事长官,如爱敬父母;勿谈同僚过恶,待下官勿倨慢而诚爱之,待吏隶严而有恩,过语则严责而勿捶笞;若有欺诈及害及于民人之事,震戒严杖而惩之,顽慢者唯罪之,勿至酷刑。

慕斋死后配享仁宗大王庙廷,谥号文敬。著有《慕斋家训》《童蒙先习》《农书谚解》《蚕书谚解》《二伦行实》《吕氏乡约谚解》《正俗谚解》《辟瘟方》《疮疹方》等。

二、《小学》劝导

慕斋与赵光祖(1482—1519)、奇遵(1492—1521)等曾师从寒暄堂金宏弼学习道学,继承了金宏弼重视《小学》的道学观,并成为至治主义士林派的骨干成员。任庆尚道观察使期间,他在乡学中积极传授《小学》《农书谚解》《蚕书谚解》《二伦行实图谚解》《吕氏乡约谚解》《正俗谚解》等，为普及乡约做出了巨大贡献。《小学》是为了向儿童灌输封建道德观念，使封建道德的基本原则内化为道德品质，培养封建统治的人才而编纂的，强调纯化心性、居敬穷理的修养方法，排斥违背道德的行为，讲求寂然不动的道体。金宏弼精研《小学》，在此基础上扩展了朝鲜朝道学派的学问主张。道学派强调，道的实体是以性理学为主干的理或天，天命赋予人类以天性，人应该通过不断努力，还原自身本来的面貌，达到与天地万物调和的天人合一的境界。

慕斋继承了其师金宏弼的学问主张，并终生践行。在庆尚道观察使任上，慕斋以教化万民为己任，巡视各州县学校，拜谒先圣，创作了多首劝《小学》诗，板揭于陕川、高灵、星州、知礼、居昌、大邱、玄风等地的讲堂。这些诗集中反映了慕斋的《小学》教育思想。

《劝陕川学徒》："彝伦日用外无余，修进方存《小学》书。珍重诸生勤著力，跳丸日月不饶渠。"

《劝星州学徒》："经帷日日讲程朱，道学行看遍海隅。南土古来英俊薮，研穷性理作真儒。彝伦宇宙朱夫子，万世楷模《小学》编。我悔旧迷追不及，诸生努力跂前贤。"

《劝河东学者》："先王设教为明伦，诱掖熏陶致化醇。彷佛遗模唯《小学》，愿将功力日加新。"

《劝示晋州学者》："道学寥寥岁几千，赖因濂洛续真传。须将《小学》为阶级，进进毋忘跂古贤。东海文风自古传，岭南儒教鲁邹肩。圣明方尚程朱学，珍重诸生更勉旃。"

《劝示昌原学者》："教术多端有驳纯，程朱一脉最为真。须抛记诵词章累，《小学》功夫日日新。"

《劝示金海学者》："沉潜性理仰朱程，万世彝伦赖复明。欲范先贤须《小学》，愿将功力日修行。"

《劝示真宝学者》:“夫子祠堂肃且严,诸生揖让俨观瞻。遐方最喜文风振,《小学》功夫愿更添。”

《劝安东学者》:“程朱之教到吾东,数百年来罕蹑踪。天意故令开圣主,海隅无不被文风。南州本号英豪薮,北学谁为性理宗。珍重诸生除旧习,须从《小学》着新功。”

《劝示善山学者》:“治化曾经占毕公,只今忠厚有遗风。愿添濂洛渊源教,庠塾先严《小学》功。”

《劝示义兴学者》:“圣朝兴教尚程朱,黉序须先正向趋。《小学》功夫宜共勉,休将旧习滞邪途。”

《劝示密阳学者》:“章句文词皆末耳,悠悠于道未容论。南州自古称邹鲁,濂洛须探性理源。”

《示玄风学者》:“金先生学世推宗,濂洛余风振海东。乡邑亲熏应有得,须将《小学》益研穷。”(《慕斋先生集》卷一)

以上摘录的劝《小学》诗的主题大体可分为:(1)强调程朱理学的渊源正脉;(2)推崇圣贤真儒之道;(3)强调教化万民的醇化之效;(4)赞扬先贤遗迹,激励后学;(5)告诫后学勿过重记诵辞章之学。慕斋通过劝《小学》诗说明程朱理学的正统性,并借此推动《小学》在各地乡校和讲堂的普及,此举可以说是其政治理念和教育思想融合的结果。

在担任文衡期间,慕斋制作了大量儒学策题,如“圣贤述作”“科举之规”“尧让天下于许由”“道学正传”“书之垂法”“圣贤爵刑”“天人之理”等,劝导后学精研道学正统学术。

在治学上,慕斋强调诚敬忠恕之学。

夫为学之道,具于四书,而节目次第,《庸》《学》尤详。其法必以知行两力,诚明交至为贵,而皆以敬将之,然后学至于成,而圣功可几也。徒用功于知,而不并力于行,则譬如识路而不进，无以致于高远；徒致力于行，而不兼功于知，则譬如暗行无烛，不知路之所由。二者之不可偏废，犹车轮之不可去一，而敬者其知之目、行之足、轮之轴乎。《大学》之格致，《中庸》之明善，即知之事也。《大学》之诚正修，《中庸》之诚身，即行之事也。而所谓忠恕者，即诚也。自圣人谓之诚，自学者谓之忠恕，则忠恕者，固诚之之事，而行之所由也。……然苟不加以明之之功，则不能审夫行之所当而择执之。其为忠终亦归于不实，而不能致于高明广大之域矣。明以择其善，忠以体之身，敬以兼尽乎两者，何忧学之不至也。（《慕斋先生集》卷十《朴汉老咸敬忠字说》）

指出修习四书必须按照固有次序，且重在知行结合。

在治道问题上，慕斋认为应时刻以民为本，“夫君臣者，为民而设也，上下须知此意，昼夜以民为心，则治道可成”，强调统治阶层要遵从儒家规范，为国家和人民服务。他的这种至治主义思想对后世的道学派学者产生了较大影响。

参考文献：

1. [韩]尹仁淑：《朝鲜前期缔结乡约与“士文化”扩散》，《大东文化研究》第 81 辑，2013 年。

2. 蔡雁彬：《朱子〈小学〉流衍海东考》，《南京大学学报（哲学·人文科学·社会科学）》2002 年第 4 期。

3. [韩]朴采明：《朝鲜前期道学派的自然认识研究》，《汉文学论集》第 16 辑，1998 年。

4. [韩]姜晰中：《慕斋金安国的诗世界》，《韩国汉诗作家研究》第 4 辑，1999 年。

赵光祖

赵光祖(1482—1519),字孝直,号静庵。汉阳人。金宏弼门人。朝鲜朝中期文臣、思想家,“东国十八贤”之一。谥文正。

一、生平(据李滉《静庵赵先生行状》整理)

先生姓赵氏,讳光祖,字孝直,自号静庵。赵氏,为汉阳著姓。七代祖良琪,仕高丽为总管;入元,当世祖朝,以副帅破哈丹兵,献俘,帝赐袍带,奖之。高祖讳温,为朝鲜开国功臣,封汉川府院君,谥良节。汉川生义盈库使讳育,赠吏曹参判。参判生成均馆司艺讳衷孙,赠礼曹判书。判书生讳元纲,官至司宪府监察,赠吏曹参判,是为先生皇考。妣骊兴闵氏,县监谊之女,以成化壬寅八月十日,生先生。先生生有美质,少小嬉戏,已有成人仪度,稍见人非违,辄能指言之。及长,知读书修业,慷慨有大志,独不屑意于科举之文,而兴慕圣贤之风,博学力行,期于有成。年十九而孤,奉母家居,至诚色养,孝义之称,达于邦国。正德庚午,试进士居魁。辛未,丁内艰。至乙亥夏,廷臣有以孝廉荐闻,除造纸署司纸。是年秋,应中庙谒圣别试,登乙科第一人及第,授成均馆典籍,俄迁司宪府监察、礼曹佐郎、司谏院正言。章敬王后之丧也,潭阳府使朴祥、淳昌郡守金净,同上疏,请复慎氏,正坤位。朝议以为非所当言,请拿鞫,事将不测。先生独力争曰:“慎氏,固不可复,疏中所论,亦大有理,不宜加罪,以塞来言之路。"二公,由是得免。选入弘文馆,自修撰,历校理、应教、典翰,承政院同副承旨,佥以为长玉堂,养君德,非此人不可。冬,还玉堂,为副提学。

主上雅尚儒术,锐意文治,庶几复见唐虞三代之盛,而尤倚重先生。先生于是感不世之遇,以致君泽民、兴起斯文为己任,以为君心出治之本也,其本不正,则政体无依而立,教化无由而行矣。每入对,必齐心肃虑,如对神明,知无不言,言无不说。其进启之辞,若曰:"人之一心,本与天地同其大、四时同其运。由其理蔽于欲,而大者小;气梏于私,而运者塞。在常人,其害有不可胜言。况人君,势位高亢,易致骄溢,而声色诱陷,万倍常人。心一不正,气一不顺,则兆应于冥冥,而孽作于昭昭。彝伦斁,而万物不遂。夫如是,主上所以存心事天,以致中和之极功,当如何也?"至于义利王霸之辨、古今治乱之几、君子小人进退消长之戒,无不罄竭底蕴,详论而极言之。或至日昃,上皆虚心倾竦而听之。

戊寅春,朝廷欲设贤良科取人。先生启曰:"以上之志治,久未有成效者,由不得人才故也。若行此法,人才不患不得也。"两司与玉堂,请罢昭格署,累月不允。先生诣政院,谓同僚曰:"今日未蒙允,不可退。"至夕,台谏皆退,玉堂仍留论启,得允乃出。上之待先生,先生之得君,可谓两至矣。其一时,以善类同超擢被眷遇者非一二,相与协力赞襄,奋起事功,划革宿弊,修明教条。先王法度,次第举行。《小学》为育才之本,乡约为化俗之方,百僚无不耸励,而四方为之风动矣。然而诸公之意,未免失于欲速,凡建白施设,锋颖太露,张皇无渐。先生以十月日,谪于绫城。而后命之至,在十二月二十日矣。先生即沐浴更衣,从容谓都事曰:"主上赐臣死,合有罪名,请恭听而死。"都事无应。先生又曰:"爱君如爱父,天日照丹衷。"遂卒。享年三十八岁。

静庵在政治上积极接受儒家主张，力主将自己的政治理念应用于当时的朝鲜社会中。1515 年，静庵受中宗大王重用，其实现政治理想的契机到来。静庵希望中宗大王施行以道学为切入点的"哲人君主主义"理论，重用君子，远离甚至消除小人。他认为，天理不离人事，只有政治纯正清明，才能建立一个大同社会；为促使社会美风良俗之养成，要打破迷信，废止昭格署，同时刊印、推广有益教化之书籍。

静庵主张撤废昭格署，与其坚持儒家信仰治国有关。因为昭格署中的道士每日祭拜、占卜、祈福，诵念道教经书，静庵将此视为动摇朝鲜儒学基础的迷信活动。为破除这种迷信，同时为限制后宫嫔妃借此浪费，他与金净、金湜、李清、朴世勋等人上疏请中宗大王废止昭格署。但是嫔妃为此所花费的钱财名义上是为百姓纳福、祈求天下太平，对于百姓来说具有积极接纳的惯性，加之当时中宗的生母重病，恳请不得废止昭格署，同时朝中大臣谏言不断，所以代表道教科仪的昭格署直到壬辰倭乱后才被废止。

1517 年，静庵奏请中宗大王将郑梦周从祀文庙，并根据《吕氏乡约》刊行乡约于朝鲜，在地方推进以儒家道德规范为准则的乡约运动，建立以儒家伦理为主体的社会。1518 年，朝鲜科举方面增设贤良科，在一百二十名新进士人中录用金湜等新进儒士二十八名，授予言官、文书官等要职，实施以士林派为中心的至治主义理想政治。但静庵等人认为文人之词章乃无价值之物，对道学思想过于强调，同时排斥勋旧功臣，无视政治现状而施行激进政策，太过理想化。中宗大王因静庵过度的道学言行感到厌倦，加之沈贞、南衮为中心的勋旧功臣派的强力弹劾，1519 年士林派遭受重大打击，静庵被赐死，后世称为"己卯士祸"。

仁宗大王即位后，为静庵等人平反，复设贤良科。1570 年，朝鲜颁布《国朝儒先录》,将静庵与金宏弼、郑汝昌、李彦迪列为“朝鲜四贤”。静庵一生致力于道学实践,其道学主张和实践集中体现在《静庵集》中。

二、至治论

宋时烈曾评价静庵的学术为道学的“真知实践”:

> 丽氏之季,圃隐郑文忠公,奋起千载之后,聿寻皇极之绪,而其所以为学,则实源于朱子之书。当时朱子之书,始来于东,人莫之知也,独公溯其源,而游其波,以至于本朝之寒暄,则专以《小学》为修己教人之方,拟之于湖学之得其本者也。又一传而至静庵先生,则天姿粹美,莹澈无瑕,蚤闻圣贤之渊源,常以为非学无以知道,非道无以为治。其为学,专主于《近思录》。盖朱夫子以为二程书,其出于门人所记者,或有不纯,而张子或有过者。乃与吕先生择其精要者,以为此书,则世以为四子之阶梯者,真确论也。先生于此书,不翅若蒭豢之悦口。真知实践,既以修己,而将以推以治人。然后学以为道,道以为治,而其体用一源,理事相须,使道德不为天下裂,则朱夫子所公诵治出于一者,焕然复明于世矣。虽其骇机闯发于中道,不展厥施,而其明圣道以开后人之功,反有加于一时之善治矣。既而世道复升,崇报之典,至于从祀圣庑,可谓无遗憾矣。(《静庵先生文集序》)

在朝鲜朝的性理学统中,静庵地位极高,与金宏弼、郑汝昌、李彦迪、李滉并称为“朝鲜五贤”。朝鲜朝初期学者将自然观、道学观、文学观综合为一体,以金宗直为开端,道学者们更加深刻地钻研性理学,注重心性修养。学界一般认为,朝鲜道学派传承脉络为郑梦周、吉再、金叔滋、金宗直、金宏弼、郑汝昌、赵光祖。但是,栗谷李珥指出：

郑圃隐号为理学之祖，而以余观之，乃安社稷之臣，非儒者也。然则道学，自赵静庵始起。（《栗谷先生全书》卷三十一《金振纲所录》）

前朝郑梦周始发其端，而规矩不精。我朝金宏弼接其绪，而犹未大著。及光祖倡道，学者翕然推尊之。今之知有性理之学者，光祖之力也。[《栗谷先生全书》卷二十八《经筵日记（明宗大王二十二年）》]

据上述引文可知，栗谷李珥认为，虽然从丽末鲜初的圃隐郑梦周那里能够发现道学的端绪，但从真正意义上确立并光大朝鲜朝道学思想的人物是静庵，并对其道学思想做了很高的评价。静庵批判当时追求政治私利的现象，指出“利源是国家之病，痛绝，然后可以永保其休矣”（《静庵先生文集·复拜副提学时启十一》），认为断绝私利的根源至关重要。并且强调，为正确处理这些政治上的弊端，君王首先要明辨公私、义利。纵观其政治生涯，静庵时刻以“格君心，陈王政，辟义路，塞利源”（《栗谷先生全书·道峰书院记》）为首要任务。静庵的这种道学思想是为百姓着想的纯粹公心和毫不顾个人的忧国的诚心。他认为，君臣应时刻以民为本。他终生致力于实践道学，其信念是在义理和正道基础上产生的，包含着超越生死的宗教性信仰。静庵的道学思想对后世的道学派学者产生了很大的影响，很多道学者为实践义理和正道，对内抵抗不义，不顾个人生命安危上疏直谏，批判社会的不正之风。这些义理精神正是源于静庵的道学思想。

张都圭认为，如果说郑汝昌、金宏弼开创了道学派与道学派文学，那么静庵便以此为基础，将自己的道学政治理想体现为为了正义永不屈服的义理精神。作为文臣、儒者，静庵平生致力于实现王道政治，是颇具代表性的至治思想倡导者。

宋秉璿在《静庵先生文集重刊序》中给予静庵的道学实践以极高评价：

> 东方道学，肇自圃隐，至静庵先生而大阐，推明性理之源，使濂、洛、关、闽之绪，焕然复明于世。其盛德大功，伊谁与京。呜呼，明德新民，是圣贤血诚所欲，而或不能行于一时，传之千载之远，或不能容于当世，终为百世之师。盖先生立朝事业，慨然以尧舜君民自任，一治之会，于斯为盛，使大中至正之矩，如日中天，传之无弊，以开千眼，则其泽利之及物，岂一时当世而止也。唐虞之化，如时雨；孔孟之泽，如江河。时雨之施，四海均沾；江河之流，万古不渴（竭）。此宰我所以以贤于尧舜，赞美夫子者。

参考文献：

1.［韩］张都圭：《静庵赵光祖的道学与诗一考》，《韩国思想与文化》第57辑，2011年。

2.［韩］朴美香：《17世纪前后赵光祖解析——"虚"与"实"的层位》，《盰城研究》第7辑，2013年。

徐敬德

徐敬德(1489—1546),字可久,号花潭、复斋。唐城人。主张气一元论的朝鲜朝中期学者,主气论的先驱。谥文康。

一、生平(据朴民献《神道碑铭并序》整理)

先生姓徐氏,讳敬德,字可久,自号复斋,又号花潭,唐城人。曾祖,学生讳得富。祖,进勇校尉副司勇讳顺卿。考,修义副尉讳好蕃。妣,保安韩氏,尝梦入夫子庙,以弘治己酉二月十七日,生先生于禾井里。自幼聪明英果,刚毅正直,敬信长者之言,立云则立,坐云则坐,年近志学,始知读书。松京有一讲书者,先生从而受《尚书》。至"期三百",讲书者不肯授,曰:"此非但吾所不学,举世鲜晓者。"先生怪之。退而精思十五日,通之,乃知书之可以思得也。年十八,读《大学》,至"致知在格物",慨然叹曰:"为学而不先格物,读书安用?"于是,乃尽书天地万物之名,糊于壁上,日以穷格为事,究一物既通,然后又究一物。方其未穷也,临食不辨其味,行路不知所趋,至如溷湢,忘其便旋而起。或累日不睡,有时阖眼则梦中,通其所未穷之理,虽古人三年不窥园,冬不炉,夏不扇,无以过也。时年二十余,盖不论昼夜,不问寒暑,危坐一室者三年,禀气虽刚,思索太过,至于成疾,不能出户,虽欲不为思索,亦不得也。如是者又三年,病乃稍愈。前后六年,无物不格,惟理之本原,犹隔一膜,至是皆通之。年可二十四五,盖古人之格致,由《大学》之教,先生之格致,由本性之妙,考之于外,虽似不同,要其所至,沕然同归,何也?理一故也。先生有以自信,然后乃取四书、六经、《性理大全》等书读之,与前日所得于格致者,恍然相契。先生曰:“吾未尝理会者,读书省悟者多矣。其间微词奥义,先儒所谓非知道者、孰能识之等处,吾向也有不费多工夫而晓解者。”又曰:“若不危坐,思虑不一,思虑不一,不能穷格。”又曰:“古人云,思之思之,鬼神其通之。非鬼神通之,心自通耳。”又曰:“就所当然之中,可见所以然之理。”又曰:“理之错综处,在数上分晓。”又曰:“人知外象、外数之可知,不知内象、内数之难知。夫物格知至者,知性知天之事也。”先生年未三十,物已格矣,知已至矣。又曰:“吾五十而后意诚,功程之有序如此。”又曰:“吾少也,不得贤师,枉费工夫,学者不可效某工夫。”又曰:“贤者虽制行甚高,见处若不洒然,终为可人而已,且不免退步,不可不知也。”又曰:“吾二十,便欲不贰过。”

天性至孝,其居忧读《礼》,至“始死,皇皇焉如有求而不得。既殡,望望焉如有从而不及。既葬,慨然如不及其返而息”,未尝不三复流涕,恩笃于兄弟,化行于妻妾。子弟有过,只温谕,不以严辞责之。平生恶崖异之行,与乡人处,终日言笑,不见有异也。家至贫,或连日不炊而常晏如。接引后学,见其长进,喜形于色。观其晦迹山林,若无意于世,闻时政阙失,辄发叹,盖未尝忘世也。先生季年,德益盛,粹面盎背,望之而可知有道者也。乡邻化其德,有争辩则或不至官府而来咨决焉。正德己卯,设荐举科,松京以先生名荐之,辞不赴。嘉靖辛卯,以大夫人命到京师,得司马而归。甲辰,以故大提学金安国及馆中儒生荐,除厚陵参奉,不起。其冬,靖陵宾天。国制:儒士无服,只白衣冠三年。先生曰:“君父之丧,安可无服?”乃服齐衰三月。是年得病,几致不救。先生曰:“圣贤之言已经先儒注释者，不必更为叠床之说。其未说破者，欲为之著书，今病亟如是，不可无传。”乃草《原理气》《理气说》《太虚说》，倚枕而书之，皆在集中。已而病间。乙巳春，草疏，极论丧制之失，疏成而不果上，莫□□意。或言孝陵方在谅闇过哀，将有叵测之祸也。七月，孝陵升遐，丧制亦如之。

先生自甲辰冬，连在床褥。丙午七月七日昧爽，卒于花潭书斋，享年五十八。临易箦，有一门生问曰：“先生今日意思何如?”先生曰：“死生之理，知之已久，意思安矣。”松京士庶闻之，来哭者相续于道。以其年八月十二日，葬于花潭之冈先墓之侧，从其志也。先生殁后三十年，宣祖大王八年也，赠右议政，谥曰文康。道德博闻曰文，渊源流通曰康。嗟乎，师道之不传也久矣，有志于道者，虽有良材美质，皆曰贤师难得，终至于醉生梦死者皆是。先生能自奋发，得于性上，卓然自立，使学者皆知虽无师傅，可以学至，而孟子之言，益验于千载之后，先生有功于后学大矣，可谓上接箕子之统，下启道学之传也。

据朴光海在《徐敬德太虚思想研究》中所述，花潭自幼善于思索，自然界的各种现象都能引发他对生命的关注。花潭从飞鸟随地气飞翔的现象中所究之理，成为他所确立的气哲学的重要思想来源。花潭幼时进书斋学习儒学，他的学习态度与学习方法很是特别，不是死记硬背所学的内容，而是通过实证的方法或者合理的思索去学习。花潭二十五岁时，已达到朱子所说“一旦豁然贯通焉，则众物之表里精粗无不到，而吾心之全体大用无不明矣”的无所不通的境界。花潭内以穷理修身，外以悟出的道理实践，集儒学家的道德风范于一身。他一生中虽有几次被荐举的机会，却不慕名利，一生隐居花潭，过着贫寒生活。花潭回避出仕，与他所处的时代背景是分不开的。他一生中经历了一连串的文臣受难事件，即四大士祸：戊午士祸（燕山君四年，1498）、甲子士祸（燕山君十年，1504）、己卯士祸（中宗大王十四年，1519）、乙巳士祸（仁宗大王元年，1545）。其中，戊午士祸和甲子士祸，分别发生在他十岁和十六岁的时候，己卯士祸发生在他三十一岁之时，而乙巳士祸则发生在他死前一年即五十七岁之时。花潭在他的成长过程中，目睹了朝廷迫害文臣学者的一幕幕悲剧，这些悲剧挫伤了他进入朝廷的意志，使他对仕途有所畏忌。他之所以甘愿做一个隐居草野的儒生，专心致力于学问，实际上是与当时时代相宜的一种处世之道。这样，他可以躲避接连不断的士祸，免遭其他儒臣学者遭受的凄惨境遇。1546年，花潭先生在周围人的搀扶下到花潭沐浴，回到书斋，没过多久便溘然长逝，享年五十八岁。花潭留下的著作并不多，最主要的著作有《原理气》《理气说》《太虚说》《鬼神死生论》四篇。除上述四篇代表作之外，他还留下了《复，其见天地之心说》《温泉辨》《声音解》《跋前声音解未尽处》《皇极经世数解》《六十四卦方圆之图解》《卦变解》《朴颐正字词并序》《金士伸字词》九篇杂著，以及七十余首诗、四篇书信、两篇疏、一篇赋、一篇序和两篇铭，这些著述都是研究花潭哲学思想的宝贵资料。

二、"气不灭"的本体论

花潭的自然观受到了张载的哲学思想的影响。张载认为世界始原"太虚无形，气之本体"（《正蒙·太和》），花潭也认为世界是由"气"所构成，"气"即"太虚"。花潭在描述这"太虚"时说："太虚湛然无形，号之曰先天。其大无外，其先无始，其来不可究，其湛然虚静，气之原也。"（《花潭先生文集·原理气》）这里可以看出花潭的"太虚"有三层含义：第一，太虚为世界之本原；第二，太虚即气；第三，太虚（气）无始终，无穷尽。在这些含义上，花潭对老子的无中生有、虚能生气的哲学思想提出了疑问。他说:“老氏曰有生于无,不知虚即气也;又曰虚能生气,非也,若曰虚生气则方其末(未)生,是无有气而虚为死也。既无有气,又何自而生气,无始也,无生也。既无始,何所终?既无生,何所灭?”(《花潭先生文集·太虚说》)当然,花潭在这里对老氏的责疑当是出于一种误解。老子哲学的“无”,并不是一个空虚乌有的概念,而是无形的物质。老子认为世界是物质的,万物的形成是一个由无形到有形的过程,正是在这个意义上他认为“无名天地之始,有名万物之母”(《道德经·一章》)。后来道教兴起,他们奉老子为始祖,以空洞虚无解释世界,阉割了老子学说的灵魂,致使后世将道教混同于老子学说,引出了一番是非。

花潭的“太虚即气”说与当时的正统说法“虚能生气之虚,若作理字看则无害”(《退溪先生文集·答郑子中别纸》),形成了鲜明的对立。

花潭把他的自然观建立在气一元论的基础上,认为世界是由气的聚散而构成的。气聚形成万物,散则还原为气,也就是说具体的事物只是寄于气,“浮现一气中”而已。他认为气无处不有,充满整个宇宙,虽然看不见、摸不着,但实实在在地有。他说,气“弥漫无外之远,逼塞充实,无有空阙,无一毫可容间也。然挹之则虚,执之则无,然而却实,不得谓之无也”(《花潭先生文集·原理气》)。花潭在韩国哲学史上第一次明确地提出了“气不灭”论。他说:“虽一片香烛之气,见其有散于目前,其余气终亦不散,乌得谓之尽于无耶。”(《花潭先生文集·鬼神死生论》)花潭用这种“无有空阙”的不灭的气,解释了诸如世界万物的产生、发展、灭亡。

花潭在解释天地与人的产生这一问题时说,气“聚之有渐,以至博厚,为天地,为吾人”(《花潭先生文集·鬼神死生论》)。他把物与人的生成看成是大自然物质运动发展的产物,是一个由渐微至博厚的发展过程。这种说法符合物质发展的辩证法,是对唯心主义自然观的批判。在解释人的生死现象时,他说:“死生人鬼,只是气之聚散而已。”(《花潭先生文集·鬼神死生论》)正因为他从这个高度认识了人的生死,所以他对死表现得十分坦然(参阅《花潭先生文集·神道碑铭并序》)。他以气的聚散解释积草自燃、积粪自焚的自然现象,认为“凡物之气,散则凉,聚则热。故草积则生热,粪积则自焚”(《花潭先生文集·温泉辨》)。还解释扇子扇风,并不是风生于扇,只是静态之气,“被他扇之挥动,驱轧将去,则气便荡涌为风”[《花潭先生文集·谢金相国惠扇二首(其一)》]。花潭的这些解释,在现在看来十分幼稚,但基于当时的科学发展水平,他对世界万物存在、变化、发展的解释,确实是可贵的,比以具体物质解释世界实在要高明多了。

花潭也论及了理气关系,但他所论的“理”“气”与当时作为思维与存在、精神与物质的“理”“气”有着不同的含义。他的“理”同张载所论的“道”有着同一的含义,即指规律。他从唯物角度给了规律以科学的解释,认为规律不能离开客观事物而独立存在,是事物发展时必然遵循的一种趋势。他说:“气外无理,理者气之宰也。”接着他又解释了“宰”,“所谓宰,非自外来而宰之,指其气之用事,能不失所以然之正者而谓之宰”(《花潭先生文集·理气说》)。“宰”就是事物发展所必须遵循的“规律”。这种解释完全符合唯物主义对规律的解释。花潭从这里出发,批驳了理先于气的说法,主张“理不先于气”,理气并存,既无其始,又无其终。花潭把这个命题看成是理气关系的根本所在,认为“学者苟能做工,到此地头,始得觑破千圣不尽传之微旨矣”(《花潭先生文集·鬼神死生论》)。

花潭以他的气一元论的学说,从本体论的角度对客观唯心主义和主观唯心主义进行了批判。他批判中国宋代儒学者邵雍的“先天学”道,“知太虚为一,则知余皆非一者也。邵子曰,或谓天地之外,别有天地万物,异乎此天地万物,吾不得以知之也。……邵子此语,当更致思”(《花潭先生文集·原理气》)。客观唯心主义者认为先于现实世界有一个理的世界存在,这种哲学思想无论在中国、韩国,都曾在很长一段时间内占绝对的统治地位。花潭对这种思想表示了怀疑,这种婉转的责难,实际上是对当时在朝鲜朝占绝对统治地位的朱子学的责难。这也就当然地受到了当时儒学者们的围剿。对佛教的虚空说教,花潭也指出了其教理的弊病所在:“禅家云:空生大觉中,如海一沤发。有曰真空顽空者,非知天大无外,非知虚即气者也。空生真顽之云,非知理气之所以为理气者也,安得谓之知性,又安得谓之知道?”(《花潭先生文集·原理气》)

花潭的气一元论的学说,是韩国哲学史上一座辉煌的里程碑。他第一次提出了“气不灭”的哲学观,也就是物质不灭的论点,这是对儒、佛、道教学说的致命打击。他进一步完善了唯物主义学说,使世界的物质性得到了更合理的解释。他不愧是十六世纪朝鲜朝杰出的唯物主义哲学家。然而由于当时朝鲜朝的自然科学仍处于不能科学地解释精神与物质关系的蒙昧时代,花潭在贯彻他的气一元论的本体论思想时多跨了一步。他以气解释世界万物万象,甚至把精神也解释成气的聚散。他说:“虽一草一木之微者,其气终亦不散,况人之精神知觉,聚之大且久者哉。”(《花潭先生文集·鬼神死生论》)同时,由于本身阶级立场所限,他还承认在“天地始回旋,阴阳初变化”的“至日”,存在着一种“至善至德”的“至日之理”。这种“至日之理”是“万化之所自,万殊之所本”,表现于人则是“仁智之性,忠恕之道”(《花潭先生文集·复,其见天地之心说》)。花潭也像众儒一样可悲地踏上了将自然道德化的歧途。唯物主义认为,精神是物质发展到一定阶段的产物,是一种与物质截然不同的东西,它一旦产生,就独立于物质,并对之产生反作用。花潭想用气来解释一切的主观愿望是可以理解的,但他承认精神也是气的聚散,就把精神同具体事物等同起来了,就承认了精神也是一种物质,混淆了哲学基本问题的第一方面——意识与物质何者为第一性。也正是这一步的失足,导致花潭得出了“其孝仁敬义有出于所性之固有,而不得以掩者存也”(《花潭先生文集·拟上仁宗大王论国朝大丧丧制不古之失疏》)的结论。

三、“二化一妙”的辩证法

花潭的辩证法思想同他的唯物主义的本体论是一致的。在韩国哲学史上,花潭的辩证法思想颇有建树。他第一次提出了“机自尔”的发展观,并猜测到了“度”的观念。他从对立统一的角度,唯物地阐明了世界的运动与发展。

首先,他认为物质的存在是一个无始无终、不断运动的过程。他说,“有物来来不尽来,来才尽处又从来。来来本自来无始,为问君初何从来”[《花潭先生文集·有物(其一)》],“有物归归不尽归,归才尽处未曾归。归归到底归无了,为问君从何所归”(《花潭先生文集·有物(其二)》)。事物的这种不尽的运动充斥整个宇宙,是“显微无间之道”(《花潭先生文集·送沈教授序》)。

事物为什么会运动、发展?唯心主义者在回答这一问题时从物质之外找动力,认为事物之所以运动、变化、发展,是因为物质以外的一种神秘力量的推动。李滉在描述事物的运动变化时说:“其飞其跃,固是气也,而所以飞,所以跃者,乃是理也。”[《退溪先生文集·答乔侄问目〈中庸〉》]这也正是当时朝鲜朝哲学界关于发展观的绝对权威性的解释,是不容置疑的“圣经”。而花潭正是在这一根本问题上反其道而行之,给了发展观以唯物主义的解释。他认为事物之所以“倏尔跃,忽尔辟,孰使之乎,自能尔也。……不能无动静,无阖辟,其故何哉,机自尔也”(《花潭先生文集·原理气》)。事物的阖辟动静、发展的动力并不来自物质的外部,也不来自理的推动,而只是事物自身所具有的一种能力所致。这种唯物主义的解释,在韩国哲学史上不能不说是一大建树。花潭还阐述了“机自尔”的具体内容。他说“机自尔”的原因在于事物都是由阴阳构成的,阴阳就是动静,并非两事,“阴阳一用,动静一机,此所以流行循环不能自已者也”(《花潭先生文集·复,其见天地之心说》)。非但具体事物的生成、发展如此,整个宇宙的发展变化过程也是如此。

花潭说道:“既曰太一,一便涵二。一不得不生二,二自能生克。生则克,克则生,气之自微,以至鼓荡,其生克使之也。”(《花潭先生文集·原理气》)花潭还批驳了认为事物发展的动力在阴阳之外的说法。他说:“一阴一阳者,太一也。二故化,一故妙,非化之外别有所谓妙者。二气之所以能生生化化而不已者,即其太极之妙。”(《花潭先生文集·理气说》)他认为,妙是物质世界运动之根本属性,化为变化运动之内因,化即对立统一,是事物变化的根本动力。事物由其内在动因的推动,“生生化化”发展不已。花潭还模糊地猜测到了客观事物发展变化中的“度”。他说:“夫天下之万物庶事,莫不各有其止。……夫动劳之不得不止于静逸,热困之不得不止于凉与睡,是则不待智者而后知所止也。”(《花潭先生文集·送沈教授序》)又说:“文不可过也,情不可引也。”(《花潭先生文集·拟上仁宗大王论国朝大丧丧制不古之失疏》)他认为,具体事物的发展都有限度,这个限度就是“止”,超出了“止”的限度,事物就会发生变化，转向它的对立面。动劳止于静逸，热困止于凉睡，就是因为动劳与热困都超出了自己的限度。因此，只有把握了限度，真理才不会变成谬论。虽然花潭的辩证法留有张载影响的底迹，但他的“机自尔”“二化一妙”的辩证法学说，实在是朝鲜朝辩证思想发展史上的精粹，是朝鲜朝思想宝库中的一粒晶莹夺目的珍珠。

四、“格物致知”的认识论

花潭在认识论的范围，也坚持了气一元论的观点。在这个范畴内，他比张载前进了一步，他克服了张载在认识论上把人的知识分为“见闻之知”与“德性所知”的谬误。首先，他认为思维是人体的功能，批判了认识论上的神秘主义。他说：“古人云，思之思之，鬼神其通之。非鬼神通之，心自通耳。”（《花潭先生文集·神道碑铭并序》）尽管当时的科学发展水平还不能使他正确认识大脑是人的思维器官，而把心当作思维器官，但他从根本上否定了神秘主义的鬼神使通说，正确地解释了思维是人体本身固有的机能，给了唯心主义认识论以沉重的打击。

其次，在对世界的认识上，花潭认为客观世界是可知的。他说：“君子之所贵乎学，以其可以知止也，学而不知止，与无学何异。”（《花潭先生文集·送沈教授序》）人们通过学习、实践，不仅可以认识事物，还可以认识事物的规律。花潭的认识论比张载的认识论要彻底得多。张载反对人们接触客观事物，主张用“尽心”的方法解决认识客观世界时产生的矛盾，而花潭主张通过努力学习来解决这种矛盾。花潭认为，只有努力学习，才能“见理明，处事精，则及临事不眩也”（《花潭先生文集·拟上仁宗大王论国朝大丧丧制不古之失疏》）。花潭在这里讲到了学习这一实践活动的重要性，认为只有认识了客观事物，掌握了它的规律，才能正确地处理事情，而不被错综复杂的现象所迷惑。

花潭第一次提出了事物本质与现象的差别，并明确地提出学习的目的就在于把握事物本质。他说："人知外象、外数之可知，不知内象、内数之难知。夫物格知至者，知性知天之事也。"（《花潭先生文集·神道碑铭并序》）

花潭又指出了学习的方法，即"格物致知"。因为"研从物上能知化，搜自源头可破玄"[《花潭先生文集·观易吟（其一）》]，所以他认为只有格物才能"就所当然之中，可见所以然之理"（《花潭先生文集·神道碑铭并序》）。他一生也正是循着"格物致知"这一道理"苦心极力"，格物不止，才把朝鲜朝的唯物主义哲学推进到一个形成"气不灭"论体系的阶段。

花潭还指出了学习应持的态度。综合他的诗句文章可以看出，他一共提出了如下几个方面的要求：第一，必须格物才能致知（参见《花潭先生文集·登高吟》）；第二，持敬观理，也就是不要有主观随意性与片面性（参见《花潭先生文集·无题》）；第三，必须从不满足（参见《花潭先生文集·闲怀》）；第四，必须刻苦努力（参见《花潭先生文集·遗事》）。花潭提出的这四点，从今天来看，也不失其光辉，仍是后人在学习中所应持的态度。

花潭在认识论上的可贵之处，还在于他认为人质是可变的。他认为"道不远人，圣可学至"（《花潭先生文集·朴颐正字词并序》）。这一思想虽有要求人们遵照封建伦理行事之义，但对朝鲜朝教育思想的影响是极大的。他的这一思想被后世诸多儒学者继承。朝鲜朝注重教育的传统，不能不说与这一思想有极大关系。当然，花潭的认识论仍有其不够彻底的地方。他格物的实践，往往限于书本，同时他又夸大了"思维"的作用，以致得出了"坐可知天下,何用出庭闱”(《花潭先生文集·天机》)的判断,但从总体上看,他秉持的仍是唯物主义认识论。

参考文献:

1. 朴光海:《徐敬德太虚思想研究》,《当代韩国》2008 年第 4 期。

2. 李甦平主编:《东方著名哲学家评传·韩国卷》,济南:山东人民出版社,2000 年。

3. [韩]申炳周:《花潭徐敬德的学风与现实观》,《韩国学报》第 7 期,1996 年。

李彦迪

李彦迪(1491—1553),字复古,号晦斋、紫溪翁。京畿道骊州人。朝鲜朝中期著名文臣、学者,“东国十八贤”之一。谥文元。

一、生平(据奇大升《赠领议政文元李公神道碑铭》整理)

曾祖讳崇礼,祖讳寿会训炼院参军,考讳蕃成均生员,妣鸡川君昭之女。公生有异质,九岁而孤,稍长,力学能文。正德癸酉,中生员。明年甲戌,登第,权知校书馆副正字,转至著作。参军公卒,公持重终丧。升博士,迁弘文馆博士,侍讲院说书,成均馆典籍,兵、吏两曹佐郎。请外授仁同县监,仅二期,召为司宪府持平,历兵、吏正郎,改文学,迁掌令辅德。嘉靖己丑,出为密阳府使,临民御吏,皆有条法,吏戢而民怀之。岁余,以司谏院司谏召还。罢归田里,后七年,安老败死,上思公忠直,召为弘文馆副校理,拜直提学,升兵曹参知。戊戌冬,出尹全州,岁中,一境大治。公虽为老乞外,忧国之念,未尝一日而忘。历礼曹参判、成均馆大司成、司宪府大司宪,除弘文馆副提学。又上疏极陈圣学本末、时政得失。辛丑秋,求出为安东府使,谏院请留,仍为参赞兼弘文提学。公以母夫人老病,不可远离,累乞归养。上慰谕不允,又令将母来京。公益惶恐,请外愈力,遂出为本道监司。公在穷厄,有以自安,讲学著书,不辍其功,未明而起,乾乾夕惕。几案间,尝书自戒之辞,曰:

"吾日三省吾身。事天有未尽欤？为君亲有未诚欤？持心有未正欤？"忽有御命官疾驱入城，一府惊怖，谓有不善意，公不为动，正坐看书。其一视死生，不易素操如此。癸丑十一月乙丑，以疾终，享年六十三。始公之先府君，蚤世以儒闻，尝魁本道夏课，成庙嘉其词赋，召见赐衣物，俾留国学学焉。后归乡里，日以训后生为事。公虽不逮趋庭之训，而其家业固有所自。孙夫人又贤有识虑，不以慈爱而弛教督，既令就学于舅氏孙四宰仲暾，又拨贫窭，资给远迩。公天资近道，英悟出人，乃于俗学之外，知有所谓为己之学而欲求之，讲明体履，用力于致知诚意之地。年二十七而作《五箴》，三十而又作《立箴》，其言皆古圣贤切要之旨，盖于操存省察，惩至迁改，实有所事，非空言也。其罢归也，筑室于紫玉山中，静坐一室，左右图书，研精覃思，既专且久，而所见始益亲切焉。事亲之际，爱敬兼至，温凊瀡瀡，亦无不尽，而祭先之礼，务极其诚，与弟彦适，友悌尤笃，治家有法，接人以礼，抚宗族驭僮仆，咸得其宜。为人安重端详，雅有高趣，默然终日，人莫能窥其际。其在朝廷，论建施为，正大光明，其言论风旨，固足以备劝讲而补衮职，至于斥奸邪定危疑，直前无畏，虽贲育莫之夺也。然公既深自韬晦，故人未有知其为有道者也。退溪李先生尝状公之行而曰："我东国古被仁贤之化，而其学无传。丽氏之末，以及本朝，非无豪杰之士有志此道，而世亦以此名归之者。然考之当时，率未尽明诚之实，称之后世，又罔有渊源之征，使后之学者，无所寻逐，以至于今泯泯也。若吾先生，无授受之处，而自奋于斯学，暗然日章而德符于言，炳然笔出而言垂于后者，求之东方，殆鲜有其伦矣。"此其于公之道，可谓深知而善言之也。

1530 年，晦斋在任司谏期间，曾受到当局排斥，到庆州紫玉山从事性理学研究，过了七年左右的隐居生活。1537 年再被录用，历任副提学,吏曹、礼曹、刑曹判书,左赞成等职。1547 年,又遭权臣尹元衡一派嫉恨,被流放到江界,直至 1553 年逝世。晦斋一生著有《晦斋集》十三卷。哲学代表作有《书忘斋,忘机堂无极太极说后》(以下简称《说后》)、《答忘机堂书》、《大学章句补遗》、《中庸九经衍义》、《求仁录》、《奉先杂仪》等。其中《中庸九经衍义》,虽未完稿,但是较为详细地反映了其道德经世观。《求仁录》《说后》《答忘机堂书》反映了其朱子学的本体论思想。

二、无极太极论辩

随着朱子学成为李朝的统治思想,性理学得到了迅速发展。从李朝初期至十八世纪,朱子学在朝鲜朝传播过程中主要是以论辩的形式得到发展,每个时期的朝鲜儒学家都围绕不同的主题展开讨论。据洪军、金今花《论朝鲜性理学史上的三次论辩》研究表明,晦斋与曹汉辅之间发生的"无极太极论辩"以及李滉与奇大升、李珥与成浑之间发生的"四七论辩",还有李柬和韩元震之间发生的"人物性同异论辩"成为朝鲜朝性理学史上最具代表性的论辩,具有重要的理论意义。在朝鲜朝性理学史上也有过其他论辩,如"人心道心""礼讼"等论辩,但是就学术重要性和影响力来说远不及上述论辩。

洪军、金今花认为,晦斋主要参与了"无极太极论辩"。在"无极太极论辩"过程中,他以朱子学的立场批判了曹汉辅具有佛教、道家色彩的无极太极观。若联系到朱子对周濂溪的《太极图说》中"无极而太极"的理气二元论的解释和为维护儒学的正统性而对佛教和道家的批判,晦斋和曹汉辅之间的"无极太极论辩"还具有朝鲜朝初期对朱子学本体论的探讨和对异端思想批判的性质。

"无极太极论辩"始于晦斋所著《说后》。《说后》是晦斋看到舅父孙仲暾（号愚斋）和曹汉辅（号忘机堂）之间就无极、太极问题议论后而写的文章，在文中他指责忘机堂作为儒家学者却有异端色彩。《说后》是晦斋二十七岁时所写，次年曹汉辅对此提出异议。于是，晦斋写了《答忘机堂第一、二、三、四书》四封书信。因曹汉辅致晦斋的书信今已失传，故只能从晦斋的《答忘机堂书》发掘忘机堂的思想。在《说后》和《答忘机堂书》中晦斋指出，曹汉辅受到佛家和道家的影响，不重视《周易》之寂感思想而重视佛教之寂灭思想。晦斋和曹汉辅之间的论辩具备一定的理论形态，可划归为对朱子学本体论的讨论。李滉就《说后》和《答忘机堂书》评论道："先生在谪所，作《大学章句补遗》《续或问》《求仁录》，又修《中庸九经衍义》，《衍义》未及成书，而用力尤深。此三书者，可以见先生之学，而其精诣之见、独得之妙，最在于与曹忘机汉辅论无极太极书四五篇也。其书之言，阐吾道之本原，辟异端之邪说，贯精微彻上下，粹然一出于正。"（《退溪先生文集·晦斋李先生行状》）

《说后》和《答忘机堂书》讨论的主要是两个问题：一是对无极、太极概念的讨论；二是基于无极太极观的儒家修养论问题。晦斋针对曹汉辅以"虚无"和"寂灭"来界定无极、太极的思想，以"寂感"说明了无极、太极问题。在修养论方面，曹汉辅主张带有顿悟性质的"存养上达"。晦斋则对此进行了批评，强调洒扫应对当中的"下学人事"。

晦斋在《说后》一文中，指责曹汉辅为太极之上又另设无极之真，只用功于形而上的"灵妙之体"的体认，并不重视形而下之人伦日用之修养工夫；只知在至高至远处寻求太极之理，并不知至近至实处体认太极之理；只强调大本与达道之一致，却并不强调体与用、动与静、先与后、本与末的区别。晦斋指出，太极之体本寂灭并非儒家之说。他认为，上无声无臭，故可称为"寂"。但是，至寂之中又有“於穆不已”，且化育流行，故能出现鸢飞鱼跃之景象。因此，在太极之上不能附“灭”字。晦斋曰：

> 试以心言之，喜怒哀乐未发，浑然在中者，此心本然之体，而谓之寂可也。及其感而遂通，则喜怒哀乐，发皆中节，而本然之妙，于是而流行也。先儒所谓此之寂，寂而感者此也。若寂而又灭，则是枯木死灰而已，其得不至于灭天性乎？……而忘机堂一生学术言语及以上议论之误，皆自此灭字中来，愚也不得不辨。若其超然高会一理浑然之体，而的的无疑，则实非今世俗儒高释所可几及，亦可谓智而过者矣。（《晦斋先生集》卷五《说后》）

可见，晦斋是在评论曹汉辅时试图抨击其思想中的崇佛倾向。此文是在中宗大王十二年正月时写成，曹汉辅何时对此文进行回复则已无从查考。不过，据《年谱》记载，晦斋对曹汉辅的第一封书信是在戊寅年其二十八岁时所写。论辩发生于李朝初期。在论辩的过程中，晦斋和曹汉辅围绕无极、太极概念以及修养论等问题展开了讨论，以主理论立场接受朱子学的晦斋批判了具有佛教和道家色彩的曹汉辅。内容上，此论辩可视为无极太极观的朱子学式理解和非朱子学式理解的对立。发生于朱子学传播初期的此次论辩，亦反映出朝鲜朝初期士大夫对朱子学的不同理解和对儒学处世理论的探索。尽管其论辩之影响不及“四七论辩”和“人物性同异论辩”，但是作为朱子学传播初期对朱子学基本范畴的探讨，有力地推动了此后朝鲜朝性理学的进一步发展。

论辩的缘起，在于晦斋读了曹汉辅与孙仲暾的《无极太极说》。此是讨论周濂溪的《太极图说》中的“无极而太极”的论辩之书，晦斋不满曹汉辅的说法，于是写成了《说后》。曹汉辅看到此文，亦回书答辩，二人不断地书信往返，对于儒学义理有所阐扬，其中晦斋除《说后》外，亦回辩了四封书信，故共有五篇关于此次论辩的文章。

在《答忘机堂第一书》中，晦斋以朱子儒佛之辩的另一个判断标准批评曹汉辅。通过“理一分殊”，晦斋认定，纵然曹汉辅所言之理为实事实理，然其只重本体的一理，而不及于分殊，还是如异端一般。可以看出晦斋以朱子学的判断标准重理一分殊，而曹汉辅只重理一太虚。晦斋以理一分殊批评曹汉辅的理一太虚，然而以理一分殊是否真能分别出儒佛之不同呢？其实佛教亦言理一，此理一是空理而非实理；佛家亦谈分殊，即佛教的大乘般若空义里谈到所谓的三智，所谓的一切智、道种智、一切种智之说法。一切智是就阿罗汉可以概略地理解所谓的空，对于现象的差别，或是假名施设，或是方便法门，不懂得善巧，这是只达到所谓的一切智的层次。而菩萨要救众生，能因病施药，依众生的需要而能开出不同的方便法门，随缘众生，故其智慧达到道种智层次，但其对于空义不是完全透彻了解。只有到了佛的境界，可以了解一切智及道种智，这时称为一切种智，乃知空义，亦知其差别相。故可见理一分殊，儒家可言，佛家亦可谈，但若加入一新条件，则足以区别儒佛，即儒家所言的理乃实事实理，而佛氏是言空理，体上不同，则用上其实也不同，故可见儒佛之不同在于实理与空理之区别，故晦斋以朱子特殊义的理一分殊而辩儒佛亦不合理，因佛家亦能言空理不离分殊。

从《答忘机堂第二书》中可以看出晦斋对于儒学的工夫，以朱子学为标准。从文中大体可以猜出，曹汉辅认为体悟本体的工夫有千万种，非只有一种方式，而反对朱子学。晦斋对此展开批评，认为入道只有一种工夫，即朱子学的“下学上达”的工夫，渐教的工夫从格物与涵养开始，否则工夫用错了，沦为异端，反而令人叹息不已。

晦斋在《答忘机堂第三书》中,以《中庸》的思想为本,认为圣人如同天道,可以不思而得,不勉而中,然学者非如此,学者只能借着"下学上达"的精神,从分殊中一一格物穷理以达其天理。曹汉辅则认为,要先体会本体始可,所用工夫方向与朱子学正好相反。然此相反,可能是明道之学、禅学,亦可能是道家所言的"得兔忘蹄"的重本思想。朱子学亦能言忘蹄的讲法,然朱子认为圣人始可,学者不能如此;曹汉辅认定这是学者的工夫之始,孰是孰非,尚可争辩。这也可能是儒学内部的不同工夫论的争辩。

在《答忘机堂第四书》中,晦斋始终认定曹汉辅之说为禅,虽曹汉辅对于其寂灭之说已重新定义,亦已修改,但晦斋还是认为忘机堂于用处之说有误。之所以如此,乃因为曹汉辅言体是寂灭,对于用方面,亦以寂灭看待之,故于分殊处无所注重,此乃不重"下学上达"。然,之前吾人已谈过,这是以朱子学为判准才如此言之,儒学的发展,并非只有朱子学这唯一标准。

洪军、金今花认为,晦斋与曹汉辅的论辩,是朝鲜时代的一次重要论辩,阐述了朱子学与其他派别思想义理之不同。从晦斋与曹汉辅的论辩书信中,可以看出晦斋的平实性。他本着朱子学"下学上达"的精神,不离人伦事物而扎实地做工夫,有"立言垂后"之功。晦斋第一次把有关经世和心性修养的论述做了一次系统的整理,并在朝鲜朝性理学史上确立了主理性的世界观。这在他批判曹汉辅主气的文章中反映得较为明显。另外,晦斋又把修身之工夫引向了心学化。

三、儒学思想

晦斋重视《礼记》,立足于礼的本质追求礼的合理化施行。晦斋认为,礼在实施过程中,既不能拘泥于朱子《家礼》,也不能固守国制或时俗,而要以礼的本质为依归,根据时宜有所选择。“《奉先杂仪》,本于朱文公《家礼》,而参以司马公、程氏祭礼及时俗之宜,稍加损益,务从简易,以为一家之礼,庶几宜于今而遵守勿替云尔。……仁人孝子,于此潜心而深体之,则爱敬之根于心者油然以发,而自有不能已者矣。”(《晦斋先生集·奉先杂仪序》)由此可见,晦斋编纂此书的目的在于本之于礼的本质,以朱子礼学为基本范本,结合其他诸家和朝鲜朝的时宜,为朝鲜朝礼学的实践找寻一条可行之路。

在晦斋的著作中,《中庸九经衍义》虽然没有完成,但具有十分重要的学术和实践价值。“先儒真德秀衍《大学》之义,阐明治道之要,而尚遗治平之二条。近世丘濬补《衍义》之阙略,以备经世之务,而又未及于配天敬天之说,是乃智者之千虑一欠,盖亦有待于后人也。臣之孤陋管窥,有见于此,乃敢不揆愚浅,窃仿二书之例,推本先圣之训,参以诸贤之论及诸史百氏之说,微臣一得之愚,亦窃附焉,随其条目而推广其义,名之曰《九经衍义》,其以讲学明理诚意正心,为修身之目者,所以本《中庸》之旨,而取《大学》进修之目,以明修身之道必由此而进也。其以体天道畏天命,继之于九经之后者,所以本《中庸》行之者一之意,而明帝王修天职保天位之道在于此也。其以戒满盈终之者,是亦畏天命之事,而治定功成之后,尤不可不以此为戒也。”(《晦斋先生集·中庸九经衍义序》)晦斋参照真德秀(1178—1235)的《大学衍义》和丘濬(1421—1495)的《大学衍义补》,对《中庸》的进修方法做了说明,其宗旨在于向朝鲜国王说明“修天职保天位之道”和“畏天命”之戒。

晦斋对其所著《大学章句补遗》十分自信。“独恨圣经贤传之文,不能无断缺,辞义未完,学者不得见全书,此真千古遗憾。朱子得其结语一句，知其为释格物致知之义，而未得其文，遂取程子之意以补之，其所以发明始学穷理之要，亦甚明备。然愚尝读至于此，每叹本文之未得见。近岁，闻中朝有大儒得其阙文于篇中，更著《章句》，欲得见之而不可得。乃敢以臆见，取经文中二节，以为《格物致知章》之文，既而反复参玩，辞足义明，无欠于经文而有补于传义，又与上下文义，脉络贯通。虽晦庵复起，亦或有取于斯矣。"（《晦斋先生集 · 大学章句补遗序》）晦斋按照自己对《大学》宗旨的理解，从经文中找出了有关补全《格物致知章》的原文，并做了具体阐释，使其具有逻辑上的连贯性和完整性，显示出当时朝鲜朝性理学界对《大学》和《大学章句》的深刻理解。

朝鲜朝建国初期的学者们继承了吉再的学统，培养了义理精神。随着政治的稳定，他们试图把道德理想实现于现实社会当中。这种动向反映在十五世纪后半叶出现的"《小学》修身派"身上。以金宗直、金宏弼、金安国为代表的"《小学》修身派"，进一步弘扬吉再以来的"大义精神"，十六世纪初的士林派则以此为背景在经筵上讲授《小学》，这表明士林派的修身之范围由个人扩大到社会政治领域。在此过程中，"心"逐渐受到人们的重视，以赵光祖为代表的至治主义派更是从"心"上寻找修身的根据。

晦斋第一次把修身之工夫引向了心学化，对有关经世和心性修养的论述做了一次系统整理，在朝鲜朝性理学史上确立了主理的世界观，起到了承前启后的作用。因此，李滉评价晦斋有"立言垂后"之功。

参考文献：

1. 洪军、金今花：《论朝鲜性理学史上的三次论辩》，《东疆学刊》2003 年第 1 期。

2. 蔡家和:《从韩儒李晦斋答书衡定曹汉辅思想义理》,《湖南科技学院学报》2007 年第 7 期。

3. [韩]都闵载:《晦斋李彦迪的礼学思想研究》,《东洋哲学研究》第 35 辑,2003 年。

4. [韩]姜敬林:《晦斋李彦迪的太极论辩研究》,《儒教思想研究》第 18 辑,2003 年。

5. [韩]李东熙:《晦斋李彦迪的生涯与思想》,《韩国学论集》第 19 辑,1992 年。

李 恒

李恒(1499—1576),字恒之,号一斋。星州人。朝鲜朝中期著名文臣、学者。谥文敬。

一、生平(据卢守慎《有明朝鲜国中训大夫、掌乐院正一斋先生李公墓碣铭》整理)

考讳自英,中司马,终义盈库主簿。妣完山崔氏,昭敬殿参奉讳仁遇女。弘治己未,先生生于汉都,资禀刚毅,器宇宏伟,豪逸超凡,勇力绝伦,自幼嬉戏闾里,慑伏群儿。长而好游侠,有横骛万里之志,角抵弓马冠一时,闻有剧贼叛奴,必往制之。早业武举,如南致勖、致勤、闵应瑞辈,惟先生指挥,人虽目以狂华,而亦有知其为非常人者。时年已廿八九矣,伯父判书公,召而诃警之,属有悔念,瞿然惊惕,立谢其党,乃折节读《大学》,句读所已解处,晨夜不辍。一日,过邻生高汉佐,见壁上揭朱子十训、白鹿洞规,恍若有省,问此何为。曰:"己卯学者课程也,略为解其说。"先生慨然曰:"几失此生。"自以不幸过时,恐分精力,故不务泛滥记览,如程朱书,尽好看玩,乃其志则全以孔孟为标准。晚好读《易》,穷晷达曙,不炉不扇,有诸弟所不能堪者,而先生安以乐之廓如也。见士人翕然趋之,则能自立师道,提诲戒饬,以变化气质为先。在乡党,礼义相遇,遇恶人,必开陈直斥,每叹民德不厚,谆谆恳恳以导之,一洞之人，无不立祠。疾俗生日盛具召客，问以自娱不祭，于心安乎。亦相与约束以正。宋圭庵出按，首访讲道曰：“实践何必减张横渠。”遂敬事之。灵川申君作宰，进而问学论治，深加敬重。由是，缙绅后生方伯连率之南北者，争以后造其门为耻。人无贵贱，莫不知有先生，而称之者必曰一斋云。丙寅，明庙急经明行修之士，朝廷举先生为首。七月，授司畜，乘传诣洛阳，遂入对，陈进学致治之方，上嘉纳之，寻除义盈库令。十月，拜林川郡守，特赠耳掩。丁卯五月，谢病归，上遣医问疾。宣祖大王即位，除仪宾经历缮工副正司饔正。甲戌，以掌令召，上疏谢恩陈言，上心嘉之，他日经筵有正学可赏之教。七月，除掌乐正。盖自是病益甚，凡五驿召不赴，四遣医不治，惜哉。窃意其道以反身诚意为本，主敬穷理为要，故积德之具，不出四书而有余；希圣之功，只该一字而靡欠，惟其公通精熟，光辉发于日用。是以，望其仪表，则桀骜者膝屈；接其谈论，则谗忌者心醉；承其诱掖，则异趣者诚服，盖有非人智力之所及者。其见于纸上，则了无蹈袭架叠，多自家体贴出来，有与先儒成说若或相戾，故博洽者常少之，要其归则无不合也。又不以离物苟难为高、循常居易为卑，故务外之士，例不相喜，信乎知德者鲜矣。虽然，单阏俑祸，道学锢世，其间亦必有行义文学，为众所推。至于倡治方寸，卒就平实，以能有成者，则先生其人也。

二、理气论

作为儒学大家，一斋以“学不息，万理自通”自警，形成了别具见解的理气论。郑炳连认为，在理气问题上，一斋分别将理气划分为精与粗、无穷与有限。即理是精密，气是粗糙；理是无穷，气是有限。理无穷须致力研究，而气数则自会显现。这明显受程子的理气观影响。程子主理不同于邵康节，在论理气时从未使用“数”概念，认为探究理的本原之后，气数问题就顺理成章得以解决，从而将气数问题亦包含在理之内。一斋坚信程子理先气后的理气论，认为只要通过实践诚敬而达成博文约礼义理之功，就自然会通达气数衰旺之说。

朱子提出，理与阴阳不能混为一体，理离不开阴阳，在理气关系上强调两者缺一不可，这种理论在逻辑上具有矛盾性。对此一斋认为，如果理与阴阳不能混为一体的观点正确，则理离不开阴阳便是错误的；相反，如果理离不开阴阳正确，那么理与阴阳不能混为一体便是谬论。两者中只有一种观点正确。其实一斋的意图并不是追求逻辑性，而是两者的折中，即在现实生活实践中实现两者逻辑上的折中。

一斋在《理气说》中提出，阴阳有变化，但理始终不变，这里所谓的理不是单独的一种存在，而是在现实生活中真实存在的一种原理。两者并不是单独存在，而是如同翻动嘴唇一般，即理是阴阳中呼出来的物质。阴阳在变，但是理并不会自身变清澈或者浑浊，理自身是不变之物。也就是说，阴阳自身在变，但理并没有因此有所变化、损益。阴阳与理混为一体，纵使阴阳再变，理始终不会改变，这种观点显然受到了明代整庵罗钦顺（1465—1547）的理气一物说的影响。一斋在分析朱子的理气论的过程中，得出了自己的独特见解，即理与气既不分离也不合一，他以“不离”“不亲”四个字来总结两者之间的关系。

一斋论述理气之一物或是一体，内容精深，颇具有哲学意义，特别是其中对有关“费隐”的内容见解独到。《中庸》中记载了很多有关“费隐”的问题，一斋认为费隐之道，若将其分解，费便是费，隐便是隐，合起来便是费中有隐，费隐一体。其中形而上者为隐，形而下为费，两者既可分开，也可成为一体。一斋认为两者可成为一体,并不是因为两者完全相同,而是两者虽然会有分开之时,但只有成为一体的时候才能履行其功能。

三、性理论

郑炳连指出,一斋认为七情若发,人欲便已动,七情不休便是过,情欲于是殊途各异。所谓情,是圣人所备之物,味色也是圣人必备之物,但并非来自各自所具有的意志。一斋不赞同权近善恶两分的方法。“四端之情与七情之情,古今学者浑难辨矣。如恻隐羞恶,性发而纯善者也,悦色嗜味之类,则理气并发而合,故有善有恶,七情是也。来示文云:残忍贪冒,悦色嗜味,亦无非情也。盖残忍贪冒,人欲之大者也。味色,虽圣人亦无不有是情,太王之好色、文王之嗜菖歜,岂有私意不善乎?此阳村之不察乎几微之间。”(《一斋先生集·答金博士书》)权近在《天人心性合一之图》中指出贪冒、残忍都是出自恶,四端出自善一边,对仁义礼智造成毁坏的四种要素可谓恶,与四端相对。阳村是理气二元论的支持者,他虽然没有明确地将理发、气发进行区分,但是很明显地试图将二者分为两支。如在《天人心性合一之图》中,他以人的身体做比喻,用人的两只脚来比喻理气之间的关系,可以看出他理气二元论的主张。

一斋认为四端也是性发,七情也是理气。在这一点上,一斋强调道心的“体用几微”关系。“整庵曰:‘道心,寂然不动者也。至静之体不可见,故曰微。’盖寂然不动者心之体,静如太虚,虽鬼神,不得窥其际者,安用下微字乎。微者,动之微,《中庸》所谓‘莫见乎隐,莫显乎微’之微也。大凡道理无穷无尽,虽为圣贤,亦有所未知焉。然大本既明,则其支流虽有未尽,不妨。若于大本未达,则虽有近道之言,无足观也。夫大舜人心道心之教,此圣学之祖,道理之根，于是乎，整庵有见得耶，未见得耶？若未见得则君不如是频频论难也，夫见道者则一言之间，可以知其人之高下也。君须更思。道心二字，发动底意明矣，整庵之论，非徒不知性情体用几微之妙用，亦不知舜禹道德之有界分也。世或赞美者有焉，其以文章之雄、博览之盛，颠倒豪杰，靡然从之而莫知是非，其害也为何如耶？余之所以深排者为此也。”(《一斋先生集·与卢寡悔书》)一斋指出，罗钦顺并没有完全理解“性情体用”和大中至正之理，他只是擅长做文章，在思想上没有正确地引导后学，欺骗了世间之人。作为豪杰之士，不能正确地区分对与错，这让一斋更加担心。所谓豪杰之士应该具有先进思想，并能引导世间之人为社会改革进步不断努力，一斋认为罗钦顺虽有豪杰之名，但不能引导世人。

一斋认为，天人一理，通过天道来看，便是元亨利贞；通过人性来看，便是仁义礼智。这种看法被众多学者认同。在天道和人性中都具有气先动的情况，朱子所谓气之形理存之便是有力的证明。另外，《孟子》解释四端的内容中对此也有提及：通过感觉器官可以接触、认识外界对象，而之所以能够认识它们，最终是因为心。即人们看见幼儿要掉入井中便会产生怵惕恻隐之心，而恻隐便是一种性发，如果是盲人在井的旁边，幼儿要掉入井中，他是无论如何也不会产生恻隐之情的，这并不是因为盲人不具有同情心，而是他根本看不见幼儿要掉入井中。也就是说，如果我们无法看到世界，无法感知世界，就算发生任何事情，也无法产生任何感情。这说明了一点，即心先动。一斋在写给草堂许晔(1517—1580)的信中解答了“心先动”还是“气先动”的问题。

心性与理气，浑是一物。而古人为学者，或分而言之，或先后言之。盖自本体以论之，理先于气，自用工以论之，气先于理。夫宋麟寿、李彦迪之说，想必因此而混言，使人莫知先后之分,其为学问,未免择焉而不精之病耳。以心性动静之先后论之,外物之来,心固先动矣。朱子曰:“藹然四端,随感而见。”释之者曰:感者,自外而动于内也;见者,自内而形于外也。盖感者,心感也。见者,性发也。由此而观之,心先动明矣。古今学者不达此理,或谓性先动于心,此必狃于以性发而为情,心发而为意为主而差了。[《一斋先生集·答许参议书(半稿下二作同)》]

证明心先动的另外一种方法便是误谬法,即假设与实际相反的情况,便会出现相反的结果。在这个过程中,心如果不动,便不再是主宰身的主体。所谓的心,是主宰性情的原因者,如果心首先不动,就无法产生性情,也就是说如果没有心动,就无法产生性情,这便是心统性情论。

一斋以理气、阴阳、五行为基础详细地阐明了气数衰旺说。他分两种情况对衰旺说做了阐释,即自然视角上的衰旺说和人类视角上的衰旺说。自然法则与人类法则截然不同,自然法则是指在自然气数和运数影响下产生的没有任何例外的自然变化,即不受人类影响而变化的法则。这类法则将自然作为标准,以遵循自然作为最高行为标准。社会法则是指受自然法则的约束但会违背自然法则的规律、受人类主观影响的一类法则。人类生命出现长短不一的现象便是因为人类拥有自己的欲求,若这种欲求几乎接近贪婪而打破了自然法则,即耳目的欲求没有达到合适的度的话,人自身便会很快衰亡,各种兴亡也就不期而至。那有什么解决方法呢? 就是要减少或消除自己的贪念,做到中节(参见《一斋先生集·答卢子膺书》)。

一斋在这几次哲学争论中,对前人学说不是一味盲从,而是在领会其思想见解的同时,提出一整套论述精密的哲学体系。南溪朴世采(1631—1695)曾在《一斋先生集序》中高度评价一斋的学问:“其为学,专以孔孟为标准,又能笃信程朱之言,犹自以不幸过时,不欲泛滥。每谓《大学》是群经之纲领,必当融会贯通。又曰:‘非遍及《语》《孟》《中庸》,无以研究诸经也。’及其平生自治,一于居敬,动静不舍,而以收放心,为用功之要。教人则尤以困勉百千,变化气质为务。至于太极阴阳、费隐性情之辨,探赜紧要,多从自家体贴出来,未尝为新奇之说。或值诡经而乱真者,亦必明目痛斥,俾不至害道也。晚好读《易》,殆忘寝食,其有日新上达之功可知。”

参考文献:

1.[韩]郑炳连:《一斋李恒的理气一物说》,《儒学研究》第3辑,1995年。

2.[韩]郑炳连:《曹南冥的理气论辨正——与一斋李恒之关联》,《南冥学》第3卷,1995年。

3.[韩]吴亢宁:《一斋李恒的生涯与学问》,《南冥学研究》第3辑,1993年。

李滉

李滉(1501—1570),字景浩、季浩,号退溪、陶叟、退陶。真宝人。朝鲜朝中期著名文臣,主理论的唯心主义哲学家,朝鲜朝朱子学的主要代表人物之一,“东国十八贤”之一。谥文纯。

一、生平

退溪出生于庆尚北道礼安县(现安东郡陶山西)门阀士族之家,两岁丧父,由鳏母养大。虽然生活的艰难贫苦与丧父令他成为被轻视的对象,但母亲依然严格要求他“品行端正,专于学问”。十二岁时正式学《论语》,二十二岁进入成均馆修业。十一年后,他考中科举,历任户曹佐郎、正言、承文院校理等职。然而,他在官职日渐高升并担任了丰基郡郡守的时候,主动辞官,告老还乡。起复后历任礼曹判书、艺文馆检阅、公州判官、丹阳郡守、大司成、大提学等职。由于目睹历次士祸给士林带来的灾难,他曾多次以体弱年老为借口,向朝鲜国王上疏请求退职。到七十岁去世的那年为止,他一共担任过一百四十多个官职,其中有七十九个是他主动申请辞去的。于“知天命”之年离开官场后,退溪隐居于现陶山书院处,根据“退而居于溪边”之意改称“退溪”,并以之为号。他在退溪建立书院,从事教育、著书立说,被公认为朝鲜王朝最权威的老师,著有《朱子书节要》《启蒙传疑》《心经释录》《天命图说》《四端七情论》等，文集有《退溪集》六十八卷。

二、主理论

由孔子建立并由孟子发扬光大的儒学，被后世视为东方正统的学问。宋朝朱熹融前人之所学，把儒学发展为研究宇宙和人根本问题的理学。退溪以此为根据，进一步发展了理学，提倡儒学的根本为“理”的主理论。在十六世纪的朝鲜王朝，尊重经验知识的主气论是理学的另一个分支，然而退溪希望通过认真地观察事物和生活去更好地理解人和事，以探求人生真谛，还原人作为人的本来面目。

实际上，退溪哲学的核心可以概括为对人与事的“敬”，转换为现代语言即“和谐”。如果人与人、人与自然都可以相互尊重，那么这个世界将会变得更加和谐，生态危机、社会矛盾和国家纷争都可以一一消除。

退溪以理气互发说为思想核心，建立了岭南学派，之后又设立了陶山书院，培育后人并进行学问研究，是朝鲜王朝权威的教育哲学家。但他从不以权威学者自居，反而常常与奇大升、李珥等人进行平等的自由讨论，以谦逊的胸怀发展学问，成为东方理学的最高峰，被称作“东方朱子”。

在哲学上，退溪崇信朱熹的客观唯心主义，既反对以徐敬德为代表的唯物主义，又排斥王阳明的主观唯心主义和佛教。他认为“理”是世界的本原和主宰，如果没有“理”，便没有天地和万物，那么一切都将不存在。他承袭朱熹的未有天地之前毕竟先有一个“理”、未有君臣已先有君臣之“理”、未有父子已先有父子之“理”的观点，将“理”看作超自然、超时空的精神本体，自然界以及整个人类社会均是由“理”派生的，都不过是“理”的表现而已。

退溪反对王阳明的“知行合一”说，信奉朱熹的“先知后行”说。但他又认为人有两种人性，即“本然之性”和“气质之性”。由“气质”的“清浊”与“粹驳”而有“上智”“中人”“下愚”之分，其中“天理”“知行”相兼的人属于“上智”，“知足而行不足”的人则为“中人”，“知昧行恶”的人是“下愚”。退溪以此为朝鲜朝封建社会等级制度的合理性做辩护。同时，退溪认为人们虽然具有“气质”之差距，但经过个人的不断学习，差距可以缩小，常人亦能达到圣人的境地。

退溪强调天理与人欲的对立，要求人们放弃人欲，服从天理。在他看来，四端、七情与天理、人欲有所不同。四端就是天理，七情却不尽同于人欲。因为七情包括为善为恶的两种可能，而人欲则一定是恶的。天理和人欲是完全对立而不可并存的。学习的目的就是革尽人欲，复尽天理。退溪的理欲观反映了当时朝鲜朝当权者的思想和利益。

三、《心统性情图》

退溪一生著作颇丰。据于春海《李滉〈心统性情图〉研究》所述，退溪哲学方面的代表作有《朱子书节要》《启蒙传疑》《宋季元明理学通录》《论四端七情书辨》《自省录》《圣学十图》等，均收录在《退溪集》中。其中尤以《圣学十图》影响巨大。

《圣学十图》依次是《太极图》《西铭图》《小学图》《大学图》《白鹿洞规图》《心统性情图》《心学图》《仁说图》《敬斋箴图》《夙兴夜寐箴图》。于春海研究指出，前五图强调天道与人伦的阐明与统一，并致力于德业；后五图则强调人的心性要从根源上致力于道义生活并推崇敬畏。除《圣学十图》外，退溪的主要哲学思想继承了程朱的理气妙合一体论，以孟子所谓四端（恻隐之心、羞恶之心、辞让之心、是非之心）与《礼记》所载七情（喜、怒、哀、惧、爱、恶、欲），论证心与性的命题。退溪以恻隐之心为仁之端，以羞恶之心为义之端，以辞让之心为礼之端，以是非之心为知之端。他认为，四端之发为理之发，属形而上之理，为纯理；七情之发为气之发，属形而下之气，故有善有恶。并认为理发而气随，气发而理乘。他以《四端七情论》修改了《天命图》，并主张用敬和义来完成理气不相离，认为敬是由内向外（理贯气）的修养工夫，而义是由外向内（气变理）的修养工夫。

《心统性情图》是《圣学十图》中的第六幅，它强调人的心性，推崇道义，强调理的权威。于春海认为，此图不论从整体结构上来看，还是从各部分的详尽程度上来看，都与权近的《天人心性合一之图》相似，但它们的侧重点各有不同。在这幅图中，天道与人伦更加统一，并以四端与七情论证心与性的关系。于春海从以下四个方面阐释了退溪《心统性情图》的哲学含义。

1. 理先气后论

于春海认为，位于《心统性情图》上半部有一行字"主一理性该万化"，可以看作是全图的总纲，一个"理"字统摄全图。退溪认为，理是本体，是产生天地万物的根据或本原。他说："上天之载，无声无臭，而实造化之枢纽，品汇之根柢。盖理虽无形，而至虚之中，有至实之体。……则非生物之本，万事之根柢而何？"他所谓的"理"不是指客观事物的规律，因为这种规律只能存在于事物本身之中，而不能产生万物。他所说的"理"既生万物，又主宰万物，是哲学范围内的最高范畴。在理气关系上，他采取了理一元论的观点，认为理是第一性的，气是第二性的。他把理摆在高而独尊的位置上，还在其他的著作中论述理的优越性。在此基础上，退溪发挥周敦颐的"太极动而生阳"和朱熹的"只是理有动静"之说，提出了“理动则气随而生”的独到见解。他说:“按朱子尝曰:‘理有动静,故气有动静,若理无动静,气何自而有动静乎?’盖理动则气随而生,气动则理随而显。濂溪云‘太极动而生阳’,是言理动而气生也;易言复,其见天地之心,是言气动而理显,故可见也。”(《退溪先生文集·答郑子中别纸》)从理上看,即从万物的本原上来说,只有理才是最高的、永恒的、唯一的绝对存在;但从物上看,即从具体事物的形成来说,理气同时存在,并密切结合、不可分割。他的理一元论,是为他的伦理道德观和社会政治观服务的,要害就在于把精神世界置于物质世界之上,从而使自然界道德化。他说:“未有这事,先有这理。如未有君臣,已先有君臣之理,未有父子,已先有父子之理。……未有事物之时,此理已具。”[《退溪先生文集·郑子中与奇明彦论学,有不合,以书来问,考订前言,以答如左(庚申)》]他把三纲五常的伦理道德体系说成“天理”,视之为至善而又神圣不可侵犯的所在。于春海指出,这实质上是从哲学世界观的高度,为朝鲜朝的中央集权制制造理论根据。因此,他所谓的“天理”,其实就是对朝鲜朝封建社会伦理道德规范的概括。

2. 一分为二论

据于春海研究,《心统性情图》是一个中心对称的图,可以明显看到它的对称轴,左右还有“性本一因在,气中二有名”的字样,充分体现出退溪一分为二的哲学思想。他在《答奇明彦》中说道,“分而为二,而不害其未尝离,合二为一,而实归于不相杂,乃为周悉而不偏也”。他把这种对立统一的观点,广泛地运用在自然、社会以及人类思维的发展上。他说:“形生神发,则阳动阴静之为也。五性感动,则阳变阴合,而生水火木金土之性也。善恶分,则成男成女之象也。万事出,则万物化生之象也。”(《退溪先生文集·第一太极图》)他还说:“至于气也,则始有阴阳对立之象,而互为其根。

故阴中不能无阳,阳中不能无阴。阴中阳之中,又不能无阴;阳中阴之中,又不能无阳,其变至于十百千万,而各不能无对焉。"(《退溪先生续集·天命图说》)他又把分合论运用到四端七情论上。"盖人之一身,理与气合而生,故二者互为发用,而其发又相须也。互发则各有所主可知,相须则互在其中可知。"(《退溪先生文集·答奇明彦论四端七情第二书改本》)他指出,四端七情之中有理与气的所主或所重,以此说明了对立统一的双方有主次或轻重之分的道理。这深化了对立统一规律,使其内容更为具体。

3. 两重人性论

《心统性情图》的中心处有一个圆,里面写有"本然性,气质性"几个字。退溪说:"盖人之一身,理与气合而生,故二者互有发用,而其发又相须也,互发则各有所主可知,相须则互在其中可知,互在其中,故浑沦言之者固有之,各有所主,故分别言之,而无不可。论性而理在气中,思、孟犹指出本然之性,程、张犹指论气质之性。论情而性在气质,独不可各就所发而分四端七情之所从来乎?兼理气有善恶,非但情尔,性亦然矣,然安得以是为不可分之验耶?从理在气中处言,故云性亦然矣。"(《退溪先生文集·答奇明彦论四端七情第二书改本》)这说明他全盘继承了程朱理学的两重人性论。于春海指出,退溪认为人有两重本性,即"本然之性"和"气质之性",人们的社会等级之差别,不是来自社会诸关系,而是来自人们先天所具有的"气质"之禀气差别,人的贤愚就是由于所禀的气质有清浊粹驳的不同所致。他把人分成"上智""中人""下愚"三个等级,说道:"禀气于天,而天之气有清有浊,禀质于地,而地之气有粹有驳,故禀得其清且粹者为上智,而上智之于天理,知之既明,行之又尽,自与天合焉。禀得其清而驳、浊而粹者为中人,而中人之于天理,一则知有余而行不足,一则知不足而行有余,始与天有合有违焉；禀得其浊且驳者为下愚，而下愚之于天理，知之既暗，行之又邪，远与天违焉。”(《退溪先生续集·天命图说》)然而人的等级并不是绝对的，而是相对的，因为人具有“本然之性”和“气质之性”的两种人性，所以气质之差距，是可以通过后天的努力加以缩小或改变的。

4. 四端七情论

于春海指出，《心统性情图》的中部和下部相对于上面呈方形，主要阐释四端和七情之说。四端指孟子所说的“恻隐之心，仁之端也；羞恶之心，义之端也；辞让之心，礼之端也；是非之心，智之端也”。七情指《礼记》所说的喜、怒、哀、惧、爱、恶、欲之情。在退溪看来，四端、七情与天理、人欲不尽相同，四端就是天理，但七情则不尽同于人欲。所以，天理和人欲完全对立而不可并存。加强后天修养的目的全在于“革尽人欲，复尽天理”。他的理欲观的实质就在于，主张毫不违背封建统治秩序，毫不侵犯封建统治阶级的利益。退溪把四端七情论和理欲观运用到社会政治观上，主张尊王贱霸以加强中央集权。他主张，要加强封建统治秩序，必须巩固以王为首的中央统治机构。在他看来，王是国家元首，大臣是腹心，地方官吏是手足，谏官是耳目。只有他们之间相互协调，才能维持和巩固封建统治秩序。此外，他制定出乡约，宗旨在于贯彻乡民之间的患难相救之旨和实现乡风教化。这一理论，直到今天还有一定的积极作用。

退溪的哲学思想不仅在韩国哲学史上具有深刻的影响，而且对日本朱子学的发展也产生了一定的影响。据于野精一在《日本的李退溪研究小史》中介绍，日本的退溪研究始于1590年壬辰倭乱之前藤原惺窝(1561—1619)与出使日本的退溪之高弟鹤峰金诚一的会面，时惺窝与其弟子林罗山均读了退溪的《天命图说》。此后山崎暗斋及其派学人浅见䌹斋等人以及日本阳明学者大塚退野等人均熟读了退溪的《朱子书节要》等著作。退溪在韩国更是家喻户晓,韩国政府为纪念这位思想家,将其头像印在了第三版的1000韩元纸币上。此外,首尔钟路区北部特别命名了一条退溪路以示纪念。

参考文献:

1. 于春海:《李滉〈心统性情图〉研究》,《东疆学刊》2008年第4期。

2. [韩]李成茂:《退溪李滉的生涯和思想》,《朝鲜时代史学报》第45期,2008年。

3. 张品端:《李滉对朱熹理学的继承和发展》,《合肥学院学报(社会科学版)》2007年第5期。

4. 张立文:《朱子与退溪、栗谷的道心人心说之比较》,《浙江学刊》1991年第1期。

5. [日]于野精一:《日本的李退溪研究小史》,《退溪学报》第44卷,1984年。

曹 植

曹植(1501—1572),字健中,号南冥。昌宁人。朝鲜朝中期“敬义”儒学的代表人物,与退溪李滉合称十六世纪“岭南学派双璧”。谥文贞。

一、生平

考通训大夫承文院判校彦亨,妣忠顺卫仁川李菊之女。南冥生于庆尚南道陕川郡三嘉县的兔洞。五岁时,父中文科状元,全家迁往汉城。南冥随父住官衙,刻苦研究学问。十五岁时,随父任职端川郡,饱览群书,从儒家经典、天文地理到医学兵法无所不究,欲从这些学问中找到解决百姓困苦之法。二十岁时中生员、进士两试。此时勋旧派对以赵光祖为首的新进士党进行了“清扫”,在这场祸乱中,南冥叔父家惨遭灭门,南冥之父亦被革职,南冥感叹时局悲凉,独自回到家乡。二十五岁那年,他偶然读到《性理大全》中元代许衡的一段文字,有曰:“出则有为,处则有守。大丈夫当如此。出无所为,处无所守,所志所学,将何为?”读罢,南冥深受震撼,决定放弃科考,钻研儒学的根本精神。

南冥二十六岁时丁父忧,全家迁往外家金海,建山海亭读书。四十八岁时重回家乡,建雷龙亭研究学问、授业弟子。当时李滉主张把性理学的宇宙论与人的心性结合起来,而南冥则不同,他强调克服性理学本身的虚理概念，重视实践。他认为，不应仅仅停留在懂得学问，还应该“反躬体验”“持敬实行”。他把对自身之“敬”与对外之“义”作为人生的准则，严于律己，开创了面对不义之举绝不妥协的学风。南冥以批判现实与救世济民的思想为根本，提出了当时文人的正道，他的名声也因此而远扬，以多年来一心钻研学问的学识渊博的学者身份受到朝鲜朝廷的极大关注。南冥后来先后被任命为典牲署主簿、造纸署司纸、丹城县监，但他均未赴任，而是专心学问。他后来所奏“丹城疏”在朝廷引起轩然大波，在奏文中称明宗大王为“孤儿”，称垂帘听政、将朝廷弄得人仰马翻的文定王后为“寡妇”，并对这种权力堕落的政治现实进行了无情批判。这道奏文把他推到了风口浪尖，也使得他的名声更加响亮。南冥五十岁时，吴健、郑仁弘、河沆、崔永庆等学者纷纷投其门下学习学问，南冥也因此搬到山清郡的德山，建山天斋致力于培养后人。1572年，南冥辞世，享年七十二岁。南冥一生追求儒家的实践精神，并没有留下多少著作。然而，其众多弟子将其思想精华传播开来，其中大多数成为朝鲜朝宣祖时代政界、学界的栋梁。1592年，朝鲜爆发壬辰倭乱时，南冥的五十多位弟子毅然组成最大的义兵团，展开救国运动。可以说，南冥路见不平、拔刀相助的精神在其众多弟子身上得到了延续。

二、性理学思想

1. 分对论

南冥是朝鲜朝著名的性理学家，其学说被称为南冥学。南冥为学，主张反己修身、诚意正心、笃实践履，力避空谈心性天理，这既合乎东方儒学的基本精神，也切中时弊。从南冥学的为己之学、内圣外王和宋学思维方式等可以看出，南冥是以接续孔孟道统为己任的程朱学者在韩国的典型代表。南冥学是朱子学的分支,是韩国性理学的正宗学脉之一。南冥的哲学思想主要集中于《学记图》和《学记类编》。他通过《学记图》说明的性理思想与退溪在《圣学十图》中的思想没有太大差别,而且在《学记图》上还附注了《心经》的内容。因此,《学记图》可以说是《心经》的图说。另外,《学记类编》的编排顺序与内容,也充分说明了南冥学与朱子性理学的一致性。《学记类编》中所造的"二十四图"是南冥学的精髓所在。

南冥隐居山林,心无旁骛,殚精竭虑,构建了从形而上学的"道体"到形而下学的"日用"的理论思维逻辑结构。这种结构主要体现在他的《三才太极图》中,此图蕴含了形而上学"理体"与形而下学"气用"的由体达用以及体用一渊的原理,凸现了对宇宙、自然、生命、人性、道德价值的关怀。南冥的"二十四图"秉承了力图克服偶然性和随意性的求知精神,再现了原始儒学追求本真的治学传统。南冥在理气观上肯定了朱熹的太极只是一个理、一个气,即天地万物之理的思想,提出了"性为太极,心为太极,道为太极,理为太极"的思想,使万物皆有一个"太极"。但是"太极"不能离开理与气,就像理与气离不开"太极"一样。南冥认为理气关系是"不离不杂"的,就"不离"而言,"天下未有无理之气,亦未有无气之理";而就"不杂"而言,"太极只是一个理,迤逦分作两个气,里面动底是阳,静底是阴,又分作五行,又散为万物"。他曾提出:"心未发为性,情理发为四端,情气发为七情。"南冥用朱熹的思想说道:"心统性情,此语极好,更颠扑不破。"关于四端和七情,南冥持四端为理发、七情为气发的分对论认识。这意味着他的理气心性论思想,正是继承了朱子的思想。

南冥用理、气分别解析了性、情,并通过对理、气的分析整合,将周、张、程、朱关于心、性、情的思想统一起来，将“性即理”“论性不论气，不备”的思想贯通起来。南冥接受了朱熹的“中和心说”，将心从体与用、未发与已发两方面加以阐明，认为心未发为性，已发为情；性为体，情为用，故心统性情，心兼体用、情性两方面。南冥在心性论中最关注的是“天之性”和“人之性”。他认为“天之性”体现的是“以元生、以亨长、以利收、以贞藏”的思想，“人之性”是以仁、义、礼、智体现了“恻隐之心”“羞恶之心”“辞让之心”“是非之心”四个“善端”。他引用朱熹的话说：“元、亨、利、贞，天道之常；仁、义、礼、智，人性之纲。”南冥所提出的思想都来自朱熹，这再次充分体现出他的哲学思想具有性理学特征。

南冥力求深入广泛地研究性理学，注重以儒学提倡的德目为基础确立性理学的世界观。南冥之所以会秉持这种态度，是因为他把儒学看成人性普遍意义的本原，并想把它适用于当时所面临的社会环境。在教育弟子的时候，他希望他们重视蕴含性理学基本体系的《近思录》等书籍，试图让弟子们构建他未能完成的性理学理论体系。南冥嘱咐诸多弟子既要认真读以古文为中心的性理诸书，还要对其进行分析和讨论，更应该注重学问的实践性。他强调做学问的目的在于确立人伦等实践的规范，这既是警惕性理学的观念化倾向，同时也表明了他所标榜的行为规范。

南冥一生的言行都遵从于他执着的儒家思想，被人们评价为“纯儒”。南冥的哲学思想源于孔孟和朱子学，性理学可谓其哲学思想的核心，即南冥的儒家思想依托于宋明理学。如此而言，南冥被定性为性理学家是无可非议的。

2.“敬义”哲学

从朝鲜朝初期的思想史来看，修己与治人的实践性方面都存在着不和谐的现象。但是在这种时代背景下，南冥通过“实践”环节,把修己和治人有效地结合在一起,形成了其独特的"实践哲学"体系。他的哲学思想体系,不仅很好地说明了人性的原理,而且为当时的学者提出了如何把人性应用于现实的课题。南冥主张"以心立道""以身行道",由此倡导在学术取向上"践实致用",这是他的主体精神在学术思想上的集中表现。他认为:"汉唐诸儒,粗有道德之行,而未讲道德之学。濂洛诸贤以后,著述辑解,阶梯路脉,昭如日星。初学小生,开卷洞见,虽明师提耳,万不能略加于前贤指南,岂止如孟氏之时求而有余师者乎?但学者求之不诚耳。"(《南冥先生集·奉谢金进士肃夫》)并说,"遨游于通都大市之中,金银珍玩,靡所不设。终日上下街衢而谈其价,终非自家家里物,只是说他家事尔,却不如用吾一匹布,买取一尾鱼来也。今之学者,高谈性理,而无得于己,何以异此?"(《南冥先生集·行状》)他时常佩带惺惺子(铃铛),以此提醒自己要精研学问。他还经常用手稳端装有清澈之水的碗,以此唤醒持之以恒之心。南冥不同于当时的大部分学者,他把学习看成是实践的准备。他认为,如果只是为学习而学习不去实践,就等于犯罪。南冥未给后人留下什么庞大的著作,在对待学问的态度上也反对只是从理论上探究和发展程朱理学。他劝诫做学问的人不要沉浸于空洞的理论中,强调做学问的目的就在于实践,主张学问研究要以治国平天下为目标。

南冥主张的学问态度就是通过"下学"的躬行和实践而"上达"。他之所以提出这样的观点,是因为他认为当时的学者学习的目的只在于出任和利禄,而不是为了解决现实社会的实际问题。他主张,搞学问的人,不管出于什么目的,采用什么方式,都应该从现实需要出发,这样才有实际意义。作为真正的学者,应该做适用于现实的学问,这比空洞高谈要好得多。南冥指出,"近见学者,手不知洒扫之节,而口谈天理,计欲盗名,而用以欺人。反为人所中伤，害及他人”，以此来批评不致力于“下学”、只谈天理的学风。他认为，“下学”人事，“上达”天理，是“达德”的过程，如果丢弃人事而只谈天理，就只是嘴上功夫。从南冥的教学理论体系来看，他的学习观大体上可分为博文与约礼两个方面。博文包括“格物致知”“穷理”“明善”“择善”等学问，约礼则包括“克己复礼”“涵养”“诚身”“固执”等学问。博文是以格物致知为穷理、明善、择善的知识，约礼是通过涵养克己复礼或是性的逆行而“执善”的实践性学问。

南冥在韩国哲学史上，完成了两个根本性的转变，一是由“上学”向“下学”的转变，二是由“内圣”向“外王”的转变，这是南冥对朝鲜朝实学发展的重要理论贡献。南冥在以理气论为中心的性理学谱系论中没有适当的立足空间，作为“处士”的南冥与其同时代的哲学家李滉以及李珥有着截然不同的思想，其中最大的差异在于其修养论。凡是对修养有效，南冥皆容纳为己用，连老庄、禅学都不辞，在这一点上与朱子为批判道、佛而使用道、佛理论的情景颇为不同。如今学界不需要在朱子学的框架里以朱子为标准寻找南冥学的意义，反而应在道学、理学的大框架里回顾一下南冥在诸朱子学家中独放异彩的独特个性。在单调的韩国思想史上，南冥应该受到学界的高度评价。也就是说，南冥的哲学思想不仅丰富了朝鲜朝性理学的内容，而且为当时的学者指出了做学问的方法。

南冥在韩国哲学史上的重要贡献就在于其性理学实践思想，这集中体现在他的“敬义”思想中。他认为，救助人类的关键在于扩展学问和教养，在此基础上可以确立自我，这样才能具备解决万事的能力。他对学问的基本态度、观念与理气一派相比，更重视行动、实践和实用。但是他并非只强调实践，他认为“内明者敬，外断者义”,把自己哲学思想的基础放在“敬义”二字上。也就是说,“以内明心为敬”为出发点,在现实生活中“以外断行为义”。这体现了南冥想通过内在修养,达到社会实践目的的坚强意志。只有以“敬”为修养之大本,并以此作为行动的指南,才能英明果断地处理世上之万变。他要求自己的弟子们“穷理莫如随事致察,以求其当然之则”,讲求“为学功夫不在日用之外”。他要求学者不能只停留在观念式的理论研究中,而是要积极地投入到“反躬体验”和“持敬实行”的实践环节之中。也就是说,不能只将学问视为单纯的学问,而是要把学问变成实践。把学问转换为社会实践需要的内在修养,一方面要重视以“敬”为核心的内在修养方法,另一方面则要重视作为社会实践重要内容的“义”。

他在日常生活中要求自己彻底节制,不与“不义”相妥协,实践以“敬”直心、以“义”维持外部生活的生活哲学。南冥强调“下学上达”的圣人思想,这就要首先明确“下学”的重要性。如果不了解“下学”的重要性,只是为“上达”的话,恐怕世上没有人类可做的事情。而他所提倡的“下学上达”思想首先要从孝敬父母和尊重兄长开始,要从身边做起,从小事做起。南冥以此建构了通向人类伦理的社会观、道德观和价值观,也表现了他以“敬义”为核心的最高理想与精神境界。南冥临终之时,手指书壁上的“敬义”二字说:“此二字极切要,学者要在用功熟,熟则无一物在脑中,尚未到这境界以死矣。”(《南冥先生集·行状》)南冥“敬”与“义”并重,内外兼修,可以说是继承了朱子学的学问体系。南冥所说的“敬”与“义”基本上接受了朱子的居敬穷理论。“敬义”既是内在的理想,又是外在的行为规范。朱子曾以涵养、省察为内外修养的两个轴。所谓涵养,就是为穷理、心净的学问;所谓省察就是以净心来认知其理。南冥实践精神的精髓在于“敬义”。他通过“敬”与“义”的关系，确立自己的实践精神，这两者的关系可以表现为体与用、动与静、内与外、止与行、先与后等几个方面，而且他的根本目的就在于用“敬义”来指导实践。

总之，南冥与李滉生当同年，并峙岭之左右，他们共同“倡明道学，以淑人心、扶人纪为己任”，相得益彰。如果说李滉和郑之云等人用《天命图说》重新解释理气，揭开了性理学新的时代的话，那么南冥用《神明舍图》重新解释“敬义”，则揭开了心学的新篇章。如果从宋明理学的发展线索中考察南冥学在理学史上的地位，它相当于明初的朱子学，即朱子学转向心学的前夜。南冥学似乎还处于明朝朱子学时期，没有摆脱朱子学的影响，对于新兴的心学，也没有做好接受的思想准备。但是，南冥学毕竟在宋明理学传播的历史上代表了一个历史的逻辑环节，它在朝鲜朝学术文化史上占据了重要的地位。南冥以张载思想为核心，融会程、朱，兼及象山、佛、道，构建了自己的学术思想体系，反映了明代以来诸种学术、学派合流的趋势。南冥学可以称之为体用、本末、理事、内外并顾俱到的“经义”哲学。南冥是性理学家，但是他又不同于当时的大部分性理学家，他坚持主张学问的实践性。中国哲学流传到朝鲜，从理论哲学转变为实践性哲学，这归功于南冥，且无人能比。

参考文献：

1. 葛荣晋：《曹南冥的实学思想及其历史地位》，《国际儒学研究》第 13 辑，2004 年。

2. [韩]朴英镇：《曹植敬义思想的哲学史涵义》，《温知论丛》第 35 辑，2013 年。

3. [韩]韩勋：《曹植的太极图与其性理学世界观》，《民族文化论丛》第 50 辑，2012 年。

4. [韩]金忠烈:《南冥性理学的特征》,《南冥学研究丛书》第1辑,2001年。

5. [韩]申炳周:《南冥曹植的学问倾向与现实认识》,《韩国学报》第16期,1990年。

金麟厚

金麟厚(1510—1560),字厚之,号河西、湛斋。蔚山人。朝鲜朝中期儒学家,“东国十八贤”之一。谥文靖。

一、生平

考义陵参奉龄,妣孺人赵氏,先生其嫡子也,生于全罗道长城县大麦洞。生而端正,风神秀朗,迥异常儿。十岁,往拜慕斋金先生,受《小学》。1531年,进入成均馆与李滉一起修习儒学。1540年,别试文科及第,授权知承文院副正字。不久获赐暇读书,历任说书、副修撰,一度任世子(即后来的仁宗)师傅。1545年,河西为避乙巳士祸,以病为由离开政坛,定居家乡长城,从此专心研究性理学及教授儒学后生。据朴世采《行状》记载:

> 逮慕斋金文敬公按察湖南,一见便以少友号之。又曰:“真是三代上人物。”先生就受《小学》,讲问不懈,其大本已立矣。及后传授诸子,殆已十年,不欲遽易以他书。平生精力,专在《大学》,兀然端坐而读之,几过千遍,然于其旨,反复紬绎,不得不措。尝语学者曰:“一部之中,体用具备,条理不紊,舍此,无以进道矣。”又曰:“不读《大学》,欲看诸经,犹不筑基本,而先作室屋,只好一时之观美也。”又曰:“读此书无疑者,未必实然,苟字字研穷,句句思量,章句未透,参以《或问》,久

将见冰释之效矣。”既而于《语》《孟》《诗》《易》，用功深至。而又曰：“得力莫如《语》《孟》，此晦翁端的语也。”笃好《太极图》《西铭》，以谓《图说》义理精深，《西铭》规模广大，总之不可偏废，玩索不已。间读《家礼》，阙文疑义，辄加修正，亦皆精当。至其自持，则必以敬为一心之主宰，日用动静之间，辞气安重，视听端直，表里如一，无少间断。而所以审察情意、裁处事物者，又辄揆之于义，严于古今善利之辨，尤谨于理欲公私之分，精微的当，靡不体究，然犹不敢以此为得。其诗曰：“身心内外敬兼该，事理知行义总裁。立本切须常戒惧，研几何有费安排。”其言有物而行有常者，亦略可验也。其教学者，皆有规程。自天命太极之妙，以至人伦孝弟之实，性情中和，言行忠信，本末具备，而亦必使之专主于《小(学)》《大学》，谆谆劝戒，终始不倦。或谓当务笃行，而略于知者，先生曰：“知之不明，行之必窒。”或谓当务直内，而遗乎外者，先生曰：“外不整齐，则内必怠慢。”又有欲求喜怒哀乐于未发之前者，先生曰：“此已经先儒所斥，不如持敬涵养，察之于动，以致相须之功。”又有谓儒释上达处同者，先生曰：“老佛之教，本无天理。至于朋友讲习，益加规正。”徐花潭敬德，有《观易吟》曰：“书不尽言言外意，仲尼非独绝韦编。”

先生忧其启后学顿悟捷径之弊，步其韵以证之。李一斋恒，尝遗奇高峰大升书，以谓太极、阴阳是一物。卢稣斋守慎，亦主罗整庵之说，以谓人心、道心是体用。先生乃曰：“人心、道心，是全就动处言；太极、阴阳，既有道器之分，则恐不可谓一物。”及退溪先生有四端七情理气互发之论，高峰深疑之，每就先生，质问肯綮，得蒙印证，然后沛然自信。先生才殁，而高峰乃克贻书往复，多用其说。盖其平生议论，不惑新奇，不事辨胜，而要之归趣，理明义精，平易的确，无不折衷于晦庵焉，然犹不敢以知道自居，其言常若有不足者。间以诗赠门人曰："天地中间有二人，仲尼元气紫阳真。潜心勿向他岐惑，慰此摧颓一病身。"其笃信圣贤，不安于小成，又可知矣。(《河西先生全集》附录卷一)

纵观河西一生学术思想旨归，以弘扬儒学特别是朱子性理学为己任，于四书五经、诸子史策，无不沉潜讲贯，领会其宏纲大义，而必谨守程朱成说。"书必尊朱，愿则学孔"，以实践"诚敬"作为学问追求。在理气论上，河西不赞同李恒的理气一物说，而主张理气结合，一时追随的弟子众多。死后祭享文庙、长城笔岩书院、南苑露峰书院、玉果咏归书院。著有《周易观象篇》《西铭事天图》《百联抄解》，文集有《河西集》。

二、性理学思想

1. 宇宙本体论

宇宙本体论是儒家学说的一个重要内容。在宋以前，儒家对宇宙问题没有做系统的论述，故有一些学者认为，中国古代哲学的主干是道家。到了北宋，周敦颐作《太极图·易说》，第一次系统地论述了宇宙的演化、人及人性的生成。河西继承周敦颐的宇宙生成论，尤其是发挥了程朱的人性论思想，对理学的发展做出了积极的贡献。河西认为："惟万汇之禀生兮，受天命之正性。具健顺与方寸兮，实二五之所并。"(《河西先生全集·复性赋》)即说宇宙间万物都是禀受天命而生，这里的天命是指自然界，即自然界本身的发展造就了宇宙间的万物，整个自然界有规律地运行，其根本原因是内在的阴阳五行。阴阳五行构成万物，即如周敦颐所云"二五之精，妙合而凝"。

现藏于韩国高丽大学图书馆的《河西先生〈天命图〉》体现了河西的宇宙生成思想。在《天命图》上,河西题曰:

维天之命於穆不已,生生之理未尝间断。所乘之机曰阴与阳,一动一静互为其根。万物并育相为流通,但梏于形气之私,不能知之。惟天下聪明睿智,至诚无息,能尽其性者,乃能有以察其几焉。是图之作,岂寻常窥测者所可拟为。余有志于学而未就者也,披览是图,不能无戚戚焉。郑君静而,朝夕还京,千里相思,无以为言,姑以是题其图后而赠之。嘉靖己酉秋八月河西金(麟)厚之书。

在河西的这段文字之后,尚有一段说明:

河西金先生亦尝手考郑先生之图,有所自得,于其间故别为一图。又欲作书以解,而天不假年,书未及就,惜哉。其图则并刊于后,以备学者之览矣。万历六年(1578)六月日,绫城县开刊。(郑秋峦《天命图说》末尾所载文摘录)

由此可见,河西研究过郑秋峦的《天命图》,有所自得,于其间故别为一图,并为郑先生之图题了文字,同时也是为自己所作之图加以说明。河西所作的《天命图》,"与郑秋峦之图大异,以中(中道思想)为本领。图之'中',何等重要字! 可见其特色耳"。从河西为《天命图》所作题词可窥其宇宙生成的思想,即天地厚德载物,孕育万物,生生万物。宇宙化生万物的动因是阴与阳,阳主动,阴主静,一动一静,互为其根。由于阴阳的动静(即阴阳的矛盾运动)而产生万物,形成自然界和人类社会。但一般人不能知之,只有那些善于观察研究、聪明睿智之人,"乃能有以察其几焉"。

河西还就太极和阴阳之间的关系,阐述了自己的观点,即"论太极、阴阳一物之非"。《河西先生年谱》记载:

三十七年戊午(先生四十九岁)。冬,与奇高峰大升讲论

《太极图说》。时高峰历访李一斋恒，讲论《太极图说》。一斋以太极、阴阳为一物，高峰非之，终日卞难，不能归一。至是，高峰来拜先生，以卞难得失奉质。先生以高峰为得，竟日讲论而罢。(《河西先生全集》附录卷三)

从这段记载可知，奇大升曾造访李恒，讲论《太极图说》。李恒认为太极、阴阳为一物，奇大升认为二者不是一物，双方意见不能一致。为此，奇大升来拜访河西，请教这一问题。河西认为高峰的看法正确，即太极、阴阳非为一物。次年，李恒就“太极、阴阳为一物”之义，再次致书奇大升。《河西先生年谱》记载：

三十八年己未(先生五十岁)。与李一斋书，论太极、阴阳一物之非。一斋抵书高峰，极论太极、阴阳一物之意。送于先生，要传于高峰。先生见其书，仍与一斋小柬，其略曰：遗奇君之柬，不敢议为。盖理气混合，盈天地之间者，无不自其中出，而无不各具，不可谓太极之离乎阴阳也。然道器之分，不能无界限，则太极、阴阳，恐不可谓一物也。朱子曰“太极之乘阴阳，如人之乘马，则决不可以人为马也”云云。(《河西先生全集》附录卷三)

从这段记载可见，河西认为盈天地之间者是理气的混合物，天地之间的万物无不自其中出，也各具理和气，如此则太极和阴阳不相分离。虽说如此，太极和阴阳不能无界限，这就如同道器之分，形而上者谓之道，形而下者谓之器。太极与阴阳的关系，如人之乘马，太极即道即理，具有能动的特性；阴阳如器如气，不具有能动的特性，故太极与阴阳不是一物。另外，《河西先生全集旧序》中曾说：“先生《全集》，厄于回禄。如《西铭事天图》《周易观象篇》诸书，今皆不见，尤可惜也。”其中的《西铭事天图》，可能即指此《天命图》。

2. 人性论

人性学说是儒家哲学的重要内容，古代儒家人性学说以性善说为主导，其中又以孟子性善说为正统。到了宋朝，程朱理学将人性分为天命之性和气禀之性，使人性学说日臻完善。河西既坚持孟子的性善说，又坚持程朱的人性两分法，并且提出重教化、去物欲以恢复善性的主张。

河西认为，“惟万汇之禀生兮，受天命之正性”，“谅纯善而无杂兮，浑至理之冲融”。即说世界上的万物受天命所生，从理论上讲，万物禀其正性，天理至足，纯善而无杂，而人得其秀最灵，但是由于气禀不同，人就有智愚之差。即河西所云：“然通塞而正偏兮，由气质之不同。人得秀而最灵兮，尚智愚之有差。”（《河西先生全集·复性赋》）

如何对待“愚”人？河西认为，“愚”人都有智和善的因素，如果“脱累而开蔽”，他们就可以变化气质，成为智人和善人。虽说比不上尧舜，达到汤武还是绰绰有余，即“苟脱累而开蔽兮，斯圣途之可阶。虽非尧舜之性之兮，汤武反而有余”（《河西先生全集·复性赋》）。

如何变化气质？河西指出：“在学问而思辨兮，日乾乾而复初。要操心而存诚兮，可柔强而愚明。”（《河西先生全集·复性赋》）即要读书学习，通过读书学习提高学识，提高思维水平，还要“操心而存诚”，如此方能逐步改善气质，由愚到明。人的本性是善的，不善是物欲的缘故。如同水一样，水本质上是清的，水之不清是尘泥之故，即“水之至清，尘泥汨兮。性之至善，物欲窒兮。汨者既去，清者出兮。窒者既通，善者复兮。盍亦孜孜，反初服兮”（《河西先生全集·复性赋》）。去掉水中的尘泥，水就会至清；去掉人的物欲，人性就会至善。恢复善性就是要加强教化，按照儒家传统的做法

“修道之谓教”。故河西说:“将是道而设教兮,自不远而伊迩。”(《河西先生全集·复性赋》)同时,河西还对性善说大加赞赏:“道性善以开导兮,益有功于生民。”(《河西先生全集·复性赋》)

与人性论有关的还有河西论罗整庵的人心道心说。《尚书·大禹谟》中有“人心惟危,道心惟微,惟精惟一,允执厥中”,这十六个字便是儒家著名的“十六字心传”。罗整庵认为,“道心,性也;人心,情也”,“至精之体,不可见,故微”,“至变之用,不可测,故危”(《困知记·上篇》)。“卢穌斋守慎,力主其说。以为道心寂然不动,人心感而遂通云云。先生深非之曰‘圣人所谓人心、道心,盖皆指动处而言’云云。先生殁后,退溪、高峰皆宗先生之说,力攻卢说。而先生全论,逸而不传。”(《河西先生全集·河西先生年谱》)

卢守慎赞同罗钦顺“道心,性也;人心,情也”的观点,认为“道心寂然不动,人心感而遂通”。河西对此并不认同,认为“人心、道心,盖皆指动处而言”,就是说,人心、道心都是心动的结果,心动时纯理而无欲为道心,心动时理少而欲多为人心。后来,李滉、奇大升与卢守慎讨论人心、道心时,三人都坚持河西的这一观点,足见其影响。

3.“四端-七情”之辩

“四端七情”之辩(又作“四七之辩”“四七论辩”“四七论争”等),是韩国儒学史上最重要的论争。“四端”与“七情”是中国哲学的常用范畴,《朱子语类》将二者放在一起讨论过:

> “四端是理之发,七情是气之发。”问:“看得来如喜怒爱恶欲,却似近仁义。”曰:“固有相似处。”(《朱子语类》卷五十三《人皆有不忍人之心章》)

朱子虽提出“四端七情”问题,但没有进行详细诠释。朝鲜朝则围绕这个问题发生了激烈的争论,开启这场论争先河的便是奇大升和李滉，二人的论争自1559年至1566年持续长达八年之久。河西虽然没有参与“四端七情”之辩，但奇大升的主张即河西的思想。据《河西先生年谱》记载：

三十八年己未（先生五十岁）。……冬，与奇高峰讲论四端七情之说。时高峰退处于乡，每诣先生，讨论义理，而深疑退溪四端七情理气互发之说，来质于先生。先生为之剖析论辨，极其通透精密。高峰所得于先生者如此。故及先生殁后，高峰与退溪讲论四七互发之非，多述先生之意以卞之，殆数万言，世所传退、高四七往复书是也。（《河西先生全集》附录卷三）

从这段记载可知，奇大升关于“四端七情”的观点“多述先生之意”，即来自河西的学说。奇大升与河西交往密切，向河西请教过有关太极阴阳、四端七情等诸多问题。

河西的理学思想比较丰富，尤其是在宇宙本体论、宇宙生成论、人性论以及修身养性等方面，颇有建树。以诗赋形式表达哲理，更是河西学术思想的一大特色。在治学上，河西坚持真知实理：

以清明纯粹之质……既严于为己、为人、义利、公私之分，而尤谨于本末、精粗、道器、上下之辨。夸记诵而无本者，既不取之；恃聪明而过高者，亦深忧之。（有曰道心寂然不动，人心感而遂通者，先生以为圣人所谓人心、道心，似皆指动处而言。有曰求喜怒哀乐于未发之前者，先生曰：“不如持敬涵养，而察之于动。”有曰上达天理，儒、释一者，先生以为老佛之教，本无天理，其上达，岂同于吾儒。有曰周经，且说影中天者，先生以为圣人之言，即天地之道也，不可谓之影。有以为笃于行而略于知者，先生曰：“知之不明，则行之必窒，知行二者，不可废一。”有以为敦乎内而忽于外者，先生曰：“外不整齐，则内不主一，敬义交修，须当两进。”其他与一斋、退溪、明彦诸友，发明太极之蕴；又与稣斋，往复论《夙兴夜寐箴》。退溪极称其地位高明。平时，与门人指示用工真实之地，极论《太极》《西铭》《近思录》《大（学）》《小学》，以至《周易》诸经，议论精微，一出于正，今不能悉记。）众论纷然，而必知其要。察之于毫厘，而不惑于近似。辨不好胜，而取舍必严。尽究诸儒之异同，而谨守程朱之成法，可谓笃信圣贤，而真知实理者也。（《河西先生全集旧序》）

由此可见，河西坚持理学立场，并且有所发挥。在宇宙本体论上，他继承了周敦颐的《太极图说》，并受《太极图说》的启发作《天命图》，对理学家的宇宙生成论及理学的基本范畴做了系统、直观的说明；在太极与阴阳的关系上，河西坚持“太极之乘阴阳，如人之乘马，则决不可以人为马也”的观点，提出太极、阴阳非一物；在人性学说方面，河西坚持儒家性善说和程朱的气禀说，并就人性修养问题提出独到的看法，特别是在“四端七情”之辩中为奇大升的讲论提出了指导性的意见。河西还用诗的形式传承和弘扬程朱理学，为理学的大众化做出了重要的贡献。朝鲜朝正是有了像河西这样的一批儒学家，从而形成了独具特色的韩国朱子学。

参考文献：

1.［韩］权顺烈：《河西金麟厚研究》，《韩国诗歌文化研究》第28辑，2011年。

2.［韩］柳英熙：《河西金麟厚的生涯与思想》，《中国哲学》第3卷，1992年。

3.［韩］徐敬尧：《河西金麟厚的〈天命图〉结构与性理学研究》，《东洋哲学研究》第28辑，2002年。

柳希春

柳希春(1513—1577),字仁仲,号眉岩。善山人。宣祖初期推行士林政治的骨干人物。谥文节。

一、生平

眉岩虽非贤达之后,但其母为司谏院司谏崔溥(1454—1504)之女,因而他在学识上受外祖父崔浦影响较大。此外,金宏弼门生崔山斗、金安国亦对眉岩之学产生了重要影响。崔山斗与尹衢、柳成春并称为"湖南三杰",曾与眉岩之父柳桂邻一起师从金宏弼,并在流配生活中教授过金麟厚学问。崔山斗自眉岩幼时起就教授他性理学,而金安国则是眉岩最敬重的老师,眉岩也是金安国最喜欢的弟子。从以上学脉来看,眉岩作为湖南士林的代表人物,早期深受崔山斗、金安国影响,后期与崔山斗弟子金麟厚及其他湖南士林人士一起,形成了别具一格的儒学脉络。

眉岩历任成均馆学谕、艺文荐补检阅、世子侍讲院说书等职。

> 时仁庙在东宫,公力以辅导为己任。因讲《大学衍义》,至齐桓公、景公之事。公言曰:"桓公九合诸侯,一匡天下,可谓盛矣。然而溺爱郑姬,越次而欲立孝公,是方盛而有祸乱之渐也。景公国势削弱,而权移田氏,可谓衰矣。然而使从诸大夫之言,择其子之长且贤者为嗣,则是已衰而有将兴之理也。天

地之气亦然，时方仲夏阳明盛，而重渊之下，其冷如冰，此治世未尝无阴邪之伏也。时方仲冬阴冷极，而穷泉之中，其温如汤，此乱世未尝无阳德之萌也。故明主之御世，当治而防阴之潜长，当乱而养阳之方微。斯义也，朱子《感兴诗》第八章，备矣。向使二君者，明知是理，而预防于未然，则齐国岂有危亡之祸哉。窃见《感兴诗》二十章，义理渊奥，亚三百篇，载于《性理群书》首卷者可考。而凡《群书》中所收铭箴赞诗之类，皆可以从容玩味，使人兴起。夫子曰：'兴于《诗》。'先儒亦云：'读书之余，间以游泳。'诚于讲明经书之暇，不废讽诵，以涵养德性，则其于圣学，非小补也。"仁庙欣然曰："予曾阅《性理群书》，颇以为异于杂书也。今闻劝勉甚美，敢不从事于斯。"文学李公畬出而喜，谓公曰："东宫好学之诚，得君言尤进，宗社之庆也。"(《眉岩先生集》卷二十《谥状》)

晚年的眉岩奉王命参与经书的口诀谚解，完成《大学谚解》的编写。眉岩性格豁达，虽不解家庭琐事，但是擅长解释世间之道、学问之道以及政治之道，著有《眉岩日记》《续蒙求》《历代要录》《续讳辨》《川海录》《献芹录》《朱子语类笺解》《诗书释义》《题玩心图》《国朝儒先录》等。

二、传播性理学

1. 四书五经的谚解、悬吐

据郑浩勋研究，眉岩的修学期正处于朝鲜朝社会士林派的成长期，因而他不可避免地受到士林派主导的先进学问的洗礼。其外祖父崔溥是金宗直门人，其父柳桂邻则是金宏弼弟子。眉岩自幼师从崔山斗与金安国，因此可以说他是在湖南士林的学脉中成长并展开自己的学术活动的。

在眉岩的学术活动中，四书五经的口诀和谚解占有重要地位。其在流配期埋头于四书五经的口诀和谚解工作，在1574年时达到可以独自对四书五经进行口诀和谚解的程度。这也成为他在经筵时受到宣祖肯定，并在是年受命综合整理并主导刊行四书五经悬吐解析的契机。由于各种原因，此作业中途交到栗谷李珥手中，最终由栗谷完成。眉岩还曾把朱子的《孝经刊误》介绍给金麟厚加以刊行，并强调按照朱子学的历史观认识历史和社会的重要性。对眉岩来说，朱子学具有绝对性意义，因此，理解《朱子大全》和《朱子语类》是接近朱子学的关键一环。

郑浩勋认为，眉岩对朱子学的关心和热爱，以及校正的《朱子大全》和《朱子语类》，为今人理解十六世纪朝鲜朝的朱子学水准提供了一个尺度。虽然当时朝鲜朝学界以退溪李滉和栗谷李珥等学者的朱子学为基础，逐渐形成了独立的性理学体系，但从整体来看，尚未形成大众化的接近朱子学根本问题的书志学基石。奇大升撮《朱子语类》之要作《朱子文录》，李滉将朱子书信结为《朱子书节要》（十册二十卷，木版本），但是与《朱子语类》本身尚有一定差距。

在这种状况之下，眉岩校正了《朱子大全》和《朱子语类》。这两部著作给朝鲜儒者、学人提供了直接接近朱子学言论和逻辑的过河石，是学习朱子学所必需的一环。朝鲜朝学界到了此时才拥有基本完备的朱子学基本典籍，从这个意义上来说，眉岩在朝鲜朝社会传播朱子学方面功不可没，而且筑建了阻断批判朱子学思想的堡垒。此时陆学和阳明学作为批判朱子学思想的主要学说，在朝鲜朝学界影响很大，卢守慎和李恒等即二学之代表人物，甚至连宣祖大王也称赞王阳明有才气、建有功业，表明拥护之意。当时明朝有将王阳明配享文庙的主张，朝鲜朝显然受到了这种倾向的影响。

郑浩勋指出，眉岩排斥陆象山和吴澄之学，把阳明学断定为邪慝之学，表现出借助朱子书籍的出版防止阳明学扩散的意图。眉岩认为，宋代金华学派接续了朱子学正脉，并称赞元代许衡为大学者。他说，“朱子道学始传黄干，黄干传何基，何基传王柏，王柏传金履祥，金履祥传许谦”，认为金华学派传承了朱子学道统。王柏和金履祥等人在忠诚于朱子教诲的同时，对朱子的注释坚持自由表达疑义的态度，在朱子学向北方传播方面起了重要作用。眉岩对金华学派的理解显示了十六世纪末朝鲜朝朱子学的一个特性。眉岩评价许衡，“人品高迈，以经传得不传之学，恒以朱子语为师，兴起斯文，无瑕疵之大贤”。李滉亦持相同见解，但李珥对许衡颇有微词。从这个层面上来说，眉岩的学问性向相对于李珥来说，更接近李滉。

眉岩的学问可以说在正统朱子学的立场上，为朱子学在朝鲜社会的传播提供了解释学的根据。但他在培养后学方面建树甚微，师从眉岩的许篈、许筠等人虽然受到其影响，但没有像眉岩一样深深陷入朱子学的学问世界。

2.《治县须知》

该书是眉岩1559年流配之时所著，内容是作为守令治理地方的须知事项，即一种牧民之书，对于我们理解眉岩的政治思维和现实认识具有重要意义。

本书共分八个条目，即律身、御吏、牧民听讼、求言用人、治奸劝善、谒圣兴学、待士接宾、笃亲念旧。这是眉岩在自身任职茂长县监经验基础上，结合朝鲜朝社会治理地方经验并融合朱熹治理地方的方针而成。

他在《治县须知》开篇即提出，作为守令须坚持以道德规范“律身”。在“求言用人”条目中,他提出:“朱文公初到南康,以土瘠民稀,役烦税重,求所以宽恤之方,俾士人父老,僧道军民,有能知利病之源者,悉具以陈。今当以此行之。”在“治奸劝善”条目中,他说:“朱文公治郡,视民如伤,奸豪之侵暴细民、挠法害政者,择其尤者,偏治而不少贷,此可法也。然必事状发露,然后可治,不可先有抑强之心而疾之已甚也”,“文公之至临漳,风行草偃,奸强自缩,无复摧制之迹矣”。

郑浩勋认为,眉岩在治郡方略上,积极吸取了朱子的实践经验,对朝鲜朝儒学界正确理解朱子学精神,并以之进行社会实践具有划时代意义。在此书中,随处可见其引用朱子的言论或行迹,显露了其忠实于朱子思想的程度。

三、性理学思想

眉岩博学多闻,对古书和经书钻研极深,学问倾向遵从朱子,认为“尊德性”与“道问学”两者应并重。“博文,即道问学之事。约礼,即尊德性之事。……宋之诸儒如陆九渊等,是专以尊德性为主,而遗道问学一段。胡寅观书穷理,颇有道问学之事,而无尊德性一段。惟周、程、张、朱,具此二者。而朱子文集诸儒之大成,所谓具两轮之车也。伏愿圣明留神焉。”[《眉岩先生集·经筵日记(戊辰)》]眉岩特别尊崇朱子的学问之道,对于朱子编写的各种书籍也是深信不疑。李滉评价朱子为“学知利行”之大贤,而眉岩则更加显示“尊朱子”的态度。“申初,余出自阙门,至退溪先生宅。希春问:‘大监以朱子为大圣欤?’答曰:‘安得为圣人?只是功夫到极,所谓学知利行之大贤也。’退溪此见,未能超出乎世俗,不能无憾”[《眉岩先生集·经筵日记(戊辰下)》]。眉岩与重“存心”、轻训诂的卢守慎也有所不同,他更加强调重视圣贤的传注与经训。

“希春曰：‘……朱子曰：“学者不可摆落传注。”传注犹不可弃，况经训乎？’守慎曰：‘传注不必留心也。’希春曰：‘诸家之注，不得圣贤之意，略之犹可，至如朱子四书三经注，妙得圣人之心，岂可轻乎？’”(《宣祖实录》卷八)

在回答人的气质是否存在善恶的问题时，眉岩引用朱子之注，解释说人的气质多种多样，决定气质善恶的端绪很多，气亦有清有浊。“殿下下问人之气禀所以美恶之故，臣不能详对，退而考朱子注语、《胎产》、《延寿》等书，谨敷衍而陈之。人之气禀，千万不同，而其所以为美恶者，所从来亦多端。……有禀其山水风土之气者，而有高卑、平险、强弱、污洁之不同。兹三者最为紧关。又有禀所值天时之气者……莫不有阴阳淑慝、和顺、乖沴之异焉。”(《宣祖实录》卷八)眉岩在阅读《朱子文集》《朱子语类》的过程中，担心此书缺少一致解释使读者恣意曲解，从而背离朱子本意，于是将相关解释一一查找整理，作成《朱子语类笺解》。另外，眉岩还针对朱子的《资治通鉴纲目》而编成《纲目训释》。

郑在薰认为，眉岩一心遵从朱子之道、之理，其学问受朱子影响非常大，在读书方法、对待异端的态度上，自然而然也深受朱子影响。朱子在众多著书中花费最大心血作成之书便是《大学章句集注》，而眉岩最早读到的书也是《大学》。眉岩在经筵中提出，《小学》《近思录》《大学衍义》《资治通鉴纲目》四本书为最紧要之书，认为“存心”与“穷理”缺一不可，同等重要，“盖存心穷理二者，如车两轮，实万化之源，伏愿留心焉”[《眉岩先生集·经筵日记(戊辰)》]。他还指出，“二陆以为人之为学，当只务存心，不必读书穷理。朱子以为存心穷理，不可偏废”[《眉岩先生集·经筵日记(庚午)》]，对陆九渊提出了批评。

在理气问题上，眉岩认为，在人与物产生之前，理便已存在；在人、物产生的过程中，理存在于气之中，形气形成之后，理便有了存在之地。可见在理气问题上，眉岩仅从概念和存在论上予以了简单区分。

从上文内容中我们不难看出，眉岩是朝鲜朝中期湖南士林的重要人物，在宣祖初期积极参与经筵活动和国事讨论，其“尊朱子”的思想态度，尤其体现了当时朝鲜社会正式接受、学习、理解性理学，渴慕朱子思想的文化氛围。

参考文献：

1. [韩]郑浩勋：《眉岩柳希春的学问活动与〈治县须知〉》，《韩国思想史学》第29辑，2007年。

2. [韩]郑在薰：《眉岩柳希春的生涯与学问》，《南冥学研究》第3辑，1993年。

卢守慎

卢守慎(1515—1590),字寡悔,号穌斋(或作苏斋)、伊斋、暗室、茹峰老人。光州人。朝鲜朝中期文臣、学者。谥文懿。

一、生平

1531年,穌斋娶著名性理学者滩叟李延庆之女,成为滩叟门人。1541年,与李彦迪展开学术论争。1543年,文科状元及第后,历任典籍、修撰、司书、正言,因支持大尹尹任弹劾李芑遭罢免。1545年明宗大王即位后,小尹尹元衡挑起乙巳士祸,穌斋被免吏曹佐郎职。1547年,穌斋被流放顺天,后受良才驿壁书事件牵连,罪名加重,被移配珍岛十九年之久。其间与李滉、金麟厚等性理学者以书信形式进行学术探讨,并为陈柏的《夙兴夜寐箴》作了详细而明确的注解,在士林间广为传颂,因此声名大噪。此后,又为《大学章句》和《童蒙须知》等书作注。

1565年,改配槐山。宣祖大王即位后,被启用为校理,历任大司谏、副提学、大司宪、吏曹判书、大提学等。1573年任右议政,1578年任左议政,1585年升领议政,1588年任领中枢府事,次年十月己丑狱事时因曾举荐郑汝立而受台谏弹劾被罢官,1590年去世。

穌斋性格温婉,受士林尊重,尤受朝鲜宣祖大王恩宠,政德政绩显赫,对国王、百姓及同僚均影响巨大。流配珍岛时,他见当地婚俗为持刀抢妻而无婚礼,因此教化岛民,改变野蛮习俗。为父服丧时,他认为大祥之后即戴黑帽不合适,因此仿国丧改戴白布笠,获直提学郑澈效仿。此后校理申点向国王请求,使禫祭前戴白布笠成为制度。

稣斋擅长诗、文、书法等,强调敬一之学,因研究阳明学而受到朱子学者抨击。同时,因与休静、善修等僧侣交流,其学问受到佛教影响。对于人心道心之说的看法有过前后变化,之前在玉堂以及经筵讲论《尚书》时支持朱子说,但流配珍岛时阅读罗钦顺的《困知记》之后,改持道心未发、人心已发说。著有《圃隐先生诗集序》《晦斋先生集序》《溪滩书院记》等,文集有《稣斋集》。

二、儒学思想

1. 初期思想与象山学

稣斋十五岁时求学于李耔,后与李延庆(1484—1548)、金世弼(1473—1533)往来问学,十七岁时入滩叟李延庆门下。现忠州八峰书院中供奉金世弼、李延庆、李耔、卢守慎,由此可见其学术旨归最终继承了以金世弼为代表的士林派的学术正统。但从稣斋的早期作品仍可以看出其受象山学思想之影响。

> 传注留情负象山,十年说话总成闲。凭君眼著鹅湖辨,讵唤澄源做两般。(《稣斋先生文集》卷一《思劲诗轴,读休庵所赐次韵,慨然有感,辄复和题》)

这是在乙巳士祸之后,稣斋三十一岁时创作的诗。从题目中可以看出本诗是对思劲诗轴中休庵白仁杰诗的和韵。白仁杰为赵光祖门人。稣斋认为,朱子学与象山学最主要的区别是道问学和尊德性的治学方法问题。朱熹与陆九龄、陆九渊兄弟会于鹅湖寺进行学术辩论,即史上有名的"鹅湖之会"。诗中首句"传注留情"

源自陆九渊之兄九龄的诗句。当时,九龄为与朱熹商定前往鹅湖寺一会,写诗表达其兄弟的哲学立场,其诗有“留情传注翻榛塞,着意精微转陆沉”句,认为培养人与生俱来的道德心是治学之关键,他说朱熹专注于经典传注,执着于对世上精微道理的追求,反而会使心陷入桎梏。稣斋“传注留情负象山,十年说话总成闲”之句,就是表达对舍弃象山之学而专注朱熹之学的反省。

其宗家所藏原稿《稣斋集》中有《读大学有感示弟》诗二首,体现了其象山学倾向,特别是第二首中,十分鲜明地表现出对拘泥于经典的治学方法的否定意识。

万语千言血脉通,看来一部在胸中。悠悠寄思唐虞上,皞皞熙熙一字空。

起句和承句分别引用了《大学章句》《大学》之语,在转结句中转换意义,认为在尧舜时代连文字都没有,但是百姓依然其乐陶陶。朱熹强调通过阅读经典,将圣人之心与自我之心化为一体。对此,稣斋认为,如果能保持贤明之心的本质,即使不阅读经典,也能达到圣人境地。这首诗中表达了对朱熹重视经典阅读的主知主义学习方法的批评,特别是最后一句中包含了与陆九渊在鹅湖之会中为说服朱熹而准备的话相一致的内容,肯定了陆九渊在鹅湖之会中提出的宗旨。

同时,对于朱熹和陆九渊的“太极论辩”,稣斋认为“中”即机至之理,普通人心未发时,即“中”。他与陆九渊一样,认为众人皆具之心的本体与天理是一致的。

但是,从现存稣斋二十五岁之后的著作来看,他在否定朱子学后并没有完全转向象山学。稣斋二十六岁时在成均馆所写的《时习箴》和三十岁时记录书筵讲义内容的《晴窗手录》等作品中,仍含有对朱子的心性论和工夫论表示支持的个人见解。他在《时习箴》

中说,"折衷紫阳,厥功丕丕。推以及人,开我众稚。江西顿悟,永嘉设施。已失其真,时习是疑",直接对象山学进行批判。稣斋二十五岁以后开始深入、精细地研究朱子学,认同朱子学为儒家道统之学。从其三十五岁时在流配地珍岛创作的诸多哲理诗及注释陈柏《夙兴夜寐箴》的《夙兴夜寐箴注解》来看,稣斋当时强烈地认同朱子学。他在《夙兴夜寐箴注解》中尝试对修养论进行系统化整理,具有重要的意义。他认为,纲领是"敬","敬"就是"一"。他写道:"凡一在天为诚,在人为敬。圣人之心一,故谓诚为圣人之本,天与圣人岂有隙?众人初不一而一,故敬为人事之本也。"可见,他主张以诚敬论为核心的道学修养论。

以三十九岁时收到洪仁祐(1515—1554,号耻斋)的信为重要契机,稣斋对于以朱熹格物致知方法治学颇有悔意,之后转向了注重尊德性的象山学,其思想重心也转向了陆王心学。

2. 中后期的思想转变

洪仁祐与稣斋在忠州讲学时受己卯士林的影响,开始对象山学产生兴趣。之后,洪仁祐在三十九岁时从李滉处借得《传习录》,被与象山之学相似的王守仁的思想所吸引。读完《传习录》后,洪仁祐马上写信给稣斋,强调保存心之本体的治学方法的重要性,并且嘱咐稣斋不要摒弃象山学的学问倾向。之后,洪仁祐又寄给稣斋两首诗,主张凡是人无论是谁都具有未发的心体,以保存、省察未发之心体为治学之核心。这与四十岁之后转向阳明学的稣斋所主张的心性论和工夫论的核心思想是一致的。洪仁祐是使稣斋转向陆王心学的关键人物。

由于长期与洪仁祐接触,几年之后,稣斋写下了《人心道心辨》和《执中说》,对朱子人心道心说提出异议。稣斋在《人心道心辨》中,对朱熹将人心和道心的本原二元化为形气和性命的人心道心说进行批判,提出自己新的道心说,即道心是未发之“中”,也是天理、本性,人心、道心不可分。《人心道心辨》以理气不可分的理气论为依据,对朱熹主张的严格区分心与性的学说及李滉的心性论提出疑义。稣斋在《执中说》中,对朱熹将“执中”的“中”由“时中”“精一”的工夫解释为“择善固执”的说法表示否定,主张《中庸》首章中提到的未发之“中”与已发的“和”同是“执中”的“中”,“戒惧”和“慎独”均是“执中”的工夫。《执中说》批判了朱熹将“格物致知”置于所有工夫始端,主张将涵养、省察的存养德性工夫作为儒家治学的核心。

稣斋提出的“道心即本性、天理、未发之‘中’”的见解与王守仁在《象山文集序》中对心学渊源的主张是一致的。王守仁在《象山文集序》中提到,《尚书》的十六字心传即心学渊源,“道心”即“中”,亦即“仁”。他还提出,孔子和孟子的学问就是追求心中的天理——仁,也就是说,将心与天理分离再追求天理的学问是与儒家传统相违背的。

稣斋和洪仁祐于中宗大王三十七年在成均馆学习时,根据金安国的建议,将《象山集》刊行于朝鲜。通过此次刊行的《象山集》的序文可以看出,稣斋和洪仁祐早年已对王守仁的思想有大概了解。洪仁祐病逝后,稣斋继续对王守仁的思想与朱熹的思想进行比较、探讨,最后选择了王守仁在《象山文集序》中的主张,认为朱熹将心和天理分离的主张是与儒家传统相违背的。因此,稣斋认为人心的本体即道心,是未发的“中”,亦即天理、本性。同时,人心与道心不可分离。他认为应该保持人心的本体道心,从而逐渐发现人心,这种“诚意”为一切治学之始,也是一切治学之根本。

3. 李滉对稣斋《人心道心辨》的批判

李滉批评稣斋的人心道心说是受禅学影响,批判稣斋提出的穷理捷径说。正如李滉在《白沙诗教〈传习录〉抄传,因书其后》中所说,“滉谨按陈白沙、王阳明之学,皆出于象山,而以本心为宗。盖皆禅学也”,批判极度不重视格物的阳明学的治学方法。李滉认为,稣斋学问的根源——禅学,来源于阳明学。

由下面的资料可以看出,李滉所说的禅学在明朝是十分流行的阳明学的一种。

问今世谁能学问。先生曰:“未见其人。”曰:“如奇高峰(名大升,字明彦)、李龟岩(名祯,字刚而)者,何如?”曰:“此人厚重近仁,而循途守辙,必终不回头,向别处去,但所见犹未能透得大纲领,这可惜耳。大凡世无切己根本上做工夫底人,只有曹南冥(名植,字健中)唱南华之学,卢稣斋(名守慎,字寡悔)守象山之见,甚为惧也。不知高峰百尺竿头,更进就一步,怡然其顺,而浩然其归乎。不然则陆氏之盛,恐不独于中原也。”[《艮斋先生文集》卷六《溪山记善录(下)》]

李滉与弟子李德弘议论当时学者,对奇大升和稣斋的学问进行了比较。他认为虽然李祯坚持朱子学,不为异端学说所诱惑,但并未深切领悟朱子学的大纲领。因此,李滉认为当时没有从本源切实治学之人,只有曹植算是主唱老庄学,而稣斋固执于象山学,对此他表示十分忧虑。他还认为,如果不是奇大升的奋发振作,朝鲜朝也会和明朝一样,象山体系的心学即阳明学会盛行而成为主流思想。

稣斋将《夙兴夜寐箴注解》寄给李滉和金麟厚,受到李滉高度评价。李滉在明宗大王九年写给稣斋的信中说,在朝鲜朝有关程朱理学的学术著作中,《夙兴夜寐箴注解》的价值最高,称赞该作品为朝鲜朝继承发展程朱理学奠定了基础。但稣斋在明宗大王十四年写成的《人心道心辨》中对李滉的四端七情说进行了反驳。

李滉在明宗大王十五年针对《夙兴夜寐箴注解》的第二封信中,对稣斋该作品的禅学倾向进行了强烈批评。并且在信中表示,“卢寡悔量移,士类交庆,知要见于路,亦令人起怀想也。就中别纸示及绪论,谨已具悉,即当一一报禀,自以踪迹如此,正当此时。与人往复辨论,闻见必致唇舌,于理亦似不稳,姑未果,后日当不忘也,大概来喻得之矣。年前,偶得见寡悔人心、道心两绝,心甚疑之,今知其见如此,大是朋友之忧也。似闻都下诸人,稍以此事为意者,见识议论,亦多类此,欲与之一一勘明。则吾人中自相争闹矛盾,为卞庄子所乘,不然则名为此学,而适以乱道,不是小事,奈何奈何”[《退溪先生文集·答奇明彦(丙寅)》],批评稣斋在《夙兴夜寐箴注解》中将“未发涵养”与朱熹的“敬”相区别,认为稣斋的《人心道心辨》受到阳明学的影响。

申乡林认为,虽然李滉批评稣斋的人心道心说停留在阳明学,但是他没有留下直接批判稣斋《人心道心辨》的文字,只有针对罗钦顺的人心道心说所做的批判。李滉认为,像罗钦顺这样将道心和人心分为未发和已发的话,就会得出道心和人心完全分离、互相之间没有联系的错误结论。但罗钦顺的人心道心说本来也是为批判阳明学的心性论而发,此说批判象山学和阳明学只知道人心而不知道性,实际上与道学无异。李滉批评罗钦顺主张理气一物说,对罗钦顺怀疑朱熹学说表示不满,却认可罗钦顺对阳明学所持的批判态度;同时,他认为稣斋明显走上了支持阳明学的歧途。

参考文献:

1.[韩]申乡林:《卢守慎的心性论与阳明学》,《儒学研究》第16辑,2007年。

2.[韩]申乡林:《稣斋卢守慎的功夫论中出现的阳明学》,《韩国思想史学》第 24 辑,2005 年。

3. [韩]黄丘河:《稣斋卢守慎的心学》,《阳明学》第 10 卷,2003 年。

4. [韩]金光淳、文暻铉、崔丞灏:《稣斋卢守慎研究》,《退溪学与儒教文化》第 17 辑,1989 年。

5. [韩]金基铉:《稣斋卢守慎的人心道心说研究》,《全罗文化论丛》第 2 辑,1988 年。

朴 淳

朴淳(1523—1589),字和叔,号思庵。忠州人。己卯名贤牧使祥之侄、花潭徐敬德门人。朝鲜朝中期著名文臣、儒学家。谥文忠。

一、生平

金尚宪《思庵先生文集序》评价思庵说:

先生,忠州人,父为状元名士,叔父讷斋公,以己卯士流,文望俯一世,其家世渊源有如此者。花潭以理学倡松都,先生游其门,得闻性理之说,精深透悟,同学者莫之先,其闻道有如此者。奸凶构祸,上林鱼肉,余党盘据,国是未定,先生孤忠奋发,至诚回天,阴曀扫除,朝廷清明,其直节有如此者。退溪常曰:"朴某如一条清冰,对之觉精神顿爽。"李栗谷、成牛溪,深相契许,皆推为当今人物第一,其见重于儒林有如此者。前后华使之来,先生傧接,无不悦其仪度,重其文章,以为宋人物、唐诗调,其见慕于中国有如此者。座无杂宾,门绝苞苴。……宣庙下教曰"朴某,松筠节操,水月精神",其君臣之际有如此者。以贤邪进退为忧,以国家安危为念。正言直对,群阴破碎,其严于是非善恶之辨有如此者。知道之不行言之不用,脱屣轩冕,万钟一芥,其恬退有如此者。此举朝之所共见,舆台妇孺之所诵言,非一人一口阿所好者也。

1540年,思庵参加司马试合格。1553年,中文科状元,后任成均馆典籍,弘文馆修撰、校理,议政府舍人等官职。1561年,任弘文馆应教时,为尹元衡憎恨,罢职回乡。次年,起用为韩山郡守。1563年,任成均馆司成、世子侍讲院辅德、司宪府执义、弘文馆直提学、承政院同副承旨、吏曹参议等职。1565年,任大司谏,与大司宪李铎一起,致力于弹劾尹元衡一党。又任大司宪。1566年,任副提学。又任吏曹判书兼礼曹判书,积极举荐士林人士,扩大士林政治的基础。1572年,任右议政。次年,进言王守仁学术之非,当年升左议政。1579年,任领议政,后与李珥等同遭弹劾失职,在永平白雪山建庵隐居。他早年向徐敬德学习性理学,通晓奥秘,尤精《周易》。后师事李滉,晚年与李珥、成浑结为至交,亦曾与奇大升切磋学问。

思庵平生在朝廷为官,在政治上,可以用"世道名相"来形容。"世道"是指朝鲜朝士林政治中所标榜的统治原理,即通过阐述天理以抚慰人心,排斥异端,扶持正学。"世道"与道学的宗旨相一致,是为实现士林政治而确立的。赵光祖创造性地提出将道学原理深化为道治的政治思想,之后道学被运用于政治上。思庵被称为"刚正直士""一代高士",并积极在朝廷启用士林,又被称为"士林首领""士林模范""善类宗主",以"欲挽回世道吾责也",成为连接赵光祖与宋时烈,确立士林世道政治根基的历史性人物。

二、畿湖士林宗匠

成宗大王时期,勋旧派权倾朝廷。科举出身的士林致力于下学上达,团结为一股新的势力,成为士林派。在中宗大王时期,畿湖和岭南地方出身的士林派成为主力，展开大规模的政治改革。但其间士祸频发，士林派失势。明宗末期、宣祖初期，随着性理学的普及，士祸中失势的“己卯人”“乙巳人”复职，士林派在朝廷内部重掌政权，成为主导势力。在士林派的成长过程中，按照学统及地域等社会环境，其内部也形成了不同的学派。朝鲜朝中期的性理学至李滉、李珥时达到全盛，形成了岭南学派和畿湖学派两大派系，而这两大学派的士林人士又分别被称为“岭南士林”“畿湖士林”。

畿湖学派以李珥为主轴，学统传承至成浑、宋翼弼而形成畿湖士林。虽然畿湖学派是以李珥、成浑、宋翼弼三人为主线形成的，但其根源可以追溯到之前的畿湖学者徐敬德。此外，高峰奇大升对岭南士林的形成具有重大影响。

花潭徐敬德的门人大多积极参与现实政治，以实现自身的经世理想。思庵被称为“士林首领”“善类宗主”，即士林的领头人。在人才举荐方面，思庵不分东人、西人，不分岭南、畿湖。士林派的形成大体上可以看作是由于其中心人物从岭南、近畿向湖南、湖西发展的结果。这与朝鲜朝政治发展的趋势相符合。思庵出身湖西，因此他与湖南、岭南士林的关系十分密切。岭南士林虽然存在李滉、曹植为首的两大学派，但大体上可分为徐敬德系和宋纯系。徐敬德系为来源于罗州、和顺等内地的东人，而宋纯系主要由金麟厚、奇大升、林亿龄、李山甫及之后的郑澈、高敬命、金千镒等西人组成。

崔近慕认为，花潭学派中最突出的人物就是许晔和思庵。思庵为畿湖士林的中心人物，但因支持栗谷李珥、举荐牛溪成浑而备受非难。在士林世道政治形成初期，思庵与郑澈、朴渐、金继辉、朴应男、尹斗寿、尹根寿、辛应时、李海寿等结为生死之交，内外相互扶持,相互制造声势,为"世道"政治的形成发挥了主导性作用。思庵确立了畿湖士林的基础,成为畿湖士林的宗匠。

三、性理学

据《领议政赠谥文忠公思庵朴先生行状》记载,思庵"论文章,则首以班马韩柳李杜为本;论道学,则又以《小学》《心经》《近思录》为阶梯"。由此可见,思庵继承了当时的性理学风,在忠实于儒学、重视实践的学问倾向的同时,致力于对性理学的理论研究。他对当时明朝盛行的陆王心学十分担忧,以辟异端为由向朝廷进言,极论王阳明学术之非。

思庵年长栗谷李珥十三岁,深受李珥、成浑尊敬,"论者谓公与牛、栗相善,至称淳即浑、浑即珥,终始三人,貌异而心一"(《思庵先生文集·谥状》)。从栗谷与思庵的三封往复书信中,可以了解思庵的宇宙论及世界观。

在第一封《答李叔献书》中,思庵提出:

> 澹一虚明之气,理亦在其中,虽无形象之可指,既曰理气,则便是道与器,何必待具形,然后始谓之道器乎?冲漠无眹者,理与气也。动而阳,静而阴者,理与气也。冲漠无眹之理气,为天地万物之理气,本是一也,有何疑焉?此意何如?(《思庵先生文集》卷四)

可见,思庵认为宇宙是由形而上之道与形而下之器组成的,主张道即理、器即气,本体与现象一体、理气一体。

在第二封《答李叔献书》中,思庵说:

> 凡经传所论阴阳,皆从天地之已生而言之,未尝及天地之先也。张子所论清虚一大,此穷源反本,前圣所未发也。花潭又推张子之未尽言者,极言竭论,可谓极高明也。但张子以清

虚一大为名，不无后学误解而弊生，故考亭以为落于一边，非以横渠之说为诞妄也。天地未生之先，太气澹一虚静，无穷无外，而太极在其中。及动而生阳，静而生阴，天地分，而万物形，四时运。从天地已生而言之，一阴一阳者，小阖辟也。从天地未生而言之，太虚冲漠无眹而动者，此天地大阖辟也。天地未生之前，可谓之阴，而不可谓之阳也。然则此亦一阴一阳，非阴非阳也。方其太虚寂然，太极未动，理固冲漠，而气无形象之可指，澹一虚静，安得亦可谓之冲漠乎？若曰安有太虚澹一之气，则太极悬空独立而生阴阳乎？理气本无先后也。（《思庵先生文集》卷四）

在这封信中，思庵认为张横渠“清虚一大”的说法为花潭徐敬德所继承并有所发展。他进一步指出，“太极未动，理固冲漠，而气无形象之可指，澹一虚静，安得亦可谓之冲漠乎”，这表明他认同以太极与阴阳、理与气的不可分性为前提的理气二元的性理学宇宙论。他将天地万物生成前后的世界分别称为“大阖辟”和“小阖辟”，这与花潭将太虚之气未发而天地万物未生之前的本体世界称为先天，把气发而阴阳形成森罗万象称为后天的说法（参见《花潭先生文集·原理气》）近似。

在第三封《答李叔献书》中，思庵说：

经传所著，只曰太极生两仪，而未尝说破其十分，引而不发矣。邵子曰：“无极之前，阴含阳。”此言已到，亦未形言太虚澹一之体也。天地有限，而太虚无穷无外。天地未生之前，太虚澹一之气，寂然不动，只是冲漠无眹，而太极在其中，非如天地已生之后，万物有形之时也。一气未聚，都是清虚澹一，把之无捉，见之未睹，安得谓之有象乎？今以目前言之，空中未曾无气，而有何形象可见，固非风云霜露之已聚者也。（《思庵

先生文集》卷四)

思庵认为,关于“极本穷源”论,《周易·系辞上传》“易有太极,是生两仪”的说法不够明晰,而邵康节“无极之前,阴含阳也”的提法“亦未形言太虚澹一之体”,主张“天地有限,而太虚无穷无外”,在森罗万象未形成之前的“清虚澹一”之气中包含太极。

从以上信中所主张的内容可知,思庵的宇宙论以理气二元的世界观为前提。这与主理论哲学所主张的理先气后的立场不同,思庵强调理气时间上的同时性和空间上的同在性,与主气论主张有关联。如果说无气的理的世界称为观念世界,那么,思庵则显示出更加重视经验世界和实际世界的哲学立场。

思庵的宇宙论与世界观根植于张横渠的气论与花潭的气学,但并不忽视理,认为理与气相互为存立条件。

思庵虽为花潭门人,但与栗谷和牛溪交往密切,积极参与现实政治;在学问上,致力于花潭气学与十六世纪普遍的性理学风的调和。

清阴金尚宪评价思庵说,“先生可谓天地之间气、国家之瑰宝、士林之宗匠。文章特其余事耳,何足为先生轻重哉”(《思庵先生文集序》),认为思庵是宣祖时期最杰出的士林人物。

思庵去世后,祭享于京畿花谷书院、永平玉屏书院、罗州月井书院、光州月峰书院。

参考文献:

1. [韩]崔近慕:《思庵朴淳的历史位相》,《韩国思想与文化》第28辑,2005年。

2. 杨会敏:《朝鲜朝前半期汉诗风演变研究》,中央民族大学2011年博士学位论文。

3. 朴光海:《韩国学界研究花潭哲学的现状及特点》,《韩国研究论丛》第 21 辑,2009 年。

4. [韩]韩基范:《思庵朴淳的官僚活动与经世观》,《韩国思想与文化》第 34 辑,2006 年。

5. [韩]黄义东:《对思庵朴淳的性理学的探讨》,《韩国思想与文化》第 27 辑,2005 年。

奇大升

奇大升(1527—1572),字明彦,号高峰、存斋。全罗道罗州人。朝鲜朝中期著名文臣、性理学者。谥文宪。

一、生平(据郑弘溟《行状》整理)

考讳进,与弟遵,俱以藏修著名。及其弟被罪,绝意世事,屏居光州古龙乡,以大臣荐,授庆基殿参奉,谢恩不仕。娶晋州姜氏司果讳永寿之女,以嘉靖丁亥十一月十八日,生先生于古龙里第。先生才离髫龀,俨若成人。始七岁,知读书,每日晨起,正坐诵读不辍。人或劳问其勤苦,则曰:"吾自乐此。"八岁丁母夫人丧,号泣悲哀,人不忍闻。稍长,先生自以在家为学,多所拘碍,遂就乡塾读书,日有课程,不懈益勤。尝闻古人有《闻见录》,学者须存札记以备遗忘,自是专心为己之学,不以俗习科臼经意。己酉,中司马试。乙卯,丁外艰,庐墓三年。戊午,登文科乙科第一名,权知承文院副正字,荐入艺文馆为检阅,由待教升奉教,叙升授弘文馆副修撰。入侍经筵,启曰:"国家安危,系乎宰相,君德成就,责在经筵。经筵之关重,与宰相无异。然君德成就,然后能知宰相贤否而任用之,则经筵为尤重。方今圣德夙成,留心性理之学,若自今勤御经筵,则日有进就,岂非幸甚。"又以开言路、受直谏,反复陈诫。

明宗大王升遐,宣庙嗣服,诏使许国、魏时亮入境,先生以远接使辟幕，诣阙西。两使俱以中朝名儒，时有问难。傧相一委先生，酬应咸得其宜。还朝，拜执义。因朝讲，进启曰："天下之事，必有是非，是非不明，则人心不服，而政事颠倒矣。往在中庙初年，赵光祖倡明绝学，以尧舜君民为己任，不幸被奸小辈所构捏，至于窜谪而死，至今为士林冤痛。光祖之学受之于金宏弼，宏弼受之于金宗直，宗直以郑梦周为师法，其渊源所自，醇正无疵。李彦迪以一时名儒，枉被罪谴，远谪西塞而死。是二儒者，名在罪籍，久未湔涤。当今圣明临御，洞烛事情，宜先表章而尊尚之，如是则国是定而人心服，不可诿以事在先朝而有所留难也。"详在《论思录》中。拜大司成、大司谏者再。

时朝鲜朝方以"宗系辩诬"奏请明朝，擢先生为专对。先生不得已力疾应命，拜工曹参议、大司谏，病不供职。讣闻，上震悼，别致赙有加。京中士庶，相聚哭于终南旧寓，无不咨嗟相吊曰："哲人云亡，国家何恃?"谏院启曰："大司谏奇大升，自小从事圣贤之学，见识高明，与李滉论辨义理，发前人所未发者多。入侍经幄，其所敷陈启沃者，无非圣帝明王之道，一世推重，以为儒宗。不幸有疾，还乡中道而卒。家势清贫，无以庀其丧葬，请令本道优加顾护，以示国家崇儒重道之意。"上从之。

先生天资超卓，早志于学，僻处乡曲，无所师承，而能自奋发，沉潜经籍，探赜微奥，常汲汲有弗得弗措之意，博通古今，精练典故。至其立朝事君，动以古人为法，去就进退，要合于义而无愧于心。昵侍帷幄，惓惓以引君当道、挽回至治为心。每于入侍之时，不徒解释文义，讲明义理，参以治乱贤邪之论，其言论委曲详备，有足以感动天聪、厌服众心者。至于猷为设施，必欲遵守成宪，不喜变更，而及见朝廷举措，系世道臧否而论议不定者，则辄引古据义，析破群疑。时相李浚庆力主仁庙径迁之议，许晔诸人靡然和附，至于奏可。先生时为谏长,争之甚力,终得其正。明庙之丧,议者以为恭懿殿于大行王为嫂叔,古者嫂叔无服。先生曰:“兄弟传国继序,自有君臣父子之义,岂有无服之理乎?”于是制兄弟相继及服制礼仪以明之。尊信吾道,出于至诚。建请申雪二贤冤枉,以扶植士林根柢,使一世知所矜式。与退溪先生论辩义理,初相抵牾。而至于晚年,退溪多从先生言,详在往复书中。或问退溪曰:“高峰行处不及知处?”退溪答曰:“事君以礼,进退以义,何谓知行有异?”退溪之辞退也,自上问当今为学问者有几。对曰:“向学之士,今亦不无其人,而奇大升博洽超诣,鲜见其比,斯可谓通儒矣。”先生平日奏对言语,当时史官考诸国乘,录为二卷,名曰《论思录》。其所著诗文若干卷及与退溪往复书疏,刊行于世,代表作有《论思录》《高峰集》等。

1559年后,围绕“四端七情”,高峰与李滉展开辩论,开启朝鲜朝历时三百年之久的“四七论辩”。政治上,高峰要求广开言路,举贤者,理财养民,提倡治心修身,致诚尽礼。

二、性理学

李甦平在《论奇大升理气混沦的儒学思想》中提出,高峰的性理学思想主要来源于朱熹的“理气不离”思想和明代朱子学“主气”倾向思想。在与退溪的“四七论辩”中,高峰的主要观点如下:

1. 理气浑沦

高峰认为理是理,气是气,不以理气为一物,同时也不说理气不是一物。对理与气的关系,他认为理无形而气有迹而可验,所以理在气之流行处得验。这就是说,理为气之主宰,气为理之材料。一切现实的存在物必须由理与气共同构成,二者缺一不可。同时,高峰认为“四端发于理,七情发于气”的观点明显地将理与气相分离，是不符合朱熹思想的。因为朱熹说过，气之所以能够错综而不失端绪，是理的作用；而气不结聚时，理便无所附着，理因气而显，气因理而行，理与气是浑沦存在。为此，高峰认为，这种观点之失正是太以理气分而言之，没有看到理气是浑沦存在的。他指出，朱熹还说过气能凝结造作而理无造作，所以理只在气之凝聚处；而按退溪“四端发于理，七情发于气”之说，则理是有情义、有计度、有造作的，即退溪主张的“理能动”，显然与朱熹之意不相符合。

李甦平认为，通过高峰对退溪“四端发于理，七情发于气”观点的批评，可以看到在理气观上，高峰更加注意理为气之所以然者，气为理之显现者，理在气之凝聚处的一种理气浑沦状态。

高峰理气观主张的“理气浑沦”思想，必然导致他在“四端七情”问题上主张“四端七情同质”的看法。

2. 四七同质

据李甦平研究，高峰坚持“四端”与“七情”的同质性，其理由如下：

(1)“七情”包“四端”

高峰认为，不论是“七情”还是“四端”，其实质都一样，都是“情”。而至于有“四端”“七情”之分，则是由于先贤所注重的部分不同而形成的。他认为，所谓“七情”是子思从性情总体出发，浑沦而言；所谓“四端”是孟子为了立“善”之标准，专门从“七情”中挑拨出恻隐、羞恶、辞让、是非，其实它们是名异实同。“四端”“七情”都是情，它们在本质上是一样的。

进而，高峰以“理气浑沦”的理气观论述“四端”“七情”的同质性，针对退溪“四端发于理，七情发于气”的观点，指出将理与气分开来是不妥的，是倚于一边，应该将“理与气杂而言之”，即理气浑沦。高峰又按照理学家“心统性情”的理论，指出“四端七情无非出于心”,而心又是理气之合,故“四端”“七情”都是理气之合。

对于用理气思想解释“情”,朱熹没有详细的论述,而高峰对此做了回答。“情兼理气”就是高峰对朱熹思想的深化和发展。所谓“情兼理气”,就是说不论“四端”还是“七情”,都既有理又有气,即都是理气之合。高峰以朱熹的天地之性堕在气质之中而为气质之性,故气质之性为理与气杂的思想为理论根据,说明“七情”就如同“气质之性”一样,是理与气的结合。高峰创造性地主张“情”是本性(理)堕在气质(气)之中而为之,所以情兼理气。尤其是“七情”,不是只指气,而是理气相兼、相合。

“四端”与“七情”在于从理气观的角度界定其区别。高峰认为两者的区别在于气发之后是否中节。关于中节这个问题,他有许多论述,主要认为“七情”是理气相杂,当气发而中节时,便是本体理的呈现,就如同天命之性;而当发而不中节,即理被气禀、物欲所遮掩而不能完全呈现时,就有善有恶,这就如同气质之性。可见,“七情”之发而中节者为“四端”,而不中节者为“七情”。“四端”含于“七情”之中,“七情”之外无“四端”。

(2)“四端”有善恶

李甦平指出,按照高峰“四端”与“七情”同质的思维考察“四端”的善恶问题,因为“七情”有善有恶,所以“四端”中不中节者,为不善。为此,高峰专门写有《四端不中节之说》。文中,高峰从主体道德修养角度即“明善未尽”“力行或差”论述了“四端”也有发而不中节者,所以“四端”亦有善有恶。他还举平常人不当羞恶而羞恶,不当是非而是非为例,说明当理弱气强、理管摄不住气时,“四端”同样会不中节,亦为不善。高峰的这种见解源于朱熹的有关论述,强调人的主观修养的重要性。

(3)情发即气发

高峰针对退溪的“四端,理发而气随之;七情,气发而理乘之”的说法,提出“情之发也,或理动而气俱,或气感而理乘”。李甦平分析,这句话有两个意思:一个是说不论“四端”还是“七情”,应一律统称为“情”;另一个是说不论是“四端”还是“七情”,其发都是气的发动、作用。很显然,“理动而气俱”讲的是“四端”,而“气感而理乘”讲的是“七情”。对于理是否可以“动”,高峰有另外三条论述:

论述一:

> 气之顺理而发,无一毫有碍者,便是理之发矣。若欲外此而更求理之发,则吾恐其揣摩摸索愈甚,而愈不可得矣。(《退溪先生文集》卷十七《答奇明彦论四端七情第三书》)

高峰明确定义,当气顺理而发、没有丝毫障碍时,称为“理之发”或“理之动”。这就是说,所谓的理发、理动是指气按照一定的规律运动。动的是“气”而不是“理”,“理”是“气”动的所以然。即不论是“理动”还是“气感”,其实质都是“气动”“气发”。

论述二:

> 盖七情虽属于气,而理固自在其中。其发而中节者,乃天命之性、本然之体,则岂可谓是气之发而异于四端耶?(《退溪先生文集》卷十七《重答奇明彦附奇明彦四端七情后说》)

论述三:

> 来书谓,孟子之喜、舜之怒、孔子之哀与乐,是气之顺理而发,无一毫有碍及各有所从来等语,皆觉未安。夫发皆中节谓之和,而和即所谓达道也。若果如来说,则达道亦可谓是气之发乎?(《退溪先生文集》卷十七《重答奇明彦附奇明彦四端七情后说》)

以上两条论述再次表明他的"理动"为气"顺理而发"即"气发"的观点。

3."四七论辩"的结果

高峰丙寅所作《四端七情后说》和《四端七情总论》是与李滉论辩最终结束的标志。这个论争如果从己未年算起,由始至终,长达八年。从退溪再未对两说提出异议来看,在《总论》及《后说》的基本观点上两人达到了一定的统一。高峰在这两说中的主要观点是:

坚持七情发而中节者即为四端。他说:"然而七情之发而中节者,则与四端初不异也。盖七情虽属于气,而理固自在其中。其发而中节者,乃天命之性、本然之体,则岂可谓是气之发而异于四端耶?"(《退溪先生文集·重答奇明彦附奇明彦四端七情后说》)

承认四端是理之发,七情是气之发。他说:"四端是理之发者,是固然矣……则七情是气之发者,不亦然乎?"(《退溪先生文集·重答奇明彦附奇明彦四端七情后说》)对四端发于理,高峰本来也是赞成的,这里的改变在于承认七情是气之发。

高峰虽然承认七情是气之发,但显然不是无条件的,即理固自在其中。既然不能说七情中发而中节者是气之发,那么实际上高峰只是主张四端发于理,而四端以外的情感发于气,并不是真正承认七情全部发于气。不仅如此,在高峰看来,承认四端以外的情感是气之发也还有进一步的限制。他说:"七情兼理气、有善恶,则其所发虽不专是气,而亦不无气质之杂,故谓是气之发,此正如气质之性之说也。"(《退溪先生文集·重答奇明彦附奇明彦四端七情总论》)这个说法明显是向李滉让步。但真正说来,高峰并未全部接受李滉的说法。他仍强调七情所发"不专是气",并说"七情兼有理气之发,而理之所发,或不能以宰乎气,气之所流,亦反有以蔽乎理"(《退溪先生文集·重答奇明彦附奇明彦四端七情总论》)。而李滉此前始终认定理气发自不同来源，并未确认七情兼发于理气。由此看来，虽然高峰后来说“因复思之，乃知前日之说考之有未详，而察之有未尽也”（《退溪先生文集·重答奇明彦附奇明彦四端七情后说》），但实际上他的一些基本思想并未真正改变。而在李滉，则因高峰之让步，也没有必要继续争论，他未必全部赞同《总论》《后说》的观点。

4.“四七论辩”对后世的影响

李甦平认为，高峰在与退溪李滉关于“四端七情”论辩中形成了自己的思想体系，如强调“理气浑沦”思想，主张“四端”与“七情”同质，“四端”“七情”都是情等。高峰的这些思想对以后的朝鲜朝性理学思想产生了重要影响，尤其是对以李栗谷为代表的“主气”一派影响更甚。

高峰与退溪关于“四端七情”的论辩更是开启了朝鲜朝性理学关于心、性、情问题的深入、细微研讨之先河，标志着具有朝鲜朝特色的儒学之形成。

高峰关于“四端七情”的一些论述，如对“情”的规定、来源善恶标准的界定等问题的细密论述，既依托于朱熹思想，又是对朱熹思想的细化。这是韩国性理学对中国理学的发展。

参考文献：

1. 李甦平：《论奇大升理气混沦的儒学思想》，《社会科学战线》2015 年第 1 期。

2. 陈来：《略论朝鲜李朝儒学李滉与奇大升的性情理气之辩》，《北京大学学报（哲学社会科学版）》1985 年第 3 期。

3.［韩］李英子：《高峰奇大升的学问观》，《人文学研究》第 37 卷，2010 年。

宋翼弼

宋翼弼(1534—1599),字云长,号龟峰。砺山人。朝鲜朝中期文臣、性理学家。谥文敬。

一、生平

龟峰为高丽贞烈公松之后,其母郑氏生四子,其排行老三,出生于汉阳。龟峰的人生是苦难的一生,他的不幸命运主要是社会与自身家庭,以及朋友关系等所致。朝鲜王朝有着十分严格的身份等级制度,这种制度使很多人天生卑贱,一生逃不掉悲惨的命运,龟峰就是其中之一。他的祖母是司艺安敦厚妾之女甘丁,天生就是奴婢身份的甘丁与杂职直长宋璘生的儿子宋祀连就是龟峰之父。这种身份下,想要成为文人而在文坛有所建树几乎是不可能的事情,龟峰却能在当时成为著名儒士之一,可见他克服了千难万阻。除与生俱来的卑贱身份外,他的家庭内部也出现了许多矛盾。龟峰之父宋祀连一心想要出人头地,却由于身份卑贱,出头之路并不平坦,于是想通过不正当的方法达成心愿,这个方法就是诬告。他欲诬告的主要对象就是其外祖父安敦厚的后裔,即其舅舅安瑭一族,为的是将安氏家门灭族,从而永久隐藏自己奴婢出身的身份。这就是中宗大王时期的辛巳诬狱事件。这一事件使很多士人遭到灾难,宋祀连也因此受到这些人的憎恨,这种憎恨之心也涉及了龟峰这一代人。因此，后来士林派再度掌权之时，宋氏家门又完全被降为奴婢身份，族内七十多户四处逃散，龟峰也被迫过着隐逸生活。在龟峰五十六岁时，重峰赵宪上章表示龟峰虽祀连之子，但一生好学，精通经文，又言行端正，为人正直，完全可以赎其父留下的罪名，他的处境才稍有好转。

由于龟峰的学识与文笔都很出色，人们对龟峰的学问、见识都非常认可，评价甚高。当时著名的学者李珥、成浑都视龟峰为畏友，喜与其讨论大小事，对龟峰所论是非得失，两人无不信服、受用。可见李珥、成浑不论身份高低，只看龟峰之才华而亲之，他们的关系十分友好。但是在龟峰四十多岁时，学者之间分裂成东、西两大派，史称"东西分党"，东人为守旧派，西人为改革派，而西人的中心人物就是李珥和成浑。由于龟峰与此二人的关系亲密，自然而然被视为西人，遭到东人的疾视。如此，在东人当权之时，龟峰就难逃被剥夺良籍而还贱的命运。此时龟峰的另一位好友李山海劝说龟峰，说其受到如此迫害是因为李珥，如果愿对李珥进行诽谤，则可免此一劫。龟峰却表示，宁死不做不仁不义之事。他与李珥的友谊也因此更加牢固。宋氏家门就是在这次事件中又沦为奴婢身份，龟峰被郑澈、李山海等人互相保纳，得以活命。由于与之结交的李山海是东人，龟峰又被时人划为东人一派，加上安氏家门的不断报复，龟峰的晚年生活几乎是在逃亡中度过的。不仅如此，李山海后来受到逼迫，为讨好宣祖而对龟峰进行诽谤。对此，龟峰作诗讽刺，展示了其刚毅正直的性格，却难以消除李山海诽谤的后果。宣祖下令抓捕宋氏兄弟，将两人流放边塞。虽然龟峰的"罪过"在晚年之时被赦免，但是他仍旧选择了隐居的生活。

从龟峰的生平经历可知，他由于天生的"庶孽"身份，并经历了党祸纷争的磨难，无法实现自己的宏伟理想，但一生刚毅好学、力求上进，终在性理学和文学领域有所建树。

二、性理学

龟峰在《太极问》中以屈原《天问》自问自答的形式对周濂溪的《太极图说》提出的太极概念做了说明，这是继"无极太极论辩"之后，对太极问题所做的系统的性理学阐释。对"无极太极，孰先孰后，亦有方位耶"的问题，龟峰答曰，"无太二字，添减不得者也。而字，轻无积渐，无先后，无方位，囚不知一而字之轻，便生陆氏议论"，认为无极、太极无先后、方位之分。当时，朝鲜朝学界对周濂溪《太极图说》中"太极动而生阳""静而生阴"的太极动静问题的理解众说纷纭。对此，龟峰认为：

> 不动不静，而含动静者，太极也。动静两端之循环不已者，气也。盖动静者，气也。所以动静者，太极也。
>
> 太极之有动静，是天命之流行也。盖太极有动静之理，故阴阳能动静也。动静者，阴阳也。所以动静者，太极也。（《龟峰先生集》卷三《太极问》）

即太极含动静故阴阳有动静，并非太极直接动静。其太极观转化为对理气的理解，如下：

> 理气既不相离，则固不可分先后。而然朱子曰："自形而上下者言，岂无先后。"必欲言之，则其先后，亦可想矣。太极，理也。阴阳，气也。形而上，岂有气哉？于气，理未尝不在；而于理，或有气未尝用事处。（《龟峰先生集》卷三《太极问》）

太极为理之尊号、无形而有其名者，具有"统体一太极"和"各具太极"的结构。如何在现实中把握"一而二，二而一"的理气不相离、不相杂的关系，是与性理学实践直接相关的重大问题。龟峰认为理与气是"形而上"和"形而下"的问题。"形而上"者为逻辑问题,可分为先后或离合;而“形而下”者,则与现实世界有关,故无法分先后和离合。即理作为形而上的原理从逻辑上为先在者,其实质内容只能通过作用于可经验的“气(阴阳、形而下)”而被发现和认识,故理、气只能同时存在。换句话说,“于气,理未尝不在;而于理,或有气未尝用事处”。从逻辑上说,理气如朱子所说“决是二物”,但从现实存在来说却是一元的。对于理气问题,龟峰严格辨别“名”与“形而上、下”,这是因为只有明确地分别逻辑概念和关系,才能从现实上更加细致地分别存在和认识的问题,指向实践方向。

> 问:“道与太极之二其名,何也?”“至如一木一草之分而为枝、为干,又分而生花、生叶,生生不穷而各自成果。千果万果,又自生生,是所谓无限太极也。”是指流行处为言,而反谓之太极,何耶?孔子曰“吾道一以贯之”,孟子曰“夫道若大路然”,皆指至极处为言,而又谓之道,何也?朱子所谓语至极,则谓之太极,语流行,则谓之道,此说非是耶?何相反之若此也?答:“流行处固是道,而不得为太极云,则是太极非活底物,至极处固是太极,而不得谓道云,则是道是偏底物。况立言,各有所指耶。”(《龟峰先生集》卷三《太极问》)

作为万理根源的太极分为统会和流行两面,“万理同出一源曰统会,万物各具一理曰流行”,“理一而已,二气五行之理,即一理也”。统会使生生不已的理的永续性成为可能,这是因为气之变化无穷无数,不可预测,但其理归“一理”。理(统体一太极)在(各具太极)气中作为活物存在,气亦成为与“一理”的发现相一致的全物。

对未发和已发问题,龟峰认为“夫未动是性,已动是情,而包未动、已动者为心”(《龟峰先生集·答叔献书别纸》),在说法上与朱子不同，称为“未动”“已动”。

以动为发，则当以静为未发，此必朱子初年说也。朱子曰：“一动一静，皆命之行。”又曰：“静亦动之息尔。”此论为是。……已发未发，一是动一是静。性即喜怒哀乐未发之称，属乎静。

朱子曰：“静者，性之所以立也；动者，命之所以行也，然其实则静，亦动之息尔。故一动一静，皆命之行而行乎动静者，乃性之真也，故曰天命之谓性。”（《龟峰先生集》卷三《太极问》）

在龟峰看来，已发为动、情，未发为静、性，但静实为动之息，是已为气发而天命流行的状态。因此，他以“已动”“未动”替代“已发（动）”“未发（静）”概念。

心有正与不正，心与意发皆中节则情无不善，“夫心者，该寂感贯动静，该而贯之者既得其正，则感与动，安得不善。故情之有善、不善，心之正、未正时也。情之无不善，心之已正后也，发皆中节，即情之无不善也”（《龟峰先生集·答叔献书别纸》）。龟峰对理气与人心、道心关系也提出了自己的见解。栗谷主张“人心道心不可兼”说。“人心、道心，可作主理主气之说，四端七情，则不可如此说。以四端在七情中，而七情兼理气故也。”[《栗谷先生全书·答成浩原（壬申）》]龟峰不同意栗谷的说法：

心是理气之合，而人心、道心，皆发于此心，则固不可以理气分属而言。人心、道心知觉之不同处，则亦不可不以形气性命分言也。（《龟峰先生集》卷四《答希元心经问目书》）

龟峰认为，人心、道心只是一心，只是因知觉处的不同而名称不同而已，因此人心、道心本不可分，不可能如栗谷所言，人心、道心可以互变。这也引出了他反对朱子所谓人心只是形气之发而为恶的主张，认为不可以人心易陷入人欲而一律视为必须制裁的恶。

龟峰主张心性统会,终归为一。

> 叔献所言二者皆发于一事,殊不可知。二者,只一心之发,故谓之杂。声色臭味之为,谓之人心;仁义礼智之出,谓之道心。能治则公胜私而道心为主,不能治则私胜公而人心为主,转为人欲而莫之禁焉。今《心经》则去善恶,而只公言道心、人心之发尔,何可如此说?且贤以叔献之发于人心而为道心之说为可云,亦不可。人心,亦圣贤合有底心,何必变为道心也。然则圣人无人心耶?(《龟峰先生集》卷四《答希元心经问目书》)

从理气之合一心之发,道心知觉性命之正(理)发为仁义礼智,人心知觉形气之私(气)发为声色臭味。龟峰认为治好一心则公胜私而道心为主,不能治则私胜公而人心为主转为人欲。他不认同人心、道心的转化,认为道心、人心是圣贤和众人皆有之物,圣贤亦有人心,故应论一心之杂有而不能论专有。由于人心本身并非不善但有转为人欲的可能性,因此才说人心惟危,在未萌生人欲时人心是安善的。对于道心惟微,龟峰说:

> 道心惟微。朱子曰:"微妙而难见。"栗谷先生云:"惟理无声臭可言,微而难见,故曰微。譬如此远山,本微而难见,目暗人见之,则微者愈微;明者见之,则微者著。"愚见则不然。道心之发,如火始然,如泉始达,所发者小,故微而难见。不知所以治之,则微者愈微;使人心常听命于道心,则微者著。所谓扩而充之也。
>
> 二说皆未尽。理本不微,在气中故微而难见。此在众人说,在圣则何尝有微?气质之品,千万不同,自圣以下之道心有微者,有微而又微者,有又微而又微者。虽或至微,而终无泯灭之理,苟能充之,还与上圣同其著,此朱子之所谓微者著

也。圣人之不微，盖可知也。圣人全其著者也，学者求其著者也。自微至著，我无加损，则是果本微者乎？莫著乎理，而以在气中故微。叔献以理无声臭，而云理本微。公亦只言所发之微少，而不言所以微小之故，皆有所失。且道心之微著与人心之安危，相为消长。人心之危者，道心微；道心之著者，人心安。二者杂于方寸之中。愚意或有因形气而发之时，或有因性命而发之时，二者所发，皆出于方寸之中，故谓之杂。（《龟峰先生集》卷四《答希元心经问目书》）

可见龟峰的人心道心说与其理气论一样所关注的是修养和实践。栗谷认为理微是由于理无声无臭，故难见，是从概念上审视理气而重其无为性。龟峰也不像退溪那样主张理发，而是从本质层面重视修养和实践，认为理本不微而寓于气，故不显。对龟峰来说，重要的不是理概念上的无为性，而是从现实角度如何将其扩而充之的问题。栗谷认为，理无为，其善恶系于情之中节与否，故主张"矫气质"和"养气"。反之，龟峰则认为善恶的情之中节与否系于其意，而意系于心之正与不正，故主张应贯通敬与诚的"直"，通过"直心"扩而充之。由此可以看出，龟峰在重视本质上理的信念的同时，还注重变化气质的实践性方面，其性理学和礼学侧重于修养论方面。

龟峰主张"直"的修养论，开创了畿湖学派的礼学传统。其门下培养了沙溪金长生（1548—1631）、慎独斋金集（1574—1656）、尤庵宋时烈（1607—1689）等配享文庙的杰出人才，当时的硕学栗谷李珥（1536—1584）、牛溪成浑（1535—1598）、松江郑澈（1536—1593）等都经常向龟峰请教有关礼的问题。从学问师承关系上说，沙溪的"统"和尤庵的"直"思想受龟峰影响巨大，因此龟峰在韩国思想史上占据重要地位的畿湖学派内部是一位至关重要的人物。

参考文献：

1.［韩］李素贞:《龟峰宋翼弼的理气心性论研究》,《韩国哲学论集》第 10 卷,2001 年。

2.［韩］金昌庆:《龟峰宋翼弼的道学修己论》,《儒学研究》第 24 辑,2011 年。

3.［韩］金昌庆:《龟峰宋翼弼的性理学的哲学考察》,《韩国思想与文化》第 54 辑,2010 年。

成　浑

成浑(1535—1598),字浩原,号默庵、牛溪。昌宁人。朝鲜朝中期文臣、儒学家,“东国十八贤”之一。谥文简。

一、生平

父守琛受学于静庵赵光祖,专研道学。己卯士祸后,守琛闭门不出,尤擅易学,筑书室于白岳松林间,世称“听松先生”。牛溪早承家学,十岁时学业大进,十五岁时博通经史文辞,为人所佩服。十九岁时与栗谷结为道义之交,相与切磋,以至成德。二十八岁时,其父守琛患病,牛溪侍病昼夜不解衣。其父病重时,牛溪割股肉拌药,父子之情,感人至深。三十四岁时,牛溪与栗谷论“中”“至善”说。三十八岁时,与栗谷就“四端七情”“理气”问题,展开争辩,往复九度。五十岁时,李栗谷去世,年方四十九岁,牛溪恸曰“栗谷于道体,洞见大原,所谓天地之化无二本,人心之发无二原,理气不可互发,此等说话,真是吾师”。牛溪一生几次进出官场,在栗谷离开人世以后,他决意退出仕途,隐居坡山,授徒讲学,世称“牛溪先生”。

牛溪的一些重要论著佚失,后人将保存下来的一部分文稿整理为《牛溪先生集》,共六卷,其中卷四为牛溪与栗谷讨论“四端七情”“人心道心”“理气”的往复书信。另著有《朱门旨诀》《为学之方》。

二、折中儒学

成牛溪的思想在退溪与栗谷之间摇摆，表现为折中的态度，故称成牛溪为折中派。成牛溪思想的折中性主要表现在他与栗谷关于“理气互发”和“气发理乘”的互相辩难的往复书信中。此次论辩源于退溪与奇高峰的“四端七情”论辩。牛溪既看到了退溪“理气互发”的论述，也知道栗谷的“气发理乘”思想，但他判断不出谁更符合朱熹思想。牛溪读朱熹《中庸章句序》之后，认为退溪关于“四端七情”的“理气互发”说与朱熹“或生于形气之私，或原于性命之正”的观点相符合，故支持退溪，并依此向栗谷请教，由此展开了与栗谷的论战。这场论战是“四端七情”之辩的延续和深入，持续了一年之久。其间，牛溪与栗谷的往复书信多达九次，但遗憾的是牛溪的九封书信，目前保留下来的只有第一、二、四、五、六书，共计五封。

牛溪在第一封书信中，基本上是站在退溪“理气互发”立场上，向栗谷辩难，其支持退溪“理气互发”说的重要理论依据就是朱熹的“或生”“或原”论。他把朱熹的“或生于形气之私，或原于性命之正”，理解为退溪所说的四端为理发、七情为气发，认为这两种说法相符合。

如果牛溪赞同退溪的四端为理发、七情为气发的观点，那么也就应该按照退溪的“人心，七情是也；道心，四端是也”的观点，承认“道心”“人心”与“四端”“七情”的对应关系。但是，牛溪却提出“今以道心谓之四端，可矣；而以人心谓之七情，则不可矣”，这种观点又与奇高峰相符合。

第二封书信是牛溪读栗谷回信后之回复。在这封书信中，牛溪向栗谷请教了三个问题。第一，“四端七情”与“人心道心”在旨意上是否相同？第二，“理气互发”说是否与“四端七情”和“人心道心”相符合。第三，朱熹所说的“或生”“或原”的真义是什么。这三个问题一方面反映了牛溪考虑问题的深入和全面，另一方面也暴露了牛溪思想的摇摆性。

栗谷在答牛溪的第一书中，为表达自己认为“四端七情”与“人心道心”不同这一观点，说：“盖人心道心兼情意而言也，不但指情也。七情则统言人心之动，有此七者。四端则就七情中，择其善一边而言也。固不如人心道心之相对说下矣。”牛溪认为栗谷答书中“人心道心兼情意”之语，正是他想说而未能说出的，对此给予了很高的评价。但他对栗谷所说“人心道心”与“四端七情”不同、不能加以类比的观点并不认同。这种矛盾处，正是牛溪思想折中性之体现。

第四封书信充分表现出牛溪在面对栗谷质问时的游移、折中态度。栗谷在答牛溪第三书中批评牛溪认为的“未发之体亦有善恶”是错误的。对此，牛溪强调“夫已发之后，善恶之所由分者而名之，曰如此，性之发而无不善也；如此，气之不齐而流于恶也”。即认同栗谷的批评，认为善恶之分是指已发之后。同时，还进一步修正了“理气互发”的内容。他说，所谓“理气互发”，“非元为互发而各用事也”，而是在“才动之际，而便有主理、主气之不同”。他的这种看法与栗谷的说法是不违背的，即他所谓“与吾兄之诲不背焉矣”。

但是，他又对朱熹“或生”“或原”论及朱熹弟子陈淳的说法感到困惑，认为退溪互发之说与朱子、陈淳之说相符。牛溪在信中明确向栗谷表示对“理气互发”之说的不理解，如“人之乘马，相须以行，而今也指其人为道心，指其马为人心，似不成说话。而人心、道心之分言，亦不知端的之所在矣”，希望栗谷能够给予教诲。

在第五封书信中,牛溪之观点仍然是徘徊于栗谷的解释与退溪的“理气互发”之间。栗谷在写给牛溪的第四书中,重点讲述了理、气与性情、人心、道心的关系问题,并且以人与马和水与器皿的关系详细说明了理、气与人心、道心、善恶三者之间的关系。栗谷说:“人性之本善者,理也,而非气则理不发。人心道心,夫孰非源于理乎?非未发之时亦有人心苗脉与理相对于方寸中也,源一而流二。朱子岂不知之乎?特立言晓人,各有所主耳。程子曰:‘不是善与恶在性中为两物,相对各自出来。’……人心道心之立名,圣人岂得已乎。理之本然者固是纯善,乘而气发用,善恶斯分。徒见其乘气发用有善有恶,而不知理之本然,则是不识大本也;徒见其理之本然,而不知其乘气发用,或流而为恶,则认贼为子矣,是故,圣人有忧焉。乃以情之直遂其性命之本然者,目之以道心,使人存养而充广之。情之掩乎形气而不能直遂其性命之本然者,目之以人心,使人审其过、不及而节制之。”对于栗谷的这种诠释,牛溪很认同,故他在第五书中特意写道:“来喻人心、道心,虽有主理、主气之异,其源皆理,而发之者皆气也。所谓‘或生’‘或原’见其既发之后,而特取其所重者而立名也。如此立说,岂不简便而易晓耶。”

但是,他对“或生”“或原”之说又总是“横格而不去”,这表明他还是依恋于退溪的“理气互发”之说。所以,他在认同栗谷的诠释之时,仍然发出疑问说:“朱子之意果如此,则当变文立说,明其如此,略如《诚几图》之意也,不曰‘或生’‘或原’也。”在牛溪看来,朱子的“或生”“或原”之论似类“天理人欲同体而异用”之说,故有此问。

牛溪在第六封书信中,调停退溪与栗谷的“理气互发”说与“气发理乘一途”说这一基本矛盾观点,再次显示了他的折中态度。

在“四端七情”与“理气”关系问题上,退溪主张“四端发于理,七情发于气”的“理气互发”说,而栗谷主张不论是“四端”还是“七情”,都是“气发理乘一途”。这两种观点构成了退溪与栗谷之学的基本区别之一。牛溪在第六书中,竭力调和两者的这一分歧。他在第六书中有两段话都是在为退溪的“理气互发”说辩解,以图接近栗谷的观点。这两段话意思很接近,都是强调所谓“主理”“主气”,“未发”时“无理气各用之苗脉”,只有在“才发之际”,才有“原于理、生于气者”,而人就其重者,称为“主理”“主气”。牛溪认为退溪的“理气互发”说即为此意,而这也正是栗谷的“气发理乘一途”说之意。

牛溪性理学的折中性表明了他对性理学的深入思考,由此使得朝鲜性理学更加深刻、更加细密。牛溪与栗谷的论辩,涉及理气、人心道心、善恶、四端七情、未发已发、性等性理学基本范畴,两人对此进行了深入讨论。牛溪的主要观点可以归纳为以下两个方面。

第一个方面,关于“人心”“道心”。

“人心”“道心”语出《尚书·大禹谟》“人心惟危,道心惟微”,意为众人之心危而难安,道义之心微而难明,只有精一而不杂,才能保持中而不偏。“人心”“道心”作为理学心性论的重要范畴,首先由程颐提出。他把“道心”解释成合于道之心或体道之心,而不是“滞在知识上”的认知之心。体道之心就是自我体验的道德本心,即“不当以体会为非心”之心。这完全是一种道德意识和道德观念。所谓“学者全体此心”“敬守此心”,就是体验、涵养此道德之心。他认为,人人都有先验的道德之心,“心,道之所在;微,道之体也。心与道,浑然一也。对放其良心者言之,则谓之道心;放其良心则危矣”。所谓“浑然”,就是主体意识完全被道德化,变成了道德观念,又叫“良心”。“人心”则被说成是感性的自然本能、物质欲望等个体意识。程颐将“道心”和“人心”对立起来,以“道心”为正,“人心”为邪,要用“精一”工夫,使“道心”得以保持,而不被“人心”所扰乱。他说:“‘人心’,私欲也;‘道心’,正心也。‘危’言不安,‘微’言精微。惟其如此,所以要精一。”(《二程遗书·杨遵道录》)他认为,“道心”与“人心”二者不能同时存在,因为“人心私欲,故危殆。道心天理,故精微”。他把“道心”“人心”分别和天理、人欲等同起来,这就意味着必须消灭“人心”才能保持“道心”。

朱熹对程颐的这一思想做了修正和发展。他认为,合于道德原则的知觉是“道心”,专以个人情欲为内容的知觉是“人心”。道心指道德意识,人心指感性欲念。而道心、人心都是人的知觉之心,所以“谓如‘人心惟危,道心惟微’,都是心,不成只道心是心,人心不是心”。

而人何以会有“道心”“人心”两种不同知觉?朱熹在《中庸章句序》说:“心之虚灵知觉,一而已矣。而以为有人心、道心之异者,则以其或生于形气之私,或原于性命之正,而所以为知觉者不同;是以或危殆而不安,或微妙而难见耳。然人莫不有是形,故虽上智不能无人心,亦莫不有是性,故虽下愚不能无道心。”他认为,凡人之生,都是禀气为形,禀理为性。各种情欲根源于构成血肉之躯的形气,而道德意识直接发自以理为内容的人的根本。情欲不加控制则流于不善,所以为“危”。良心潜隐在内心深处,微妙难见,所以为“微”。人无例外地具有形气与性理,所以无例外地兼有人心和道心。

按照这一观点,圣人也兼有人心、道心。所以,朱熹反复申明“人心”并不就是邪恶之心。他说:“‘人心,人欲也’,此语有病。虽上智不能无此,岂可谓全不是?”“人心亦未是十分不好底,人欲只是饥欲食、寒欲衣之心尔。”如果只是以“人欲”“私欲”指人的生理欲望和由此产生的基本物质需要，而不是以“人欲”“私欲”为全不是的话，也不碍把“人心”叫作人欲或私欲。朱熹就是用这样的方法解释二程以人欲为私欲的说法的。而以上内容也是朱熹关于人心、道心的基本解释。

牛溪关于人心、道心的思想主要来源于朱熹。如上所述，朱熹关于道心“原”于义理，人心“生”于血气的“或生”“或原”思想给予牛溪很大影响。牛溪在上述第一、第二、第四、第五、第六五封书信中，几乎每一封都谈到了朱熹的这一思想。“或生”“或原”的实质，是关于人心、道心根源的问题。正是在这个重要问题上，牛溪做了深入的思考和研究。例如，他在给栗谷的第一封书信中，明确提出人心、道心与理气的关系，人心、道心与“四端”“七情”是否对等，人心、道心与善恶的关系等。这些问题又一直贯穿于牛溪的所有书信，是他始终关注的重要问题。

如上所述，在“四端七情”问题上，牛溪基本上站在退溪立场上，为退溪“四端发于理，七情发于气”之说辩护。而其辩护的重要理论依据就是朱熹的人心“或生于形气之私”，道心“或原于性命之正”。这一思想可以简化为人心生于气或人心发于气，道心生于理或道心发于理。牛溪认为，在道心、人心与理气的关系上，朱熹的观点是道心理发，人心气发。正是因为牛溪自认为朱熹是这样的“理气互发”论，所以他才以此为理论依据，认为退溪坚持的“四端发于理，七情发于气”可以和道心理发、人心气发相对等。可见，关于人心、道心根源的问题，牛溪是从理气这对性理学的基本范畴着眼，以理气关系来解释人心、道心的生成。

循着这样的思路，对于人心、道心与“四端”“七情”的关系问题，他认为道心、人心与“四端”“七情”可以对举。这一思想在他给栗谷的第二封书信中有明确阐述。例如他说：“论人心道心可如此说,则论四端七情亦可如此说也。”牛溪的意思是说,道心为四端,人心为七情。也就是说,牛溪认为道心为四端,是纯善无恶的;人心为七情,是有善有恶的,而这又涉及心与性情的关系问题。牛溪主张“心兼情意”,认为这是“大头脑处”。与性情相关联的另一个问题就是性善、性恶问题。对此,他在给栗谷的第四封书信中做了简要论述:“夫已发之后,善恶之所由分者而名之,曰如此,性之发而无不善也;如此,气之不齐而流于恶也。”可见,牛溪仍用理气关系来解释性之善恶的形成。他认为,性之善恶之分,在“已发”之后。如果发而中节,便是性发为善;如果发而不中节,便是气不齐为恶。

第二个方面,关于“理气一发”。

在对“四端七情”与“理气”关系的论述上,退溪主张“理气互发”说,栗谷主张“气发理乘”说,牛溪则主张“理气一发”说。这是他的特点。

车勇范在《成浑哲学思想初探——以理气论和人心道心论为中心》一文中认为:所谓“理气一发”,就是说在刚发之际,或以理为主,或以气为主,以理为主,则气随之,以气为主,则理随之。牛溪的这一思想在他写给栗谷的第六封书信中表达得最为完备。性是一种潜在的能力,在其潜在的情况下,道学家称之为“未发”,在其实现作用的情况下,道学家称之为“已发”。“已发”就是“情”,再用理、气来诠释“已发”之后的“情”。何谓“四端”,何谓“七情”,在这两个问题上,虽然退溪和栗谷的观点截然不同,但两人对“四端七情”问题都做出了突出贡献。与他们相比,牛溪在这个问题上虽然游离于退溪与栗谷之间,但也提出了自己的观点,即“理气一发”。

牛溪不太看重“未发”,他重视的是“刚发”或“才发”之际。他认为,在“刚发”或者“才发”之际,有“原于理”者,也有“生于气”者,但这并不意味着理先发而气随其后,也不是说气先发而理再乘其后。这是强调“刚发”或“才发”时,或以理为主,或以气为主,人则就其重处,称为“主理”或“主气”。牛溪认为,“刚发”之际,“主理”则为“四端”,“主气”则为“七情”。这就是他的“理气一发”说。

车勇范认为,牛溪的“理气一发”说,在主观上有调和退溪、栗谷观点的意图,在客观上却深化、细化了“四端七情”与“理气”的关系问题。退溪强调理的价值和理的能动性,站在理气相分立场上主张“四端发于理,七情发于气”的“理气互发”说。栗谷强调气的功能性,从理气相合角度,认为不论是“四端”还是“七情”,都是“气发理乘”,即一途说。而牛溪提倡在“刚发”或“才发”之时,既要看到理的能动性,又要看到气的重要性,进而提出“理气一发”说。可见,牛溪的“理气一发”的思想丰富了韩国性理学关于“四端七情”与“理气”关系的论述,为后世学者思考这一问题提供了一条重要研究途径。

牛溪在韩国儒学史上发挥了重要作用,其学问业绩诚如后人所云:“至于成浑之学,得之家庭,渊源甚正,庄重纯粹,表里如一,出处语默,动法圣贤,德器成就,嶷然为士林领袖,正如祥麟瑞凤,表仪当世。”“牛溪学问,门路之正,平生进退之义,粹然一以古圣贤自程。吾东儒先中,盖未有如牛溪者也。此非阿好之言,后世有朱子,必能定之矣。”

参考文献:

1. 车勇范:《成浑哲学思想初探——以理气论和人心道心论为中心》,延边大学2012年硕士学位论文。

2. [韩]李亨成:《牛溪成浑门人调查与牛溪学继承情况》,《孔子学》第 23 卷,2012 年。

3. [韩]吴硕源:《牛溪成浑的道学思想》,《韩国思想与文化》第 60 辑,2011 年。

4. [韩]李炯性:《牛溪成浑重理的实践儒学思想小考》,《韩国思想与文化》第 25 辑,2004 年。

李　珥

李珥(1536—1584),字叔献,号栗谷。德水人。十六世纪朝鲜著名哲学家、爱国政治活动家、杰出的教育思想家,“东国十八贤”之一。谥文成。

一、生平(据《栗谷先生年谱》整理)

父司宪府监察、议政府左赞成元秀。母申氏任堂,精通经书、诗文、书画,对栗谷的成长有重要的影响。七岁时,栗谷“受学于母夫人,间就外传,不劳而学日就。至是,文理该贯,四书诸经率皆自通”。八岁,作汉诗,使人惊叹。十三岁,中进士初试。十九岁,离家进金刚山专门研究佛教,取号“义庵”。经约一年研究,“遂疑其学之邪”,回到家乡“复取圣贤书”,专心致志研究儒学。二十岁,著述《自警文》十一条,第一条里写道:“先须大其志,以圣人为准则,一毫不及圣人,吾事未了云。”二十三岁,春,谒退溪李先生于礼安之陶山。时先生自星州向江陵,遂历谒。仍呈一律云:“溪分洙泗派,峰秀武夷山。活计经千卷,生涯屋数间。襟怀开霁月,谈笑止狂澜。小子求闻道,非偷半日闲。”退溪先生和云:“病我牢关不见春,公来披豁醒心神。始知名下无虚士,堪愧年前阙敬身。嘉谷莫容稊熟美,游尘不许镜磨新。过情诗语须删去,努力功夫各自亲。”留二日而去。退溪与赵士敬穆书曰:“某来访,其人明爽多记览,颇有意于吾学,后生可畏,前圣真不我欺也。曾闻其太尚词华,欲抑之不令作诗,去日朝雪作,试使吟咏,倚马出数首,诗则不如其人,然亦可观。"

在江陵时,退溪先生寄书及诗曰:"从来此学世惊疑,射利穷经道益离。感子独能寻坠绪,令人闻语发新知。"又曰:"归来自叹久迷方,静里才窥隙里光。劝子及时追正轨,莫嗟行脚入穷乡。"书曰:"世间英才何限,只为不肯存心于古学,滔滔尽然。如君高才妙年,发轫正路,他日所就,何可量哉!"又书曰:"足下行年甫弱冠耳,而颖脱如许,不可谓失学,而尚且云然者,岂不以所学有差同于未学也耶。悟前非而思改,又知从事于穷理居敬之实,可谓勇于改过,急于向道,而不迷其方矣。圣远言湮,异端乱真,古之聪明才杰之士,始终迷溺者,固不足论矣。程伯子、张横渠、朱晦庵诸先生,其始若不能无少出入,而旋觉其非。噫,非天下之大智大勇,其孰能脱洪流而返真源也哉。往闻人言,足下读释氏书而颇中其毒,心惜之久矣。日者之来见我也,不讳其实而能言其非,今见两书之旨又如此,吾知足下之可与适道也云云。"与退溪先生讲论主敬工夫、《大学》定静安虑及敖惰之义、程子格物之说、朱子存养省察之训与四皓出处、《圣学十图》可疑处。冬,魁别试解。考官郑士龙、梁应鼎诸人,见先生策曰:"吾辈经思数日,始构此题,而李某之短晷所对若此,真天才也。"二十九岁,"七月,中生员、进士;八月,中明经及第,拜户曹佐郎"。栗谷先后参加九次会试均中,人称"九度状元公"。

栗谷在自二十九岁登上政治舞台到终年为止的二十余年,深入研究儒学,历任吏曹佐郎、户曹判书、大提学等要职,积极参与社会政治活动。因病不担任官职期间,他回到地方积极从事教育事业。著有《东湖问答》《圣学辑要》《击蒙要诀》《学校模范》《小儿须知》等，均收于《栗谷全书》，另著有《四书谚解》《小学集注》等。

二、理气二元论

李洪淳在《论李珥的哲学思想》一文中指出，在理与气的关系上，栗谷既反对李滉的客观唯心主义学派的"理先气后"论，又反对徐敬德唯物主义学派的气一元论，主张把二者调和起来。认为，理与气同时形成世界的本原。栗谷说："非理则气无所根柢，非气则理无所依著。既非二物，又非一物，非一物故一而二，非二物故二而一也。非一物者，何谓也？理气虽相离不得，而妙合之中，理自理气自气，不相挟杂，故非一物也。非二物者，何谓也？虽曰理自理气自气，而浑沦无间，无先后，无离合，不见其为二物，故非二物也。是故，动静无端，阴阳无始。理无始，故气亦无始也。"[《栗谷先生全书·答成浩原(壬申)》]

栗谷不仅在理与气的关系上提出二元论，而且在太极与阴阳的关系上也提出了二元论观点。栗谷批判李滉的"太极生两仪"之说，指出："圣贤之说果有未尽处，以但言太极生两仪，而不言阴阳本有，非有始生之时故也。是故，缘文生解者，乃曰气之未生也，只有理而已。"(《栗谷先生全书·答朴和叔》)接着，他批判徐敬德的"气乃生阴阳"之说，指出："又有一种议论曰：'太虚澹一清虚，乃生阴阳。'此亦落于一边。不知阴阳之本有也，亦一病也。……今若曰澹一寂然之气，乃生阴阳，则是阴阳有始也，有始则有终矣，然则阴阳之机，其息也久矣，其可乎？且澹一之气，是阴阳耶？阁下前者目之以阴矣，然则太极非根柢，而阴气乃根柢也，但以阴为阳之母，而不知阳为阴之父也，其可乎？"在此基础上，栗谷把太极和阴阳放在同等的位置上，提出了太极则阴阳的二元论观点。他说："大抵阴阳两端循环不已，本无其始，阴尽则阳生，阳尽则阴生，一阴一阳而太极无不在焉，此太极所以为万化之枢纽、万品之根柢也。”（《栗谷先生全书·答朴和叔》）理与气、太极与阴阳的关系问题是当时朝鲜朝哲学面临的基本问题。由于对这个问题的回答的不同，学界分为唯物主义与唯心主义两大阵营。凡是主张“理先气后”的属于唯心派；与此相反的，则属于唯物派。栗谷在这个基本问题上，主张把二者调和、折中在一个体系中，试图形成一个超越于二者之上的完整的哲学体系，这就是他的理气二元论。

李洪淳指出，栗谷的理气二元论认为理气二者各自独立、互相平行不离，同是形成世界的本原。这实际上只不过是折中主义哲学而已，并不是超越于二者之上的第三种派别。因此，与哲学史上的其他二元论者一样，栗谷最终要落到承认“理先气后”的客观唯心主义的阵营。这一点在他批判徐敬德的“气不灭”论时表现得十分明显。他说，徐敬德“以为湛一清虚之气，无物不在，自以为得千圣不尽传之妙，而殊不知向上更有理通气局一节，继善成性之理，则无物不在，而湛一清虚之气，则多有不在者也。理无变而气有变，元气生生不息，往者过来者续。而已往之气已无所在，而花潭则以为一气长存，往者不过，来者不续，此花潭所以有认气为理之病也”（《栗谷先生全书·答成浩原》）。在栗谷看来，理是永恒不变的绝对的东西，而气是随时可变的相对的东西。这与他所主张的理气二元论是自相矛盾的。于是，他试图用“理先气后”的客观唯心主义理论来解决这一矛盾。他说：“理气无始，实无先后之可言，但推本其所以然，则理是枢纽根柢，故不得不以理为先。圣贤之言，虽积千万，大要不过如此而已。若于物上观，则分明先有理而后有气，盖天地未生之前，不可谓无天地之理也，推之物物皆然。”（《栗谷先生全书·与成浩原》）在这里，他彻底地抛弃了二元论的假象，在理与气何者为第一性的问题上，承认了理的第一性，并进一步论证说:“有是理则不得不有是气,有是气则不得不生万物。”(《栗谷先生全书·易数策》)“是气动则为阳,静则为阴,一动一静者气也,动之静之者理也。”(《栗谷先生全书·天道策》)“阴阳既分,二仪肇辟。二仪既辟,万化乃生。其然者,气也;其所以然者,理也。”(《栗谷先生全书·易数策》)又说:“惟求于《易》而不求于理,徒见其然,不见其所以然。卒失《易》学之宗,则安能有补于四圣之遗意欤?不知理而能知《易》者,愚未之闻也。”(《栗谷先生全书·易数策》)这样,栗谷虽然试图独创一个超越于唯气与唯理争论之上的理气二元论,然而终不免承认理为先于事物而存在的绝对的东西,是产生万物的始原,而气只局限于有形有为的具体事物的水平上,以此提出了“理通气局”之说,陷入了李滉的客观唯心主义体系中。

栗谷在世界的本原问题上,承认物质世界的客观存在,主张物质世界是由“元气”构成的。他说:“天地虽大,不过为元气中之一物,则天地中之物,亦不过大物中之一小物也。”(《栗谷先生全书·全振纲语录》)又说:“且夫盈天地间者,莫非气也。”(《栗谷先生全书·天道策》)又针对李滉的“理一分殊”的神秘主义观点批评说:“一气运化,散为万殊,分而言之,则天地万象,各一气也。合而言之,则天地万象,同一气也。”(《栗谷先生全书·天道策》)又说:“理何以有万殊乎?气之不齐,故乘气流行,乃有万殊也。”(《栗谷先生全书·答安应休》)栗谷针对李滉的理气互发说,提出了气发理乘说。他说:“天理者,无为也,必乘气机而乃动,气不动而理动者,万无其理。”(《栗谷先生全书·答安应休》)在这里,他否定了李滉所主张的理的独立运动能力,提出事物的运动完全以气为转移的合理观点。接着,他对于事物运动变化的原因说:“气发而理乘者何谓也?阴静阳动机自尔也,非有使之者也。阳之动,则理乘于动，非理动也；阴之静，则理乘于静，非理静也。……所谓气发理乘者，非气先于理也，气有为而理无为，则其言不得不尔也。”（《栗谷先生全书·答成浩原》）依据上述理论，他既反对朱熹的“只是理有动静”之说，又反对李滉的理气互发说和理发气乘说，提出了自己的理气兼发、气发理乘说。

三、可知论

李洪淳认为，栗谷的认识论从其本质来说是客观唯心主义的认识论。栗谷在认识论上承认理的第一性，他指出：“其聪明思虑者气也，其所以聪明思虑者理也。”在栗谷看来，认识的根源是理。

但是，在栗谷提出的认识论中包含着不少合理的唯物主义认识论成分。他主张，人的思维器官即“知觉之心”是人的肉体“血气之身”的产物，说：“人之知觉，出于精气焉。”（《栗谷先生全书拾遗·死生鬼神策》）又提出人的认识依赖于感官的合理观点。他说：“有耳然后可以闻声，有目然后可以见色，有心然后可以思虑矣。……安有一物无耳而能闻，无目而能见，无心而能思虑者哉？”（《栗谷先生全书拾遗·死生鬼神策》）栗谷认为，人的知识来源于外界的客观事物，没有同外界客观事物的接触，就不能获得知识。他说：“必有感而动，而所感皆外物也。……今以恻隐言之，见孺子入井，然后此心乃发。所感者，孺子也。孺子非外物乎，安有不见孺子之入井而自发恻隐者乎？”［《栗谷先生全书·栗谷先生年谱（上）》］对不直接接触外界事物而产生的思维活动，他回答说：“此亦紬绎旧日所发之情也。当其时虽未接物，实是思虑旧日所感之物，则岂非所谓缘情乎？”这是关于人们在获得知识的过程中，不但要靠自己的实践与经验，而且要靠先人的实践与经验来丰富自己知识的观点，是关于人们通过各种求知的途径可以认识世界的观点。

栗谷从世界是可以认识的观点出发，提出了认识过程的三层（下、中、上）阶段论。下层是认识的初级阶段，“有读圣贤之书，晓其名目者，是一层也”（《栗谷先生全书·答成浩原》）。其中层，“有既读圣贤之书，晓其名目，而又能潜思精察，了然有悟其名目之理，了然在心目之间，知其圣贤之言，果不我欺者，又一层也”（《栗谷先生全书·答成浩原》）。这两层都是属于不经过实践而得知的认识的低级阶段。上层是经过“亲履其境，身亲其事”获取真知的阶段。他举人们对某一座山的认识过程的例子，说明认识过程的三层阶段：下层是“未尝识其山之所在”而“徒闻人言而信之”的阶段；中层是“因他人之指导，识其山之所在，举头望见”的阶段；上层是“亲履其境而求上山顶者，又有既见其景”的阶段。在这里，栗谷力求阐明认识与实践的辩证关系，强调实践的重要性。他认为，只有经过实践而获得的知识，才算是真知。他在批评脱离实践、人云亦云的人时，说：“何异于鹦鹉之能言耶？”在强调实践时，指出：“每句必求践履之方，若口读而心不体、身不行，则书自书、我自我，何益之有？”（《栗谷先生全书·读书章第四》）这里他阐明了实践出真知的可知论。他的认识论中的这些合理因素，不仅显示出他的哲学思想的独创性，而且标志着朝鲜朝哲学思想在认识论上的进一步发展。

依据上述认识论中的合理观点，栗谷提出了无神论和排佛论。他反对所谓的“招魂葬”“改葬”等迷信活动，否定佛教的天堂地狱论、因果报应论。他说：“既无知觉，则纵有天堂地狱，谁知苦乐哉？释氏报应之说，不攻自破矣。”（《栗谷先生全书拾遗·死生鬼神策》）

栗谷对“神”基本上持有正确的理解，但是，他对哲学的其他基本问题的认识则是不彻底的。他认为人在死后的一个时期仍有神魂,而回到了提倡致诚祭祀祖宗的有神论观点。

四、伦理道德观

李洪淳指出,栗谷在伦理道德观上和李滉一样,是封建统治阶级伦理道德观的积极拥护者。栗谷说:“大抵随时可变者,法制也;亘古今而不可变者,王道也,仁政也,三纲也,五常也。后世道术不明,不可变者有时而迁改,可变者有时而胶守,此所以治日常少,乱日常多者也。”[《栗谷先生全书·万言封事(甲戌)》]他把三纲、五常看作神圣不可违背的永恒的绝对真理。他鼓吹父子君臣的大伦,说:“父子君臣,其为大伦一也。是故父子之恩不重,则君臣之义不明矣。臣之事君,不可怀二心,则子之于父,独可怀二心乎?”[《栗谷先生全书·立后议一(癸未)》]尽管如此,在伦理观的某些方面,栗谷与忠于程朱理学的李滉仍持有不同的观点。其不同观点突出地表现在“四端七情”的争论上。李滉认为“四端(仁、义、礼、智)”是人的本性中所具有的先天至善的“理之发”,而“七情(喜、怒、哀、惧、爱、恶、欲)”则是后天的,可善可不善,来自人的形气,即“气之发”,从而提出了“理气互发”论。李滉妄图用这一道德规范来束缚人们的灵魂,维护勋旧大臣的保守势力。栗谷断然反对李滉的“理气互发”论,指出:“人心道心虽二名,而其原则只是一心。其发也,或为理义,或为食色,故随其发而异其名。若来书所谓理气互发,则是理气二物,各为根柢于方寸之中,未发之时,已有人心道心之苗脉,理发则为道心,气发则为人心矣。然则吾心有二本矣,岂不大错乎?”[《栗谷先生全书·答成浩原(壬申)》]在栗谷看来,“四端七情”并没有什么先天、后天之区别,都是后天的,是“血气之身”的产物。他说:“退溪因此而立论曰:‘四端,理发而气随之;七情,气发而理乘之。’所谓气发而理乘之者,可也,非特七情为然,四端亦是气发而理乘之也。何则,见孺子入井,然后乃发恻隐之心,见之而恻隐者,气也,此所谓气发也。”[《栗谷先生全书·答成浩原(壬申)》]又说:“人心道心之相对立名也,吾兄必欲并而比之,何耶?……若七情则已包四端在其中,不可谓四端非七情,七情非四端也。乌可分两边乎?七情之包四端,吾兄犹未见得乎?”[《栗谷先生全书·答成浩原(壬申)》]

在天理与人欲的关系问题上,栗谷与李滉也持有不同的观点。李滉将一切物质欲望甚至连吃穿都看作是罪恶的人欲,因而陷入佛教禁欲主义的泥沼。依托上述观点,李滉把人民为了自己的生存而斗争的正当行为看作是应加以反对和镇压的天性作恶的行为。栗谷反对李滉的禁欲主义人欲观,提出自己的人欲观,说:“如当食而食,当衣而衣,圣贤所不免,此则天理也。因食色之念而流而为恶者,此则人欲也。”[《栗谷先生全书·栗谷先生年谱(下)》]

这里栗谷提出,不该说人们的一切物质欲望都是恶,欲的善恶之区别要看具体条件。依托这种观点,他对当时农民的游离逃散和武装起义给予了正当的评价。在他看来,农民游离逃散、武装起义,并不是他们天性恶,而是在统治集团的残酷压榨下,人民“不堪涂炭”的结果。

李洪淳指出,总的来说,从整个哲学体系看,栗谷是为李朝封建统治阶级服务的客观唯心主义者。他从理气二元论出发,终究陷到了客观唯心主义泥沼,客观上起了补充李滉客观唯心主义论点的作用。但栗谷是代表进步的中小两班阶层利益的士林派前期思想的集大成者,他在同勋旧保守势力的斗争中发挥了独创性,提出了不少唯物的和辩证的合理观点。这样,在他的哲学思想里,朴素的唯物辩证法的合理因素和客观唯心主义观点交织在一起,处于自我矛盾状态。如,他一方面批判李滉的“依样之味”,赞扬徐敬德的"自得之味",另一方面却说"盖退溪多依样之味,故其言拘而谨;花潭多自得之味,故其言乐而放。谨故少失,放故多失。宁为退溪之依样,不必效花潭之自得也"(《栗谷先生全书·答成浩原》)。这正是软弱的中小两班阶层的妥协性和两重性的反映。尽管如此,对栗谷哲学思想中进步的合理因素及栗谷本人对朝鲜朝哲学思想发展所起的影响和作用,仍应予以充分肯定。

参考文献:

1. 李洪淳:《论李珥的哲学思想》,《延边大学学报(社会科学版)》1979 年第 S1 期。

2. 张立文:《栗谷的理气观》,《韩国学论文集》第 3 辑,1994 年。

3. 李甦平:《试论李栗谷的理气观》,《东疆学刊》2005 年第 1 期。

4. 洪军:《论李栗谷与畿湖性理学》,《当代韩国》2000 年第 1 期。

5. [韩]张元才:《李珥哲学的形成过程与时期区分》,《哲学研究》第 33 辑,2005 年。

郑澈

郑澈(1536—1593),字季涵,号松江。延日人。朝鲜朝中宗、宣祖年间文臣、学者。谥文清。

一、生平

1536年,松江生于汉城。其父郑惟沈曾任敦宁府判官,在松江九岁时,因乙巳士祸而被流放。松江十五岁时,拜著名学者金麟厚、奇大升和梁应鼎为师,受到良好教育,后又和名儒宋翼弼、成浑、李珥交游,结为忘年之交。1560年,松江创作了《星山别曲》。1561年,进士试及翌年文科别试皆中状元,授献纳、暗行御史等。1583年,官至礼曹判书。1584年,为大司宪。但当时党争激烈,松江受到排斥,于1585年辞职归故里,专事歌辞与时调的创作。1589年,官至左议政。1591年,受李山海谋害,以悖逆王意之罪,被罢官、流配。1592年壬辰倭乱之时,应诏护送宣祖由平壤至义州避乱。1593年,出使明朝请援,后以体察使留江华岛,于本年去世。著有诗集《松江歌辞》、时调集《松江别集追录遗词》,代表歌辞作品有《星山别曲》《关东别曲》《思美人曲》《续美人曲》等。文集有《松江集》。

二、儒学思想

从松江的作品可以看出,其交游人物中,以师生相称的有金麟厚、奇大升、林亿龄、宋纯等人，以挚友相称的有金成远、李珥、成浑、白光勋、林悌等人，这些人都是当时的大学者。他们虽然大多是尊崇儒家思想的士大夫，但其中也有人持道教观过着自然隐居生活。松江受他们的影响，既秉持儒家理念，具有出仕思想，又具有与自然亲和的道家思想。因此，松江是具有双重思想的人物。

关于松江的人生脉络，申钦在《松江集序》中写道："盖尝闻公少束脩金河西之门，长质业高峰奇公。时则有若思庵朴公淳、参判金公继辉、栗谷李公珥、牛溪成公浑，洎诸朝野名胜，靡不显重公。"由此可知，松江在湖南名儒门下学习，与畿湖名士交往。

松江幼时失学，十几岁时移居昌平，生活稳定后，先后师从金麟厚、奇大升、梁应鼎、宋纯、金允悌、林亿龄等湖南人士，开始了真正意义上的修习。此外，亦曾师从柳希春门下。

金麟厚由于乙巳士祸回到家乡长城郡，在1548年又移居至附近的顺昌，在占岩县建训蒙斋研修并培养了郑澈、梁子澂、赵希文、奇孝谏、卞成温等人。金麟厚以《小学》《近思录》《大学》启蒙后学，因此松江将训蒙斋旁的岩石称为"《大学》岩"。此后，金麟厚丁父忧，离开训蒙斋返回长城郡，不久即去世。松江为其师写了祭文及诗歌以表达钦慕之情。在金麟厚文集刊印之时，松江与奇孝谏敦促并协助金麟厚之婿梁子澂治先生行状，以存师门事迹。由于在训蒙斋学习时间较短，松江当时对儒学并未做深入研习。

据申钦记载，松江在启蒙之后，于二十岁时转到比自己年长九岁的高峰奇大升门下。此时，奇大升正在光州研究《朱子文录》并进行著述活动。松江以书信请教"四端七情"和"理气"等问题，奇大升在回信中说：

> 四七之说，大概精密，其于理气之发见，思孟之意言，分辨得出，不为儱侗，深觉叹服，如此求之庶几不失圣贤本旨也。

然亦多有未安者，盖道理无穷，非一见可了，而乃以一时之所见，欲断千古之论，宜乎有未尽处也。气动而理随之，理动而气挟之，此说出于勉斋黄氏，事若可疑，然当体认到底，观其如何，恐不可遽议也。四端不中节之说，则乃朱子之言，尤不可易议，须乞反复思索何如。若如是容易断定，则恐更有病痛也。来谕所谓"理气无偏意彼此之异限"者，甚当。然其曰七之发有正与乖戾，相因气之清浊而然，此便是偏主之论之根也，如何？又性情之间，至妙至微，非见闻所论云云者，似非儒家本色，语无捉摸处，须着实下工，何如？恐欲高而反为无用地。且哀书所谕往复词气之间，不为细心研究，未免有主论遗实之病云者。果当果当，敢不服膺，然亦望以此反求，何如？心惟先动之说大外固疑之，曾与哀侍讲之，来示大概与鄙意不异，故今不复仰答，并乞哀照。小祥服淡，未有所考，若古礼则不如此，但世俗所遵用如此。然当此国恤人皆服白，似不可服淡，虽服白，何害乎？况白重于淡，今曰举轻，无乃未之察乎？鄙意服白以终再期，而大祥服淡，于礼于时，似不相失也。且《家礼》，固朱子未及改定之书，其未备者何必致疑耶？广求他书，定之可也。都失了云者，为不降母言也，幸惟哀谅。程子引必有事焉，《或问》固曰"借以为言"，则与孟子本意，有不同矣。但其曲折，大升亦未得了了，不敢安为之说。(《高峰先生文集》卷三《答郑哀侍澈》)

由此可见，奇大升对松江提出的"理气无偏意彼此之异限"说予以认可，但同时要求松江对先贤之说细加揣摩，不可妄下论断。奇大升还细致回答了松江所提《家礼》中有关丧礼的问题，可见松江对性理学有着深刻的理解，对礼学的实践问题也极其关注。

1572年，奇大升回乡途中在泰仁去世，据《眉岩日记》记载，松江对此不仅撰写祭文表示哀悼，而且积极筹办丧仪，并在出任全罗监使时照料祭享奇大升的祠堂，为之提供奴婢田土。

松江后在京城为官时师从眉岩柳希春（1513—1577），并于1556年结识了与己同年生的李珥。在遇到李珥之后，松江被李珥卓越的才能和清廉的人品吸引，决定与之交往。松江在丁父忧时，曾向李珥请教丧礼和祭礼的问题，并把为父写墓志铭之事拜托给李珥。时正值朝鲜朝内部党派相互攻讦，李珥拜托松江调停，他于病重弥留之际紧紧抓着松江的手，诉说着对国家的担忧。松江二十五岁时通过诗赋与成浑交往。松江出仕后，每当发生重要的政事，都与成浑商议后再做决定。读了《朱子书节要》后，松江将其中的疑问以书信形式寄给成浑予以询问。之后，松江又将长子郑宗溟送到成浑门下，可见两人交情之深。

同时，成浑与宋翼弼的交往也很深。文定王后去世时，礼官根据《国朝五礼仪》制了白笠，尹元衡将其改为黑笠。宣祖即位后，新进士林又将其还原为白笠。在《家礼》规定丧礼中不能使用暗色的情况下，自松江使用白笠后，朝鲜朝国丧用白笠就成为定礼。松江写信向精通礼学的宋翼弼询问与国丧相关的事项，后就有关问题写成《疑礼问目》。1575年，松江曾就土后服色问题与宋翼弼进行讨论。宋翼弼是宋祀连的儿子，宋祀连是安家婢母所生，在中宗大王时期因为告变被册封为功臣。但是在1586年宋祀连之前的告变被揭发为诬陷，宋翼弼和弟弟因此一起沦为安氏奴仆。此时宋翼弼兄弟在松江等人的帮助下逃出，改名换姓过着隐居生活。松江还将儿子郑弘溟送到宋翼弼门下。

松江十几岁时在昌平、光州度过，曾在许多湖南名儒门下学习。如金集、申钦所述，对松江影响最大的当是金麟厚和奇大升。金是畿湖学派学者，弟子后来大多成为西人。松江回到京城后，与李珥、成浑、宋翼弼等西人派别的学者交往广泛。因此，松江在学问方面遵从西人路线。

金德镇认为，从当时奇大升、柳希春的评价来看，松江的学问达到了相当高的水准，但是松江自身没有留下更多的资料以供后人分析。松江虽然教授过许多门生，但后来有名的只有寥寥数人，师从宋翼弼的松江之子郑弘溟后来成为性理学大家，可见松江对“义理之学”的重视。

松江在政治和儒学上虽无甚业绩，但其在文学尤其歌辞文学方面成就巨大，成为朝鲜朝文学史上划时代的人物，与孤山尹善道并称为歌辞文学双璧。

1580年，松江创作了《关东别曲》，并为教育民众创作了十六首训民歌。1585年，隐居乡里后，他创作了时调和《思美人曲》《续美人曲》等歌辞作品，这些作品皆用朝鲜谚语创作。《关东别曲》是一首长篇写景歌辞，为松江的主要代表作品。松江以细腻的笔触、生动的语言描绘了风景胜地关东八景和金刚山的绮丽风光，叙述古迹、逸话，使人听其曲、观其辞如同亲临其境。《思美人曲》和《续美人曲》为描写女子思恋情人之作。曲中之女子倾吐着衷肠，表白对爱情的忠贞；每一次季节变化都能在她心里引起种种波动，更添一层愁绪。一般认为，这两首歌辞的原意并非写爱情，而是寄托作者在失意时怀恋君主之情，但是，打动人们心灵的恰恰是那些对爱情的描写。这些歌辞作品一直作为爱情诗在民间流传，对当时统治诗坛的道学诗歌形成大胆的挑战。十七世纪著名评论家金万重在《西浦漫笔》中说：“松江《关东别曲》、前后《思美人歌》，乃我东之《离骚》。”又说：“自古海左真文章，只此三篇。”自朝鲜朝初期形成的歌辞文学，到松江的《松江歌辞》，达到了鼎盛期。松江还创作了大量时调和优美的汉诗，其中很多作品表现了其爱国主义思想。

参考文献:

1. [韩]金德镇:《松江郑澈的学问与政治活动》,《历史与警戒》第74卷,2010年。

2. 徐日权:《〈楚辞〉的生命向力与接受主体的张力——以朝鲜郑澈歌辞创作所受影响为中心》,《延边大学学报(社会科学版)》1990年第2期。

3. [韩]金圣基:《松江汉诗中的自然观》,《人文学志》第9辑,1993年。

4. [韩]沈广昊:《松江郑澈的生活与汉诗》,《韩国汉诗作家研究》第6辑,2001年。

5. [韩]元容文:《松江郑澈论》,《青岚语文教育》第20卷,1998年。

金诚一

金诚一(1538—1593),字士纯,号鹤峰。义城人。退溪李滉门人。朝鲜朝中期性理学者。谥文忠。

一、生平(据《鹤峰先生年谱》整理)

父名琎,母为骊兴闵氏。鹤峰六岁学习《孝经》,十八岁娶部将安东权德凰之女为妻。1556 年与弟复一赴陶山师从李滉,受《尚书》《易学启蒙》《心经》《大学疑义》等。1563 年,鹤峰之姊为夫服丧三年后断粮自尽,鹤峰抚养外甥柳复起、复立兄弟成人,并向两人传授学业。1564 年,鹤峰考取进士,入成均馆修习,之后重回陶山继续师从李滉,并从师门得到尧舜以来先贤所传心法。1580 年丁父忧时,鹤峰参照《家礼》、《仪礼》、杜佑的《通典》和丘濬的《家礼仪节》等举办丧事。同年,作为咸镜道巡抚御史,收回咸镜、吉州等地,获得升品,建议起用永建万户禹应长、郑见龙、金光玉等人为宣传官。1581 年写下《丧礼考证》。1582 年,移居金溪。第二年,被任命为罗州牧使,致力于处理民怨,在此期间公正处理了林、罗两氏间讼事。1584 年,在锦城山脚下建立大谷书院,祭享金宏弼、郑汝昌、赵光祖、李彦迪、李滉等儒学大家,向儒生讲论经义。1586年,因社稷坛火灾辞职。是年秋天,鹤峰刊行《朱子书节要》《退溪先生自省录》。之后,又刊行《仪礼图》《乡校礼辑》《圣学十图》等书，促进了李滉学问的传播。1587年，在金溪设立石门精舍，与权好文约定分山而居，之后与赵穆、柳成龙一起为《退溪文集》做校正和编次工作。此年冬天，撰写《奉先诸规》。1588年，完成《退溪文集》的校编。1590年，作为通信副使出使日本，次年回国。据西厓柳成龙之手记记载："允吉还泊釜山，驰启情形，以为必有兵祸。既复命，上引见而问之，允吉对如前。诚一曰：'臣不见其有是。'因言允吉动摇人心，非宜。余问诚一曰：'君言与黄使不同，万一有兵，将奈何？'诚一曰：'吾亦岂能必倭终不动，但黄言太重，中外惊惑，故解之耳。'"1591年，在陶渊瀑布南边设立玉屏书斋。1593年，壬辰倭乱期间在晋州公馆以疾终。著有《海槎录》《丧礼考证》《鹤峰集》等。

二、师从退溪

1556年，鹤峰与弟金复一在绍修书院学习，"一日，喟然叹曰：'士生斯世，但务举业，不知为己之学，可耻之甚也。退溪先生，今之儒宗，盍往求教乎？'遂请于判书公，公喜而许之。即与季，徒步往谒。先生见其容止，已心爱之，自是往来求进不已。同学之士，皆莫之先"。

明宗大王十三年（1558），"六月，与南岳公讲《书传》于陶山。（请问人心道心之分、璇玑玉衡之制，退则兄弟相对，讲磨不辍。先生嘉其诚笃，期许不浅。尝与人书曰：'金士纯来寓陶山，冒极热，逾山往来质疑。此人敏而嗜学，与之共业，甚觉有益云。'又尝曰：'金士纯，行高而学精，吾目中未见其比云。'）秋，讲《易学启蒙》。（先生与其孙安道书曰：'金士纯、禹景善，今欲读《启蒙》，汝须下来同读。'又曰：'近看金、禹两友，志趣甚好，能专意此事，立心之诚切如此，何求不得，何学不成云。'先生家贫，每赍书粮，麦米菜根，时或不给，而不以为意，惟恐为学不力，坚苦刻厉，求进不已。同门之人，莫不推服。）”此时李滉已完成《易学启蒙传疑》，鹤峰就与禹性传、李安道、金富仪、金富伦等一起学习《易学启蒙》。当年冬，鹤峰与金明一向李滉学习《心经》《大学》。次年，受《大学》《太极图说》等。1562 年秋，受《朱子书节要》。1569 年，鹤峰在给李滉的信中，强调“向里用功，总励自新”。李滉对此予以认可，并说“愚以为莫要于敬义夹持，思学相资也”。可以看出，李滉建议鹤峰平日治学注重“敬义”和“思学”两方面，表明了他以敬和义、思和学来强调内面、外面，思考、探求并重。李滉曾对卢守慎说“尝曰人之持心最难。尝自验之，一步之间，心在，一步亦难”，实际上是在教导他人每走一步必须要想到敬。

鹤峰记载李滉教人之义，说“训诲后学，不厌不倦，虽有疾恙，不废讲论，其待之如朋友……终不以师道自处，士子远来……质疑请益，则随其浅深而告诏之，必以立志为先，主敬穷理为用工地头，谆谆诱掖，启发乃已”。退溪学派立志、举敬、穷理的治学方法被鹤峰学脉的金兴洛所继承。鹤峰曾记载自己向李滉请教如何治心的问题。

> 问：“思虑之所以烦扰，何也？”先生曰：“夫人合理气而为心，理为主而帅其气，则心静而虑一，自无闲思虑。理不能为主，而为气所胜，则此心纷纶胶扰，无所底极，邪思妄想，交至叠臻，正如翻车之环，转无一息之定帖也。”又曰：“人不可无思虑，只要去闲思虑耳。其要不过敬而已，敬则心便一，一则思虑自静矣。”（《鹤峰先生文集续集》卷五《退溪先生言行录》）

从鹤峰和李滉的问答可知，李滉认为心是理气的结合，指出只有敬才是治心之法。

鹤峰读《大学》后，曾就理气问题向李滉提问。李滉说：“君未学《太极图说》,故如此。”即令读之。又说:“《太极图说》中,君子修之吉,小人悖之凶,二句最学者用工夫地头,修之、悖之,只在敬肆之间。”(《鹤峰先生文集续集·退溪先生言行录》)

李滉将《性理大典》中的《太极图说》《西铭》《易学启蒙》等作为性理学学习书目,并以此与弟子们讨论理气问题。

鹤峰曾向李滉询问“理”的含义,李滉回答说:“知之似难而实易。若从先儒造舟行水、造车行陆之说,仔细思量,则余皆可推也。夫舟当行水,车当行陆,此理也。舟而行陆,车而行水,则非其理也。君当仁,臣当敬,父当慈,子当孝,此理也。君而不仁,臣而不敬,父而不慈,子而不孝,则非其理也。凡天下所当行者,理也;所不当行者,非理也。以此而推之,则理之实处,可知也。”又曰:“事有大小,而理无大小。放之无外者,此理也;敛之无内者,亦此理也。无方所无形体,随处充足,各具一极,未见有欠剩处。”鹤峰又问:“鸢飞鱼跃与有事勿正、勿忘、勿助之义同者,何也?”李滉回答说:“鸢飞鱼跃状化育流行,上下昭著,莫非此理之用也。理无息,故流行自然,无一息间断。人亦必有所事,而无期待去念助长之病,则本体呈露,妙用显行,亦无一息之间,其象乃如此。”(《鹤峰先生文集续集·退溪先生言行录》)据《退溪先生言行录》记载,鹤峰亦曾向李滉请教《圣学十图》有关内容。随着学问的精进,鹤峰后与柳成龙、郑逑合称李滉门下“三杰”,进一步发展了退溪学脉。

三、礼意识

鹤峰作为退溪门人,继承了退溪学派的性理学思想,在家族宗法和礼学方面有所发展。退溪的礼学态度是不仅要追从朱子《家礼》,而且要参酌《仪礼》《礼记》等古经理解礼的根源,谋求与朱子以前的宋儒所制之礼及《国朝五礼仪》所载礼制的融合。柳英玉认为，退溪的这种治礼特征被鹤峰所继承。鹤峰在学习性理学的同时，对礼学十分关注，经常就当时礼的实践中产生的“疑礼”“变礼”问题向李滉请教。他以弄清行礼之制为目的，与李滉讨论丧礼、家礼、祭礼等礼中的细节问题。鹤峰的问礼与李滉对此做出的回答对之后安东地区和岭南地区的礼学发展有着重要影响。

柳英玉指出，从鹤峰关于祭礼的问答中可以看出，他年轻时所认知的古礼与《家礼》记载、时俗及其他礼书记载之间多有差异，因而对礼说中的变礼十分不解。对此，李滉在回答时表现出注重现实的圆融主义倾向，从国家礼制不能无法的观点出发，说明礼书必然反映国制，必然包括当时民间盛行的风俗习惯。虽然鹤峰的疑问体现了他尚古的或者说是原则主义的倾向，但大体上是应合礼论的、对古礼及时王之制的恰当运用而进行的考究。

1. 宗法的实行和局限性

鹤峰以当时的儒学教育家青溪金琎（1500—1580）的遗书为例，具体地讨论了礼法的问题。青溪金琎由于无子，忧虑节祀失时，将大部分祭田传给了立后（过继给无子的嫡长子长孙者）之子；这反映了青溪在自家未有承重孙人选的不安定情况下稳定宗家财政的缜密心思。

青溪虽然是其父礼范之长子，但礼范是万谨次子，因此青溪后孙成为供奉从礼范起的宗家。但是能继承礼范—青溪—克日这样家系的承重孙在青溪在世之时仍未出世，克日也只有两个女儿，并没有男性后嗣，所以青溪在遗言中嘱咐后人说，子孙无后的情况下，由继后（嫡长子之长子长孙或受继者之兄弟）者继承，若是没有继后，由次子承继。此情形反映出一类当时宗子法中未涉及却在朝鲜社会出现的实情。虽然在无后的情况下收养子或者侍养子并不能严格算为性理学上宗法制度的继后，但因为这一时期是先立后与次子继承、新理念与已成风俗的习惯之间的过渡期,所以此做法一定程度上可以为人理解。

鹤峰在得知青溪遗书之意后,认为以立后、继后为宗继并不是否定次子、曾孙。虽然此时《奉先诸规》和《吉凶庆吊诸规》等所包含的宗子法已被废止,但鹤峰依然坚持为强化封建等级秩序基础做出努力,他在《答琴闻远兰秀(乙酉)》中说:“兄亡弟及,此是古今通行之礼。明道有子,而伊川主宗。明道之子不得为嫡孙,此不能违时王之制而然也。”可见,他依旧将“兄亡弟及”看成是自古以来通行的礼法,并认为是不可违背的时王制度。

退溪先生的孙子安道没有留下后嗣便去世了,鹤峰主张由安道之弟咏道继承退溪的宗统。虽然作为立后的子孙应当存在,但是并非一定要立后,因为安道的弟弟咏道也没有儿子,没有择继后的条件。所以鹤峰认为,虽然安道在咏道继承宗统后会成为别宗,无法进入退溪的祠庙,但是他甘受这种不忍之事,并且咏道继承退溪的宗统并不算是违背人情和礼法。在这样的情况下,虽然立别的族人为后也是解决办法,但是鹤峰仍然主张实行次子继承。由此可见,虽然他强调尊重宗家义理,但是也无法脱离自己所处的社会现实。

同时,由于当时还没有确立完备的宗法,除次子不能继承宗统之外,对于祖先奉祀方面,也广泛实行子孙轮回奉祀制,同时存在由女婿奉祀妻家父母或者外孙奉祀的现象。

青溪的三子和四子都是因妻家无子,为奉祀而入赘,因此鹤峰在妻家祭仪上也有研究。据《退溪先生言行录》记载:“问:‘长子固不可祭妻父母,众子而为人婿,可立祠祭之否?’先生曰:‘人之长子,为人独女之婿,则事大有妨碍而难处者。盖彼无后,又无继后之子,则我当祭之,而身承大宗祀,不可二之也。今人或同一祠而祭之，其二本甚矣，固不足道也；虽别立庙，亦未免二本之失矣。其处之不亦难乎？但不幸而遇之，则当择其妻族之亲，分臧获使主祀可也。'”由此可以看出，退溪认为作为长子祭祀妻家的祖先是不对的，尤其是当时出现的将妻家祖先与自家祖先进行合祀更是不合礼法的。

据柳英玉研究，不分忌祭、墓祭，由子孙轮回奉祀的风俗是从高丽朝就流传下来的，朝鲜朝将性理学作为国是阐明后，嫡长子承重和相续的宗法在社会上不容易被接受。轮回奉祀、外孙奉祀是当时常见风俗，子女的均分相续贯行也为其提供了基础。退溪也曾表示“忌日、俗节等祭，支子亦可”。退溪门人也遵守这样的礼法。

鹤峰在《奉先诸规》中明确了忌祭、墓祭的轮回奉祀制，并制定了正式的门中礼法。鹤峰进一步主张只能在祀堂中举行忌祭，使得宗家为主的祭礼的施行有了进一步发展。

> 子孙苟简成习，忌祭或于其家行之，极为未安。今后则虽远居子孙，必就家庙设行。违令不率者，笞奴定罚事。(《鹤峰先生文集》卷七)

这具有使得祭祀转向宗家独有的先驱意义，之后朝鲜朝逐渐形成了宗家主办奉祀和相续的传统，宗孙的作用和地位得到了强化提高。

2. 提倡时祭和墓祭

退溪重视家庙时祭的立场也影响了鹤峰。鹤峰制定了《奉先诸规》，提出祭仪应据朱子《家礼》施行，主张应该对时祭有所规定。当时，宗家之制还不够完善，时祭被废止，鹤峰对此感到十分可惜，所以本着门中家庙时祭不可废除的理念制定了时祭之礼。

鹤峰对时祭的规定总体上来源于朱子《家礼》，但是深入分析其中的细节,可以发现当时朝鲜朝祭祀具有自身特点。按照朱子《家礼》,时祭的举行应从四个仲月(二月、五月、八月、十一月)中选择日期,但鹤峰主张在春分、夏至、秋分、冬至之日举行时祭。鹤峰之所以采用二分二至说,一是出于时祭在全年均匀分配的考虑,二是出于通过明确日期防止时祭次数减少的思量。

鹤峰以《家礼》为根本,十分尊重墓祭习俗。与时祭相比,朝鲜朝民间更多举行墓祭,除了正朝、寒食、端午、秋夕四个节日,元宵、上巳、流头、七夕、重阳等节日也举行相应的祭祀活动。由此可以看出,四次时祭与节日墓祭并行的情况非常盛行。而《家礼》中的祭祀分为在家庙为奉安的神主举行的时祭、忌祭和向埋安的远祖举行的墓祭,墓祭在《家礼》的最后一部分被提及,所占比重十分小,其中包含的墓祭概念比较模糊。鹤峰为使墓祭成为向后孙讲行的祭礼定式,以书面文字形式对墓祭做了规定,《奉先诸规》中的条目,有四项和墓祭相关。

鹤峰吸收了时俗的因素,进一步确定并发展了崇祖保宗的传统,致力于发展和深化慎终追远的精神和重视宗家的义理认识。

参考文献:

1.[韩]柳英玉:《鹤峰金诚一的祭礼意识和行礼》,《退溪学与儒教文化》第 37 辑,2005 年。

2. 权容玉:《韩国安东儒教文化的形成与其社会影响》,《孔子研究》2008 年第 1 期。

3.[韩]权五荣:《鹤峰金诚一的祭礼意识与行礼》,《退溪学与儒教文化》第 28 辑,2000 年。

4.[韩]金贞信:《16 世纪性理学理解和现实认识》,《朝鲜时代史学报》第 13 期,2000 年。

金宇颙

金宇颙(1540—1603),字肃夫,号东冈、直峰布衣。星州人。吴健门人、曹植再传弟子,与退溪门人交往密切,被评价为同时接续了南冥曹植和退溪李滉学脉的人物。谥文贞。

一、生平

祖籍义城,其父为南冥曹植门人、行三陟都护府使金希参。东冈十五岁时师从曹植门人吴健,二十四岁时娶曹植外孙女为妻。1558年,考取进士。1567年,式年试文科及第,被任命为承文院权知副正字,但是因病未赴职。1573年,任弘文馆正字,晋修撰。1576年,任副校理、吏曹佐郎。1579年,任副应教。同年,赐暇读书,辞让。次年,为迎接日本使臣玄苏的宣慰使。1582年,为弘文馆直提学,之后任大司成、大司谏。1584年,为副提学。

1589年,己丑狱事发生后,因曾与郑汝立一起在曹植门下学习被流配到会宁。1592年,壬辰倭乱时任承文院提调、兵曹参判。次年,为明朝赞划袁黄的接伴使。之后,为同知中枢副使,任接待明朝经略宋应昌的问慰使。1594年,再为大司成,之后任大司宪、吏曹参判。1597年,又任大司成,后任礼曹参判。1599年辞职后移居仁川,次年移居清州终老。

1573年,他应王命进呈《圣学六箴》,其内容包括定志、讲学、敬身、克己、亲君子、远小人等。任大司成时,编写包括学令、读法、置经行斋、择师儒、选生徒、贡士、取士的“学制七条”。

东冈尊敬先贤,1573 年请求为李滉追加谥号,1574 年为祭享赵光祖的道峰书院求赐匾额。1597 年,与非难李珥的正言宋应洞争论,公开支持李珥。他主张广泛任用贤才,于 1595 年举荐郭再祐等三十三人。

为官期间,东冈多次呈进时务策。朝鲜宣祖二十七年六月呈“时务七条”,七月呈“时务四条”,九月呈“时务八条”。次年,呈“时务六条”。宣祖三十年,呈包括励志、择相、择将、任官、练兵、积粮、信赏、必罚的“中兴要务八条”。著有《东冈集》《续资治通鉴纲目》,编有《经筵讲义》。

二、敬义思想与心学

1.《经筵讲义》与敬义思想

东冈在《南冥先生行状》中说,在南冥先生教授弟子的山天斋,“……有板窗,左书敬字,右书义字。其敬字边旁,细书古人论敬要语,常目击而心念之”,“其教学者则有云:遨游于通都大市之中,金银珍玩,靡所不设。终日上下街衢而谈其价,终非自家家里物,只是说他家事尔,却不如用吾一匹布,买取一尾鱼来也。今之学者,高谈性理,而无得于己,何以异此?又言濂洛以后,著述辑解,阶梯路脉,昭如日星,新学小生,开卷洞见,至其得力之浅深,则只在求之诚不诚如何耳。又言吾于学者,只得警其昏睡而已,既开眼了,自能见天地日月矣,以故未尝为学徒谈经说书,只令反求而自得之。然其精神风力,有竦动人处,故从学者,多所启发,却非区区讲说所能及也”。指出南冥治学的本质在体悟和实行,而身体力行的要义不在于“理”,而在于“心”,究明事情本质后巩固知识的关键在于诚意正心。因此,敬义就成了南冥学派的切实要求。

权仁浩指出,南冥之敬义观指“博学约礼”“通观集义”,其特色在于在反求自得之后能够成为实用之学。东冈正是以敬义思想为依据,将其付诸实践,此即东冈与其他学者的本质区别。东冈认为,“敬”既是一心之主宰,又是万事之根柢,只有以此为根据建立“体”,才能接近事物,世间万物无不如此。他强调,无论是学者还是君王,万事都要从“敬”出发,因为“敬”是人心的本体和处事的根本,从实践和实用层面来说,要重视对“敬”的活用。由此来看,东冈致力于对“敬”和“义”的探讨。

东冈讲学的重点在于存心之要法、天理人欲之区分,对其中的奥秘进行了具体剖析,直戳要点,论述得十分周密。他将南冥所实践的敬义思想与程朱理学强调理气、性情的二元论思想相结合,赋予了实践儒学思想新的内涵。

在癸酉年(1573)九月二十一日第一次进讲的《经筵讲义》中,东冈提到:“在《大学》则记《盘铭》曰:‘苟日新,日日新,又日新。’汤之心,新而又新,无一时间断,此皆成汤切实用工夫处。在《诗》则曰:‘圣敬日跻,昭格迟迟,格于上下。’盖其用工处,要在敬之一字而已,心存敬畏,持久不息,其效至于昭格上下也。”(《东冈先生文集·经筵讲义》)这是主张积极吸纳《大学》修己治人思想、革新儒家经典《周易》和《中庸》所蕴含的“主静无欲”的倾向,反映出东冈重视现实问题的哲学思维。东冈的“敬”思想中,直接提及的最重要的即治心的问题。严格来说,朝鲜朝中期的敬义思想并没有离开正统程朱理学范畴,东冈之敬义思想与程子、朱子对“居敬”的分析十分接近,可以说是将“格物致知”与“虚灵不昧”等以主客观的相互体用的关系相连接,将“内”“外”以相养相发的关系相连接,出现了向作为认知主体的“心体”转化的倾向。不过,这并不能说是东冈的思想偏离了程朱理学。北宋程伊川由司马光推荐以侍讲身份向宋哲宗进讲时，宣扬道德的严肃主义、推崇并主张践行“敬”思想之举与东冈十分相似。

2. 心学与《天君传》

东冈的心学在与政治连接中再一次强调“敬”之重要性。东冈认为，做学问没有巧妙方法，并引用孟子的“学问之道，无他，求其放心”为佐证。“先儒曰，敬之一字，是至约处。所谓敬者，惟畏近之，严恭寅畏，不敢自暇自逸，则此心常存而学进矣。然此学最怕间断，间断便不成，古人亦患于此。”（《东冈先生文集・行状》）东冈认为先儒治学，集中体现了“敬”的思想。在东冈看来，保存天理是敬身的本领，而敬身则是保存天理的途径，克己在于发现私欲产生的征兆以斩断人欲，与敬身相比，克己就相当于生病时所用之药。

权仁浩指出，这样的敬义思想和心的理论，在东冈的汉文小说《天君传》中有所体现。这是一部将心拟人化为主人公天君以表达哲学思想的小说。心被称为天君，来源于《荀子》的《天论》篇中出现的“心居中虚，以治五官，夫是之谓天君”及《解蔽》篇中的“心者，形之君也，而神明之主也”。《淮南子》的《泰族训》中提到“心者，身之本也；身者，国之本也”，《原道训》中也提到“心者，五藏之主也”，即心既是支配形体的君主，也是肉体存在之根本，同时，心作为精神作用之主题，通御性和情，因此将其作为上位概念，称为“天君”。

东冈认为，“敬”思想和个人的伦理道德以及更进一步的政治方面都可以从一心之敬出发，此经世思想可以看成是实现义的儒学思想之根本体现。纵观东冈的敬义思想，可以看出东冈的敬义观主张以“敬”为中心。

3. 经世思想

东冈作为当时经筵的第一讲官向朝鲜国王讲授经典,他借机表达自己的政治主张,即被他奉为政治真谛的心的敬义思想。在具体措施上,他将该思想与时务相联系,相继呈递四十七疏、三十九札、二十三启、三议、二箴、一笺等,数十次向朝鲜国王提出自己的政治见解。

据权仁浩研究,东冈学问之道并不在于谈论高远的事物,也不在于对文字的记忆、背诵,只在于为己之学,就是从所谓的日用之事中得出经世思想。他认为,大凡帝王之学并不在于区区文字的道理或者文字的集合,而是修身的实体和可以实用的东西。这与当时只讲究理气心性的学风及只注重吟诵文章、诗歌的儒学观具有根本区别。

正如东冈三十四岁那年在思政殿进讲《尚书》的《汤誓》篇时所说,人事、天地的气数以及世道、人心都会变,但是天理和彝伦是不变的,因此君王应该设立变与不变的极限来管理民众,这才是朱子学中所重视的部分。他还主张使定分论合理化,以此来维持支配者的统治体系。

东冈认为,就算时代和情况发生变化,只要允执厥中,作为圣王心法的道心不被改变,三纲五伦所表现出的伦常就会万古不变。这涵盖了道和心法,即经世治人的真谛,为东冈经世思想的核心内容。在"修己治人"的思想中,修己相对来说更重要,因为在朱子学理论中,良好的修己才是治人的基础。

> 孟子曰:"舜生于诸冯,东夷之人也。文王生于岐周,西夷之人也。前圣后圣,其揆一也。"我国僻在东隅,殿下以圣明之资而君临之。其聪明、睿智、仁义礼智之性,固已同符于舜、文。若能留意帝王之学,独得于舜、文之心法,而行其导率之

政，则东国之民之性，亦舜、文之民之性，未尝少异。虞周之治，岂不可复见于东国哉？世俗之人，识见卑下，不知此理，每以人心世道古今有异为说，而谓古道不可复行于今，此皆不知学之人而不合理之言也。愿殿下勿为此等卑下之论，谬误圣志，而深以帝王之学自勉，谓先王之道为可必行，断然不疑，持之悠久，则何事之不可济乎？（《东冈先生文集》卷十一《经筵讲义》）

东冈引用孟子的话指出，殿下（宣祖）应该像古代中国的圣王一样充分学习正统的帝王学问——经世思想，行其政治。此外，东冈对于乡约的实行也十分关心：

乡约岂不可行，但此事须有根本，要在人主躬行心得，以为标率，而后可行也。不然，只是文具耳。今若要行，更乞圣志加勉焉耳。若谓乡约不可行于今，则大害事也。顷日经筵官有引朱子言乡约恐亦难行之说云，此甚不然。教化须自上焉者，朱子在下位，所以难行，今殿下居得致之位，何故难行？惟在勉励而已。若果难行，朱子何故增损吕氏之书，以垂训后世耶？朱子之意，政谓纵不能行之一时，犹可待后世王者之取法尔。殿下今日行之，则是朱子之道，得行于今日也，岂不盛哉。伏愿勉之。（《东冈先生文集》卷十一《经筵讲义》）

由此可以看出，东冈主张乡约之实施重在国王的个人意志。权仁浩分析认为，东冈的这一主张与南冥的思想不同，反而更加倾向于退溪思想。

关于学制，东冈也提出了自己的见解，用一句话说就是“修己治人”之道，此道具体可言及教育和政治，因此儒家经典在许多地方强调教育的必要性。早在周代，中国已经有了学校制度，有了被称为“乡三物”的教科科目，并有大司徒教化万民的记录。孟子提出,若仅仅是让人吃饱穿暖而不给他们提供教育,那便无异于禽兽。汉武帝时期,中国开始施行五经博士制度,成立太学。

东冈四十四岁时被任命为成均馆大司成,他十分诚恳谦逊,曾四次上疏辞官,但都被拒绝。在疏中,他写道:

> 臣本山野迂腐,遭逢盛际,厕迹清班,于今十一年矣,空疏愚昧,触事懵然,加以衰残病惫,休告相继,徒积逋慢之事,蔑有涓埃之报,事君无状,奉职不称。臣犹自知其罪,而况于君父乎?况于公议乎?循资例补,尚惧不堪,今此超擢,不知何名者也。臣之资历,不唯阀阅无劳,且自即僚升用,绝无近比,此实非常之典也。夫有出人之才者,劝之以非常之典,所以励臣工也。以臣之庸缪怠慢,最出朝臣之下,而谬当非常之举,臣将何以堪之。又况教胄之地,此是何等职任,而乃使绵薄之资,滥居名位,以致士子之轻侮乎?(《东冈先生文集》卷四《辞大司成疏》)

权仁浩指出,虽是谦让之辞,但从中可见东冈对成均馆大司成之位有清醒认识,侧面反映出其对教育的重视。东冈长期任职弘文馆,担任过多次经筵主讲,其学问水平得到很大提升。同时,东冈平时为人宽厚又不失原则,他的这种品行得到了君王的认可。任大司成期间,他拟制了“学制七条”,提出:

> 为修明学校,兴化育材事。窃以国家之治乱,由乎人材,而人材之盛衰,系乎学校。学校者,士子之所聚,而教化之所由出也。士人知义而尚行,则化行俗美、贤才众多,而治之所以成也。士人趋利而忘善,则风浠俗薄、人不兴行,而乱之所由兆也。然则有天下国家者,可不知急先务乎?后世不循其本,而徒理其末,知求才而不知养士,知纠恶而不知导善,往往视学校为闲慢而不知务。此所以人才之日下,而世道之日卑

者也。臣等窃观今日学校之事,但存文具,一无实用,朋徒怠散,无意讲习,只朝夕出入,应课圆点而已。祭酒升堂而设讲,则望风而厌避者多矣。国学尚然,而况于州县乎?原其所以至此者,则由于学校之教化不明,而士子之趋向不正也。国家设利诱之法,以聚多士于学中,如计圆点、增解额之类是已。其他轮次课制等事,无非劝之以决科举取利禄而已。至于明伦之教、孝悌之义、讲学修己之方、崇德尚行之意,则未有讲其万一者也。为士子者,习知利禄之可求,蔑闻礼义之可贵,以为术业苟足以售于有司,则能事毕矣,漫不知讲习讨论之为何事。此亦无足怪矣,由今日之学校,无变今日之士习,而欲望其成就人材,是犹却行而图前,不浸近而愈远矣。臣等以为学校之修,不在乎文具,而在乎有以变士习。士习之正,不在乎规制,而在乎有以感其心教化之行,非家至而人说之也。上之所好,下必有甚,草上之风,其偃必速。上之人崇儒而重道,则士子兴起而志学;上之人贵德而乐善,则士子敦行而畏义;上之人轻士而贱儒,则士子污下而无耻;上之人先艺而后德,则士子浮薄而无行。然则兴学养士之道,不在乎他,惟在乎审所上而已。臣等诚愿主上殿下心精一之学,躬皇极之道,以主教于上。而朝廷之上,百僚师师,礼让为国,以明教于下。而其于学校之政,重致意焉。所以导之者,必尚行而贱艺,所以取之者,必先德而后才。夫如是则士人莫不观感兴起于下,而争自濯磨,向道慕善,旧习之染,不觉自革于风化之下矣。(《东冈先生文集》卷九《成均馆学制七条启》)

“学制七条”具体如下:

一曰:学令。宜取古圣贤教学遗意,以为规约,令诸生服习。

二曰:读法。每月朔望,长贰率诸生谒圣庙后,升明伦堂读规约,诸生有不遵约者罚之。

三曰:置经行斋。勿拘上舍下斋,有经学行谊者,先令侪辈推荐之,长贰亲加审察,升之此斋,日与讲学切劘,以为诸生之倡。

四曰:择师儒。弘文馆副提学以下十八员,皆填差勿迁,而使皆兼学职。入则侍讲帷幄,出则训诲诸生,允为便当。而于新及第分馆之时,为先拣择其有学行者,为成均权知,次取聪敏文艺之才,为承文权知,以示敦尚德行、崇重学校之意。其州县教官,则顷年李珥所定之规,申明举行。令成均馆汉城府五部及监司守令,悉心闻见抄名。启下吏曹,加详察填差。其有所举非人、播于物议及任职不称、一无善状者,令两司纠劾举主,皆令黜免。

五曰:选生徒。除生员进士外,京中志学之士,皆入下斋及四学。外方则凡学儒者,皆入乡校。初入学时,诸生十人,荐其志学,然后试讲许入。其有厌惮拘束、不籍名于学校者,不得赴科举。

六曰:贡士。四学官及州县守宰教官等,每岁采众议,推举诸生之有经学行义者,升之太学。太学聚而教之,其有学荒行亏者,罢归,而学官守宰、教官等论罚。太学长贰,采众议,取经行斋生行义成就表,表可称者,岁抄启闻,下吏曹叙用。其所举非人者,长贰论罚。

七曰:取士。每岁,自上视学,命文衡重臣及近臣名儒,与经行斋儒生,横经问难。取其通经、学有器识者,赐出身。徒事记诵者,不得与焉。或发策试士,亦取其论议条畅有理致者。其有浮靡怪僻、违戾经义者,黜之。每科举时,太学长贰,先期会于明伦堂,尽取上下斋名录,择其行无玷污、有志学问者,始许赴举。四学官及外方邑宰教官,亦先期抄择如右例。乡居生员进士,行有瑕疵、不合赴举者,则邑宰采一乡公论,报监司移文于成均馆。(《东冈先生文集》卷九《成均馆学制七条启》)

可见,东冈不仅看到君主由上至下的社会教化作用,而且十分重视学校的教育作用,对学校讲学提出了具体可行的办法。

权仁浩指出,在东冈的儒学记述中很难看到对心性理气的论述,反映了典型的南冥学派的学风。东冈的敬义思想中包含着由修己之学转向民本王道政治的趋向,这可视为摆脱重思辨的理气心性之学的儒家末流,而朝向"修己治人"的儒家本流的正统之学转化的开端。

参考文献:

1.[韩]权仁浩:《东冈金宇颙的学问与思想研究》,《南冥学》第2辑,1992年。

2.[韩]李相河:《东冈金宇颙的出处与学问》,《南冥学研究》第11辑,2001年。

3.[韩]郑宇乐:《金宇颙的经典理解方法与〈圣学六箴〉的意义结构》,《东方汉文学》第16辑,1999年。

柳成龙

柳成龙(1542—1607),字而见,号西厓。丰山人。退溪李滉门人。朝鲜朝中宗、宣祖年间文臣、学者。谥文忠。

一、生平(据《西厓先生年谱》整理)

先生四岁始知读书,六岁受《大学》。先生自为儿时,器度举止如成人,慢辞亵语,夫尝出诸口,专意读书,不待父师呵督。先生八岁受《孟子》,读至"伯夷目不视恶色,耳不听恶声",慨然想慕其为人,至或梦寐见之。十三岁诣东学讲《中庸》《大学》。时朝廷令初赴举儒生,悉诣四学讲《庸》《学》。先生应是讲,不惟句读精熟,义理奥处亦皆通贯。讲官大加称叹,以为必成大儒。先生十四岁省王父郡守公于杆城任所。既至,读书乡校,傍有泉石之胜,每于诵习之暇,辄携同舍生以出,竟夕徜徉,乐而忘归。十二月,随观察公往义州任所。十六岁秋,中乡试。十七岁,聘夫人李氏,县监讳坰之女,宗室广平大君之后。先生尝与诸友,步出南溪泉石间,徘徊吟咏,因喟然叹曰:"使我得游圣门,端木氏之徒,可学而至。"秋还京。十月,入冠岳山读孟子书。先生既至山寺,读书者坌集,厌其烦扰,移栖废庵,使一童奴供爨,俯读仰思,至忘寝食。二十岁,还乡读《春秋》。先生二十一岁,七月既望,观察公命赋坡公赤壁之游,先生即成近体一篇,有"月白风清空万古,名留人去几千年"之句，李判书俊民见之惊叹。九月，谒退陶李先生于陶山，留数月，受《近思录》等书。自是，潜心性理之学，讲明践履，必以圣贤为指归。李先生大加称赏。后先生尝访金鹤峰于金溪，鹤峰谓先生曰："吾辈从老先生久矣，未尝有一言奖许，公一见先生，而先生即曰：'此人天所生也，他日所树立必大。'公何以得此于师门乎？"又尝谓人曰："西厓，我之师表。"先生亦尝称鹤峰以为己所不及，其交相推重如此。二十二岁，秋，中生员进士，东堂初试。二十三岁，七月，中生员会试一等、进士三等。退溪先生与人书曰："而见逸驾启途，其人兄弟趣向甚嘉云。"二十四岁，游太学。时文定王后颇信佛法，有僧普雨者因缘诳惑。是年三月，大设无遮会于桧岩寺，逾月乃罢。未久文定上仙，外间盛传普雨请斋素累日，以致违豫，人皆愤惋。于是太学生屡上疏请诛普雨，疏文多出先生手，明白剀切，一时传诵。久之，诸生以疏不得请，欲空馆散去。约曰："敢有先就馆者，当加以党贼阿世之名。"先生曰："吾辈谏君不合而去，岂无他名可称者，而必曰党贼阿世耶？"诸生皆攘臂大言曰："佥议归一，君何独自执己见耶？"再三来迫，先生终不动，乃改以"玷身污名"四字。二十五岁，十月，及第出身。先生雅意林泉，虽以父兄之命，黾勉取科第，非其所乐也，欲及其未有官守，随意行止。退溪先生闻之，以诗寄谦庵公，有"更怜贤季初攀桂，万事将缠欲脱缠"之句。十一月，选补承文院权知副正字。二十六岁春，升正字。四月，荐授艺文馆检阅兼春秋馆记事官还朝。

二十八岁时，西厓作为圣节使书状官出使燕京。当时，中国太学生们以王阳明和陈白沙为道学宗主。对此，西厓主张薛文清学问纯正应为宗匠。二十九岁时，西厓回国，以在中国的所见所闻向退溪请教。退溪回答说："陆禅怀襄于天下，公能发此正论，点检其迷，诚不易得也。"当年十二月，西厓收到退溪的讣告后失声痛哭。

次年三月，参加退溪葬礼。三十六岁时，西厓在祭奠退溪先生的卢江书院写下《卢江书院退溪先生奉安文》，文中饱含对退溪先生的钦慕之情。

西厓历任工曹佐郎、吏曹佐郎、礼曹判书、副提学、大司宪、右议政、左议政等朝廷要职。1592 年，日本大举侵入朝鲜，西厓时任左议政，后任领议政兼都体察使，启用李舜臣、权慄等名将，力主扩充军备、修筑城郭、制造火器，设立训练都监，对朝鲜在壬辰战争中取得最终胜利起了重大作用。1598 年，被北人派弹劾，革职为民。1600 年，虽官复原职，但谢仕隐居不出。1604 年，获封扈圣功臣二等，后复封丰原府院君。西厓以其道学、文章、德行和书法名震遐迩，为退溪弟子中官职最高的人物，著有《乱后杂录》《惩毖录》等。其中《惩毖录》收录了壬辰战争时期有关政治、军事、经济、民事等方面的状启、文告，以及明朝援军之活动状况，为研究明代中朝关系之重要参考书籍，具有重要史料价值。文集有《西厓集》。

二、主理的性理说

琴章泰研究认为，西厓对四七争论并不十分关心，他遵从退溪的性理学思想，并以此为基础发展自己新的学问方向。西厓的性理学思想虽主要源于退溪的学问体系，但也体现出他对修养论和义理论的要求。他在主“体”的性理学和主“用”的修养论、义理论、礼学的学问构造中，主张体用兼备。

西厓根据退溪的理气论形成了对理气的基本认识，认为宇宙所有的存在都是由理和气构成的，天地间只是理和气，无气则理无法存在，无理则气亦无法产生，强调理气不相离理论，这与退溪所说的一元的二元论是一致的。

西厓进一步提出：如果先有理，气不会不存在；如果先有气，象就不会不存在；而有象的话，就一定有数字。即从理优位论立场，将理作为本原，提出“理—气—象—数”。西厓研究易的构成，批评将理气分离的理论。他将“天”分为“理”和“气”，以“是非”“可否”作为“理”的标准，以“消长”“盛衰”“强弱”作为“气”的附属表现，推崇理优于气的理尊说。

西厓在写给成浑的书信中批评成浑之观点。成浑以为“虚灵为体，知觉为用”，因此以体来看待心的知觉能力即“虚灵”，并以之纠明“知觉”。西厓指出成浑此举是将“静”“动”二元化。西厓认为，知觉不作用于静时，作用也会产生，他以此为前提，提出从理看，动静为同一理，不认同将动和静分为彼此或者先后的主张。可以说，他主张强调理的普遍性的主理论。

同时，他根据心为一身之主宰的性理学概念，探讨心在一身中的主宰作用。他认为，人的身体只是一块血肉，其主宰是心，心由眼睛和耳朵获得体验，是身体及其做出的所有活动的主人。他从主和宰的角度，提出“中是主，和是宰”的观点，主张“静为主，则寂然不动；动为宰，则感而遂通”，聪明和睿智是在心的主宰下出现的。

三、批判阳明学

西厓根据正统论认识，对阳明学和佛教等异端进行批判。朝鲜朝初期的儒学继承了排斥杨朱、墨翟，守护孔孟之道的道学传统，也继承了宋代朱熹排斥老庄和佛教、批判陆象山心学的立场。朝鲜朝中期，退溪学派严厉批判王阳明的心学思想，在这样的学风下，西厓从早期就确立了正统论的立场。

西厓十七岁时，在父亲任职的义州得到自明朝回到朝鲜的谢恩使一行带回的《王阳明集》，第一次接触阳明学。二十八岁时，作为圣节使书状官前往燕京，他问燕京的太学生当时中国的道学宗主是何人，听到太学生们回答是阳明、白沙时，他说王阳明的学问来自禅学，应该遵从继承了朱子学理论的薛瑄，并强调朱子学的正统地位。他批判燕京的阳明学风，阐明朱子学的正统性，受到退溪的称赞。

琴章泰认为，西厓对陆王心学基本上持批判立场，但对其中的重要部分也做了正确理解。同时，西厓也批评喜读佛教经书的错误学风。

西厓二十九岁在玉堂时，为了从学理上了解阳明学与象山学的关联，对象山学也进行了认真钻研，一面将陆象山训诫之言抄录后随身携带，一面仍对陆学有所怀疑。由此可以看出，青年期的他对朱子学的正统性还不是十分确信。在退溪门下学习时，他也在相当长的时间内徘徊于朱熹和陆象山之间。他在《答赵士敬》中写道："江西之学，路脉虽差，而心身用功，亦非偶然，非悠悠者所可及。"表现出对陆学的认同。他喜读佛家著作的消息被传出后，同门赵穆、金宇颙对他提出忠告，提醒他不要沉迷于禅学，他自己也认识到禅学违背当时的主流学问道学并具有虚无的特点。西厓在三十二岁到三十四岁时，通过在居丧中阅读的佛经、《大慧语录》、《证道歌》等佛教著述，发现了象山派与佛教的相似之处，顿悟陆象山之学是佛教改头换面后的学说。

西厓虽然意识到阳明学的源头为象山学，但他也强调不能否定阳明心学在心神角度多有启发的优点。西厓评价说，如果心中没有涵养之力的话，万事就没有依据。西厓在《知行合一说》中写道："详王氏之意，盖惩俗学之外驰，于是一以本心为主，凡所着心讲求者，皆以为行，盖矫枉而过直者也。"他指出当时学风虚理和夸驰的弊端，以及心学的重行特征。但他也认识到阳明学弊端所在，因此，在《王阳明》中说："昔人见有困于火者，却教投水。水火虽异，而其为杀人则同。阳明欲救宋末文义之弊，而专为本心之说，不知其流弊，反有甚于文义也。"由此看出，西厓虽然肯定了阳明学的本来动机是为矫枉，但同时以"过直"和"流弊"批判阳明学的理论局限性。因此，有别于其他盲目地将阳明学归为异端的批评，西厓对阳明学的批判是相对客观全面的。

西厓晚年时在写给金弘微的信中说："今人于古人论学路径，未有一斑之见，而虚诞骄傲，抗然欲下视程、朱。鄙人未尝不慨然发叹，而无人告语，人亦莫肯省念，奈何？然道理昭然，只在眼前。虽使象山、阳明生今之世，仆亦未应遽竖降幡，矧今世之所谓铺糟啜醨者哉。如君所见，幸未乖角，千万勉之，勿为异说所挠，则岂但交游之幸而已哉！"（《西厓先生文集·西厓先生年谱》）强调要警惕毫无主见地、肤浅地看待程朱理学的倾向，告诫金弘微不要被阳明学所动摇，并且说即便陆王再世，自己也不会屈服。由此，可见他对道学真实性的确信。同时他告诫成泼，说："儒释之辨，不可就一事说，望就二家本源起头处仔细看破。若于此看得分明，则眼前黑白较然矣。"（《西厓先生文集·答成士悦》）强调儒学和佛学存在根本区别。

西厓将与心的虚灵（体）、知觉（用）相对应的"理"称为"性"，以此来区分心和性，确认了王阳明的基本概念"心即理"之非，主张"性即理"的性理学定义。"上引见论学，因问及王阳明致良知及心即理之说，圣意不甚以为非，先生剖析甚详。上倾听忘倦曰：'学当以程朱为宗师，不可他求。'"（《西厓先生文集·西厓先生年谱》）西厓指出了阳明学"心即理"的错误认识，强调程朱理学的正统地位。

西厓批判王阳明以类似佛学的致良知的学说来反对朱子的理论。对于《大学》的格物致知说，西厓认为知是心的知，物是物的理，提出内外合一的道。在《王阳明以良知为学》中，他说：

> 虚灵，心之体；知觉，心之用。所具之理，乃仁义礼智，即所谓性也。若以虚灵知觉为性则不可也。释氏之学，所以弥近理而大乱真，正以认心为理也。惟其如是，故虽自谓体遍尘沙、圆妙无方，而于天叙物则，顾不能察儒释之分，惟此而已。《大学》言“致知在格物”，知者，心之知也，物者，物之理也。朱子释之曰“人心之灵，莫不有知；天下之物，莫不有理。惟于理，有未穷，是以其知有未尽也”，斯固合内外之道也。王阳明专以致良知为学，而反诋朱子之论为支离外驰，正释氏之说也。夫心虽虚灵，而已属于气，其清浊粹驳、厚薄昏明之禀，有万不齐。今使不识一字之凡民，兀然无为，静摄心神，而求其发而中节如圣人，吾知其必不能也。假使恍然之间，似有所得，斯乃心之光景，其于三千三百精微蕴奥，固惘然莫知，与尧舜精一执中之学正相背驰，何可以此而议朱子哉。（《西厓先生文集》卷十五《王阳明以良知为学》）

由此可以看出，西厓批判阳明学过分强调主观的致良知，认为如果舍弃精一执中的治学态度，就不可能正确评价朱子学。

西厓在《主宰说》中提出心为主宰，并进一步分析说：在身之中，静为主，动为宰；在宇宙中，中为主，和为宰，对主与宰进行了区分。他强调，主宰是修身养性的妙法，须从对主宰的认识中寻找修养论的原理。西厓门下的郑经世继承其学统，使之与金诚一的学统并存发展。在岭南学统中，金诚一学统的虎派（虎溪书院派）虽然与柳成龙学统的屏派（屏山书院派）在治学方法上形成对立关系，但是这两大学脉都是岭南学派的正统学统。

四、礼学

西厓曾提出“或问兵法，余应之曰‘礼乐而已’”，可见他强调礼乐之普遍性。他说："事得其序之谓礼，物得其和之谓乐，无序则乖，乖便不和。今百万之众，分数整治，如目隶纲，可不谓序乎？万人一心，无间可乘，可不谓和乎？天下无一事无礼乐，曾谓兵法事之大者而无礼乐，可乎？大抵天下之道，一而已矣。《易》曰：'百虑而一致。'"(《西厓先生文集·兵法》)西厓认为调和包含礼乐的秩序是人类处理、经营所有事情的根本，由此可知他主张礼学是人类社会的重要根源。在为母守丧期间所写的《慎终录》中，他重点探讨了丧礼中之择地、择时、葬法，强调在择地时不要托付给地师，也不要使之与子孙的祸福相联系。同时，他以《家礼》的条目为基准，将《礼记》中的丧礼问题分类，按照条目来分析仪礼服制图式，编成《丧礼考证》。

琴章泰指出，西厓在与赵穆探讨服制等礼说方面的问题时，展现出退溪学派学者深厚的礼学造诣。例如，《家礼》规定使用黪巾，时王之制则使用白笠，两者有所冲突，西厓认为应该遵从《家礼》使用黪巾。西厓尽管主张以《家礼》为礼法基准，但他同时认为"时王之制，圣人重之"，时王之制应与古礼并重。西厓长时间活跃在朝廷活动中，对国家的丧礼制度积极建言。例如，宣祖大王二年，他论称仁宗大王的神位合祀丁延恩殿不合礼仪；宣祖大王十年，他请求在仁圣王后去世后，依礼将宣祖大王的服饰改为期年服。如此看来，在十七世纪后半期的礼讼发生之前西厓就针对国丧制服问题提出过建议，主张要严格施行与家统相区别的王统礼法。

> 国事至此，痛哭奈何。举哀成服事，自有《五礼仪》；时王之制，安用他议？当以文书到日为据，而凡无位于朝者，皆不敢入班次，只变服而已。礼之体，主于严，有截然难紊之节，而今人往往以情为礼，恐未合宜也。吾则以罪废之人，既不得入班，故于闻讣之日，往江舍，西向哭。其改服则当待官府成服，

然后与闾阎之人共为之而已。然此等曲折,千万不可向人说,以起闹端,但欲汝知之,故及之耳。[《西厓先生文集》卷十二《答李甥(庚子)》]

可见西厓在流配时仍然以国家礼法的紊乱为忧,始终关注国家要施以“主于严”的礼法。

参考文献:

1. [韩]琴章泰:《西厓柳成龙的哲学思想》,《退溪学与儒教文化》第 23 辑,1995 年。

2. 魏志江:《论柳成龙〈惩毖录〉的史料价值——兼论柳成龙关于明朝江南人沈惟敬的评价》,《社会科学战线》2013 年第 4 期。

3. [韩]崔宗浩:《〈退溪集〉刊行过程中西厓柳成龙的作用》,《民族文化论丛》第 40 辑,2008 年。

4. [韩]金昊钟:《西厓柳成龙的人权思想及民主思想》,《退溪学》第 12 卷,2001 年。

5. [韩]李树健:《西厓柳成龙的学问与学派》,《退溪学与儒教文化》第 23 辑,1995 年。

郑 逑

郑逑(1543—1620),字道可,号寒冈。清州人。南冥、退溪门人,南人党党首许穆之师。朝鲜朝中期文臣、性理学者。谥文穆。

一、生平

寒冈祖籍清州,世代从政并居住于汉城。祖父郑应祥曾任司宪部监察,在士林派实际开山之祖金宏弼的门下修学,后成为其婿。寒冈之父郑思中曾任忠佐卫副司猛,娶星州李氏,生寒冈。寒冈五岁就得到神童美名,十岁时已通达《大学》和《论语》要义。十二岁时,将孔子画像挂在墙上敬拜,可见他自幼立志以圣人教诲作为学问标准,力求实践儒家礼学。十三岁时师从州学教授南冥曹植门人德溪吴健学习《易传》,学习乾、坤两卦后,其余之卦类推自通。德溪在星州四年(1559—1562)期间为寒冈的学问打下了良好基础。德溪拜师南冥而离开星州的次年,寒冈拜退溪为师。受退溪指教后,他对主敬穷理的含义有了深刻认识。后来寒冈师从退溪、南冥,体得他们的学问精华,从而确立了自己的学问方向。据年谱记载,寒冈在二十一岁时,到安东拜退溪为师。二十三岁时,受《心经》,之后一生重视《心经》。二十四岁时到晋州拜以"出处之节"著称的南冥为师,与南冥门下之东冈金宇颙、守愚堂崔永庆、来庵郑仁弘等弟子结为挚友。三十二岁时,随着德溪辞世,寒冈结束了拜师求教历程。寒冈专心致力于为己之学,二十一岁时,虽然已考取乡解进士,但听从德溪教诲,放弃了科举;同年,受金宇颙之荐,获得官职,却未赴任。三十八岁时,受宣祖之命,任昌宁县监,次年晋持平、校正郎,后历任通川郡守、右承旨、江原道观察使、成川府使、忠州牧使、工曹参判等。在此期间,寒冈著《五先生礼说分类》等多部著作,同时编辑了各地邑志。

到中年为止,寒冈深受德溪、退溪、南冥等当时巨儒之影响,确立了自己的学术领域,在礼学和实学方面得到退溪嫡传,与柳成龙、金诚一等同被视为退溪学派继承者。

据《寒冈先生言行录》记载,"先生常叹时文之累","以圣贤自期"。寒冈读书,以程朱之书为基础,以经传和性理书为中心,倾向于《朱子语类》《朱子大全》《论语》《孟子》《中庸》《大学》等书。其弟子说:"先生于濂洛关闽之书,无不该通,而于《朱子语类》《大全》,讲明之功益深切,真西山《心经》,尤所尊信,故晚年编集发挥,以授后学,有志于学者,不可不考究。""先生之学,博求经典,得其大义,《语》《孟》《庸》《学》尤所致力,致于静字、敬字上工夫,益加勉焉。""先生一生用功,专取法于朱子,故于《大全》《语类》《近思录》诸书,尤为致力。"寒冈于儒学经典中,对四书和朱子之性理书研习较深,特别注重对静和敬的学习,把居敬当作学问之真谛。

寒冈将对敬的学习,付诸具体实践中,故其在日常生活中比较自律,夙兴夜寐,闲暇时也始终保持着服饰端正,终日端坐,专心讲读。在学问之外,寒冈也为实践居敬而努力,这从其言行录中可窥见一斑。从整体来看,支持主理论的岭南学派学者虽然对完善人内部精神世界的"居敬"工夫关心备至,但对作为具体实践的著书和编撰事业大都漠不关心。与此形成对照的是,寒冈不仅努力修养心性,而且关心著书事业,可谓兼备学以致用之本领。

寒冈一方面坚持退溪以敬为主的学问态度，另一方面则受南冥言明的穷理在于致用、修身在于行道之影响，对学问的社会实践抱有极大兴趣，尊崇气节之义理精神。南冥对程朱理学之外的学术也给予宽容，坚持穷理之为致用、理论研究重在社会实践的理念。寒冈继承了南冥轻理论重实践之学风，虽然博通性理说，但在理论方面鲜有著述。

寒冈自从栖身于学问以后，便广泛涉猎各领域的学问，在艺能上亦无不穷究，通达天文、地理、医方，对冠婚丧祭也讲习甚精。寒冈把天地间所有道理当作儒学者之事业，极力主张学者应关心、研究日常生活各个领域。寒冈对学问的这种态度，与中国宋代理学者对自己所处时代持有社会责任的学问态度是一脉相承的。寒冈将这种使命感归结为确立礼仪、改变风俗、端正秩序的学问目标，并将其付诸著书事业中。

寒冈著述甚多，但在七十二岁时，因一场火灾，其所著书籍大部分被焚毁，其力作之一《五先生礼说分类》经重新编撰方流传下来。其所著之书从大的方面可分为性理书、邑志、医书、文学书、礼书等，如《太极问辨》《家礼辑览补注》《五先生礼说分类》《濂洛羹墙录》《心经发挥》《深衣制造法》《五服沿革图》《退溪丧祭礼问答》《改定朱子书节要总目》《圣贤风范》《洙泗言仁录》，参修史书包括《历代纪年》《古今忠谟》《治乱提要》《昌山志》《关东志》《永嘉志》《平壤志》《咸州志》等，著有医书《医眼集方》《广嗣续集》等，文集有《寒冈集》。

二、礼学

寒冈是十七世纪初南人礼学的代表学者之一，与西人礼学代表学者沙溪金长生共铸双璧。寒冈在礼书编撰上留下了辉煌业绩，并且致力于正确的礼之实践和风俗教化。据《寒冈先生言行录》记载："岭南古称文献之邦，而乙巳摧沮之余，人皆效放旷而贱名教，士大夫家冠婚丧祭，皆用俗礼，杂以佛教，自先生出士，争自濯磨，转相慕效。""我国（李朝）僻在偏荒，礼法无凭，虽有名贤硕士崛起探讨，而不免为流风习俗之所移，卒不能断以权制归宿一定。先生探究此弊……本之以义礼，参之以时制，冠婚丧礼，各编义节，使可行于今，而不悖于古。"

从《寒冈先生言行录》中记录的这些内容可见，当时朝鲜朝所行冠婚丧祭之礼毫无基准，自从寒冈确定了切实可行的礼节，这种现状才逐渐改变。卢仁淑认为，寒冈关注礼学始于二十岁左右，这从他二十一岁呈给退溪的问目及在二十六岁丧母时据朱子《家礼》而居丧的记载可知。据说，德溪吴健晚年之时向寒冈说礼学精密不能不讲明，但《仪礼》难于读懂，他大为苦恼，故拟与寒冈讨论。由此可以推知，当时寒冈对礼学的研究水平已经居于众人之上了。

寒冈注重朱子《家礼》。他三十一岁时，著《家礼辑览补注》；三十七岁时，著《婚义》；四十岁时，著《冠义》；六十一岁时，集司马光、张载、二程、朱子之礼说，完成《五先生礼说分类》；六十八岁时，著《深衣制造法》；七十三岁时，整理《礼记》中丧礼有关记述，著《礼记丧礼分类》；七十五岁时，修订《仪礼》中的五服图，参考历代制度，完成《五服沿革图》。在著书过程中，寒冈克服了朱子《家礼》只重视末节的弱点，确立了朝鲜朝礼学之学术基础，完成了礼学的系统建构。寒冈所著礼书现存有《深衣制造法》《五服沿革图》《五先生礼说分类》等。

在寒冈以前的礼学者中，礼学研究范围仅限于朱子《家礼》。与此相比，寒冈则以司马光、张载、二程、朱子的著书为中心，参照四十余种经书和礼书，完成了关于礼的辞典性作业。从古代礼仪包括乡饮酒、乡约、乡射等项目可知，先秦时代中国之礼，涵盖国家、政治、文化等各方面。如果说朱子制礼在于规范冠婚丧祭等日常生活中的私家礼，那么，寒冈则把礼更高地评价为一种旨在建立乡村社会秩序的规范性要素，认为礼具有强调士大夫阶层的社会功能和文化的作用。寒冈通过区分天子礼、诸侯礼和士大夫礼，整理出了国家之礼与私家之礼，使朝鲜礼学出现了均衡发展之转机，寒冈之学成为岭南礼学派之大宗，极大地影响了以后许穆等朝鲜礼学鼎盛期湖南学人之礼学。

寒冈作为岭南礼学派宗匠确立了岭南礼学学风，与以沙溪金长生为代表的畿湖礼学派一道，带动了朝鲜朝礼学两大支系之发展。他对国家之礼和私家之礼进行的系统性整理，开拓了均衡性实践礼学的研究领域，对改变岭南礼学派的学术倾向起到了重要作用。

参考文献：

1.［韩］卢仁淑：《朝鲜朝寒冈郑逑的礼学和〈五先生礼说分类〉》，《当代韩国》2002 年第 1 期。

2. 刘杰：《寒冈郑逑的礼学实践研究》，山东大学 2015 年硕士学位论文。

3.［韩］崔英成：《寒冈郑逑的学问及其在朝鲜儒学史的位置》，《韩国哲学论集》第 5 卷，1996 年。

4.［韩］周越金：《寒冈郑逑的哲学思想研究》，《南冥学》第 9 卷，2001 年。

赵 宪

赵宪(1544—1592),字汝式,号重峰、陶原、后栗。白川人。栗谷李珥、牛溪成浑门人。朝鲜朝中期文臣、儒学家、义兵长,朝鲜朝道学代表、栗谷学问和精神的继承者,“东国十八贤”之一。谥文烈。

一、生平

赵氏家族从高丽时代开始入仕,十二代祖赵文胄任高丽朝兵部尚书,作为高丽使臣出使元朝。八代祖赵天柱在红巾军侵入朝鲜半岛时,率兵抵抗,最终于安州殉职。五代祖赵环在世宗大王时曾任罗州牧使,曾祖父赵璜曾任左承旨,后归隐田园。祖父世佑是赵光祖的门人,父应祉是成守琛门人。纵观赵氏家族,可以看出重峰之家继承了先祖的忠节精神和忠孝传家传统。重峰自幼在这种环境下长大,养成了忠义的秉性,身体力行,成为朝鲜朝野的忠义典范。

> 先生少失所恃,哀慕如成人。年五岁,与群儿习《千字文》于林亭,有达官呼唱而过,群儿争聚观之,先生独端坐读不辍。达官大异之,下马诘之。先生跪对曰:“专心读书,父命也。”达官叹赏不已,要判书公相见曰:“此儿他日必为大儒,扶植世道,为公深贺。”及就外傅,沉潜经史,至忘寝食。弱冠游泮宫

时，馆儒疏论妖僧普雨连月伏阁，人皆相视懈怠，独先生凝然特立，终始如一，众皆属目。丁卯，取明经科。戊辰，除定州教授。关西素无文献，先生教育三年，蔚有儒风。未几，移教坡州，请学于牛溪成先生。先生称以畏友，不敢以师弟之礼待之。壬申，入为校书正字。时上降香佛寺，旧例，馆官必亲监封。先生上疏言："口读圣贤之书，手封供佛之香，臣所不忍也。"上大怒，将置极典，赖诸公力救，止削官，自是直声藉甚。是岁，往拜土亭李之菡，因与共访徐处士起于头流山，从容讲论，学日益进。癸酉，还叙升著作。甲戌，以圣节使质正官赴京，上书礼部，质问圣庙位次。……先生左燕时，谛观中朝文物制度之盛，慨然有东周之志，先条其切于施为者八事。(《重峰先生文集》附录卷二《行状》)

重峰而立之年仍重读《小学》，并随身携带栗谷李珥的《击蒙要诀》，时而朗诵。重峰通达古今，学问深厚，但他的学问并未止于书本，其穷理修身的治学态度使其致力于学问的实践，也就是所谓的"践履之学"。穷理修身对他而言不仅是观念上的理论，更是投身于实践的学问。重峰在学问中寻求普遍性的圣贤之道，将尧舜孔孟之言视作圭臬，将程朱理学视作正统思想，将道学思想的泰斗静庵赵光祖和退溪李滉奉为先贤，将栗谷李珥奉为师范。他因对栗谷思想的继承得名"后栗"，是继承栗谷学派气发理乘说的代表人物。

重峰是朝鲜朝中期重要的儒学家，是一生致力于学问和节义的儒学大师，更是兼具义理、学问和君子气度的实学家。他敬仰学问和君子，致力于继往圣和开来学的教育事业。泽堂李植曾评价重峰的学问为当时第一。《东还封事》记载了重峰的经济改革志向，主张改革的隐峰安邦俊评价重峰为"真儒"。此外，重峰还有一个重要的身份，即十六世纪末朝鲜王朝军事家。1592年（宣祖二十五年）壬辰倭乱爆发之后，重峰亲自率领七百名义兵镇压倭乱，是声名远扬的义兵长，最终战死于抗倭战旗下。默斋李贵整理了重峰在壬辰倭乱时的抗倭事迹，编为《抗义新编》，其中记载了重峰的精忠壮节。

二、儒学思想

重峰继承了朝鲜道学正脉，继承了栗谷李珥的学问和思想，在紧迫的现实中展现了义理、务实精神，这种精神影响了其治学和为官的一生。重峰致力于敦促统治阶层觉醒和国家变革，在应对壬辰倭乱时表现出彻底的抗战意志。月沙李廷龟在《抗义新编序》中评价重峰说：

> 盖重峰公之在世也，世之号为知公者，不过曰慷慨戆直人已。其不知者，或指为狂生。惟公雅自负，不求人知，人虽谓公狂，不屑也。人有不当于义，视若浼，以故知公者固少，而仇疾者滋益多。当国家乂安，朝政无甚阙失，而公独守阙抗言，危亡之祸在朝夕。（《重峰先生文集》卷首）

从以上记述中可知，重峰当时以慷慨节义著称。正如月沙所言，当时嫉恨重峰之人不在少数，在朝鲜各类文集及实录中就有不少对重峰的否定评价，宣祖甚至称其为奸鬼，东人更是侮辱性地骂其为人妖、怪鬼等，重峰因此数次被罢官流配。这种处境与重峰不拘言辞地保护师友、强硬地主张改革及建言抗倭有关。

重峰自幼家境贫寒，但他性格强直，以昼耕夜读的方式专心于朱子学，精通《朱子大全》《朱子语类》等，主张以朱子的思想和治世方法经世济民。柳希春曾对宣祖说，在校书官中只有重峰能够校正《纲目》，可见当时对重峰学问水准的肯定。

重峰认为朝鲜的道统谱系为李穑、郑梦周、金宗直、金宏弼、郑汝昌、赵光祖,时政言论则尊金净、朴祥等。他主张接续郑梦周、金宗直、金宏弼、郑汝昌、赵光祖、李彦迪、李滉的道统谱系,因此选择在牛溪成浑和栗谷李珥门下修学。

重峰平生师事土亭李之菡(1517—1578)、牛溪成浑、栗谷李珥三人。正如他所说,"臣于斯世,所师事者三人:李之菡、成浑、李珥也。右三人者,学问所就,虽各不同,其清心寡欲,至行范世则同"[《重峰先生文集·辨师诬兼论学政疏(丙戌十月公州提督时)》]。重峰于二十七岁时师从牛溪受《易经》,二十八岁时受教于土亭,后经土亭介绍师事栗谷,又与鸣谷李山甫(1539—1594)和孤青樵老徐起(1523—1591)交游。

重峰在呈给宣祖的上疏中提出,朝鲜朝先贤中救世才士退溪李滉、河西金麟厚、南冥曹植、东洲成悌元都是朝廷之大器、救世之大德。他们致力于教授后学,应当追尊为经明行修的典范,使后学有所模范。乙巳士祸之后,朝廷为平息士怒,以"经明行修"遗逸之名任命坡州的成守琛、草溪的李希颜、晋州的曹植、砥平的赵昱、公州的成悌元为六品官,以鼓励社会上养成通过修德治学得到出身的风尚。但直到重峰之时,朝鲜朝的社会风气仍无多大改变,他在任公州的州学提督官时,曾上疏对时事加以批判:

> 盖自盘盂几杖之铭,豫养者不传,而德行道艺之教,世忽而不讲,所以匡直辅翼之具,只有先贤学规。先子之知南康,有白鹿学规。其与魏应仲书,又有十训。没世百年,人多向慕者,以其亲炙者,面命而觌德之至近也。今之学校,虽或以此悬之楣间,而有司所取者,惟先诗赋,故要作贵人,而不要作好人。最名俊秀者,惟词章是尚、训诂是力,无一人仰惟揭示之方,以求警心而饬身也。是不啻利欲之熏心,实由闻风之遐远

也。[《重峰先生文集》卷五《辨师诬兼论学政疏(丙戌十月公州提督时)》]

重峰对当时重词章、训诂而轻明经修身的学风提出了严厉批评,提出应遵从栗谷的修学纲领,由《小学》入手,逐渐深入。“李珥之卓行格论,固有以耸动当世,而雅歌常言,动有学朱之愿,故其于石潭精舍,推衍洞规、十训之意,别为约束,以训来士,士多兴起。而所著《击蒙要诀》,又便于训蒙以正,开俗以礼。其所纂集《圣学辑要》,备著修己正家为政之道,纲领节目,粲然有序。臣于昔年,尝一过目,而未能得一本自随,只以书室约束《击蒙要诀》,试教乡族童稚,由是而入于《小学》《家礼》,由是而入于《近思录》、四书,甚易且近。”[《重峰先生文集·辨师诬兼论学政疏(丙戌十月公州提督时)》]可见,重峰十分重视儒学教育的实践,想以此改变崇尚辞华的风气,恢复重视道统的士林精神和文化。

重峰三十一岁时以圣节使质正官与正使朴希立、书状官许篈出使明朝,归国后力倡改革国家弊端、重视文庙祭典,认为“盖从祀之典,所以报圣门之有功,而示来学之趣向也”(《重峰先生文集·圣庙配享之制》)。选定配享朝鲜朝文庙的人物实为确定正统性理学传授谱系,确定义理实践和节义的标准,是重大事件。自从朝鲜太祖大王七年确立文庙制度以后,功绩论和节义论交替出现,但节义论占据优势。至退、栗将宋代性理学升华为朝鲜朱子学时,朝鲜朝自行设定了文庙从祀的义理,废黜过去定的儒贤,确定了新的从祀对象。

重峰是朝鲜朝首次正式提出厘正文庙祭典之人。他在作为质正官赴明时,向明朝提出应奖掖承续程朱理学道统的杨时、张栻、罗从彦、李侗、吕祖谦、真德秀、黄干等宋儒,论驳了陆九渊学问的不纯性,主张不应将其从祀文庙。

回到朝鲜之后，重峰在《质正官回还后先上八条疏（甲戌十一月）》的第一条“圣庙配享之制”中说，明朝嘉靖年间根据大学士张孚敬建议，孔子牌位所书“文宣王”改为“至圣先师孔子”，颜子以下略去爵名，文庙额号由“大成殿”改为“先圣庙”，这是根据孔子的“君君、臣臣、父父、子子”的正名之道做出的调整，朝鲜也应如此。

但重峰并非主张完全袭用明朝的制度，其文庙厘正的原则是道学，这在他对陆九渊之学的见解中可窥知。

> 陆九渊之学，不事讲问，而专务顿悟。当时朱子固忧其说之为害，而流传益远，人惑愈甚，举世靡然，胥归禅学。如王守仁之敢为横议，诋谤朱子者，而尚请其从祀，则是必江西之人，习熟见闻，而簉仕者众，力佑象山，以至上误朝廷，下误斯学（此说闻之王之符及太学生），如此之流。臣恐不可效尤而苟从也。[《重峰先生文集》卷三《质正官回还后先上八条疏（甲戌十一月）》]

重峰对陆九渊之学站在辟异端立场，坚决排斥。从中可见重峰不是一味“慕华事大”，而是立足于文化主体性有所选择。

重峰称颂寒暄堂金宏弼、静庵赵光祖、晦斋李彦迪、退溪李滉的道德学问，请求把这些人物配享文庙。重峰的主张引起了朝鲜朝廷的讨论，后来尤庵宋时烈正式提出文庙祭典问题，并形成了具体政策加以推行。朝鲜朝后期改定文庙配享人物的过程，即树立朝鲜道统的过程。

重峰的义理思想被隐峰安邦俊（1573—1654）和清阴金尚宪（1570—1652）等道学学者所继承。1592 年，重峰辞世，金集为其撰谥状，金尚宪为其撰神道碑铭，宋时烈为其作行状，这些人无不极度表彰重峰践行义理的事迹。

另外，重峰的改革思想和学习中国的思想对朝鲜朝后期实学思想家影响巨大。重峰的改革思想影响了磻溪柳馨远(1622—1673)、湛轩洪大容(1731—1783)、楚亭朴齐家(1750—1805)等主张经世致用和利用厚生的实学家。朴趾源曾说栗谷的《万言封事》与重峰的《东还封事》如出一手,主张继承孤云崔致远与重峰赵宪的经世之意学习中国的先进文化。重峰以思想和实践表现了道学派忧国忧民的典型面貌,拓展了朝鲜朝道学派的经世思想。

参考文献:

1. [韩]金文俊:《重峰赵宪的义理精神与务实精神》,《韩国思想与文化》第 38 辑,2007 年。

2. [韩]李相益:《从〈东还封事〉看重峰赵宪的改革思想》,《东洋文化研究》第 10 辑,2012 年。

3. [韩]李河俊:《重峰赵宪的忠义思想》,《新国语教育》第 87 卷,2011 年。

4. [韩]金仁奎:《重峰赵宪改革思想的实学特性》,《东洋哲学研究》第 41 辑,2005 年。

金长生

金长生(1548—1631),字希元,号沙溪。光山人。龟峰宋翼弼、栗谷李珥门人。朝鲜朝中期文臣、礼学家,“东国十八贤”之一。谥文元。

一、生平

祖知礼县监镐,考司宪府大司宪继辉,妣平山申氏。沙溪出生于汉城贞陵洞,自幼师从龟峰宋翼弼学习四书与《近思录》等。二十岁时师从栗谷李珥。1578年,因学识与品行出众获荐昌陵参奉。1581年,因“宗系辩诬”随父至明朝。后任户部正郎等职,在光海君时弃官隐居。仁祖登基后,沙溪复出,官至刑曹参判。沙溪虽然未参加科举且较晚步入仕途,但他作为西人领袖在当时具有非常大的影响力,门下培养出了宋时烈、宋浚吉、赵翼、尹舜举等众多弟子。

受宋翼弼影响,沙溪深入研究礼学,并留下了《家礼辑览》《疑礼问解》等礼学著作。《疑礼问解》表明他的礼学不是盲目信从朱子《家礼》,而是对礼的根本问题进行了深入研究。《经书辨疑·礼记》被收录在沙溪研究四书、《书传》、《周易》、《礼记》等疑难点后撰写的《经书辨疑》中。沙溪作为朝鲜礼学之集大成者,其礼学与重气的理气论有密切关联。在理气观上,沙溪忠实地继承了其师栗谷的“气发理乘”思想。不过,他强调“气发理乘”,突出“气”的功能性,旨在表明人通过发挥主体能动性,即后天的修养,也就是“礼”的教化,就可以培养心中的正气,由此恢复并扩充性善。这就是说,沙溪重“气”的特点,在于强调人后天的主观能动性,即人的主体性。

金顺今、全锦子在《金长生礼学思想的特点及其意义》中指出,沙溪在礼学精神和整个体系上基本继承了朱熹的礼学思想,在此基础上,进一步完善了朱熹的礼学思想,并有机地结合朝鲜的礼俗和礼思想,形成了具有本国特色的、系统的礼学思想。“理者礼之源,礼者理之实”,也就是说,礼学和性理学是形式和内容的关系,它们相互影响、相互作用、不可分割。因此,要探究沙溪礼学的根源就要深入分析其性理学。

二、性理学思想

金顺今、全锦子认为,沙溪的性理学思想构成了其礼学的思想基础,这可以从其理气论、心性论、格物致知论等几个方面反映出来。

1. 理气论

理气论上,沙溪继承了栗谷的“理通气局说”和“气发理乘一途说”。沙溪认为“理通者,万物天地同一理也;气局者,天地万物各一气也”,他没有从理的普遍性和气的局限性来看待理和气,而是从“理气之妙”的观点来表现“理通而气局”。并且说“理无为而气有为,故气发而理乘(阴阳动静而太极乘之,发者气也,乘其机者理也)”。也就是主张栗谷的“气发理乘一途说”。总之,在沙溪看来,“理”是现实的根据、标准、中心,但是这个理不能离开现实而存在,因此需要以气来体现理。沙溪的理气论体现了他试图改变当时社会现实的强烈愿望,他想把理想中的理的世界体现为具体现实中的气的世界。他的这种理气论思想孕育着将理具体化为规范的、有秩序的现实礼制的动向。

2. 心性论

沙溪在朱熹思想的基础上，以形象的比喻列出了心、性、情的关系。他说“心如器，性如器中之水，情如水之泻出者，贮此水而有时泻出者器也，函此性而发此情者心也”。也就是说，心包括性和情，性是心的未发者，情是心的已发者，但是心的已发者情，可能符合理又可能不符合理，为使已发者情符合理，就要进行存心养性。因此，对心的修养在一定程度上决定着性的支配作用能否得到正常表现和发挥。如果对心的修养尽了心，那么，未发时恪守本分、已发时不自觉的情也不会失去度。为保证心之未发的“中”的状态不受干扰，必须努力存心养性。沙溪强调为存心养性，就要向内克己，即要克制人的欲望，还要向外复礼，以礼学作为一种准则，来规范行为，如此才能达到重建社会理想秩序的目的。沙溪的心性论观点也就成了他研究礼学的源动力。

3. 格物致知论

沙溪在格物致知论上从“物我一理”的观点出发，强调探求真理过程中人的主观努力。沙溪认为，物之理本来就存在于我心，只是人没有穷尽事物之理才不能明理，一旦格物达到豁然贯通时，知也就会明了。成浑说：“譬如暗室中，册在架上，衣在桁上，箱在壁下，缘默暗不能见物，不可谓之册、衣、箱在某处也。及人取灯以照见，则方见册、衣、箱各在其处分明，然后乃可谓之册在架，衣在桁，箱在壁下矣。理本在极处，非待格物始到极处也。理非自解到极处，吾之知有明暗，故理有至未至也。”（《栗谷先生全书·牛溪集语录》）这是说，物之理，原本就在极处，根据作为认识主体我的知的明暗，来决定能否达到物理之极。这里也可以看出沙溪对主观努力的重视。沙溪在《读书讲疑序》中说：“人之所以为人者，知性知天也，知性之要无他，穷理而已。”认为人之所以为人，要正确理解性和天理,其方法是穷理。沙溪所追求的穷理是彻头彻尾的物我一理、主客合一,特别注重人的主观努力在探求真理中的作用。沙溪的这种知行合一的观点,为今后其礼学思想的发展及成熟打下了坚实的基础。

三、礼学思想

金顺今、全锦子认为,沙溪礼学思想的特点体现在以下几个方面:

第一,沙溪的礼学以心性论为依据,重视行礼主体人的自身道德修养。他认为人性本无善恶,只是由于所察受的气的不同,有的显现为善,有的显现为恶,因此人们要通过修身养性来完善品质,这也就是"存天理,灭人欲"的天理人欲论。他又认为人的心包括"性"和"情",性是心的理致,而情是心的表现,只有通过人的主观努力使情符合性,人才能真正实现道心。在学问的次序上,沙溪也要求先学《小学》《家礼》,再学《心经》《近思录》。他认为《小学》和《家礼》可以培养正确的人伦常礼,而此是修身养性的大法,在具备了以上道德修养之后,再以《心经》《近思录》来开发主体人的心性,才能最终领悟贯通天理的法则。

第二,从礼学的内容上看,沙溪始终以朱子《家礼》为中心开展他的礼学,并且在《家礼》的四礼冠、婚、丧、祭中尤其重视丧、祭礼。这是由于《家礼》中的丧、祭礼是朱熹来不及再修的部分,沙溪以完善朱熹的礼学思想为己任,认为丧礼是实践孝行的关键,也是再建伦理秩序的关键。由于每一位长辈的丧礼只有一次,尽心履行丧礼就成为尽孝的一种重要体现,但是病丧又往往来得突然,易失礼法,所以丧礼也就成为四礼中最重要的和最迫切的礼法。此外,在丧礼中构成核心的服制问题也最能体现宗统,为重建伦理秩序,沙溪尤其重视丧、祭礼。

第三，沙溪特别重视宗统的确立，认为礼的功能就是维护宗统也就是正统。仁祖大王时期，在王室典礼的争论中，沙溪不顾与国王观点的对立，坚决表明自己维护正统的立场。在元宗追崇问题上，大臣李贵等人极力迎合仁祖大王之意，而沙溪站在维护宗法原则的立场，反对追崇。沙溪说："《礼》，为人后者为之子。至于人君，则虽兄之继弟、叔父之继侄者，皆有父子之道焉。"（《沙溪先生遗稿·论庙亲祭时祝文属号疏》）认为君王可以隔代直接继承，是由于君王谱系以昭穆排序，继位者与前任君王未必有父子关系，宣祖和仁祖虽然中间隔一代，但在君统上已经形成父子关系，中间不存在空缺问题，故完全不必追崇元宗。追崇将会出现"二本"的窘境，其后果必然导致伦理顺序的混乱，也将导致正统的不专一，这正是宗法的大忌。在启运宫服制问题上，沙溪也坚决主张"不杖期"，认为作为继承大统者，不能像平民对待自己的亲生父母那样，而要重视对正统的继承，因此对私亲应降服，实行"不杖期"。

第四，沙溪的礼学是实用性的礼学，为礼的社会化做出了巨大的贡献。他所著的《家礼辑览》是一部集成了朝鲜朝内外礼学诸说的具有较高学术水准的礼学书籍，其首页附加的《家礼图》，使烦琐的礼说简单易懂，有利于礼学在庶民阶层的传播、普及。而《疑礼问解》是针对实际实行中不明确的变礼以问答形式集成的礼学书籍，此书的问世使朝鲜朝礼学体系进一步趋于完善。此外，《丧礼备要》不仅在朝鲜朝士大夫之家得到了广泛的应用，在庶民阶层也得到了普及。

第五，沙溪是朝鲜朝本土首先达到较高学术水准的、系统的礼学者。他继承、完善了《家礼》，在观点上第一次比较完整地涵盖了朝鲜朝诸多礼学者的礼学思想。他把朝鲜朝前期以实践为主的礼的观念上升到理论高度,形成了系统的、具有本国特色的礼学思想,改变了此前朝鲜朝一直依赖中国的礼学观念和礼法的局面,为朝鲜朝礼学的进一步发展打下了坚实的基础。

可见,在以朱子学为官方意识形态的李氏朝鲜,以《家礼》实践正统礼学是不容置疑的,但是《家礼》作为中国南宋时的产物,并不完全符合李氏朝鲜当时的社会现实和风俗。沙溪在《家礼》的基础上结合朝鲜的风土、人情,最终完成了具有朝鲜特色的礼学的建构,这充分体现了他重调查的学问态度及其礼学思想的主体性、时宜性和合理性的特点。

金顺今、全锦子认为,沙溪为十七世纪朝鲜朝礼学时代的到来起了先导性作用。在礼的社会化过程中,礼学者的作用表现为撰述或刊行具有启蒙性、实用性的礼学书籍以进行礼学教育和礼学问答。从小严谨勤奋的沙溪,从三十六岁开始撰写诸多礼学书籍,如《丧礼备要》《家礼辑览》《疑礼问解》《典礼问答》等,终身进行礼学教育和时礼咨询,并且培养出了很多著名的礼学者,如宋时烈、金集等。作为山林儒学派的领袖、政界的知名人士,他在国家政策的制定上也有一定的影响。因此可以说,沙溪为朝鲜朝礼学的社会化做出了巨大贡献。

沙溪不仅是畿湖学派礼学的开创者,也是朝鲜朝礼学的集大成者。沙溪倾其一生研究礼学方面的问题,撰著多部礼学著作,系统地解决了当时礼学方面存在的问题,在继承和发展畿湖学派的礼学思想的基础上又批判地吸收了岭南学派等的诸多礼学者的观点。比如,他的《家礼辑览》中包含着十几个朝鲜朝礼学者的礼说,而《疑礼问解》中之人物涉及二百多个朝鲜朝礼学者,可以说《家礼辑览》和《疑礼问解》涵盖了朝鲜礼俗和众多朝鲜朝礼学者的思想,是系统编撰的朝鲜朝时人自己的礼学著作。因此,沙溪为朝鲜礼学之集大成者,实至名归。

沙溪的礼学也有其弊端,即过于强调形式对内容的影响,使礼仪显得过于烦琐、不易操作。朝鲜朝上下对礼的细枝末节的争辩在十七世纪后半期最终导致礼讼。显宗大王、肃宗大王时期分别发生了"己亥礼讼"和"甲寅礼讼"。礼讼在表面上,是关于服制问题、典礼问题的争论,但实质上是不同政治集团的权力之争。礼讼的发生大大地损害了礼学的进一步发展,最终在朝鲜朝掀起了倡导实学的浪潮。两千多年前,孔子对古老的礼制作了创造性的理论阐发,使之具有新的发展活力。当时孔子曾说:"礼云礼云,玉帛云乎哉?乐云乐云,钟鼓云乎哉?"这多半是孔子为让其思想能够切入礼的本质层面,而思索礼的内容与形式之关系时发出的慨叹。沙溪及其弟子对于礼的专注,使他们过于注重礼的形式,最终导致礼学的没落。在传统的东方社会,由于法律制度不够完善、地区差异大等各种因素,主要是以民间的各种礼俗来维系社会秩序、伦理秩序,使社会保持安定和谐。西学东渐后,传统礼俗的地位已逐渐被法律取代,丧失了原有的社会功能,人们对于传统礼俗也不再像过去那么重视了。但是在强调法制的现代社会中也存在着一些不足,法令是刚硬而冰冷的,以至于社会群体间日趋冷漠,礼俗却柔软而带有温度,更利于人们接受,尤其是传统礼俗长期以来已普及于东方社会,并且发挥过巨大的作用。我们意识到仅依赖法治并不能达到维护社会伦理秩序的目的,为补偏救弊,有必要重新审视传统礼俗的现代价值。

金顺今、全锦子认为,沙溪既是思想家也是实践家。面对当时混乱的社会现实,沙溪想重新确立国家的纲纪,维护社会的秩序。生活在性理学顶峰时期的沙溪,对性理学已有很深的认识,但他也深知单纯以性理学无法解决当时的现实问题,因此,试图以与性理学有表里关系的礼学来确立国家的秩序。礼作为封建社会的产物,其中有必须加以批判的糟粕,也有值得吸收和借鉴的一面。礼作为人类的一种规范,强调人与人、人与社会、人与自然的和谐,需要在扬弃的基础上继承和发扬。从礼与法的作用上看,所谓“礼禁未然之前,法施已然之后”,礼重视事前的引导疏通,使人的言行举止都能合乎规范,以避免不合宜的事情发生,但需要较长时间的教化,收效比较缓慢。如果有人不守礼,大家对他也无可奈何,可见礼比较缺乏强制性。法则重在事后的惩罚及改善,以阻止行为人类似行为的发生,或避免他人效仿。虽然犯法的行为已经发生,对犯法者再如何使用严厉的惩罚,其所造成的损害恐怕也无法补救,但就执行面而言,能立即给予犯法者处罚,因此收效比较快速,也具有强制性。由以上分析,我们看到礼与法各有优、缺点,因此在现代社会不能完全摒弃礼,综合运用礼治与法治,对于发展和构建和谐社会,具有重大意义。

参考文献:

1. 金顺今、全锦子:《金长生礼学思想的特点及其意义》,《延边党校学报》2005 年第 2 期。

2. 金顺今、全锦子:《试论金长生礼学思想的特点》,《延边大学学报(社会科学版)》2005 年第 2 期。

3. 王倩倩:《沙溪金长生的性理礼学思想及实践研究》,山东大学 2017 年硕士学位论文。

4. [韩]张世豪:《沙溪金长生的义理精神》,《韩国思想与文化》第 61 辑,2012 年。

5. [韩]金成俊:《沙溪金长生的生涯》,《百济研究》第 6 期,1975 年。

韩百谦

韩百谦(1552—1615),字鸣吉,号久庵。清州人。朝鲜朝中期文臣、儒学家。谥文忠。

一、生平

十八世纪之后,箕子被认为是清州韩氏之始祖,而在这之前,高丽太祖时期的功臣韩兰一直被认为是清州韩氏之祖先。久庵家族历史辉煌,其中七代祖是朝鲜朝开国功臣韩尚敬,五代祖为成宗大王时期的忠臣韩继禧,曾祖韩承元曾任江原道旌善郡郡守,祖父韩汝弼曾任仪宾部都事。

久庵家族是朝鲜时代屈指可数的两班家族。一度家道中落的韩氏家族在久庵之父在世时获得中兴。其父韩孝胤(1536—1580)于宣祖大王三年文科及第,曾任佐郎和春秋馆记注官。叔父韩孝纯于宣祖大王九年文科及第,曾任右议政。胞弟韩浚谦于宣祖大王十九年文科及第,曾任领敦宁府事,其女即后来的仁烈王后。

久庵作为韩孝胤长子生于京城,自幼师从徐敬德门人闵纯习读《小学》《近思录》,对学问产生兴趣。二十八岁时,生员试及第,其胞弟重谦和浚谦也在这次考试中及第,此事在朝鲜传为佳话。此后,久庵进入成均馆学习。二十九岁时,丁父忧,守丧三年。不久其祖母病逝,又为祖母守丧三年。这段时间久庵专心钻研学问,对《周易》颇有心得。由于对象数之根源和变化产生了巨大的兴趣，他便抛弃过去所学，专注研究四书、六经和程朱典籍。三十四岁时校正《经书训解》，成为当时屈指可数的经学大家，并被任命为校正郎。三十五岁时任中部参奉，从此开启仕途生涯。其后任庆基殿参奉赴全州。1589年，东人郑汝立谋反，西人在处决郑汝立的过程中趁机对政敌展开攻讦，许多东人惨遭暗杀，其中有些不得不退隐山林，三十七岁的久庵因藏匿乱党李震吉而受到了严刑拷问，后遭流放。

壬辰倭乱之后，久庵结束流亡生涯，重回故乡。由于在平定倭乱中做出巨大贡献，他在朝廷所定平定壬辰倭乱的三十名地方功臣中，位列第一。后先后任汉城府参军、户部佐郎、刑部佐郎和黄海道安岳县监。任县监期间，其政绩优异，在全县民众的挽留下留任。1600年之后，久庵先后任刑部正郎、宁越郡守、工部正郎、清州牧使等。至1607年，五十五岁的久庵晋通政大夫，成为朝廷重臣，后又任掌礼院判决事和户部参议。任户部参议时，他指出当时朝鲜贡品制度的弊端，主张实施新收米法，即取消贡品以大米代替。

1608年丁母忧，守丧三年后，久庵移居汉城近郊西湖边的水伊村，开始了一段归隐生活，专心读书和钻研学问。1614年，六十三岁的久庵开始编写《东国地理志》。次年，久庵去世，其子韩兴一继续担负起这项工作。1640年，韩兴一委托庆尚监司李明雄在大邱监营刊行《东国地理志》。《久庵遗稿》和久庵的其他著述，并于同年刊行。

久庵去世后祭享原州七峰书院。七峰书院是为纪念高丽末期功臣元天锡于1612年建成的书院，久庵写信给编撰《东史纂要》的吴沄请求将元天锡写入这部书的列传，吴沄答应了其要求并于第三次修订《东史纂要》时将元天锡事迹编入，此书院也因这段佳话而名扬东国。

久庵主要有《周易传义》《四端七情说》《四端七情图》《晦斋论太极图后跋》等性理学著作,《深衣说》《深衣图》等礼学著作,《启蒙揲蓍辨》《潮汐辨》等象数学著述,另外还有《东史纂要后叙》《箕田考》《东国地理志》等史地学著作,可见其学问范围广泛。

二、易学与礼学

尹希勉认为,久庵的学问建树首先在于易学和礼学。早年间,久庵便被举荐为《周易》讲官,并校正了《周易传义》,主持宣祖大王的葬礼。入仕前还校正了《经书训解》,并担任校正郎一职。久庵是当时对经书颇有研究的著名学者。对此,有人认为久庵对《周易》和礼学的研究是自学而成的,但其叔父韩孝纯与胞弟韩浚谦也对《周易》颇有研究,说明在一定程度上受到家庭文化环境的熏陶。同时由于师承闵纯,其对历史和礼仪的研究受到闵纯的影响颇大。俯而读,仰而思,久庵对《周易》、礼学、历史等领域的学术成就更是其钻研揣摩的成果。

久庵与郑逑、金长生并称朝鲜朝中期礼学三大家,他在《深衣说》中深刻阐释了礼学思想。深衣是直筒式的长衫,因“被体深邃”而得名。深衣在中国周朝之前已出现,在高丽时代成为朝鲜半岛的人们广泛穿着的便服。由于《礼记》等文献对深衣的记载较为简略,所以后来的学者们对深衣的定义和实体颇多争议,未能形成统一见解。久庵为此做了专门阐释,他认为这种上衣与下裳相结合的形式,象征着乾坤相结合的宇宙,其中各个部分又象征着政治权衡等性理学思想。久庵的这种阐释体现了当时朝鲜朝性理学思想的成熟。

三、性理学

尹希勉指出，久庵的性理学学风深受其师闵纯的影响。他在清州设立碑坛时曾说，“子孙之身，乃祖先之气也；子孙既已聚会，则祖先精灵，即此而在矣”（《久庵遗稿·碑坛立议序》）。在阐述这个问题时，他联系到徐敬德的“气不灭”论，在其他著述中还肯定了李彦迪“理先气后”的思想，从中我们可以看出久庵保持一种中庸和辩证的态度看待理气问题，其性理学思想并不倾向于任何一方。他的著作《四端七情说》中深刻地表现出他的性理学观点和态度。

李滉和奇大升对四端七情的论争成为当时性理学界的核心话题，是任何一位性理学家都不能忽视的重要议题，久庵也不例外。其对四端和七情的解释与其他性理学家相似，认为四端是一种道心，七情是一种人心。他将四端包含在七情中阐释：

> 或问：四端何情，七情何情？曰：以形气之发而谓之七情，以义理之发而谓之四端。四端，道心是也；七情，人心是也。盖人之一身，酬酢万变，只有七情，非七情之外别有四端，只就七情中不杂于形气者而拈出此四端。如恻隐本不离爱而行，然寻其苗脉，自有不可乱者。……故孟子指而言之，欲使学者察识而扩充之也。概而论之，则四端与七情，各有所从来。而分而言之，则一情之中，皆具四端。（《久庵遗稿》卷上《四端七情说》）

久庵的四端包含于七情的见解很大程度上受李珥学说的影响，而七情中每个部分都各自包含四端的见解是独到的。他将阴阳五行之金木水火土与五脏之肺肾肝心脾相对应，结合四端七情之说，最终制成《四端七情图》，以图画的形式展示并阐明了四端七情的本质和关系。《四端七情图》反映出，久庵的部分理气思想不属于任何一个学说体系，而是形成了独到和独立的观点。这种辩证的和不受拘束的学术态度形成了久庵独特的学术特点。

久庵的著作众多，其中《豳风金縢说》不仅对《诗经》的诗体和内容做了阐释，还对其中诗歌的形成背景做了专门研究。

四、其他成就

久庵关于象数学的著作有《潮汐辨》《启蒙揲蓍辨》。《潮汐辨》否定了以往潮汐是由大地的上下作用和月亮的方向改变而形成的见解，提出了大地像人体一样进行呼吸作用，吸气时血气上升，呼气时血气下降的说法，可以说另辟蹊径，但缺乏科学性。《启蒙揲蓍辨》对朱熹、张载、程颐、邵雍等理学家的思想进行了具体阐释。

另外，久庵对朝鲜半岛古史谱系和地理状况的研究颇具代表性。其著作《东国地理志》对朝鲜半岛的历史和地理进行了详细阐述。久庵对朝鲜古史谱系的认识比较符合历史事实，但其观点未能为后来的学者接受。

据《久庵遗稿》记载，“偶得东史一秩，乃岭南吴斯文沄所撰”，“亦沿袭诸家之陋，未见有折衷之论，此则实我东方一大欠事，不特为吴公此书惜也。吴公尝从先君子游，于吾辈为尊执。久闻退居林泉，日以书史自娱。其于先代文献，宜其有所征。思欲一拜起居，因叩其所疑，顾南北修阻，际会无便，乃敢出于僭妄，自叙所见如此。书无远近，如或此纸流传，得经吴公具眼，则不知以为如何也”。可见，久庵此论看是针对吴沄之书，实则是针对当时一种普遍的论调而发。他希望能与其他学者共同讨论此问题，但其说最终并未引起应有的反响。

由此，我们可以看出久庵海纳百川的治学内容和批判性、实证性的学术倾向。他的学术姿态和学术见解不属于任何一个学术分支，不盲从是久庵学术的最重要特征。久庵以《东国地理志》为代表的学术著作是韩国学术史上的一笔宝贵财富。

参考文献：

1.［韩］尹希勉：《韩百谦》，《韩国史市民讲座》第 22 辑，1998 年。

2.［韩］赵成乙：《近畿学人的退溪学受容与实学》，《国学研究》第 21 辑，2012 年。

3.［韩］郑求福：《韩百谦的史学与其影响》，《震檀学报》第 63 辑，2011 年。

4.［韩］高英津：《17 世纪初礼学的新潮流》，《韩国学报》第 68 辑，1992 年。

张显光

张显光(1554—1637),字德晦,号旅轩。仁同人。郑逑门人,许穆、尹镌之师。朝鲜朝中期性理学者、天文学者。谥文康。

一、生平(据金烋《敬慕录》、张庆遇《记闻录》整理)

先生体貌魁伟,颜采充润,接人之际,和气蔼如,然其中有俨然不可狎处。初配即寒冈郑先生侄女,寒冈寻常称号,不以名字,必曰旅轩,其见敬重如此。先祖考参议府君,尝谓烋曰:“张旅轩德宇天成,不露圭角,谦恭乐易,少无作为底意思,古人云外为常谈而内实惺惺,于张某见之矣。”先生每谓烋曰:“古人自年少时既有志于学矣,其于事事物物上,无不备习而周知,故既长则皆可为有用之成才。今人却不然,甚可叹也。至于算数一事,虽涉末艺,其用智之巧,量物之妙,非圣人不能作也。以至少而量无穷之多,以至约而度无限之广,至于山川之阔远、天地之高大、四时日月之推行,亦可以此而度量,推而极之,则其所用,可谓大且神矣。君年富力强,读书之暇,必须留意着力,备尽其术可也。”岁丙辰春,余侍先生于远堂,宿余池亭,夜已深矣,万籁俱静,间有读书声自远而来,起而寻之,则先生方诵《周易》,整襟危坐,发声清雄,随辞玩味,逐爻讽咏,无一字放过。于时雪月交辉,梅影半窗,虽在傍之人,情思洒落,恍若身入伏羲之乾坤也。凡衣服,好用升粗绵布,燕居出入之服,皆用直领,而制度甚古。先生身长八九尺,自是魁伟丈夫,高冠大衣,拱手正立,温然而可观,俨然而可敬,毅然而有不可犯之色,见之者莫不目接心醉,充然自满而归。先生可谓天挺人豪也。

丙辰春,侍先生于远堂,烋时方看《孔子家语》,昼所观,夜则必使背陈于前,曰:"吾有眼疾,久废看书,今欲凭君之口,而入吾之耳,入吾之耳,而会吾之心也。所贵乎读书者,只在于心会而身践尔,目耕与耳农,奚择哉。"笑谓烋曰:"如君每置吾傍,则可不劳吾眼,而耳有所得矣。"七八年前,余拜先生于南山本第,先生出示一小录,乃《易学类说》目录也。呼而使前,以手指点而诲谕曰:"易道微眇,最难意会,而诸贤发明图象,散出各书。余每病其未易参证,兹敢广搜博采,各以类编。《河图》所论,则录于《河图》之下,《洛书》所论,则录于《洛书》之下(余可推此),间用臆见以附之。盖欲取便于考览,与我同志者共之,本非求多于前人也。以至天文、地理、阴阳、卜筮、医药、兵法诸术家,或有则象取义之处,则无不采辑,以为附录,名之曰旁流。盖以易道之广大,无所不在也。君若身无疾故,得遂累月同处,则可以重加考证,亦不无问难开悟之益矣。而得一会合,每患匆卒,未有数旬淹留之隙,是极可恨。"烋自承此教之后,切计扫除万事,专心进侍,获闻绪论,以毕平生至愿,耿耿一念,恒在腔子。

烋子万雄未成童时能画,随物辄写,有笔力,有精神,先生亦尝奇之。一日,拜先生于南山本第,先生命给素笺,使退而写进。其目有八:一曰帝尧茅茨土阶,二曰帝舜南薰殿弹琴,三曰周公坐而待朝,四曰孔子杏坛授受,五曰周濂溪庭草交翠,六曰程明道傍花随柳,七曰邵康节安乐窝,八曰朱晦庵武夷精舍。凡此八目,固皆盛德至理之所在,是知大先生用意处,有非凡人所能窥测。虽在末事小技,必求诸圣贤事业上,以寓穷格之意,本不取好奇玩物而止也。先生于人，内则固少许可，而外不为过激之论。凡取人，先观其大者，微疵小失，或有所不问也。尝谓崔公重吉曰："为人心地开豁，善观书，讲论之际，多有相长之益。"谓金公孝征曰："为人外柔内刚，不易得也。"余于病中，得先生所著《经纬说》《宇宙说》《晚学要会》三书以来，余已疾笃，虽不能逐字看过，或于神定时，认得其中一二语，始知平日所以窥测我先生者，不啻若持杯酌海，而自以为知海者，堪可笑叹。余今气息奄奄，虽欲因先生之书，而学先生之道，有以尽事物之理，极天地之变，庶几为宇宙间不虚生之人，其可得乎？幸此若干纸，得以保存于今，然实宝之如拱璧，敬之如神明，将欲净写累件，以图万全，而适余病笃，今姑未暇也。为吾子孙者，倘能以此心为心，重加证正，十分谨护，使不至于亡失，则庶可谓吾其有后矣。

尝受读《中庸》，至"不诚无物"，先生三复叹曰："不诚则天地尚不能成物，况于人乎？况于学者乎？"尝受读《大学》，至《平天下章》，先生愀然凭几。余请问曰："学问之法？"知行二字。又受读《论语》，至《回也不愚章》，先生咄咄无语，余掩卷向隅。先生曰："汝知吾咄咄之意乎？"对曰："先生生世苦晚，不得为鲁邦之士也。"先生不答，因复取卷击节。先生自年少时喜《易》，积功已多，至于乱离波荡之日，亦随处玩《易》，每中夜起坐，默诵谛视之，有俯仰状，见其工夫尤笃于宴息之时。先生于书无所不读，而尤用心于性理之学，以《易》《庸》《学》，周子《通书》《太极图说》，伊川《好学论》，明道《定性书》，张子《东铭》《西铭》，邵子《无名公传》及朱书等书，中夜默诵，循环不已，日必有课，咀嚼饱饫，不知年岁之不足。先生曰："学者欲求此心本体之微，当于夜气清明之时验之，亦岂无惕悟感发之端哉？"先生曰："自暴自弃之人，不足与言，而虽有志之士，每患立志不固，作辍无常，故未见其进也，学者之所可惧也。"先生曰:“道岂难知哉?非高远难行之事也。只循吾所禀之性,而施诸日用云为行事之间。言其大目,则孝悌忠信;言其工夫,则诚正修身。故孟子曰:‘尧舜之道,孝悌而已。’”先生曰:“学者须要有实见得,若无实地上得力处,而徒掇拾于古人之言,往复于书札之间,谈论于相逢之际,以为一场好话,是岂践履之道哉?学者所当戒也。”

庆遇与德勇侍坐,庆遇请读《太极图说》,先生顾谓德勇曰:“此是近世学者之大患也。学者须读《小学》、四子、程朱等书,何必《太极图说》为哉?《小学》,是做人之样子;《大学》,是入德之门路,不可不熟读也。”又曰:“学者须要下学人事,下学人事尽,则自然上达天理。”又曰:“学者须有着己近里之工,斯无外走之患也。”庆遇与赵涧松侍坐,庆遇语及晦、退造诣,先生曰:“先辈造诣,初学后生,何敢容易说到,但当尊信之而已矣。”因曰:“晦斋,学问平实,透得大意;退溪,学问精纯,门路正大,学者有所据依,易以为学。”先生曰:“天地至大也,吾身藐然也,中立上下,并为三才,人之道顾不重欤?然则生天地之间,昧为人之道者,宁不懔然可惧也。”先生曰:“道理不是高远难行,只在日用间,虽圣如尧舜孔孟,亦就本分上,尽其当行者而已,此外非别有所谓道理也。”先生尝曰:“仁爱之心,是人性中固有者,其在鳏寡孤独之穷、昆虫草木之微,亦当推而及之,实吾心之全体,而天地之大德也。此理当于闯发时见之。”先生曰:“男子事业,际天地,极宇宙,而其本则此心而已。”先生曰:“学者切不可放过,日月如流,时不再来,如许等闲,如许悠泛,毕竟作何等人也?”先生曰:“男儿生此世,自可担当天地间事业。”先生曰:“末世,以科目为大事业,视此外更无事业,见识如彼,他日事业,从可知矣。求名谋利之习,日以益痼,其间虽有有志之士,鲜能自立于流俗之中。士趋之卑,世道之污,良可叹也。”

先生自志学之年，至易箦之日，无一日而非学问，无一事之非工程也。寻一线之脉，探千古之域，洞观物之眼，穷造化之原，虽其资品之有超诣于人者，而亦岂非探索之勤、思辨之力有以致之者哉。先生接物慈祥，而老少上下，咸得其情，处事精密，而巨细精粗，无不曲当。先生处家，截然于男女内外之别。在乡，不与于是非善恶之辨。先生在不知岩精舍，赵涧松来侍，余请于先生曰："此友适来，愿先生出示《宇宙说》《答童问》《理气经纬》《太极》等语，如何?"又曰："先生平日立言著书，一向深藏，虽以门人小子，亦莫有得闻绪余者，何也?"先生曰："其所以深藏，岂有他意，方在暮境，犹不自信云云。"昔伊川《易传》既成而不出，曰："尚冀小进。"先生之意，盖亦类此。余早登先生之门，多年趋走于函丈之间，其诱掖之方，教戒之道，有如天地生成之德。而才本鲁下，不能遵行其万一。而斯文不幸，遽失依归，终天之痛，曷有穷已，乃以"晚悔"自号。因略记其平日所闻见者，以备省览。

二、性理学

方浩范在《张显光的"理气经纬"思想：韩国性理学的另一种诠释》中提出，旅轩的性理学思想不仅体现了对退溪和栗谷思想的吸收、继承，而且体现了自己的独创性。旅轩克服并综合了退溪和栗谷之主理主气说，提出了独创的理气经纬说，成为朝鲜朝具有特色的性理学者。他以经纬构造来观察和分析理与气的关系，把理、经视为不变的标准，把气、纬视为可变的作用，以此重新诠释理气关系。

旅轩作为十六、十七世纪著名的性理学者，留下了《易学图说》《性理说》等著作，被评价为朝鲜朝性理学的重要人物。理气论、心性论和修养论构成了他哲学思想的主要内容。旅轩侧重于程、朱之说,在此基础上予以批判继承,进一步发展出独具特色的哲学思想。在理气论上,旅轩认为“理生气”,强调太极的主宰作用,主张理气一元,又强调理对气的主宰作用。在心性论上,旅轩认为四端与七情都为理发,七情包含四端,四端有善有恶。在人心道心论上,旅轩提出道心是道之经,人心是道之纬的观点。旅轩根据理气经纬、理体气用的原则提出“体”在“用”之中不变,故道心(性)与未发、已发状态没有相关性。在修养论上,他主张“格物穷理”。旅轩继承邵康节对物的思想,认为天地人都在物的概念范围之内,主张“以物推物”的认识论。他认为,人们只要用“主经治纬”和“治纬准经”的方法就可以恢复“理之气”和“性之情”的本然状态,进而达到圣人的境界。

方浩范提出,用经纬关系来说明理气关系应该说是旅轩的独创,而且在旅轩的哲学思想中经纬说占有非常大的比重。旅轩力求在前人的经典中寻找经纬说的理论根据,并试图把经纬说应用于他的整个思想体系。尽管部分学者对他的理论持怀疑的态度,认为用经纬关系来说明理气没有充分的依据,但是也有一些学者认为虽然他在对经纬的理解上与现代不完全一样,但是能够用经纬来说明理气关系有一定的社会现实性和可能性。

旅轩认为,形而上的存在和概念(理气)很难用语言和文字来说明,因此借用大家普遍认可和理解的经纬二字来诠释理气,并认为古人“借物明理者多矣,以物可见而理难见,故假易见而形难见也”。他认为形而上的存在很难被人们所感识,也很难用言语来说明,因此只能借用大家普遍能够认可的具体物来阐述。“如三才万物之所以为三才万物者,曰道而已矣。无此道则无三才万物矣,而有此道故乃有此三才万物,则道之为道,岂不大矣哉?然而本无其字,遂借道路之道而名焉。以其三才万物之所共由,而极之于既往之前莫极其始,穷之于将来之后莫穷其终,故借其古今通行,人所共见者名之。”同样,“所谓理,所谓气,即此道之理,此道之气也。理亦本无其字,而借治玉之理名焉。以理之为理,为万有之所宗,而物之有脉理,惟玉最密故借之。气亦本无其字,而借云气之气名焉,以气之为气,为万有之所成而物之有变化,惟云最盛故借之”。因此,“理为道之理,气为道之气,而不可以一道字而明其体用之妙故,又必以理字、气字而分其名,此其借中之大者耳”。旅轩并没有具体说明他为什么借用经纬二字,可能因为当时朝鲜朝社会对经纬的内涵都非常了解,因此无须详细解释。

旅轩认为,经纬关系是可以克服朝鲜朝性理学概念中的体用、本末、源流、纲目关系所具有的局限性,而且能够统合这些关系的重要概念。旅轩虽然通过体用关系和本末关系分别解释了宇宙运行的规则,“然则以体用言者,自一义也,以本末言者,亦一义也”。他认为体用和本末关系相互独立而有差异,当然相对偏重体用关系,并在解释体用关系的过程中涉及了本末关系,但是并没有提出体用关系与本末关系的具体差异。其实,在旅轩的哲学思想中,不管是本末论还是体用论都是为了相互弥补理论的不足,最终都是为统合说明他的经纬思想。他说:“今以经纬拟之,则不但可以兼体用本末之义,至于体用本末二具者,所不得以相尽之义,亦足以包得焉。”他认为经纬统合了体用和本末关系并具有更高的意义。当然,人们通过体用、本末、源流、纲目等各种关系来考察理气关系,这样才能更充分地理解理气关系的本质。总之,他认为,“理乃道之经也,气乃道之纬也,为经为纬者虽别,而同是丝也”。也就是说不管是称之为经的理,还是称之为纬的气,尽管称呼不同,但其根源则是一样的丝,只是经和纬的作用不同而已。

尽管朝鲜朝历史上性理学争论的问题很多,但是围绕着理有两个焦点：一是理的动静问题，二是理在理气关系中的地位和作用问题。围绕着理的动静问题，早在旅轩之前，退溪用理的体用关系来说明了体没有动静而用有动静。栗谷不同意退溪的这种观点，认为如果不承认理的动静的话，世界的造化都是因气产生。旅轩虽然没有对这两位的思想进行过比较，但是批判地继承了二者的观点，认为“理生气”，但同时否认了理有动静。旅轩认为：“理虽生气与形，而有未尝不在于为气为形之中焉。气虽生形，而有未尝不在于形之中焉。则此又大小先后毕竟同归于一道也。”也就是说，他承认了“理生气”。但是与之相反，他又说“夫理也者，不可以动静言也，既曰动静则便是气也”，主张不能把动静适用于理的概念，认为称之为动静的不是理而是气。他还认为，“理固气之所出也，而其在气未出之前，自是理言而已，何可以静为理哉？其在气出之后，自是理言而已，何可以动为理哉？”他在这里强调理在气还没介入之前是不能用动静来说明的。但他又主张理是“气之所出”，这里的“出”可以理解为气是以理为根本而生出或产出，那么，没有动静的理是怎样产出气的，就成为我们继续追问的重点问题。旅轩指出：

> 盖生虽一字而义有精粗，如以气而相递，以形而相禅者，虽谓之生矣，而乃生之粗者也。或以彼生此，以此生彼，其生也有迹。若以理而为气者，虽亦可谓生焉，而乃生之精者也无迹。今苟以太极之生两仪有动静，视为气递形禅者，而同认之，则亦可谓之知得太极之妙哉？所谓太极之生两仪，于是乎生也有动静之理，故动静于是乎分也，果是，同于气递形禅之生焉，则是太极亦一物尔，岂可为之理乎？［《旅轩先生全书（下）》］

旅轩把“理生气”中的“生”分为形而上的“生”和形而下的

"生",形而上之"生"为"精",形而下之"生"为"粗"。他认为形而上之"生"如同太极生两仪,"若理之生气也,则元分为会,是元生会也。会分为运,是会生运也。运分为世,是运生世也。至于岁月日辰之自大至细、自一至万,气所谓生之者,与得生者有先后、有彼此者也。至于五行之相生,则以先有后,以此有彼,不如此生彼者之有先有后也"。也就是说,由于形而上的"生"是以"理"的存在为前提的,因此并不会像生个体那样有先后关系。与此同时,旅轩用"气递"和"形禅"来说明形而下者之"生",认为"气递"就"如同春木生夏火,夏火生中央土,中央土生秋金,秋金生冬水,冬水生春木"。而"形禅"就如同水生水族,陆生陆族,土生植物。简单地说,五行相生是气递,生物繁殖是形禅,虽然气递和形禅都是生之殖,但是形禅有迹可视。简言之,旅轩认为形而下者之"生",是个别存在的"生",形而上者之"生",是根据其原理而分出的"生",而新生的对象中又包含着"生"的内在原理。从理能"生"的角度来看,旅轩的"理生气"思想比较接近退溪的主张。但是,他并不像退溪那样把理分为体用两个方面。虽然他的"理生气"的主张与根本不主张"理生气"的栗谷的思想存在很大的差异,但是根据内在之理而生气的观点来看,又比较接近栗谷的思想。也就是说,旅轩的思想在"本然之体,能发能生,至妙之用"的方面,接近于退溪的主张;但是其不分理的体和用,把气的内在原理理解为理的观点,则比较接近栗谷的理论。

方浩范指出,在理气关系上,旅轩认为"所谓理者,气之理也;所谓气者,理之气也。不是理外有气,气外有理也。理以出气,气由理出。则气之动,便是理之动也。气之静,便是理之静也。气之能动能静,非自能动能静也。即以理而动静,则周子所谓太极之动静者,岂不以气之动静,即理动静故也"。理气关系中的理是"气之理”,气是“理之气”。这意味着理外无气,气外无理。但是,气是由理的原理或规则而生出的存在物,因此可以说,气的动静就是理的动静。从这样的思路出发,如果理是气之理,就意味着“理是气中之理”,理不能离开气单独存在,以此可以看出旅轩的理气不相离的观点。从他的经纬说的观点来看,“合经纬而为一物,则理气本非二道也”。旅轩不同于朝鲜朝其他性理学者,他的理气经纬说主张理气不离的原则与理气不杂的原则是同样重要的。

那么,旅轩经纬说中的理气关系的原形应该是什么呢?他认为“理者气之理也,气者理之气也。言理而气在其中,何哉?理包气故也。言气而理在其中,何哉?理为气故也。未有气之前,气之本已在于理,则气在理中者是也。既有气之后,理之用,乃行乎气,则理在气中者是也。自天地之大,至于物之微细,孰非理也,孰非气也”。也就是说,旅轩主张理包气,所以理中有气;气中有理,气存在之前,气之根本已在于理,气出现之后成为理之用,并由此构成了世界万物。他的经纬说的关注点在于理气一元论,甚至在于理气一物论。虽然经纬说显示出不相离、不相杂的原则,但理气论的特征在于理气一元的观点上。

旅轩没有把理与气混用,而且还不否认理气一物说,实在是难得的事情。他的这种思想充分体现在他对“理气人马”说的批判当中。退溪在与奇高峰的“四七论辩”中,为阐明四端的纯粹性而借用“理气人马”说把理、气分别比喻成人、马,指出人与马存在着两种不同的行走方式。栗谷则不同意用人、马来比喻理、气,认为这种比喻有一定的局限性,主张用水、器来解释理气关系。栗谷否定“理气互发”说,也不同意“理气人马”说,认为这种比喻虽然有其自身的优点,但是可能导致从根源上把理与气看成是两个不同的主体。

旅轩认为,通过人、马来比喻理、气,基本上已经把理、气理解为两类存在,因此,这种观点违背了作为理气论基本原则的理气一元观点,不能正确比喻理气妙合之道。他说:“设必以在人马者喻之,当乘之道在人,故人遂乘马,见乘之道在马,故马遂被乘于人。道则理也,人也,马则气也。就人论在人之理气,就马论在马之理气,则可矣。若以人与马,一比之理,一比之气,则为主为使之分,固似矣。但以两物比理气,恐人生疑于理气之二本也。人虽乘马,或有无马而徒行者,理果有不待气,而自行者乎?此固人马理气之不可相喻者也。天下未有不经而能纬,不纬而能经者矣。”在这里,旅轩为更确切地说明了理气关系,强调了经纬说,以此进一步阐明所主张的理气一元论。

旅轩给“理”赋予了永恒不变的世界秩序的意义,为此命名为“经”,认为气是为构筑世界提供物质的“材”,为此命名为“纬”,并主张这样的理气经纬之合构成了万物之“道”。也就是说,“合理气而名之即所谓道也,其以体用本末分之,然后谓之理、谓之气”。旅轩以“道”为前提把理与气分看为二者,并以此作为经纬说的根本和前提。其实当时大部分性理学者认为“理”和“道”是同一的,把理气合为“道”的主张还是非常少见的。旅轩在他的哲学体系中设置了“理”和“道”,认为“道是此理常存常行之名,则不是此理之外别自为道也”。他导入“道”作为“理”的流行者,认为“理”本身并不能实现自我,而是通过道来构成这个世界。这样既充分显现了理的意图,又能满足理气合一之道的基本原则。旅轩把构成世界的道分为理与气,而理气又结合成为道,体现了道与理气间合与分的关系。通过分合理论,他论述了“理气分合”“天地分合”“阴阳分合”“人心道心分合”“四端七情分合”“体用分合”等许多分合观点,这些观点都成为旅轩经纬思想的基础和来源。

根据以上分析，方浩范认为，朱子学从高丽末期开始陆续传入朝鲜半岛以后，经过退溪、栗谷等朝鲜朝中期哲学家们的长期论辩，至旅轩所处年代已发展成为具有朝鲜特色的性理学。旅轩批判地继承了退溪和栗谷的主理主气说，提出了独创的经纬说，以时人熟知的经纬概念重新诠释了性理学中的理气关系。

参考文献：

1. 方浩范：《张显光的"理气经纬"思想：韩国性理学的另一种诠释》，《中国哲学史》2011 年第 4 期。

2. 俞英兰：《张显光的哲学思想研究》，延边大学 2009 年硕士学位论文。

3. [韩]禹仁秀：《朝鲜仁祖时代山林张显光的社会的位相》，《朝鲜史研究》第 4 辑，1995 年。

张兴孝

张兴孝(1564—1633),字行源,号敬堂。安东人。鹤峰金诚一、西厓柳成龙、寒冈郑逑门人。朝鲜朝中期文人、儒学家。

一、生平

据相关墓志铭记载,敬堂家族为高丽太师贞弼的后裔。敬堂幼年时缄默寡言,性格端重,从小就具有成人的仪度,后师从鹤峰金诚一、西厓柳成龙、寒冈郑逑,博通《小学》《近思录》等,深思力践,力求学以致用。鹤峰生前称赞敬堂为其最有前途的一个弟子。敬堂对于西厓的"理"有独到的见解,他并未采取西厓"理的尺度"的观点,而是提出根本性的"理一"思想。他对于郑逑"存心养气之要"的论辩颇有心得。敬堂的行实恰如其号,一个"敬"字可以淋漓尽致地描述其平生。鸡鸣即盥洗穿衣,拜谒祖先,参拜朱子画像,把大部分时间用来读书。他在居所南面整齐地种了一排松柏,名之为"霁月",过着对月吟诗的恬静生活。

敬堂是郑逑门下最有名望的弟子。当时,郑逑经常在百梅园教授弟子经学、算数、兵阵、医药、风水等知识,敬堂对经学和算数最感兴趣。《一元消长图》即敬堂在这一时期的思想结晶。旅轩张显光称之为"真所谓发前人未发者","得其心者幸也,夫功易者,孰不穷其理也"。敬堂就是通过《一元消长图》得心穷理的。《一元消长图》共十二幅，每一张都蕴含着深刻的意义。

二、读书与讲学

敬堂平生未出仕，以在乡村讲读的“乡先生”身份实践“敬”。根据残存的《敬堂日记》记载，在1614年(五十一岁)至1624年(六十一岁)十年间，敬堂对四书、心学、易学及程朱谱系的注释等较为关注。敬堂教授弟子时注重采取问答的方式。据《敬堂日记》记载，他与弟子的问答主要涉及性与道的关系、利贞与性贞的关系、四端与七情的区分、精粗与表里、谨独、气质、忠信、性命、阴阳等，多为性理学的概念问题。《敬堂日记》中涉及的性理学概念问答亦可见于其文集中。

> 或问：心形而上否？心亦有形而上、形而下，圆外窍中者，形而下者也；仁义礼智之粹然者，形而上者也。问：虚灵知觉，形而上否？虚灵知觉，形而下也；所以虚灵知觉者，形而上也。或问：谨独二字。独者，人所不知而己所独知之地。不于此谨之，则初非为己之学也。胡敬斋诗云：谨独功深切，防微意最玄。交争真在此，要不愧皇天。或问：气质二字。气有清浊，质有粹驳。清之至者，生而知者也；清多而浊少者，学而知者也；浊多而清少者，困而知者也。粹之至者，安而行者也；粹多而驳少者，利而行者也；驳多而粹少者，勉而行者也。大概论之则有此三品，若一二而论之，则奚啻什百千万而已哉。或问：忠信二字。忠者，心里如此，口里亦如此，心口相应之谓也；口里如此，心里不如此，不可谓之忠。信者，有曰有无曰无，小曰小大曰大，循物无违之谓也；以小为大以大为小，以无为有以有为无，不可谓之信也。或问：性命二字。命者，譬如在天之雨；性者，譬如在地之雨。在地者，有清不清之异。在

天者，何尝有不清？其清与不清，非天之本然也，地之洁不洁如何耳。夫性有以两般言之，天地之性、气质之性是也。而实非有两性，天地之性，就气质中拈出不杂乎气质者而言之；气质之性，合性与气质而言之也。或问：一阴一阳之道。阴阳，非道也，所以一阴一阳者，乃道也。或问：精粗表里。里也精也者，理之体也；表也粗也者，理之用也。举其体而遗其用者，非也；遗其体而举其用者，亦非也。必也体用无不到，然后为无渗漏也。或问：道者。日用事物当行之理，道之不远于人，犹水之不远于鱼，若其可离则为外物而非道矣，何尝远人以为道也。（《敬堂先生文集》卷一《答或人》）

敬堂在回答门人的问题时，多以清浊、粹驳、心口等相对概念进行解释，使概念的内涵外延清晰明确。他还善用比喻，使命、性、体、用等复杂的哲学概念变得浅显易懂，如将“命”喻为“在天之雨”，将“性”喻为“在地之雨”，进而在此基础上对二者的区别加以说明。

天命之性者，体也；率性之道者，用也。体者，浑然全体之名；用者，灿然条贯之称。此道流行于日用之间，而非人体之则，人自人道自道，在我之理或几乎息矣。鱼而离此水则死，人而离此道则鬼。汝等何不学鱼之纵乎大壑，而学出水而死也？（《敬堂先生文集》卷一《赠表侄》）

敬堂认为，体是浑然全体之道名，用是率性之道在日用之间的流行，人们若能通过体道达到体用一致，在学问和实践上就能灿然条贯、融会贯通。不懂得道的这种体用关系，人们就像离水之鱼、无魂之鬼一样。因此，敬堂告诫后学，须学纵横大海的鱼儿在学问和实践的海洋中自由自在，而绝不能茫然落到离水而死的悲惨境地。

三、理气思想

敬堂对理气关系展开了新的探讨，他论证了理是气的变化法则。明代学者罗钦顺在《困知记》中说:“理须就气上认取,然认气为理便不是。此处间不容发,最为难言,要在人善观而默识之。‘只就气认理’与‘认气为理’,两言明有分别,若于此看不透,多说亦无用也。”认理气为一,互不分离。敬堂则认为,理不能离开气而存在,非先于气而有,将理置于从属性地位。

敬堂的理气思想,表现的不是肯定一切或否定一切,而是弃暇取理。他使理本论进一步走向气本论,表现出明显的气学特色;而其所谓理的内涵的改变,又使其思想中的理从“存在之理”向实然的“形构之理”转化。在此基础上,“理一”不再仅是万物一理,太极观也由“虚”转向了“实”。因此,对于当时乍起未起的气学,敬堂之所以成为开规模、定纲维的人物,与他对朱熹“理一分殊”思想的兼容和创新是分不开的。敬堂作为退溪学派的学者,对“理一”思想继承、创新和发展,梳理、探讨了对“理一”思想的不同阐释,准确地把握了朝鲜朝性理学发展的理路。

敬堂的气本论对世界的阐释在文学上亦有体现,敬堂曾有诗曰:“一辟又一阖,一阖又一辟。阖自月窟阖,辟自天根辟。其阖有渐阖,其辟有渐辟。人于阖辟间,亦有小阖辟。静是阴之阖,动是阳之辟。人之有动静,犹天有阖辟。动静与阖辟,无间可容息。所以动而静,所以阖而辟。是可谓之道,道器离不得。器与道为体,代明如日月。”(《敬堂先生文集·阖辟吟》)这首诗表达了人类存在于天地阖辟之间的概念,对于人类来讲,时间是依赖于静的具体概念。他在《复见天地心》诗中说:“雷声奋地中,阳德来骎骎。万物从此始,生意孰能禁。天心端可见,微妙无形音。始知贞复元,万古恒如今。”即阐明了对天地之心作用的重视，表明其对太极阴阳的认知回归到了对天地本原及其运行法则的探索，这对朝鲜朝后期性理学界自然观的形成具有一定的启发意义。

参考文献：

1. [韩]张润洙：《从〈敬堂日记〉看张兴孝学团的地形图及性理学思维》，《哲学研究》第107卷，2008年。

2. [韩]崔斗植：《敬堂张兴孝的思想与文学》，《退溪学与儒教文化》第29辑，2001年。

申 钦

申钦(1566—1628),字敬叔,号象村、玄轩、放翁等。平山人。朝鲜朝中期文臣、象学家,与李廷龟、张维、李植并称李朝“汉文四大家”。谥文贞。

一、生平(据张维《大匡辅国崇禄大夫,议政府领议政兼领经筵、弘文馆、艺文馆、春秋馆、观象监事,世子师申钦谥状》整理)

公生有异质,广颡大耳,目如明星,强记绝人。十岁读《论语》,数遍即背诵,不差一字,外王父宋公惊异之,辍箧中新装《论语》一帙与之。十三岁,遍观经史子集,能摛词属文,柳西厓成龙奇其文,为来访之。十四岁,悉取濂洛诸贤遗书,旁及老佛,无不推研,领会其旨。宋公家多藏书,公常入其中,闭户观之,至忘寝食,象纬堪舆、律历算数、阴阳黄岐之书无不涉猎。庚辰,委禽于清江李公济臣之门。清江公号治《易》,公请益,清江公讲数传,遽逊师席曰,已见大义,复奚益焉。丙戌,捷文科,时朝议方植党斥异己,黜隶成均馆权知,出为庆源训导,转广州。戊子,除司宰监参奉,以事罢,携书出栖于东湖,讲学以自适。庚寅,拜艺文馆检阅,序升奉教。辛卯夏,拜司宪府监察,荐授兵曹佐郎,坐事罢。壬辰,倭寇长驱薄都城,天兵出援,羽檄旁午,辞令酬酢,李公好闵实掌之,以忧去,朝廷悉以畀公,咨奏揭启,昼夜丛萃,特设承文院校检以授之,又知制教，自此或以校理参校常带之。癸巳五月，拜吏曹佐郎。冬，扈驾还都，行人司宪擎诏至境，远接使李公恒福以公为从事，明军门兵部尚书邢玠来督师，接伴使申点以公为从事官，逆军门于辽东凤凰城。十一月还朝，除平山府使、杨州牧使。宵旰之余，典学有加，超然独契于牺文之神理，其范围天地、开物成务之意，可谓至矣。

尝上疏曰："夫《易》之为书，经四圣而大义阐，历三贤而微旨著，卦爻之刚柔，象数之变易，幽明之故，鬼神之情，三极之道，昭晰呈露，搜抉无隐，吉凶悔吝之途，如指诸掌，嫌疑者决，犹豫者定，而人始不迷矣。所谓体用一源，显微无间，其辞奥，其指远，其变化无穷，苟非有见于圣人之心而得夫义理之正者，鲜不流入于他岐。故窃其数者专门于占筮，盗其秘者立帜于炉鼎，若京房、伯阳之伦，盖滔滔已。向非程朱传义，则洁净精微之蕴，几乎晦矣。先儒有言曰：'先天之学，以心为本。'又曰：'《先天图》乃心学也。'至于周氏之《太极图》则断之以中正仁义，戒之以修吉悖凶。而《系辞》之《传》曰：'圣人以此洗心，退藏于密。'治《易》而不先诸心，愈治而愈不治矣。噫，善发者复也，恶萌者姤也。一姤一复，而或至于坚冰有厉，或至于配德乾刚，相距远矣。人亦孰不欲去彼就此，惟其天理难养而易失，人欲易流而难遏，于是而不知所以制之，则蔽者益蔽，昧者益昧，穷阴剥尽而天地闭塞矣。《易》言寂然不动，即子思子所谓未发之中也；《易》言感而遂通，即子思子所谓发而中节也。一以贯之，初无二致，能使吾之心，体寂然之中。天机不昧，感应之际，本源常静，物交于前而不与俱往，鉴空水止，纤尘莫染，则神明在躬，阖辟由我。观象玩占，特余事尔，况天道以元而生万物，人主体元而理万民，君人之道，乃一天也。天道健而无息，故寒暑迭运而其序不紊，昏明递代而其行不错，一有所息，则生物之功废矣。今殿下所当取则于《易》者，非乾之健乎？伏愿殿下，勿泥于句读文义，勿拘于旁门小说，唯以中正仁义为之定向，以求夫曲成万物之妙焉。当否之极则思所以倾否者何道，当睽之极则思所以萃合者何道，当损之时则思所以益下之谟，当剥之时则思所以得舆之术，以之而一卦一爻，罔不究其时义而各当其用，则《易》简而天下之理得矣。可久可大之业，亦何难于驯致乎？呜呼，阳数一而阴数二，故从古以来，治日常少，乱日常多，此圣人之所忧，而于消长之节，未尝不致谨者也。其转移变通，会其有极，俾斯世跻之大有之盛，而免于未济之难者，此区区有望于圣明者也。伏见近者，天灾地异，沓臻层见，民艰政瘼，日滋月甚，坏裂之世道，凌夷之纪纲，若涉大川，浩无津涯，而臣等之所恃，惟在殿下天德有临而举以措之尔。”

宣庙优答之，又命裒《春秋》左氏、胡氏、程氏三传成一书，书成又进札，申以《春秋》重复雠之义。宣庙下教奖之，特加嘉善大夫。丙午春，兼艺文馆提学。天朝学士朱之蕃、给事中梁有年，赍诏来颁，公为义州迎慰使。复命，特命撰《皇华集序》。辛酉春，获宥，复归田里。癸亥春，仁祖大王举义反正，湔涤戊申以后罪籍。公入朝，是日拜吏曹判书，寻兼弘文馆大提学，艺文馆大提学，知经筵春秋馆、成均馆事。

公鉴识明悟，揣事悬合，国家机宜、人物始终，筹之无不符者。凡朋游一定交，至白首无贰。黄秋浦、李白沙之丧，为位而哭，久而愈伤。平生不设防畛，胸次洞达，遇会心人，辄欣然倾倒，辞气和雅，蔼然若春温也。少号敬堂，又号百拙，或曰南皋，易之以玄轩，别业在黔浦之象头山下，一号象村居士，晚号玄翁，归田称放翁，在谪扁旅庵，在累，谩为玄翁。公于文，少嗜昌黎，晚乃出入百氏，自辟堂奥，文取西京以前，诗取唐人，而颇爱明诸家，书法翩翩遒媚，然皆非所数数也。

所著有《象村稿》，其中前集十卷，后集二卷，续集四卷，别集六卷，内集一卷，外集一卷，余集三卷，漫稿六卷，《先天窥管》一卷，《求正录》一卷，《和陶诗》三卷，藏于家。维晚出，窃从前辈诸公，获闻绪论，其称公以为才极高学极博，文章华敏，为当世大手笔。立朝四十年，历扬华显，而疵吝未尝及，经涉危厉而名义不少玷。其为相也，事有可言者未尝不言也，不可不为者未尝不为也，忧勤国事，慎终如始，斯文之所宗匠，士流之所依归，以公为称首云。

二、易学象数和哲学思想

象村为《周易》作传、注释，在吸收费氏易学的同时，也吸取了今文经以象数解《易》的特点。象村围绕对易学、天人之学、哲学义理的深层体认，在象数学说上做出了独到的发明和运用。象村易学象数学说的建构有其独特的内在逻辑。梳理象村易学象数学说体系的建构理路，揭示其内在的逻辑脉络及哲学意义，是今日象村易学研究的重要内容，具有重要的学术价值与理论意义。在朝鲜易学发展史上，象村作为易学象数哲学领域的重要人物，其易学象数学说的建构并不是空穴来风。他在承传费氏易学以传解经传统的基础上吸收和改造了易学学说，对乾坤为阴阳之根本这一易学命题做了阐释与发挥，提出乾坤为体、阴阳为用的易学新见，重新构建了诠释乾坤、阴阳之义的易学象数之学，进而对天人关系问题的时代内涵做了深层挖掘，阐释了推天道以明人道、法天道以开人文的天人之学的哲学要义。象村易学象数学说的重建起始于他对今文经易学卦气说的汲取和改造。

值得注意的是，象村易学在透过乾坤合居说解释《周易象辞》内在联系的同时，还通过此说阐发了阴阳消息学说的新内涵，从而将关于乾坤、阴阳关系的易学思考引向深入。荀爽认为乾六阳和坤六阴相对，一阴来消阳，乾体上呈现复、临、泰、大壮、夬、乾六个息卦所符示的阳息长的变化；一阳来息阴，坤体上呈现姤、遁、否、观、剥、坤六个消卦所符示的阴消长的变化。不仅十二消息卦所符示的阴阳流行变化以乾坤为根据、为法则，而且十二消息卦所统领的杂卦，也都是阴阳之用的具体变现，六十四卦为乾坤之体所统摄。象村以乾坤为体、阴阳为用，阐释阴阳消息盈虚成六十四卦象，进而说明六十四卦象是乾坤之体在阴阳消息之用层面的具体展开。象村从《周易象辞》中提炼出乾坤合居说，揭示了六十四卦象归于乾坤，为乾坤统摄，乾坤与诸卦具有一与多的体用关系，确立了乾坤的根本地位。

象村以乾坤、阴阳为骨架，从两汉易学基本学说卦气说中发展出乾坤合居说，提炼出乾坤为体、阴阳为用的易学法则，将之用于指导乾坤升降学说、乾坤卦变说的建构，同时透过对阴阳爻在乾坤卦体上升降往来及其法则的概括，深层发掘《周易》六十四卦象辞内在的本质联系，揭示了《周易》蕴含的乾坤合居、乾坤升降、乾坤交通的普遍原理及宇宙大化流行当中阴阳由已然、实然向应然变化和发展的规律与法则，表达了易学家对天地万物的终极关怀和重整朝纲、建设王道乐土、实现人生价值的追求。象村易学象数学说的建构以乾坤为主线，确立了乾坤在《周易》中的根本地位。后世易学无论是象数派还是义理派对乾坤两卦的意义与作用都给予了高度的关注。象村易学象数学说将乾坤两卦及其统领的诸卦与“一阴一阳之谓道”的易学命题联系起来，将对道、阴阳的解释落实于六十四卦，主张从六十四卦象入手，把握天道、人事的基本法则，效法乾坤设立政教、指导人生。作为朝鲜朝中期著名文人、学者，象村之学是朝鲜朝士人追慕中国文学、易学的缩影。

参考文献:

1. 曹春茹:《朝鲜诗人申钦的和陶诗〈归园田居六首〉研究》,《新乡学院学报(社会科学版)》2009 年第 1 期。

2. 杨会敏:《朝鲜诗人申钦〈次陈子昂《感遇》三十六首〉研究》,《南京理工大学学报(社会科学版)》2009 年第 6 期。

3. [韩]孙承哲:《象村申钦先生的生涯与思想》,《江原文化史研究》第 7 辑,2002 年。

金集

金集(1574—1656),字士刚,号慎独斋。光山人。巨儒沙溪金长生之子。朝鲜朝中期文臣、著名礼学家,"东国十八贤"之一。门下培养出宋时烈、宋浚吉、尹宣举、李惟泰、俞棨,号称"忠清五贤"。谥文敬。

一、生平(据宋浚吉《谥状》整理)

祖讳继辉,司宪府大司宪赠吏曹判书,号黄冈先生。考讳长生,刑曹参判赠吏曹判书,号沙溪先生。黄冈公才猷识量,冠冕一时,栗谷李文成公每称以公辅器;沙溪先生道德学问,为世儒宗。妣曰贞夫人昌宁曹氏,佥枢大乾之女,生先生于汉城之贞陵洞第,生有异质,英粹绝人。七八岁而文理骤达,间从泉谷宋公象贤、龟峰宋公翼弼学。辛卯,中进士二等。先生时未及冠,而词笔出等夷,一时艳称以为金氏世有人矣。癸丑,随老先生之任铁原府,适诬告狱起,先生二庶叔被逮拷死,奸党从臾追戮尸,论以大逆。先生阖门当缘坐,会有法官言据律不宜缘坐,大臣议亦同,事得已,遂奉老先生归连乡。时天地闭塞,彝伦斁绝,先生敛迹志养,若将终身。癸亥,仁祖大王反正,老先生首膺征召,筵臣又白先生学行,可合超擢,置之台宪之任。时象村申文贞公方主铨,于先生为表叔,先生恳辞宪职,乞便养得扶余县监,首以兴学校、修军政为务,凡所措画，置水不漏。居数岁政成，一境晏然，只与邑中子弟终日讲读而已。辛未，老先生殁。先生年几六十，饮食居处，一从《礼经》，而疾病不生，人异之以为诚孝所感。丙子秋，由掌令拜执义者再，皆辞，间授宗亲府典签军资监正。十二月，边报遽至，大驾入南汉城，先生儆装奔问，行到天安，路阻不得进，乃与同志募兵鸠粮，为纠义之举，而贼势充斥，人心骇散，只北望腐心而已。

明年二月，入都进慰而归。己卯，五月，升拜通政大夫、承政院同副承旨兼经筵参赞官，再上疏辞不许，入侍讲筵，上慰谕备至。因讲起义，多所规切，上倾听，仍教曰："自乡来可悉陈所怀。"先生辞谢。仍启曰："臣闻人主一心，万化之原。人君诚澄澈本原，察其所发，必使道心常为之主，而人心每听命焉，则日用之间，天理流行，人欲退听，事事物物，无不中节矣。"上曰："尧舜相传，唯此心法，所陈切当，予当体念，但未知治心为政以何为要？"先生对曰："治心之要，莫先于敬，而为政贵在诚实。诚能自上着实用功，治心以敬，临事以诚，一语一默，一静一动，无一不出于诚敬，则何事之不成，何敌之足患乎？"上称善。

乙酉冬，孝宗大王时位储贰，大臣言金某一生沉潜性理之学，求之以诚，招之以礼，使之侍讲春宫，则熏陶之益必多矣。于是下旨召，先生三上疏辞。丙戌三月，尼山贼柳濯等谋作乱，谓其徒曰："金承旨庐不可过。"上闻之，谓筵臣曰："凶徒亦知贤者之可畏惮如是夫？"清阴金文正公上札请博选方正笃学之人，别立官称，俾侍胄筵。丁亥四月，以先生为世子侍讲院赞善，再上疏辞。己丑春，拜工曹参议。五月，仁祖升遐，孝宗大王嗣位，下旨特召既拜工曹参判。上封事论丧礼异同及时务，仍乞镌改职秩，其略曰："臣窃惟天叙、天秩自有典常，古经、国制因革相承。盖《五礼仪》，多用《开元礼》，而泥于短丧之谬，或举其细而遗其大，或急于文而缓于实，讲礼之士深所病者。顷日初终急遽,不免遵用,既往之失,已无可追,而前头变除节文,犹可从容讲究。兹录古礼及《五礼仪》自初终至祥禫吉祭,逐条并载,某条则同,某条则异,某条则缺,某条则剩,间或付标而略论其梗概,合为一册,随疏以进。冀殿下特赐指挥,以为一代之定制。”又曰:“天下之大本有一,曰殿下之一心也。今日之急务有六:曰恢德量,振纪纲,严宫闱,用贤良,恤民隐,责实效也。”又论大行谥事及自强之道,末言在岛诸孙宜早放还。上以手札批曰:“所上七事,诚为当今之所当先者。”叹服其切实,感佩其眷眷。且议丧礼一本,极其该备,令礼官大臣使之熟讲议处矣。承命定《小学》注及《中庸》《或问》句读以进。七月,拜司宪府大司宪,三辞,令该曹议递,已而特召。与金庆余、慎天翊等同入对。仍启曰:“人君居丧,与士大夫不同,必须上念宗社,下慰慈殿,保护圣躬,以尽人君之大孝焉。”又曰:“人主一心,万化之本也。本源澄澈,无一毫人欲留于其间,则道心为主,人心听命,而事事物物,自无过不及之差矣。昔岁蒙先大王召对,臣之所陈亦如此,诚以外此,无他术也。为治之道,在于得人,而得人之要,实不外于一人之精鉴。《传》曰,舜举皋陶而不仁者远,岂虚语哉?”先生素有寒热之症,至丙申春转剧,坐卧须人,而端庄检束,无异治日。谓诸生曰:“吾灼知死生之理,无所动心,此则庶无愧于古人。”易箦前数日,以书寄从子判书公曰:“文衡冢宰,俱萃一身,吾先世未之有也。人以为荣,吾为汝惧,可十分慎之。”以闰五月十三日辰时属纩,门人尹宣举等自侍疾至敛殡,一以礼,加麻者亦五六十人,远近匍匐赴吊,以为斯文丧矣。讣闻,上震悼,下教曰:“判中枢府事金某,儒林之领袖,朝廷之重望,今忽卒逝,予甚惊悼。其令该曹特赐礼葬,遣近臣致祭。”

先生天资端方审密,温雅和粹,如精金,如美玉,清而不激,介而不矫，承累世积美之余，得诗礼渊源之传，以孝悌忠信为立身之本、穷理居敬为进修之基，其规模节度，一以家学为准则。幼有华藻，稍长即不屑也。虽间以亲命，出入于公车，而所乐不存焉，唯专心性理之书，蚤夜孜孜，操存践履，恭敬退让，其言谈举止，不问可知其深有得于洒扫应对之学者也。中遭道消，不复有意于当世，日侍鲤庭，讲道论理。凡事亲之道，必竭其力，必尽其分。每日未明而起，整服佩用，适老先生所，拜问起居，愉色婉容，左右就养，如不胜如将失。及夕安置其枕席，俟老先生就寝，然后又拜而退，始终如一日。老先生亦深加爱重，父子间自谓知己，人之见之者，咸啧啧歆叹，以为幸哉有子如此。老先生既殁，一遵其法，日必冠带，晨谒家庙，退就精舍，对案看书，终日危坐，肩背竦直。及其待人接物，则盎然如春和袭人，鄙倍之言，不出于口，惰慢之气，不设于身，虽暴惰调谐与异好恶不相乐者对之，皆自然有肃敬之心。

癯然若体不胜衣，谦然若言仅出口。至其酬酢事变，断以义理，精密刚果，截然有不可犯者。尤用力于不睹不闻之地，澄心默坐，对越神明，家庭肃穆，寂无人声，而众事自理。尝曰："所贵于学者，为其言行相顾，幽显一致，不然则穿窬之徒耳，鹦鹉之能言耳。古人所谓独行不愧影，独寝不愧衾者，真是警省语。"晚号其斋曰慎独，盖志其实也。又曰："吾于色欲甚淡，见人以色败度者，心鄙之特甚云。深以世之学者处下窥高，自大无得为病。"尝曰："宁卑毋高，宁浅毋深，宁拙毋巧，吾儒家法，本来如此。程朱以后，发微阐奥，无复余蕴，后学唯当恪守勉行而已。"闻人或有创说新奇，立异于先儒者，甚不韪之。尤详于礼学，反复考校，曲畅旁通。老先生与门人知旧难疑答问，名之曰《疑礼问解》，积成卷帙，先生就加汇分，参互订证，抄成四册。于《丧礼备要》，老先生亦有所追补者。先生承其遗志，更加考订，重刻以布。吉凶之礼行于家者，悉遵两书，世亦多从之。而亲殁之后，素履益贞，不欲一脚出门。晚际圣明，感激恩礼，知无不言，言必中理，至诚孤忠，可质神鬼，庶上报主恩，下展所学。而时命不遇，衅孽横生，立朝供仕，未满半月，爱君忧国，一心耿耿，未尝以既退而有间。

先生性本谦退，不以师道自居。晚岁，年益高，德益邵，学益进，远近学者洽然宗师之。其有变礼疑文，皆来正焉。为诗文，端的雅紧，绝无枝辞剩语。有遗稿若干卷藏于家，笔法精健方严，深得王氏楷体，而实出心画。末年，益臻其妙，评书者以为近世名家所未有也。窃尝闻之，吾东道学，盖始于圃隐郑文忠公，而朝鲜诸儒贤大阐明之，奎躔之会，可谓盛矣。唯我老先生实得李文成公嫡传，专于朴实头用功，而先生承其旨诀，门路甚正，则庶或传之无弊云。浚吉自幼少时学于老先生之门，兼有中表之义，先生尝弟蓄之，诱掖甚至，逮及晚暮，相期益切，盖古人所谓有罔极之恩者，兹敢忘其僭猥，略撮其迹，以告太史氏如右云。门人恩津宋浚吉撰。

可见，慎独斋的家族自祖父金继辉始才真正成为诗礼之家。金继辉在湖堂偶遇李珥、奇大升等儒学大师，从此成为道义之交，在政治活动中又与沈义谦、朴祥、郑澈、尹斗寿等结为生死之交。金继辉的学德和政治背景成为其子金长生和其孙慎独斋的家族学问背景。金长生为栗谷门人，而慎独斋也纳栗谷之女为妾，从而继承了其学统，不仅在畿湖学派和湖西学派的学脉和学问思想史上占有重要位置，而且也是十七世纪山林和政治史上的重要人物。慎独斋是仁祖大王末期至孝宗大王初期具有代表性的礼学大家，其礼学成为朝鲜朝传统礼学不可缺少的一部分。

二、礼学

慎独斋是十七世纪具有代表性的礼学家。慎独斋之父金长生于三十六岁时即已刊行《丧礼备要》，五十二岁时完成了《家礼辑览》，是朝鲜朝礼学的开创者和集成者。慎独斋继承父志，使礼学向更加体系化的方向发展。著有《古今丧礼异同议》《疑礼问解续》等。

礼是古代社会治理国家的根本规范和法则，是各个时期政府制定典章制度的根据。宋明理学家重礼并开创礼学的新时代，朱熹是其代表人物。退溪是朝鲜朝朱子学大家，他主张礼有因有革，有常有变。礼在践履中从俗、从宜、从权，而逐渐民族化，此即创新的过程，其基点是缘人情而制礼。退溪与栗谷被后人称为性理学研究者中的“双璧”，两人礼学思想的共同点是以持身明理为要旨，事亲诚孝，丧制亦依《家礼》，祭礼以尽诚敬之情。而金长生在理气论上继承栗谷的理通气局说和气发理乘说，对礼所做研究使礼的民族化进程趋于完善，而礼义经世说是其思想特色，由此形成了李朝性理学的礼学派。朝鲜朝社会是以礼为核心的宗法社会，宗统的确立对维持社会秩序至关重要。宗统观念体现在国家层面就是国统（君统），而体现在家庭层面就是家统。为维持国家的纲纪和社会的秩序，提高宗庙社稷的统和一般家庭的统就成为一件很重要的事情。从元宗追崇问题和启运宫服制问题两个具体的实例，可以了解金长生和慎独斋的宗统思想及对确立宗统的重视程度。礼学派实是性理学的践履派、实用派，其思想特点是民族性、创造性、时代性、仁情性，体现了退溪、栗谷之后的礼学家对于礼的解释特点。金长生的《家礼辑览》既依《家礼》次序，亦据朝鲜俗制。他在《家礼辑览 · 凡例》中说：“图说一依《家礼》次序，而间有补入者，故其序有不同者，览者详之；凡添补诸说，皆引其书名与篇目，至于瞽说则以愚字、按字别之；凡丧具既有《家礼》《仪礼》旧制，然亦有俗制之便宜者，则并存之，使其用者有所择焉，他皆仿此。”此处“补入”“瞽说”“俗制”等，都是其结合民族传统礼俗的体现，凸显了其礼学思想宗旨。

慎独斋继家传之学，于当时对《家礼》的质疑，悉予解惑。《古今丧礼异同议》是其父金长生《疑礼问解》的续篇，一依《疑礼问解》形式编成。慎独斋在《古今丧礼异同议·凡例》中说：“一以古礼为主，参以国制，以见同异得失；间有可议处，则臣妄以臆见证正之；自初丧至吉祭条目次第，一依古礼而不紧者阙之；当行节目或有遗漏者，则臣考据他礼书添补之。”“参以国制”“臆见证正”“添补”等，都体现了礼的韩民族化及在这一过程中的与时俱进。慎独斋说：“臣按：国制袭具中首冠注，制如匾头，则幅巾匾头，我国俗制幅巾。温公、朱子所著，制各不同，而今合为一物则非矣。且以幅巾加于衮龙袍之上，则又不相称。深衣今虽为野人之服，自黄帝已服之，且其义甚深，规、矩、绳、权、衡五法已施，故曰圣人服之，先王贵之。今既用幅巾、大带，则以深衣承之，恐无不可。且质杀既是古制，而于庇死者，甚稳且切，而国制阙之，恐当添补。”（《慎独斋先生遗稿·陈沐浴、袭、明衣、饭含、冰盘之具》）即认为，“俗制”虽为韩民族的俗制，但要加以规范，幅巾、大带以深衣承之是可以的，国制缺的可以补，国制好的当从国制。

慎独斋在《疑礼问解续》中，对“通礼”“冠礼”“婚礼”“丧礼”“祭礼”都做了解释。慎独斋为十七世纪朝鲜礼学时代的到来起了先导性作用。在礼之社会化过程中，礼学者的作用主要通过撰述或刊行具有启蒙性、实用性的礼学书籍进行礼学教育、礼学问答及礼学者自身的政治社会地位来体现。慎独斋之礼学是实用性礼学，他在以朱子学为官方意识形态的李氏朝鲜，最终完成了具有朝鲜特色的礼学建构，充分体现了他重考证的学问态度和其礼思想的主体性、时宜性和合理性特点。他的著作是汇集了朝鲜朝内外礼学诸说的具有较高学术水准的礼学书籍,使烦琐的礼说简单易懂,有利于礼学在庶民阶层的传播、普及。

参考文献:

1. [韩]韩基范:《慎独斋金集的生涯与礼思想》,《百济研究》第19辑,1988年。

2. [韩]金善昱:《慎独斋金集先生的礼教》,《人文学研究》第25卷,1998年。

3. [韩]韩基范:《金集的礼学思想》,《畿湖学派的哲学思想》,忠南大学校儒学研究所,1995年。

赵 翼

赵翼(1579—1655),字飞卿,号存斋,世人称其浦渚先生。丰壤人,朝鲜朝中期武臣、儒学家。谥文孝。

一、生平

浦渚于朝鲜宣祖大王十二年(1579)生于汉城(今韩国首尔)昌善坊,其父为赠领议政赵莹中,其母为贞敬夫人海平尹氏。赵氏家族的始祖是高丽王朝的开国功臣、曾任门下侍中的赵孟,其后代赵玗在朝鲜世宗大王时期及第入仕,成为赵氏家族的第六代祖。高祖赵贤范武科出身,曾任兵曹参判。曾祖赵安国武科出身,曾任军部副总管。祖父赵侃曾任都事。同宗叔祖赵儆在壬辰倭乱时期,"战幸州大捷,赐勋宣武功臣二等,封丰壤君,阶至资宪,连三代以武升宰秩"。这延续了赵氏家门习武之风,使赵氏家族成为朝鲜朝赫赫有名的武门家族。浦渚之父赵莹中年八十,例升堂上,拜佥知中枢府事。

浦渚三岁时习字,便能用棋子摆成《周易》的乾卦。五岁时可以写诗,祖父出远门时,他曾作饯送诗句。六岁时开始读书,涉猎文理各方面书籍。浦渚的成就并非只因为他天资聪明,更是他强悍的意志使然。浦渚九岁时拜"能通文,知教训"的金继焘为师。十四岁时为躲避壬辰倭乱举家逃往杨州,后又前往广州。十五岁时往公州习读《尚书》,同年从广州回水原守丧,在此期间师从月沙李廷龟,备受其夸赞。之后浦渚效仿《洪范》写下《彝范》,体现出他最初的人伦观。十六岁,浦渚与郡守德良之女玄氏成婚。十七岁开始师从月汀尹根寿,曾作《拟沈游击与日本诸将书》,文章气势恢宏,文笔通达,一针见血,当时许多文人难以望其项背。

浦渚二十二岁时文科乡试及第。他精通音乐、象数和占卜,又继承了武门血脉,精通武艺。壬辰倭乱仍未平定时,他效仿诸葛亮研究兵法,论述策略,与红衣将军郭再祐共议兵事,被郭公赞为"初见之英雄"。浦渚为表达自己保卫朝鲜的忠心,作绝句《偶吟》:"诸葛功名世上稀,风云相感帝王师。千秋遥想前身事,叔子探钩我庶几。"

浦渚对四端七情论的形而上学思想和骈俪文学并不感兴趣。他文武兼备,治学遵从智、仁、勇三德,心系天下,关注国事。浦渚二十岁后放弃诗文写作,其师月汀曾为此深感遗憾,劝其继续文学创作,而浦渚并未遵从师意,转而潜心于性理之学,留下了《持敬图》《心学宗方图》等。

浦渚本无意科举,但最终无法违背祖父意愿,于宣祖大王三十五年参加别试,从此步入仕途,历任弘文馆、司宪府、兵部等处之职,在任期间,为实现其"经论"思想不懈努力,后辞官隐居于京畿道钻研学问。同朝官吏曾评价说:"翼忠信重厚,事亲至极行实。平素好学问,经传精密专攻。昏朝时代退处田野,士林推重拔擢,任命铨郎。"此时,朝鲜王朝出现了空前严重的社会政治危机,处于风雨飘摇之中。

浦渚在艰难岁月里仍坚持对儒家经典进行考证,潜心研究实用为主的学问,把实用之学扩大到政治、经济、军事、法律、历史、地理等社会科学领域和天文、数学、医学、物理学等自然科学领域,对实学的完善起到了重要作用。其思想理论的深刻性在很多方面超脱封建社会的层次而面向近代,达到了当时所能达到的最高高度。

壬辰倭乱之后,为了贯彻其“经论”思想,浦渚提出并实行了许多改革措施,如《大同法》的扩大实施等。为解决不合理的土地制度,浦渚首先提出了以限田为内容的土地改革措施。所谓《大同法》,是指在朝鲜中期以后,将贡物统一为米谷的纳税制度,客观上加快了朝鲜朝国内贸易的兴起和商品经济的发展。浦渚的改革措施加快了自仁祖大王时期就开始的《大同法》的推广进程。朝鲜《大同法》从1608年开始推行,直到1708年才逐渐推广到全国。朝鲜《大同法》的推行,是朝鲜朝在整个统治时期进行的最重要的一次改革,它弥补了战争造成的巨大损失,增加了国家的财政收入,促进了朝鲜朝农业、手工业和商业的全面发展,浦渚为此做出了巨大努力。此外,浦渚还提出了包括军政、国防、外交等方面的改革措施。

浦渚从民本思想出发,主张取消科举制,实行贡举制;取消门阀、嫡庶差别;反对歧视工商,揭露两班、门阀、科举制度的不合理性,主张克服两班士大夫好逸恶劳、歧视劳动的恶习,鼓励两班从事商业;主张在官衙奉仕的男女公奴享受同等待遇;主张改革科举制度,普及教育,大胆录用有才能的贫人子弟等。浦渚将民本平等思想发展为朴素的四民平等思想。

浦渚一生著述较多,其中包括《大学困得》《中庸困得》《孟子浅说》《论语浅说》《书经浅说》《易象概略》等,后由朴玄石整理为《浦渚先生遗书》。这些著作可以深刻地体现出浦渚的儒学思想。

二、性理学思想与实践

浦渚认为,入德、成德的路径是体味义理。

夫圣贤之言,皆所以明义理及教人践行之法,读之者必求其义理本末之归，以通其知识，又求其事物当然之则，以勉其行实。其中自有无限意味，如刍豢之悦口，不知手舞而足蹈也。由是而入焉，谓之入德；由是而成焉，谓之成德。古之圣贤所以为圣贤，皆由此道也。若为科举、为文词而读之者，乃不求义理，不求践行，不求意味，而唯文字句读是求，是其于德，去之远矣。世之读之者，滔滔皆是，宜其入德、成德者至鲜也。彼为科举者，固不足言，为文词而读之者，其去乎德则一也。夫读圣贤书，而舍其义理之精、德行之懿、意味之深，而只汩汩用力于文字间，所得只文词而已，是亡其实而取其华，遗其中而事其外，如弃肥甘之美而慕糠糜，失琬琰之宝而得羊皮也，岂不可哀也哉！是尚为读圣贤书乎？故读此者，非但绝意于科举，又必绝意于文词，而后其求道乃专，方能入于其中而得其意味，自有欲罢而不能者矣，如是而后为真读圣贤书矣。[《浦渚先生集》卷二十一《中庸困得后说（下）》]

他反对科举之学和文词之学，主张体“义理之精、德行之懿”方为“真读圣贤书”。浦渚认为，要成为圣贤，须体味经典本义，不能盲从和教条化，因此他在解释经典时显示出既谨慎又自信的态度，其中一例是《大学困得》中对“毋自欺”的解析。他通过分析朱子前后书信的见解差异阐明自己与《大学章句》见解相异的缘由。

朱子居常与人书札，言自欺处，略考之，得此十数条，似皆指欺其心也，未见其有为人之意也。又阅《心经附注》，见所摭朱子语论自欺处，有曰：“自欺是个半知半不知底人，知道善我所当为，却不十分去为善；知道恶不可作，却是自家所爱，舍他不得，这便是自欺。”此则全与愚所说相似。知恶而不得舍，岂是为人者乎？又曰：“心之所发，不知不觉地，陷于自欺，非是阴有心于为恶而诈于为善，非是诈于为善，则其非为人也决矣。"又论司马温公告刘元城语曰:"温公之所谓诚,即《大学》诚其意者,指人之实其心而不自欺者也。"又按朱子《书杨龟山帖后》云:"杨公于先天之学,有所未讲则阙而不论,其不自欺又如此。"此亦似指不欺其心也,非谓不为人也。由是观之,则朱子平生所说自欺之语,皆是谓欺其心也,未见其以为人为自欺也。唯独于《大学章句》,以徇外为人释之,及小注一两条谓为为人耳,其言不同如此。且谓为欺心,其平生所说皆然,谓为为人,独见此三两处耳。然则窃恐此所释,乃朱子偶然一时所见,非其平生定论也。后之读者,徒见《章句》所释如此,而不考朱子他时所言,便谓朱子之旨只如此,《大学》本旨只如此,则窃恐其不得为深究朱子之旨者也。区区妄说,虽于《章句》之言有不同,其于朱子平生所言之意,则实吻合。然则谓其异于《章句》则可,谓其异于朱子之旨,则实不然也。[《浦渚先生集》卷二十一《大学困得后说(下)》]

浦渚对"毋自欺"之义存疑并研究了几十年,方有定论。"至如自欺之义,所关甚重,即是紧要处也。而于此不免有异,此尤悚惧不能安也。然区区此说,非卒然一朝而得之者也。盖自三十年前读此书,于此反复探玩,忽然见得所谓自欺者直指其意,则只是知善而不欲为,知恶而欲为之者也。其后积年探索,常以此为必然也,而未知其于《章句》之旨,同耶异耶,亦未知《章句》所云'心之所发有未实者'的指如何,而其于愚所说,同耶异耶,如是者盖十余年。而后乃忽见得《章句》所指乃指为人者,而与愚所说,决然异也。其后至今,又殆二十年矣。其思彼此之意可谓至熟矣,所说终未能见其必不然,而《章句》终未能见其必然也。以是,不得不犹执前见,而僭妄之罪,不得避也。"[《浦渚先生集·大学困得后说(中)》]浦渚经过几十年的探索和思考,又对比了朱子的前后书信中论述“毋自欺”的十数条款，总结出朱子所谓“自欺”是指“欺其心也”，而非“为人之意也”。通过研究，浦渚发现，只是在《大学章句》中“以徇外为人释之，及小注一两条谓为为人耳”，而此“乃朱子偶然一时所见，非其平生定论也”。由是浦渚认为，“后之读者，徒见《章句》所释如此，而不考朱子他时所言，便谓朱子之旨只如此，《大学》本旨只如此，则窃恐其不得为深究朱子之旨者也”。浦渚认为朱子对《大学》本旨的认识早年和晚年有所变化，而朱子对“毋自欺”的基本认识及晚年的定论都是“内以自欺，外以欺人，此自欺，亦是谓欺其心也”。“窃恐其不得为深究朱子之旨者也。区区妄说，虽于《章句》之言有不同，其于朱子平生所言之意，则实吻合。然则谓其异于《章句》则可，谓其异于朱子之旨，则实不然也”，是浦渚深刻体味《大学》和朱子《章句》的本旨而得出的见解，显示出其严谨的治学态度。

三、理气说

宋锡准认为，浦渚的理气论在否定退溪的理气互发说，支持栗谷的气发理乘一途说的同时，提出了与栗谷不同的“理发而气发”理论，实质上同时吸取了退溪的“理发”主张。“夫退溪先生，以四端七情分对而论，则既失其名义，而互发之说，又似昧乎大本。”(《浦渚先生集·读栗谷与牛溪论心性情理气书》)浦渚认为，退溪的理气互发说将理气二元化，因此支持栗谷之说，认为从现象变化的角度只存在“气发而理乘”。“天地之化、吾心之动，皆气发而理乘之，无他途也。”(《浦渚先生集·读栗谷与牛溪论心性情理气书》)但浦渚对“理乘”的理解与栗谷有别。栗谷认为理无为气有为，浦渚则否定了栗谷的“理无为”立场，在现象论上强调理的能动性，并提出了独特的见解。

自既发之后观之，则皆气发而理乘也。自发之始观之，则皆理发而气发也。（《浦渚先生集》卷二十二《读栗谷与牛溪论心性情理气书》）

浦渚不同意栗谷对于理只是气的主宰而无能动性的看法，认为理亦具有其能动性，“盖理在气中，理动气便发，气发理便乘。今（栗谷）先生曰：‘只有气发理乘而已，非理发也，则是阴阳自生尔，太极生阴阳非也。’……如是则是理不过一虚无之物尔，孰谓之妙哉？……而（栗谷）先生所谓理者气之主宰者，亦与此自相矛盾矣”（《浦渚先生集·读栗谷与牛溪论心性情理气书》）。

总而言之，浦渚之所以强调“理发”的伦理性法则，是从现象之前的形而上上推论其根源，强调人的道德本源性。

在心性说上，浦渚主张以敬的工夫为根本，强调“存天理，灭人欲”修养工夫的实践性一面，但在学问倾向上偏向阳明学。

四、阳明学倾向

宋锡准指出，在学问上尤其是对心学的理解上，浦渚呈现出阳明学倾向，但考虑到当时学界尊崇朱子学的氛围，其倾向在表面上并不明显，而是蕴藏于对朱子学的认识中。

浦渚对阳明学在思想上进行了客观认知，这从他在解读《大学·诚意章》时反对朱子之说可以看出。

《庸》《学》说两册谨呈。此区区一生沉潜所得，但其间或有异于先贤之说者，深用悚惧，亦恐其错会而不自知也，切望详察之，有未安者示及，幸甚幸甚。（《浦渚先生集》卷十七《答尹吉甫书》）

众所周知，对《大学·诚意章》的解读与《格物致知补传》，是表明浦渚之朱子学问特性的重要内容。但对这一重要部分的立场差异表明浦渚不同于朱子学的学问倾向。

朱子《大学·诚意章》注曰:“欲自修者,知为善以去其恶,则当实用其力,而禁止其自欺,使其恶恶则如恶恶臭,好善则如好好色,皆务决去,而求必得之,以自快足于己,不可徒苟且以殉外而为人也。”这里朱子以行善去恶的工夫说解释“如好好色”“如恶恶臭”,但浦渚是从结果上解释“诚意”好善恶恶的“效验”。“如谓下文如好如恶,乃示以工夫也,此则窃不敢以为然也。若以此为工夫,则当言之于毋自欺之前,不应言之于毋自欺之后,使先后易置也。且味其语意,恐是以效验言之,非用力事也。”[《浦渚先生集·大学困得后说(中)》]从表面上看,浦渚对《诚意章》的解释在观点上似乎与朱子无大差异,但浦渚与朱子见解不同之处在于对人主体之本心的确信。浦渚说:“夫善人所当为,恶人所当去,其当为与当去,人无不知,此人心本然之正,同然也。”(《浦渚先生集·诚意正心章解》)并说:

> 凡事之为善、为恶及善之当为、恶之当去,苟非至愚,未有不知,况学以穷之,则其知益明矣。而人之本心,又未尝不好善而恶恶,夫本心既莫不好善恶恶,而又能明知善恶之所在,则其于为善、去恶,宜不待勉而自无所不实矣。然而善或妨于私,不善乃适于欲,常人之心,不能无蔽于物欲之私,故虽知其为善而当为,以其妨于私也。故其好而欲为之心微,而其不好而不欲为之心胜焉。虽知其为恶而当去,以其适于欲也,故其恶而欲去之心微,而其不恶而不欲去之心胜焉。于是失其本心好恶之正,而善恒废而不行,恶恒冒而为之,夫知其当为而不欲为,知其当去而不欲去,是谓自欺。诚其意者,所以胜其物欲之私,绝去其自欺,实其欲为、欲去之心,以复其本心好恶之正也。(《浦渚先生集》卷二十一《诚意说》)

这里浦渚强调以诚意复其本然之心"好恶之正"的重要性。从中,可以看出浦渚与朱子以格致以后诚意的方法解释《诚意章》方面的区别。

那么,如何理解浦渚主张人本心的纯粹性而对朱子的解释提出异议的学问性质呢?浦渚主张人本心之纯粹性与其确信人本心为根基的心学特性有关,这种对人本心的确信即浦渚哲学内含的阳明学性质。

众所周知,朱子学与阳明学以对"性即理"和"心即理"的命题的理解不同而大歧。这两种学问在以人的本性为天理方面具有共通点,但正如"性即理"和"心即理"的区别一样,根据对人的本性哪些侧面为天理的理解的不同,其学问倾向也随之有别。朱子学虽然认同天理内含于人的本性之中,但认为心既是认识和发现天理的主体又是感知欲望的主体,因此并不承认心的纯粹性。为发现不为欲望之心所移的纯粹的天理,必须首先从学问上阐明天理是什么,为什么必须尊天理。性理学的格物穷理说即从学问上对天理的阐明。阳明学认为,人的本心即天理,具有自然体悟和发现天理的知觉能力。阳明学之所以认为人的本心即天理,是因为其具有从实践上克服朱子学格物穷理说局限的意图。阳明学直将人的本心视为道德实践的根源,确立以知行合一实现道德人生的学问目标。在这一点上,浦渚对《诚意章》的解释体现了阳明学的立场。

浦渚把人的本心理解为纯善。"七情未动,此心寂然,此之谓中。中者不偏不倚之谓,盖此心动而后有所偏向,寂然则无所偏倚,至中而已。"(《浦渚先生集 · 心法十二章》)在浦渚看来,人的本心是寂然不动的"中""太极"。

> 惟人之生,舍此神明。神明伊何,至虚至灵。当其未发,太极在躬。如衡之平,如鉴之空。不偏于方,不倚于物。亭亭

至中，混然惟一。气未用事，正理惟存。天下之本，万化之根。（《浦渚先生集》卷十九《心学宗方图赞》）

浦渚理解此本心为具有好善恶恶的本然性的存在，即怵惕恻隐之心，将之视为裁断万事之根本和学问之基础。

夫心者，万事之本也。天下之事，无一不出于心。故一心正，则万事无不正；一心不正，则万事皆从而不正。［《浦渚先生集》卷十《论灾异札（癸酉）》］

宋锡准认为，浦渚主张知觉的本善，将心的知觉能力视为"本然之善"，这种知觉说即阳明学的特征之一。朱子学也承认心的知觉能力，但否认知觉本身为善。阳明学认为心即良知，"吾心之良知，即所谓天理也"（《传习录·答顾东桥书》）。阳明学主张，良知即天理，同时是明觉本体天理的知觉本善的存在。王阳明立足于这种良知说，不主张通过对客观定理的穷究。从这个侧面看，浦渚的知觉本善说与阳明的良知说并无差异。

盖心者，知觉之谓。知觉本善，其本然之善，即是良心，即是仁义之心也。然则知觉之心与良心非二也，即知觉之本善者是良心也。知觉虽本善，汩于物欲则其善亡，所谓放其良心，是也。惟不汩于物，则其本然之善未尝亡，故操而存者知觉也，而知觉存则善斯存矣。（《浦渚先生集》卷十八《心法十二章》）

浦渚重视诚意。朱子学将形而上学的存在视为学问的最优先课题，从理的阐明和实践二元体系的逻辑上理解知行问题。朱熹的格物致知即阐明理的认识论方法。他通过格物穷理阐明理的存在，然后将理作为伦理的当为法则进行实践，设定了这种"先知后行"的二元的逻辑体系。除穷理外，朱熹也把本体工夫的"居敬"作为学问的重要德目，构成了先知后行的学问体系。浦渚把格物致知理解为探索义理的工夫，把诚意作为心术工夫，在这一点上与朱子学一致。但相对于朱子学将格物工夫置于诚意之先的立场，浦渚更加重视诚意工夫，表现出了与朱子学不同的学问倾向。

浦渚在解决现实问题方面重视人的主体判断，认为人的本心具有正确判断世事是非的能力，在解决现实问题方面，更加重视人本心的判断。

浦渚主张万物一体思想。万物一体思想的第一高峰为北宋之程明道，这种思想为王阳明所继承，遂将万物一体思想作为自身的学问目标。“大人者，以天地万物为一体者也。……大人之能以天地万物为一体也，非意之也，其心之仁本若是，其与天地万物而为一也。”（《王阳明全集·大学问》）之后，这种传承于明道、阳明的万物一体思想为重视阳明学的学者所推崇，成为阳明学的一个特征。浦渚曾多次在文章中强调万物一体的思想。

> 盖古之仁人，以天地万物为一体，此非外为大言以示人也，其心实然也。然则吾之仁爱于天地之间，何所不及也。彼蛮夷亦人也，亦当以仁恕待之，何必偏为憎疾乎？（《浦渚先生集》卷四《论待倭事仍乞递疏》）

据前文论述可知，浦渚之学虽植根于朱子学，但具有明显区别于朱子学的重视人的本心的阳明学特征。

当时朝鲜朝思想界视阳明学为异端，浦渚在文集中并没有直接言及其学问受阳明学影响。虽然浦渚屡次强调自身的学问是朱子学，但当时学者中已有提及浦渚学问与朱子学不同的声音。这一点可能和浦渚自幼与接受阳明学的张维、崔鸣吉为挚友有关。

参考文献:

1.[韩]宋锡准:《浦渚赵翼先生的哲学思想》,《东方学》第4辑,1998年。

2.[韩]姜知恩:《浦渚赵翼的〈中庸私览〉经学的考察》,《韩国汉文学研究》第48辑,2011年。

3.[韩]咸泳大:《浦渚赵翼的学问观与经学》,《东方汉文学》第34辑,2008年。

4.[韩]赵南权:《浦渚赵翼先生的生涯与经论》,《东方学》第4辑,1998年。

郑经世

郑经世(1563—1633),字景任,号愚伏、一默。晋州人。西厓柳成龙门人。朝鲜朝中期文臣、性理学者。谥文庄。

一、生平(据李埈《赠崇政大夫,议政府左赞成兼判义禁府事,世子贰师,知经筵春秋馆、成均馆事,弘文馆大提学,艺文馆大提学,世子左宾客郑公墓志铭》整理)

公讳经世,字景任。郑为晋阳大姓。考讳汝宽,皆以德善承家业。妣陕川李氏,江阳君瑶之后,学生公轲之女。愚伏幼有异质,自能言,读《小学》一卷才讫,其余迎刃而解,书过目辄成诵,微词奥义,一阅领其趣,落笔娓娓皆惊人语,凡在较艺之场,每居前列。年十六,领乡解生进选,然其趣向之正,乃于举业之外知有吾人用力之地,刻意为学,赋从善如登诗以自勉。庚辰,柳文忠公知州事,劝课多士,学政日新,公宾宾然执礼请益。先生异之,告之以为学之序,自是涵而饫之,月有所益。年二十,中进士。二十四,中谒圣,名动一世。戊子,擢入艺文馆为检阅,入玉堂为正字,仍赐暇东湖,俄以史官误荐下吏,未久而解。庚寅,遭外艰,守制于庐,柴毁几不胜丧。壬辰夏,岛夷入寇,公与同志倡率义旅,时有斩获之功,一日贼猝至,公中矢而仆,母夫人遂遇害,弟兴世殉焉。甲午服除,拜礼、兵曹郎,皆未及拜职,旋授弘文馆修撰,冬拜司谏院正言,还修撰，兼侍讲院文学。乙未春，兼司书、知制教，秋升校理，上疏请立自强之本。戊戌春，复命。癸亥九月，上札陈八条，一曰立大志，二曰懋圣学，三曰重宗统，四曰尽孝敬，五曰纳谏诤，六曰公视听，七曰严宫禁，八曰镇民心，皆初服之急务，治道之大要也。癸酉正月，病亟而苏。六月讣至，上辍朝赐赙，特赠议政府左赞成，东朝将举哀，礼官启以宾客无举哀之例。上教曰："此人多教诲之功，举哀何妨。"

公骨格高耸，目光炯炯，神气肃清，论议英发，其学以五经四书为根基，以濂洛诸贤为正脉，礼文则讲行文公《家礼》，参之以《礼记》《仪礼》诸经。而于朱子之书，尤极力探赜，贯彻天人之微，洞析王伯之辨，其存诸心者无杂，践诸身者有力，绝群之资，实间世而一生，宏博之识，亦兼包乎众美。其以此而行乎家，则事亲尽其孝，居丧尽其哀，每以养不逮亲为至痛，衣食不给于身，而粢盛必备其物。早朝而起，冠带谒庙，祭祀之礼，至老不衰。笃于友爱，有女弟贫乏，剖财以均其食，而家未尝有宿货余粮。推之以事君，则忠爱出天，每于入对之际，斋戒必预，忱意必积，陈朝廷得失，说古今治乱，文义之外，反复推求，归之于人主，期以感动天听。与人言，剖析至理，色笑有味，随资所及而诱之，横说竖说，听者忘倦。其施之于临民则曰："安之而已，无扰之也；导之而已，无害之也。"恤穷民如保赤子，育多士如养稚禾。明谨条章，施置得宜，其趣要归于仁厚，其政不流于解弛。凡在所过，皆有遗爱，可见君子之学成于己而及于物，其规模体段之著于风绩者，自不能掩矣。以此而措之，将经理一世，挽回古道，中遭否塞之会，深闭寂寞之滨，无复有意于当世事矣。

1600 年冬，因当时党争，政界混乱，愚伏辞官还乡，专注于学问研究，在乡村设立了存爱院为人们免费诊疗。1630 年，参与《光海君日记》的编修。著有《丧礼参考》《朱文酌解》等,文集有《愚伏集》等。愚伏通晓性理学,精通诗文,书法超群,而且对礼学颇有研究,在开启礼学新时代方面发挥了重要作用。愚伏属于南人退溪学派,与西人曾进行密切的学术交流,为退溪学和性理学的发展做出了重要贡献。

二、性理学

愚伏与当时继承栗谷学统的沙溪金长生在学问上交流颇多,两人经常在礼说和性理学上互换意见。愚伏与沙溪在学问上的交流和论争主要收录在《金沙溪经书疑问辨论》及《经书辨疑》文中。与沙溪站在栗谷说立场上对退溪说持批判的态度相反,愚伏大多站在呼应退溪说的立场上。

1. 理气说

愚伏认同退溪学派理气说的特征——理发,反对理气一物说,重视理与气之区分,相对于气来说,更加强调理在伦理上的优先性。他在肯定理有动静的同时,认为理有动静故气也有动静,理使气的动静成为可能。

愚伏认为理无气无,气无理也无,虽然理和气没有先后,但从本原上讲应该说先有理的存在。愚伏在《思问录》中说:"《大全》所谓太极是生两仪,一阴一阳之谓道;周子所谓太极动而生阳,静而生阴;朱子所谓若无太极便不翻了天地者,皆以理为气之所从出。"理气相互分离而存在,但追根溯源,应是理在气先。愚伏指出,西山蔡氏"天下万理从一动一静中来"的命题是错误的,因为一动一静为形而下者,理为形而上者,蔡氏之说认为形而上者出于形而下者显然不合理。

愚伏在《金沙溪经书疑问辨论》中关于理和气的关系有如下

阐述。

> 北溪陈氏曰："人生得天地之理，又得天地之气，理与气合，所以虚灵。"栗谷谓理、气元不相离，不可言合云云。《太极图说》，妙合而凝，朱子释之曰"混融无间"。栗谷甚赞叹之云云。且以退溪分理、气为二物之说为非云云。理、气本非一物，但以未尝相离，故谓之混融无间耳。详无间两字，则其为二物明矣。栗谷必不以理、气为一物，窃恐高明记得错耳。况气与理合而成性，乃朱子之说，北溪此条，未可容易攻破也。北溪欲以虚字属理，灵字属气，故中间着一又字以明之耳，非以为先得理次得气。如高明所疑也。高明又谓物亦得理气，而何故不虚灵乎？此又大误。物之不能虚灵，正以其得气之偏塞耳，所谓隔于气而不通也。如孟子之道性善，理无不善，故性亦无不善，而犬牛之性又却不善，非犬牛之生不禀天理也，此皆气之为也，恐未可便以此语压倒北溪也。（《愚伏先生文集》卷十四）

愚伏认为，虽然理和气不是决然分离的，但它们从根本上决非一物，只是最开始是所谓不相离的"混融无间"，细看"无间"二字，显而易见为二物。可见，他与退溪一样，强调理与气之差异和理之优越性。

2. 格物致知论

愚伏支持退溪关于"物格"的"理到说"，进一步提出"到者无不到，谓物理来到吾心也，譬如请客而客来"。沙溪对此予以反驳，说："郑愚伏经世又谓无不到者，谓物理来到吾心也，譬如请客而客来云尔。此大失朱子之意矣。盖人穷物之理，而理之在物者既诣其极，则知之在我者，亦随所诣而无不尽矣。程子所谓才明彼即晓此者正谓是也。物理本具吾心，岂有来到吾心之理乎？"（《沙溪先生遗稿·行状》)愚伏的"请客而客来"命题全面否定了沙溪的"物理本具吾心"说和"物理元在极处"说,主张理是通过主体对客体的认知而来的"理到说"。

3. 四端七情论

根据愚伏的说法,"理为之本而气为之用,乃天地阴阳造化之妙,七情何独不然?朱子所谓理之发、气之发云者,特各以其主张者言之耳,非谓四端无气而七情无理也。如此则性情之为体用,乃有二样,全不成造化矣。是以,李先生始有气随理乘之说,而终则曰:'不如用朱子本说之为无病也。今人欲以喜怒哀乐分配于仁义礼智者,尤觉牵强。七情自七情,四端自四端,恐不可相合也。'"[《愚伏先生文集·答曹汝益(癸亥)》]即如果四端只为理,七情只为气的话,"则性情之为体用,乃有二样,全不成造化矣"。愚伏认为"喜怒哀乐分配于仁义礼智者,尤觉牵强",因为四端是四端,七情是七情,它们各具特点。"圣人一性湛然,全是天理。故七情之发,亦纯是天理。孟子之喜、文王之怒,何尝不发于理耶?下圣人一等则不能然,故难以明道之资之美,不免有形气之喜,此《虞书》十六字所以为心法之要也。"[《愚伏先生文集·答曹汝益(癸亥)》]

张乘九指出,愚伏认为四端是道心的表现而七情基本从形气中来,但同时也承认有时七情从性命中来。"如孟子之喜而不寐、舜之怒四凶、孔子之恸颜渊,皆合于天。"[《愚伏先生别集·经筵日记(丁卯)》]愚伏接受退溪四端七情说的同时,还选择性地接受了栗谷四端七情说的问题意识,进而提出了综合性的见解。

4. 学习论

退溪认为存养只是静,涵养包括动静;沙溪认为这一见解不符合朱子的观点。在愚伏看来,朱子所说存养是与学习同步的工夫,这在《中庸集注》中也有记载。愚伏认为，存养为静是一种粗略的说法，仔细推敲的话，存养实包含动静。例如，做事的时候，将心只放在这件事情上而不想别的，则不分心也是存心养性的工夫，此即为动中之静。因此，存养不只是静的工夫，而是动静兼有的系统工夫。通过对存养的解释可以看出，愚伏特别强调保存心性的存养工夫，认为存养不应仅作为静养工夫，还应该推及具体的日常生活中，在这一点上他同退溪对存养的理解有所不同。

西厓在给愚伏的信中说，朱子书中有无限风光霁月的境界，但是世人在看朱子书时，因不能从像蚕丝、牛毛一样零零碎碎的地方查找线索，进而失去与天同高、与海同宽的胸怀，主张学习应从整体把握具体。愚伏主张先约后博，即从具体细微之处的研究开始，逐步上升到整体的认识，但反对仅停留在具体细微之处而看不到全面和整体，认为虽然成圣的工夫是从对学问的细致之处和具体的学习开始的，但如果只停留在此是不行的，应该向更高的精神境界，向着终极工夫迈进。

三、经世论

从宣祖大王到仁祖大王，朝鲜朝经历了壬辰倭乱和丙子之役的国难期，愚伏在最艰难的时期登仕，为救国家于危亡而奋斗。愚伏提出的经世论，主要体现在上疏和《经筵讲义》中。一是《应求言教疏(戊申)》。《应求言教疏(戊申)》是光海君即位后，愚伏回应求言的上疏。面对壬辰倭乱后朝鲜荒废不堪的民生现实，愚伏指出当时社会存在的民生问题、财政问题及人事行政的错误，强调君主之一心、以学问和修养端正君心的重要性。二是《弘文馆八条札》。《弘文馆八条札》，由“立大志”“懋圣学”“重宗统”“尽孝敬”“纳谏诤”“公视听”“严宫禁”“镇人心”八条目构成。三是《玉堂论时务札》。丁卯之役后,愚伏呈上《玉堂论时务札》,主要是为防备与后金的战争而提出的御敌之策。四是《号牌量田议(乙丑)》。愚伏对当时颇有争议的号牌和量田问题进行了讨论。

愚伏的经世论总体上反映了性理学经世论的特征,即经世中更重视君主之一心,认识到君主一心是天下万事之根本,修养君主一心为国家之根本。君主应常怀敬畏之心和慎独之意,为正确处理政事,还要兼顾学和思,以学致理,以思致治。

四、礼学

愚伏与寒冈郑逑、沙溪金长生都是十七世纪初引领朝鲜礼学的大家。张乘九认为,愚伏继承了退溪和西厓之学,将性理学作为认知的基础。作为性理学的最高范畴的理与礼密切关联,礼是人们日常生活中应该遵守的行为规范,是理的具体体现。因此,正确地认识礼、彻底地遵守礼就是理在生活中的践行。愚伏将退溪理学向礼学进一步深化,对礼学和经世学更加关心。愚伏对《礼记》的研究主要收录在《思问录》中。

礼既是人情的表现也是义理的表现,若与人情相悖就不可能成为礼,但是由于人情常常容易过度,就需要礼来约束。作为社会性的存在,人们遵守秩序是必然的,为了维持秩序,还必须遵守义理准则,因此礼也是人应该遵守的义理,特别是在与国家权力相关的礼中,社会性的义理更加重要。愚伏认为,圣人在制定礼的时候,研究了以人情和义理为基本内容的诸多事项,然后才制定出合理的礼,所以后人应该正确地理解并遵守圣人之礼。

礼与敬有紧密联系,礼是敬的表现。如果没有礼,就没有施予敬的地方。愚伏在《答道南山长》中说:“祭与其敬不足而礼有余也,不若礼不足而敬有余也。今执事之不备,不过为礼不足而已,若遂废祭则敬无所施,岂有此理?”

礼与义也有紧密关联。乐是追求相同,而礼是追求不同,如果追求相同的乐是为仁爱之事,追求不同的礼则是为规范的义理。礼和乐的本就是义和仁,义和仁的用就是所谓的礼和乐。仁义的本性来自天,与此相对,礼乐则出自人。愚伏说:“乐之所以为同,仁以爱之之事也;礼之所以为异,义以正之之事也。仁义者礼乐之本,礼乐者仁义之用。仁义之性,出乎天;礼乐之作,出乎人,此其本末先后自有较然不可混者。”(《愚伏先生别集·礼记》)愚伏认为行礼是为实现义,礼的实现以敬的精神为前提。而且,遵守礼法中的旧例固然很好,但是也应该根据时代情况的不同而有所选择地遵守。

愚伏在自己的礼说中虽然首重退溪说,但也有与退溪意见不一致的情况。他与西厓柳成龙、寒冈郑逑、沙溪金长生就礼的问题进行过很多次讨论。对于朱子《家礼》,愚伏说:“《家礼》乃是初年所草未成之书,与晚年说不同处颇多。”(《愚伏先生文集·问目》)

壬辰倭乱后朝鲜朝民不聊生,而国工为维护自己的权威,不惜民力、过度征税。愚伏强调,只有王室和百姓根据礼有节制地生活,社会才能重回安定。

愚伏认为,在礼学中,公共的礼先于私下的人情。仁祖大王作为王位继承者,比起对生父生母的私情更应重视权力的公共性,站在公共义理的立场上才更符合礼的规范。

为强化对儿童的礼节教育,使儿童更好地理解、实践礼,愚伏补充了《小学》,编写了《养正篇》。《养正篇》由明儒屠羲英编纂的《乡校礼辑》中的《童子礼》篇增删而成,内容涉及洗漱法、着衣法、手交叉法、作揖法、行礼法、跪拜法、站法、坐法、行走法、说法、饮食法、向尊长敬食法、陪同尊长法等。通过《养正篇》可以看出愚伏对儿童在生活中的礼节很关心,认识到从小教育儿童礼仪的重要性。

参考文献:

1. [韩]张乘九:《愚伏郑经世的哲学和经世论》,《退溪学与儒教文化》第50辑,2012年。

2. [韩]崔正默:《愚伏郑经世性理说的基本立场和栗谷学批判》,《栗谷学研究》第14辑,2007年。

3. [韩]金鹤洙:《17世纪岭南学派的政治学分化:以柳成龙、郑经世学脉和郑逑、张显光学脉为中心》,《朝鲜时代史学报》第40期,2007年。

4. [韩]金升英:《17世纪格物致知论相关分析:以金长生、郑经世、尹镌为中心》,《东西哲学研究》第36卷,2005年。

儒家文明协同创新中心后期资助项目

韩国儒学两千年人物传评（下）

李学堂　编著

齊魯書社
·济南·

许 穆

许穆(1595—1682),字文甫、和甫,号眉叟。阳川人。朝鲜朝中期文臣、性理学者。谥文正。

一、生平(据《记言年谱》整理)

父县监乔,母为正郎林悌之女。眉叟九岁,始入学。始读书,不百遍,不成诵,甫一卷毕,文义无滞。十岁,肄业于教馆。先生已乐闻前言往行,有志于圣贤之学,挟册往来街路,步履甚重,目容甚端。十九岁聘夫人李氏,完善君义传之女,文忠公元翼之孙也。文忠公敬重先生,或朝退倦卧,见先生必起而冠带。常曰:"他日居吾座者,必此人也。"二十一岁,学《檀弓》于葱山郑彦䜪先生。二十三岁,与从兄观雪先生往谒寒冈郑先生于星州,师事之。二十六岁,正月,寒冈先生卒,为之加麻。四月,赴寒冈先生葬,有哀词。三十岁,寓居广州之牛川,入紫峰山中读《尚书》,远近学者多从游。三十二岁,是年,有启运宫之丧,儒臣朴知诫倡追崇之议,先生时为东学斋任,以逢君乱礼,罚知诫于儒籍。上命停,先生举,后虽解罚,仍不赴举。五十五岁,二月,《经礼类纂·丧礼》成,自冠婚丧祭、朝聘、燕射、巡狩、征伐、学校、养老,以至邦国、王朝、士大夫礼附焉,凡十卷。六十六岁,正月,谢恩,入侍经筵。二十五日,昼讲《中庸》首章至"喜怒哀乐之未发,谓之中"。讲毕,先生进曰:"帝王之喜怒，与匹夫之喜怒不同。喜过则流入于豫怠，怒过则有急酷之弊，因此赏罚不中，四方失望。一事虽细，天命、人心之去就，实系于此。”宋浚吉曰：“许某，读书人，所言极是，请留心采听焉。”三月，入侍经筵。二十九日，昼讲《大学衍义·格物致知章》。先生进曰：“心与物，有相感通之理。”未及辞毕，上问：“象山之学何如？”先生曰：“象山专主上达天理，不言下学人事，故入于异端。非但象山之弊为然，后来无实之学皆然。古人教人，一以人事为先，千言万语，皆谆谆于人事之则。故孔子之门，得闻性与天道者，惟颜子、子贡辈数人。而今之学者，徒掇古人余语，好为高远之言，不求于人事之切实，故能言者，遇事多疏漏。”

1659年，孝宗大王去世，其继母赵大妃（即慈懿大妃）的服丧期限问题，引起史称己亥礼讼的激烈党争。孝宗以嫡次子入承仁祖大统，在服制上不符合母为长子服齐衰三年、为众子服期年丧的定制。赵大妃是服期年之丧，还是三年之丧，群臣各执己见。当时掌权的西人党首领宋时烈据朱子《家礼》主张期年（一年）之说。显宗大王元年（1660）三月，丧服即将满一年，按照丧礼的规定，练祭之后，就要除丧。此时身为在野南人党领袖的眉叟、尹镌主张三年说。掌令眉叟上疏“请令礼官儒臣杂议，追正丧服之失于礼者”，请求将期年之丧改为三年齐衰之丧。宋浚吉对此上札提出异议，宋时烈亦对眉叟的说法逐条驳斥。第一，第二长子亦名长子之说不传于经传，而是贾公彦的说法。贾公彦之所以不说“长子死”而说“第一子死”，意思是第一子未成年而夭折，此时其父不得为之服斩，第二子立，方可以名为长子，若亡，父方可为之服斩。如果第一子成人而死，其父已为之服斩，则第二子虽承嫡统，也不得称为长子。眉叟疏中的“妾子故”三字，不是疏文，而是“自下之进言”，属于想当然之说，故不足为凭。第二，庶不是贱称，是相对于嫡而言的称谓，是众的意思，嫡长子以外诸子统称庶子或众子。第三，昭显世子之丧，仁祖大王当从《仪礼》服斩衰，却从《经国大典》服期年，既然如此，就没有理由让赵大妃为次嫡服丧三年。

之后，眉叟再次上疏，申述"立嫡以长则三年，立庶子为后则期年"之论，并主张"第一子死，为次长传重者斩，所重在嫡嫡相承，尊祖称之正体，推之一本，实无贰斩之疑也"，"昭显（仁祖大王嫡长子）虽有子，先王之所废。孝庙实仁庙次嫡，既册立为世子，承统受重，礼所谓正体传重者也"。眉叟认为，无论长嫡、次嫡，只要是嫡子，继承王位者就是正体，"体而不正"者是指妾子。眉叟又引《仪礼・丧服》《周礼・司服》等，申述其三年之说。南人尹善道上疏支持眉叟，称"孝宗大王既为世子之后，其可不谓之长谓之嫡，而犹谓之庶子乎"，称赞"眉叟之言，非徒议礼之大经，实是谋国之至计"。

服丧年限由于与孝宗大王继承王位的正统性有关，因而备受重视，最后采取期年说。显宗大王十五年（1674），孝宗妃仁宣王后张氏过世，孝宗继母赵氏的服丧期限问题再度引发党争，史称"甲寅礼讼"。宋时烈、金寿恒等西人党人依据朱子《家礼》主张大功（九个月）说，而眉叟等南人党人则主张期年说。结果，期年说得纳，政权也移转到南人党手中。

1675年肃宗大王即位，南人党全面掌权，眉叟获任大司宪，后历吏曹参判、备边司堂上、归厚署提调、议政府右参赞、成均馆祭酒等职，又于肃宗大王二年（1676）任吏曹判书，升右议政。肃宗大王七年（1681），受族人许坚狱事连累遭罢职。肃宗大王十九年（1693），获追赠为领议政。

眉叟著述颇丰，主要有《经礼类纂》《清士列传》《经说》《眉叟记言》《眉叟千字文》等。

二、心学

眉叟以毕生精力探索心学。金吉焕认为，与同时代的尤庵宋时烈（1607—1689）和炭翁权諰（1604—1672）一样，眉叟是主导十七世纪心学学风和实践理学的代表人物之一。他在《进心学图》中阐述所重视的心学大要如下：

> 事物未交，知觉未萌，此心虚明，寂然无物。及心与物交，知觉自生。人生而静，静故此心虚明，至于无所不通；人之理直，直故公，至于大而无穷。故曰静虚则明，明则通，动直则公，公则溥。明通公溥，心学之大要。（《记言》卷五十）

眉叟与沙溪、尤庵一样，认为人间之理即直，理本身无所不直，但后天派生出了不直。同理，人心本为虚明而无所不通，由于后天人欲方派生出蔽塞现象。因此，只要体用兼备，心就可达到明、通、公、溥，此为眉叟所称之心学大要。虽然心的体用本为虚明与直，但私欲混昧不直，因此眉叟提出为学之时必须警惕妄意、躐等、助长、欲速等私意。

> 为学大患，在妄意、躐等、助长、欲速，此私意已胜，未有私胜而能成学者也。……思虑乱时，不敬，何以定也？敬者，主一之事，主一则思虑自静。学者须就人事，求其理，然后可言知行两进。人事之学未至，先求性命之本，根本未立，实心未完，旋得旋失，徒泛滥无益，亦不可躐等而窥高。泉之涓涓，火之焰焰，自然之序可见。（《记言》卷一上《答学子》）

妄意、躐等、助长、欲速等皆为学大患，其根源在于私意作祟，因此须先除去私意。除去私意是心学所重视的心体的“定”和“得”的最基本问题，只有除去私意才能圆满达成心的“定”“得”工夫。心随所感应事物使不息不已的天理流行之妙主体化，所以心学法上更强调"定"的工夫。心学的终极目的在于以礼除去失学循习之累,体得发现天理流行之妙。为此,眉叟十分重视心学的方法和顺序。

心随感应物,不息不已,此天理流行之妙。然心法莫先于定,心定则静,静则安,安则虑,虑则得。失学循习之累,非礼不去。人言虽自外至,已有一分致言之失,则尤加戒慎,人言亦益我,人品不同,量有大小,然君子之量无穷,随学而长,极则圣人之量也。心之四德,见于四端,此天理发露处,仁如天地之春生,贯于四时,春生、夏长、秋实、冬藏,皆生物之理。仁在人心,为慈爱、恻隐之本,如羞恶、辞让、是非,其本皆恻隐之感也。(《记言》卷一上《答问目》)

金吉焕分析认为,这里眉叟提出的按定、静、安、虑、得的顺序而体得的理论与《大学》一致。《大学》首章中说"知止而后有定,定而后能静,静而后能安,安而后能虑,虑而后能得"。眉叟把《大学》的"知止"置换为心法,但顺序未变。值得注意的是,眉叟认为只要以克己复礼的精神体得心法而除去失学循习之累,即使人品不同、度量的大小不一,都可以打下达到圣人境地的基础。为达到心学的终极目标,他将"收放心"和"存心养性"作为必须的方法提出。这显示出其心学植根于孟子心学的特点。他说:

学者操持要约,莫切于收放心三言。而至存养为尤精深,来谕是也。固未有心不存而能养其性者也,故曰:"存其心养其性。"天理本无一息间断,心存则天理自长,存而不失,则养在其中矣。静中事物未交,其本淡然无物,此时何者为存,何者为养也?心体虚明,无内无外,与物无间,所谓存者,存此体,养者,养此体。存养,不过持敬一事。然存专言持守,养特深远,为学者下语,尤为活动,须看人欲净时天理自明。(《记

言》卷一上《答存心养性》)

眉叟还强调知行并进说和心体心用的合一,关注点在于实践的问题上,他对近世儒学者性理学理论的弊端提出批评,强调实践儒学的重要性。

> 近世学者之弊,践履不足,先立意见,转成矫激,浮薄日滋,忠信笃厚之风,大不如古人有一分实见,必有一分实行,知与行不相悬绝。为学之务,先于彝伦日用之则,勉勉孜孜,思无一分不尽,然后可谓善学。性命之本、天理之正,在此。天地无为而行化育,圣人无私而赞化育,圣人无私,故无可无不可。学至于无欲则大,大则化,化则不可知。(《记言》卷一上《答文翁》)

只有达到知行并进才能称为善学。善学为力行彝伦日用之事,其功则在于助天地化育,达到作为创造主体的圣人境地。

三、宇宙观和心性观

十七世纪沙溪、炭翁、尤庵所主导的心学属于统一了理论性理学和实践性理学的形而上学,这是对十七世纪之前理论性理学反省后提倡的新学风。金吉焕认为,眉叟的心学也是把理气、太极、心性作为一元的主体来把握而展开的心学。眉叟曾言:

> 心体本虚,其理则实,感通无穷,皆实理。虚者,实之体;实者,虚之用。气是理之气,理是气之理,天理明者,其气浩然,理惛则气馁。理外无气,气外无理。(《记言》卷一上《答学子》)

虚明的心体之理即主体化为心体的理,其非空虚抽象之理,而是实理。眉叟所说理与心的关系适用于虚为理之体、实为心之用的体用一原的见解。这类见解表现在理气观上即气为理之气,理为气之理，气外无理，理外为气。由于理气共存，故理非气外之抽象存在。他在阐明心的四德与天理的关系时说：

心之四德，见于四端，此天理发露处，仁如天地之春生，贯于四时，春生、夏长、秋实、冬藏，皆生物之理。仁在人心，为慈爱、恻隐之本，如羞恶、辞让、是非，其本皆恻隐之感也。（《记言》卷一上《答问目》）

心之四德即仁、礼、义、智成为恻隐之心、辞让之心、羞恶之心、是非之心的四端之机微，天理发露于四端之中。他以四时比喻四德一贯的生物之理，仁表现在人心上即为慈爱、恻隐之根本，而羞恶、辞让、是非等均为恻隐之感。从这里可以看出，眉叟认为理气和心性为一元之物。他在《天地变化》为题的三篇文章中，对理气为心性的内容及其相互关系做了详细说明。

天地变化，万物资生，蠢动知觉，蔼然相感，能爱类养生，故生有良能，日用而不已。品流群生，鷇音自和，萌孽日长，川谷达于江海，饥食渴饮，冬裘夏葛，群居而生死，其故一也；品物区别，其化均也；庶事殊绪，其道同也。天命流行，万物共由，各遂其性而不知，洋洋乎察于天地、著于四方，包括万物而无终始，行乎昼夜而不穷，是为至教。礼自履此生，乐自顺此作，由是而圣人事天，孝子享亲，夫精深极微，思勉不能几，论说不能及，至矣。（《记言》卷一上《天地变化一》）

天地变化，吹煦阖歙，品物从之，怵惕恻隐爱欲形焉，于是善恶分而万事出矣。纷纶参错，有万不齐，生物之情也。物极则致乱，情荡则益炽，故乐盈而返，礼退而进，融融秩秩，以遂天地之正，圣人之教人也。不息不已，天地之大业，裁成位育，圣人之功用也。（《记言》卷一上《天地变化二》）

天地变化，一盈一虚，形生于气，气冒于形，天无外，地有方。日月代明，寒暑序行，往而复来，万物以之而生死，以之而盛衰，以之而游衍，以之而无穷。人事之淑慝，世道之污隆，一气而迁耳。人之气正，则天地之气正；人之气乱，则天地之气乱，祯祥妖孽，邪正之表，治乱之征，气之相感召者然也。故圣人不违不惑，不惧不忧而笃仁，其本何也。(《记言》卷一上《天地变化三》)

金吉焕指出，在《天地变化一》中，眉叟以变化的概念表达了其宇宙观。变化而生成万物，这种生成并非来自外部之力，而是来自万物自身的“良能”，此即道，又称天命流行，万物由此道而生成和存在，衍生出万物之性。因此他说：“(道)著于四方，包括万物而无终始，行乎昼夜而不穷。”他认为礼为道之践履，乐为道之顺应，事天、事亲(享亲)之道德均据此道而产生。《天地变化一》说明了生之理、生之源的问题。

与之形成对照，眉叟在《天地变化二、三》中，根据变化的待对性阐明了善与恶、万物不齐、进与退、祯祥与妖孽、邪与正、治与乱、盈与虚、往与来、生与死、盛与衰等的关系。值得注意的是，他把讨论人性与社会变化的待对性理论待对地比为人与天地自然的关系。天地自然的变化为人的心性所左右的观点对于主体的形而上学的心学具有重要意义。“人之气正，则天地之气正；人之气乱，则天地之气乱”为中心的气的相感说即为说明变化的待对性。气的相感说的焦点在于将人的心性和行为把握为天地自然变化的主体。此与古典意义上所谓的“天工人其代之”的理论相一致，也符合《中庸》所言“致中和，天地位焉，万物育焉”的理论。因此，眉叟在“心之知觉”意义上，强调主体化的天理即性的涵养、心的保存及实践。心性与宇宙的待对性而导致的变化的待对性使气的交感说具有了重要意义。这个理论把用心的问题即行为实践的问题作为重要课题，其结论即为“心之知觉说”。

心之知觉，感于天理者，谓之道心；感于形气者，谓之人心。天理者，性命至善之本也；形气者，饮食、男女、人欲之私也。理与气，非为二本，形生于气，气本于理，理者气之性，气者理之才，才出于性，理行于气。恻隐出于性，而其相感者，气也。爱欲形于气，而其理则性也。循天理则理壹而气正，循人欲则气壹而理变，故曰：“人心惟危，道心惟微。”人受天地之中以生，以仁为性者也。仁而变不仁，非性之罪也，才用过也，人欲肆者，天理灭，故君子惧焉。择善去恶，莫如精，笃信固守，莫如一，成德教民，莫如中，尧舜禹之传法，而学者之大宗也。（《记言》卷一上《心之知觉》）

心感知外界事物，分为两种知觉形态，这并非用心，而是心发露的两种途径。交感天理与交感形气而产生两种知觉，前者为道心，后者为人心。当然，道心交感天理而为性命，发露为至善之根，人心却难以确然区分善与恶。这是由于饮食、男女、人欲为私，其本身并非恶。即这个私或人心只是有堕落为恶的性向和危险，其本身并非恶。所以，他说“循天理则理壹而气正，循人欲则气壹而理变”，忧虑理之变，与忧虑人心惟危一样。眉叟对道心之实现和人心向道心之恢复极为关注。他提出择善去恶的方法为“精”，笃信固守的方法为“一”，以善的盛德教民之法为“中”。这即他所尊信和推求的心法之宗旨和方法。

朝鲜时代的主气学在理论形态上有一种向元典儒学即孔孟学说回归的趋势。主气学者大都忠实地继承了孔孟的仁义思想并笃实地在道德践履方面下功夫，从栗谷的“诚”到沙溪的“戒惧慎独”再到宋时烈的“敬”，都是一种心法之学。通过心性修养，达到孔孟所说的仁义境界。所以，这种心性之学也是一种道德哲学。主气学者的这种心法之学或道德哲学就是一种实践性理学。这种实践性理学以元典儒学为基本理论,以“下学上达”为方法论,以修身养性为手段,以达到孔孟的仁义境界为安身立命之所在。十七世纪韩国儒学的主要特征和基本内容就是对实践性理学的提倡。这就是说,十七世纪的韩国儒学者不论是主气学者,还是主理学者、折中学者大都主张实践性理学。

金吉焕指出,眉叟的实践性理学主要表现在心法之学方面。他指出,心法之学的目的不单是存养心性,还要人在实践之中努力提高修养,磨砺为圣人,这就是他心法之学的知行并进说。为强调实践儒学,眉叟对近世儒者脱离实际的学风进行了批评。“近世学者之弊,践履不足,先立意见,转成矫激,浮薄日滋,忠信笃厚之风,大不如古人有一分实见,必有一分实行,知与行不相悬绝。为学之务,先于彝伦日用之则,勉勉孜孜,思无一分不尽,然后可谓善学。”强调“下学上达”的精神正是元典儒学的特点。

参考文献:

1. [韩]金吉焕:《许穆学问的思想》,《韩国学报》第 6 期,1980 年。

2. [韩]张世豪:《眉叟许穆的礼讼观》,《韩国思想与文化》第 66 辑,2013 年。

3. [韩]李载浩:《眉叟许穆的性理学修养论》,《退溪学报》第 131 卷,2012 年。

4. [韩]安秉杰:《眉叟许穆与岭南学派》,《退溪学与儒教文化》第 33 辑,2008 年。

权 諰

权諰(1604—1672),字思诚,号炭翁。安东人。文正公权溥后裔。朝鲜朝中期儒学家。

一、生平

炭翁出生于官宦世家,先祖为文正公权溥,祖父为宗庙署令权德裕,父为吏曹参判权得己。炭翁自幼聪明好学,九岁会作诗,十五岁时已通晓理气之说和“四七之辩”。1636年,被任为大君师傅,接着又被封为宣陵参奉。1658年,晋丞旨。1659年,转汉城副右尹。

1659年,孝宗大王去世时,其继母赵大妃的服丧期限问题,引起史称“己亥礼讼”的激烈党争。当时掌权的西人党首领宋时烈根据朱子《家礼》主张期年(一年)说,而在野的南人党领袖许穆、尹镌则主张三年说。显宗大王元年(1660)三月,丧服即将满一年,按照丧礼的规定,练祭之后,就要除丧。此时,身为南人的掌令许穆上疏“请令礼官儒臣杂议,追正丧服之失于礼者”,请求将期年之丧改为三年齐衰之丧。宋时烈对许穆的说法逐条驳斥。南人尹善道亦上疏,支持许穆,称“孝宗大王既为世子之后,其可不谓之长谓之嫡,而犹谓之庶子乎”,称赞“眉叟之言,非徒议礼之大经,实是谋国之至计”。此事由于事关孝宗大王王位继承的正统性问题,因而备受重视,最后采取期年说。

炭翁由于在已亥礼讼中支持宋时烈、宋浚吉的政敌南人尹善道而被罢免官职。被罢官后,炭翁回到光州老家,潜心研究学术,长期隐居不仕。

二、儒学思想

宣祖大王即位以后,士林派在政治上完全占据了主导地位,但士林派又因学缘、地缘、血缘及经世观的不同,分为岭南学派和畿湖学派。而岭南学派和畿湖学派一直到朝鲜朝末期都作为朝鲜朱子学的两大学派并行成长、发展。炭翁与同时代的宋时烈、金长生等同属于畿湖学派。畿湖学派的学问被岭南学派指为主气论,这是就整个畿湖学派的学问特色来说的。实际上,李珥的思想并不是单纯主气,而是在他批判李滉的理气互发说之后,拥护李滉学说的岭南学者在辩明理发说的同时,将李珥学派指为主气派。李珥的弟子们在论辩的同时,也越来越明显地表现出主气的立场,结果公开提出主气说。畿湖学派主气说的主要依据是李珥的"心是气说"。炭翁的思想是到了近五六十年方被人关注,其作品经后世人整理为《炭翁集》编入韩国儒学史、哲学史,引起了哲学界、思想界的轰动。今人将他的思想与当时的实学倾向学者张显光、金长生、宋时烈等人的思想并称为十七世纪朝鲜思想主流。炭翁的思想是朝鲜朝儒学思想史上接续十六世纪前后性理学及十八世纪前后实学思想的重要思想,其主要特征有以下几点:

1. 炭翁的心学

炭翁基于非二元论的心性观继承并发展了孟子的心法性善思想,张载《西铭》中万物一体、事亲事天的思想,承袭了事亲爱人、事天事民的心法之学。

炭翁认为,宇宙的本原是气。他认同张载所说"太虚无形,气之本体"。气有聚散而无生天,气聚则有形而见形成万物,气散则无形可见化为太虚,认为宇宙是一个无始无终的过程,在这个过程中充满浮沉、升降、动静等矛盾的对立运动。他还把事物的矛盾变化概括为两与一的关系,说"两不立则一不可见,一不可见则两之用息",认为两与一相互联系、相互依存,"有两则有一","若一则有两"。在认识论方面,他提出"见闻之知"与"德性之知"的区别在于,见闻之知是由感觉经验得来的,德性之知是由修养获得的精神境界,进入德性之知境界的人就能"大其心则能体天下之物"。在社会伦理方面,他提出"天地之性"与"气质之性"的区别,主张通过道德修养和扩充认识能力去"尽性"。他主张温和的社会变革,通过实行井田制,实现财力均平,使富者"不失其富",贫者"不失其贫"。

心学作为儒学的一个学派,最早可推溯至孟子,北宋程颢开其端,南宋陆九渊则大启其门径而与朱熹的理学分庭抗礼。至明朝,王阳明首度提出"心学"两字,并提出心学的宗旨在于"致良知",至此心学开始有清晰而独立的学术脉络。

在韩国儒学史中,由于对朱熹学说中"理"与"气"关系的不同理解,通过"四七论辩"形成了主理派(岭南学派)和主气派(畿湖学派)。其中主气派谱系的代表学者主要有李珥、金长生、宋时烈、权尚夏、权諰、韩元震和李柬等。韩国的主气学说在理论形态上有一种向元典儒学即孔孟学说回归的趋势。

2. 炭翁的"生"哲学

炭翁在哲学方面,可以说是继承了《周易》的好生思想、孔孟的仁义孝悌思想,形成了人道主义的"生"哲学。

孟子说:"仁也者,人也。合而言之,道也。"(《孟子·尽心下》)人心中的仁义属性与人之别于禽兽的理性能力就是“道”,这是一切伦理原则的根据。在孟子看来,宗法伦理和社会伦理都是由仁义推演而来。“人之所不学而能者,其良能也;所不虑而知者,其良知也。孩提之童,无不知爱其亲者,及其长也,无不知敬其兄也。亲亲,仁也;敬长,义也,无他,达之天下也。”(《孟子·尽心上》)“人皆有所不忍,达之于其所忍,仁也。人皆有所不为,达之于其所为,义也。”(《孟子·尽心下》)礼制即对仁、义的伦理行为规范的调节和文饰。孟子的仁与义都有明确的内容,他说:“仁之实,事亲是也;义之实,从兄是也。”(《孟子·离娄上》)又说:“亲亲,仁也;敬长,义也。”(《孟子·尽心上》)所谓“从兄”与“敬长”同义。这个“长”包括一切长者,它不像“亲亲”之“亲”那样与自己有亲族关系。所以,实质上孟子的“仁”的概念主要针对宗法伦理,而其“义”则是针对宗法伦理之外的社会关系,是君臣上下贵贱之义。孟子一方面竭力扩充“仁”的内涵以及覆盖面,另一方面对“义”又非常重视,试图给“义”以相对独立的地位。“未有仁而遗其亲者也,未有义而后其君者也。”(《孟子·梁惠王上》)他的仁义并重的道德论具有更加明确的社会意义,包容了更加广泛的内容。

炭翁的“生”哲学与宋时烈的“直”哲学都是十七世纪韩国儒学的重要内容。炭翁“生”哲学的主要内容是好生、生民。所谓“好生”,就是对生命的敬畏和热爱;所谓“生民”,就是无愧于民的同乐同苦。他的好生、生民的“生”哲学的思想基础是孔子的“仁”和孟子的“义”。如在学问观上,他主张“敬以直内”“义以方外”和“求其放心”的心法之学。“忠信笃敬,终日乾乾,直内方外,君子之事也。故曰博学而笃志,切问而近思,则仁在其中矣。故曰学问之道无他焉,求其放心而已。”

3. 炭翁的爱与正义为根本的政治哲学

炭翁的政治哲学可以说是吸收了孟子、张载、李珥的王道经世致用思想而成的奉公灭私、不杀生民的王道政治哲学。

孟子提出养志说和养气说。孟子说养志,就是要使心官“居仁由义”,完全按照仁义道德情感的本性而合乎理性地运行。在这种状态下,人的情感和理性可能呈现统一的趋向,使得身体之气磅礴周流。一旦身体之气充沛,它就可能反作用于“志”,从而加强道德意志的周流与冲动,他说:“志壹则动气,气壹则动志也。”(《孟子·公孙丑上》)孟子认为,他的长处在善于保养本身之浩然之气。而浩然之气,“其为气也,至大至刚,以直养而无害,则塞于天地之间。其为气也,配义与道;无是,馁也。是集义所生者,非义袭而取之也。行有不慊于心,则馁矣”(《孟子·公孙丑上》)。孟子的浩然之气是一种心理状态,即达到了神妙的道德境界。

炭翁认为,一般人之所以在复杂的矛盾冲突中找不到解决问题的办法,就是因为他们遗失了自己的本心,因此提出“求其放心”,要人们把遗失了的善心找回来,并加以发扬。找回善心然后才知道人之为人的道理。

在治国方面,他继承了张载的经世致用和务实思想,提倡实理、实心、实意、实功、实事的内圣外王主张;还继承了孟子的广开言路的民本思想,以求实现实用大同世界。

4. 炭翁的民生观

炭翁主张“收民心”“任人才”“省刑罚”“薄税敛”“养民力”“节财用”“开言路”。这些是他试图将理念精神运用在政治上的具体哲学。炭翁在思想上已超越了朝鲜朝中期传统性理学水平,使儒家思想在韩国本土化、具体化,他也以此形成了自己的思想。

“民本”一词,语出《尚书·五子之歌》“民惟邦本,本固邦宁”,

即立国安邦必须以民为本。民本思想在中国发轫极早,《尚书》载"天聪明,自我民聪明;天明畏,自我民明威",但是民本思想的最终确立是孟子之时,可以说是孟子把民本思想发展为一个相对完整的思想体系。孟子的仁政说其实就是围绕民本思想展开的。孟子告诫统治者在思想上要重民、爱民,军事上要避免战争,在经济上要制民之产,富民、利民、救民。

炭翁继承了孟子的这一思想,认为既然人民是国家的主体,那么君主想要保证邦固国宁的话,就必须得民心,顺民意,乐以天下,忧以天下,做到与民同乐。只有这样,人民才会真心拥戴君主。

5. 炭翁的躬行论

在性理学命题中,比起理气论,炭翁更加重视躬行论。

中国哲学思想的发展经历了先秦诸子百家之学、两汉经学、魏晋玄学、隋唐佛学、宋明理学和近代新学等几个发展阶段。明清之际的实学思潮似昙花一现,即兴即灭,时间很短,社会影响力亦不大。而韩国实学则不同,在韩国儒学史上,自十六世纪中叶至十九世纪中叶是实学思潮产生、发展、成熟的时期。这就是说,朝鲜朝五百年的发展史中有三百年时间是实学的发展期。在韩国儒学史上,实学被称为性理学(儒学)划时代的转换,是一种"改新的儒学"。

韩国实学的理论经典是儒学元典——六经四书。韩国实学者认为中国宋明理学家和韩国十六世纪的性理学者大都没有遵循儒学元典的精神诠释儒家经典,因而他们认为这些前人也未按照儒学元典的精神发展儒学。韩国实学者认为儒学元典的基本精神就是主张在自我修养的基础上,以经邦弘化、治国理民为目的,"修己治人、内圣外王"。这就是说,儒学经典中包含着修身养性、经世致用、利用厚生的下学精神,即儒家经典中蕴含着天下万事万物的普遍原理(所谓的"下学")。儒学的这种"下学"精神在高丽儒学和朝鲜朝前期儒学中都有所体现，不过十六世纪中叶以来由于长期的“士祸”和“党争”，朝鲜朝儒学走上了谈空说玄、脱离实际的歧路，只追求形而上，而放弃形而下，丧失了经世思想。韩国实学者就是针对当时学术界的这种状况，明确提出回归元典儒学的“下学”精神，主张“穷经以致用”。于是，一种以经世致用、利用厚生、实行实践为标志的新学风蓬勃兴起。正是在这层意义上，韩国实学是一种“改新的儒学”。韩国实学是韩国儒学的一种变革和转型，它凸显了元典儒学中的实践思想，强化了元典儒学的“下学”精神，使韩国儒学向着近代的性格转化。其实自古以来，任何一种理论都离不开实践，特别是当一种理论或思想承载起经世救国的重任时，它的实践的本质就显得尤其突出。

炭翁反对躐等，尊崇“下学上达”，强调明心力行和诚身务本，主张“一动一静，必以诚信，而表里如一；一事一行，必求其中”，因此被后世学者称为实践的儒学者。

参考文献：

1. [韩]金时晃：《炭翁权諰先生的礼学思想》，《东洋礼学》第18辑，2008年。

2. [韩]郑浩勋：《明斋尹拯和炭翁权諰》，《儒学研究》第15辑，2007年。

3. [韩]朴泰玉：《炭翁权諰哲学中展现的融合精神》，《东西哲学研究》第28卷，2003年。

4. [韩]宋寅昌：《炭翁权諰的哲学和现实认识》，《东洋哲学》第8辑，1997年。

5. [韩]权正颜：《炭翁权諰的儒学思想》，《儒学研究》第1辑，1993年。

宋浚吉

宋浚吉(1606—1672),字明甫,号同春堂。恩津人。朝鲜朝中期文臣、十七世纪韩国性理学的主要代表人物,“湖西五贤”之一、“东国十八贤”之一。谥文正。

一、生平(据宋时烈《同春堂宋公墓志》整理)

祖郡守讳应瑞,父荣川郡守讳尔昌。荣川公娶佥枢金殷辉女,以万历丙午十二月廿八日,生公于汉师寓舍。洎有知,敬信长者言,见长者必敛容危坐。荣川公尝洒扫室堂,坐公于客位而对之,公辄缩瑟不安而避之。稍长,喜读书,长者或以事阙课,则公必请之,虽夜不得则不寝。就学于文元公金先生长生,受《小学》《家礼》等书。天启甲子,中司马两试。丁卯,丁外忧,执丧一如仪文。少有疑晦,必禀于师门。文元公喜而酬答曰:“此哥将作礼家宗匠也。”先是癸亥,公委禽于郑愚伏文肃(庄)公经世之门,文肃(庄)公亦期以远到而常敬待焉。及是来吊,相与论难丧礼,殊亹亹焉。崇祯庚午,除翊卫司洗马,不就。文元公嘉其志趣,闻文肃(庄)公劝之就,以书责之曰:“宋某有志于学而不肯仕,其意甚善,而公欲降其志,无乃近于贼夫人之子乎?”文肃(庄)公有愧谢语。公自是益委己于学,往来于二氏之门,日以进益。辛未,文元公殁,公仍师金文敬公集。公尝曰:“吾游金先生父子门久矣,妄谓规模宏大,无如老先生；条理精密，无如少先生。”论者以为知言云。壬申，差童蒙教官，公以为辄辞除命，不无求退获进之嫌，遂黾勉就职。癸酉，闻文肃(庄)公捐馆，即谢归会葬，丧之以师弟之服。

丙子，上延访人才，大臣以下荐公者多。又有重臣陈札论列其学行之实，上特除礼山县监。公不赴曰：“非所敢当也。”是冬，避兵至安阴，爱其山高水清，居一年，始还乡里，学徒日众。时新经大乱，戎虏僭号，贤士大夫多处江湖间，日造公庐，质疑讲道焉。癸未，有司宪府持平之命，辞递，自是召旨频仍。己丑，孝宗大王即位，人谓祸将不测，上首先别谕召公，京外莫不惊贺曰：“此卓冠百王之盛事也，国其庶几乎？”公遂拜命，连除进善、掌令，特赐月廪，升拜执义。公感戴恩眷，自念新宁有大有为之志，而收召士流，若不以此时殚竭心力，以辅圣德，则因循迁就之间，日失岁亡，负此好机会，岂不为千载之大恨乎？然四维不张，则不可以为国，而曩者权臣执命，浊乱朝廷，而缙绅之趋附者颇多焉，若无激扬之举，则终未有清明之日矣。遂与同僚相议，请窜金自点及论其附丽之徒。递复拜，承命封陵，例升通政，台谏以资格改正，玉堂请使兼经筵官，出入讲论，允之。

庚子，论大王、大妃服制，其略曰：诸大臣之意，皆谓朝鲜典礼，实无为子三年之制，其在古礼，倘不十分明白，或有他日之悔，则无宁遵用国典之为愈，故臣亦无异见，遂以期制为定矣。乙巳夏，上幸温泉，以大司宪入对行宫，随驾还都，递拜参赞，札论辅养元子之道，遂置辅养官，以公处之，辞不许。又引文正公赵光祖、文元公李彦迪所论辅养之要，为札以进。及论庙乐之差，校进《心经》句读，元子受学不懈，公亦尽心开导。公频入两筵，两宫皆虚己以听焉。己酉，进《太极图说》，以明造化之本源。图差祭官谒宁陵，以伸追慕之情。大驾南幸温泉，命公后，进讲书筵，暇日与诸生行乡饮礼于泮宫。幸还，乞暇归。壬子十一月，疾尤革，又草遗疏，劝勉圣学，因极言亲君子、远小人之道。时户曹判书金寿兴上言宜有恩命，上乃遣太医，而公已不能知矣。讣闻，上惊悼，特赠领议政，优给葬需。于是馆学儒生，相率举哀，官居野处，无不相吊。

公天资绝异，精明温粹，莹澈无瑕，色夷气和，见者心醉。早从儒贤，得闻学问之方，孳孳勉勉，至老不已。盖公渣滓自少，故不甚用力而易至融化，识见精透，故不费勤苦而自诣理致；心既无疵，而所知克明，则其行于家者，孝亲刑妻，教子御下，各得其道。而最谨于丧制之节，大抵仁爱为主，而礼以治之，故伦理克正，恩义克笃，皆可以为后世法矣。丙丁以来，世道大变，则敛藏愈密，有确乎不拔之志，而乙酉一疏，为世所讳，人甚危之，而公之守经之意则大矣。及孝庙临御，少不介意，延聘礼遇，迥出常规，而公亦不存形迹，尽诚棐辅，匪躬蹇蹇，圣德益光，而公之贤愈著矣。庚寅之变，几祸宗国，而公亦徊徨却步，复寻初服矣。逮孝庙末年，恩遇有加，由是感激，益思报效，自以尊周之义、复仇之志为己任，不顾国力之萎弱，不忧吾势之单寡，终始一心，如日星之昭，如河汉之东，此则可质于神明而无愧矣。至于显考，则益尽隆师之礼，要使朝鲜之人矜式。公亦竭心殚智，入论道德，出赞谟猷，时与青衿在泮讲诵，士类庆喜，相与弹冠矣。

公于筵席，常以惩忿窒欲迁善改过，为圣学切要之道，至于天理人欲之际，则尤反复丁宁，剖析微密。尝于孝庙朝论舜、跖善利间不容发之训，公曰："今殿下恤民之政至矣，然如有一毫要誉之心参错于其间，则其事虽善而其实则伪也，此天理、人欲之分歧至微，而公私之道、王伯之略所以相远也。"孝庙竦然俯答曰："此寡昧之所尝猛省者也。"盖公于此着力既深，故所以告于君者如此。据此一段，可以知公为学之知要也。公难进易退之义，仰承朱门成法，前后为持平者三，为进善者六，为执义赞善者皆七，为大司宪者廿六，为参赞者十二，为吏书者三。三十年之间，恩旨未尝不在，而公必量时揆理义然后动，故在朝之日，仅一岁余矣，而其有辅于君德世道者大矣。

公得力最在《心经》《近思》诸书，一切沿溯于洛闽之渊源，而又于先儒最慕延平之质悫精明，常以不得祀于圣庙为歉。于本朝则以李文纯公滉为终身师法之地，故卒逝之年，有梦见之作，岂精神感通而然欤？于此可见公之心志气象之大概也。然遇事正义，不顾利害，则又有贲育不可夺之节，故或失君上之志，而一番人仇嫉亦已极矣，岂其温厚和平之中，自有正直刚大之气耶？噫，以公之学之德，宜为百世之宗师，而墓草再宿，礼讼仍为祸阱，追谪之律，遽加于泉壤，而孝庙之盛德至善，亦为之剥蚀，岂不痛哉。余与公自八九岁时传服同案，以至白首而相与切磨。昔温公有言吾与景仁，姓不同兄弟也，今公与余姓又同焉，则是但父母不同而已也。然余性偏驳滞泥，非不悦公，而终不能近似，是盖气质一定而不可易也。然温公、蜀公于钟律，终不能相合，故余强引此自诿曰不苟同，是公高处，而在余则性相远而然也。呜呼，伊川尝称温公曰："如其可赎，人百其身，死生既极于哀荣，名德永高于今古。"余于公亦云尔。崇祯乙卯十月日，宋时烈撰。

二、理气论

洪军在《论同春堂的四端七情说》一文中，比较了朱子、栗谷与同春堂的理气哲学思想异同之处。朱子的哲学思想是以理气二分、理为核心的理本论哲学体系。"理"在朱子的哲学体系中具有多种含义和用法。首先，理是宇宙之本体、天地万物存在之根据，是理学的首要问题，故性理学家们大都把它作为朱子学说的基础和出发点。其次,理是事物运动变化的原因,天地之间只是阴阳之气滚来滚去,这样的理,是一个“净洁空阔”的世界,它“无形迹”“无情意”“无计度”“无造作”,是超越性的存在,但并非实有之一物,即朱子所说:“若理,则只是个净洁空阔底世界,无形迹,他却不会造作。”(《朱子语类·理气上》)朱子把“气”的范畴作为“理”派生万物的一个重要的中间环节。因为与“理”的无情意、无计度、无造作之特性相比,“气”具有酝酿变化、凝聚动静、造作万物之特性,故理必须借助气的动静,才能凝聚生物。他说:“盖气则能凝结造作……且如天地间人物草木禽兽,其生也,莫不有种,定不会无种子白地生出一个物事,这个都是气。”(《朱子语类·理气上》)由于“理”找到了它借以“附着”的“气”,故日月星辰、人物禽兽等现实世界的生动场面便推演而出。但朱子并未因此而损害了“理”的绝对性。他在做总的论述时,指出:“天地之间,有理有气。理也者,形而上之道也,生物之本也;气也者,形而下之器也,生物之具也。”(《朱文公文集·答黄道夫》)在把“理”“气”做了形而上、形而下区别之后,“理”便成为“生物之本”,而“气”便成为“生物之具”,即生物的材料。但“气”作为“生物之具”不能离开作为“生物之本”的“理”,“理”仍处于主宰的地位。

栗谷把理看作形而上之存在,即宇宙的普遍法则,使它既具有事物的规律、法则的含义,又具有伦理道德的原理、原则的含义。比如,他说:“一阴一阳,天道流行,元亨利贞,周而复始,四时之错行,莫非自然之理也。”(《栗谷先生全书·节序策》)“理”是春夏秋冬周而复始的客观规律、自然法则。“道学本在人伦之内,故于人伦尽其理,则是乃道学也。”“理”则是处理人的伦理道德关系的原理、原则。这与朱子对“理”的规定基本相同。

洪军认为,作为栗谷学派的嫡传,同春堂对朱子与栗谷十分推崇。他在进呈给国王的《写进春宫先贤格言屏幅跋》中便引了栗谷的“道统之传，始自伏羲，终于朱子。朱子之后，又无的传”之语，即追随栗谷将朱子视为儒家道统的最后传人的观点。同时，同春堂对退溪也表现出相当的尊敬。他在经筵侍讲时多次引退溪和愚伏等岭南学人的言论进行讲解。在一首记梦诗中，他写道：“平生钦仰退陶翁，没世精神尚感通。此夜梦中承诲语，觉来山月满窗栊。”这也表现出其开放的治学风格。

在理气论方面，同春堂的学说大体承袭了其先师沙溪金长生的理论。沙溪被视为栗谷的嫡传弟子，自幼师从宋翼弼，二十岁时入栗谷门下受学，后又从学于牛溪成浑等人。

同春堂亦是用形而上、形而下分别规定理、气概念。他引《周易·系辞上传》“形而上者谓之道，形而下者谓之器”讲“器即气也，道即理也，道器之分固如是”，直接以道器概念解释理、气，使之分属于道与器。对于理与道的关系，程颐曾曰：“天有是理，圣人循而行之，所谓道也。”（《二程遗书·附师说后》）因此，“道”和“理”是异名同实的，不过“道”或“天道”在术语中常用“谓之”在先，如“其理则谓之道”“言天之自然者，谓之天道”。所以二程对“道”的描述和对“天理”是相似的，如“天理”具万理，“道”也具万理；“天理”是无形无象，“道”也是无形无象。“道即理”的用法，在《朱子语类》中亦仅出现过一次。“‘性者，道之形体；心者，性之虢郭。’康节这数句极好。盖道即理也，如‘父子有亲，君臣有义’是也。然非性，何以见理之所在？故曰：‘性者，道之形体。’仁义礼智性也，理也，而具此性者心也。”（《朱子语类·邵子之书》）“器即气”之一句，则在《朱子语类》中未出现过。

理与气是一物还是二物以及“理”为“实有之一物”还是“非别有一物”等一直以来是困扰性理学家们的颇难回答的理论问题，亦是朱子后学热衷讨论的问题。在这一问题上,朱子的态度是在讲理气不相分离的同时,还强调理与气“决是二物”。

在理与气的特性的规定上,同春堂仍以“有形”“无形”和“有迹”“无迹”来说明。同春堂曰:“气有形可见,故曰形而下。下者,指有形、有迹而言也。理于物无所不在,而无形可见、无迹可寻,故曰形而上。上者,超乎形迹之外,非闻见所及之谓也。”同春堂的这一解释有其合理性和简明性,但同时亦易使人产生对理气分判过甚之感。如他言:“子思既以一道字符串费隐说,道固形而上之理也,非杂以形而下之气也。”因相较于退溪哲学,栗谷哲学所强调的是二者的不离性,即理与气的“一而二,二而一”的妙合关系。

洪军认为,在理与气的关系问题上,同春堂仍以朱子和栗谷的理气观为基础来解释理对气所以然之作用以及理气关系。他认为“有是形必有是理”,而且理之于物如“诗所谓有物有则者也”,肯定了理对气的主宰作用。接着,他还以体用范畴来说明理对物的“所以然”之作用。他说:“父子、君臣是形而下之器也,是物也。父而慈、子而孝、君而义、臣而忠是形而上之道也,是则也。慈孝义忠,此所谓理之当然者,所谓费也,用也。所以慈,所以孝,所以义,所以忠,此理之所以然者,至隐存焉,所谓体也。推之万事万物莫不皆然。”

进而,在理气如何生成万物的问题上,同春堂提出“理堕气中说”。同春堂说:“理堕气中,气能用事,而化生万物。即所谓气以成形,理已赋焉者也。”

朱子在讲理气不相分离的同时,还强调理与气“决是二物”。对此,元代儒者吴澄(1249—1333,字幼清,号草庐,元代理学重要代表人物,与许衡齐名,有“南吴北许”之称)则提出“非别有一物说”,对朱子理气论从理论上做出调整。他说:“理者,非别有一物在气中,只是为气之主宰者即是。无理外之气,亦无气外之理。"强调理不是实体,理只是气之条理和规律。这表明在理的问题上朱子后学中已出现"实体化"的转向。此后被世人称为"朱学后劲"的罗钦顺(1465—1547,字允升,号整庵)则明确提出"理气一物说"。他说:"理只是气之理,当于气之转折处观之。往而来,来而往,便是转折处也。夫往而不能不来,来而不能不往,有莫知其所以然而然,若有一物主宰乎其间而使之然者,此理之所以名也。'《易》有太极',此之谓也。"他指出,理并不是形而上的实体,而是气之运动的条理或规律。进而他又说:"仆从来认理气为一物。"朱子学的这一理论动向同时也影响到朝鲜。罗钦顺的《困知记》传入朝鲜后,退溪从维护朱子学说的立场出发还特地撰写了《非理气为一物辩证》一文,对罗氏学说进行了批评,指出,罗氏的理气一物说"于大头脑处错了"。栗谷则对罗氏学说评价道:"整庵则望见全体,而微有未尽莹者,且不能深信朱子,的见其意。而气质英迈超卓,故言或有过当者,微涉于理气一物之病,而实非以理气为一物也,所见未尽莹,故言或过差耳。"(《栗谷先生全书·答成浩原》)可见,退溪和栗谷皆反对理气一物说,而接受朱子的理气"不离不杂""决是二物"说。

同春堂亦继承先儒之说主张视理气为二物。这一点我们可以从他维护栗谷说的立场中概见。同春堂曰:"乃谓其学以理气为一物,不亦可笑可哀之甚乎?邪说肆行而莫之禁,则其眩乱汗误,将至惑一世之人,其为祸岂下于洪水猛兽哉。"(《同春堂先生文集·大匡辅国崇禄大夫、议政府左议政兼领经筵事、监春秋馆事、世子傅浦渚赵公谥状》)

不过,朱子理气说的二元论结构必然会面对理气先后、理同气异、理气聚散等问题。面对朱子理气说的这些理论困境,栗谷提出

“理气之妙说”作为其解释这些问题的理论前提。

同春堂则在继承朱子和栗谷理气观亦主张理气为二物的同时，还做了以下概括。他说：“若以有形、无形言，则器与道为二物；以在上在下言，亦为二物。”(《同春堂先生别集 · 上愚伏郑先生》)须如此说方见得即形理在其中，道与器不相分。之后，同春堂继“理堕气中说”又提出理气“妙合而凝说”。他写道：“濂溪所谓阴阳一太极，即《易》所谓器即道也。《性理群书》注错误处甚多，至或不成文理，而此条所释精粗本末则无误矣。若依栗谷说，则精粗本末之下，当著吐耶。若然则释阴阳一太极，不成说话矣。盖大而莫能载，小而莫能破者，无非器也，而理无所不在。子思所谓费而隐，子夏所谓孰先传焉、孰后倦焉。程子所谓洒扫应对，是其然，必有所以然。与来示所引朱子语，皆一义也。理固如此，本无可疑，但此所谓精粗本末无彼此一句，分明是贴阴阳太极字说，以为理与气无彼此耳。非泛论气有精粗本末也，如何？幸更细思之，先贤说话，横说竖说，各有攸当，最忌相牵合作一说。……按妙合云者，理气本混融无间也。凝者，聚也，气聚而成形也。”(《同春堂先生别集 · 上愚伏郑先生》)

对于理气妙合而凝，同春堂还进一步解释道：妙合与凝是两项事，而《性理群书》注把妙合与凝合为一项事，不符合朱子本意。他认为《性理群书》注把“妙合而凝”解释为妙于凝合无间断，有所未稳，说：“无间断也。间断字，恐未稳，以间隔释之，则未知如何。”(《同春堂先生别集 · 上愚伏郑先生》)理气“浑融无间说”，栗谷总结前人关于理气关系的论述时也曾提出“理气浑融无间，无不相离，不可指为二物”。但是，栗谷并未对“无间”一词做出进一步的解释。同春堂把“间断”释为“间隔”，似乎表明他已意识到此说之理论要害。理气“浑融无间说”，可以视为对其“理堕气中说”的有益补充。

不过,此“浑融无间说”似类于明代理学家薛瑄(1389—1464,字德温,号敬轩,谥文清,河东学派的缔造者)提出的理气“无缝隙说”。薛氏还曾试图以理如日光、气如飞鸟的比喻说明气有聚散,理无聚散,把理气看成有“缝隙”的。对于“理堕气中说”,罗钦顺则批评道:“夫既以堕言,理气不容无罅缝矣。”因为“堕”字本身隐含着理堕入气之前,理同气是被分隔着的意思。尽管同春堂对理气“浑融无间”做了精心的解释和字义上的调整,但还是难以此说较圆满地解释理同气异、理气聚散的问题。

于是,同春堂援引了栗谷的“理通气局说”,并对此说给予了极高的评价。“(李珥)至于理通气局之论,发先贤所未发。形状理气本体,直截分明,可以开悟后学于百世。非其学问精诣超特绝出于人者,安能及此。谓理通气局,则其分别理气,可谓极明白矣。”(《同春堂先生文集·大臣辅国崇禄大夫、议政府左议政兼领经筵事、监春秋馆事、世子傅浦渚赵公谥状》)

“理通气局说”是栗谷为回答理同气异问题而提出。关于“理通气局”这一命题,栗谷认为“理通气局四字,自谓见得,而又恐珥读书不多,先有此等言而未之见也”(《栗谷先生全书·答成浩原》)。尽管佛教华严宗有事含理事、通局无碍之说,但就以“理通气局”四字表述理气之异而言,则确是栗谷的独见。虽然其思想受到程伊川的“理一分殊”和朱子的“理同气异”思想的影响,但是程朱并未用“通”“局”两个概念说明理同气异问题。这一命题提出的更直接的前提是栗谷对其“气发理乘”思想的进一步发挥。因此,“理通气局说”往往又与“气发理乘说”相对而言——“理无形而气有形,故理通而气局;理有为而气无为,故气发而理乘。”

综上所述,洪军提出,在理气论方面,同春堂接续朱子、栗谷传统,认为世界万物皆由理与气构成。而且,在理、气两个概念的规定上也大体追随了栗谷说。但是,同春堂比栗谷更强调道器之分别和理的无迹、超乎形迹之特性。在这一点上,同春堂似乎具有某种折中退、栗理气说之倾向,其作为主气论学者的理论特色并不明显。若对其理气观做一概括的话,他的理气说主要由"理堕气中说""浑融无间说""理通气局说"组成。三者在其学说中互为补充,相互关联,得到了较合理的逻辑阐释。但是,他在对"理"的理解方面仍未逸出传统的内在实体说之藩篱,亦有其理论困境。

同春堂是栗谷再传弟子,在韩国儒学史上与同属畿湖学派的尤庵宋时烈(1607—1689)并称"两宋",具有重要的历史地位和影响。身为畿湖学人,他还与以退溪为宗匠的岭南学人保持密切联系,会诸家之长形成了其颇具魅力的理论风格,为朝鲜朝礼学的形成和确立以及性理学说的发展做出了贡献。著有文集《同春堂集》。

参考文献:

1. 洪军:《论同春堂的四端七情说》,《韩国研究论丛》第 18 辑,2008 年。

2. 洪军:《宋浚吉理气说浅析》,《韩国研究论丛》第 17 辑,2007 年。

3. [韩]成周铎:《同春堂宋浚吉的生涯和遗迹》,《儒学研究》第 4 辑,1996 年。

俞 棨

俞棨(1607—1664),字武仲,号市南。杞溪人。朝鲜朝中期文臣、学者,“湖西五贤”之一。谥文忠。

一、生平(据尹宣举《有明朝鲜嘉善大夫,吏曹参判兼同知义禁府、春秋馆事,艺文馆提学,成均馆大司成市南俞公行状》整理)

考讳养曾,赠嘉善大夫、吏曹参判兼同知义禁府事、五卫都总府副总管。妣宜宁南氏,赠贞夫人,兵曹参判以信之女。公生而颖异,六岁,学书习字,能为句语。丙寅,又丁参奉公忧,将卜兆偕葬先后丧,公惧不能尽于大事,乃请于伯氏曰:“丧礼不可追改,一有未尽,悔之无及。”遂躬造沙溪金先生之门,审问变节而归。既葬,庐于墓下,朝夕诣墓哀哭,虽雨雪不废。庐中读性理诸书,沉潜玩索,随处领解,盖不待启发而能自得于文字间,人已知其为经术士。服阕,中庚午进士。癸酉,擢第乙科,选隶承文院。甲戌,除重林察访。丙子,荐拜承政院注书,仍迁侍讲院说书。二月,上命治斥和诸臣浮薄误国之罪,庙堂议抄十人,论罪名以启,吾先子为之首,公则以特一妄人,疏辞可骇为案,编配于林川郡,两司争之不能得。公到配以后,绝意世事,唯以经籍自娱,以东国诸史杂庬难看,乃断自王氏以下,一依文公凡例编定,名之曰《丽史提纲》。越三年,蒙宥,乃卜新山于郡南,迁葬考妣而仍家焉。

辛巳春，卷家移居于湖南之锦山地，盖以我家兄弟奉亲峡中，欲为乱世苟全之计，而公欲与之同归故也。遂筑室于麻霞山下，为作一书斋，名之曰山泉，公自为记以揭之，日以讲学教人为事。以礼书多门有难领会，乃就文公《家礼》，立纲分目，而取古礼经传及先贤礼说并东方诸儒先论著文字，类附于逐条之下，名之曰《家礼源流》，如乡射、乡饮酒等仪，使诸生讲而习之。一家冠婚之礼，一依文公礼，参酌古今而行之。士友之在近者招邀讲说，甚有文会之乐。存养深厚，德器成就，有得于此数年者为多，后公常以在锦时，为一生适意境界云。过咸关岭，有诗曰："男儿岂肯愁寒死，独跨征鞍上雪关。"又与诸士友，诗以道意。宋公时烈和之曰："古辙崎岖独自随，暂时离索莫相悲。心期已向参同见，学力从看气貌知。惩热几多翻吹齑，恶方那忍更成规。天心玉汝真堪喜，休费幽吟搅我思。"

公虽在僻远，不见离忧，以朱子书自随，为朝夕之课。手写《周礼》一帙，研穷而读之，有请学者，教诲不倦，常曰："我乃新接军民，而乡老皆我先进也，边卒皆我上官也。"承上接下，曲尽诚礼，邻邑馈遗，一裁以义，贪污者亦知自戢。北俗惮于军役，生子率多不育，公为陈父子慈爱之理，使之感悟，弃儿之俗为之少变焉。其教诸生也，必举孝悌、忠信、亲上、事长之道，循循然善诱之，斥去词章之习，专心为己之学，或讲冠婚丧祭之礼，或习投壶布算之法，日以为常，远近闻风而观感焉。公以穷边绝塞，书籍未备，乃为贸纸于南中，印得四书、三经、《大全》、《谚解》，以资讲习。内徙之日，仍以付之，俾不废其业，北关士子，诵慕不衰，闻公之没，为立祠以享之。公自丙子以后，十年在野，蓄德进学，清名播著。晚入馆阁，雅望倾朝，善类方倚，以为宗主，而未满一年，又以罪废，小大有识，莫不叹惜焉。

己亥三月,拜大司谏,递除工曹参议。上方讲《心经》,讲官启曰:"俞棨博通经史,尤精于此书,请使之别为入侍,讲论文义。"上教以两宋不入之日则入侍。公以空疏灭裂,不敢当格外之命,力辞不许。噫,公立朝三十余年,中间坐废者,前后几二十年,其安于朝廷者,仅六七年矣。晚岁,遭逢盛际,擢授军国之政,圣意实有所托,公亦感激图报,而天崩中道,时事大谬,同其进者举同其退。而公则自念受恩非常,继明不替,国事孔棘,未忍便决,欲以尽忠于嗣王,追答先王之殊遇。然其耿耿一心,不忘于丘壑之中。别时谓余曰:"吾今谢病欲出江上,转向松楸,归卧湖山,复得数年之闲,以续昔日锦峡之游,计已定矣。"病终不医而志终不成,士林为之叹悒。

公于文章,不专用力,而四部百家,靡不贯穿。盖其看书,不比他寻行数墨而已,必先总括一篇大意,而考其脉络,探其归宿。故凡一过眼,能终身记得。尝谓余于记性无大过人,而久而不忘,则差长云。为文,主于通畅,稿不再易,尤长于论议上,不以文辞胜理义。于诗对景写怀,不甚着意,常言诗不贵巧丽,有意为此,非性情之流出矣。平居,未尝辄为无益之文。其出入禁掖,讲议敷奏等辞,固已书之太史,而至于放逐闲退之时,遇境应酬之作,亦皆记实道意,自仿于立言诗史之法,廑若干卷藏于家。宣举自少日从公游,晚又随石湖兄,与公相守于寂寞之滨,平生待之以师友之间。今者诸孤谓余应知公之蕴,使具其事,将以请铭于作者。宣举素不能习于文字,不足以发挥君子之光,而义不获辞,忘其陋拙,辄第录其一二,以俟知德者之采择焉。坡平尹宣举,谨状。

二、儒学思想

1.《江居问答》与儒家经世、治国思想

市南继承了李珥和金长生一脉的学问,仿照李珥的《东湖问

答》,结合古代仁君的治国之道及自己的政治思想,写有《江居问答》一书,表达了其王道思想和经世致用思想。

“经世”即治理世事,“经济”即“经国济民”,“致用”即尽其所用。经世致用是明清之际的中国兴起的主张治有益于国家之学的学术思潮,提倡关注社会现实,并用所学解决社会问题,以求达到国治民安的实效,源于中国传统知识分子讲求功利、求实、务实的思想以及“以天下为己任”的情怀。经世致用思想的历史至少可以追溯到先秦思想家孔子。孔子所创立的儒家思想,是中华文明的精髓。仔细分析儒家思想可以看出,传统儒学本身就是一种“入世哲学”。孔子不遗余力地宣传其思想,就是要改变春秋末年社会动乱所导致的礼崩乐坏的局面,恢复其理想中的社会秩序。另外,作为一种思想体系,儒家思想的一个重要特点就是不尚思辨。它不像其他哲学思想那样,用极强的思辨性去解释诸如世界的本原问题、今生与来世的问题或是人世与鬼神的关系问题等,而是很实在地甚至可以说是很实用地教人们如何做人、如何行事,教统治者如何治国。

由此可见,儒家思想从其产生之时,就具有强烈的经世传统,这对中国社会的知识分子产生了重大影响。他们吸收了这种经世精神,并将其作为自己的重要责任,自觉地担负起关心时政、关注国事、针砭时弊、救国于危难之中的使命。

池斗焕指出,在《江居问答》中,市南将李珥的王道思想概括为,政治的根本在于修己,政治的核心在于任官,政治的任务在于救民。王道是儒家认为作为君主应该推行的统治方法,其核心是以道德与仁义为基础实现国家的治理,与同期以韩非为代表的法家主张的霸道形成对比。王道的代表者为孟子,实行王道的君主称王者,与霸主相对。王道,简言之就是圣王之道,其核心是圣王。

要想以王道主义统一天下,为君之人必须以圣王作为行为的楷模。因此,孟子对国君有很高的要求,而这些要求说起来也很简单,就是国君必须是仁者。市南认为要达到尧舜禹时代那样的理想大同社会,要实行的不是霸权政治而是王道政治。他结合朝鲜朝当时遭遇丙子之役内忧外患的局面,指出古往今来优秀的君王大都是在逆境中克服困难创造盛世。

市南认为政治的核心在于官吏的任用,并提出任用官吏的四点原则,即"倚任忠贤、作兴人才、久任超迁、信赏必罚"(《市南先生文集·江居问答》)。推行王道,仅靠君主一人的力量显然是不够的。臣作为君的辅弼,在推行王道的过程中,有着重要的作用。因此,在君臣之间,也有确定的相处之道。"欲为君,尽君道;欲为臣,尽臣道。"好善是为臣的基本要求,但仅仅是好善还不行,为臣还必须"敬其君","不以舜之所以事尧事君,不敬其君者也"。舜是圣人,是做人的榜样,也是为臣的榜样,所以贤臣尽臣道,当以舜为法,否则就是不敬其君。除敬君之外,为人臣者还要正其君,"格君心之非",纠正国君内心的错误,使国君做到仁,行为符合正义,这样别人也能做到仁义,国家就安定了。

综上,市南的政治思想可以概括为存天理、行王道,其实质是性理学中"存天理,灭人欲"的哲学思想在政治上的体现。

市南的《江居问答》第三部分的内容是"救民之策",与其说这是政治思想,不如说是经济、社会改革思想,这些思想都是出于儒家的思想。

《江居问答》当中提到了一些关于时政的看法,包括军政整顿、"两班户布论"、"奴婢从母法"等,其中篇幅最多的是关于贡案改定和《大同法》的施行。

所谓《大同法》,是指在朝鲜中期以后,按照土地面积将贡物统一为米谷的纳税文件，客观上加快了朝鲜朝国内贸易的兴起和商品经济的发展。

日本“摄政关白”丰臣秀吉于1592年发动侵朝战争，战争结束后，朝鲜废墟千里，十室九空，已经处于崩溃的边缘。由于战争的消耗，国家已提供不出宫室和各级官府的所需费用，便把部分土地的收租权赐予王子和公主，谓之宫房田；又允许各级官府自行屯田，谓之衙门屯田。这就造成权贵疯狂扩张土地，自耕农的土地迅速减少，动摇了朝鲜封建社会的经济基础，朝鲜统治逐渐衰落下去。对此，李朝统治者朝鲜仁祖大王，首先推广实施了《大同法》。

由于《大同法》按照土地面积征收税米，当然减轻了无地或者少地的农民的负担，但对地主阶级而言，减少了土地收入，故而遭到后者强烈抵制。孝宗大王对《大同法》的实施有重要贡献，他加快了朝鲜仁祖时期就开始的《大同法》的推广进程。

市南认为《大同法》的实施是一项有利于国计民生的改革，它弥补了战争造成的巨大损失，增加了国家的财政收入，促进了朝鲜农业、手工业和商业的全面发展，有利于李朝对朝鲜的封建统治。

2.《家礼源流》与礼学思想

市南与尹宣举仿《家礼》作《家礼源流》，共十四卷，将《家礼》中关于儒家三礼(《周礼》《仪礼》《礼记》)的部分挑选出来，加以注释，称为“源”，又将四礼(冠、婚、丧、祭)单独标注，称之为“流”。

礼学是自古及今一切关于礼的学术活动的总称，是以礼为研究对象的专门学问。从内容方面看，礼学跟中国传统的哲学、宗教、政治、道德等互相交叉、互相渗透，同时又相对独立，具有独特的基本范畴，自成体系。对中国传统的经学或儒学而言，礼学是它们的核心组成部分，但是从历史的实际情况看，礼学又不完全局限于经学或儒学。

关于“礼”的起源,自然应该追溯到原始时期的祭祀仪式。许慎《说文解字》说:“礼,履也。所以事神致福也。”近代学者王国维考证说,卜辞中的“礼”字像是用两块玉盛在器皿中去做供奉,表现的是对祖先或帝的崇敬。随着社会生活的发展,“礼”引申为宗法制度中的行为规则,形成了一整套以区别尊卑、贵贱、亲疏为内涵的意识形态。再后来,“礼”由宗族内部扩展到国家的政治生活领域,由此衍生出了严格的社会等级制度。西周以后,“礼”进一步发展为维护统治阶级利益的核心政治思想,这就是完整的“礼治”理论体系。

由于这种意义上的“礼”可以“经国家,定社稷,序民人,利后嗣”,在指导统治者政治决策、制约社会成员的行为、实现政治稳定方面,具有不可忽视的作用,西周以来的统治阶级及其御用知识分子就将如何完善礼、利用礼作为重大的社会学课题。经过近八百年的理论探索和社会实践,到西汉中期,中国古代礼学已经形成比较成熟的理论体系。在此后两千余年的封建社会中,统治阶级的一切礼教和礼法几乎都未曾超越先秦礼学的基本理论范围。同时,从西周以来就开始的对于礼的理论探讨,在两千多年的历史过程中一直是传统儒家政治理论的核心组成部分,形成了一种底蕴深厚的综合性学问——礼学。

《家礼》是南宋朱熹最有影响力的礼学著作,根据当时社会习俗参考古今家礼写成,体现出朱熹因革损益、博采众家的礼学思想特点。

《家礼》于南宋传入朝鲜半岛后,经高丽官方学者的大力倡导,取代了佛教生活仪式在家庭礼制中的作用,并发展出规范的社会行为方式。朝鲜学者对《家礼》的注释、阐发,由于受到性理学的影响,后来发展为岭南礼学和畿湖礼学两大礼学派别。岭南礼学追求人情与义理之调和,并重视其效用性,具有现实性和开放性;畿湖礼学以《家礼》为教育与行礼之本,以风俗与国制折中于礼,并重视礼学的理论化。朝鲜朝重礼、成为“礼仪之邦”,与朱子《家礼》在朝鲜的流传和发展有着渊源关系。

十七世纪朝鲜朝性理学迅速发展,人们对于礼学的研究也越来越深入。市南师从金长生,继承了金长生的礼学思想,特别是关于常礼和变礼的思想。当时著名的“己亥礼讼”,便是一场关于礼的论争。孝宗大王去世时,其继母赵大妃的服丧期限问题,引起史称“己亥礼讼”的激烈党争。当时掌权的西人党首领宋时烈根据朱子《家礼》主张期年(一年)说,而在野的南人党要角许穆、尹镌则主张三年说。市南站在许穆等人的对立面,反对三年说,支持期年说。由于该次礼讼与孝宗继承王位的正统性有关,因而备受重视,最后采取期年说。市南著书有《江居问答》《丽史提纲》等,部分著作收入《市南集》。

参考文献:

1. [韩]池斗焕:《市南俞棨的生涯和思想》,《韩国学论丛》第25辑,2003年。

2. [韩]全齐贤:《俞棨和安鼎福的高丽史认识》,《韩国学论丛》第32辑,2009年。

3. [韩]李海俊:《明斋尹拯家和市南俞棨的交游》,《儒学研究》第15辑,2007年。

4. [韩]边远钟:《市南〈家礼源流〉的学脉和对冠礼的研究》,《东西哲学研究》第41卷,2006年。

李惟泰

李惟泰(1607—1684),字泰之,号草庐。庆州人。朝鲜朝中期文臣、学者,“湖西五贤”之一。谥文宪。

一、生平(据郑复天《行状》整理)

考讳曙,隐德不仕,赠吏曹参判,妣贞夫人清风金氏。先生生于锦山郡芦洞村,颖悟绝人。闵晚喜在汶隐居讲学,辛酉,先生以参判公遗命往从之,齑盐不继,而处之晏如,专意经术。晚喜敬重曰:“若吾不可以教子,子其就学于金沙溪。”甲子,先生之溪上请业,沙溪先生礼待甚厚,一日,讲《中庸》至《齐明盛服章》,问曰:“此岂只谓承祭时欤?”沙溪亟称之曰:“君更无可学矣。”先生每趋讨,沙溪必目送曰:“大儒大儒,吾道之托在此。”先生亦献诗曰:“渊深鱼得所,林密鸟知归。阙里春风好,吾生亦有依。”丙寅,晚喜卒,先生亲自袭敛,致其心制以成疾。沙溪尝谓先生曰:“君有大人资质,但气弱耳。”己丑五月,仁庙升遐,孝庙嗣位,宾厅请征在野诸臣裨补丧礼,先生与慎独斋先生及尤庵宋先生时烈、同春堂宋先生浚吉,同被召命,而先生自乱后更无当世之念矣。慎独斋将赴召,先生就别,慎独斋曰:“同赴可乎?”先生曰:“先生位高责重,其义与小子不同,且吾辈自是山林人,不可容易出脚。”慎独斋曰:“与我同赴,虽败何妨?”相持二日,先生改志,以为吾君在东宫,以汉武为优于文帝，其志大矣，可以仰体。仍语慎独斋曰："此行苟赞大计，身虽狼狈，亦有辞于天下后世。不然，进退无所据，可不慎终乎始欤?"遂同赴。

先生肃谢，以母病乞退。先生具万言疏，以定进退之计。其略曰："今之可言者非一，而举其大者有七：上无求治之实一也，下无任事之实二也，经筵无讲道之实三也，学校无造士之实四也，群策无救民之实五也，人心无向善之实六也，朝廷无教令之实七也。谨尝考《周礼》制度之可行于时者，与夫祖宗宪章之不举于今者，参以朱子增损《吕氏乡约》之法，兼取我国儒先经论当世之说，合为一论。大概其法为纲者有三：一曰正风俗，二曰养人才，三曰革旧弊。所谓正风俗者，即《周礼》礼教之法，而其目有三：曰乡约，曰五家统，曰社仓。所谓养人才者，即戴记造士之意，而其目有五：曰学，曰延英院，曰科举法，曰五卫，曰军资别仓，此治法之模样也。所谓革旧弊者，即修明国制之意，而其目有八：曰内需，曰贡案，曰赋税，曰人役，曰量田，曰汰冗官，曰久任，曰禁侈习，此变通之机要也。"

庚戌，东宫将行冠礼，上遣史官召，先生不得已三月入城。十五日，先生遂与同春堂，入参书筵，讲《小学》第四卷范鲁公质诗。先生曰："圣学高明，知人则哲，今于贱臣，偶失昭鉴，若于他臣亦然，用舍颠倒，则朝廷何如耶?"仍陈用舍之道曰："人君用人，当审邪正之分矣，君子小人情状，朱文公书摹写以出，以书方人，则大略可知。然孟子曰：'左右皆曰贤，未可也；诸大夫皆曰贤，未可也；国人皆曰贤，然后察之。'察之之道，必学问精明，然后权度不差也。是以君子贵穷理，理有所不穷，则心有所不明，以奸为忠、以诈为信者多矣。至于天下之大本，在于人主之一心，本立则末之不治，非所忧也。今日朝廷，无所体统，谬迕乖剌，鄙琐烦猥，至不可收拾者，皆由殿下方寸之地大本有所不立也。是以，人欲常胜而天理每屈，俗论方张而谠议不行，宜乎时事之日趋于下而国势之不能小振也。是以，正心诚意，腐儒陈谈，而自古人臣之告于君者无他语也。昔朱文公告宋孝宗曰：‘岁月逾迈，如川之流，一往而不复，不惟臣苍颜白发已迫迟暮，而窃仰天颜，已觉非昔时矣。’殿下临御十年，志业日退，治效茫然，中宵兴念，必有所慨然于圣心者矣。殿下渊涓之地，臣未能窥瞷，而以其发于政者推之，臣恐殿下本源工夫有所未尽也。臣窃观我朝文物彬彬，实东方之周也。然文之弊至于委靡，而式至今日，礼义之实亦扫地。为今之计，殿下莫如先立大志，期以先王之业，务得人心，要以教化为主。凡事务存大体，毋事繁文，加以真实之功，察其理欲之分，一念之发，知其循理，则推而扩之，徇欲则遏而绝之，而临政制事，莫不以是为准则，思过半矣。且古之君有尝胆者，今殿下何必珍味进御；古之君有卧薪者，今殿下何必大厦安居。”

於戏，先生天品甚高，英秀聪明，而早亲有道，从事于为己之学。尝曰：“人有第一件事，何以做第二件事乎？”沉潜性理之书，玩索精微之蕴，真积力久，直阐正路，以孝悌忠信为立身之本、穷理居敬为进学之基。内外交养，知行兼进，规模节度，一以程、朱为法，而其于本原工夫，尤加慥慥焉。及其德性充养，英华著见，仪貌庄重而有安和之色，志气静肃而无拘束之勤，望之俨然，即之也温，步履自中度，动止有常节。其处家也，孝友敦睦，出于天性，事亲诚敬俱到，得其欢心，就养无方，咸适其宜。外家无后，先代墓祀将废，营置墓田，令其在近旁孙掌之，岁一祭之。群从兄弟之子有孤贫者，收恤教导如己子，冠婚丧祭，一遵《家礼》，闺庭内外，仪则斩斩。宗族必致其爱，乡党必致其恭，凶嘉吊庆，曲尽情义。凡于接人遇物，无间亲疏，一以诚信为主，而至于论事是非，卞别淑慝，断以义理，精详刚果，截然有不可犯者。其平居也，晨兴谒庙，退处书室，静对几案，非圣贤之书，不接于目，讲道论理，见解明透，德性坚定，虽在燕闲之中，肃然如对大宾，惰慢之容不设于体，鄙倍之言不出于口。一家之人，未尝见其喜怒至于声色也。其教人也，接引后进，反复诱掖，虽幼贱者，必开心见诚，随其材品，谆谆不倦，要以立志为先，躬行为务。而或涉于浮泛则叮咛戒之，授书循序，不躐阶级，至于时文华藻之习，未尝及于言议也。盖其好学之诚、乐道之心，到老如一日，而其所以隆师之道、育材之规，交际之间，真诚无伪，则一毫不苟，粹然一出于正，此所以沙溪、慎独斋两先生期许甚大，而授以《礼》《书》二帙以属意也。若夫事君一节，炳炳烺烺，尤为大开眼处，而怆然有千载不尽之恨矣。先生婆娑林下，不求闻达，而士友推重，声辉腾闻，每有征召，辄辞不就。自经丙子之变，素履益贞。及孝庙嗣服之初，慨然有大志，旌招在野诸贤，慎斋、尤、春联翩赴召，先生亦以慎独斋力劝，幡然一起，而清阴时以元老复入，羽仪王朝，若将有意于世矣。群小怀愠，龁龁元老，先生不谋于人，一进谠言，即返初服，而耿耿忧爱未尝以退处而有间也。孝庙末年，恩注非常，征召络绎，先生以为善言易者不言易，不必先声而后实，遂疏陈经济之策，而未及登彻，仙驭宾天，呜呼痛哉！显庙之初，有志继述，朝野想望至治，而流俗不合，群贤袖手，岂亦天未悔祸，不欲使先生侪类，回三代于海左而伸大义于天下耶。先生尝曰："今日出处，其义有二：武侯鞠躬尽瘁，死而后已；王烛不用吾言，退而耕野。只此二者之外，不可毫发僭差也。"是以，先生间或被征赴都，而未尝一日居官任职，亦未尝一言干预朝政，而登对之说、章奏之论，不过曰薪胆而已。噫，先生之志，其亦悲矣。

1634年，由于金集的举荐，草庐被任命为禧陵参奉，接着又被封为健元陵参奉。1658年，在宋时烈、宋浚吉等人的举荐下，草庐又被任命为东府丞旨。显宗大王在位后期，草庐曾呈上"万言疏"，针砭时弊,探讨救民救国之策。显宗大王虽然让备边司探研草庐上疏之策,但并未采纳其建议。草庐因此感到心灰意冷,一度辞官归乡。孝宗大王去世时,其继母赵大妃的服丧期限问题,引起史称“己亥礼讼”的激烈党争。草庐拥护期年说。1674 年,孝宗妃仁宣王后过世,关于慈懿大妃赵氏该服一年服还是九月服(大功服),再次引发争论,史称“甲寅礼讼”。宋时烈、金寿恒等西人依据朱子《家礼》主张大功(九个月)说,而许穆等南人则主张期年说,结果采用期年说,政权也移转到南人党手中。在“甲寅礼讼”中,草庐由于被尹镌弹劾,遭到流放。1680 年,草庐被无罪释放,返回家乡的锦山书院研究学问,但由于与宋时烈及其门人之间产生嫌隙,在儒贤中地位渐失,最后于 1684 年忧郁离世,有文集《草庐集》存世。

二、性理学思想

性理学是韩国儒学发展的主干,透过对朱子学的多元发展,充分呈现了韩国儒学的理论深度与特色。在韩国儒学史中,因性理学者对朱熹学说中“理”与“气”关系的不同理解,分为主理派和主气派。

在朝鲜,性理学经历了丽末鲜初的传入期、李朝前期的兴盛期及李朝末的衰落期。朝鲜朝性理学的兴衰过程既是朝鲜社会树立正统统治理念的过程,又是否定多方位的价值取向的过程。朝鲜朝性理学的排他特性,一方面把专制伦常以外的其他价值观皆视为异端学说加以全盘否定和排斥,另一方面过分强调“守义名分”,采取“抗拒一切不法与变则”的武断态度,结果使朝鲜社会失去均衡、统合的判断功能,也使其自身失去本来的意义与精神。

朝鲜时期儒学史的分类范畴中使用最多的术语是主理和主气。尽管这种提法存在问题,但迄今为止韩国的众多学者在研究朝鲜时期思想史时仍对此不加批判地使用，缺乏明确的定义，这样甚至会扭曲思想史的真相。一般认为，主理派主张理的实在性，其代表学者为退溪；而主气派则否定理的实在性，认为理是气的条理，其代表学者为栗谷。但朝鲜朝的性理学者们主要关注的既不是理比气更具有根源性，还是气比理更具有根源性，也不是肯定或否定理的实在性之问题，而是应如何看待理气并设定它们之间的关系之问题，因为这才是他们认为的决定性理学体系的根本因素。从“离看合看”以及“不离不杂”的观点（或立场）上来设定朝鲜时期儒学思想史的分类范畴会更容易接近问题的本质。在同样的思路下，主理与主气也可以设定为分类范畴，比如说主理式的合看派、主气式的合看派等，这都是可能的。

黄义东认为，不管是理气说还是太极阴阳说，草庐都继承了栗谷的学说。在理气说的观点上，草庐认为“按阴阳之气与其所以然之理，具在于天地未开辟之前”（《草庐先生文集·易说》），即天地尚未开辟之前，阴阳之气间就有理的存在，天地万物生长之前，阴阳与太极、理与气早已存在并且相辅相成。因此，理与气天生就是不可分开的存在，理之中含有气，气之中也有理的存在。

草庐认为，不管是在实体世界中，还是在幻想世界中，理与气都是不可分离的，即“理气不相离”，否认先有气后有理的观点。他认为世界是由气和理所构成，理气“浑沦无间”，“实无先后之可言”，二者就是“天地之父母”，天地就是“人物之父母”。他的二元论的立场使他转向客观唯心主义。

三、儒学思想中的近代精神

在探讨草庐的儒学思想中蕴含的近代精神之前，需要先对所谓“近代精神”有一个准确的定义。由于中西各国历史的起点不同，近代精神的含义也就有所不同。就韩国而言，所谓近代精神，是指在封建王朝后期，人们开始拥有人权意识和平等意识，自觉地注重自我的发展，自我价值观和合理主义思想开始萌芽。

黄义东认为，从这一观点出发可以看出，十七世纪儒学家草庐的思想中已经开始出现近代思想的萌芽，这主要表现在以下几个方面：

1. 进步的历史观

草庐尽管生活在十七世纪的朝鲜，但他时刻关注社会的变化与发展。虽然他仍是当时一个保守的知识分子，但具有相对进步的历史观。草庐曾说："盖天下之理，不进则退，人心之忨愒，月异而岁不同，委靡颓废，至于今日而极矣。是以，我内已溃，彼侮自至，祸乱之萌，已伏冥冥之中，特人不自知耳。譬如人之有重病，内自心腹，外达四肢，无一毛一发不受病者。虽起居饮食未至有妨，然其危迫之症，深于医者固已望之而走矣。是必得神丹妙剂，为之煎肠涤胃，以去病根，然后可以幸于全安，殆非俗医常药之所能及也。《书》曰：'若药不瞑眩，厥疾不瘳。'臣尝慨然，以为先王之政，可以革今之弊；圣贤之训，可以救今之失。"[《草庐先生文集·应旨疏（丙午十二月）》]他认为当朝的立法应该顺应时宜，有所变通，应该既吸取前人的成败经验，又符合当朝的社会环境。

2. 合理精神

所谓合理精神，即无论任何事，都应该遵循一定的道理。合理精神是近代精神中不可或缺的重要部分。在过去的传统思想中存在着一定的不合理精神，这既是不科学的，也是历史发展的障碍。

但是在草庐的思想中我们处处可见其合理精神，例如，他在《过失相规条》中说："惑于术家风水之说，移葬先祖及无故过期不葬者，上罚。"在这里，草庐否定了传统的风水学说，看到了封建迷信思想的错误所在。

同时,在行政、教育、财政等政策的制定上也能看出草庐思想中所体现的合理精神。

3. 实用精神

朝鲜朝实学反映了随着封建社会的没落,进步的地主阶级知识分子为解决社会所面临的现实问题提出的改革要求。他们批判当时占统治地位的性理学,主张不断地吸取历史上各种优秀文化遗产,坚持把实事求是作为研究学问的态度,无情地揭露封建社会的弊端,改革现实中不合理的社会制度,建设一个富国强兵的国家。这些进步思想起到了从传统文化通向近代思想的桥梁作用,成为朝鲜近代启蒙思想的源泉之一。

草庐反对儒学者“空理空谈”,提倡联系实际,研究有用之学,主张学问必须有益于人民的日常生活。他曾在《纪行奉使》中指出无实七弊,充分体现了其近代思想中的经世实用精神。

4. 市民意识

所谓市民意识的表现,即公共概念、公共意识。朝鲜近代的市民意识,包含了民主意识、人权意识、主权意识、权利与义务等诸多理念范畴。虽然草庐生活的十七世纪的朝鲜仍是不平等的君主封建社会,但是从他的一些文章中不难发现其近代市民意识的萌芽。例如,从《公私贱》中,我们就可以看到他对人人平等的关注和人权意识的向往。

参考文献:

1. [韩]黄义东:《草庐李惟泰的性理学和近代精神》,《儒学研究》第1辑,1993年。

2. [韩]黄义东:《草庐李惟泰的性理学考察》,《百济研究》第

25 辑,1995 年。

3. [韩]郑敬熏:《17 世纪知性史方面的草庐李惟泰》,《儒学研究》第 20 辑,2009 年。

4. [韩]韩基范:《礼讼期李惟泰的“王朝礼”礼说和礼思想》,《韩国思想与文化》第 46 辑,2009 年。

5. [韩]李相培:《草庐李惟泰的书简中体现的出处思想》,《韩国思想与文化》第 35 辑,2006 年。

宋时烈

宋时烈(1607—1689),字英甫,号尤庵、尤斋、华阳洞主、桥山老夫、南涧老叟。恩津人。朝鲜朝中期文臣,主张反清复明的思想家、学者,西人党、老论党党首,“湖西五贤”之一、“东国十八贤”之一,被后世称为宋子、宋夫子。谥文正。

一、生平

1607年,尤庵出生于沃川郡伊院面九龙村外公家郭氏门中。八岁时,在亲戚宋浚吉家学习。1625年,在金长生门下学习性理学和礼学。1631年金长生去世后,尤庵在金长生之子金集门下完成学业。二十七岁时中状元,其学问声名远播。两年后,受聘为凤林大君之师。1637年,丙子之役中朝鲜战败,昭显世子被清朝作为人质押往沈阳。昭显世子回国后即在朝鲜推行其在清朝接触的先进文化,后暴毙,其弟凤林大君成为新世子。

丙子之役之后,尤庵在落乡十年间,辞退一切官职,全身心投入学问研习之中。1649年孝宗大王即位,大举起用学者,尤庵虽被选用,但受人诬告,不得不辞官。1655年丁母忧,在家乡过了近三年的隐遁生活。

1657年服完丧,辞世子侍讲院赞善。1658年,由于孝宗大王苦苦哀求,又接受官职。同年农历九月,被任命为吏曹判事。次年，孝宗大王去世，由于慈懿大妃的丧服问题，对显宗大王极度失望，于十二月辞官返乡。

尤庵虽隐居，但深得显宗大王的宠信和众人的崇仰，故亦可发挥政治上的影响力。1668 年任右议政，1673 年任左议政，属西人党、老论巨头，在党争中处于重要位置。由于是隐遁的儒学者，他被称为“山岳政治”“山林宰相”。1674 年，因孝宗妃丧制礼讼之争而被罢职。1678 年，被流配到德源、巨济等地。1680 年，重返朝廷。1683 年，因与弟子不合，引起老少分党。1689 年，又因反对淑仪张氏所生之子封元子而被流配至济州岛。同年农历六月，在押回汉城的路上，被王赐死，后得以平反。平反后，其由于学问的权威性与政治上的正当性，在历史上的地位更为稳固，颇受人们敬重。尤庵是程朱理学的忠实支持者，反对并仇视所有对程朱理学提出异议之人。尤庵主导了十七世纪西人和南人的党争，打击其所谓的“斯文乱贼”，其参与的著名事件包括，1659 年和 1674 年与孝宗大王身份有关的礼讼之争，以及与朴世堂、尹镌之间的论争。

尤庵著有《尤庵集》《尤庵后集》《宋书拾遗》《宋书续拾遗》《朱子大全札疑》《二程书分类》《语类小分》《论孟问义通考》《心经释义》等，其著作后多收入《宋子大全》。

二、“直”的儒学

李甦平在《论王夫之和宋时烈的气学思想》一文中对尤庵的学脉传承关系做了深入探讨。李甦平认为，尤庵作为一名政治家学者，其学脉属栗谷一系。尤庵的学生权尚夏在为其撰写的《墓表》中说：睡翁公（尤庵之父）“尝责勉曰：‘朱子后孔子也，栗谷后朱子也。学朱子者，当自栗谷始。’先生自儿时已受此教，遂自任以圣贤之学。及师沙溪先生，尽得其所传于栗谷者。又专读朱子书，以成家计”(《宋子大全·墓表》)。尤庵可算是栗谷的再传弟子,故十分尊崇栗谷,并以栗谷上承朱子和孔子。他常说:“朱子后孔子也,栗谷后朱子也。学孔子当自栗谷始。”(《宋子大全·年谱》)主张“读书当以栗谷先生所定次第为主”(《尤庵先生言行录》卷八)。关于读书,尤庵认为:“栗谷尊《四书》,沙溪尊《小学》《家礼》。”(《尤庵先生言行录》卷八)栗谷所尊,乃是朱熹之《四书集注》;沙溪所尊的《小学》和《家礼》,则为朱熹所重视,故尤庵认为读书应从《小学》《家礼》和朱熹所注四书开始,这是为学头绪。

尊栗谷必尊朱子,尊朱子的言论在《宋子大全》中俯拾皆是。如:

> 先生每言曰:“言言皆是者,朱子也;事事皆是者,朱子也。故已经乎朱子言行者,决履行之而未尝疑也。”(《尤庵先生言行录》卷八)

尤庵认为朱子的言行皆为真理,按照朱子的言行而言行,绝无错误。他不仅自己以朱子之言行为准则,而且劝谏朝鲜君主重视朱子之言行。

> 上曰:“卿言必称朱子,卿几何年读朱书,如此惯熟乎?”
>
> 对曰:“臣自少读《大全》《语类》,心诚好之,而心力未强,其未读者尚多矣。”
>
> 上曰:“朱子之言,果可一一行之乎?”
>
> 对曰:“古圣之言,或以时势异宜,而有不能行者。至于朱子,则时势甚近,且其所遭之时与今日正相似,故臣以为其言一一可行也。”(《宋子大全拾遗》卷七《幄对说话》)

尤庵视朱子—栗谷—沙溪为性理学主脉,而他的“直”哲学也成为对朱子和栗谷思想的具体化和实践化。

关于尤庵学问之主旨,权尚夏《墓表》中有这样一段记录:

先生……尝以为天地之所以生万物,圣人之所以应万事,直而已。孔孟以来相传者,唯是一直字,以此为终身服行之符。是以其动静,言为正大光明。如青天白日,人得以见之。此其为学之大略也。(《宋子大全》附录卷十三)

李甦平据此认为,这表明尤庵一生为学,在于一"直"字。这个"直",就是《墓表》所说的"正大光明"。尤庵认为这是孔、孟相传下来,后朱子又继承并留传于世的一点真骨血。直"是孔、孟、朱三圣同一揆也"(《宋子大全·示诸子孙侄孙等》)。尤庵认为,孔子、孟子、朱子三圣为人处世的准则是一样的,这一准则就是"直"。孔、孟、朱三圣的所言、所行,都遵循着"直"这一尺度,即动静举止、为人处事,皆正大光明。尤庵以圣人为楷模,将"直"作为终身服行的准则。他在《示诸子孙侄孙等》书信中说:

朱子之学,以穷理、存养、践履、扩充为主,而以敬为通贯始终之功。至于临箦而授门人真诀,则曰:"天地之所以生万物,圣人之所以应万事,直而已。"明日又请,则曰:"道理只如此,但须刻苦坚固。盖孔子曰:'人之生也直,罔之生也幸而免。'孟子所以养浩然之气者,亦惟此一字而已。"(《宋子大全》卷一百三十四)

李甦平认为,这段话揭示了尤庵关于"直"哲学思想的三项重要内容。即:

1. 尤庵的"直"哲学凸显了人的主体性

韩国儒学与中国儒学和日本儒学相比较,它的一个突出特点就是具有一种强烈的民族主体性,而这种民族主体性又常常通过人的主体性的张扬而表现出来。栗谷一系,就是以强调气的功能和价值而凸显出人的主体能动性。作为栗谷二传弟子的尤庵则将气具体化、实践化、道德化为一个"直"。他将"直"作为人之所以为人的一个重要标志，认为人就是因为具备了“直”的品质，才可以挺立于天地之间，才可以为万物之灵，才可以尽人之职责。对此，尤庵常缅怀先师沙溪先生和朱子的教导，如他在《杂著》中记有：

> 沙溪先生之学，专出于“确”之一字，而每以“直”之一字为立心之要。此朱子易箦时授门人之单方也。其言曰：“天地之所以生万物，圣人之所以应万事，直而已矣。”（《宋子大全》卷一百三十一《看书杂录》）

> 朱子于易箦前数日，诸子问疾而请教焉，则应之曰：“为学之要，唯事事审求其是，决去其非，积集久之，心与理一，自然所发皆无私曲。圣人应万事，天地生万物，直而已矣。”又曰：“道理亦只是如此，但相与倡率，下坚苦工夫，牢固著足，方有进步处。”我文元公先生每诵此，以教小子曰：“吾平生所为，虽有不善，未尝不以告人。虽发于心而未见于外者，苟有不善，未尝不以语人。汝须体此心，此一直字。”（《宋子大全》卷一百三十六《赠李景和说》）

可见“直”就是“立心之要”。所谓“立心”，就是要尽净私欲，以达到审事求是，决去其非，慎独为善，进而达到心与理一、洞然通达的境界。这种境界也就是尤庵所说的“心直”“身直”“无所不直”的境界。他说：

> 自吾心直而吾躬直，吾事直，以至于无所不直而以无负生直之理矣。［《宋子大全》卷一百三十五《李颋字说（癸丑十月十三日）》］

尤庵认为，从“心直”可以达到“躬直”，进而达到“无所不直”的境界。这与上述的去私欲——去非求是——心与理一，是同一个意思。两者讲的都是“生直之理”。这种“生直之理”的实质就是一种人应追求的道德境界。这种境界也就是正大无私、光明磊落的道德体现。只有具备了这种道德品质，达到了这种道德境界，才是天地间一顶天立地的人。而只有这样的人，才可以“应万事”，即肩负起社会的责任和道义。所以，“直”揭示了人的功能，张扬了人的价值，显示了人的主体性。

尤庵的“直”哲学不是一种凭空杜撰的概念，而是他从自己的毕生实践中，从对先贤为人处世的体悟中，总结出的一种主体道德哲学。

2. 尤庵的“直”哲学与孟子“浩然之气”的关系

李甦平指出，尤庵作为栗门弟子，将栗谷的重气思想向实践哲学方面做了发展和深化，提出了关于“直”的哲学。而他的“直”哲学又根植于栗门的重气理论。

尤庵十四岁开始读《孟子》，对其中的《浩然之气章》下功夫最甚，可以说毕其一生都在研读这一章。对这章每个字、每句话的理解，他都记录在《杂著》中。其中最具代表性的论述有：

> 孟子之学固主于心，而于言与气，亦未尝放过。必曰知言，必曰养气。[《宋子大全》卷一百三十《浩然章质疑(甲寅)》]

> 曾子谓子襄止吾往矣，孟子于此收杀，以义理之勇以扫去贲黝舍粗底勇，而只以缩之一字为本根。此缩字即下文所谓以直养之直字。然则于此虽无浩然之名，而其本根血脉则已具矣。[《宋子大全》卷一百三十《浩然章质疑(甲寅)》]

> 配义与道云云，上文所谓以直养者，以道养之之谓也。夫此气始从道义而生，而养之既成，则此气还以扶助道义。正如草木始生于根，而及其枝叶畅茂；则其津液反流于其根，而其根亦以深长。极其本而言之，则阴阳生乎太极，而及其阴阳既生，则反以运用乎太极，以生万化。大小虽殊，而其理则一也。

[《宋子大全》卷一百三十《浩然章质疑(甲寅)》]

先生又曰:"以直养之直,即道义。而既以道义养成此气之后,则又便扶助他道义,此所谓配义与道者也。"(《宋子大全》附录卷十四《李喜朝录》)

李甦平指出,上述第一段论述表明,尤庵认为孟子在《公孙丑上》篇中讲到了"浩然之气"。从这一观点出发,他着重论述了孟子的浩然之气与"直"的关系。这两者的关系主要有两方面的内容:一方面,浩然之气是"直"的本根;另一方面,浩然之气与"直"相资相助。所谓"直"有赖于浩然之气之相助,是说有浩然之气者,堂堂正正立于宇宙之间,一身傲骨,满腔正气。到此地位者,真可以说是一个顶天立地的"大人""伟丈夫"。这就是尤庵所谓"浩然之气"与"直"的相资相助的关系。

就这样,尤庵借助《孟子》的"浩然之气",将气实践化、道德化,演绎为他的"直"哲学,这是尤庵性理学的一个突出特点。

3. 尤庵的"直"与修养工夫

李甦平认为,尤庵从他的"直"哲学出发,在修养工夫上强调"敬"。

在"敬"工夫上,尤庵遵循朱子"'敬'字工夫,乃圣门第一义""'敬'之一字,真圣门之纲领,存养之要法"(《朱子语类·持守》)的精神,对此非常重视。

"敬"作为一条红线,贯穿致知、存养、实践和扩充各个方面。这表明在尤庵思想中,"敬"具有普遍的重要价值。为此,尤庵对"敬"工夫十分在意,并努力将之贯彻于自己的举止言行中。在仪容行为方面,他努力做到正衣冠、尊瞻视,端庄严肃、举止有度。他认为人的外在是其内在精神的体现。因此,他更加重视内在修养,认为持敬工夫主要在正心。他常常提到"敬以直内"工夫,"敬以直内”就是以“敬”治心，使心专一，专一则无委曲，无委曲则直。这样，性发为情，天理流行，便能直接呈现出来。由此，“敬”工夫的结果是人做到知行并进、表里如一。这样的人，便是尤庵所称赞的“心直”“身直”“无所不直”的正人君子。这样的人，是治国之栋梁，是理民之贤才。这也是尤庵强调“敬”工夫的目的所在。

尤庵主张通过主“敬”的修养工夫而达到“直”哲学的境界。他的“直”哲学克服了朝鲜朝性理学的重理论的特点，而成为一种重视践履的实践哲学。正是这种实践哲学，使朝鲜朝主气学派越来越贴近社会现实，对社会发展的指导价值也越来越清晰。

作为栗谷门下卓越英才的沙溪金长生在理气观上忠实地继承了栗谷思想，强调理与气“一而二，二而一”的辩证关系。他说：“理气二字，知之难，而言之尤难。徒知理在气中，而不知理自理气自气，则有理气一物之病；徒知理之自为一物，而不知与气元不相离，则有悬空独立之误。须知一而二，二而一，然后可无弊也。”（《宋子大全·沙溪先生语录》）沙溪按照栗谷的说法，既不认为理气是二物，也不认为理气是一物。理与气的关系是一而二、二而一。所谓“一而二”，是说理与气不是一物，而是理为理，气为气。所谓“二而一”，是说理与气元不相离。沙溪之所以坚持其师栗谷的理气一而二、二而一的观点，是为强调“气”的功能性，进而强调人的能动性。这与他的礼学思想具有密切关联。礼学的目的是通过礼仪节文的规范而达到对人主体的修养。在心性修养方面，如果说李栗谷主“诚”，那么沙溪则主张“戒惧慎独”。沙溪之所以强调“戒惧慎独”，就是主张将人欲遏制在萌芽之中，努力发扬人心中的善，以存心养性。

李甦平认为，尤庵作为溪门之杰，他的“直”哲学、理气说及主“敬”的修养说都充分体现了栗门风格。

尤庵的嫡传弟子是遂庵权尚夏(1641—1721)。他在《四七互发辨》中阐明了与栗谷、尤庵相同的理气思想。他认为:“栗谷先生曰:‘发者气也,所以发者理也。深味此言,可辨互发之说矣。’孟子曰‘恻隐之心,仁之端也’云云,盖栗翁所谓气者即心也,所谓发者即心之用恻隐也,所谓所以发之理即心之体仁也。孟子之言如彼其分晓,何故以四端偏属于理发也?”权尚夏曾讲学于清风的黄江书院,门徒众多,而最杰出者为南塘韩元震(1682—1751)和巍岩李柬(1677—1727)。韩、李二人在栗谷“主气”的学问传统下,对于“未发心体善恶”问题、“人物性同异”问题等,产生了分歧,随着对这些问题的论辩,逐渐形成了湖论和洛论。这就是韩国儒学史上著名的“湖洛论争”。

可见,李珥、金长生、宋时烈、权尚夏、韩元震和李柬构成了畿湖学派(主气派)的基本学脉。

宫键认为,朝鲜的哲学思想在十六世纪到十八世纪以理学和实学为主干,尤庵是思想过渡时期最为重要的思想家,同时也是一位有着重要影响的政治家。尤庵的“直”哲学、经世学、道学和心法学都是朝鲜哲学体系的重要组成部分,而其春秋义理观,则更具有特殊的时代意义,对朝鲜中期的政治和思想均产生了巨大影响。尤庵不仅是接续朝鲜朝性理学栗谷学脉的性理学家,而且还是以实践王道政治为己任的思想家和政治家。他的政治理想是实现儒家的道学政治,即基于春秋义理的王道政治。尤庵认为把道学和政事分为二途是道学沦为无用之物的主要原因,主张把两者统一起来。不过,朝鲜朝的道学政治特别强调义理和名分,北伐论的出现亦与此相关。朝鲜的北伐并没有能够真正举行,但是尤庵等人阐述的尊周大义论具有顽强的生命力,成为朝鲜后期占主导地位的政治意识。尤庵尊周大义论的核心内容是维护春秋大义。北伐论与春秋大义、君臣大义结合起来,成为东亚传统社会具有普遍意义的价值体系,因而能一直维持到近代,直到中华秩序解体才最终消失。然而,虽然当时朝鲜有很多人愿意北伐,但是朝鲜并没有挑战清朝的实力。其实,尤庵的本意也并不完全在于北伐本身,其主要政策方向集中在内修外攘上,而内修更是外攘的前提和条件。

尤庵所处时期,正是中国政权巨变、朝鲜王朝多灾之时。李氏朝鲜在立朝初期,基于政治思量选择明朝作为其宗主国,并以朱子学说作为治国的思想而推向全国。到朝鲜朝中期,朱子学说已在朝鲜发展到空前高度,朱子的正统论也成为朝鲜王朝判别中国王朝正统与否的重要思想依据和推行亲明邦交的理论基础。而在明朝覆灭、清朝主掌中国之时,传统正统论遭受到挑战,尤庵将朱熹的正统论内化为朝鲜尊明贬清的理论原则,建构了一套尊周思明的思想体系,使其成为朝鲜尊周思明的理论依据。尤庵作为朝鲜朝中期著名的思想家、政治家,其思想极大地影响了朝鲜王朝的政治路线,引导了朝鲜数百年间对待中国思想的态度。受尤庵春秋义理观的影响,朝鲜在明末清初以尊周、思明、贬清的春秋义理观为国家思想,以“小中华”自居;而对于清朝则长期怀有鄙夷、排斥和敌对的思想,甚至曾长期计划北伐。但不论是立国初期采用朱子学说作为治国思想,还是在明清更迭时期以尤庵的春秋义理观为对待中国之准则,都是统治者基于政治因素做出的决定而非纯粹的思想政策。尤庵之春秋义理观更多体现的是一种政治化倾向的思想理论,只是因其符合朝鲜王朝的思想和政治需求,能使朝鲜在明清更迭的历史背景下获得最大的政治利益,才被朝鲜统治阶级作为一种政治舆论导向和邦交原则,从根本上说,它并没有成为朝鲜王朝的立国思想。

参考文献：

1. 李甦平：《论王夫之和宋时烈的气学思想》，《船山学刊》2013年第1期。

2. 宫键：《论尤庵宋时烈的春秋义理观》，延边大学2009年硕士学位论文。

3. 邵毅平：《尤庵宋时烈与王充：功利主义文学观的普遍性问题》，《韩国研究论丛》第9辑，2002年。

4. [韩]禹仁秀：《尤庵的生涯和山林活动》，《尤庵宋时烈的学问和思想》，忠南大学校儒学研究所，2008年。

尹宣举

尹宣举(1610—1669),字吉甫,号美村、鲁西。坡平人。朝鲜朝中期文臣、学者,“湖西五贤”之一。谥文敬。

一、生平(据《鲁西先生年谱》整理)

1633年,先生中生员进士两试,至是游国庠,以礼法持身,以忠恕接人,侪友莫不爱敬。1634年,先生上太学疏,论典礼,士论皆归之。1636年,上太学疏,请斩虏使,率诸生请斩使焚书,振旅问罪,以伸大义。1642年,与市南俞公棨,筑书室于麻霞山下,名之曰山泉。先生自屏居以来,始得专心于学问,遂与诸生构小斋于山下,取蒙卦之象以名之。与市南编次《家礼源流》。先生读《家礼》,以为非古经,无以考其源,非众说,无以尽其流,必也以《家礼》为本,而上溯于经传,下附以后来诸说及东方儒先所论,然后可以考古今之同异,究礼意之本末,而不疑于所行也。于是与市南遍读礼书,而手书编次焉。1644年,与市南会宋时烈、李惟泰诸公于西台山新安寺,相与讲行古礼,牢床、袡衣用《仪礼》,假冠、华冠用《家礼》,是后士友家行礼,皆遵用之。既罢,仍会于新安寺,讲《心经》,已而归于山泉,宋、李二公俱至,留连数日而返。1646年,筑室于石江。候慎独斋金先生,会宋、李诸公及从兄龙西公于遁岩书院。金先生年逾七十,用功不懈。先生在锦峡时,往来参候,事以师礼,自此以后，从游益亲，讲贯益切。先生尝以为慎独斋以《小学》律身，以《家礼》从事，守定规矩，谦恭勤谨，无一毫浮虚务外之意，此其实德也，先生之所得于慎独斋者盖如此。而慎独斋亦语人曰："尹某之笃行精思，诸人所不及也云。"宋、李诸公至院斋，先生与龙西公往会讲论，浃旬而罢。

1647年，宗会于坟庵。先是仲氏童土公与龙西公，仿古范氏义庄及吕氏读法之规，讲立宗约，其大目有三，小目有六，先生仍而修明之，至是会于丙舍，仍率一家子姓，留栖斋舍，为讲诵之所，自是常在斋舍。宗约中读书一款，则先生所定也，以牛溪先生《答郑士朝书》及栗谷先生《击蒙要诀》所载诸书为之终始，而以朱子所谓循序而致精者，为之节度，此可以见先生教学之门庭也。1648年，谒清阴金公于石室，请改坡山碑文一节，编次《牛溪先生年谱》。《牛溪先生年谱》，旧有舅氏沧浪公所述草本，而疏略未备，先生博考书籍，添删成书，又取志、碑、行状、祭、祝等文，为附录；又取卞诬、申冤、从祀等疏，为后录，与《栗谷先生年谱》，合为一帙，后刊于江陵之松潭书院。又为《年谱后说》，以明先生出处语默进退之大节焉。先生尝曰："牛溪学问，门路之正，平生进退之义，粹然一以古圣贤自程，吾东儒先中，盖未有如牛溪者也。"此非阿好之言，后世有朱子，必能定之矣。编次《癸甲录》，牛山安公邦俊编万历癸未甲申以后党祸事实。1650年，与市南及同春堂宋公浚吉书。

孝宗大王初年，馆学儒生，又请两贤从祀，而岭南人柳稷等投疏丑诋，极其悖诬。时市南在朝，同春堂诸公并被召命，先生以为华夷邪正，内外虽殊，而白黑阴阳，轻重无间，士生斯世，不出则已，出则必先斯二者。遂与诸公书，责以明道辟异之义，详见诸书。校郑松江《谱草》。松江之孙瀁晏叔为龙安宰，以《松江谱草》来示先生为之校订笔削而还之。1651年，自交河往坡山，阅旧藏书籍。先生书于日记曰："展玩旧迹，若洗尘眸，检校遗书、契龟。"盖牛溪先生壬辰避兵一款，未免有传讹于士林间者，先生推以义理，明其不然而未有证，至是得牛溪手书与全国老者，归以质诸慎独斋而解其前闻之疑。日记所书，盖指此类也。

除典设司别检，不赴，过限而递。与炭村权公书，论崔永庆事。盖炭村之先君晚悔公，与朴潜冶、赵浦渚二公友善，摆去世俗之论，深尊两贤之道。炭村学于父师，论议公正而犹有滞于旧闻者，故先生贻书晓之。复市南书，寄《后天说》。先生尝以为先天之学，大备于邵子之书，而后天之说，则先儒说义，无如先天者。如屯蒙需讼之序，只凭《序卦》一篇，实似非易之蕴，而离南坎北、长女代母之说，无人论其所以然者，沉思反复，若有所得，遂为《叠天图》，以明其变易之义。又就《说卦·三索章》，以为后天次序，庶可即此而推之，遂为《三索图》等说。先是先生与市南读《启蒙》至"后天"，先生问之，而市南不能答，至是闻先生读《易》，以书扣之，先生遂举寄以质焉。郑公瀁得一书名《松江邪正辨》者来示，多有失实可骇处。先生持以质诸慎独斋，则慎独斋曰："闻出于此中一乡人云。"盖沙溪金先生曾述《松江状草》，而亦间有未免与实迹相左者，先生以为此虽乡人所录，实引沙溪而为言，不加是正，流惑滋甚，遂取《松江状草》，逐条辨明，而兼破邪正之谬，以示宋、李诸公焉。

除王子师傅，不赴，过限而递。1653 年，宋时烈斥尹镌为异端，先生以为君畏镌太过耳。仍引朱子答陈同甫语谓不须自作争端，以为卞庄子之资也。宋则引朱子规吕东莱所谓阳挤阴助等语，以讥先生云。1658 年，访市南于七山，编次《近思源流》，旬日而归。先生与市南读《近思录》，以为晚景读书，易以遗忘，盍依《家礼源流》之规，以便考阅也，遂与之定其凡例，只取觉轩蔡氏所编续录、别录者，各以其门类而附之，又取浦渚赵公所分朱子书要类，分属于其下，题其面曰《近思源流》而自读之。1661 年，复炭村权公书。礼讼之作也，先生既以怀川为斥人太甚，持论太峻，屡以为规，又而以尹镌为失身，于是怀川疑先生扶抑之不严，辞说颇烦，而炭村则又疑先生过于斥镌，时退居广州之素谷，以书来，先生答之。先生尝曰："尤庵以祸心斥镌，故镌亦不服，若以舍静趋动，自丧素履责之，则渠必羞死矣。"盖先生之所言如此，观于诸书，可见也。1667 年，呈状递职。编次《牛溪先生续集》。《牛溪先生文集》凡六册，而颇有散逸未及载者，先生积年搜辑，编为续集，凡二册。校定舅氏沧浪成公遗稿，凡二册。先生以为沧浪有孝友至行，积学平生，遁迹林泉，既能不乱于邪世，亦不自显于明时，谦谦自牧，晦彩以终身，论其始终，则其无一点尘态之娉节，可谓一隐君子，而实不作成东洲、赵龙门以下人也。与怀川有论碣铭书。1669 年庚辰，以疾终于竹里。有《鲁西遗稿》存世。

二、易学思想

鲁西著有《后天图说》，其中《三索图》阐述了对《序卦传》和《杂卦传》的见解。

1. 先天/后天

鲁西对"先天"和"后天"的易学意义做了以下说明：

> 太极生两仪，两仪生四象，四象生八卦（乾、兑、离、震、巽、坎、艮、坤），此先天也。八卦既成，观其变易，阳变则为阴，阴变则为阳（乾变为巽、离、兑，坤变为震、坎、艮）。三索乃阴阳变易之象，此后天也。（《鲁西先生遗稿》卷十三《三索图》）

崔英成、崔正俊分析指出，这是着眼于八卦生成、变化的原理。由太极"一生二"的原理经过阴阳、四象而成八卦，是为先天。此八卦重叠而成六十四卦。先天八卦的三划（上中下）中阴爻变阳爻、阳爻变阴爻而成卦，是为后天。乾变而为巽、离、兑，坤变而为震、坎、艮。先天“两两相生”，后天“阴阳变易”。鲁西在这里阐明了对伏羲八卦次序和文王八卦次序的理解。

2.《三索图》

鲁西规定后天的核心概念是“三索”。他在与市南俞棨的往复书信中对三索做了如下说明：

> 《说卦·三索章》，盖说阴阳三变之法也。[《鲁西先生遗稿》卷十三《附与市南往复书第一书（辛卯七月）》]

鲁西说“三索”即“阴阳三变”之法则。“三索”出自《周易·说卦传》：

> 乾天也，故称乎父。坤地也，故称乎母。震一索而得男，故谓之长男。巽一索而得女，故谓之长女。坎再索而得男，故谓之中男。离再索而得女，故谓之中女。艮三索而得男，故谓之少男。兑三索而得女，故谓之少女。

朱子把文中的“索”解释为“求”，具体说即“揲蓍求爻”。“索，求也，谓揲蓍以求爻也。男女指卦中一阴一阳之爻而言”（《周易本义·说卦传》），认为男与女分别指卦中的一阴爻、一阳爻。

鲁西把“三索”理解为“阴阳三变”，非常独特，其端绪起源于朱子对“三索”的解释。他说：

> 《三索章》，本义谓揲蓍以求爻也。《语录》又曰：“是就变体上说，不当专作揲蓍看。”胡云峰曰：“当以《语录》为正。”然而《启蒙》中，不为开示此象，诸儒亦无发挥这理者何耶？[《鲁西先生遗稿》卷十三《附与市南往复书第一书（辛卯七月）》]

鲁西就朱子对《三索章》的不同解释提出了质疑，并且指出《易学启蒙》中没有提及“变体上说”之“变体”的具体意义和内容，而诸儒也没有对此加以关注，因此，他阐明了自己对“变体”的见解。

他将“三索”解释为“三变”，使“三变”的方式并不局限于乾坤，而是扩充为六子。六子随乾坤变化，同步形成变体，阴卦变而为三阳卦，阳卦变而为三阴卦，此即鲁西所谓“三索”为“阴阳三变”的法则。

三、礼学思想

鲁西生活于十七世纪朝鲜礼学时代，是“湖西五贤”之一，也是继承和引领畿湖学派礼学的人物之一。其学问接续了牛溪的家学和沙溪、慎独斋的师承之学而确立，后又为其子少论领袖尹拯所继承。

都敏才指出，朝鲜时期形成的畿湖学派总体来说遵守朱子《家礼》的规定，具有遵从朱子礼说规定的倾向。而与之相反，岭南学派则具有广泛解释朱子《家礼》规定的倾向。在此过程中，十七世纪的礼学者以古礼为基础，在追求礼的本质意义和形式上的合理性方向上深化了礼学的内容。

鲁西作为慎独斋金集门人，与当时的名儒尤庵宋时烈、同春堂宋浚吉、草庐李惟泰、市南俞棨等都有交游，其学问既具有栗谷李珥、沙溪金长生、慎独斋金集等栗谷派学人的师承渊源，又具有牛溪成浑、八松尹煌等牛溪派学人的家学渊源。鲁西的学术思想深受李珥和成浑的影响，他曾说：

> 至于牛、栗两先生，则气质不同，故成德亦异，想其气象，恐如河南两程夫子。又曰：“栗谷先从上达处入，故学之无可依据，牛溪一一循规蹈矩，学之有迹，正如程子之论颜孟也。”又曰：“栗谷见解超卓，而至于做事处，则必推牛溪，以为非牛溪不可以为国，故癸未特荐以为可任经纶，其同德之相许如此。”又曰：“栗谷之言，高明通透；牛溪之言，质悫精严。考其

书,皆可见也。”(《鲁西先生遗稿》附录上《鲁西先生遗事》)

鲁西十分推崇李珥的《击蒙要诀》和成浑的《朱门旨诀》,认为这是必须反复诵读的书目。鲁西十分重视务实的实践学问,相对于性理学心性论的哲学论议,他的学问以礼学为中心而展开,成为少论系统礼学的渊源,在朝鲜礼学史上占有重要位置。鲁西把以礼律身作为学问根本。他说:

于礼书,既用功于《源流》之编。而尝曰:“横渠以礼教学者甚好,非礼则规模不立,使学者何所据守哉。每事无问在我与在人,随处讲究,随处服行,则自然习熟矣。”又曰:“初学之士,不可不先学礼。不学礼,则真所谓耳目无所加,手足无所措也。”又曰:“自视听言动之间,至于应事接物,莫不有礼,一一求合乎礼,则人欲无所容而天理流行矣。”(《鲁西先生遗稿》附录上《鲁西先生遗事》)

鲁西认为,人的日常生活莫不与礼有关,行为常合于礼,则自然达到“存天理,灭人欲”,以此说明礼的重要性。为此,他在教导弟子时,“唯以实下下学工夫为务,尝曰体认,曰勿放过,曰勉强,此其雅言也”(《鲁西先生遗稿·鲁西先生遗事》)。据《鲁西先生年谱》记载:

先生尝以为慎斋以《小学》律身,以《家礼》从事,守定规矩,谦恭勤谨,无一毫浮虚务外之意,此其实德也。先生之所得于慎斋者盖如此。而慎斋亦语人曰:“尹某之笃行精思,诸人所不及也。”(《鲁西先生遗稿》附录上)

都敏才指出,鲁西强调以下学工夫律身的学问态度,重视朱子《家礼》的施行。1634年在太学修学时,鲁西曾与太学生一起上疏论及元宗太庙合祀违礼。其礼学思想主要反映在与市南俞棨合著的《家礼源流》和其所撰其他礼论文章中。鲁西在其文中主要对行礼时的变礼做了论述，可知其十分重视《家礼》的现实实践问题。

鲁西在其兄石湖尹文举之子尹抟举办婚礼时，曾与市南俞棨、尤庵宋时烈、草庐李惟泰等讲论古礼，商定采用《仪礼》所载牢、床、衶样式及《家礼》所载假冠、华冠样式举行仪式。“是后士友家行礼，皆遵用之。”(《鲁西先生遗稿·鲁西先生年谱》)

鲁西在尼山堂北村建了名为老西堂的书斋，每月月末聚集乡人讲论习练乡饮酒礼和乡射礼，并施行《吕氏乡约》和“社仓约束”，通过普及儒家礼俗进行乡村教化活动。

在《书家礼源流草本》中，鲁西阐明了该书的编次目的：

> 礼始于周，终于宋。周文之创也，则贵贱异制、高卑有等矣；宋儒之辑也，则损益随时，今古杂用矣。故苟不溯其源而别其流，以究圣贤制作因革之本义，则实难适其称宜，而不至于僭分失伦之归者鲜矣。朱夫子本温公书仪，而兼取程张之义，著为《家礼》一部。其间经变节文，实多参用古之所谓王家之礼者。今若只论大夫、士之法而不及于天子、诸侯之仪，则恶能考异同而卞上下哉。兹取《家礼》之纲，附以《周仪》及《戴记》等经而表其源，又就《家礼》之目，附以后贤及东方诸说而分其流，欲明时宜之行，废礼俗之得失。盖依朱门所裒《仪礼经传通解》及续之例而节略其定论，以便于翻阅据依之用而已。(《鲁西先生遗稿》卷十三)

《家礼源流》以朱子《家礼》为中心，通过对比《周礼》《仪礼》《礼记》等古礼书阐明礼说本源，整理中国朱子以后的贤人与朝鲜历代礼学者的礼说，以明晰礼说的变化。都敏才指出，在鲁西看来，单纯遵从朱子《家礼》无法按照时代礼法的变化把握其损益。可见《家礼源流》的编纂目的是，通过考察仪礼的变化过程，施行合理的礼仪。

参考文献:

1.[韩]崔英成:《鲁西尹宣举的生活和学问》,《儒学研究》第18辑,2008年。

2.[韩]崔英成、崔正俊:《对鲁西尹宣举〈后天图说〉的分析》,《儒学研究》第18辑,2008年。

3.[韩]都敏才:《鲁西尹宣举的礼学思想》,《儒学研究》第18辑,2008年。

4.[韩]黄义东:《尹宣举的生涯和思想》,《明斋尹拯的学问渊源和家学》,忠南大学校儒学研究所,2006年。

尹 镌

尹镌(1617—1680),字斗魁、希仲,号白湖、夏轩。南原人。朝鲜朝中期文臣、思想家,礼讼论争时南人党的主要论客,西人党领袖宋时烈的主要政敌之一。

一、生平(据《年谱》整理)

1633年,往候楸滩吴相国允谦。相国素闻先生志行,及见标致,益加翘赏,从容谈论,遂及《大学疑义》,乃曰:“我东儒先辈出,迭阐正学,吾尝意当有大振斯教者出,而使世道昭焕,贤其勉之。”又曰:“君子不重则不威,学则不固,故养德有基而致远可期,贤其勉之。”秋,冠,行三加礼。1635年,委禽于安东权氏之门,夫人参判惦之女,判书徽之孙也。时不行亲迎之礼,先生考礼行之。1638年,奉太夫人移居公州之柳川。先生端居屏处,益肆力于问学,自《孝经》《小学》《大学》《语》《孟》《中庸》,以至《诗》、《书》、“三礼”、《大易》、《春秋》,循环反复,体之于心,验之于身,参之以先儒所发挥,考信以古今治乱,早夜思绎,至忘寝食。

时新经丧乱,诸名士多遁荒焉,先生荣华发外,嘉闻维馨,一时名儒,皆踵门而请交,有若权休斋思诚、尹石湖汝望、美材尹吉甫、月川权秀夫,皆许以莫逆,宋时烈、(宋)浚吉、李惟泰、俞棨等,亦与焉。时烈尝升堂拜于太夫人,既出,夫人召先生诫之曰:“汝性博爱好善，然不能辨君子、小人，每谓人如己，难以处世，吾观此人面貌，死非吉士也。”初先生在三山，宋时烈闻先生声誉，躬造请交，抵书宋浚吉曰：“吾至三山，见尹某，与之论学三日，吾辈三十年读书，诚可笑也。”著《四端七情人心道心说》。

1640 年，病世之学者言词胜而实工弊，乃曰：“三代以上，道在礼乐；三代以下，道在简策。三代人材，皆从礼乐修行中来；后世人材，皆从简编诵说中来，此世道污隆，人材盛衰之大几也。”又曰：“古人有答问之道，然古之问也，为欲行之；今之问也，为欲知之。如孔门之问仁也，欲知所以行之；后世之问仁也，只欲知仁字之义，宜知戒也。”1641 年，作《改名说》。1642 年，《洪范说》成。1643 年，《周礼说》成。1644 年，《中庸说》成。1645 年，闻大明亡，痛哭告庙，曰：“蠡贼构乱，中土崩溃，皇都倾覆，帝后殉义，殷室遗氓，只有遗涕，未敢徂荐，戚我先祖，兹将哀恫，敢伸虔告。”

1652 年秋，会尹吉甫于东湖。先生至洛舍豆毛浦村舍，尹宣举吉甫亦时入洛，闻之来会，从容数日。先生深辟吉甫平日言论，惟以先入牢作义理，此实公大病。尹遽焕然人回曰：“我实如是，今日大服兄顶门一针。因言清阴自癸亥后实主朝论，以为使异议者悉革面回心，然后方可收用，不然则国论淆乱，朝著不靖，不可以者为当时，如吴土塘诸人，多不从之，此为何如?”先生曰：“党议之弊久矣，欲为今日之国事者，惟当举其直措其枉而已。”又论《周易》后天疑义，焕然大喜曰：“吾辈今后方可澜漫同归矣。”先生笑曰：“归而省察，大加矫揉，未可容易为言也。”吉甫归而书之日录曰：“某月日，会尹希仲于东湖。希仲妙年自悟，有志于学，立心制行，迥出流辈，言论见识，实有超诣不可及者云。盖心服之也。”时烈尝曰：“希仲之误，吉甫成之。”盖恶其相与也。

1660 年，双溪新居成，上服制议。先是，眉叟许公穆，以掌令入城，率访先生，始闻国丧期制之失，仍问先生曰：“礼当何如而可也？”先生引《丧服传》，论之未究，客至而罢。至是大练，许公上疏，言期制之非正，于是礼论复作。左相元斗杓，疏主三年，请大臣儒臣收议，礼官至门。先生答以为微末小臣，卒承询礼之命，惶怖震越，不敢强有言说，抑此国家大礼，大小诸臣，俱有论议，惟在圣上简自宸衷，惟其即乎人心，关系大经，无悖于先王之礼者而行之，区区小臣，不敢辄与斯议，以辱朝廷。1668 年，《中庸章句补录序》成。1670 年，立里社法，因朱子社仓法而增损之，置仓于洞中，请谷于官，春秋敛散，还母于官，留子于洞，使勤干忠信者主之，每以春秋率洞人祭社神讫，设讲信会，作乡约讲明之。1671 年，《中庸大学后说》成，《大学古本别录》成。

1672 年，作《七十老而传人心安不安说》。时有闵慎者，其祖死，其父病狂，不能执丧，慎代之服斩。盖朴世采、闵鼎重等，受时烈旨劝成之，而实引宋宁宗时朱子札及朱子传家后告庙文而为证者也。先生以宁宗事，是天子、诸侯之礼，非士庶可拟，而所引告庙文，违经诡礼，非朱子之意，著是说以辨之。闵家闻之，更询于时烈，时烈答书，以为不从朱子之训，是夷狄禽兽也，于夷狄禽兽，又何难焉云云。当时谓时烈己亥期年之制，近于无君，闵家代父之服，近于无父，言舌颇腾，时烈以为前后两说，先生实首倡之，嫉害之计益深。先生尝上疏，概谓人君既尊居九五，则不论长幼嫡庶，有为君为长之礼，母后虽尊，亦当以继统之义，服斩衰三年。向日许穆、尹善道等所论，固足以破宋时烈体而不正庶子期年之说，得其一不得其二，嫡庶之义固明，而君臣之义未著也。然则显宗大王之于大王、大妃，虽若在孙服期年之列，既居君位而履至尊，则当服斩衰三年，不宜降在齐衰，与士大夫比也。宜俟朔日或大练之时，改以斩衰，以终三年，因播示中外，命大臣、儒臣禀定。

1679年，进《公孤职掌图说》，推衍《周礼》三公、三孤之职，而裒辑古今人君得失、政事是非、贤邪淑慝之别，宫省戚宦因缘交乱之事，凡三篇。1680年卒。1689年，命赠议政府领议政，遣承旨赐祭。

"己亥礼讼"发生在李氏朝鲜孝宗大王十年（1659），因为孝宗大王过世，就孝宗大王的继母慈懿大妃（即庄烈王后）该如何服丧一事引发争论。孝宗大王是朝鲜仁祖的嫡次子，孝宗大王的生母仁烈王后在他十六岁时已过世，慈懿大妃是仁祖的继妃，也是孝宗大王的继母。根据《仪礼·丧服》的规定，父母为嫡长子服三年之丧，为众子服期年之丧。问题在于，孝宗大王并非嫡长子，却承重进入王统，作为孝宗大王继母的慈懿大妃应该如何为孝宗大王服丧？对如此复杂的问题，《国朝五礼仪》没有相应的条文可以依据，朝中官员有的主张服三年之丧，有的主张服期年之丧，莫衷一是。领议政郑太和、左议政沈之源、领敦宁李景奭、延阳府院君李时白、完南府院君李厚源、原平府院君元斗杓等认为"考之时王之制，似当为期年之服"。服制事大，为慎重起见，礼官征询西人宋时烈的意见，宋时烈依据《仪礼·丧服疏》有虽承重不得三年的规定，赞成期年服制说。他认为，孝宗大王虽然已经承重，但并非以嫡长了的身份继位，在伦序上依然是嫡次子，因此，慈懿大妃为之服丧，不能超过期年。

南人白湖上疏批评宋时烈不知士庶之礼与王朝之礼的区别，他引唐代贾公彦《仪礼疏》"第一子死也，则取嫡妻所生第二长者立之，亦名长子"之语为据，认为慈懿大妃应服斩衰三年。他还举了《丧服》郑玄注，证明嫡长子过世之后，第二嫡子也可以称作嫡长子。仁祖大王以孝宗大王为嗣，恰是遵循郑玄说的原则。孝宗大王虽然以嫡次子继位，但已有嫡长子之名分，不得再视为庶子。宋时烈反驳白湖的观点，白湖则多次上疏论服制，声称自己“欲据周公之礼，明继统之重，立君臣之义”，指责宋时烈“以家人之礼而为王朝之典”。白湖见自己的三年之说没有被采用，心中不服，便再次上疏表示希望显宗大王收回成命，提醒显宗大王注意服制争论的要害是王权，提出“大王大妃亦当服斩”，以证明其三年之说无误。总之，白湖的意见可以归纳为：为长子，不管上下服三年丧；为君王，无论内外宗都服斩衰。

由于该礼讼与孝宗大王继承王位的正统性有关，因而备受重视，最后采取期年说。“己亥礼讼”后，白湖住在汉城的双溪洞，改斋号为夏轩，每天在家潜心读书、研究学问。“天下之书无不读，天下之礼无不究”，通晓天文、地理、政治、哲学。

白湖的主要著作有《四端七情人心道心说》《读书记》《周礼说》《中庸说》《中庸大学后说》，后人将其著作辑为《白湖全书》。

二、反朱子学倾向

朝鲜中期以后，社会、政治与思想，都深深地浸淫在儒家学说之中。社会上层两班阶级既是儒学的推动者，又是中央权力的掌握者，在地方上也有巨大影响力。儒学在朝鲜时代几已成为“准宗教”式的国家信仰，尤以朱子学为主流。

在十七世纪中叶的朝鲜思想界，以白湖为中心的批判朱子的学风大为盛行，朱子学的绝对信奉者宋时烈对此深感危机。

宋时烈与白湖之间除了著名的“己亥礼讼”，还围绕着程朱理学展开过多次思想论争。最著名的是关于白湖擅自改动《中庸》的论争。

《中庸》原是《小戴礼记》中的一篇，作者为子思，后经秦代学者修改整理。到了宋代，《中庸》被学人置于突出地位，为程颢、程颐极力推崇,其时探索中庸之道的文章不下百篇。南宋朱熹又作《中庸章句》,将《中庸》与《大学》《论语》《孟子》并称为“四书”。宋元以后,《中庸》成为官定的教科书和科举考试的必读书,对中国古代教育产生了极大的影响。

白湖曾擅自改动《中庸》的注释,因此白湖之说被宋时烈称为“异端之说”。尹宣举之子尹拯曾有这样一段记录:

至于鑴则于其为学也,每戒以好新尚奇之病。于其入京也,责其舍静驱动之失。……鑴之《中庸》改节,在壬辰(孝宗三年)以前,故异端之争,已在于壬辰秋黄山之会,而鑴之为进善持平,则戊戌、己亥年间。己亥以前之鑴,固非庚子礼讼以后之鑴。[《明斋先生遗稿》卷二十《与朴泰辅士元(四月四日)》]

由此可见,白湖的学术生涯大致可以分为壬辰前、“己亥礼讼”前、“庚子礼讼”后三个时期。虽然宋时烈批判白湖是“斯文乱贼”,但与白湖的往来却更加密切。对此,有这样一段文字记录:

鑴之改注《中庸》,为日已久,从游诸人,孰不知之。宣举常以好新尚奇目鑴,所以鑴戒其病者,不啻谆复。然其不以此相弃者,亦不过爱其才而恕其妄耳。不独宣举如此,虽时烈之所以交鑴者,亦然也。时烈盖尝指鑴为异端矣。宣举则又谓君畏鑴太过耳,其意以为古之异端若陆九渊辈,其才学皆过人。鑴但坐僭越,不足以当异端,而遽立标榜,只作争端。此即癸巳黄山舟中之语也。其后戊戌、己亥之间,时烈入都,与鑴往来,无间于前,至谓鑴英才不可不用,力加推毂,超资迁擢,实出于时烈秉铨之日,不但不以为斯文之乱贼,而不相弃绝而已也。(《定斋先生文集》卷六《为罗显道上辨鲁西先生疏》)

白湖被看作异端的学说在当时风靡一时,极大地挑战了程朱理学的正统地位。对此,宋时烈曾上疏道:

> 我东则自文忠公郑梦周尊信朱子之学,以至本朝,儒贤辈出,无不钦崇服习。而至于文纯公臣李滉、文成公臣李珥,则又异焉,知之明,信之笃,真如七十子之服孔子也。不幸有尹镌者,戾气所钟,应时而生,初斥滉、珥之说,而文简公臣成浑则不数也……乃至诬悖于朱子,无所忌惮。既以朱子注说为不是,必以己见易之,至于《中庸》,则扫去章句,而自为新注,以授其徒。又其末终,则著说自拟于孔子,而以冉求处朱子,其始终悖谬,至于如此矣。……上自大臣,下至韦布,无不风靡以为其学,胜于朱子,传录其书,转相诳诱,其一时所谓高明者,尤中其毒。而尹拯之父宣举,其尤者也。[《宋子大全》卷十九《论大义仍陈尹拯事疏(丁卯正月二十八日)》]

宋时烈这番话,是斥责白湖等人叛逆的学风和对待朱子学的不端正态度。

白湖是十七世纪朝鲜在继承朱子学的同时,又提出独创解释的学者。在忠实于儒学本旨的前提之下,他批判性地看待当时以心性论为中心的儒学,主张实践的儒学。白湖选择《大学章句》而不是《古本大学》作为文本,把"大学"解释为"大的学问",以扩展学问领域。在白湖看来,"明明德"是去除气品和物欲之偏,阐明本来湛明的心性;"新民"是在去除偏颇习性的同时诱导行善;"止于至善"是实践"明明德"和"新民"之人成己成物的境界。

白湖对《大学》的理解在格物致知论上表现得更加分明。白湖以感通解读"格物",在诚敬和思辨介入后,其儒学的实践倾向表现得更加明显。对于"致知",白湖则解读为忠实地扩展自身具有的善心，这可以说超越了对事物理致的客观认识，而与实践的意识相连接。这种“格物致知”通过博学、审问、慎思、明辨而达成，从中可以看出白湖所主张的“格物”是把明德新民之事推之于实践，致知则是发挥人的本来善心以明辨善恶的行为。白湖对《大学》的解释是朝鲜对中国朱子学接受过程的一环，表现出了忠实于时代精神的现实主义倾向。

一方面，白湖在《四端七情人心道心说》中，对理气心性说提出了与程朱理学不同的见解；另一方面，他改动《中庸》注，加入新注解，甚至主张“朱子注不必读”“孔子不必读”，这无疑使他陷入离经叛道的境地。白湖在上疏中不得不对自己的反朱子注解做了违心的辨明：

> 盖臣于其日，因筵臣欲讳颜、曾之名，遂泛论《礼经》《诗》《书》不讳临文不讳之义，且言圣贤之名与君、父之讳不同。盖爱敬之心虽均，而恻怛之意有异，及古人生不讳死乃讳之说而已，初未及佗说也。且以为训诂之诵读大段紧要处外，宜省于正文，以为圣学专精用工之地耳，非以注文为不足读也。此皆若事理之可言，夫岂敢有慢贤侮圣之心哉？而辞不达意，致速人言，臣之卤莽无学，不见信于人，是臣之罪也。[《白湖先生文集》卷六《辞大司宪疏(闰五月二十九日)》]

三、礼学

白湖在己亥礼讼中主张慈懿大妃应为孝宗大王服斩衰三年。但起初他主张的礼论并非“斩衰三年说”，而是根据《仪礼·丧服》“父为长子”条，持“长子三年说”。这也与此后典礼论争中，他围绕《仪礼》“父为长子”条展开的解释相一致。但白湖最终还是转为主张“斩衰三年说”。

初大丧出，而议礼者，各持其说。……主为君斩者，前持平尹镌之说也。延阳府院君李时白闻之，即贻书于领议政郑太和，太和遂问于宋时烈曰："今议慈懿殿服制，当如何？"时烈曰："礼有之，自天子以至士夫，长子死而次嫡立，则其服亦与长子同，而其下又有四种之说，以为庶子承重，则不服三年。以古礼言之，次嫡亦庶子也。"（《显宗实录》卷一）

从以上实录内容来看，白湖在服制问题上与宋时烈的主张对立。白湖对此做出解释，说：

窃意长子三年之服，上下同之。且见礼有"内外宗为君斩"之文，今日服制，在所审处也。盖余意，不特三年，更欲进之于斩衰也。（《白湖先生文集》卷二十三《书宋贰相小说后》）

以此义推之，似当有所处也，为长子三年，亦恐与士大夫家礼无异也。（《白湖先生文集》卷十五《答宋伯兴》）

白湖以"内外宗为君斩"为据，把"长子三年说"转换为"斩衰三年说"。那么，他为何会这样做呢？这与其基于追求至善的义理论的礼的认识有关。他通过阐明对"将"与"既"的不同认识来解释《仪礼·丧服》"父为长子"条。"父为长子"条为记载"将"承重的对象（子）之礼文；孝宗大王为"既"承重者，其所享之礼理应转换为对王之礼。这显示出重视继承大统的君王的礼思维。

白湖所处时期，正是中国政权巨变、朝鲜王朝多灾之时。至少从新罗时代起，朝鲜半岛就开始进入以中国为中心的天下秩序，并积极吸收中国文化，甚至有"小中华"的美称。"壬辰倭乱"时，明朝派兵救援朝鲜，明朝对李朝的"再造之恩"进一步加强了朝鲜与中国的联系。南明灭亡后，朝鲜国内逐渐出现了北伐讨清的主张。

白湖曾说"我以全盛之国，士卒精锐，当此之时，声大义，率大众,乘虚直捣,则乃彼国灭亡之日也”。由此可见其贬清尊明的思想及对所谓春秋义理的维护,同时也能看出白湖性格中的狂妄与自大。

参考文献:

1. [韩]金维坤:《尹镌〈中庸〉与〈大学〉解析与事天之学》,《东洋哲学研究》第 76 辑,2013 年。

2. [韩]金亨灿:《白湖尹镌的退溪学继承》,《退溪学报》第 125 卷,2009 年。

3. [韩]张承熙:《白湖尹镌哲学的人间学理解》,《东洋哲学研究》第 48 辑,2006 年。

4. [韩]韩右劤:《白湖尹镌研究(一)》,《历史学报》第 15 卷,1963 年。

柳馨远

柳馨远(1622—1673),字德夫,号磻溪。文化人。朝鲜朝中期学者、实学家,被称为韩国实学思想的鼻祖。

一、生平(据吴光运《行状》整理)

磻溪柳先生馨远,始祖讳车达,家甚富,佐丽太祖出征,多出车乘,累功,为大丞,号统合三韩功臣,自此奕世贵显。祖正郎成民;父歈,擢文科,入翰苑为检阅,娶右参赞李志完之女,以天启壬戌,生公。检阅公有远大之望,不幸二十八而卒。公生才二岁,能知悲哀号慕,不食肉,人异之。三四岁,凡遇日用事物,必问本末,至其极处,虽草木禽虫,皆不忍伤害。五岁,通算数,既知读书,自立课程,虽群儿喧豗其傍,而若不闻也。就学于伯舅李监司元镇、姑夫金判书世濂,一读辄诵。七岁,读《禹贡》,至"冀州",翩然起舞,问之,对曰:"不图二字之尊重,至于此也。"十岁,善属文,通经传,百家论难,出人意表。李、金二公,叹曰:"此等才,古或有之耶?"十三四岁,慨然有慕圣贤之志,专心为己之学,于举业,不屑为也。丙子,避虏乱,将王父母、母夫人及两姑以行,王父年老,三家家属,仗公一丁男,时年十五岁,有强盗出山谷拦道,一行惧,公挺身曰:"人孰无父母,尔无震惊我父母,行装从汝取去。"盗感其言,散去。二十一岁,叹曰:"士志于道,而未能立者,志为气惰之罪也。夙兴夜寐，未能也；正衣冠尊瞻视，未能也；事亲和颜色，未能也；居室敬相对，未能也。”因作四箴以自警，自是兢兢然惟其言是践。有亲癠问医，医素骄，及见公曰：“视此人而不尽心于命剂者，非人子也。”家贫竭力，致甘旨，或不继，戚然出涕。

在京，名誉蔚然，一时名士皆愿与之交，若贵要者，求一见不得也。读书忘寝食，马上常沉思，马或从他涂不觉也。甲申，大明亡，是岁丁王母忧。戊子，丁母夫人忧。辛卯，丁王父忧，执丧尽礼。既免丧，和陶元亮《归去来辞》，南归于扶安县愚磻洞居焉，公之志，可知也。地滨海，多产鱼鳖，每遇佳味，变色曰：“亲在，恒忧不得此，今得此谁为?”辄涕泣不忍食。有一姊在京，恨不与同衣食，以畿庄谷归之。

公既志学甚早，又自神州陆沉，超然遐举，益专精于学问，刻意覃思，夜以继日，枕上有妙契者，夜三四起，取烛而疾书之。每日暮曰：“今日又虚度矣，义理无穷，岁月有限，古之人以何精力，所成就如彼?”每日昧爽而起，盥洗衣冠，谒家庙，非甚病，虽寒暑风雨，未尝或废，退坐书室，坐必有常处。室在松台下竹林中，藏万卷书，签轴整齐，竹扉常掩，麋鹿昼行，公顾而乐之曰：“古人云静而后能安能虑，旨哉言乎。”又尝谓人曰：“功夫，虽贯动静，非静，无以为本，不但学者为然，造化流行，动静互为其根，然其主处在静，故曰不翕聚则不发散。”又曰：“物各止其所，亦主静之意。圣人井田之法，本地而均人，由静制动之意也。”每月夜弹琴而歌，歌用周诗，音用汉语，声律若出金石，其襟韵飘洒，真天下之高士也。内外斩斩如宾，而恩义甚笃。家务细大，皆有规制，奴仆各事其事，而门庭落然，若无事者。巫瞽不入门，家人不知祈祷。邻有丛祠，人甚奔波，公毁其堂，伐其树，而弊遂止。及门者，非僻自消，乡党皆化焉。其平居，济人及物之仁，多有感动人者。时永历皇帝即位于南方，或谓之亡，或谓之不亡，壬寅北使颁赦来者，至谓之擒焉，朝鲜犹未知其虚实，公恸之。丁未，有唐船漂泊耽罗，皆福建人，华制不剃发，公往见，操汉音，问明朝事，中有能文者。郑喜、曾胜等流涕言："永历皇帝，保有南方四省，今年为永历二十一年云。"取装中历书示之，果然，公悲喜作诗。

性爱山水，足迹殆遍东方名胜，所居愚磻，亦绝佳，提携冠童，上下讽咏，天下之物，无足以撄其心者。而若其慈悲一念，不以出处而有间，故其稽遗经而得先圣之意，原人情而阐天理之正，贯古今而审治乱之所由，因事物而察本末之所系，杜门著书，寓之空言者，无非出于济世拯民开物成务之至诚。尝曰："古今此天地此人物，先王之政，无一不可行者，君子之为天下，非有为而为，自是天理合如此。"又曰："古人制法，皆以道揆事，故简易易行；后世之事，皆缘事为法，故百道防巧，只益紊乱耳。"又曰："治天下，不公田不贡举，皆苟而已，虽有善政，徒为虚文。公田一行，百度举矣，贫富自定，户口自明，军伍自整，惟如此而后，教化可行，礼乐可兴。不然，大本已紊，无复可言。"又曰："王政，在制民产；制民产，在正经界。自孟子时，暴君污吏，恶其害己，皆去其籍。及经秦火，古圣人制度节目，荡然无一存者，圣贤经传，只论出治之源而已。汉后数百千年，圣王之道不行者，皆由田制之坏，而卒至于戎狄猾夏，生民涂炭。如朝鲜奴婢渐多，良民渐缩，搜括军丁，邻族受害，譬如乱丝，不救其本，无以理绪。议者每谓山溪之险，难于均田，然箕子已行之平壤矣。遂取田字形，画为四区，区皆百亩，亩不用箕子七十亩，而用周家百亩之制，如李靖为地狭，故变八阵为六花之意焉。至于教士、选才、命官、分职、颁禄、制兵、造币、通货，无不次第条列，节目纤悉。而曰天下之道，本末大小，未始相离，星失其当，则衡不得为衡，寸失其当，则尺不得为尺也。"号其书曰《随录》（后世称《磻溪随录》)，或读古今典籍，或因思虑所及，随得随录者也。其规模广大，条例缜密，可谓扩前贤之未发，而东方所未有之书也。然览公《理气总论》《论学物理》《经说》等书，然后知《随录》之有本，而天德王道之不二也。又著《正音指南》《武经四书》《舆地志》《郡县之制》等书。其论阴阳、律吕、兵谋、师律，星纬之缠度，山川之形便，如指诸掌，公可谓体用博约之通儒。而其为朝鲜分野之说，京畿以北为尾箕、南为箕斗者，前公千百年，未尝有道此者，而公始言之，必有后世之具眼矣。

国舅闵维重兄弟，于公为从叔，欲荐行谊，公正色曰："叔非知我者也。"遂不果荐。后数三宰臣，荐公曰："潜心义理，孝友出天。"公不乐曰："我不知时宰，时宰岂知我也?"公魁颜广额，身长骨秀，声音宏亮，美须髯，眼光映人，威仪动止，绝异于人。少日入场屋，邂逅者心醉，至有弃试卷而相随者。晚来充养益甚，神定气和，面粹背盎，望之，已知其有道者。以公禀赋之异、抱负之大，求志独善，使东民无福，惜哉。噫，所贵乎高尚者，以其有达施之具，而能卷而怀之也。世所谓高尚者，果能尽有其具乎？有其具而不出者，鲜矣。然具有大小，小者易措，大者难施，有其具而不出者，必其具之大者也。若公之所欲为者，惟三代以上人许之，公岂舍所学从人者耶？宜公之不出也。况后之尚论者，以其时考之，则必有起立于先生之风者矣。许眉叟尝许以王佐才，确论也。世又有以公比文仲子者，古今人精神力量，虽不可知，而公之恻怛纯正，恐非文仲模拟杂驳之伦。至若理气、论学等说，又文仲所无然，此则诿之，曰所生者程、朱前后可也。第公以世禄之臣，逢圣明之世，可以有为，而皎然有尊周之大义，抱《随录》而没，此岂可与献策开皇者同日道哉。公得年五十二，讣闻，远近会哭者，数百余人。

二、儒学思想

朱子学中,理与气的关系一般来说是"理气不离"与"理气不杂"。朝鲜时期儒学的分类范畴中使用最多的术语是主理和主气。尽管这种提法存在问题,但一般认为:主理派主张理的实在性,其代表学者为退溪;主气派则否定理的实在性,认为理是气的条理,其代表学者为栗谷。

磻溪否定理的优越性,认为理并非高于气,批判朱子学中的尊理学说,认为理与气具有相合、相离两个侧面。

磻溪很看重理气相合的"理气合一之妙"说,认为从理气分离的立场来看,理气同时巧妙地合二而一,即运动变化着的气与理相互合一。理只是气的虚灵之性,不具有实体意义,因而也不是世界万物的本体。理不离气,气必有理,理气是一物两名的关系;作为世界万物本体的气,是理气合一的中和之气,而中和之气作为理气合一的至极体段,主宰着气的流行。因此,气自为主宰,并使气的实然状态与其应然之性逐步统一。

磻溪强调天人之分,即"天道"与"人道"或"自然"与"人为"之别。战国荀子《天论》明确提出:"明于天人之分,则可谓至人矣。"即认为自然界有自身的运行规律,不会因为人而存亡,与人类社会的疾病灾难没有必然的联系,也不会主宰人的命运。并且强调人能认识和利用自然,"制天命而用之"。磻溪认为,实理存在于事物内部规则之中,会通过现象表现出来,因此,气也通过这些规则来运动。

三、实学思想

磻溪的哲学思想基本上属于唯物主义范畴。他认为,"天地之理，著于万物。非物，理无所著。圣人之道，行于万事。非事，道无所行”。还认为，“凡物之理，体用相因，方圆相函”，并证明事物的相互依存、运动和变化有其客观性。他反对巫术、算命等各种迷信活动，致力于揭露和批判迷信给社会生活带来的莫大毒害。在认识论上，磻溪承认认识是人们通过接触外界事物而获得的，强调经验在认识中的作用。在他看来，要达到认识的深化，即能对事物有规律性地认识，就必须通过人们的直接经验或依靠明晰的研究才有可能。他认为必须经过“学、问、思、辨”四者，才能“穷理”。他从实学立场出发，不相信不为事实和经验所证实的任何东西。他虽然提出“笃行之事”即实践，但是仅把实践归结为“自修”，即修身这种道德实践。磻溪把伦理道德问题同社会改革联系起来，以德治作为改革的辅助手段。

磻溪从实学立场出发，为实现富国强兵，在揭露朝鲜封建社会矛盾的基础上，提出了从土地制度到贡物（纳贡）、还上（赈贷）、军布（征收军布）等制度，从废除内需司到确立国王的俸禄制和王室预算、保障工商业的自由发展、改革科举制和兵役制等一系列社会改革方案，成为朝鲜实学派的创始者。

磻溪主张研究以实用为主的学问，把解决土地问题当成实学的中心问题来看待。在社会改革方面，他认为土地私有制是道德腐败的主要原因，指出以私田而陷人伦为禽兽。但他肯定儒家三纲五常的封建道德，并在此基础上规定了辅助准则，即乡约。乡约反映了历代劳动人民“信义”“诚实”“正直”“恭谨”“清廉”“患难救济”等优秀品质，它作为“德业相助”“过失相规”“礼俗相交”“患难相恤”的行为准则和地方自治的社会条例，在某种意义上起着调和阶级矛盾、维护封建秩序的作用。这是磻溪伦理道德观的阶级实质。

磻溪在《磻溪随录》中提出了下列社会改革措施:(1)建立一种利益能由大家公平分配的土地制度;(2)实行推荐制以代替科举制,为所有人确立均等机会;(3)改革政府机构;(4)采用新学。他的建议没有为官方所接受,但是他的改革思想却成了朝鲜实学思想的主流。他把重点放在农业上,因为他所建议的改革能否成功,取决于农业问题能否解决。与官府无关的学者认为需要从事实学,官府系统则一心进行内部争权斗争,当时朝鲜朝内部各派因对儒家礼制的不同解释而发生冲突。十七世纪后半期,西人党内部各派之间的争斗变得激烈起来,而这种派别倾轧全然不顾国家利益与农民生活。由于没落两班中的许多人从事农耕,甚至无力蓄养奴婢,所以他们的境况与农民比较接近,而改革派正是在这种社会经济变化过程中正视社会的种种要求产生的。随着朝廷批准的商业行会的出现,商业活动有所发展,这种活动在朝鲜全国范围内扩张,其交易税收占朝廷总收入的六成左右,全国人口也同步增长,在1669年至1717年四十八年间增加了近两百万。

磻溪出身两班,曾中进士,但拒不任官,一生从事学术研究和社会改革活动。其涉猎的学术范围很广,包括性理学、历史、地理、医药学、音韵学等,著作涉及哲学、政治、经济、天文、地理、数学、音乐、农学、医学、军事和语言等各领域。但是,其实学思想并没有得到真正的实践,存在价值主要体现在学术贡献上。1770年,《磻溪随录》正式刊行。由此,朝鲜的实学开始自成一派,至李瀷、洪大容、丁若镛等人继承了磻溪的思想,朝鲜的实学思想逐渐发展起来。磻溪之著作除《磻溪随录》外皆已失传。

参考文献:

1. 李英顺:《试论朝鲜实学文化及其特点》,《东疆学刊》2005

年第3期。

2.［韩］尹丝淳：《实学意蕴及其嬗变》，《当代韩国》1997年第1期。

3.［韩］秋齐协：《磻溪柳馨远的理气心性说和实学》，《韩国思想史学》第37辑，2011年。

4.［韩］徐英伊：《柳馨远哲学中真理的适用方式》，《Bumhan哲学》第49卷，2008年。

丁时翰

丁时翰(1625—1707),字君翊,号愚潭。罗州人。朝鲜朝中后期退溪学派的主要代表人物之一。

一、生平(据李瀷《墓碣铭》整理)

瀷少而无所知识,不能叩篋从师于并世丁先生之门,为平生懊恨,幸而白首不死,得以藉手其不朽文字,固已自忘其猥浅,况其贤孙之谬托哉。先生弃后学,今四十有余年。游谈之士,论世之学术醇而正,表与里相符,言与行相顾,莫不曰丁先生。先生盖资性天得,不资师承,粹然自成,如泉流而盈科,树茁而枝干畅茂,余何敢赞焉。先生心学也,其言曰:"天地以人为心,人以方寸为心,圣人喜怒哀乐中节,为行道之本,故视是天视,听是天听也。"及其大耋疾甚,犹竟夕端坐,家人忧之。先生曰:"近时益觉当当亭亭之理了然于中,上帝之心,上下贯彻,若有所承载,虽欲疲倚,便觉怵然不安,非强为也。"呜呼,兹数说者,可表出之,百岁之下,必有神会而得者,余日用言为,言可,不言亦可。

先生讳时翰,字君翊。罗州著姓,高丽检校大将军允宗之后。自五世祖兵曹判书恭安公玉亨以下,左赞成忠靖公应斗、大司宪胤福、司成好宽、观察使彦璜,历世膴仕。观察公娶横城赵氏,直提学正立之女,天启乙丑十一月壬申生公。五岁,偶夷踞,母夫人指先墓为戒,自是坐必面茔。国制始赴试者,必先讲《小学》,先生读是书,憬然曰:“此士学最初功程,安用举业为哉。”后因亲命,中生员试,非其志也。先生伦行备至,皆本于纯孝,乡闾化之,往往行路为之感叹,文武卿大夫多交荐,征书还下,自以声闻过情为耻,若无所容,自郎署历宪府,官至侍讲进善,凡十除不起。其拜真宝县监,禀诸母夫人,母夫人曰:“不愿汝以禄养,从而所好。”其拜进善也,以恩遇之重,庶几一言报效,上六条万言疏,正君心也,严家政也,养国本也,正朝廷也,慎用舍也,开言路也。时则庚午冬也,疏有扑杀言者之语,指朴泰辅也,于是天怒极严,命先削职,后廷臣师锡言其贤,复拜进善。至癸酉秋,有延最绩者疏引先生,上以为邪论嚆矢,又命永削仕版,近臣反复救解而止。明年,拜司宪执义、成均司业,又有入参经筵之命,皆终辞。丙子,复拜执义,又疏陈时政阙失,缀庚午六条之意,反复言之,所谓人世无常而徐公有常也,触忌而罢。甲申,以优老例,升通政阶,拜佥知中枢府事。至丁亥春正月乙未,考终于原州之法泉庄,享年八十有三,墓在州之贤溪山善道洞枕甲之原。

学者称愚潭先生,潭距庄数里而近,即先生所尝宴息之地也。先生真积于门内之治,精考圣贤之书,以验其实;遍游名山川,以博其趣。尊闻行知,德与年俱邵,聆风觌德者,莫不诚悦心醉曰世一人也。其造诣之深,非后学与论,而质行卓绝,愚鲁所共睹记也。东邦儒学,莫盛于退溪李子。李子绳尺考亭,步步趋趋,作为门法,其用意之最,乃在于理气之辩为之头脑。然甲乙互争,有似是而惑其真者。先生溯接正路,乃作《四七辨证》,廓如也,犹谦谦卑牧。作自警文,为处下窥高之戒,平生功力,多在持敬一事,自晨谒庙门,以至治事接物,清明在躬,总总存省,嗜欲之至,如白地上黑点,觉之疾而去之易。故尝曰:“用功宜在当刻,不可等候。至老寿以后,一意于寡其过而自见进益,故曰:‘吾未八十而殁,几负我一生矣。'"所撰著文,又有《壬午录》《管窥录》藏于家。铭曰:"君子淑慎,天畀习性。陶山在仰,步武景行。学优才竭,维死后已。昭明有终,幽独何愧。微斯人斯,吾归与谁。"

愚潭一生隐居求志,躬行心得,为后世儒者所敬仰,被称为"退溪之隔世高足"。实学开化期的主要代表人物星湖李瀷(1681—1763)在愚潭先生《墓碣铭》中写道:"瀷少而无所知识,不能叩簸从师于并世丁先生之门,为平生懊恨。"朝鲜后期实学思想的集大成者茶山丁若镛(1762—1836)则曰:"愚潭先生学术之正、议论之公,忠谠直截之风、明哲敛约之操,卓乎与山岳齐其高,烨乎与日月争其光。己巳为坤殿抗疏,仍救宋尤庵。甲戌为嬉嫔陈疏,又论道峰事。此皆屹然中立,不随众以俯仰者也。葛庵山人之赴召也,先生以野服相迎,结莞荐自若,山人盛言拔茅连茹之义,先生莞尔笑曰:'休矣,我自乐此。'终不出。其论理气四七之辨,一以紫阳退溪为准则,剖析精微,细入秋毫。夫道统之传,或以亲炙,或以私淑,唯德之宗,不观名位。盖自寒冈、旅轩而降,真儒醇学,唯先生一人而已。义理之积于中,出处之标于世者,皆足以承嫡传于斯文。而况乎当朝局嬗换之际,独持风裁,仰干人主之怒,其清风大节,既足以洒六合而照万世矣,将谁与先生并矣。"(《与犹堂全书·旁亲遗事》)愚潭之学本于退溪,故学者亦称其心为"退陶之心"。愚潭曾曰:"退陶之学,绍述朱子,其所以集大成卫斯道者,亦与朱子略同。而朱子之后,儒学归禅,退陶之后,异言立帜,诗教之辨,《传习录》之跋,不得不出。四七之辨,壬午之录,又不得不著。"(《愚潭先生文集·言行闻见录》)在愚潭所处的年代,朝鲜性理学界已分裂成以主理、主气为理论特色的退溪学派和栗谷学派。作为主理论学者,愚潭与李玄逸(1627—1704,字翼升,号葛庵)对退溪的四七理论做了积极维护和系统阐述。

二、理气论

洪军在《韩儒丁时翰性理学思想浅析》一文中，对退溪和栗谷的理论分歧以及愚潭对退溪的继承关系做了阐述。洪军指出，理气论是新儒学的首要问题。黄宗羲（1610—1695，字太冲，号南雷，学者称梨洲先生）曾曰，“如整庵之论理气，专攻朱子，理气乃学之主脑，则非其派下明矣”（《南雷诗文集·移史馆论不宜立理学传书》），突出了理气问题在新儒学中的重要地位。愚潭则指出，“夫理气之论，即义理大头脑处，生死路头，而吾儒及异学，于此焉分。昔朱子与陆象山论无极、太极之旨，其于鹅湖之会及往复书札，无不罄竭底蕴，而象山终未透得此关，与朱子角立，其祸滔天，误人误俗，至今未已。是知此路头一蹉之间，所关非细，必须真积力久，工夫至到而后可庶几焉，有非学识不及而有个才智，偶尔见得，如一超（朝）顿悟者之为也。概栗谷为学，初从禅家顿宗话头出来，而才气高迈，博涉经传，乃于恍惚之顷，略见石火电光底消息，不自知其所见之非真，而遽以为天下道理不过如此，附会以经传之言，震耀以浩汗之文，敢肆诋斥于先贤已定之论而无所顾忌，殆与陆象山之以《太极图说》为非者然，使此个道理既明复晦，而一时尊信之士，靡靡然从之，以致士趋失正，是非倒植，可胜惜哉”（《愚潭先生文集·栗谷答成浩原书》）。可见，愚潭亦极重视理气问题，并且试图从理气论源头上分清退栗之差异。

朱子的哲学思想是以理气二分、理为核心的理本论哲学体系。“理”在朱子的哲学体系中具有多种含义和用法。如，宇宙之本体、事物运动变化之原因、事物的规律等。而且，理还是仁义礼智的总称。他说：“天理既浑然，然既谓之理，则便是个有条理底名字。故其中所谓仁义礼智四者，合下便各有一个道理，不相混杂。以其未发,莫见端绪,不可以一理名,是以谓之浑然。非是浑然里面都无分别,而仁义礼智却是后来旋次生出四件有形有状之物也。须知天理只是仁义礼智之总名,仁义礼智便是天理之件数。”(《朱文公文集·答何叔京》)伦理意义上的天理,其中有具体的内容,仁义礼智四者便是天理中的具体条理。以仁义礼智为理,这是朱子“理”的概念的重要含义。所有这些,朱子又称之为“自然”或“自然当然之理”,是超越性的存在,但并非实有之一物。相对于“理”的无情意、无计度、无造作之特性,“气”则具有酝酿变化、凝聚动静、造作万物之特性,故“理”必须借助“气”的动静,才能凝聚生物。于是,“气”不仅把“理”和“物”联系、沟通起来,使“理”借助其派生万物;而且还使“理”有了“挂搭”和“附着”处。他说,“无是气,则是理亦无挂搭处”,“若气不结聚时,理亦无所附着”,“无那气质,则此理无安顿处”。正因为“理”安顿在“气”上,所以是个“实底道理”。

朱子尽管找到了“理”借以“附着”的“气”推演而出,但是并未因此而损害“理”的绝对性。他指出,“天地之间,有理有气。理也者,形而上之道也,生物之本也;气也者,形而下之器也,生物之具也”。“理”“气”有了形上、形下区别之后,“理”便成为“生物之本”,而“气”便成为“生物之具”,或成为生物的材料,“五行阴阳,七者衮合,便是生物底材料”。“气”作为生物之具离不开作为生物之本的“理”。退溪对“理”也做了多角度的论述。因此,在退溪哲学中“理”是最为难知和把握的概念。退溪曾曰,“古今人学问道术之所以差者,只为理字难知故耳。所谓理字难知者,非略知之为难,真知妙解,到十分处为难耳”,认为只有“穷究众理,到得十分透彻,洞见得此个物事至虚而至实,至无而至有”处,才能知理。在从“虚实”“有无”等角度论“理”本体的同时,退溪还明白地提出“理非静有而动无,气亦非静无而动有”的理(太极)自有动静的思想;

指出:"太极之有动静,太极自动静也;天命之流行,天命之自流行也,岂复有使之者欤?"即明确地肯定了理的能动性。而且,退溪还对理气两个概念进行了"理纯善、气兼善恶"的价值观上的规定。在其学说中"理"概念不仅具有无形、无质、无为等特性,而且还指代作为实理(实的道理)的"天理"。而且,理又兼体用,既有无声、无臭、无方、无体之"体",也有至神至用之"用"。退溪强调理的发用性、主宰性、优位性,与朱子理气说有所区别。

洪军提出,愚潭继承退溪的"理"论思想,亦重视"理"。愚潭说:"人之为学,只患于理字上见不透。若于此实见得的确,则处心行事,岂有未尽善乎。尧舜之精一执中,孔颜之非礼勿视听言动,皆以理为主,而使人心听命焉。若以气为主而作用为性,则其祸必至于滔天。"(《愚潭先生文集·叙述》)可见,在愚潭哲学中依然只有"理"才具"主宰"义,气则无之。而且,他还特别强调以气为主而作用为性的严重后果。

在理与气的关系上,接续退溪之"理帅气卒"说,愚潭提出"理主气辅"主张。愚潭曰:"朱子'虽在气中,理自理气自气,不相夹杂之谓性'云者,以其理气妙合之中,理常为主,气常为辅,虽在气中,不囿于气,命气而不命于气之云尔。非以为理气各在一处而不相妙合也。"(《愚潭先生文集·壬午录》)在这里,他进一步强调了理之主宰性,同时还对退溪的理气二分说做了有益补充,指出虽说理常为主,气常为辅,理自理气自气,各自不相夹杂,但是二者并非为各在一处不相妙合,强调了理气之不离性。

洪军指出,众所周知,重视理气之"不离"是栗谷哲学的理论特色。因此相较于退溪之"理",栗谷的"理气之妙"思想则是其哲学的"难见亦难说"处。栗谷曰:"理气之妙,难见亦难说。夫理之源一而已矣,气之源亦一而已矣。气流行参差不齐,理亦流行而参差不齐。”其中，“理气之妙”是通贯栗谷思想的精髓和根本立场。“气发理乘说”和“理通气局说”，可视为栗谷“理气之妙”思想的具体发挥和深入。

不过，到了十七世纪，栗谷的这一思想却受到葛庵、愚潭等南人学者的批评。作为主理论学者，愚潭从维护退溪学说的角度对栗谷学说评论道：

> 今栗谷自谓有见于理气不相离之妙处，而推出整庵、花潭之绪余，以攻互发之说。故于人心道心，则以为皆源于理，而遂为相为终始之说，以反或原或生之意。于四端七情，则以为皆发于气，而遂为发之者气、所以发者理之说，以反理发气发之意。至于理通气局，则又以为得见整庵、花潭之所未见，阐发前圣所不言之旨。而其所谓理通者，徒归寂灭虚无之地，未有安顿着落之处。而况其云所以发之理者，虽曰乘气，而每以徒具于寂然之中，不发于感通之际为言。其云理通者，虽曰无所不通，而又未免言理于窈冥，言气于粗浅，则是理是气，常隔断阻绝，不能相须以为体，相待以为用，而终未见浑沦之中自有分开，分开之中自有浑沦之妙矣。盖其所谓理气不相离者，非真有见于理气之不相离也，只是认气为理，至以道心为本然之气，故终始迷昧于理字上。其言本原之体者，鹘囵笼罩，都没紧要。其言发见之用者，专主气字，更不言理，一向逞气骋辩，恣诋前贤，有若莠之乱苗、紫之乱朱，使从古圣贤相传之心法，既明复晦。(《愚潭先生文集》卷八《总论》)

栗谷对整庵十分推崇，他曾言“近观整庵、退溪、花潭三先生之说，整庵最高，退溪次之，花潭又次之。就中，整庵、花潭多自得之味，退溪多依样之味(一从朱子之说)”。依愚潭之见，栗谷则祖述整庵，故而所向者为气。他批评栗谷为“昧于大本”，曰“愚意退溪则祖述朱子,洞见大本而所主者理,故见诸言行者,莫非温良退让底意思,而平生行己表里莹彻,终为东国之儒宗。栗谷则祖述整庵,昧于大本而所尚者气,故发于言论者,类多轻肆凌人底规模,而流弊所及,大为吾道之深害。大本之差不差,而其所发见于言行事为之间者,亦可征矣"(《愚潭先生文集·栗谷答成浩原书》)。而且,他还直接批评栗谷道:"栗谷论理之言,亦似非吾儒家法,而殊无笃信圣贤虚心逊志之气象。故其见诸言行之间,亦多有高自标致,轻视人物之气习,虽以所自撰《石潭野史》观之,可征其一二也。又罗整庵之学,退溪以为禅学,而谓大源头处既已错认了,其余小小议论,皆不足贵。其与友人书,亦云吾侪得整庵《困知记》,多中其毒,大以为忧,其斥之也明白如此。而栗谷则推尊整庵。"(《愚潭先生文集·与许太休、金士重》)

基于"理主气辅"思想,愚潭还提出"理气体用"说。他写道:"理至有故无不异,至无故无不同。然无者未尝无,有者未尝有,则有无非有二也。……理至无而至有云者,犹言无极而太极,或言自无极而为太极者。朱子辨释甚详,又于《象山答书》中云:'不言无极、太极同于一物,而不足为万化之根;不言太极、无极沦于空寂,而不能为万化之根。'由此观之,至无而至有不可云,至有故无不异,至无故无不同,其下两三句,虽合有无而言,不能救上句之病者。人所易知,而敬叔之不悟何哉?敬叔之见,既已如此,故以人物之性,谓有隐显体用,而以至有当显体用,以至无当隐体用。至有至无,分作隐显体用于一性之中,与分言无极太极者,何以异哉。"(《愚潭先生文集·答李敬叔》)

洪军认为,"理主气辅"和"理气体用"说是愚潭理气论的主要内容。通过以上比较可以看出,愚潭理气论虽有重视二者之"不离"的一面,但是其主要学说仍以主理论为特色,并以此为基础对退溪的尊理贬气思想和理气互发之说进行了积极补充和诠释。

三、四端七情论

洪军指出，愚潭作为主理论者，在“四端七情”之辩中对栗谷的主张做了尖锐批评。“四端七情”之辩是朝鲜性理学的中心论题之一，亦最能反映韩国性理学的理论特色。它所关涉的“四七理气之发”和性情之辩等论题，在朱子学乃至在新儒学中皆具有重要理论意义。朱子在论及四端时，曾说“‘四端’是理之发，‘七情’是气之发”，不过，这两句话在中国儒学界并没有引起注意。朱熹本人也未对此做过进一步阐发。据研究，此语仅见于《朱子语类》，在朱子其他著作中再难找寻，且朱子对这一句也并未进行具体解释。依朱子的思路来看，这句话可以理解为四端是依理而发出的情，发者是气，故情属于气，在理上则不说发。

在韩国，此一理论滥觞于退溪对郑之云（1509—1561，字静而，号秋峦）所作《天命图说》的修订。朝鲜朝前期性理学家们在探讨这一问题的过程中，首先围绕理气之“发”产生了分歧。退溪在手订郑之云《天命图说》的过程中，感到郑氏之说分别理气过甚，故在语气上做了改动，将“四端发于理，七情发于气”改为“四端理之发，七情气之发”，但退溪的这一订正引起了学界的争议。尤其是奇大升从“理气浑沦”思想出发，对退溪之说提出了质疑。他说：“就理气妙合之中而浑沦言之，则情固兼理气有善恶矣。”进而指出，所谓四端、七情，“所就以言之者不同，故有四端七情之别耳，非七情之外复有四端也”。故将四端七情对举互言，谓之纯理或兼气是不对的。四端虽为纯粹的天理之所发，但只是发乎七情中的苗脉而已。理气虽然实有分别（理为气之主，气为理之质料），但在具体事物中却浑沦不可分开。他说：“夫理，气之主宰也；气，理之材料也。二者固有分矣，而其在事物也，则固混沦而不可分开，但理弱气强，理无眹而气有迹，故其流行发见之际，不能无过不及之差，此所以七情之发，或善或恶，而性之本体，或有所不能全也。然其善者，乃天命之本然；恶者，乃气禀之过不及也。则所谓四端七情者，初非有二义也。"(《退溪先生文集·附奇明彦非四端七情分理气辩》)奇大升认为，四端与七情皆是情的善恶性质，并非四端七情本身有不同的特性，故二者不可分理气而论。无疑奇氏的观点更为贴近朱子学理论。

对于奇氏的质疑，退溪承认先儒并没有从四端和七情分属理气的角度讨论其性质的不同，也承认理与气在具体生成过程中是不可分离的。但是，正如奇大升所指出的那样，因其所以言之不同，所以分别而言之。退溪说："性情之辩，先儒发明详矣。惟四端七情之云，但俱谓之情，而未见有以理气分说者焉。往年郑生之作图也，有四端发于理，七情发于气之说，愚意亦恐其分别太甚，或致争端，故改下纯善兼气等语，盖欲相资以讲明，非谓其言之无疵也。今者，蒙示辩说，擿抉差谬，开晓谆悉，警益深矣。然犹有所不能无惑者，请试言之而取正焉。夫四端，情也。七情，亦情也。均是情也，何以有四七之异名耶？来喻所谓所就以言之者不同，是也。盖理之与气，本相须以为体，相待以为用，固未有无理之气，亦未有无气之理。然而所就而言之不同，则亦不容无别。从古圣贤有论及二者，何尝必滚合为一说，而不分别言之耶。"(《退溪先生文集·答奇明彦论四端七情第一书》)接着，退溪指出情有四端、七情之别与性有本然、气禀之分相同。性既然可以分理气而言，情为什么就不能分理气而言呢？他认为，由于四端、七情其所从来各有所主与所重，可以分别从理、气角度而言。他说："故愚尝妄以为情之有四端七情之分，犹性之有本性、气禀之异也。然则其于性也，既可以理气分言之，至于情，独不可以理气分言之乎？"退溪最后把自己的观点归纳为“四端,理发而气随之;七情,气发而理乘之”,即所谓“理气互发说”。而将奇氏之说称之为“理气共发说”。

这场始于明宗大王十四年(1559),到明宗大王二十一年(1566)结束的四七理气之争,在朝鲜性理学史上产生了深远的影响。朝鲜性理学以此为起点,走上了以心性论为中心的哲学轨道。同时两位巨儒之间长达八年的切磋,也成为后学可资借鉴的典范。

与理气之“发”相关联,又有“主理”“主气”之分的问题。退溪云“大抵有理发而气随之者,则可主理而言耳,非谓理外于气,四端是也。有气发而理乘之者,则可主气而言耳,非谓气外于理,七情是也”(《退溪先生文集·答奇明彦论四端七情第二书改本》)。其实,退溪、栗谷都主张理气二者之“不离不杂”。退溪说,“理与气本不相杂,而亦不相离。不分而言,则混为一物,而不知其不相杂也。不合而言,则判为二物,而不知其不相离也”[《艮斋先生文集·溪山记善录(上)》]。栗谷亦有理气“既非二物,又非一物”之说。但就其侧重点上看,退溪着重于理气之“不杂”,而栗谷则强调理气之“不离”。在理气观上的这一差异,必然会引发两人在四七理气论问题上的不同解释。栗谷从其“理气之妙”的思想出发,不同意退溪的理气互发说,转而支持奇大升的观点。他说:“朱子之意亦不过曰四端专言理,七情兼言气云尔。非曰四端则理先发,七情则气先发也。”退溪因此立论曰:“四端,理发而气随之;七情,气发而理乘之。”栗谷对此说:“所谓气发而理乘之者,可也,非特七情为然,四端亦是气发而理乘之也。”[《栗谷先生全书·答成浩原(壬申)》]一方面批评退溪未能真正理会朱子之本意,另一方面主张不仅七情是气发理乘,四端亦是气发理乘。栗谷对退溪之说的批评,遭到了成浑的辩难。于是,继退、高之辩后,栗谷和成浑之间又展开了第二次“四七论辩”,将之推向了高潮。成浑基本上持退溪的立场。他说:“今为四端七情之图,而曰发于理、发于气,有何不可乎!理与气之互发,乃为天下之定理,而退翁所见,亦自正当耶?”[《栗谷先生全书·答成浩原(壬申)》]并向栗谷质疑,说自己曾对退溪的理气互发说存疑,但细心玩味朱子关于“人心道心之异者,则以其或生于形气之私,或原于性命之正”之说,觉得退溪的互发说亦未尝不可。“愚意以为四七对举而言,则谓之四发于理,七发于气可也”,成氏倾向于肯定理气互发说。

洪军指出,栗谷同成浑数次交换信函进行论辩。结果,栗谷的性理学的立场更加明晰了。在栗谷看来,对四七的解释只能是“气发理乘”。他说:“今若曰‘四端,理发而气随之;七情,气发而理乘之’,是理气二物,或先或后,相对为两岐,各自出来矣。”进而举例说:“所谓气发而理乘之者,可也,非特七情为然,四端亦是气发而理乘之也。何则,见孺子入井,然后乃发恻隐之心,见之而恻隐者,气也,此所谓气发也。恻隐之本则仁也,此所谓理乘之也。”[《栗谷先生全书·答成浩原(壬申)》]可见四端七情均是“气发理乘”。针对栗谷的“气发理乘说”,愚潭则批评道:“理气为物,本混融无间,推之于前,不见其始之合,引之于后,不见其终之离。而理无眹气有迹,安有无气之理或先或后,发见于事为之间者乎。然而终古圣贤于浑融无间,不可分先后,离合之中,或截而言之,或分而言之,以明此理之命气而不命于气,在气而不杂乎气者。……既曰仁之端义之端,则仁发而为恻隐,义发而为羞恶,体用不离,本末相连,可见其不杂于气而一出于理。至于七情,则虽亦出于性而初无不善,但就其性在气质,浑沦理气者而为言。故几有善恶,气易用事,理难直遂,必须观理约气,然后理始显而气听命。此朱子所以有四端理发七情气发之言。而今者不察孟子剔发言理,朱子分言理气之本意,乃以四端七情滚合为一说,概而言之曰,发者气也,所以发者理也,专以气发一途为言,而都遗却理发一款。"(《愚潭先生文集·栗谷答成浩原书》)依愚潭之见,因理无形而气有形,故其作用流行皆若气之所为。但是,因"理"至无而至有、至虚而至实,且又具动而无动、静而无静之特性,故其乘气流行皆为自然而然,不见其有所作为。而性情寂感之际,理之神用则蔼然呈露,有不可掩,如四端粹然直出于仁义礼智之性。因此,不能仅着眼于理气之浑沦而只讲"气发",不讲"理发"。

愚潭认为,四端与七情从结构而言,二者兼备理与气。因此,四端与七情均与气相关。只是四端并不与气相互夹杂,而七情却受其影响。在这一点上,七情几微有善恶。从此,主理和主气才得到相互区别。以此为基础,他推论出四端和七情的"所从来"相异的结论。这里他持的是退溪的观点。愚潭认为,四端与七情皆本于仁义礼智之性。可见,愚潭所说的"所从来"与高峰、栗谷所指的"源头发端处"或"本原"并不是同一种含义。他虽然没有明确指定"所从来"的含义,但是我们可以从他的语句中推断出来。愚潭认为,人心虽无二原,但是其所发现于外者可以主理、主气而互言。由此可知,其所指的"所从来"并非"本",更侧重于由来的过程。这种过程指代他所描述的所谓"就一心之中,方其萌动之始"或"由中感通之初"的时刻。这一时刻是"性"与"气质"发生关系的时刻,又是他运用所谓"所从来"的术语区分四端与七情的着眼点。与气质发生什么样的关系决定了四端和七情的区分。与气相关而不与气夹杂的情为"四端";与气相关,且在气的驱动下易流于恶的情则为"七情"。据此,愚潭对退溪之说进行了进一步阐释。曰:"退溪《四七辨》云:'恻隐、羞恶、辞让、是非,何从而发乎?发于仁义礼智之性焉尔。喜怒哀惧爱恶欲,何从而发乎?外物触其形而动于中,缘境而出焉尔。'栗谷所谓'退溪之意以四端为由中而发,七情为感外而发'者,似本于此。而第退溪之以四端为发于仁义礼智之性者,所指而言者,以其出于性之粹然在中,不杂乎形气者而为言。初不言无感而自发也。以七情为外物之触其形而动于中者所指而言者,以其出于性在气质,易感形气者而为言,亦非谓中无是理也。是以退溪旋以为因其所从来,各指其所主,且谓'虽滉亦非谓七情不干于理,外物偶相凑著而感动',且谓'四端感物而动,固不异于七情'。其本意所在,若是明白;而今者推出退溪所未有之意,说出退溪所未说之言,或以为做出许多葛藤,或以为正见之一累,已极轻肆,而终以无父而孝发,无君而忠发。不见孺子之入井而自发恻隐为心病等语,铺张抑勒,至此之极。"(《愚潭先生文集·栗谷答成浩原书》)这段话本是愚潭为退溪之说辩解而作。但是,从上下文及退溪与高峰辩论的整个过程来看,退溪所言"四端感物而动,固不异于七情"一语似有不妥。若这句话代表退溪之真正立场,则他与高峰间的往复辩论便失去焦点。愚潭引这一句等于是否定四端是"无感而自发"。这无疑是其向栗谷立场靠近,而承认四端与七情的同构。愚潭本人可能未意识到他的此一作解与其初衷的自相矛盾处,学者于此则不可不察。四端七情理气问题,其实质是性情问题。故顺四端七情之辩,自然会引出性情之辩。与愚潭同时代的明末清初著名学者王夫之(1619—1692,字而农,世称船山先生)则在四端七情问题上提出了"四端非情"论。他认为,朱子犯了"以性为情""以情知性"的错误,而性、情分属天、人,这种混淆很可能导致"情"的僭越,"情"对"性"的侵蚀。他认为,如尽其性,则喜怒哀乐爱恶欲炽然充塞,其害甚巨。又认为,四端不仅是道心,而且还是性。"今以怵惕恻隐为情,则又误以性为情,知发皆中节之'和'而不知未发之'中'也。(言'中节'则有节而中之,非一物事矣。性者节也,中之者情也,情中性也。)曰繇性善故情善,此一本万殊之理也,顺也。若曰以情之善知性之善,则情固有或不善者,亦将以知性之不善与?此孟子所以于恻隐、羞恶、辞让、是非之见端于心者言性,而不于喜怒哀乐之中节者征性也。有中节者,则有不中节者。若恻隐之心,人皆有之,固全乎善而无有不善矣。"(《船山全书·读四书大全说》)依王夫之之见,应以性与情、道心与人心来分言四端与七情。从船山与愚潭的四七见解中,我们可窥出十七世纪中韩儒学各自不同的发展路向。总之,愚潭对四端七情理论的主要贡献在于其对退溪与栗谷四七理气说之异同的详细论述。愚潭在批驳栗谷"气发理乘说"的同时,对其部分见解亦有容受,表现出折中倾向。不过,尽管他在理气关系及四七理论的解释上有折中倾向,但是从其四七说及对理气关系的主仆、上下位关系的解释中,我们还是可以看出其作为主理论学者的为学性格。

四、人心道心论

洪军认为,四端七情问题在更深一层意义上的展开,便是对性情善恶及人心道心问题的讨论。人心道心问题也是朝鲜性理学者们十分关注的一个论题。此说作为朱子学之精髓,与公私、天理人欲等问题相联系,在新儒学体系中确实占有重要的位置。"人心""道心"最早出现于《尚书·大禹谟》:"人心惟危,道心惟微,惟精惟一,允执厥中。"意思是,道义之心微而难明,众人之心危而难安,只有精一而不杂,才能保持中而不偏。后来,荀子在《解蔽》篇中引《道经》曰:"'人心之危,道心之微。'危微之几,惟明君子而后能知之。"《道经》系何书,已不可考。但在荀子以前,已有"人心""道心"之说则是可以肯定的。"人心""道心"作为心性论的重要范畴,是由二程提出。二程认为,道心、公心与天理相联;而人心、私心则与人欲相通。程颢说:"'人心惟危',人欲也;'道心惟微',天理也。”程颐说:“‘人心’,私欲也;‘道心’,正心也。‘危’言不安,‘微’言精微。惟其如此,所以要精一。‘惟精惟一’者,专要精一之也。精之一之,始能‘允执厥中’。中是极至处。”这里他把“道心”和“人心”对立起来,以道心为正,人心为邪,要用“精一”工夫方可使“道心”得到保持,而不被“人心”扰乱。他强调,“人心私欲,故危殆;道心天理,故精微。灭私欲则天理明矣”,主张存公灭私、明理灭欲。朱子认为,人心道心说是圣人尧舜相传之心法,“所谓‘人心惟危,道心惟微,惟精惟一,允执厥中’者,尧舜禹相传之密旨也”。朱子把道心、人心解释为“此心之灵,其觉于理者,道心也;其觉于欲者,人心也”,又说“只是这一个心,知觉从耳目之欲上去,便是人心;知觉从义理上去,便是道心”。即以“道心”为根于义理之正的心,而以“人心”为原于耳目之欲的心。他认为,如就以已发、未发而论,则人心、道心皆属于已发,二者皆发自“一心”。那么,人何以会有人心、道心两种不同知觉?朱子说:“心之虚灵知觉,一而已矣,而以为有人心、道心之异者,则以其或生于形气之私,或原于性命之正,而所以为知觉者不同。是以或危殆而不安,或微妙而难见耳。”(《四书集注·中庸章句序》)凡人之生皆禀“气”以为形体,而以“理”为本性。发自本性的理的道心常潜存心灵深处,故曰“微”;根于构成血肉之躯的气的人心并非皆恶,但不加控制就流于不善,故曰“危”。朱子在这里纠正了伊川的说法,认为人心并非皆恶。“若说道心天理,人心人欲,却是有两个心;人只有一个心,但知觉得道理底是道心,知觉得声色臭味底是人心,不争不多。‘人心人欲也’,此语有病。虽上智不能无此,岂可谓全不是?”(《朱子语类·大禹谟》)在一定程度上,肯定了人的自然属性所决定的生理欲望的合理性。朱子虽然提出人心与道心相分的理论,但他并未把二者分而为二,认为它们只是一个心。由于是一个心,就不可作两物看,不可于两处求。他认为人生之欲是自然的客观存在,但必须将之纳入天理的管辖之内,以道心来节制人心。这样看来,道心、人心问题虽与天理、人欲问题相对应,但不似天理、人欲问题那样显得十分紧张。

栗谷则发挥朱子的学说,提出了自己对人心、道心问题的看法。曰:“理气之说与人心道心之说,皆是一贯。若人心道心未透,则是于理气未透也。理气之不相离者,若已灼见,则人心道心之无二原,可以推此而知之耳。”(《栗谷先生全书·答成浩原》)可见,他的人心道心说是直接从其理气观上生发出来的,因其理气说以理气不相离为立论基础,故人心道心说也以其二者的相联结和不可分为主旨,强调人心、道心“无二原”。这一点与朱子和退溪的人心、道心之相分的思想有所不同。人心道心都属于心之已发,皆随心动而生,但没有道义(或性命)则道心不生,没有耳目四肢(或形气)则人心不生。而栗谷说:“但道心虽不离乎气,而其发也为道义,故属之性命。人心虽亦本乎理,而其发也为口体,故属之形气。方寸之中,初无二心,只于发处,有此二端,故发道心者气也,而非性命则道心不生;原人心者理也,而非形气则人心不生,此所以或原或生,公私之异者也。”[《栗谷先生全书·人心道心图说(壬午)》]栗谷独创新见,提出了道心不离乎气,而人心本于理的思想。此说与朱子和退溪的“道心”发于“天理(性命)”、朱子的“人心”生于“形气之私”和退溪的“人心”生于“形气”的思想相比较,则确有较大不同。但这与栗谷哲学以“气”为主要范畴密不可分。他认为,“方寸之中”即心,原无“二心”,“只于发处,有此二端”,才有人心、道心之别。从理无为气有为,性是心中之理,心者气也上说,人心道心“皆发于性”,都是“气发”。他说:“道心原于性命,而发者气也,则谓之理发不可也,人心道心,俱是气发。”(《栗谷先生全书·答成浩原》)人心道心原于“一心”而流为二,异其名,并不是说以道心为一心,以人心为一心。他说:“人心道心虽二名,而其原则只是一心。其发也,或为理义,或为食色,故随其发而异其名。”[《栗谷先生全书·答成浩原(壬申)》]“随其发”即“所主”之意。同为一心而异名,于是“人心道心通情意而言者也。人莫不有性,亦莫不有形,此心之知觉;旁由形之寒暖饥饱劳佚好恶而发,则谓之人心。初非不善,而易流于人欲”。人心道心兼情意,这是栗谷对朱子人心道心说的进一步发展。若以性、情范畴而论,则道心、人心皆属于情;人心与喜怒哀惧爱恶欲之情相关,而道心则为恻隐、羞恶、是非、辞让之情。但在朱子哲学中,“意”是从属于“情”的概念,“情”又一般被理解为是喜怒哀乐等,而所谓“意”不必都与“情”相联系。故在其心性论中,“意”之念虑、计度之作用表现得并不明了。在栗谷哲学里,“意”则是与“情”相并列的两个范畴,是一心之两个不同境界。进而,栗谷提出了其“人心道心不能相兼,而相为终始”的“人心道心终始说”。

“人心道心不能相兼,而相为终始”是栗谷对人心道心问题的基本看法。对此,愚潭则评论道:“窃详栗谷之意,概未见人心道心分言之脉络,以朱子或原或生之言,为不得已之论而不之信,故每以人心道心滚合为一说,以为同出于本然之性。而以掩乎形气者,谓之人心;以不掩乎形气者,谓之道心。此非虞舜命名,朱子注释之本意也。夫上智不能无人心,则上智之人心,初不掩于形气,而以其从形气而生,故名之以人心。下愚不能无道心,则下愚之道心,虽发于气禀所拘之中,而以其本体之明有未尝息者,故名之以道心。初非以形气之掩与不掩,分言人心道心也。此是圣贤各指其所从来,使人审几用工之旨诀。而栗谷则舍而不取,既不欲相对说下如朱子之言,而又不欲显言体用二字,以避宗主整庵之嫌。于是乎自作定论，辄以相为终始者言之。而其于道心上，言存养而不言审几。人心则直以为形气所掩而审其过不及云者，果有异于整庵体用之论乎?”(《愚潭先生文集·栗谷答成浩原书》)在愚潭看来，栗谷之说不过是祖述整庵学说而已，故认为其人道说亦无异于整庵之道心人心体用论。依愚潭之见，道心原于性命，而仁义礼智之性蔼然流行于形气之间；人心生于形气，而视听言动之勿论非礼者，乃所以听命于道心。指出“虽以浑沦者言之，只可言一心之中，从形气之人心，不离于性命，原性命之道心，不外于形气而已。若谓之人心道心相为终始云尔，则殊非人心道心之所以得名者也”。

对于栗谷的“人心道心虽二名，而其原则只是一心”之说，愚潭则批驳道:“所谓‘人心道心虽二名，而其原则只是一心。其发也，或为理义，或为食色，故随其发而异其名’云者，初不外于退溪之说矣。既谓之‘随其发而异其名’，则岂不可谓理发气发乎?退溪所谓理气互发者，概以为理与气合而为心，理气混然一心之中，随所感而发，或有理发之时，或有气发之时，互相发现云尔。其言‘互发’二字者，益明此心之无二本矣。今乃不察理到之言，而一向挥斥；至其何从得此之说，则又若初不知出于退溪之说者然，显有抑扬凌驾之意。此等气象，似非吾儒法门矣。”(《愚潭先生文集·栗谷答成浩原书》)可见，愚潭则一本退溪“理气互发说”对栗谷“气发理乘一途说”进行了十分严厉的批评，以致称其气象为“似非吾儒法门”。前已述及，栗谷的道心与人心是基于“意”之计较商量而存在的相对之物。栗谷认为，道心纯是天理，故有善而无恶，人心有天理也有人欲，故有善有恶，肯定了人心善的方面。在这一点上，栗谷是有补于退溪的。退溪则从理贵气贱之思想出发将人心变称为人欲，而且更将人欲归之为恶。

既然人心也有善，那么人心之善与道心之善是否为同价值之善？栗谷在四十七岁时所制进的《人心道心图说(壬午)》中指出，“孟子就七情中，剔出善一边，目之以四端。四端即道心及人心之善者也。……论者或以四端为道心，七情为人心，四端固可谓之道心矣，七情岂可只谓之人心乎？七情之外，无他情，若偏指人心，则是举其半而遗其半矣”。他将此二善视为同价值之善。不过，这又同其强调的“人心道心不能相兼，而相为终始”说相矛盾。但从天理人欲的角度来看，其人道说颇似“天理人欲相对说”。由此，我们可以看出，栗谷人道说较之朱子的人道说显得更为紧张和严峻。这也是二人人心道心说之重要区别。

洪军从比较的角度，对愚潭的理气说、四端七情说、人心道心说进行了简要论述。由此可以看出，愚潭不仅在理气关系上确有强调二者之不离性的一面，而且在四七论方面亦有容受栗谷说之部分。但是，通过比较还是可以发现其学说仍基于退溪的尊理贬气、理气互发之义，而理发之义则显然不合于朱子“理不活动”之义。无疑，这亦是朝鲜性理学的特色之一。此外，亦可发现朝鲜儒学因所依傍之文本不同而造成的“多重文本交叠”的特色及诠释问题的复杂性一面。在人心道心说方面，其特点在于其对朱子所讲的实然之“心”的重视。

参考文献：

1. 洪军：《韩儒丁时翰性理学思想浅析》，《韩国学论文集》第18辑，2010年。

2. [韩]罗大庸：《愚潭丁时翰的理主气辅说》，《退溪学报》第134卷，2013年。

3. [韩]李基镛：《愚潭丁时翰和原州——以其生活和思想为中心》，《韩国哲学论集》第20卷，2007年。

尹拯

尹拯(1629—1714),字子仁,号明斋,自号西峰老人,世称明斋先生。坡平人。成浑外曾孙、尹宣举之子、俞棨门人。朝鲜朝中后期文臣、少论派领袖,是具有阳明学色彩的性理学者。谥文成。

一、生平

明斋出身于书香官宦世家,在朝为官多年,曾任右参赞、世子贰师、右议政、中枢府事尹等职。

明斋所处时代为朝鲜多事之秋,内忧外患频频发生。经历壬辰倭乱与丙子之役等事件后,朝鲜国力日渐衰落,朝廷内部斗争也愈加激烈。仁祖大王反正后,西人党掌权,但其内部又分裂为老论派和少论派。以明斋等为代表的一部分少论派,提倡实心实学,主张改良手工业和农业,建议对土地分配制度进行改革,而老论派则反对进行任何形式的改革,并诬称改革者是想借此以谋私利,反对朱子学就是使社会不稳从而祸乱朝廷。明斋本来期待借国王力量实行改革,希望仁祖大王能排除干扰变法图强,但仁祖大王举棋不定,明斋提倡的改革最终落空。老少分党后,明斋在与老论派的尖锐斗争中难以自拔,继而退出政坛返回故里,创办西峰书院聚徒讲学,门生遍布朝鲜全国,影响巨大,成为少论宗主。

明斋曾师事程朱理学的大儒金集、宋时烈等人,少治程朱理学，但不遗余力为李栗谷之思想辩护，后因思想具阳明学色彩，而受到老论派集中攻击。在明斋看来，哲学以心性为中心，以成人成己为最高目的，因此心学在其思想中占有特殊地位，其心学思想无疑是从程朱出发的，但发展过程中逐渐显示出与程朱不同的思路，表现出深思和独创的一面。

二、心学思想

明斋的心学思想可以分为四个方面：

1. 心具理

程朱理学以性理为主导，其理论来源可以追溯到“性即理也”，但他们对这一思想却予以极大发挥。程、朱将性与天理结合在一起，天理至高至大，不依赖人而存在，万物和人却依它而生；性为天理在人心中的内化，天理“察于人为性”，理在人心中称为性。他们虽然有时也提到心的主宰作用，说心“妙众理而宰万物”，“统性情，兼体用”，但认为心必须服从于性，强调性为所有人共同之本质，是人之所以为人的规定。这种共同之本质是什么？他们认为就是天赋之善性。所谓善，就是要维护“三纲五常”的社会秩序，“君尊于上，臣卑于下”，“女正位乎内，男正位乎外”，各安其位，各得其宜。心必须服从此“理”，也即服从此“性”，否则就要加以克服矫正。因此归根结底，他们以性理为主进行治学，把性看成是比心更高层次的东西，以心依性，以心依理。用朱熹的话来说，就是“心与性自有分别。灵底是心，实底是性”，“性犹太极也，心犹阴阳也”。有太极，然后才有阴阳。相对于性来说，心处于次一级，而且处于被动和服从的地位。同样，情更是如此。心接触外物有感而动，称为情，它虽然受心指使，但最终必须接受性的管辖，不得逾雷池半步：“性者，心之理也；情者，心之用也”，“仁义礼智，性也，体也；恻隐、羞恶、辞逊、是非,情也,用也”。

由此,心失去了个体性和独创性,必须服从比它更高、更纯净的代表天理的性,服从一个抽象的共同本质,本来是活生生的主体,却矛盾地成为抽象理性的化身。情,则更加枯槁,它被性和理捆死,变成对“三纲五常”的义务,如生儿育女,并不是缔造爱情结晶,而是丈夫要尽丈夫之义务,妻子要尽妻子之责任。

同时,朱熹还有另一提法,那就是“心具理”,“心包万理,万理具于一心”。承认心也有一定主动性,这和他的上述提法显然是不一致的。

明斋觉察到朱熹之学的自相矛盾处,强调以心为主导,“天下之事,无一不本于人主之一心”。他认为“心依理”的提法欠妥,将“心依理”明确改为“心具理”。于是,性理和情意一样,都成为心的属性。心“未发固当属之性”,在这个意义上可以说心即性,或者说心之本体即性。“性者,心中之所具也,心有运而性无为,则有何心动性动之异乎?”性并非高高在上地处于指挥心的特殊地位,相反,它是由心指挥和主宰的,“心又统性”。确切地说,明斋认为性是心所具有的无为状态。同样,情也由心管辖,心和情是体用关系,“主乎性而行乎情者,心也”。总的来说,性是心的静止未发状态,是未发之心;而情是处于运动状态的心的表现,是已发之心。“心如水,其未发之性,水之静也;已发之情,水之动也。”心,收之则为性,放之则为情。在这里,性失去了至上性和绝对性,变成了心中所具之性,心中所具之理;情则受到了提升,它不再是低劣的代名词,而是和内化的天理并列。如果说性是静止和无为的,情则是运动和开放的,更活泼和能动。

2. 情欲可为道心

虽然程、朱也在一定范围内承认情欲之合理性,认同“食色,性也”,“四端皆情也”,承认人为保存和延续生命,繁衍后代,不能没有情欲,圣人亦不能例外。但由于他们用抽象理性将其紧紧罩住,因此,只承认满足最简单最基本需要之情欲的合理性,而把除此以外的七情六欲都视为有害。如他们认为,人只有勉强吃点粗茶淡饭,住最简单的房子,才是合于理的,君子“食无求饱,居无求安”,想居广厦、食美味则是恶的念头。他们基本上是把情欲看成洪水猛兽,是万恶之源,“徇情欲底是人欲”。情欲和人欲都极为有害,务必随时除之,他们提出,多一分人欲,就少一分天理。

而明斋却将情欲视为人心中应有之义。“形色,天性也,人心,亦岂不善乎?”在明斋看来,情欲,是人与生俱来的重要本质,它并非如脱缰之马,肆意妄为,也并没有瘟疫那么可怕。它的合理范围要比程、朱所允许的广泛得多,明斋赞同栗谷先生的七情皆有善之说。

3. 人心道心,只是一个

在气质之性和义理之性严格区别的基础上,朱熹认为,人心“生于形气之私”,道心“原于性命之正”,“人心便是饥而思食,寒而思衣底心;饥而思食后,思量当食与不当食,寒而思衣后,思量当著与不当著,这便是道心”。保存天赋善性,思量清,义理明,才是道心;相反,满足生理需要,追求物欲,就是人心。程、朱认为,用人心来支配人的行动是极其危险的,所谓“人心惟危”。朱子说:“圣人全是道心主宰,故其人心自是不危。”因此,要求人人克制物欲,学做圣贤,使人心无条件执行道心的命令,用道心去克制人心:“必使道心常为一身之主,而人心每听命焉。”

明斋却认为,道心和人心,两者之间并没有严格界限,在一般情况下,硬要区分人心和道心,是没有意义的。道心只是在人心过与不及之间而已。换言之,心在一个合理范围内运动,只要不超出

"本心之正",此人心就是道心。反之,若超出了合理范围,此心就非道心。例如,说假话,或想个歪点子,去干卑鄙勾当;或出于私心,屈从于恶势力,不敢见义勇为,甚至见死不救,这样的人心,就不是道心。

明斋认为,用人心和道心来区别凡人和圣人,以为圣人具道心、凡人具人心更是荒诞的。在明斋看来,凡人和圣人在性上应当是基本一致的,也是平等的。明斋还认为,人心和人欲是不完全相同的:"生于形气,而欲其所当欲,故人心也,欲其不当欲,则人欲也。"[《明斋先生遗稿·与李君辅(丙寅五月)附评君辅与怀川论心经释疑别纸》]不能认为道心就是善,人心就是恶,人心有善亦有恶,七情有善亦有恶。最后,他反对程、朱所谓人心必须服从道心、以道心使人心的提法。

4. 以立诚为本

程、朱关于心性理虽然有种种提法,但这些提法之间是互相矛盾的。程、朱的最终目标却是明白清楚的,那就是要把一切,特别是心和情,归于理或道。他们对心是不放心的,对情更不放心。他们对心做出种种区隔,对情近乎全盘否定,就是要将一切统一到道和理的管辖之下,也就是要人们不折不扣地服从"三纲五常"的天理。他们认为,人和其他万物来自同一源头,这个源头就是天理或天道。他们所谓"心与理一",就是要使道或理完全占据心之位置,连同受心影响的情,都统一为道。他们特别强调道心是一身主宰,而不提天理之弊病。

正由于天理在人心之上,处于无比崇高之地位,所以程、朱提出修养必须以"主敬为本",敬就是"主一",就是以理为一心之主宰,理"以诚敬存之",敬字为千圣相传心法之要。接着,程、朱又明确主张,存养工夫,必须以静为主。所谓静,就是要通过内省克治,存其天理，去其人欲，要用“敬”把人欲先去掉了，杂念克制了，献身“三纲五常”之心坚定了，才能去行。所谓致知，就是要先知而后行，“论先后，知为先”，朱子为白鹿洞书院提出的教条是“博学之，审问之，慎思之，明辨之，笃行之”，前四条都属于知之范围，只有最后一条属于行之范围。朱熹强调，只有把君臣、父子、兄弟、夫妇、朋友之理都弄清后才可行，否则便是冥行，就有“盲人骑瞎马，夜半临深池”的危险。

明斋则反对把心归于理或道，反对以“主敬为本”，甚至不承认心外有理的存在：

> 窃念心如明镜，妍媸自照，而镜不与焉；心如日月，万象毕明，而日月不与焉。故一日之间，百起百灭，而心固自若。当其放发时，心非诚亡也，只感物而动者然也，则操存克治之功，皆心之所为。而自操自治者，便是为敬，岂以敬操心，以敬治心哉？[《明斋先生遗稿》卷二十五《答郑万阳葵阳（乙酉九月九日）》]

明斋提出人之修养，应当“以立诚为本”。虽然朱熹也讲过“诚”字。但他所说之“诚”和明斋所说之“诚”有很大不同。朱熹说：“诚者，实有此理。”他的“诚”是作为“真实”和“实有此理”讲。而明斋所说的“诚”，则是指心诚。“诚”，就是克服各种私心邪念，诚实地按照内心善的要求去做。

明斋极力主张，存养应当“兼动静，则诚不可以静言也”。以动为主，言静，“此动中之静也”。以行为主，离开了行，就谈不上存养。学问要放在务实上，持在实际上，反对“随处随分，体认天理”的态度，提倡知行须相合，以行为主。他还说，道不能离开人的日常活动。明斋提倡实心实学：“惟当以实心加实功，求以无负于圣贤之训而已”，“学者留心世务，亦是穷理工夫”。读书“每句必求践履之方,若口读而心不体、身不行,则书自书、我自我,何益之有?”

从上看出,明斋的思想已明显偏离了程朱之学,或者说他看到了程朱思想中自相矛盾的地方。为解决矛盾,明斋发展了程朱哲学中过去不为人们所重视的方面,而偏离了一直为人们所看重的方面。这样他就十分接近主张“以其凝聚之主宰而言,则谓之心”、“七情具是人心合有的”、注重实践、提倡知行合一的王阳明和王学了。

有意思的是,在其著作中,明斋仍对程、朱保持很高评价:“盖性理之说,至程、朱而大备,无以复加矣,若欲求之于程、朱之外,则即是凿见邪说耳。”[《明斋先生遗稿·答奇子亮(乙卯)》]还对朱子学在韩国的主要代表退溪颇为推崇,当然也有一些正面批评,说退溪不必要分理与气、理与心为二。对阳朱阴王的李栗谷则敢于大加赞赏,“栗谷《理气书》,未知何处有疑耶”。

最值得注意的是,他在探讨问题时,却没有一字提到王阳明或王学,对这种奇怪现象较为合理的解释是,这与当时明斋所处的朝鲜朝特殊的政治环境有很大关系。他所代表的少论派正与老论派进行着激烈斗争,朝鲜官方把朱子学抬到十分崇高的官学地位,不允许任何人反对,而定王阳明及王学为伪学,予以肆意贬低。在这种气氛下,一部分少论派也只得攻击王学以自保。不用说假如明斋公开承认自己是阳明学者,甚或有一个字提到王阳明或王学,都会被对方抓住把柄,遭到极为残酷的迫害。当时与明斋对立的老论派的首领是宋时烈,控制着朝鲜朝堂,他虽然把自己坚持的哲学称为正直学,但对异己却是心狠手毒,毫不留情。他常常利用手中大权捕风捉影、捏造事实,将反对自己的人定为反对程朱的罪犯,逮捕入狱,杀戮“祸遍师友”。这种特殊情况使明斋不敢轻易表露自己的真实想法,但这并不能使明斋泯灭忧国忧民的改革之心,也不能以此否定他的阳明学的基本哲学倾向,他像所师奉的李栗谷一样,表面崇奉朱子学,内心却有着很深的阳明学色彩。明斋是朝鲜从朱子学向阳明学过渡的重要代表人物之一,在这一历史过程中做出了特殊贡献。

参考文献:

1. 张品端:《〈朱子家礼〉与朝鲜礼学的发展》,《中国社会科学院研究生院学报》2011 年第 1 期。

2. 余怀彦:《王阳明的五百年——中国与世界的王阳明》,贵阳:贵州教育出版社,2009 年。

3. [韩]李银顺:《明斋尹拯的生涯和思想的渊源》,《儒学研究》第 5 辑,1997 年。

朴世堂

朴世堂(1629—1703),字季肯,号西溪、西溪樵叟、潜叟。潘南人。郑思武门人。朝鲜朝中后期文臣、儒学家。谥文节。

一、生平

祖左赞成东善,父吏曹判书烒,母为观察使杨州尹安国之女。西溪出身于大姓之家,十岁接受教育,“既长淹贯书籍,而必探赜其义,穷解乃已”。十三岁入姑父郑思武门下修习。三十二岁时,西溪“举会试二等初名,冬擢增广甲科第一名,十一月例授成均馆典籍”,自此踏上仕途。西溪出仕时间甚短,四十岁时,以书状官使清归国后,痛感党争的险恶,“罢职,遂归于杨州水落山石泉洞而居焉”。此后两三年间中途虽曾短暂出仕,但都以回归隐居生活收尾,凡国君征召皆不赴,从此基本过着昼耕夜读的生活,把自己的精力全部投入了对古代典籍的注释中。

其学术成果,基本上是学问长期积累的产物。五十二岁时,西溪著《大学思辨录》;五十三岁时,著《新注道德经》;五十四岁时,著《南华经注解删补》;五十九岁时,著《中庸思辨录》;六十三岁时,著《尚书思辨录》等。西溪还曾著《穑经》,以为农事关系民生,不能不加以留意。七十三岁受政敌诋毁,被老论派指目为斯文乱贼,遭流放,经此打击几近病亡。后学将西溪的所有作品集为《西溪全书》,

并附年谱等资料,成为解读西溪生平与思想的最直接的重要文献。

西溪出身于大姓之家,家族之家风是正大光明。西溪考取文科状元后,因批评国王经常寻访温泉不理朝政而被罢官。儿子泰辅亦高中状元,在肃宗执政期间,因直言废仁显王后不当而受毒打,在发配边疆的路上死去。西溪令人在自己去世后于墓碑上刻"誓不低头"四字,深刻体现了西溪家族家风。

西溪的历史成就,得到时人高度评价。《西溪朴先生墓碣铭》记载:"又尝有取老庄书,以为其说道理,往往精至,为之注释。其解《老(子)》时,不出于薛考功(薛蕙,曾任明朝吏部考功郎中,著有《老子集解》)《集解》,盖先生未及见其书,而能偶合如此。若《南华》,则前无古人,后无能继。其可谓天授神解者欤。文章简洁雅健,尤长于论辨。其见人文,鉴别如神。"西溪自谓"吾读书不多,而惟能深思默究,洞见古人之心,故能以少敌多。无他,人不能精,而我能精故耳"。今人岂敢谓西溪"读书不多",此乃其自谦之辞。而"深思默究,洞见古人之心",既是实情,又是西溪的自信。故试图立足于儒家思想传统,解释西溪之一切举动,却未能洞见西溪之心,则不可谓知西溪也。

二、儒学思想及以儒释老

强昱在《海东朴世堂的老庄学》一文中提出,西溪被称为十七世纪大放异彩的学者,其与众不同处表现为他不是通过继承朱子思想,而是试图以孔孟思想解释道家学说和批评朱子对儒学经典的注释来恢复儒学元典的本来精神。宋时烈时期,栗谷学派以朝鲜性理学的正统自命,这时西人分裂,出现以宋时烈为中心的老论和以尹拯为中心的少论,标志着栗谷学派分裂。西溪不像宋时烈系统的学者那样固守朱子学,而是带动了新的学术潮流,在坚持栗谷学说的基础上，多少具有调和栗谷和退溪学说之倾向。西溪倾注毕生心血对儒家原始经典进行注解，除此而外，他还对《老子》和《庄子》进行注解，这表明了其实践性理学的性向。如西溪研究《老子》之目的是根据儒学观点评价《老子》，以最终实现儒学理想——修己治人。他认为《老子》中有许多关于“修己”（修身）、“治人”的道理，像“修之身，其德乃真；修之家，其德乃余；修之乡，其德乃长；修之邦，其德乃丰；修之天下，其德乃普”，与《大学》八条目相似。他解释说：“修之于身，则实德在我；修之于家，则推余而及人；修之于乡，则所施者渐远；修之于天下，则凡有血气者，莫不尊亲而德乃普矣。”（《新注道德经·第五十四章注》）他用儒家“推己及人”“扩而充之”之思想解释《老子》，企图说明修身治家、德惠他人、最终以德治天下的儒家理想。为此，西溪称《老子》“此章最醇修身”。西溪还批评朱熹对六经的注释，并指出六经之趣旨是从“浅近”开始而至“深远”，这才是了解事物之正确途径。然而，今日学者超越浅近而追求深远，如此方法必导致失败。他认为，程朱学风与六经之本旨相异其趋，舍去紧要的日常之物，而沉溺于追求深远之物，正是程朱学风之弱点。所以，西溪试图重释六经正是为克服此弱点以恢复六经本旨，而这也符合孔子“下学而上达”的学问精神。

强昱认为，西溪老庄学的理论成就主要体现于《南华经注解删补》与《新注道德经》这两部作品中。然而，两者分量相差悬殊。这当然与《老子》言简意赅，而《庄子》文词繁富不同有关。

据西溪自述，从汉代来，“后之说老子者，多宗晋人，以为微言妙义，讹而又讹，益可悲也。余观明陈深所为《诸子品节》，载《道德经》八十一章，其笺解不著姓氏，疑亦是深所自为者。及林希逸所注，皆舛谬不足以得其十一”。因此，出于“不可使其意不明，重误后世”的目的，“故辄于暇日，略为疏释云尔”。据西溪介绍，陈深

“明时人,字子渊。生万历间,编《诸子品节》,采入诸注”(《南华经注解删补·采辑诸家姓氏》)。而林希逸(鬳斋)是南宋时人,著有《庄子口义》等,其注以会通儒道为宗旨,较为肤浅。西溪感到当时流行于朝鲜的陈深与林希逸之作,与老庄之真精神存在着巨大矛盾,为纠正这一错误倾向,他以自己的体会对《道德经》之旨重新予以注解。“新注”一方面是指超越“晋人”,这当然是指作《道德经注》《老子指略》的王弼;另一方面,直接针对陈深与林希逸的不足。西溪认为,老子“其道虽不合圣人之法,其意亦欲修身治人。盖其言约,其旨深”(《新注道德经序》)。他既承认老子与孔子之道不同,又不贬低其价值,认为老子五千言“其言约,其旨深”,老子之道在于“修身治人”,与孔子没有根本冲突。

西溪之老庄学,以明代著名学者焦竑《老子翼》与《庄子翼》为蓝本,加以删增而成。与焦竑《老子翼》集注与自注结合的著述形式不同的是,在《新注道德经》中,西溪基本以自注的形式阐明自己的认识,仅有少量引文。细读其作品,在《新注道德经》与《南华经注解删补》中,其所依据的思想对象,存在明显差别。表面上,他不满王弼玄学,但实际上根本无法摆脱王弼玄学的巨大影响。当然从另一方面看,汉魏以后对《道德经》的注释,基本上不能脱离河上公或王弼的范围,西溪之注也不例外。

对照西溪的相关论述,可基本判断《新注道德经》的目的在于通过对老子思想内容的揭示,说明内圣外王之道的真正意蕴。西溪承认儒家学说具有相当价值,但其终行至道家自然无为的境地。这一认识特点在《南华经注解删补》中,又被集中而具体地予以了论证。与《新注道德经》不同,《南华经注解删补》遵循了《庄子翼》集注与自注结合的形式,因此容量巨大。现代研究者畏于篇幅浩繁,对西溪老庄学的研究往往以《新注道德经》为主要对象,实际上严重偏离了西溪老庄学之思想重心。

宋之前的《庄子注疏》完整流传于后世者，仅为郭象与成玄英之作，而宋元以来的重要作品，又几乎都曾为焦竑《庄子翼》取资，可以说焦著包容了明代之前各家重要之说。从西溪《南华经注解删补》的情况看，当时他虽不曾直接阅读道藏，但借助焦著提供的丰富资料，已十分熟悉前人的理论，这为他建立自己的老庄学奠定了坚实的基础。其作品中引述者多为宋人作品，但真正的理论归宿依然在于魏晋玄学。隋唐五代重玄学，对他也有某些直接的影响，从思想发展的全局看，这是隋唐心性理论的进一步发展，没有根本的认识变化。

因此，强昱认为，西溪老庄学的思想来源，表现在两个方面：就文献学说，来自明代的焦竑；而就思想渊源来说，则主要来自郭象、成玄英、陈景元、褚伯秀。陈景元与褚伯秀之作是宋元以来最具有理论深度的道家作品，在道家思想史上具有重要地位。西溪以"论性最精"评价庄学，深刻领会了庄学的精神实在在于自我解放的理想追求。

另外，对于那些激烈攻击儒家的庄学言论，西溪通过考据手段，证明它们出自老学派人物之手，认为它们不符合庄学固有立场。而且，他还通过对原典的阅读发现，庄子从未正面批评儒家，凡是尖锐批评儒家的段落，都是对其他人物言论的引述，目的仅是从不同方面证明自身(庄子)思想的完善深入，起到一种认识衬托作用。这样，西溪的《南华经注解删补》就既可通过文献与思想内证两方面线索，把诋毁儒家仁义之说的内容，剔除于庄学之外，以保障在不违背社会主流思想的条件下，发挥内圣外王之道的真精神；又可在认识上坚持庄学思想，建构超越众家的判断。

强昱指出，西溪广泛吸收了宋元以来老庄学的精华，以前后一贯的方法使庄学内外杂篇的矛盾得到说明。因此,在注释体例上,《南华经注解删补》较之前人之书更加严谨。西溪除形式上保留传统“篇目注”外,在内容上也选择了一些宋金元时期学者的注释,作为对郭象注的补充。整部著作,总是先列郭注,再以他说,然后提出自己的“按”语(其实就是自注),最后则把褚伯秀的“总论”,作为全篇总评,形成首尾一贯的严整系统。郭注基本被全部利用,而其他各家的注解则时有删减。这样的结构安排表明,他对郭象思想的重视程度超出了他者。另外也应当特别注意,褚伯秀的“总论”在西溪的思想意识中占有重要地位。道家经典诠释学方法论,发展至西溪《南华经注解删补》,就其基本形式来说,可以说达到了历史顶点。

最早以一种逻辑象征的方法,说明同一经典不同篇章的前后排列,具有一定象征意义,今天可见的实例,是东汉赵岐的《孟子章指》。不过,这种方法在中晚唐时代已经式微,而褚伯秀对此却情有独钟,更出人意料的是,十七世纪末的西溪,依然没有放弃这种传统的经典诠释方法。

除对思想性问题进行细致解释外,西溪对字义与史实等皆有认真考证,这些内容构成了其老庄学的重要组成部分。这一方面内容,分量可观。而他的注文中可以看到他的学术态度,尊重前人劳动,不论赞成反对,总要提出相应依据与理由,以理服人,从无攻击谩骂之辞,对自己没有把握的各家注释,坦率承认不能做出判断,充满了探索真理的精神与求实的科学态度。虽然他极为推崇庄子,但措辞用语皆据实而论;虽认为庄子某些论断存在瑕疵,但其思想深度以及救世情怀,足可见其人格之伟大。不论是对史事之考证还是对作品内容之分析,都深合著述要求。

西溪对内篇《大宗师第六》,外篇的《在宥第十一》《秋水第十七》《知北游第二十二》,杂篇的《庚桑楚第二十三》《徐无鬼第二十四》《寓言第二十七》等的注释明显较他篇为详,可见西溪理论兴趣之重点。过去人们以为,对庄子文章结构的探索,是清代桐城派文人所为,但实际起始于褚伯秀。他不仅认为内篇前后具有密切关系,而且认为每篇各章节之间也存在着严格的逻辑。这在庄学史上是一重要变化。西溪继承了这些精神遗产,把它作为理解庄学的要素之一。他选择褚伯秀的“总论”作为总评一篇之提纲,显然赞同褚伯秀的意见。

强昱指出,西溪选择老庄著作作为自己学术研究的归宿,这一态度表明,西溪认为道家对“圣人怀之,众人辩之以相示也”的思想文化冲突现象的认识水平超出了其他学派。他向往“知止其所不知,至矣”的精神境界,可当时社会的现实又无法实现他的理想,只能通过对道家精神的阐发,寄托思想情感。于是他复申此意,“洪迈所云置论言意之外,而玄之又玄者,实深得注家之膏肓,即此而亦可见也”,不能把庄学理解为无聊的文字游戏,其各种喻说,乃“喻超俗之士,志在高远,非鸹机伏槽之所得同也”。他已深契“置论言意之外,而玄之又玄”的精神气质,其“志在高远”者,就是能够使内圣外王的老庄精神落实于现实生活。

从根本精神旨趣来看,西溪认为庄子的思想认识比老子更为深刻完善。与此相关联,他认为儒道两家在终极追求上,并无实质性矛盾。强昱通过细考西溪的论述,发现西溪对儒家亚圣孟子之偏爱超过了对于至圣先师孔子之肯定。西溪仅引用过一次《论语》,说明保持自我的君子所具有的独立人格。除此之外,他所引“性与天道,不可得而闻”,则是明显否定孔子对终极哲学问题提出过深入认识。而他屡次引用《孟子》,以证实孟子与庄子认识上的一致。这一重要现象,可以透露出他的目的绝不是要把道学儒学化,而是要把儒家的真理包融于庄学的理论建构中。儒道一致的认识,不过是为道家,尤其是为庄学,争取一个合法的甚至是等同于圣人真理性认识的地位。外、杂篇的真伪问题,在宋元以来的研究者中,引起过广泛讨论。王夫之的研究结果,基本代表了这一历史时期关于庄学文献方面的成就。西溪之研究虽晚于王夫之,但因王夫之之作品在生年尚未刊行,因此,他应当是独立得出了与王夫之几乎相同的认识。以域外人士治中国学问,能达到如此精深的水平,令人赞道。

参考文献:

1. 强昱:《海东朴世堂的老庄学》,《中国道教》2005 年第 1 期。

2. [韩]金庸载:《朴世堂〈思辨录·论语〉小考》,《儒学研究》第 29 辑,2013 年。

3. [韩]赵民涣:《朴世堂的〈新注道德经〉道论的儒家哲学理解》,《孔子学》第 23 卷,2013 年。

4. [韩]尹丝淳:《朴世堂的实学思想相关研究》,《亚细亚研究》第 15 辑,1972 年。

朴世采

朴世采(1631—1695),字和叔,号玄石、南溪。潘南人。金尚宪、金集门人。朝鲜朝肃宗时代文臣、儒学家、“东国十八贤”之一。谥文纯。

一、生平

曾祖大司宪应福,父为弘文馆校理漪,母为申钦之女。南溪出身名门,与朴世堂、朴泰维、朴泰辅为同族血亲,宋时烈之孙宋淳锡是其女婿。出身名门又才学突出的南溪在政坛上发挥了重要作用,但他的一生也因复杂的政治现实跌宕起伏。

1649年,南溪中进士,进入成均馆修习两年后放弃科举,开始研究李珥的《击蒙要诀》,并十分尊崇。1659年,南溪受荐任翊卫司洗马,后因礼讼事件被流放到杨根、砥平、金谷等地。此后,南溪全身心投入到学问研究中,熟读《小学》《近思录》《大学》《中庸》,将其中难解之处著成《读书记》。研究程、朱有关《春秋》的学说,并搜集了二百多种文献资料做补充,著成《春秋补编》,又以“经”为切入点完成了《心学至诀》。1680年“庚申换局”,南溪重登政坛,历任司宪府、承政院同副承旨、工曹参判、大司宪、吏曹判书等职。在政治立场上,老少论分立之后,南溪便站在少论派一边了。

1689年,“己巳换局”后南溪再次辞官隐居,这个时期是他创作的顶峰期。其间,南溪同少论派的郑齐斗书信来往密切,反对阳明学,阐明了儒学之道统渊源。

南溪在《跋心学至诀》中提出了自己的儒学思想:

> 学者所诵法洙泗洛闽而已。然洙泗之学,以求仁为主;洛闽之学,以居敬为要。其旨将不同耶?世采窃闻之,仁者心之道,而敬者心之贞,盖致其贞,所以思合于其道。则圣门之告仲弓、樊迟殆必由此云尔。苟以其义而推之,所谓居敬之于求仁,不特无所异,而为更亲切的当者审矣,是诚不可以不知也。尝观寒冈郑文穆公发挥真氏心经,间且类聚论敬之说,以便学者之受用,意益恳至。第其为书,语本源则多所遗,语条理则多所阙,语文义则多所复。采自始读时,不无少疑,乃今二纪于此矣。僭不自量,辄敢搜辑整顿,参以近世浦渚赵公《持敬图说》,别成此书,以究其意,岂公所以有待于后学者,自不得不然耶。又窃闻之,学者能实用其力,虽主一两言之训,犹为剩赘,如其不然,言愈多而心愈杂,所以病乎敬者愈深,使人玩诵,不觉惕然于中,庶几因此一息未泯之前,不敢有懈也。既以自警,且为手书,以贻同志诸君云。(《南溪先生朴文纯公文正集》卷六十九)

南溪在儒学方面的著作主要有《阳明学辨》《天理良知说》《理学通录补集》《伊洛渊源续录》《东儒师友录》《三先生遗书》《新修自敬编》等。1694年,“甲戌狱事”发生,南溪实际上成为少论派的领导人物,同南九万、尹趾完等人议论文庙祭祀问题,积极主张实施《大同法》,在黄海道等地丈量田地作为以税代赋的依据,开设铸钱局铸“常平通宝”。

二、性理学与礼学

南溪的学术倾向同十七世纪朝鲜朝内外政治背景有着重要关

系，具有显著特点。第一，政治上南溪坚持尊周大义，主张朋党荡平论。南溪意识到朝鲜内部之党争是阻碍国家发展之祸，提出消灭党派的主张。第二，坚持学问的系统性和连续性。第三，批评、排挤异端。第四，维护社会规范，遵守礼学。

南溪在《理学通录补集》中强调守护道统，阐述了中国儒家传道的脉络和系统，并在《东儒师友录》中说明了朝鲜道学的渊源和学统。

南溪在其著作《古本大学》《大学问》《致良知》《朱子晚年定论》中批判了阳明思想，其对阳明学的批判是站在守护道统的立场上的。此次批判源于其弟子郑齐斗尊崇阳明说并写下《拟古诀南溪书》。南溪在《南溪随笔录》中列举了孟子、退溪、栗谷等先儒的观点来批判阳明思想。

南溪从朝鲜理学史角度出发，细致地梳理了退溪、栗谷理气动静、四端七情论等主张的异同及其根源，并阐述了自己的主张。

> 退溪以涵养兼动静，而以存养专言静；栗谷以存养兼动静，而以涵养专言静。然胡季随曰："戒惧者，所以涵养于喜怒哀乐未发之前。"程子曰："言存养于喜怒哀乐未发之前则可。"此皆专言静之说也。程子又曰："涵养须用敬。"孟子曰："存心养性，所以事天。"此皆兼动静之说也，当随其义而通之，恐不可一例看。延平所谓静中看喜怒哀乐之谓中作何气象，专是涵养工夫，而谓于进学有力，何也？盖学者于读书穷理之际，其心若浮躁昏昧，不能宁静，则其学必无以明察义理，裁制事物，而有所进步矣。是故每即其静坐之中，有以看喜怒哀乐未发底气象为何如，则涵养自至，明睿益生，观理应事，各得其当，而能有所进矣。此与伊川致知在所养，养知莫善于寡欲之言同意。

真西山论朱子非杨、吕说及《延平行状》,有若彼先此后者,恐未深考也。《延平行状》作于隆兴癸未,朱子年始三十四,非杨、吕说,即指《中庸或问》,《或问》作于《章句》之后,则此是晚年议论明矣。又尝答门人之问曰当时下得体字太重,其意亦可见。勿斋程氏谓整齐严肃及收敛不容一物,皆敬之始也;主一无适及常惺惺者,皆敬之成也,甚不然。此四者彻上彻下,初无浅深精粗之别。故在学者则勉而为学者之敬,在圣人则安而为圣人之敬,正如仁义之行仁义由仁义行之异也。然此亦以工夫功效不得已而分言之,岂有就此四者之中,以整齐收敛为敬之始,主一惺惺为敬之成?若于其间,真有浅深精粗之判者哉,不然朱子亦何以曰若是敬时,自然主一无适,自然整齐严肃,自然常惺惺,其心收敛,不容一物,以此四者都一齐说去,而不分次第如勿斋之说耶?其末端所谓主一,亦有浅深云者,又与上文矛盾,览者详之。

《虞书》曰:“人心惟危,道心惟微。”朱子释之曰:“指其生于形气之私者而言则谓之人心,指其发于义理之公者而言则谓之道心。”孟子曰:“恻隐之心,仁之端也;羞恶之心,义之端也;辞让之心,礼之端也;是非之心,知之端也。人之有是四端也,犹其有四体也。”朱子释之曰:“恻隐羞恶辞让是非情也,仁义礼智性也。”《中庸》曰:“喜怒哀乐之未发谓之中,发而皆中节谓之和。”朱子释之曰:“喜怒哀乐情也,其未发则性也。”《礼运》曰:“何谓人情,喜怒哀惧爱恶欲七者,不学而能。”此诸经人道四七之说也。退溪作《天命图》曰:“四端发于理而无不善,七情发于气而有善恶。”高峰疑之曰:“子思之言,道其全者,而孟子之论,剔拨出来者也。若谓四端发于理,七情发于气,是理气判而为二物也。七情不出于性,而四端不乘于气也。”退溪又引《朱子语类》“四端理之发，七情气之发”之说以破之，于是高峰遂从焉。及牛溪读《中庸序》，谓退溪四端七情理发气发之论，为与人心生于形气、道心原于性命之意合。栗谷论之曰：“人心道心，以私意正理，相为终始，兼情意而言，七情则统言人心之动，四端则就七情中择其善一边而言也。今欲两边说则遵人道，欲说善一边则遵四端，欲兼善恶说则遵七情。且退溪既以善归四端，又曰七情亦无不善，是四端之外，别有善情也。孟子只举其大概，安有不本于仁义礼智而为善情者乎？朱子所谓发于理发于气，不过曰四端专言理，七情兼言气尔，非若退溪互发之论，而大本不一也。”其后牛溪亦从焉。此诸贤四七人道前后往复之说也。

理之发气之发之说，以愚观之，朱子之意，固有所在，是岂其语之病哉？退溪硬看分拖而失旨，栗谷疏看衡格而不得其旨，盖体本一，用始有二，体本善，用始有善恶。体者何，性是也；用者何，情是也；性者何，本然在气质是也；情者何，七情繇五性是也。然则性理而情气，性非无气，情非无理，理气固非有二。若是言之何？性虽在气质，四端直出之时，不见其为是气，可以理专言；情虽繇五性，七情感动之际，必因是气而后发，可以气专言。然则性无为而情有动，气宰乎理，理变于气，性情固非有二。若是言之何？人生气禀，固亦有善恶，然其未发，理实湛然，气未用事，斯谓之体一而善，性发为情，固惟可以为善。然其气顺而率乎理，原于天命，理乖而流乎恶，出于人欲，斯谓之用二而善恶。然则七情全而四端偏，盖七情之主气，以感动而为名，是体用之大分也。四端之主理，以直出而为言，是善情之独得也，亦犹性之本然气质，可以互举而言也。苟其大意如此，虽曰某底理之发，某底气之发，夫何有不可？

《中和第六书》，前一段以心之动静论，后一段以敬之存察论，然其所论必先以体用分之，而继言其相须之理，则前后犹一辙焉。唯所谓必有节焉者，与上文不能不动为异。盖动静者，中和之分也。虽动静不同分，而静未尝无动，动未尝无静。存察不同功，而存固以为察，察固以为存，是所谓体用之相须也。繇此而言则后之知觉不昧，犹前之不能不动，是即静中之动，而后之品节不差，犹前之必有节焉，是即动中之静。但其所论，不免心与敬之各有主尔，然其大体固已如此，而其于辞意之略相参差何哉？《论语·贫富章》集注，义理无穷以下，即释其斯之谓与之意也。盖子贡初以无谄无骄，为处贫富之至，及闻夫子乐与好礼之训，便以谓非特此道为然。是知天下之义理无穷，虽或有所得者，不可遽以为足，而又不自勉焉。故遂引诗之所称既切复磋既琢复磨已精而益求其精者，以为正指此意而云尔。此殆所谓赐也闻一知二之验也欤。学谓习其事，思谓求诸心，习其事，即效其所为，虽有行底意思，而非如专指践履者，亦可知矣。思只是思其所习之理。（《南溪先生朴文纯公文正集》卷五十四）

可见南溪意图从学理本源上折中退、栗的主张。

南溪是朝鲜近代著名学者，其《范学全编》六卷，集古今《洪范》诸家注释之说，间或参以己见，发明《洪范》之学义，又附以《河图》《洛书》《皇极内外篇》及箕子传记、事迹以阐明之，有功于范学大矣。冠、婚、丧、祭四礼为世俗日用之礼，宋后学者解释四礼都根据《家礼》，但时代有变化，礼制也有变异。朴氏认为，金长生已对丧礼进行系统著述，便专门针对冠礼、婚礼、祭礼三礼编著《家礼要解》。此书以《家礼》为主，兼采众说，同时参照朝鲜民俗，其著述目的在备人日用，所以有些地方未必尽合古礼。此书虽附图说，但对三礼名物位置并未详考。

《南溪礼说》是南溪平日与友人及学生谈论礼制的言论，由其学生金真卿从南溪遗集中辑出，共二十卷，其篇目、次序基本按照《家礼》，并参照金长生的《疑礼问解》。个别增添礼目，如书院礼、王朝礼等《家礼》《疑礼问解》所无之内容，则仿金集所撰《疑礼问解续》之体例，另立条目。此书将有答无问、有问无答、一事重问、问同答异的内容都一一载录，以供参考，提问时间并提问者姓名也一一注明。如有一问兼及数事，或一问与其他条相通，则详细注明见于某条，以便于互考。本书体例完整严密，详于议论而疏于考证，重在当世适用。

南溪师从清阴金尚宪，博闻笃行，是十七世纪强调守护道统、批判阳明思想的儒学守卫者，为朝野推重，视为儒宗。

代表著作有《南溪礼说》二十卷、《六礼疑辑》三十余卷、《范学全编》六卷、《春秋补编》诸编。又有《南溪外集》《心经标题》《心学至诀》《读书记》《朱子大全拾遗》《诗经要义》《大学补遗辨》《心经要解》《学法总说》《南溪随笔录》《家礼要解》《家礼外编》诸书。

参考文献：

1.［韩］刘延锡：《牛溪后学的栗谷性理学理解与批判》，《栗谷学研究》第 23 辑，2011 年。

2.［韩］高英镇：《朴世采的学问和儒学史认识》，《韩国思想史学》第 32 辑，2009 年。

3.［韩］都民宰：《南溪朴世采的性理说相关考察》，《儒教思想研究》第 7 辑，1994 年。

4.［韩］李英子：《朴世采退栗折衷论的背景和特征》，《韩国思想与文化》第 49 辑，2009 年。

赵圣期

赵圣期(1638—1689),字成卿,号拙修斋。林川人。朝鲜朝中后期学者、儒学家。

一、生平(据赵正纬《行状》、徐宗泰《墓表》整理)

父郡守时馨,母青松沈廷扬之女。府君资禀刚毅,气节卓伟,耻拘儒曲士之态,而雅有谦逊恭恪之意,负英豪俊杰之气,而辅以清高峻洁之操,超然远览,挺然特立,自有不可犯不可慢之色。而若其接人之际,胸怀洞豁,襟韵恢疏,绝去边幅,不设崖岸,诚意充积,和气蔼然,使见之者人人爱敬自生,鄙吝潜消,莫不以为郁然君子人也。其为学也,工夫竭平生之力,究览极天下之书,尝以朱夫子不读一书则阙一理之语为至训,圣人之经、贤人才士之籍、百氏之记、历代之史,以及道佛之书、稗官之说,无不浸淫玩索,旁稽博考,而一皆本之于思,思而会之于心,欲使其明无不照,灵无不觉之全体大用,明而通之,操而存之,以尽其本来体段。养以冲恬之趣,积以岁月之久,志意静专,功用积累,所见日益精明,所知日益高妙,凡于阴阳造化之奥、天人性命之本、伦常物类之则、象纬历数之隐,无不探赜研精,妙契玄悟。至于皇王制作之源、历代沿革之变、礼乐法度之宜、兵民财赋之要、治乱兴亡是非得失之归、贤愚邪正出处进退之机,吾学之门路工程,异端之偏蔽虚假,下逮文章字画词赋诗律之微，举皆贯穿本末，统括终始，次第条理，了然于心目之间，规模节奏，范围于意度之内，融而通之，合而一之，纵横活络，触处洞然洒然，若冻解冰释。则府君之于格致之工，其亦庶几乎析精合大，贯通逢原之境乎。

明善诚身，虽有先后，水到船行，自无二致，真体发露，浮妄消除，气听于理，心命乎物，虽于外面容貌辞气喜怒动作，一任其天真，初不屑屑于检制收束者，而表里真妄之间，轻重既判，心术隐微之中，私枉不萌，明白通达，洒落真实，凡世间功名利禄毁誉荣辱，其他凡百嗜好可以娱心悦意者，无一毫动其中者，视之若朝衣之于涂炭，浮云之于太空。而其日用云为之际，酬酢应接之间，忠厚恻怛，诚笃恳至，皆自实德实理中流出。则府君之于学，可谓几于大成，而优入于堂室者矣。每曰吾虽一寒士，而即三百年世禄之臣也，亦何间于立朝食禄之人哉。唯以其所得于心者，乐以忘忧，向道一心，其诚可贯金石，其嗜殆若刍豢，因其所已知，益致其精，推其所未尽，以达其余。潜神性理，究圣贤言外之旨，玩心高明，乐鸢鱼活泼之妙，怡然自适，不知老之将至。而晚又于心字理字，着意尤紧，每于疾势之稍间，辄拥衾而起，瞑目端坐，淹过一两时刻，使精神静一，心源昭澈，因以默察乎是理体段之真、流行之妙，随境圆满，无所欠缺者而乐之，因叹曰夫以一霎时疑定之功，尚能使斯理立地主张，不为事物所胜，况平居涵养功深，真得蹊径者乎。此实出于府君谦让之意，而亦可见其静中体验之功矣。

又每以吕东莱看史之法劝人，又尝自出新意以谕之曰："天下万事，本此一理，是以人有古今之异，事有古今之殊，而理无古今之异，凡吾之精神志虑之不及古人者，只局于一个气禀，而非理为之间隔也。以今日心中所具之理，验古人日用已发之事，则其理固跃如，而其事必了然，今吾同得乎是理而同发乎是事，则岂有能应于古，而不应于今者乎?”府君既洞见道体之大原，体验者愈力，运用者愈熟，德气日充，明睿日生，殆有日新又新之效，而不幸中道而卒。府君又于晚年，每以春花秋菊、日暖风和之日，辄具酒壶，仍邀常所往来之人，分赋诗章，一觞一咏，高谈亹亹忘倦，而奇思滔滔自运，顷刻或至数十篇，风调散朗，谐谑间作，非只欲消遣病里无聊之怀，亦以寓萧散闲适之趣，而其所玩而乐之者，正在于观天机之流动，阅造化之至理，感慨流连之意，有非世人所可窥测也。又尝插莲花于净瓶，养梅葩于小盆，而置之坐隅，终日相对欣然，仍以发之于歌诗，自吟自乐，其一段幽情古意，自有超然于世俗尘臼之外者矣。

府君尝有书论金溪之学，现捉真赃，烛破心术，一一剔拔，更无遗蕴，比之陈东莞之攻辨王氏者，尤为详核切实，而攻其短，亦不没其长。有宋诸儒之后，最尊许鲁斋，以为人品之高，规模之大，后来无及者。本朝儒先则尝称退陶，以为学的最正，言行最粹，而晚年工夫尤为难及。栗翁则以超诣之资，有经济之才，而其忠孝大节，令人敬服。花潭、南冥虽有病痛，而皆有力量，亦能做得事者也。呜呼，府君以格物穷理之学，为内圣外工之道，忧爱之切，初感于先忧后乐之希文；义理之辨，深得于毫分缕析之北溪。伯恭之看史，分外仔细；河汾之讲道，体用兼具；谙炼治体，最爱敬舆之文；开拓心胸，亦取同甫之长；兼采众腴，毕收群善，以成吾之大，尽吾之美。而又尝以贾谊为未粹，宣公为未大，仲淹为未究，同甫为太劳攘，卒之返本会宗于紫阳朱夫子，平生读书穷理，所得所疑，无不折中取证于斯焉。胡致堂之议论英发，无人及得；谢上蔡之言谈宏肆，善为启发，高洁介特，超然党论之外，诱掖奖劝，多所识拔之人。又有徐孺子、郭林宗之遗风，刚而不猛，直而不激，清而不隘，廉而不刿，慕古而不泥，应俗而不混，伟乎其志，卓乎其业，可谓百代之宗师，千古之逸民也。

盖论学于秦汉以下洛闽以前，则道德与事功而分歧，儒业并时俊而角立，非不无卓荦之奇才，经术之名儒，而学古则泥迹，计功则背道，各占其偏，鲜得其全，或慕其全，未究其至。屈指千载，孰有如府君之合天人贯古今一理事，论道必根于天德，言治不违乎正理，明开眼目于义理昭旷之原，牢定脚跟于波流奔迸之际，一扫俗儒冒妄粗浅之习尚，直指圣学坦明正大之路脉，真可以质之前圣而俟之百世者哉。以如是之才力，以如是之志业，生于海外偏邦，世衰道丧之日，病甚玄晏，穷逾楚望，世共羞卑，人无赏音，而时或发之论议，见诸文字，欲奋绝学于有宋千载之下，欲回至理于唐虞三代之盛，宜其闻之者惊以为诞，见之者笑以为狂，虽或有从游讲学之人，而既无明知的见于自家胸里，则亦安得深信斯人之学果得其真才果足挽化也哉。况世儒以依样掇拾为学，粉饰外面，妆撰古说，以为树立标榜揽取名誉之地，而我既无禄位容貌之动人，其所为言，又皆撞着实处，不少假以色辞，则此不但惊而笑而已。或斥之为事功，或诋之为异端，众楚群咻，合力而排之，其得免于祸厄，亦幸矣，尚何望其真有一人之知己哉。

近岁儒学，长于步武礼法、金石古训矣，而未闻有穷格功深，以至于通神会极、洞彻天人之奥者。世之论者咸谓拙修斋赵公之学，专以思索而得之，盖于一朝豁然贯通者庶几焉，而超然于俗学之涂辙矣。

从零星的资料可见，拙修斋出身官宦世家，祖上均为朝廷要员。拙修斋少读儒书，本来有志于举业，但因身体状况欠佳，遂绝缘于科场，潜心著述。

二、儒学主张

拙修斋治学以朱熹为依归，在《答林德涵书》中他曾经描述为学之方曰:“鄙人当初为学得力处,专由于考亭之书,故平生读书穷理,一切所得所疑,无不折衷取证于考亭之书。而于诸圣贤中,所专心取法,亦莫如考亭。但常自点检其日用言行之际,则与考亭所训多有不相似者,故心切愧缩,不敢轻以考亭为口实。至于邵尧夫之易学、吕成公之史学,以关洛为宗,傍稽载籍,于鄙人气质,深有相近可喜处,故取以为师法,而其实尊慕两贤,何可及于尊慕考亭之心之笃也。”李焯然指出,拙修斋可以说是一位忠诚的朱子追随者,虽然他未能通过科举考试谋得一官半职,施展抱负,但从他的思想可见,他仍是一位满怀热诚、处处以经世致用为考虑的儒者。他特别关注为治的规模,指出:

> 盖为治不在多言,顾力行如何,而力行亦必有一定不可易之规模。既有三代王佐之规模,又有汉唐小康救时之规模。规模亦不徒立,其维御损益更革运用之妙,必随其所当之世纲纪风俗治乱盛衰大体之如何,而救弊通变,曲适其宜,方不至虚着败局,而有所补益于世道生灵。(《拙修斋先生集》卷四《与林德涵书》)

拙修斋认为,治国的规模需要适时而变,即必须考虑到当世的纲纪风俗,斟酌损益。他进一步指出朝鲜朝的当务之急:

> 盖今日规模之急务,莫先于尚质救文。而欲尚质而救文,又必以宽大敦朴为本,静审严重为用,然后旧弊可革,新功可就。盖宽大敦朴,静审严重,非质也。然而必宽大敦朴然后浮伪细巧之习不行,而元气不漓,力势浑朴矣。必静审严重然后轻易颠倒之患可绝,而动作中节,事皆的确矣,苟如是则不期质而自质矣。至于文具之弊,盖我国立国之规模尚文,而尚文之世,文具自多。及至治教渐衰,人心渐漓之后,所谓文具者,只是假文具,而国初着实之文具,亦不复可见。文具之极,酿

成百弊，今日世道人心膏肓之疾，因文具而辗转沉痼，日增月益，终至于莫可救遏者。其弊有六，浮伪、惰慢、轻浅、细刻、守谬规、喜姑息六者，而其归则主于各成其私意而已。夫此六者非文具，而但非文具则六弊无自而生。若去此六弊，则所谓文具亦无以独存。夫六弊不去则文具日盛，文具日盛则本质日亡，而国必至于危亡而后已。(《拙修斋先生集》卷四《与林德涵书》)

拙修斋指出，朝鲜面临着文质问题及影响世道人心的“六弊”，并指出如果以上的弊端无法革除，将导致国家危亡。李焯然指出，从拙修斋的时代背景和言论来看，他明显受到朱熹理学的影响。

从当时人的记载可知，拙修斋是一位恪尽孝道之人，他对小说传奇亦甚有研究，重要传世著作有《彰善感义录》。后人赵正纬在为拙修斋所撰《行状》中说：

其居家也，晚侍太夫人于一堂，其所以承奉之节，爱敬之道，随事致诚，靡不用极。虽在困顿呻吟之中，必扶杖而起，入拜于内。怡声下气，愉色惋容，使太夫人致其悦豫而忘其忧疾之心。至于饮食起居之节，亦必潜询嘿察，不弛其喜惧之志。每时节又必私求其尝所嗜好之物而进之。太夫人聪明睿哲，于古今史籍传奇，无不博闻惯识。晚又好卧听小说，以为止睡遣闷之资，而常患无以继之。府君每闻人家有未见之书，必竭力求之，得之而后已。又自依演古说，构出数册以进。苟有可以悦太夫人之意者，虽甚劳弊心力之事，乐自为之，不觉沉疴之在体也。(《拙修斋先生集》卷十二)

拙修斋因为要为其母解闷，常常“依演古说”，《彰善感义录》就是在这样的情况下写成的。《彰善感义录》是一部表彰忠义孝悌的家庭小说，讲述了明代嘉靖年间兵部尚书花郁宠爱其子花珍，然而花珍为其兄琫及大娘沈夫人所妒而饱受折磨，却毫不生怨，终于以孝悌感化琫及沈夫人，并为国立功，深受皇恩，荣极一时的故事。

该书开篇，即表明立场：“大凡人生，无论男女贵贱，而必以忠孝为本。友爱慈敬之心，乐善行德之意，一皆从斯而出也。”小说共分十四回，从回目的内容可以看出整个故事离不开忠孝节义。

《彰善感义录》以明朝嘉靖年间政治冲突下奸相严嵩及儿子严世蕃横行霸道、迫害忠良为背景。因为故事牵涉的人物众多，除兵部尚书汝阳侯花郁及其三位夫人沈氏、姚氏、郑氏和众子女外，尚有姻亲、朋友、同僚等人物穿插其中，以致故事情节发展颇为杂乱。历史上涉及当时政治冲突的人物，如夏言、徐阶、海瑞、赵文华、杨继盛、戚继光、赵公遂、马铁、林润、白琼、柳圣让、孙植也出现在故事中，读者若非对此段历史有比较深入的认识，把握情节发展会有一定的困难。

纵观《彰善感义录》的故事内容，宣扬忠孝节义之语到处可见，往往借人物之口加以表达。如第二回，沈夫人责骂花珍，花珍痛哭仰对曰：“人生天地，五伦为重；五伦之中，父子尤焉。父与母一体也，小子虽无状，母亲何忍以此言加之乎？”小说虽然没有特别阐明或引述《孝经》的内容，但书中也曾提及《孝经》。第六回《慈悲观世音　义气都御史》中说忠臣南御史在十岁时已经写成《孝经》一部，大抵暗喻《孝经》对该人物日后成长的重要和影响。《彰善感义录》的结局，也未离开善有善报、恶有恶报的道德教化主题。在第十四回的故事结尾，人物或团圆善终或升官拜爵，沈夫人因知悔改，得享晋公之福三十年而终，晋公哀慕之如丧郑夫人，而成夫人亦以寿考终。晋公年八十告老，与二夫人还绍兴，“童颜不衰，风骨翛然，望之若神仙”。作者叹曰：“噫！忠孝，性也；生死祸福，命也，非吾所知也，但当尽吾性而已矣。”可见，《彰善感义录》在结局部分宣扬善报的观念，重申忠孝仁义的重要性。

拙修斋在少时写成《理气说》，认为理气不可分。二十岁时，写成《退栗两先生四端七情人道理气说后辨》，论辩李滉、李珥的学说，文中阐明了自身对四端七情的见解，提出了本然命物，乘气流行、浑融合一、分开各主四个学说。

> 心者，理气之合也。夫天命之在人者谓之性，性即理也，而理不能自用，必因于气，此心之必合理与气者也。故理必寓乎气而立，而实为气之主宰，乘气而动静，气本原乎理而有，而反为理之壳子，盛理而流行，所以理无无气之理，气无无理之气，必相须而为用，浑合而不相离。而是心也虽妙用不测，循环万端，而究其所以，则实不过乎理与气合，气发理乘而已。然而就气发理乘之中，细分而言之，则又有理乘气而动者，与气寓理而发者。
>
> 何谓理乘气而动？人既具仁义礼智之性则必有仁义礼智之情，故见孺子之入井则仁之理便动而恻隐之心生焉，得嗟来之食则义之理便动而羞恶之心生焉。礼智之理，亦随所感之异，而各出来以应之。斯则有辞让是非之心，虽局于气禀之偏，物欲之昏，而所具之理，终不可以蔽亏。故因所感之正，而天命之本体，便乘气而行，而初非气使而然也，此所谓理乘气而动。而人莫不有是性，故虽下愚不能无道心者也。
>
> 何谓气寓理而发？人既赋是形以为生，心之知觉，实寓行于血气之中，而气不能无欲焉，则宜其耳目口鼻之所接，视听言动之所发，是身上情欲利害血气之私用，最为易感易觉，而不容已者也。故耳欲于声，目欲于色，口欲于味，鼻欲于臭，四肢之欲安佚，而凡他知觉之动于形气而出者，无非此心之从气而发，不得谓之理发者也。第其发也，气未有独行之时，必寓

所以发之之理焉，实亦无非此心之流行。而且饮食男女之欲，亦人之所必有者也。但不可以此而认食色之性混天理之真，故理气之发，分而为二，此所谓气寓理而发。

而虽上智不能无人心者也，盖人心也道心也，俱是是心之发，俱是气发理乘。而或名以人或名以道，于理于气，既各有所主，而公私危微之用，终有不同，何也？夫道心者，固非一段别样之心出于人心之外，亦是气用事后感于物而生，而但此仁义礼智之道理，自赋命受生之初便具，不待于形骸之用物欲之感而始有，故名以道心而不杂乎形气之私。人心者，亦非外道心而自生，固尝因是理而方有此知觉运用。但此食色血气之欲，必因口体外物，而生于有我形质之私，不能自大本上发出来，如四端之本具于心中，故名以人心，而不杂乎性命之正。是以原道心而论则气既为载理之器而为理所乘，理之发见，气不能违，而不得不命于理，故其发也粹然道义，无有不善。但被人心隔了一重，而义理之蕴，微妙难著，故发之不遂，为气所掩，而放焉则流于人欲，而初非道心之罪也。原人心而论则理既坠于血气形质之中而气为之主，理无以管摄，虽理之在知觉，初无二理，到此界分，本末宾主之分，大相不同。而重隔形气之理，非复性命本体之发见，则气之作用，理但寓于其中而不得不囿于气，故其发也血气主张，善恶未定，而气本蔽物而不能思，蔽物而不思则将逐物走作，无所思量存省，以为宰制克治之功，故一有之而不能察焉，则欲动情胜，惟其所之而不知自反，凝冰焦火，渊沦天飞，其危有不可胜言，而终必至于灭天性而斁物则矣。必赖里面天理之点检，人心为道心之节制，然后方归于正，而初非人心之为也。

至若七情者，就性发为情处，总指其目，而泛言人之心之用,大抵统论是心气发理乘虚灵知觉之识而情之大圈子也。其中理乘气而动者为道心,气寓理而发者为人心,禀气清而气听命于理则发而中节,无往而非善,禀气浊而气不听命于理则发而不中节,始流于不善,固无分于人道,亦无所分于人道。而朱子曰:“喜怒,人心也,喜其所当喜,怒其所当怒,乃道心也。”

又曰四端发于理,七情发于气,每以四七分人道理气而言,何也?七情者,只言喜怒哀惧爱恶欲之情,而不言喜怒哀惧爱恶欲之正。且已发之情,非气则无以发,而又非若四端之专主理一边而言,则是但为气质之用。而如物至知生好恶形,而无拣选而发者,皆不得不为人心之发于气者也。四端虽发之者是气,而所发处在理而不在气,理宰乎气,而气不能蔽乎理,故谓之理发,而不得以发之之气杂而混称之也。虽然若硬着以四端为理发而属乎道心,七情为气发而属乎人心,切然分两边言则不可。七情固非专指气发,亦非专指理发。而心固无二发,性固无二情,四端亦不出是情之外。今若如是分言,则是四七自不相关,而心有二发、性有二情,其为悖理,不亦甚乎?故须知夫七情者混沦而言则固包四端在其中矣,与四端相对而言,始可分理气。而其喜其所当喜,怒其所当怒,哀惧其所当哀惧,有拣选而发,源于天命之本体者,自当与四端同实异名,而属之于理一边。其发于气者,特言其能喜能怒能哀能惧,但为是心知觉之发,而不脱乎气质粗浅上者矣。苟明乎此则四端七情虽分理发与气发,而其名义各有所从来,无不通者,而初无害于本来兼人道合理气之七情也。由是观之,人心道心七情也虽分言,而有三者之异,而其同为是心之发,同为气发理乘则依然故在矣。(《拙修斋先生集》卷十一)

参考文献:

1. 李焯然:《通俗文学与道德教化——〈伍伦全备记〉与〈彰善感义录〉的比较》,《南京大学学报(哲学·人文科学·社会科学)》2009 年第 4 期。

2. 彭雨:《〈彰善感义录〉中儒家伦理思想研究》,延边大学 2013 年硕士学位论文。

3. [韩]李胜洙:《拙修斋赵圣期论序说》,《韩国思想与文化》第 12 辑,2001 年。

权尚夏

权尚夏(1641—1721),字致道,号遂庵、寒水斋。安东人。朝鲜朝中后期文臣、性理学者。谥文纯。

一、生平(据韩元震《寒水斋先生年谱》整理)

辛巳皇明毅宗皇帝崇祯十四年,先生生于汉城铜岘之第,幼而岐嶷,仪表异凡,见者咸知其为德器也。庚寅,是岁市南俞先生适来衙中,见先生极加称赏,许以公辅之器。先生请学《书传》期三百注,一闻即晓,市南益奇之。乙未,聘全州李氏,世宗大王别子广平大君玙之后,郡守赠领议政重辉之女。庚子,参馆学请栗谷、牛溪两先生从祀文庙疏,同春堂宋先生请留疏,先生以南学掌议主疏事。壬寅,拜尤庵宋先生于堤川,尤庵先生时在伯氏任所,先生往江陵历拜。癸卯,参馆学请两贤从祀疏,又参辩诬疏,金钢等投疏诋诬两贤,先生以馆学疏色上疏辩诬。乙巳,拜同春堂宋先生,时同春堂先生入京,先生往拜之,同春堂先生甚加期许。先生尝语人曰:“吾先事春翁,深蒙眷爱,温宫进对时,亦以同春、尤庵两先生并称臣师。”先生盖尝师事同春堂,而实在少年时,故其往来请益,出入始终,后人无得以追考而详记云。丙午,率馆学儒生上疏,申请栗、牛两先生从祀,又请留尤庵先生,先生为疏头。丁未,上疏请勿执送漂海华人于清国。己酉,参馆学请神德王后祔太庙疏,先生以太学掌议主疏事。辛亥，七月行议政公权厝于黄江，先生自是专心为己之学。馈奠之暇，每读《中庸》一遍，终三年未尝一日或废。先生于书，无不研穷，而《周易》《中庸》用力最深，故其讲解精义，多有前人所未发者。常以《周易》誊本二册置之案上，朝夕披阅，至晚年犹然。癸丑，七月行禫事。往拜尤庵先生于水原。甲寅二月，往拜尤庵先生于清州华阳洞。

肃宗大王元年乙卯正月，参尤庵先生申辩疏。时尤庵先生有远窜之命，先生将辩其冤，草疏入京。己未正月，作《阴阳五行图说解》。作《太极说》示季弟尚游。庚申闰八月丁酉，谒忠州剑岩书院。戊戌入华阳拜尤庵先生，时尤庵先生蒙恩，还自长鬐，先生往拜，仍留讲《春秋胡传》疑义。辛酉八月，往拜尤庵先生于华阳，校《心经释疑》，九月丙辰讫工。仍陪尤庵先生游巴溪，丁巳辞归。十月往拜尤庵先生于华阳，有《大学问目》、答李公世弼《心经释疑问目》。壬戌正月，往拜尤庵先生于华阳。十二月，往拜尤庵先生于骊江，讲《退溪集》疑义，参校《朱子大全札疑》，与崔公邦彦、李公喜朝，共执程书分类之役。癸亥二月，往延丰，与黄公世桢校《同春先生年谱》。

乙丑正月，往拜尤庵先生于华阳。尹拯父宣举曾有江都失节之累，自谓惭恨自废，从事学问，为息黥补劓之计。尤庵先生哀其志而嘉其新，与之交，其后尹镌改注《中庸》，慢侮圣贤，尤庵先生斥之以斯文乱贼。丙寅十一月，仍观龙湫三日而还，说乐斋成，远近学子稍集，构成数间屋子于寒水斋东江岸陟起处，为肄业藏修之所，颇有胜致。丁卯四月，往拜尤庵先生于兴农，讲朱书，分类程书。戊辰四月，往拜尤庵先生于华阳，因尤庵先生书招往拜，与金公昌协同校《朱子大全札疑》。庚午十一月，答闵公镇远《经义问目》，时闵公废居读书，留意经学，有疑有得，辄具录以质于先生，有

《论语》《小学》《大学》问答。壬午二月，往参楼岩书院享事，与诸生讲《玉山讲义》。三月庚戌，往谒楼岩书院，与郑公联枕，仍会诸生讲经义数日而还。四月往谒丹岩书院。癸未六月，因李厦成疏诬尤庵先生，上疏辩诬，仍斥朴世堂毁经诬贤之罪。壬辰九月，拜大司宪。十月，上疏辞职，不许。戊戌正月，东宫遣宫官问进讲册子，不对，问以师傅故不敢对，上疏辞职。己亥，作《勉斋集辨说》。勉斋之文集前未行于东方，季公以副价赴燕，始得其书而来，其论五行、七情、《论语集注》等说，多与朱子说不同，而易为学者眼目之眚，故先生略举其差谬忒甚处以辨之。辛丑七月，遣玉堂官问进讲册子，书启略曰顷年臣以《圣学辑要》进讲之意，仰陈疏末，盖是书实圣学之指南，典谟雅训，悉备于此。

先生于先贤，最慕栗谷先生，尝称曰全体大用之学，朱子后一人也。又曰《击蒙要诀》《圣学辑要》，可比《小学》《大学》。朱子后作者虽多，未有可以拟此者。辑要之书，虽是编辑古语，然非真知其理而若出诸己者，其采摭精密，置水不漏，安得如是哉。且其规模大而门路的，编帙少而理事备，其在学者精力之已衰，人主机务之甚繁，难于读书者，尤为要切矣，故于屡承进讲册子之问，辄以是为对。八月丁丑，病革。乙巳正月，赐谥文纯公，配享楼岩书院。

遂庵出身汉城府，为孝宗、显宗、肃宗三朝巨儒及西人党成员，是老论党首宋时烈、宋浚吉之门人，宋时烈思想之继承者。著有《三书辑疑》《寒水斋集》等。

二、理气心性论

在主气思想方面，遂庵继承了李珥和宋时烈的理气观。遂庵认为李珥提出的“气发理乘”具有深刻意义，符合孟子的基本精神。因此，他认为李滉主张的“理气互发说”是不妥的，只有“气发说”是正确的。门人尹凤九在《寒水斋先生文集序》中说：

天下之义理，莫大于理气心性。儒者之学，亦莫切于理气心性，从古圣贤，言之详矣。而惟人物圣凡之分，不能无同异得失之别，学者于此，苟不能究其类而明其实，其于学圣人思辨之工何哉。我寒水斋先生，学于华阳宋先生，由溪潭而溯洛闽，以承洙泗之渊源，其说一遵诸圣贤遗训，克阐继开之业，观于是集可知已。呜呼，真可谓载道之文也欤。盖理本浑然，初无不同，而敷施运用，全在于气，气不齐也，理之随气而赋于物之异，体亦万殊而绝不同，性指人物所得之理而称者也。

吾人仁义礼智之性，与牛马鸢鱼耕驰飞跃之性，以类而群分焉。孔子言天地之性，人为贵。孟子言犬牛人三性之各异，朱子因孔子之言，明其所以然而曰："人之生，得其正且通者，故其性为最贵。"又释孟子三性之别曰："仁义礼智之禀，岂物之所得以全哉。"此言人物之性不同也。心盛性之器也，统言则该性情，单指则气也。朱子谓心，气之精爽，是其体段，虚灵不昧，静而具五常之德，发之为四七之用。然所谓精爽亦气也，因其所禀，各自有别，孔子之言不逾矩之心、不违仁之心、日月至焉之心，已有生知、学知、困知之等。程子有气清才清、气浊才浊之说，朱子以才为心，而谓程子之言才尤密。又曰人之所以为学，以吾之心，不若圣人之心，苟无异也，尚何学之为哉。至于栗谷先生则直曰虚灵亦有优劣，此言圣凡之心不同也。

古圣贤立言诏后，若是明切，而自近年来，众言派分，莫之归一。先生疏源涤流，卞析开发，其曰各指其气之理，而亦不杂乎其气者，人物性不同之谓也。其曰气质指心而言者，圣凡心各异之谓也。其抽键启钥，默契道妙于千载之后者，真如符节之不爽矣。本源既正，故论经说礼，随处朗然，见于知旧答问者，亦皆阐明本义，羽翼斯道。宋先生所以书朱夫子《秋月》寒水之句，以寓传心之微意，而楚山授受，又不啻丁宁者，岂非以道之所存，文在乎兹也耶。所可恨者，以先生富有之业，终身丘壑，自拟于北窗清风，又受身不出言出之戒，虽爱君忧时之念，发于至诚，而终无一言概及，岂先生果于忘世，实斯世之不幸也。然先生之四十年林下闲居，专于讲道，以寄言语文字，传示后学，是亦世道斯文之一大幸也。

遂庵讲学于清风的黄江书院，其门徒众多，而最杰出者为南塘韩元震(1682—1751)和巍岩李柬(1677—1727)。韩李二人重气的思想表现在“未发心体善恶”问题、“人物性同异”问题等方面。韩李二人的探讨就是朝鲜半岛儒学史上著名的“湖洛论争”。论争由遂庵引发并启其端，遂庵曾提出人物性异之说(湖论)，南塘力主师说并力图加以论证与说明，巍岩则不赞成此说而主张人物性同之说(洛论)，于是他们就人物性同异问题以及与其关联的未发时之心体是纯善抑或有善有恶问题展开了长期而又深入的讨论。

十八世纪到十九世纪在湖论和洛论两派人物之间开展的“湖洛论争”，亦称“人物性同异论争”，论争的焦点是人与禽兽草木(统称为物)的道德本性是同还是异。这是关于人与自然道德问题的争议，是人如何认识除己以外的他者的问题，内含着“主体”与“他者”这一深刻的哲学问题。

先是遂庵在其弟权尚游与朴世采(号玄石)论及人物性同异问题疑而未决时，提出人物性异之说：

语其理则无不全，论其性则有偏全。何者？天赋之理则未尝不同，但人物之禀受，自有异耳。先儒曰，性命只是一个道理，不分看则不分晓；不合看，又离了不相干涉。知斯说则几矣。盖尝论之，盈天地之间者，莫非物也，而物物之中，莫不有所以然之理。斯理也，命之曰太极。太极者，极至之谓也。何以谓之极至也？其为体，至神至妙，不可名状，故特强名之耳。是以论其一原则冲漠无眹，万象森然，此所谓统体一太极也，语其万殊则万物之中，一理贯通，此所谓各具一太极也。虽然统而一之，非所以集而成也，散而万之，非所以割而分也。本体之中，流行具焉，流行之中，本体存焉。无彼无此，岂有大小，不见有余，宁见不足，要之不过曰至神至妙而已。凡物有形体然后方可言彼此，有彼此然后方可言大小，有大小然后方可言偏全，是物也既无形体，又无彼此，虽欲言大小偏全，其可得乎？然此只言理之本然也。

若论人物之性则又有其说，盖非气则理无所寓，非理则气无所宰，天以阴阳五行，化生万物，气以成形，理亦赋焉性之为名，于是乎立矣。唯其气质之禀，有万不齐，故理寓于气者，亦不得不有万不齐。栗翁之诗曰："水逐方圆器，空随大小瓶。"尽善谕也。是故飞走之性，不得与人同，草木之性，又与飞走不同。如木之气禀得重则仁底意较多，金之气禀得重则义底意较多，虎狼之父子，蜂蚁之君臣，其大略也。唯人也，禀五行之正气以为形，则亦得五常之全体以为性，斯其为万物之最秀，而圣人又其秀之秀者也。由是观之，性之本体，初无有不全，而其所以有偏有全者，气之为也。气全则性全，气偏则性偏，又何疑乎？是以栗翁之言曰："人之性，非物之性者，气之局也。人之理，即物之理者，理之通也。"惟此一言，可谓发千古不传之妙矣。［《寒水斋先生文集》卷二十一《太极图说，示舍弟季文兼示玄石(己未正月)》］

以理与性有所分别为基础，遂庵认为，天所赋予人与物之理虽同,但因人与物气质之不齐使得人物之性有偏全,故人物之性异。遂庵此论,与朱子《中庸章句》《孟子集注》的说法有所关联。

朱子《中庸章句》注释“天命之谓性”称:“天以阴阳五行化生万物,气以成形,而理亦赋焉,犹命令也,于是人物之生,因各得其所赋之理,以为健顺五常之德,所谓性也。……人物各循其性之自然,则其日用事物之间,莫不各有当行之路,是则所谓道也。”人与物皆禀理而具健顺五常之德亦即性,故朱子此语显然表示人与物之性同。《孟子集注》注释“生之谓性”则称:“性者,人之所得于天之理也。……人物之生,莫不有是性,亦莫不有是气,然以气言之,则知觉运动,人与物若不异也。以理言之,则仁义礼智之禀,岂物之所得而全哉?此人之性所以无不善,而为万物之灵也。”人与物皆禀天之理而具性,但仁义礼智之性只有人能禀其全而物则不能得其全,故人之性无不善,为万物之灵。朱子此语之意似乎与《中庸章句》不一致。其弟子黄颢(字商伯)就此问过朱子,朱子解释说:“论万物之一原,则理同而气异。观万物之异体,则气犹相近,而理绝不同也。气之异者,粹驳之不齐。理之异者,偏全之或异。”(《朱子全书·答黄商伯》)朱子认为,从万物存在的根据与本原来看,万物所具之理皆同而所禀之气则有异;从每一具体的物之间各不相同来看,物与物之间气相近而理有异。按照这一解释,朱子前一句话似乎主张人物性同,后一句话似乎主张人物之性异。朱子上述两种不一致的说法,正是遂庵、南塘、巍岩提出各自主张的来源与依据。当然,紬绎朱子之解释,前一句话确实主张人物性同,但后一句话则表示理因万物之间气禀之不同而使其表现的程度有异,并非指人物所禀之理亦即性有不同。

湖洛论争的另一个主要论题便是知觉论。儒家对道德实践的理解有两个方面。第一种理解是,人的道德实践是人本身善的本性的自然流露或实现,即人都有仁义礼智的德性(道德的素质和能力)。这是一种天然的本性,只要不阻碍这种性的流露,人都是可以具备道德的。从根本上来讲,道德实践是在性本身的自然实现中真正发挥作用的。道德实践的主体就是性(德性),道德实践就是性本身的实现。这种情况下,道德实践强调的不是意志、义务或责任,而是德性,并要求扩大或强化这种德性。第二种理解是,人自觉意识到客观的规范,并将它在自己的心理或行为上有效地反映出来。这种自觉和有效实践的主体是心。实际上,与道德实践相关的知识也可以从两个方面加以理解。从第一方面的道德实践来讲,知识具有智的自我流露的性质。这时候,知识意味着对道德是非的分辨,是道德实践的一个实际行为。恻隐是仁的表现,羞恶是义的表现,辞让是礼的表现,道德、是非是智的表现。这在原理上是不允许任何反省认识行为介入的。孟子所说的良知、良能即指此。同时,从第二方面来讲,知识作为对规范的知识,是心的认识(知觉)行为的结果。这时候,知识是与性(智)毫无联系的其他层次的东西。但是,知觉与智的确毫无关系吗?遂庵对此阐释说:

> 三洲之见,尝以为知觉自有体用,守之甚确。愚则曰知觉心之用,虚灵心之体。所以灵,所以知觉者,智也。譬之于镜,知觉是照也,灵是明也。智者,所以明与照之理也。然则训知觉者,或作心之用,或作智之用,何所不可。今必分之曰是非是智之端,知觉则只可属于心,而不可属于智。若是则心性为二物,而天下有性外之物也。岂可乎哉?[《寒水斋先生文集》卷十三《答李公举(七月)》]

遂庵强调心的诸般状态并不是在性之外的。他认为,心并非单独存在于性的自我实现以外。未发的心是性,已发的心是性的自我实现。即心并不单独存在于性情(性发为情)一元以外。这与农岩金昌协的观念不同,没有特别重视与性相区别的心的独立的主宰作用。遂庵的这一观点后来在韩元震致信遂庵批判金昌协的知觉论时得到了阐发和系统整理。

> 洲丈之以知觉为不可属智者,其说有三。一以为,知觉专一心之德,智则居五性之一,不可以专一心之德者,偏属于居五性之一者。……一以为,知觉气之灵也,智则性之贞也。不可以气之灵者,为性之用也。……一以为,知觉具此理,而行此情者也。若是智之用,则智之用安得以具此理而行此情也,则是似不察乎?……智亦能包五性,而为一心全体之德也……则是似不察乎。知觉属智者,以理之乘知觉发见者为智之用,而非直以气为性之用也……则是又不察乎?知觉谓智用者,只以动一边言之。若通动静言之,则未发而知觉所具之理,专言之则智也;已发而知觉所行之情,专言之则智之用也。而二说初不相妨也。[《南塘先生文集》卷七《上师门(辛卯五月)》]

南塘认为,是非不是智的用,知是非才是智的用。即四端中所说的是非是以受到知(或者说知觉)的作用为前提的。是非的(性)理——智,不是客观的是非,而是分辨是非的知的根据。这样,智是一般性的认识作用,即心的知觉活动的根据。知觉是心的用,同时也是性(智)的用。可以说,这继承并提炼了其师遂庵对金昌协的批判观点。他进一步说:

> 愚谓所以知是非一句,以能所言之,则知者吾心之知也,是非者事物之是非也,知为能而是非为所。今洲丈去其知字,而以是非为吾心是非之情,则是以事物之为所者,为吾心之能。而朱子所谓吾心之能者,未免截去而直废之。其于朱子之说,可谓一切相反而倒置之矣。此老每以学者不能辨能所

为病，而于此却自不免焉，则诚非可喻，盖吾心能知是非而其所以能知之理即智也，则即此书所以深明知觉之属乎智而心性之无二用者也。若曰心之知觉与知是非之知不同，则是又此老所尝讥两知觉者，非愚之所敢知也。[《南塘先生文集》卷七《上师门(辛卯五月)》]

他指出，如果把知觉与智分离开来，就会存在心一分为二的问题，知觉和知是非实际上是属于同一个过程。如果说洛论派强调的是心、性、情之间的区别，那么湖论派强调的则是心、性、情的统一。其观点的差异最终在于是否承认心具有与性相区别的独立性。湖论派认为人的全部活动源于性，因此人的道德实践当然也都源于性，心在道德实践中所起的作用也就是次要的了(虽然并不是完全忽视心的作用)。湖论派不把性与气分离开来，并强调其现实性——从这种思路来考虑，他们主张人物性异论也就是理所当然的了，这与他们缩小心的作用有关。相反，洛论派则强调心的独立性和作用。

参考文献：

1.［韩］宋钟化：《遂庵权尚夏的心性论》，《韩国哲学论集》第35卷，2012年。

2.［韩］金龙宪：《权尚夏的理气心性论和思想史意义》，《东亚文化研究》第45卷，2009年。

3.［韩］金文俊：《遂庵权尚夏的春秋精神和道学思想》，《韩国哲学论集》第23卷，2008年。

4.［韩］南明镇：《遂庵权尚夏的学问和思想》，《儒学研究》第6辑，1998年。

郑齐斗

郑齐斗(1649—1736),字士仰,号霞谷。汉城人。丽末名臣郑梦周后孙。朝鲜朝中后期阳明学者、江华学派泰斗。谥文康。

一、生平

霞谷先祖圃隐郑梦周为高丽名儒,有"东方理学之祖"的称号。霞谷为圃隐十一世孙,右议政郑维城之孙,考尚征,妣韩山李氏。少时受教于李璨汉、李商翼和李星龄,三人均为宋时烈和宋浚吉门生,故霞谷深受西人学风之影响。二十四岁科考失败,于是放弃科举,全心投入到学问研究中,师从朴世采和尹拯,研究经学和心学。《遗事》曾言霞谷应举业时,已能够通经书及礼乐、数学、诸子百家、天文、地理、医学等,自废举业之后,专治经学,尤以心性之学、务实之行为主。

据《行状》记载,霞谷自1680年表明在学问源头上有取于阳明以来,直至1687年,不仅未得到南溪朴世采的认可,还不断受到批评、劝告,此点可从《南溪集》记载中得到印证。事实上,不止南溪朴世采,还有诸多同党友人,如尹拯、崔锡鼎(号明谷,1646—1715)、闵以升(号诚斋,1649—1698)等,均与霞谷论辩不已。可以说,在当时以朱子学为正统的思想环境之中,对阳明学表示好感的霞谷几乎处于一种孤军奋战的境地。但是,霞谷在与朱子学者的争论中，深入研究阳明学，发扬光大了阳明学的精神，进而创建了“霞谷学”，成为江华学派代表人物。门人李震炳说：“霞谷先生以醇粹之资，负特立之才，超然于俗学之中。……德器自成，心与道合，泯然无际，睟和之气，盎于面背。其所知之博则于帝王为治之道、阴阳造化之理、万理万物之变，无不融会贯通。”（《霞谷集·祭文》）

门人尹淳说：先生“乃曰所论虽千言万语，若不务实德，尽归文具，唯在默而成之，不言而信而已矣。于是反躬实践，务本力行。以为天下万事之本，在于正心，而正心又在于慎独，此乃为学之根本也。……故世之学者为人，而先生之学为己；世之学者务于外，而先生之学专于内”（《霞谷集·门人语录》）。

二、儒学

据李甦平《论郑霞谷的阳明学思想》一文，霞谷学的主要内容如下：

1. 生气论

李甦平认为，霞谷学的显著特点或基本特点，是把“气”概念引入阳明学，所以在这种意义上可以称霞谷之学为主气心学。而霞谷之所以重视气，正是朝鲜学术界理气之辩的具体反映。

被誉为朝鲜朱子的退溪是朝鲜朱子学主要代表。他对朱熹思想予以全面继承和发展。在理气观上，退溪主张理先气后的理一元论，认为“理为气之帅，气为理之卒，以遂天地之功”。而与退溪齐名的另一位重要学者栗谷李珥，则反对退溪的理一元论，主张理气妙合论。在理和气的关系问题上，栗谷既反对退溪的理一元论，又批评徐敬德的气一元论，而主张调和二者，认为理与气同时形成世界之本原，“非理则气无所根柢，非气则理无所依著。既非二物，又非一物,非一物故一而二,非二物故二而一也。非一物者,何谓也?理气虽相离不得,而妙合之中,理自理气自气,不相挟杂,故非一物也。非二物者,何谓也?虽曰理自理气自气,而浑沦无间,无先后,无离合,不见其为二物,故非二物也。是故,动静无端,阴阳无始。理无始,故气亦无始也"[《栗谷先生全书·答成浩原(壬申)》]。栗谷的这种理气观被郑霞谷摄取,演绎出"生气论"。霞谷学"生气论"的内容,主要有以下两点。

第一,大气元神。

霞谷认为,气充满天地万物之中,无始无终,是无限的,而且气是生动活泼、生生不已的。他说:"窃谓大气元神,活泼生全,充满无穷。神妙不测,而其流动变化生生不已者,是天之体也,为命之源主者。"[《霞谷集·存言(中)》]在这里,郑霞谷虽然没有明确提出"生气"概念,但其思想中的气是"元神",是"活泼生全""神妙不测"的,是以"生生不已"为机能的,即为"天之体、命之源"。进而,郑霞谷把气之生生不息之机能比喻为"相火"。他说:"气之用皆是相火。故如凡动气嗜欲,皆是相火也。"[《霞谷集·存言(上)》]

此外,霞谷从医学角度论证气为"命之源"。他说:"录曰:'婴儿在母腹,只是纯气,有何知识?是一点纯气。'……医经曰:'心主脉,脉舍神(脉者血气之先)。'又曰:'一息不运,则机缄穷;一毫不续,则穹壤判(是先天一气,先天之灵。人之脉者是血气之妙、神之主也,是理之形体也)。'"

第二,理气非二。

霞谷之理气观与栗谷之理气观很接近。栗谷表明自己的理气观说:"理气元不相离,似是一物,而其所以异者,理无形也,气有形也,理无为也,气有为也。无形无为而为有形有为之主者,理也;有形有为而为无形无为之器者,气也。理无形而气有形,故理通而气局;理无为而气有为,故气发而理乘。"[《栗谷先生全书·答成浩原(壬申)》]这表明,栗谷的理气观从性能分析,是"气发而理乘";从结构分析,是"理通而气局"。这一理气观被霞谷摄取和发展。

关于理和气之关系,霞谷说:"理者,气之灵通处,神是也;气者,气之充实处,质是也。一个气而其能灵通者为理(是为气之精处、明处),凡其充实处为气(是为气之粗者、质者)。"(《霞谷集·睿照明睿说》)理为神,气为质,理是气的灵通处。这种观点与栗谷理通气局、气发理乘的观点很接近,即强调理与气之合。

关于理气不分的思想,郑霞谷在《存言》篇中有更明确的论述,如:"其以心性以言于理气者,以其性有善恶、心有邪正,故以此而以善者为理也,邪与恶者为气也。遂以其性者为理,心者为气;理为善,气为恶,遂以此分岐者,如此耳。然其实,只一理也,只一气也,不可以分贰。……气亦理理亦气,性亦情情亦性。……又以心有主理而言者,有主气而言者,其言亦似明,而实非。心只是理也,亦只是气也,不可以分贰也,故只可以言理也。"[《霞谷集·存言(中)》]

李甦平认为,霞谷此处所言主要表明了三层意思。第一层意思为霞谷对程朱理学和退溪学将心与性、理与气分离开来,视理为性为善,视气为心为恶进行了批评。这种思路正是程朱、退溪惯常讲论的内容,霞谷对此批评道:其实又是一个气,只是一个理,因为理与气不可以分为二物。第二层意思为霞谷明确指出"气亦理理亦气"、理气非二,这种观点是对栗谷理通气局、气发理乘思想的发展。之所以说是发展,是因为霞谷这里所说的"气亦理理亦气"、理气非二之实质是以气为价值视角而做出的评论。如上所述,霞谷认为一个气,其灵通者为理,其充实处为气;气之精处、明处为理;气之粗者、质者为气。可见,霞谷之理气观强调的是气。第三层意思即霞谷追随阳明,亦讲“心即理”。按照霞谷以气为质的理气非二价值观发展,必然可以得出“心即气”这一命题。霞谷说过:“心只是理也,亦只是气也,不可以分贰也。”但是,他又强调理是“气之灵通处,神是也”。这种人心、神明上之生命元气,就是他所讲的理,又特命名为“生理”。而这样的“理不出于此心”,故只可以言“心即理”。为此,霞谷也说过“气者,心包气膜”这样的话。

2. 生理论

李甦平指出,“生理”是霞谷学之重要概念,也是韩国阳明学之独特用语。霞谷所说“生理”出自王阳明《传习录》,是对王阳明思想的深化和发展。霞谷将“生理”这一概念进行了深化,并加以哲学界说。他说:

> 一团生气之元,一点灵昭之精,其一(或无一字)个生理(即精神生气为一身之生理)者,宅窍于方寸,团圆于中极。其植根在肾,开华在面,而其充即满于一身,弥乎天地。其灵通不测,妙用不穷,可以主宰万理,真所谓周流六虚,变动不居也。其为体也,实有粹然本有之衷,莫不各有所则,此即为其生身命根,所谓性也。只以其生理则曰“生之谓性”,所谓“天地之大德曰生”。惟以其本有之衷,故曰“性善”。所谓天命之谓性、谓道者,其实一也,万事万理皆由此出焉。人之皆可以为尧舜者,即以此也。老氏之不死,释氏之不灭,亦皆以此也。凡夫之贪利殉欲亦出于此,而以其掩弊也。禽兽之各一其性,亦得于此,而持其一端也。此即其生身命根,所谓“天地之大德曰生”。然惟其本有之衷为之命元,故有不则乎此也,则生亦有所不取,利亦有所不居。[《霞谷集》卷八《存言(上)》]

郑霞谷以上所言,是从人身论、人性论、宇宙论三方面理解“生理”的含义的。所谓“人身论”，霞谷认为生理就是精神，与生气为一身生理。它存于方寸间，“植根在肾，开华在面”，充满全身，这是生气之元，又是灵昭之精。这就是说生气的根源与智慧精华相结合，就是生理。所以，生理是生气之灵通性所在。而就“人身论”而言，生理是生身命根，也就是心。

所谓“人性论”，霞谷认为，有了生理，人人皆可以为尧舜。霞谷把“生理”之体称为“衷”，三次强调“衷”是生理“本有之”的。关于“衷”，霞谷解释说：“性者天降之衷，明德也，自有之良也，有是生之德，为物之则者也，故曰明德，故曰降衷，故曰良知良能，故曰秉彝。自有之中，故曰天地之中。生生一理，於穆流行者，性之源也。赋予具全，同流无间者，性之命也。”[《霞谷集·存言(下)》]可见，“衷”是明德，是良知良能，而且是“天降之”，即先验地生而有之的。正是由于“衷”是明德、是良知良能，所以“性善”，人人皆可以为尧舜。而当“衷”即良知被掩蔽时，则“凡夫之贪利殉欲”，这就是恶的起源。

所谓“宇宙论”，霞谷认为，“生理”可以弥乎天地，灵通不测，妙用不穷，使天地生生不息。因此，它可以主宰万理，“万事万理皆由此出焉”。生理是宇宙间万事万理的本原。

可知，“生理”在郑霞谷思想中是“心”，是“良知”，亦是万事万理之本原。郑霞谷之所以特别提出“生理”这一概念，是为批评朱子学之“理”的概念。他认为朱子把气道之条路称为“理”，就是称气之根源为“理”，这种理是空虚的，如同枯木死灰一般，没有任何生气。

3. 生道论

李甦平指出，“生道”这一概念在郑霞谷思想中又相当于“良知”。霞谷明确说过：“恻隐之心，人之生道也。良知即亦生道者也。”郑霞谷思想之“生道”，就是指生命之根本和原理。按上述引文分析，“恻隐之心，人之生道也”，即言“恻隐之心”是生命的本原。霞谷认为，作生命根本的生道是“恻隐之心”，亦是“仁”。“仁”为天之体、性命之原。这表明霞谷是性善论者，他认为如果不扩充善性，仁理灭绝，“生道”就将覆灭。

致良知之过程，即将“仁”之善端扩充之过程。这一过程也是“生道”亨通之过程，性命之原扩张、显现之过程。否则，遏制善端，灭绝仁理，将无复生道，生命根本亦将枯竭。可见，郑霞谷十分重视“仁”“善”。他视“仁”“善”为性命之原、“生道”之本，也表明其道德情感色彩，即从“恻隐”“仁”“善”这些道德角度来把握“生道”（良知），诠释“生道”（良知）的。如他谈到“良知”时，多以“恻隐之心”来解释。“良知即是恻隐之心之体，惟其能恻隐，故谓之良知耳。”“恻隐之心是人所固有之良知也。”

“生气”（气）、“生理”（心）、“生道”（良知）构成了霞谷学之基本概念和主体思想。在《霞谷集》中，阳明学之基本命题如“理气”“良知”“心即理”也曾出现、使用，但霞谷又常用“生气”“生理”“生道”等独特概念。这一方面说明霞谷之思想是对中国阳明学的发展，另一方面也表明了霞谷学是一种强调生命智慧的哲学。“生气论”阐明由于气之生生不息，才有活泼的生命之生生不已；“生理论”说明正是由于生理永不停息地运动变化，它才成为宇宙生成之命根；“生道论”表明流行发育、化化生生的生道（良知）是宇宙之原理、生命之根本。这一个“生”字，凸显了霞谷学对宇宙生命的终极关怀。生生不息的元气是宇宙生命之根本，而对“仁”、对“善”的不断扩充致尽，则是宇宙生命长青的本根。

李甦平提出，郑霞谷之阳明学思想一方面是对南彦经、张维、李睟光等朝鲜朝前期阳明学者的继承，另一方面则是对朝鲜朝性理学者对阳明学攻击之反击。

吴震研究指出，根据霞谷门人李匡臣（号恒斋，1700—1744）记载，霞谷初年致力于朱子之学，但是对于朱子“格致之训”“即物穷理”等学说终觉抵牾而未有所入，于是求学于周濂溪和程明道之书，觉其“道体工夫之实处则浑全简易，未见有离析。至如心即道、道即心，心外无道、道外无心之说，尤有默契而妙合焉”（《霞谷集·门人语录》）。中年得阳明书读之，觉其致良知、知行合一之说“乃有发周程所未发者，遂乃跃然省悟，专心致知于此。非故欲求异于考亭，只是于根本大体与功夫入门处，不能无离合繁简之差而然。然尊信考亭，亦未尝不笃”（《霞谷集·门人语录》）。参照其他有关文献记载，所谓“初年”，是指霞谷二十四岁科场落第，绝意科举、专治经学后，至三十二岁转向心学之前的时期。在这一时期，霞谷对《朱子大全》《朱子语类》的“义理精微、茧丝牛毛，靡不贯穿研索”，同时对朱子学“格物致知”这一重要问题心存疑虑而不能释怀。所谓“中年”，是指三十二岁左右时，霞谷在思想上经历了一个读阳明书而“跃然省悟”的过程，从而转向阳明心学的时期。不过，霞谷对于朱子学仍然尊信不已。

李甦平认为，这段记述有两点值得注意。其一，霞谷由理学转向心学的契机在于如何解决与朱子学的思想对治，特别是有关“格致之训”的疑问。在此期间，霞谷由阳明书而得到启发，从而切入阳明心学之问题。其二，尽管“跃然省悟”后，其在“根本大体与功夫入门处”已完全信从阳明，但是对朱子学仍然尊信不已，这一点颇不同于阳明后学中大多数心学家。这说明在李氏朝鲜奉行的朱子学“独尊天下”之学术体制下，对阳明学的禁忌在霞谷时期仍旧十分严重。

参考文献：

1. 李甦平:《论郑霞谷的阳明学思想》,《阳明学衡》第 2 辑,2006 年。

2. 吴震:《郑齐斗思想绪论》,《韩国研究论丛》第 12 辑,2005 年。

3. 宣炳三:《韩国江华阳明学派郑齐斗的良知本体论和致良知功夫论》,《中国哲学史》2009 年第 4 期。

4. [韩]琴章泰:《霞谷郑齐斗的心学和经学》,《宗教学研究》第 17 卷,1998 年。

金昌协

金昌协(1651—1708),字仲和,号农岩、三洲。安东人。清阴金尚宪后孙,领议政金寿恒次子。朝鲜朝中后期文臣、学者。谥文简。

一、生平(据金昌翕《墓志铭》、金迈淳《旁传》整理)

至农岩时,其家已"五世列显",可谓代代书香。农岩"自幼朗慧,学语,能别人鬼,仁恕体物,所可否多公正之言"。十五岁从"李先生端相之门","始知科学外有用心处,既致力经训,时出为古文词,精粹渊博,卓然成家"。十八岁中进士,人以为年少得志,可是他不热心为官,在家治学和外出访学达十年之久。二十九岁时始返京做官,以学问渊博得到朝鲜国王的重视,进言"实心典学"。四十三岁时,因其父文忠公为官遭冤,他亦辞官归里,潜心于奉亲和研究学问,屡召不出。晚年连丧子女,悲伤过度,于五十八岁怅然辞世。

十六世纪末叶,李氏朝鲜在明朝的帮助下取得了"壬辰卫国战争"的胜利,赶走了倭寇,社会经济得到恢复和发展,并与明朝在驱逐倭寇的战斗中结下了深厚情谊,两国之间的经济、文化交流十分频繁。在学术交流方面,作为明代初、中期统治思想的程朱理学,在朝鲜官方学界占据正统地位。明朝万历以后,阳明心学经王学左派(王艮、李贽等)的发挥,传播范围渐广,程朱理学受到了严重挑战。这种思潮波及朝鲜,一些进步学者接受了"无证不信"的实事求是的方法论,主张在学风上突破旧的拘束,研究致用于世的学问。十七世纪初,李睟光等创立了实学,具有浓厚民族特色的学术于此发端。

二、经世致用思想

陈良运指出,农岩置身于十七世纪后半叶到十八世纪初,这一时期实学还处在探索和发展阶段,但农岩的学术思想已经具有明显的实学倾向,其玄孙金迈淳所作《旁传》中有如下记载:

> 元孝王临下渊庄,而每先生侍讲,辄乐与酬酢。尝与同僚应旨上札,极论君德时政数千言,处士赵圣期素以经济自命,读而叹曰:"经世之论,近古所未有也。"(《台山集》卷十四)

"经世"即有实学意味。《旁传》中又说农岩:

> 雅言喜称汉诸葛武侯、宋张南轩、国朝李文成,盖于开诚布公,纳善破朋,有深契焉。既敛遏不施,专心大业,则所以穷理察言,一用是道。遇肯綮大关,其辨在豪忽,虽前辈硕儒已有成说,众以为金石不刊者,必向前剖判,勘其得失,曰:"此天下之公理,尊畏周旋,非所谓求是也。至于朱子亦然,以为疑不深,则信不笃。"覃思愤悱,以至融释而后已。(《台山集》卷十四)

陈良运分析认为,这显然是实事求是做学问的态度。此处特别提到的张南轩,即中国南宋理学家张栻(1133—1180),是一位在政治上坚持抗金、反对议和的爱国学者,与吕祖谦、朱熹合称"东南三贤",他试图将当时湖湘学派(胡安国、胡宏为代表)的学说与朱熹的闽学融合起来,就"中和"等哲学命题与朱熹进行反复论争。农岩亦精通朱子之学，二十三岁时曾与当时朝鲜著名学者宋时烈相会于龙门，“所质问多获印可，自是书疏往复，期许益重”。后来宋时烈作《朱子大全札疑》，其中多从农岩之说。这证明，农岩尚是一介青年书生时，对朱子学就有很深的研究和精当的见解。《农岩集·内篇一》多涉及朱子之学，其尊朱熹曰：“朱子以后，儒贤多矣，其门人后学尊之者，往往比拟于朱子，亦皆不知朱子之所以为朱子故耳。自余而论，后来诸儒，无论其资禀力量，其问学工夫，能及朱子三四分者亦未见其人。呜呼，朱子岂易拟哉。”

谈到要将学问做通做透彻时，农岩以朱熹著作为例说：

> 世之儒者，每言朱子后义理大明，学者事半功倍，此言似之而实不然也。朱子定著经说，明白的确，百世不刊；而其《大全》《问答》，发明为学工夫次序，与道理精粗本末，又皆详博周尽，无复余蕴，学者但依文熟诵，按本力行不失儒者路脉可也；若其里面精微，多少曲折，苟不用朱子当日工夫，亦何由深造自得？朱子尝论《大学章句》曰，“不用某底工夫，看某底不出”，其意正如是耳。今不识此意，只据见成说话，用得二三分工夫，便谓朱子之堂室可升而入，则岂不远矣哉。（《农岩集》卷三十一《内篇一》）

陈良运认为，这是农岩研究朱子之学的经验之谈，更是重要的治学方法论。做学问不能照搬前辈学者的现成结论，或止于谨遵实行，应该穷其“余蕴”，察其言之未言，阐其言之未明者，惟有如此，才能使其学问见用于今世。

三、《论语》学与经学

刘均弼、李昤昊在《农岩金昌协的论语学及其经学史的位相》一文中认为，1690 年是朝鲜朱子学尤其是《论语》学史值得关注的一年，因为朝鲜学界对《论语集注》《论语或问》《论孟精义》《论语集注大全》的比较研究就此展开。1689年，农岩在其父丧礼之后隐居于永平郡鹰岩，“于晨夕号陨之余，研究旧学，用力尤笃，日诵《论语》”[《农岩集·农岩先生年谱(上)》]。这也是履行其师宋时烈的嘱托。

在朱子留下的与《论语》有关的书籍中，《论语集注》与《论语或问》较早受到朝鲜儒学者的关注。但《论孟精义》一书，直到1687年为止，也没有流传到朝鲜半岛。最急于得到该书的学者就是尤庵宋时烈，但在他去世前一年即1688年，此书才由燕行使李选由北京购回。

> 此来一切无事，庶可整厘得若干书册矣。……其元未下工者，姑置不论，其已始而未能卒业者，有若干焉。孙儿等将以奉纳于座下矣，幸留意毕功如何。此皆朱门绪余而先师遗意，故不敢以夕死而自沮焉。须与仲和协力，又求助于同甫、汝九、美伯诸友，则亦可以得力矣。最是《论孟或问精义通编》，工夫浩大，讫事未易，可念也。[《宋子大全》卷八十九《与权致道(己巳四月二日)》]

> 来此后，毕修《论孟或问》，盖以《精义》分注，编入于《或问》逐条之下。[《宋子大全》卷八十九《与权致道(己巳四月二日)别纸》]

1689年，宋时烈在流配地开始把《论孟精义》收录的学者学说分列于《论语或问》的条目之下，因自知时日无多，故嘱托弟子权尚夏与农岩协力完成《论孟或问精义通编》。此即突遭父师同年之丧的农岩倾力于《论语》注释的背景。

随着《论孟精义》的传入，朝鲜的朱子学者终于可以了解到朱子以前的《论语》注释倾向，在此过程中，也可以更加深入地了解朱子《论语或问》和《论语集注》的特点。农岩《论语》学的划时代意义在于,象征着随着《论孟精义》被朝鲜学界接受,《论语》学得到了新的发展契机。农岩于1690年至1691年间的《论语》研究成果见于《农岩集》的《杂识·内篇三》中。

十七世纪以前,朝鲜经学的重要依据是《四书大全》,但并未达到系统化研究的程度。十六世纪的经书谚解工作,提高了朝鲜的经学认识水平,同时李滉等卓越学者的出现,拉开了系统化理解经学和朱子学的序幕。此后,朝鲜朱子学者对《四书大全》的研究逐渐深入,十七世纪以后出现了以《四书大全》收录的注释为根据,对朱子的解释批判性吸收的苗头。

在经学有所发展的十七世纪中期,朝鲜老论派代表人物宋时烈遵守尊崇朱子的原则,对尹镌、朴世堂等人的学说展开了猛烈批判。宋时烈欲在朝鲜确立朱子学的独尊地位,为此需要深化朝鲜对朱子学的认识,致力于对经典和朱子著述的文献学研究,这也是他急于入手《论孟精义》的原因。在两次流配期间完成的《朱子大全札疑》和《论孟或问精义通考》即其代表作。

正是在这样的历史背景下,农岩的《论语》学开始正式形成。他同时开始着手综合朱子的各种著述,将难以归结为单一性质的朱子学的各个层面进行体系化,确立朱子学的权威地位,应对侵犯朱子学解释权威的各种挑战。

权尚夏主导了《论语或问》的注释编辑工作,农岩则通过多种朱子文献细致地研究了朱子对《论语》的解释。同时,权尚夏把朝鲜朱子学者的《论语》注释编为《论语辑疑》,农岩则把《朱子文集》中与《论语》有关的部分编为《论语详说》初稿。经过这个过程,老论派的《论语》学逐渐深化,农岩的"《论语》说"达成初步成果。

朱子于《论语或问》首章,历论《精义》诸说之大体得失,而

> 不明指其名氏。窃尝推之,宽平正大者,范也;整峻严恪者,吕也;通达奇伟者,谢也;酝藉敷腴者,游也;清和靡密者,杨也。至于周氏之敦厚易直,尹氏之平淡简约,张子之深约严重,则固已明指其人。读者要须熟复诸说,深味其言语气象,而验此论之不可易,然后方为有功。读《精义》诸说,然后知《集注》训释至精约至的确,一字一句,直是从分金秤上秤来,锱铢不容加减。然世之读者,类皆泛然看过,不识其然,或者又妄欲措异说于其间,则多见其惑也。读《精义》,不惟见《集注》之为至,亦见程先生说义理极精,非门人高弟所可几及。《集注》,大抵本此而时有少异,又加详密耳。……《精义》,杨氏说礼藏于器以为用,天下之至赜存焉。使灵公闻是而究其说,则循而达之,斯知所以为礼矣。南轩之说,盖本于此,而《或问》以杨说为非是,则此说亦不当存也。《群居终日章》小注,胡氏说言不及义,故无以入德,好行小慧,故将有患害,似太分析,当更商。(《农岩集》卷三十三《内篇三》)

从以上引文可以看出,农岩不仅精心研究了《论孟精义》《论语或问》,在此过程中对相关宋代学者说法的得失也做了具体分析,对他们的语言风格、文章气象了然于胸。通过这样的比较研究,农岩对程朱之学更加遵信。

四、儒家文学观

陈良运在《金昌协文学思想散论》一文中认为,作为一名学者兼文学家,农岩的学术思想往往直接影响其文学观。农岩之弟金昌翕为农岩所作《墓志铭》中,有几句话扼要地概括了农岩之学术思想与文学观的关系:

> 自致力于经训,既深博矣,时出为古文辞,骎骎韩欧阃域,

然不喜巧为藻绘，务以理胜焉。（《农岩集》卷三十六）

其玄孙金迈淳在《旁传》中引“论者曰”：

国朝儒贤盛矣，若欧阳子之文章、朱文公之义理，合为一家者，惟先生庶几焉。（《台山集》卷十四）

这两段话，已道出金昌协文学观的实质，即倡导以阐发义理为宗旨的古文观。中国自唐代韩愈、柳宗元等发起古文运动，以“文以明道”“文以贯道”为作文宗旨；而所谓“道”，韩愈在《原道》篇发端见义：“博爱之谓仁，行而宜之之谓义，由是而之焉之谓道，足乎己无待于外之谓德。”“道”之由“尧以是传之舜，舜以是传之禹，禹以是传之汤，汤以是传之文、武、周公，文、武、周公传之孔子，孔子传之孟轲，轲之死，不得其传焉”，观念内涵就是“仁”与“义”。韩愈赋予自己“文起八代之衰”的重任，他说：“君子居其位，则思死其官；未得位，则思修其辞以明其道。我将以明道也，非以为直而加人也。”（《争臣论》）自唐代古文运动之后，“文以明道”便成为将“文章”看成“经国之大业”的文人学者必须遵守的至高准则。欧阳修是古文运动发展到宋代的第一位旗手，在他的影响和带动下，又出现了曾巩、王安石、苏洵、苏轼、苏辙五位著名古文家，明代的茅坤将他们与韩、柳合称为“唐宋古文八大家”。

八大家之中，农岩最为心仪的是韩愈、欧阳修。农岩对欧阳修似乎更情有独钟，认为“以《国风》《离骚》之旨为文章，唯欧公为然。或曰，如《丰乐亭(记)》《岘山亭记》之类是否？曰：‘近之。’然不独此也。他文大抵皆然，观其反复咏叹处即是”。

农岩因擅长碑志体文字，所以对韩、欧等人的碑志等文体研究极深，论述较多，很有见解。他认为，碑志与史传虽同属叙事之列，然其体实不同，“韩公文章命世，正不必摸拟史迁，其为碑志，一以严约、深重、简古、奇奥为主，大抵原本《尚书》、左氏、千古金石文字,当以此为宗祖,何必以史迁风神求之耶,然其叙事处,往往自有一种生色,但不肯一向流宕,以伤简严之体耳”(《农岩集·外篇》)。欧阳修为文,本来就是主要学司马迁之《史记》体,“故其碑志叙事,多得其风神,然则典刑则亦本韩公,不尽用史、汉体也”。这是探本溯源而得出的非常恰切的评论。除此之外,农岩还有几条结论式的意见:“韩格正而力大,欧调逸而机圆。”“韩本《尚书》、左氏之法,欧得风骚太史之旨。”(《农岩集·外篇》)这些比较性论述,更精辟于首选唐宋八大家的茅坤,亦与当代文学史家对韩、欧之文所做评价大抵相似,足见农岩之独具慧眼。

陈良运认为,农岩作文之宗旨、宗法皆宗于韩、欧,可见他是“文以明道”的忠实信徒,其文学观念与学术思想相一致,交融一体。

农岩虽热衷于朱子之学,但在“理”与“情”的关系上并没有宋明理学家那样古板。农岩重视人的感情表达,所以有文学方面的“风神”之说;他还有一颗热爱大自然之心,《农岩集·外篇》中有他在山水景物中流连、体验的描述,实为一篇短而精的优秀散文。文人若有丰富的感情,又热爱大自然、关心国事民情,就有一颗诗心,有一份诗情。农岩不像宋代二程之辈,把诗看成是“闲言语”。

农岩论诗的第一个要点,是注重诗的“性情之发”。

> 诗者,性情之发而天机之动也。唐人诗,有得于此,故无论初盛中晚,大抵皆近自然。今不知此,而专欲摸象声色,黾勉气格,以追踵古人,则其声音面貌,虽或仿佛,而神情兴会,都不相似,此明人之失也。(《农岩集》卷三十四《外篇》)

农岩对于唐诗也有一个较为全面的评价:“唐人之诗,主于性情兴寄,而不事故实议论。”对于唐诗情感表现的特征则说:“唐诗之难,不难于奇俊爽朗,而难于从容闲雅;不难于高华秀丽,而难于

温厚渊淡；不难于铿锵响亮，而难于和平悠远。”（《农岩集·外篇》）

“从容闲雅”“温厚渊淡”“和平悠远”等情感特征，农岩概括得不一定十分准确，但这些论述明显根植于儒家“温柔敦厚”的情感观。他在解释韩愈《送孟东野序》中的“物不得其平则鸣”一语时，说：“所云不平者，只是有感触之谓，七情之发皆是，非独悲忧怨愤感慨抑郁乃为不平也。”但韩愈此语有实指之意，即孟郊“抑将穷饿其身，思愁其心肠，而使自鸣其不幸邪”。且韩愈在《荆潭唱和诗序》中说过：“夫和平之音淡薄，而愁思之声要妙；欢愉之辞难工，而穷苦之言易好也。”可见，唐人之诗并不只有上述情感特征，韩愈的“沉郁顿挫”也不是“和平悠远”所能概括的。但尽管如此，农岩能以“缘情”说审视诗，还是颇具慧目的。对于宋诗以“故实议论”为主，他也不一概否定，而是察其有无“性情之真”：

> 宋人虽主故实议论，然其问学之所蓄积，志意之所蕴结，感激触发，喷薄输写，不为格调所拘，不为涂辙所窘，故其气象豪荡淋漓，时有近于天机之发，而读之犹可见其性情之真也。（《农岩集》卷三十四《外篇》）

这段对宋诗的评论，应该说比他评唐诗更为准确，宋代诗人中，苏轼便是表现“性情之真”的杰出代表，此评移于苏轼，可谓恰到好处。

农岩论诗的第二个要点是“重自然”。凡是以道学思想为底蕴的学者，无不尚自然之美。农岩对本国挹翠轩之诗评价甚高，以为当推为诗之“绝调”。

> 挹翠轩虽学黄、陈，而天才绝高，不为所缚，故辞致清浑，格力纵逸，至其兴会所到，天真澜漫，气机洋溢，似不犯人力，此则恐非黄、陈所得囿也。（《农岩集》卷三十四《外篇》）

黄、陈，即北宋江西诗派黄庭坚、陈师道，作诗讲究“法度”，而挹翠轩作诗“似不犯人力”，有“天真澜漫”之态。他又将挹翠轩诗与高丽时代诗人李奎报（1169—1241）的诗比较，并举例云：

挹翠诗，如“风从木叶萧萧过，酒许山妻浅浅斟”“春阴欲雨鸟相语，老树无情风自哀”“怒瀑自成空外响，愁云欲结日边阴”“夜深纤月初生影，山静寒松自作声”“一年秋兴南山色，独夜悲情缺月悬”“故人自致青云上，老我孤吟黄菊边”“雨后海山皆秀色，春还禽鸟自和声”“风帆饱与潮俱上，渔户浑临岸欲倾”等语，悲壮老健，清新警绝，如李奎报集中那得有一语似此。（《农岩集》卷三十四《外篇》）

这些佳句确有不以人力而自然天成之妙，使人联想起中国唐代诗人王维、孟浩然的诗。虽然李奎报“才力捷敏，蓄积富博”，但农岩认为其古律绝数千篇无一语一句道得“清明洒落，高古宏阔”，举其例曰：“‘满院松篁僧富贵，一江烟月寺风流’‘竹根迸地龙腰曲，蕉叶当窗凤尾长’‘湖平巧印当心月，浦阔贪吞入口潮’，此等皆人所脍炙，以为奇警者，而自今观之，殆同村学童所习百联钞句语耳。”（《农岩集·外篇》）这就是因为李奎报凭其学力“自造言语，不蹈袭前人以为工”，即多以“人力”所致。农岩对诗之自然美的崇尚和追求，正合于金昌翕之言，“盖天地间，固自有顺气中声，不乖不离，与人心相流通者，自然成象而入律”，挹翠轩诗亦可证此；而李奎报诗则是“一涉作为，辄间隔以失之”。

农岩的诗歌评论中，对中国明代诗坛的复古流派，即李梦阳、何景明等前七子派人物和李攀龙等后七子派人物，以及他们对朝鲜诗坛的影响，批评颇多。前七子派的著名口号是“文必秦汉，诗必盛唐”，其主要代表人物李梦阳在《答周子书》中，以《周易》中“同声相应，同气相求”为己说“嗜古”“法古”立论，说“学不的古，苦心无益。又谓文必有法式,然后中谐音度。如方圆之于规矩,古人用之,非自作之,实天生之也。今人法式古人,非法式古人也,实物之自则也”。李梦阳甚至将文学创作模仿古人比作摹临字帖,在《再与何氏书》中称“今人模临古帖,即太似不嫌,反曰能书,何独至于文,而欲自立一门户耶?”前七子派在明朝的声势颇大,虽然后来有袁宏道为首的公安派对其坚决抵制,但其所倡文风至明末未息。钱谦益对该派做了比较彻底的批判,农岩对复古派的态度可能也受到钱氏的影响,因为钱氏结集于明末的《牧斋有学集》已传到了朝鲜,农岩在其著述中屡屡提及,如说:

> 明之文弊,始于李、何,深于王、李,转变于钟、谭而极矣。近看钱牧斋文字,论此最详,其推究源委,针砭膏肓,语多切核,诸人见之,亦当首肯。(《农岩集》卷三十四《外篇》)

此所说李、何当指李梦阳、何景明,王、李当指王世贞、李攀龙,皆是复古派重要人物;钟、谭,即竟陵派(稍后于公安派)的钟惺、谭元春,他们的诗文走“深幽孤峭”一路,受到钱牧斋的痛切批评。农岩之批评复古派诗文,实从他的“风神”论、“性情之发”和“重自然”等观念出发,承前引论唐诗情感特征之说:

> 明人之学唐也,只学奇俊爽朗,而不得其从容闲雅;只学其高华秀丽,而不得其温厚渊淡,只学其铿锵响亮,而不得其和平悠远,所以便成千里也。(《农岩集》卷三十四《外篇》)

复古派“诗学盛唐”,只学其皮毛,而未得其精华,或说“声音面貌,虽或仿佛,而神情兴会,都不相似”。一旦专学古人,在创作上亦步亦趋,就意味着扼制了自己的创造性。宋人认识到“主情”的唐诗已登峰造极,难以超越,于是另辟蹊径,走“主理”即重“故实议论”一路,尽管这路子不一定正,但若有“近于天机之发”,亦可“见其性情之真”。明代复古派最瞧不起宋代诗文,农岩说:“明人太拘绳墨,动涉摸拟,效颦学步,无复天真,此其所以反出宋人下也欤。”这真是一针见血的评价。所谓“复古”,实为一条走不通的道路,远在朝鲜的农岩,可谓旁观者清,做出了值得今天的中国文学史家和古典文学研究家高度重视的精辟之论。

诗固当学唐,亦不必似唐。唐人之诗,主于性情兴寄,而不事故实议论,此其可法也。然唐人自唐人,今人自今人,相去千百载之间,而欲其声音气调无一不同,此理势之所必无也,强而欲似之,则亦木偶泥塑之象人而已,其形虽俨然,其天者,固不在也,又何足贵哉。(《农岩集》卷三十四《外篇》)

道理已说得相当明白,真是大彻大悟之言,可惜前后七子复古派竟沉迷于“酷似古人”的梦想中百有余年。从古今语言不同而论,李梦阳劝人“不读唐以后书”,李攀龙则作诗使事不用唐以后语,可谓狭陋、可笑之至。农岩对此反诘道:

夫诗之作,贵在抒写性情,牢笼事物,随所感触,无乎不可,事之精粗,言之雅俗,犹不当拣择,况于古今之别乎。于鳞辈学古,初无神解妙语,而徒以言语摸拟,故欲学唐诗,须用唐人语,欲学汉文,须用汉人字,若用唐以后事,则疑其语之不似唐,故相与戒禁如此,此岂复有真文章哉?(《农岩集》卷三十四《外篇》)

随着时代和社会的变化,人们用以交际的语言也在不断发生变化;由于人们生活的地域不同,即使是同一民族,语言也有所差异。这一点,明代复古派的反对者袁宏道也意识到了,说“夫时有古今,语言亦有古今”,“古之不能为今者也,势也。……人事物态,有时而更;乡语方言,有时而易,事今日之事,则亦文今日之文而已矣”。农岩不一定读到了袁宏道的书(《杂识》中从未提及),但可谓心有灵犀一点通。

综上所述,陈良运认为,明代复古派的影响在朝鲜朝中期也波及了朝鲜文坛。农岩比较朝鲜朝穆庙前后的诗况,说穆庙以前的诗大抵皆学宋,“故格调多不雅驯,音律或未谐适,而要亦疏卤、质实、沉厚、老健,不为涂泽艳冶,而各自成其为一家言”。到穆庙以后,文人学士转而学唐,“中朝王、李之诗,又稍稍东来”,于是“人始希慕仿效,锻炼精工,自是以后,轨辙如一,音调相似,而天质不复存矣”。农岩认为,读穆庙以前的诗,诗人之天质犹可见,穆庙以后则诗人的天质被对古人、他人的仿效淹没了。他由此而发出慨叹:“穆庙之世,余谓诗道之衰,实自此始。”可见,农岩当时对明朝复古诗派的批评,在其国亦有强烈的矫弊正道的现实意义。

参考文献:

1. 陈良运:《金昌协文学思想散论》,《外国文学评论》1998 年第 2 期。

2. 王成:《朝鲜诗家金昌协诗论的审美意蕴》,《柳州师专学报》2011 年第 1 期。

3. [韩]金成言:《农岩金昌协的一生与诗学》,《韩国汉诗作家研究》第 13 辑,2009 年。

金昌翕

金昌翕(1653—1722),字子益,号三渊。安东人。朝鲜朝中后期学者,与其兄昌集、昌协俱以道学、文章有大名于世。谥文康。

一、生平(据赵明履《遗事》整理)

先生自少,志尚超卓,拔群离尘,生于朱门而绝无簪缨想,至货利声色芬华玩好凡世俗所趋营,一切泊如也。唯留好古书,呻占不懈。尤喜句语,上自三百篇乐府古体,下逮唐宋大集,熟习精治,模范折中,用成一家。故先生文固高,而诗特为东方之最。尤爱名山水,奇崖嘉林幽泉诡石,筇屐无不到。至其晚年,殆遍国中,而如枫岳则六七入焉。常置室铁原三釜渊上,葛衣草履,混迹渔樵,遁世高蹈,此其权舆,而亦其自号之所由始也。间又寓意道释,泛滥出入。及读《中庸》书,恍然有悟,遂乃悉捐旧学,而专志于儒。其致知也不但求之卷籍,必察之事物,验之身心,凡阴阳造化之妙,性命德义之微,卦画音律象数之繁赜,博考旁探,参互研核,依于古训,主以自得,其具力久而真积,则分析者该贯,透彻者烂熟,宏大而精密,崇远而深奥,庶几造乎天人理事,融一圆合而妙用显行,充满眼前矣。其存心也,虽未尝窃窃于外面矜持,而不慢不紧,绝袪溃惰之气,唤醒提掇,要常惺惺而不昧,既不以物欲邪秽自累,又不以虚伪私吝自蔽,峻特明洁,恢豁正大。

且自中岁已后，隐于雪岳山中，兴居木石，饭饱烟霞，冲恬之味益长而静一之意益笃，涵养之工愈专而闲旷之乐愈深，高山活水，拟议道义之业，朗月清风，契发性情之真，表里相须，心目交资，则延平冰壶之莹，曾点沂雩之兴，其可以想见矣。若论其践履，即此高蹈一节，已是邈乎难及者。盖先生入山最深处，人迹所不到，结板屋数楹而处焉，所睹闻不过岳色、溪声、鹿戏、柏譪，有石田略干亩而已。其孤绝穷艰，殆无以宁耐，而顾乃为终老计，则夫岂无所乐而然哉。明履于先生殁后数年访此山，至朝元峰下，见先生遗栖曰永矢庵者，益叹以为非先生不能居也。至若家庭孝友，夙著至行，推是以往，凡敬宗敦族、信友爱士、救患恤穷之类，亦莫不有卓然可记者，而未及得其详。想状中具载，其寻常接人，言笑乐易，而自有不可犯之色，语止凝默则又凛栗可畏，若见恶人则如将浼焉。盖先生容貌清古，额阔目炯，瞻视之间，意想遒迈超绝，天然山人气象，望之若九皋之鹤、千仞之凤，一日熏炙，便令人消涤十年尘虑。至考他动作施应之际，则固不为修饰表襮，一以简要质素而直截顺易，略无拘牵碍菀之意，酒醴莞簟之用，欲换以大羹越藁，树花生香之玩，常胜于绘藻雕叶，则兹乃戴记大《礼》之旨，晦翁所谓如水临山之意，固非若傀其躬而沽于文者也。

先生初不以师道自居，季年德尊，时复接引后进。其论学则曰学者须要真实为己，暗然日章，饰外为人，非学也，穷格之道，当先博后精，而须是研究文字上面，方是穷理，居敬有白黑，读书有死活，外为庄严而内实昏昧者是黑居敬，开卷时探讨虽精而掩书后茫然与事物不相关则是死读书也。又曰知行虽是二事，而毕竟都归于知。盖先晓得方去做，做后所知益真深，如此看便圆。又尝论曾点曰咏归有三义，一则从容不迫，一则不以日用间事为小而天下事为大，一则胸中四时长存而乐意与春俱好，学者当熟玩而深味之，其余不能尽录。其论理诸说尤汗澜，如论鬼神、理气、人物之性，人道之心、知觉之理、祭祀之义，《大学》自欺正心之说，《中庸》戒惧致中之旨，易学图书卦象，《太极图说》《西铭》之类，此其大者，而多者百余言，当有后世子云知之。

明履又尝问："曾闻先生于卜筮算数着工，未知于天文、地志、律吕、医药、兵法何如？"先生曰："天文未尽究，只见得先儒所言星度，堇下二十八宿与三垣，地志但别十三省界，律吕略晓而间有未透处，医理以阅疾多故粗通，兵法《孙子》外未见他书。"因曰："尝于《参同契》下工，此亦不可不知也。龟卜虽未能尽如古法，且依文字可据者，欲试而未果也。律尺虽无，若能以意断竹，或大或小，以众竹依方候察则似或有一合者。"明履又问："于时务则如何？"先生曰："兵田间法制因革则未悉。"盖先生之答，罔非谦辞，而其玩心博依之实，即亦可见矣。

先生遇会心人，终日谈话忘倦，声容不高不低，信口书写，缅缅而条理不乱，远如河汉，近如菽粟，往往曲譬善喻，启发人尤亲切，然开而不达，导而不牵，深得训人之道焉。

盖总而言之，高洁刚方之资，兼以英豪俊杰之气，挺特卓迈之志，加以学问充拓之工，洛社旗鼓，担阁于法场，丛岭把柄，抛弃于理薮，而存而察之也，日益固密，思而会之也，日益精博，澹一之养，多积于寂寞之境，朗透之识，多发于泓峥之间。由是方寸之中，体段呈露，而洒落襟胸，冰月皎皎，昭旷之原，眼目惯熟，而飞鸢跃鱼，在在活泼，以至生久安乐之趣，得之以易简，奇异过越之想，制之以平常，严而能和，直而能容，忠信而不固，朴素而不野，脱俗无营而卞情伪利害则锱铢不遗，绝类不群而笃伦理恩爱则微细必谨，行谊之纯粹则精金良玉不足以较，操守之坚确则苍松翠竹不足以方，论说经理则韶濩之醒耳也，戒诲后学则药石之审证也。至若嵁岩寒栖，木食涧饮，凛然高标，壁立万丈，泠然清韵，风洒宇宙，而百原整襟，范围皇极之篇，濂溪庭草，体验发达之仁，筱蒉虽荷，非忘世而为我，亩亩虽乐，咏唐虞而未已，如祥云瑞星之为休，如崇山大岳之为望，梁栭乎儒门，蓍蔡乎愚俗，若先生者诚可谓百代之宗师，千古之真逸也。然尚絅之锦，美不尽见，水镜之明，世无其人，故深知先生者盖寡，当路前后辈虽知敬慕焉，而卒无大为奖重崇擢者，一再台宪之名，其何以称先生之道也。

明履于先生，不惟族谊，实有世好之笃。先生尝从游我从祖拙修先生，最相契许，而明履又敢以陋劣屡预先生讲席之末，先生辄不鄙外，特加奖与，时复以所闻于拙修先生者，申申劝诱，顾晚生不逮于终南讲道之辰，徒切感慕之怀，而乃得其微言精义于当日宾坐之贤，则其事固奇，亦何异亲承吾祖之训哉。故其诚心悦绎，有倍他人，而不敏之资，进寸退尺，迄今将老，无所成就。而两先生高风，今皆远矣，屏处穷山，独立无依，心志闻见，日就芜泯，每中夜思之，不觉叹沱，间窃欲搜辑先生造道之实，并先生所撰拙修先生墓志，而置之座右，用替提耳之教。今者先生门人俞肃基子恭甫，以先生子侄之意而书谓明履曰：三渊先生殁后将十年，言行尚无记述，甚可忧惧。子尝在侍教之列，积受春容之尽，合有言以助状志。兹敢不辞而为之说如右。然知见浅粗，文辞荒拙，不能阐明其万一，惟冀知德者得于意之表而想其造诣之极尔。

金昌翕官至进善，痛父非命，一生不仕，终老江湖，有文集《三渊集》三十六卷。

二、儒学思想

在湖论和洛论两派人物之间展开的“湖洛论争”，金昌翕与兄昌协属于洛论派。文锡胤在《朝鲜湖洛辩论中知觉论的意义——

儒教的道德实践与知识问题》一文中提出,“湖洛论争”的一个主要论题便是知觉论。儒家对道德实践的理解有两个方面。第一,人的道德实践是人善的本性的自然流露或实现,即人都有仁义礼智的德性(道德的素质和能力)。这是一种天然的本性,只要不阻碍这种性的流露,人都是可以具备道德的。第二,人自觉意识到客观的规范,并将它在自己的心理或行为上有效地反映出来。

元朝性理学家云峰胡炳文曾说:“朱子四书,释仁曰心之德,爱之理;义曰心之制,事之宜;礼曰天理之节文,人事之仪则。皆兼体用。独智字,未有明释。尝欲窃取朱子之意,以补之,曰:智则心之神明,所以妙众理,而宰万物者也。”番禺沈氏也说过同样含义的话:“智者,涵天理动静之机,具人事是非之鉴。”

对此,农岩金昌协(1651—1708)批评道:“窃谓,两说只说得心之知觉,与智字不相干涉。智乃人心是非之理,确然而有准则者也。知觉则此心虚灵之用,神妙而不可测者也。夫以知觉专为智之用,犹不可。况直以言智,可乎?且智则理也,而谓之妙众理,谓之涵天理,则是以理妙理,以理涵理,恐尤未安也。”[《农岩集·答闵彦晖(丁丑)》]

按照农岩的说法,对分辨对象的是是非非起价值判断作用的是“心”,而“智”是其判断的理。心的活动的整体概念则是“知觉”。因此,胡炳文上面所下的定义与其说是对智的定义,还不如说是对知觉的定义。农岩还说:

> 盖闻之,性者,心所具之理;心者,性所寓之器。仁义礼智,所谓性也,其体至精而不可见;虚灵知觉,所谓心也,其用至妙而不可测。非性,则心无所准则;非心,则性不能运用。此心性之辨也。二者不能相离,而亦不容相杂。是故语心性者,即心而指性,则可;认心以为性,则不可。[《农岩集》卷十

四《答闵彦晖(丁丑)》]

智是性,是理,是道。知觉是心,是气,是器。正如“人能弘道,非道弘人”所说的那样,心可尽性,而不是性可尽心。主体是心,心把性接收为本身的本质,并将其具体化而运用到本身面对的现实中。性以心的这种活动为媒介实现自身。没有智,心的活动就失去了准则;没有心(知觉),智就无法实现自我。说到底,智与知觉的关系就是性与心的关系,即道与器的关系。

文锡胤认为,三渊继其兄农岩之后进一步发展了洛论。在知觉论中,他吸收深化了农岩的见解。在《论智字说》一文中,三渊说:

> 云峰之所引朱子之说,朱子本以训知,非训智也。训智自云峰始,而其失有两重焉。道器之有上下,而降体为用,固不可也。于其用之中,定理与明觉,经纬有别。而又复浑而一之,毕竟以觉为性,则上下与经纬,其分俱紊焉。然究其所差于眇忽,则经纬之先错,而上下随堕矣。农岩于此,悯其心性之混,不得已于析言之曰:“智是五性之一,知是一心之用。是盖道器二物之辨,非五性间架之争也。若以间架言之,则五性之中,智则主知,无可疑虑。”农岩亦尝说智者别之理,别之于知十与二五之间耳,曷尝有智不管知之意乎?合体用通理事而言之,不惑之谓智,分明见得之谓智,固已见之献陵也。智不管知,何管之有?然则知有两般乎?曰然。心也者,妙性情而为言者也。寂然而含具五性,感通而运出四端,皆心之为也。而其知觉之妙,虚圆无迹,乃疑于性,心性之难分也久矣。然其实则心乃气之精爽,寻其为何气则又属诸火,此其所以光明发散,靡不照烛,而五性之流行,待是而显焉。譬如七曜之纬天,天度以之昭著。又如人之出入以烛,烛举而路陌随分。

若其本然之条理,各具之苗脉,则非待是而始有也。且如仁之理,发而为恻隐,恻隐非觉则不能,而觉非恻隐也。礼之理,发而为恭敬,恭敬非觉则不能,而觉非恭敬也。义之理,发而为羞恶,羞恶非觉则不能,而觉非羞恶也。智之理,发而为是非,是非非觉则不能,而觉非是非也。盖五性之用,乘乎一觉者,自恻隐以至是非,而知是知非,其称亦知,则以知乘知,易为混并者势也。然其浑融之中,各有所还。(《三渊集》卷二十五)

前面曾谈到,云峰胡氏把智定义为与心的知觉活动相关的东西,农岩对此进行了批判。农岩把智与知觉严格地区分开来,知觉是心的一般活动,体现的是性与情的媒介、统率和主宰关系,而智是性,是心的知觉活动的准则。按照农岩的说法,云峰犯了没有正确区分心和性的错误。三渊继承了农岩的这种观点和批评,并使其逻辑更为缜密。他认为云峰的错误是双重的,既没能区分道和器,也没能区分定理和明觉。三渊认为,农岩对云峰的批评指的是前者,即没有正确区分道和器,也就是没能正确区分性和心。性即道,心即器。三渊进一步开展了对云峰的批评,提出了定理和明觉的区分问题,认为正是因为云峰不能正确区分定理和明觉,才导致不能正确区分道和器两者之间的关系。这也就是不能正确区分心的知觉活动的两个方面——心与情。他说:

盖由心之有未发、已发而性情分焉,即知之有炳然、判然而心情析焉,性情之分也则其势一串,心情之判也则势有横直。然则性情之界,上下也,非经纬也。心情之际,经纬也,非上下也。性情之分,言之似易,而心情之析,勘得较难。惟朱子分明劈画曰所以是非者性也,知是非而是非之者情也,觉其为是非者心也。夫知是非而是非之者,所以是非者之仍也,其辞则直而条理之意存焉。觉其为是非者,所以是非者之即也,

其辞则急而敏妙之味形焉。即此两下对说,而经纬之势,几乎八字打开矣。(《三渊集》卷十五《论智字说》)

心有未发和已发两种状态,在这两种状态下心分别是性和情。但心所具有的知觉的性质与性、情都有区别。首先作为知觉的心不管怎样都是形而下的东西,不同于形而上的性。两者的区别也就是器与道(下上)的区别。另外,心也不同于情,两者一定意义上说同属于形而下的东西,概念上有所重叠,即情就是现实(已发)的心,但是不能直接把心称为情。心有未发的一面,而情都是已发的;同时,即使两者都有已发的一面,也是有所区别的。即前者具有积极反应心的活动(知)的性质,后者有与知界限分明的性质。三渊说:

然又错而言之,则知是情之知也,觉是心之觉也。而知觉之称,例属乎心者,以其有照力也。知是非,情之是非也。觉是非,心之是非也。而是非之极,必归乎情者,以其有定体也。故有真是真非,而未尝或易其则者,有能是能非而未可一任其灵者,此炳然、判然者名之所以对立,而虽谓之曰知有两般,亦无不可。若农岩所谓知者,可知其非所谓判然也。对其为神明妙宰之说者曰:是乃一心之用,语势则然。彼昭昭灵灵者,虽已还诸心矣,智之直绪,自有亭亭当当者存焉。知在乎斯,不至忧智无所管也。虽然,之二者,亦岂截然哉。(《三渊集》卷二十五《论智字说》)

心的特点是具备对外部刺激反应剧烈的灵活的运动力,这就好比镜子照出物体一样,总是完全把握物体的全部,并积极反映物体的运动。这也就是三渊所说的明觉。“明”指鲜明,“觉”指感觉、探知、知晓。它主宰饥饿、口渴等个体内部发生的所有经常性反应以及个体对所有外部事物刺激(感)的反应(应),也就是全部认识与实践。这就是心的知的特点之一。与之相反,“辨别是非”,或者说“知晓是非”仅仅指的是特定的认识和实践作用,即是非的价值判断。如果说心的知觉活动是以活泼的运动力联系个体和外部事物的全部活动,那么“是非”作为性现实化后的情和判断以前的情绪的现实,没有“认识”与“实践”的区分(定体)。

与湖论派的南塘认为性(智)是心的活动(知)的根源的一元化思想相反,洛论派认为心的活动(知)有两个方面,即炳然、明觉的知和判然定理的知两种。在前者的情况下,心的活动理解为知觉;在后者的情况下,心的活动理解为是非。三渊由此试图进一步把心的活动(知)的这两个方面统一(这种统一在心的活动中特别是在知中是可能的)起来加以理解。即认为心性现实化为情的媒介。如果说心以明觉(不排除实践的认识)为特点,那么情(四端)的特点则是具有性这一特定的根据和标准(定理和定体)。性(智)并不是单独运动的,而是通过心的认识活动,被认为是认识与实践对象的规范,通过心身活动得到遵守,从而实现自身。性现实化为情是受到了心的活动的推力,心的活动如果没有性、情的标准,也就失去了方向感。从这一点来说,心与性、情是互相依存的。个体的认识和道德实践必须要在明觉与定理,即心和情(或性)这两个要素存在的情况下才有可能进行。湖论派一贯在气的逻辑中认识性,洛论派则认为性是心的自觉实践的对象,比起在气的逻辑中被认识,性更应作为理本身被认识。双方相互攻讦,湖论派批评洛论派是悬空说性,洛论派则批评湖论派是悬空说理。可以说,洛论派主张人物性同论也是理所当然的逻辑归宿。

> 今之论者颇不如此,大抵有见乎圆而神,而未见乎方以知,徒知灵妙之为知,而不知贞固之为知。始则舍贞固而取灵妙,所以论其用者,心也非智也;终乃以神明之称,猥加冲漠之

尊,所以形其体者,心也非性也,性则冲漠而已,曷尝有许多事乎?夫既以神明妙宰,举归之智,则智之为物,间架则虚而作用甚实。

所谓心者,亦让其伎俩,无复有管矣。然则所谓该贮此智,运用此知,只是徒举成文耳,岂有实著落乎?始忧于智无所主,终令心也反失其所管,亦见其未安也。从而为骑墙之说曰:"智神明,心亦神明,则不亦杂乎?若夫邵子所谓心为太极,自有意思,万物各一太极,而欲观其全,则独存乎人,人之百骸七窍,莫非太极,而欲观其全,则独存乎方寸神明,是之谓心为太极。"盖万理总会之谓耳,实匪谓心即太极也,果是心即太极,则邵子又岂有郛郭之说乎?漫引其辞而不核其旨,此道器之所以未别者也。

所谓知仁知礼者,不过谓判然之发焉而知斯二者耳。知是能二者,是所而已,冲漠体上,曷尝有能知来?至于以理实理,是殆见四块之物,磊魂其间,又以一块倚薄之也,非所以语夫浑然一真也,一真而诸理自实,以之者谁,而谁受其以者耶?夫著于言诠,随语生解,此体用之所以未别者也,所谓称智为神通明哲之类,多是说智人智事耳,未必对心而形容智体也,以此证性之为神明,神明之可混于冲漠,何以异于见仁民仁妻子之说,听莹于程子所云仁是性、孝悌是用也。精粗总别,语各有势,而今一之,此理事之所以未别者也。

盖道器不别,则有精爽与无声臭杂矣。体用不别,则有运用与无造作乱矣。理事不别,则论德行与论性情累矣。凡此差失,可论甚多,而要之神明二字为祟于初,而转辗至此尔。朱子曰:"性是太极,心是阴阳。"又尝曰:"所以是非者性也,知是非而是非之者情也,觉其为是非者心也。"此等训释,于心性

> 情界分，最为昭晢。欲辨朔南者，须于此端确认定而后，庶有归著。如云峰之说，无论说病与见差，自不免为迷错经纬搅翻层位，而救之者又拖合泥水，胥溺于心性一合坑子，不曾回看大体，而东边拾得一智字、知字，西边掇得一神字、明字，所为凑合而弥缝之，毕竟无补于点铁成金。而其于道理大处，漫境界而伤体面，不为些少，岂不惜哉。且智者，心之神明，妙众理而宰万物，总其言而求其意味曰当于心乎，当于性乎。知者，一心之用，亦寻其语势曰其炳然者乎，其判然者乎，如是则可也。（《三渊集》卷二十五《论智字说》）

如引文中所言，文锡胤认为，三渊对心性与智的关系做了结论性的总结。农岩把知觉和作为性与情的媒介的心的一般性活动联系起来，并把智与辨别是非的情看作是互不相关的东西，这引起了湖论派的强烈批评。对此，三渊说明了辨别是非的情与心的一般性活动这两个同为心的现实的概念之间的关系，并将两者统一起来，理解为心的知觉活动的两个方面，试图从这种批评（或者说引起这种批评的原因）中摆脱出来。

参考文献：

1. 文锡胤：《朝鲜湖洛辩论中知觉论的意义——儒教的道德实践与知识问题》，《韩国学论文集》第 7 辑，1998 年。

2. ［韩］李坰丘：《金昌翕的学风和湖洛论争》，《韩国史论》第 36 辑，1996 年。

3. ［韩］朴明会：《三渊金昌翕的诗经论》，《韩国语言文学》第 47 辑，2001 年。

李 栽

李栽(1657—1730),字幼材,号密庵。载宁人。朝鲜朝后期性理学者。

一、生平

父葛庵先生讳玄逸,母经历务安朴功之女。密庵幼时跟随叔叔徽逸和嵩逸学习,后在父玄逸流放期间跟随左右侍奉。1700年结束流放后定居锦水,官至主簿。后辞官,专注研究性理学,成为以主理论引导岭南学派的理学大家。密庵完成了其父玄逸未完成的著述《洪范衍义》,著有《圣喻录》《锦水记闻》《朱书讲录刊补》《颜曾全书》《朱语要略》等。其代表门人有李象靖和李光靖。

> 二十八年壬午(先生四十六岁),立学令(先生欢侍葛庵先生左右,质疑问难,立学令课子弟,俾有成就)。……二十九年癸未(先生四十七岁),答李国材书(李公名栋完,以书论四端七情不可分理气。先生答书曰:"夫理气二物,未尝相离,亦未尝相杂,固不可分而为二,亦不可合而一之也。是以舜禹相传,已将人心道心相对说下,子思、程子就不相离处浑沦言之,孟子就不相杂处拈出言之。所谓言之者不为多,不言者不为少也。是以朱子曰四端理之发,七情气之发。黄勉斋曰感物而动,或理动而气挟之,或气发而理随之。退陶先生曰四端理

发而气随之，七情气发而理乘之，其于理气界至，可谓八字打开矣。今吾兄厌平易乐新奇，于人心道心则疑朱子或原或生之说，于理气则疑退陶互发之论。不意以足下聪明才辩为侪友所期许，而毕竟意见如此，岂非大可寒心邪？”后又有一长书往复，议论竟不合）。三十年甲申（先生四十八岁），二月游关东湖西，道谒愚潭丁先生（丁公名时翰，隐居讲学，与葛庵先生为道义交。时连岁饥馑，亲厨屡空，先生为负米作岭湖之行，历谒丁公于法泉寓舍。丁公亟延款，且曰君此行，古人事也。仍论理气四七之辨，健顺五常之德，人物禀受之同异。盖丁公尝与李征士栻、黄处士寿一论不合，闻先生说亟称赏，既归又贻书致意）。（《密庵先生文集》卷二十四《年谱》）

二、理气论

丽末鲜初对后世朝鲜朝儒学有重大影响的理学家权近，论及四端七情与理气的关系时，提出：四端纯善无恶，全由理、性所发；七情则有善有恶，由气、心而成。朝鲜朝儒学史上的“四七理气”之辩即可溯源于此。密庵受到岭南学派主理论之影响，对理气的理解是太极兼有动静所以存在阴阳五行，只有人类才能感受到阴阳五行之妙。密庵认为，人并不会受到气的作用，理和气虽然是二物，但不相离相混，两者关系密切，相辅相成。对此，他说：

此道理充满贯彻，为万化枢纽群品根柢。曰命，曰性，曰道，曰仁义，曰太极，虽名目不同，要其归，初无二致。故孔子言仁，子思明道，孟子道性善，濂溪作《太极图》，皆所以明此物也，何尝杂气而为言乎？自有四七理气辨以来，李文成合理气为一物，其徒传相祖述，先人尝极力排之，而吾侪号为有知见者，犹未免听莹。乃与一二同志，反复辨难，以为与其兼言理气而致纷杂，无宁言理不言气，以自附于孟子道性善之义。因推本而为说曰太极有动静，而阴阳分五行具，造化于是乎立，万物于是乎生，凡有形色貌象于天地间者，莫不各具太极之妙，惟人也得其秀而最灵，则太极之妙又各全具于其中，根于性则为仁义礼智之德，发于情则为恻隐羞恶辞逊是非之端，形于身则有耳目口鼻手足百骸之则，见于事则为君臣父子夫妇长幼朋友之伦。是其日用动静之间，体用全具，莫非此一太极之为也。故凡言理，必就气中剔拨出来，知其不离于气而未尝相杂然后庶乎其不差矣。至于进修之方，则曰：圣贤千言万语，究其归则不出知行二者，《虞书》精一，《大易》直方，《鲁论》博约，《大学》格致诚正，《中庸》明善诚身，《孟子》知言养气，皆是物也。程夫子又发挥出持敬致知，子朱子一生论学处，无一言不本乎此。而一动一静之妙，又合乎周子太极之论，则益知万理贯一。（《密庵先生文集》卷二十四《年谱》）

密庵从主理的立场出发，将性分为本然之性和气质之性两种，健顺五常寓于理（太极）之中，太极即天命。太极、天命和健顺五常合为本然之性。密庵说：

性善气杂，对气言之性也，非对心言之性也。人生而静、天之性之性，对人欲言之天性，非对心言之性也。未发即性之性，对情言之性也，非对气对心言之性也，不可一概言。今以性善气杂之说，作对心言者则非矣。性字有对命言者，有对道言者，有对心言者，有对情言者，有对人欲言者。在天在物之性，对命言；天命率性，对道言；存心养性，对心言；未发即性之性，对情言；天之性之性，对人欲言也。……朱子曰喜怒哀乐之未发，乃本然之中，发而中节，乃本然之和，非人之所能使也。又《太极说》曰："行乎动静者，性之真者也，情之未发者性也，是乃所谓中也，天下之大本也。性之已发者情也，其皆中节则所谓和也，天下之达道也，皆天理之自然也。妙性情之德者心也，所以致中和立大本行达道者也，天理之主宰也。”（朱子语似止此。）年前所答弘甫语意如此，朱子果已言之矣。（《密庵先生文集》卷十《杂识》）

也就是说，从本然上看，人与人、人与物性相同，而从气质上看，则各不相同。

密庵对人物禀受之同异问题也谈了自己的看法。人物性同异论主要是关于同论和异论的争辩。人物性同论认为，人与物同样禀受了五常，物同样具备五常的全体，所以人物性同；而人物性异论认为，人禀受了五常的全体，而物只禀受了五常的一部分，所以人物性异。密庵主张人物性同论，曰：

程子虽曰皆具五常，然既以凡有血气为言，则非谓无血气者亦具五常也。既分有血气无血气，则其五常之具者，已非性之体，而只是从气而言者也，又其具未必如一停均也。程子虽曰凡物莫不具五性，居其一而有其四，然既曰有五气，又曰草木之黄者得土之性多，白者得金之性多云。则其谓居者，只从其多处言，其谓有者，从其不多处言而已，皆不离于气而言也。然则其曰五性者，已非性之体，而又其五未必如一停均也。故此等语，一截皆以气分言者也，非如言性善之直以理言同也。惟其非独人，物亦然一段，最是看不出者也，然此亦只是具五有四之意而已，而特其立语偶然如此，概皆实程子一物之理，即万物之理。

朱子性同气异之义，而语有详略不同也。今却以辞害意，乃以居者为气禀，以有者为天命，而以为物皆均五常，一物之中，具万物之性，则水炎火润水车陆舟，而皆可为率性修道矣，

> 焉有圣贤之为性而乃如是也。又其必以五常之均，为性同之实，则又可知其于性之所以为同之实，有未达也。此则人物均五常之说，所以未得乎朱子形而上者，一理浑然，无有不善。
>
> 人物既生，则即此所禀以生之气，而天命之性存焉云者，即为指其所谓居者，而天命之全不外于是也，非于居者之外，别有所谓有者，乃为天命之全性也。至于人物性不同之说，又只以程朱兼气言者为本性，则兼气言者尤不可殚举。而如以朱子某人某物性通为气质之性，则某人云者，张三李四之谓也，某物云者，犬牛人大黄附子之谓也。今却但以张三李四之性为气质之性，而犬牛人大黄附子之类，则以为天命之性，而不以为气质之性矣，则其亦未得乎朱子之谓形而上者。一理浑然，无有不善云者，是即即人物所禀以生之气，而其形而上者，为一理为浑然为无不善也，非于其形气所禀之外，别有浑然无不善之一理也。(《密庵先生文集》卷十《杂识》)

密庵虽然承认由气质而引发的人与物的差别性，但主张既然万物是由阴阳五行之气所形成，那么就会同样地拥有五常之道理。因此，人与物的本然之性是同一的，气质之性则不仅人与物是相异的，所有的个体也都是不同的。密庵还谈到道性、德性、气性之不同：

> 道性、德性、气性不同，本然之性、气质之性又不同，道心、人心又不同。万物一原之性，通天下一性之性，此以道体言，所谓善性也。健顺仁义礼智，人全而物偏者，以德性言，所谓天地之性，人为贵(人为贵则物为贱在其中)者也。牛耕马驰，鸢飞鱼跃，火燥水润，大黄寒附子热，宽栗温直，此亦谓之性，此以气言者也。自道而言则无不善，自人物而言则本然者善，而末流者有不善。本然者自然之体，是本然之性，是为一原之

性，通天下一之性。其以正通而为贵，偏塞而为贱，清粹而为美，浊驳而为恶者，皆由于气质。无论德与气，皆为气质之性。朱子以犬牛人性及相近之惟，惟人万物之灵，及亶聪明作元后，并为气质之性者此也。道心者以感于道者言，人心者以感于形气者言，只就知觉上言，与本然气质之说不同。而每观前辈以德性与本然之性及道心，皆为本然之性；以气性与气质之性及人心，皆为气质之性，终似混囫不分明，不可不察。（《密庵先生文集》卷十《杂识》）

密庵重视所谓“本然”的本原层面、“本然”的道德层面，强调从自然原理上去把握道德。

对待北伐论，密庵主张应“量力而动”。宋时烈等人阐述的尊周大义论具有顽强生命力，成为朝鲜朝后期占主导地位的意识形态，到十八世纪仍不断有人主张北伐。密庵所著《北伐议》，认为朝鲜虽不可轻率北伐，但是“亦不当胶柱而鼓瑟，苟能体祖宗必东之志，审政治缓急之宜，任贤使能，绝偏党反侧之私，训兵积粟，为内修外攘之策，俟天下有变，相时量力而动”。

参考文献：

1. 金香花：《“四七之辩”的肇始、系谱化及其“终结”——16 至 19 世纪朝鲜儒学的逻辑进程》，《中国哲学史》2013 年第 4 期。

2. [韩]安秉杰：《密庵李栽的生活和学问》，《民族文化论丛》第 24 辑，2001 年。

3. [韩]琴章泰：《密庵李栽的性理学》，《民族文化论丛》第 24 辑，2001 年。

4. [韩]李完载：《密庵李栽的哲学思想》，《民族文化论丛》第 1 辑，1981 年。

李 柬

李柬(1677—1727),字公举,号巍岩。礼安人。朝鲜朝后期性理学家,主张人物性同论的洛论派代表人物之一。谥文正。

一、生平

巍岩出身于两班士族地主之家。二十岁时,入遂庵权尚夏门下修习。三十三岁,在崔征厚处读到南塘韩元震的信件,自此与南塘展开性理学论辩。是年四月,在洪州寒山寺与南塘见面,说明了各自的立场。三十六岁时,与南塘往复书信持续论辩。三十八岁时,作《未发辨》确认了自己的性理学立场。曾任宗簿寺主簿、怀德县监。四十九岁时与尹凤九、韩元震、蔡之洪等一起被起用为世子侍讲院咨议、经筵官等职,后授忠清都事兼海运判官、翊卫司翊卫等职,均辞任。在世时,他写成了劝勉圣学和君德之疏,但尚未呈上即去世。文集有《巍岩遗稿》。

二、性理学思想

1. 人物性同论:天命与五常的一致

邢丽菊在《朝鲜朝时期"人物性同异"论争的理论来源及其差异——巍岩李柬与南塘韩元震之人物性同异论比较》一文中认为,同其他性理学者一样,巍岩的理气论是支撑其人物性同论的中轴。

巍岩将理看作是形而上的一元实体，与太极、五常等同视之。这与朱子的“理同”、栗谷的“理通”一样，指的都是一元层次上的本然之性，这一点人与物都是相同的。

对于气，巍岩认为有正通偏塞之分与昏明强弱之殊，此为“人贵物贱”“圣智凡愚”的主要原因。正是因为气的作用，天地万物才有“异体之理”与“气质之性”。由此可见，他在一元（或本体）的层面主张人物性同，在异体（或现象）的层面主张人物性异。

就理气的先后关系来讲，他认为理先气后，先有理之实后有气之名；依此进一步提出，先有五常之理，后有五行之气。此处可以看出巍岩首重一元的立场。

理一分殊是理解人物性同异论的一个重要概念。巍岩十分赞同栗谷的“理通气局说”，认为其核心在于理气不相离。正因为不相离，“无形而无本末无先后，理之通也；有形而有本末有先后，气之局也”[《巍岩遗稿·理通气局辨（癸巳）》]。尽管如此，他所认为的理通是不与气局相掺杂的本体的独特层面。

> 盖栗谷之意，天地万物气局也，天地万物之理理通也。而所谓理通者，非有以离乎气局也。即气局而指其本体，不杂乎气局而为言耳。[《巍岩遗稿》卷十二《理通气局辨（癸巳）》]

邢丽菊指出，在巍岩看来，理通虽然渗透在气局中，但依然具有不与气局相掺杂的本体的特性。举例说，人的本性五常只是将五种常理细分而已，仍然需要与理连贯起来看。这种理论对气的局限性不做深刻考虑，认为所有存在都不受气的局限，与理所通，这也是人物性同论的根据。

既然“天命之谓性”，那么天所赋之命与物所受之性（五常）的关系如何？巍岩的核心主张在于，性命一实，性外无命，命外无性。既然如此，则天命、太极、五常就是一物。

巍岩认为,天命、五常、太极与本然之性不过是因理的所指不同而有差异的名称而已,即它们是没有彼此、本末、偏全和大小的同一存在的异名。他的这一主张是从根源处而论的,说的是超形气,即没有考虑阴阳五行形成形气的方面。本然之性不受分殊处气质的偏全制约而存在,这就打开了人与物共同禀受了本然之性而自在的局面。就此他指出:“以一原言,则天命五常,俱可超形器,而人与物无偏全之殊,是所谓本然之性也。”[《巍岩遗稿·答韩德昭别纸(壬辰)未发咏》]可见,巍岩学说中人物性同的性指的是人物同五常、同天命、同太极的本然之性。

尽管巍岩主张人物性同,但他并没有忽视气的层面上人物性的不同。他指出,人与物虽然共同具有五常的本然之性,但从异体的气质看,人与物、人与人之间都有差异:

> 以气质言之,则得气之正且通者为人,而偏且塞者为物。而正通之中,又有清浊粹驳之分焉;偏塞之中,又有或通全塞之异焉,则是人物异体之有万不齐者然矣。是故,论其气质,则非惟犬之性,非牛之性也;跖之性,非舜之性矣。(《巍岩遗稿》卷四《上遂庵先生别纸》)

即气质的正通偏塞是导致人物性差异的主要原因。巍岩认为这种气质(形气)层面上的性是气质之性。

既然人与物都具有五常之德,那么现实中的物为何不能同人一般实践道德行为呢?巍岩指出,“同是五常,而正且通,故能发用;偏且塞,故不能发用”[《巍岩遗稿·上遂庵先生别纸(辛卯)》]。人与物虽共同具有普遍的本性,但在本性的发用(具现)方面却具有先天的区别。这也正显示了人的高贵性。

邢丽菊指出,巍岩认为,从一元看,人与物共同具有五常的本然之性;但从异体看,人禀受了正通之气,故五常正且通,而物则禀受了偏塞之气,故导致五常偏且塞。此时的性是气质之性。这种气质之性导致了人与物的差异,使得人成为高贵的存在。他的这一主张可概括为“理(性)同气异”。

2. 未发论

邢丽菊在《朝鲜儒者巍岩的未发心性论以及对朱熹理论的新阐释》中解释了巍岩对朱熹未发论的理解。巍岩首先把朱熹对未发的说明划分为三个层次:“浅言”、“深言”与“备言”。“浅言”指的是心没有应接事物之状态,此时凡人的气质是昏浊的,巍岩将其称为“不中底未发”;“深言”指的是追寻源头而求其本质的状态,此时圣凡人是相同的,故“未感之时,至虚至静,所谓鉴空衡平之体,虽鬼神,有不得窥其际者”[《巍岩遗稿·未发辨(甲午)》],巍岩将其称为“大本底未发”;“备言”是就统合心的存失、浅深而言的。巍岩在《未发辨》中指出“然未发二字,煞自有浅深界分”,强调要严格区分未发的三个层次。若只是从“浅言”阶段认为未发是“思虑未萌,事物未至”,则这只是“不中底未发”。只有“深言”指的才是“大本底未发”。那么,他所认为的未发的概念究竟为何呢?

所谓真正的“未发”就如同明镜止水般,是心的寂然之状态,这种状态纯清至粹,是为“天下之大本”。这是对明德本体的“深言”,是“大本底未发”。即未发不单指的是事物未接的状态(“不中底未发”),同时也具有心的湛然虚明之本体(“大本底未发”)的意义。在谈论未发时,这两种状态即“不中底未发”与“大本底未发”必须都考虑到才算周全,这就是“备言”。如果说“不中底未发”指的是接触外部事物以前的感情的未分化状态,属于物理性(时间性)的层次,而“大本底未发”指的就是本质层次上的未发。而后者是巍岩强调和坚守的重点。

以这种未发论为基础,巍岩进一步将心区分为神明至精的心体与至粗的血气之心，而作为心体的心是他未发论的重点。前者是本然之心，后者是气质之心。巍岩还据此提出了“未发心体纯善论”。心虽然为一，但由于未发时“虚灵洞澈”和“神明不测”的心体起主宰作用，所以只能是纯善的，没有恶的可能性。这就是“大本底未发”时的心。这种本然的心体在圣凡人身上体现出来是相同的。

他在论未发的过程中始终认为纯善的心体与圣凡人所具有的明德之心体是没有区别的。这是以朱熹所说的“未发之时，自尧舜至于涂人，一也”以及栗谷的“众人幸于一瞬之间，有未发之时，则即此全体湛然，与圣人不异矣”为理论依据的。

心存在未发与已发，朱熹也曾指出未发之前气不用事，巍岩也认可未发前气不用事，不仅仅是气不接触外物，更重要的是没有血气的作用。正是因为气不起任何作用，故湛然纯一，亦善而已。而其论敌南塘则认为气的本色具有多样性，故即使未发时也存在清浊粹驳和刚柔善恶。南塘所理解的气不用事是指气寂然不动、所赋之初的状态，这与巍岩有着很大的差异。所以，在巍岩那里，因真正的未发不受血气的影响，所以本然之性如实展现，纯粹至善；而南塘认为，未发是未接触事物的状态，此时兼具善恶的气质虽然存在，但不用发挥作用，所以不会影响理的善，但仍具有恶的可能性。巍岩又进一步借用栗谷提出的“本然之气”强化了自己所提出的未发之气纯善的观点。

栗谷将恢复“气之本然”设定为修养的目标。这与孟子的“浩然之气”以及花潭的“湛一清虚之气”是相通的，均指本然之气。巍岩以此为依据，认为未发之气是纯清至粹的本然之气，所以圣人与凡人之气未发时没有不同，由此便可以体会到未发的真境界，实现“中”的本体。

邢丽菊认为,综合可见,巍岩未发论的核心可整理如下:(1)未发分为“不中底未发”和“大本底未发”,前者是接触事物之前的未发,而后者是本质意义上的未发,体现了心的湛然虚明之本体;(2)心分为神明至精之本心与血气之心,前者为心体,是本然之心;(3)未发之心不受血气用事之影响,故未发心体纯善,圣凡心同。

3. 本然之气与本然之心

如我们所知,朱熹在存在论的立场上认为性即理,心合理气,将心与性区别对待。他虽然认可心具理,但并不认可心即理。而在阳明学中,心即理,即性。从价值论来看,朱子学的主旨在于性善论,而阳明学则是心(性)善论。

邢丽菊指出,巍岩继承了以栗谷为宗的畿湖学派的学统,栗谷曾经提出“心是气”的命题。难解的是,巍岩却在继承畿湖学派基本观点的同时,提出了“心性(理)一致论”。栗谷认为,心虽具理,但实为气性的存在。朝鲜名儒尤庵宋时烈也认为心之虚灵,分明是气,所以畿湖学派的心论就朝着气论的方向展开。巍岩和南塘间关于未发的论辩从论气开始,也与此有关。针对南塘所认为的未发状态下也存在气质之性,巍岩批判说,未发时,气不发挥任何作用,故纯粹至善。这一点二人均认同。但巍岩强调气因湛然纯一而善,这与南塘所认为的气存在清浊粹驳与刚柔善恶有明显不同。巍岩进一步借用“本然之气”来强化自己未发之气纯善的主张。不仅如此,他还设定了由本然之气而形成本然之心,主张这一本然之心就是大本(“中”)所依据的存在。

正如只有将性分为本然之性与气质之性才能够把握其实质一般,他主张心也应该分为本然之心与气质之心。并且他进一步将本然之心与本然之性对应,气质之心与气质之性对应。他借用朱熹之言指出,本然之心就是虚灵不昧之明德,气质之心就是受气禀所拘之明德。同是一明德，因受气禀之拘与否而区分为两种不同的心。因此，神明的本心应与作为血气的气质之心区别对待。就善恶来讲，气质之心是在未发状态下也有的刚柔善恶之心，而本然之心是“虚灵洞澈，神妙万物，操存舍亡，元无不善之心体者”。气质之心的未发是浅层的未发，是“不中底未发”；而本然之心的未发是深层的未发，是“大本底未发”。

而且，他还从修养论的角度来解释本然之心与气质之心。本然之心是“天君主宰，则血气退听，而方寸虚明”的状态，等同于“虚灵不昧，以具众理而应万事”（明德）者。气质之心是“天君不宰，则血气用事，而昏明不齐”之状态，等同于为气禀所拘者。从所得乎天来看，本然之心是先天性的存在，而它同时又是血气受天君统制的产物，这就证明了其后天性。这一理论建立在儒家主张通过后天修养来使人回归原始状态的思想基础之上。所以，人应该通过戒惧慎独的修养工夫来驱除浊驳的血气之影响，恢复湛然纯一的本然之气，从而使本然之心成为一身主体性、主宰性的存在，实现心性一致。

4. 心性一致论

巍岩将心区分为本然之心与气质之心，并使之一一对应于本然之性与气质之性。巍岩还基于此展开了自己的“心性一致论”。

邢丽菊提出，巍岩理解的未发在于理与气、心与性的根源处，这就是理气共存、心性一致的地方。而且从“圣人则合下以理为心”也可以看出，巍岩试图阐明的是心与性在价值论上的一致性。尧舜等的圣人之心能够实现善的本性，从而使人成为实质上的圣人，是因为他们的纯善之心与纯善之性是一致的。心的道德性价值取决于不受气的影响的理究竟能够发显多少。因此，可以这样理解，巍岩的核心观点并不是说心就是性，而是心与性在价值上是一致的。即,巍岩试图通过心性一致将心牵引到本然纯善的层次上,并从性的角度来考虑。形而上之性在现实中的实现,需要形而下之气的媒介作用,而形而下之气同样需要形而上之性来确保其善性。他的这一心性论观点是以理气不离和理气同实的理气论为基础展开的。

巍岩的“理气同实”主要具有两层含义:一是从理气不离的角度来主张心性一致;二是重视理气的相互关联性。巍岩曾说过,“所谓实事,则必待夫理气同实,心性一致,然后方可谓实事”(《巍岩遗稿·未发有善恶辨》)。理与气必须在实质上相同,心与性一致,这才是实在的事情。具体而言,“理气同实”是“气之正通,理亦正通;气之偏塞,理亦偏塞”,“心性一致”是“本心存,则天理明;本心亡,则天理灭”。这种逻辑结构是将理气不离的观点从理气论扩展到心性论的产物。在性理学中,理气论是心性论的根据,而心性论是理气论的展开样相。故巍岩认为,不仅理气不能分离言之,心性也不能分离而待。对于理气的相互关联性,朱熹曾指出,“理非别为一物,即存乎是气之中。无是气,则是理亦无挂搭处”(《朱子语类·理气上》),“如阴阳五行错综不失条绪,便是理。若气不结聚时,理亦无所附著”(《朱子语类·理气上》)。理无为至通,因无形而无法在现实中实现,于是就需要气这一现实性的载体。巍岩继承了这一观点,认为如同理在现实中存在必须要有气的存在般,性为了在现实中具现也需要心。他指出:

> 所谓理气,以心性而言也。心之不正而性能独中者,天下有是乎?性固本善,虽则不本于心,而其善之存亡,实系于心之善否,则遗心而论性,实非鄙见之所安也。[《巍岩遗稿》卷十二《未发辨(甲午)》]

为了确保性善在现实中的实现,就需要心善。即,巍岩不能接受脱离心的性善。只有心性一致，善才得以在现实中存在。他在心的方面不仅强调气的本然性，而且强调通过本然之心而使得本然之性的善得以现实存在，同时体现未发的真正含义。可见，巍岩通过本然之性和本然之心的一致来努力确保善的现实性，并阐明不受气质约束的纯粹的善在现实中存在的可能性。

巍岩继承了畿湖学派"心是气"之嫡统学说，对"心性(理)一致"提出了自己的见解。性理学的核心主张是"性即理"，强调性(理)善。而为了确保理这一形而上的存在在形而下的现实层面上的发显，就需要气的作用。至清至纯之气能将性之善完全显现出来，而至浊至粕之气则会掩盖性之善，不能使之现实化。可见，因为气的作用，性善与现实中显现出来的善之间是有一定距离的。而巍岩认为，未发状态下的气湛然纯一，至清至纯，此时即使理气兼指而言，也丝毫不会损害理与性的纯善性，这就是"本然之气"。在此影响下，才能实现"本然之心"。这种本然之心就是朱熹所说的心之湛然虚明，鉴空衡平真体之本然者、本明之体、虚灵不昧之明德等。由于此心是由本然之气构成的，所以性善能够完全显示出来，从而达到心性一致。正是基于此，巍岩才将此心认为是理。由此可以看出其理论的创新之处。

邢丽菊分析认为，巍岩在继承了朱熹思想的基础上，对未发问题进行了更加深入的阐释。他将未发分为浅层意义上的"不中底未发"和深层意义上的"大本底未发"，并强调后者是本质意义上的未发。前者之气是血肉之气，有清浊粹驳和刚柔善恶；而后者之气是本然之气，湛然纯一。未发状态下，虚灵洞澈的心体起主宰作用，所以未发心体纯善。不仅如此，他还提出了本然之心与气质之心，并使之对应于本然之性与气质之性，主张"心性一致"。这一观点并不是说心等同于性，其核心在于心与性在价值论上的一致性。

心性一致论在哲学性和思想性上起着连接朱子学和阳明学的作用，体现了朝鲜朝中后期儒学的“心学式”发展，在韩国思想史上具有非常重要的意义。

参考文献：

1. 邢丽菊:《朝鲜儒者巍岩的未发心性论以及对朱熹理论的新阐释》,《中国哲学史》2011 年第 4 期。

2. 邢丽菊:《朝鲜儒者南塘的人物性异论及对朱熹理论的新发展》,《社会科学战线》2011 年第 1 期。

3. 邢丽菊:《朝鲜朝时期“人物性同异”论争的理论来源及其差异——巍岩李柬与南塘韩元震之人物性同异论比较》,《哲学研究》2008 年第 11 期。

4. 文碧方:《从“湖洛之争”看朝鲜儒者的朱子性理学诠释》,《现代哲学》2011 年第 6 期。

5. [韩]文石允:《湖洛论争形成期未发论辨的样相和巍岩“未发”论的特征》,《韩国思想史学》第 31 辑,2008 年。

李　縡

李縡(1680—1746),字熙卿,号陶庵、寒泉、寒泉翁、泉翁。牛峰人。朝鲜肃宗、英祖年间文臣、学者。谥文正。

一、生平

曾祖有谦,祖右议政翻,父晚昌,仲父成均馆进士晚成,母为闵维重女,姨母为仁显王后。

1702年,谒圣文科及第,任检阅。后兼任撰集厅记事官,参与编撰《端宗实录》附录。1704年,被任命为说书,翌年晋司书。1707年,文科重试及第,翌年任文学,升大司宪。1715年,《家礼源流》论争时站在老论立场上痛驳少论,之后一直以老论中心人物身份活动。1716年,历同副承旨、户曹参议,晋副提学。1719年,赴庆尚道任岭南均田使,因论议当时的土地政策遭罢职,后任咸镜道观察使、大司宪、吏曹参判、礼曹参判等,升都承旨。辛壬士祸发生后因仲父晚成狱死而隐退,在江原道雪岳山潜心研究性理学,成为朝鲜王朝后期学术界的中心人物。英祖大王即位后,官复副提学,先后任大提学、吏曹参判等。1727年,丁未换局少论成为中心,陶庵作为老论人物而遭门外黜送,之后隐修于寒泉书院,培育了吴瑗、任圣周、金元行、宋明钦等诸多学者,为日后北学思想的形成奠定了基础。1741年,在艺文馆治学,1743年获授右参赞但未赴任,与尹凤九和朴弼周交游,专注于学问和培养弟子。作为老论峻论的代表人物,他提出了大明义理论和辛壬义理论,强烈反对英祖的荡平政策,被英祖指目为反荡平论的山林领袖而备受非难。

陶庵作为朝鲜朝后期性理学界大家,在“人物性同异论争”中支持李柬的学说,反驳韩元震等人的湖论观点,成为当时洛论的代表学者。他在支持洛论的同时反驳唯气说,指出陷于气一元论独断的危险性,追随栗谷的本然论,采取稳健观点,展现了对主理派的折中和妥协。他以赵光祖、李珥为榜样,整理修订了《栗谷全书》,在礼学方面颇有研究,著有《陶庵科诗》《四礼便览》《近思寻源》《尊壤录》《朱子语类抄节》等,文集有《陶庵集》。祭享寒泉书院。

二、人物性论

南宫道由究《中庸章句》相关章节进行了提问,对此陶庵在《答南宫道由中庸问目》中进行了回答。其中《鬼神章》部分问题与人物性同论有关。南宫道由对交换五常中义、礼顺序和朱子对于人物性同异说法前后不一致的原因进行了提问,陶庵对此在《答南宫道由问目(癸亥)》中对自己的理由进行了论述。南宫道由欲对禽兽草木中的五常和五行进行细致区分,陶庵在《答南宫道由问目》中指出,前人对于禽兽草木五常、五行道理的分析是支离破碎和无益的,表明了对人心性省察的着眼点应在于人物的性的观点。有人对理气心性论、圣人众人心论、人物性论等进行了提问,陶庵就核心问题在《答或人问目》中进行了回答,表达了心性论的要点。他以理气心性论的论议为基础,为气质变化的修养论提供了根据。

1.《答南宫道由中庸问目》

此信主要是对《中庸章句》节段的问答,其中特别是对《鬼神章》中“使天下之人齐明盛服,以承祭祀,洋洋乎如在其上,如在其左右”之“齐”“明”“洋洋”等引用朱子之解释说,“齐之为言齐也,所以齐不齐而致其齐也。明,犹洁也。洋洋,流动充满之意。能使人畏敬奉承,而发见昭著如此,乃其体物而不可遗之验也。孔子曰,‘其气发扬于上,为昭明焄蒿凄怆,此百物之精也,神之著也’,正谓此尔”。其中,朱子所谓“其气发扬于上”与人物性论有关。

陶庵指出应该遵循尤庵宋时烈的学说,将人放在百物广博的范围内进行把握。与沙溪将草木禽兽与人分离,认为草木禽兽没有精气的说法相反,尤庵的学说虽然不认为草木禽兽有精气,但是认为人的精气的发生范围与凡物相同。陶庵说,“天下万事万物,无非所以体乎鬼神者”,“然则造化发育之鬼神,祭祀歆格之鬼神,非是两个物事,而实则都凑在吾一心上”,主张对人性要在与物性相同的范围内进行理解。

2.《答南宫道由问目(癸亥)》

此信中引人注目的地方在于,南宫道由问及朱子在《孟子集注》中有关人物性同异的学说前后不一致的原因。《告子章句》篇曰“以气言之,则知觉运动,人与物若不异也,以理言之,则仁义礼智之禀,岂物之所得而全哉?”又曰“徒知知觉运动之蠢然者,人与物同,而不知仁义礼智之粹然者,人与物异也”,南宫道由对这种前后不一致的说法应该怎样理解表示疑问。陶庵对此回答说:

> 自人物禀赋之初而言之,则理同而气异,自人物有生之后而言之,则气同而理异,告子则认气为理,只知其同而不知其所以异者,故孟子就其理不同处而明辨以辟之,此朱子所以于《集注》以气同而理异释之者也。观于答或人之问,可知。(或人答《集注》《或问》异同之说曰:“于此言气同而理异者,所以见人之为贵,而非物之所能并也;于彼言理同而气异者,所以

见太极之无亏欠，而非有我之得私也。”以是质之于朱子。朱子曰：“此论得甚分明，且有条理。”）（《陶庵集》卷十八）

陶庵说，告子说的“生之谓性”就像“气之谓理”一样，朱子从这个层面指出了表面上的性品不可能一致。即陶庵认为朱子没有打破“理同气异”的原则。

3.《答南宫道由问目》

枝叶本青者，由于仁，而花之青者，又仁之发，则仁之所发，不已多乎？根着于土者，由于信，而花之黄者，又信之发，则信之所发，亦不已多乎？徒见其支离，而卒无所发明矣。……此皆化工肖物，至神至妙，不可测知处，如欲一一深究其所以然，则所谓徒费日而无所益者也。抑又闻程子之论格物，虽曰“一草一木，亦皆有理，不可不察”，而其上有“求之情性切于身”之语，其轻重缓急，固有在矣。（《陶庵集》卷十八）

陶庵指出，对人性和物性的省察，应该着眼于对人的本性的理解，而阴阳五行论对事物的信息进行解释并获取知识则不是正确的方法。如此执着于事物中蕴含的理数并深究的话，就会产生王阳明借助竹子“格物致知”的弊病。

4.《答或人问目》

（1）理气心性论

心固气也，而合性与气言之，其义乃备。……心固本善者，有似天命之性，而流而为善；不善者，有似于气质之性，气质之性，君子有不性者焉，则心之掩蔽于气而为不善者，君子亦当不谓之心也。……心之未发即性，性中安有不善？不善自动时言，才动便可谓之情，未可谓之心。凡动者，气也，气若用事，则是为兼气质之心，而非本然之心也。……对理而言，

则气固二也,而其本则湛一而已,湛一时节,有何不善?是气翻动之后,始有善恶耳。(《陶庵集》卷二十一)

(2)圣人众人心论

其本心则同,而其拘于气质之心,有不齐。……圣人气质清明,心体炯然,固无内外之殊,众人气质浊驳,心为之掩蔽矣。(《陶庵集》卷二十一)

(3)人物性论

五气不备,不能成造化。人物虽有偏正多寡之不同,而岂有人得五行而物不得五行之理耶?朱子曰:"一物各具五行之理。"……人物同得健顺五常之理,而由其气之偏塞,故物不得全耳。(《陶庵集》卷二十一)

(4)气质变化论

气质之性,君子有不性者焉,则心之掩蔽于气而为不善者,君子亦当不谓之心也,是则气固变化,而可复其本体之明故也。……本然之心,若有不同,则众人虽欲为圣人,所谓"乃复其初"者,不过复其众人区区心地,安能至于光明灿烂无一点之累耶?"乃复其初"之"初"字,本不分圣人、众人而为言,则初即明德,明德是本心,本心既有优劣分数,则虽使众人极其澄治之功,而圣人自圣人,众人自众人,众人奈何得圣人?……莫如曰:"指其本然之心,则固无圣、凡之殊;指其兼气质而发用底心,则容有不同。不同,故可以做变化之功,而其本本善,故终复其初也。"……应事之际,虽未得如圣人之合理,而或有一事之中节,则是亦圣人事也,若涵养此心,习熟此事,则是亦圣人而已矣,圣人无间断而习熟,初学于此处,可以立作圣之基本矣。(《陶庵集》卷二十一)

这是陶庵书信中涉及"人物性同异论争"的部分,前两封信主要是关于经学的问题,第三封与学问指向有关,最后一封中体现了陶庵的心论观,心可分为本然之心和气质之心,恢复本心可以使众人向圣人迈进。

陶庵是十八世纪后半叶老论代表学者之一,受到主张人物性同论的农岩金昌协影响在“人物性同异论争”中支持人物性同论,在答尹凤九的心性说和赠韩元震的诗中都体现出这种立场。陶庵继承了金昌协的观点,但严格来说二人没有明确的师承关系。在学问上陶庵倾慕赵光祖和李珥,并追随宋时烈和宋浚吉,是一位精通性理学的朝鲜学者。

参考文献:

1. [韩]金东俊:《陶庵李縡的生活和诗文化》,《韩国汉诗作家研究》第 14 辑,2010 年。

2. [韩]金铉权:《陶庵李縡先生的生涯》,《尚书》第 3 卷,1981 年。

李　瀷

李瀷(1681—1763),字子新,号星湖。骊州人。朝鲜朝英祖年间哲学家、实学派代表人物。谥文贞。

一、生平(据尹东奎《行状》整理)

曾祖讳尚毅,议政府左赞成、赠领议政,谥翼献公;祖讳志安,司宪府持平、赠吏曹参判;考讳夏镇,司宪府大司宪,在肃庙时以文章节行,力扶清议,请留许文正穆,不容于朝,左迁晋州牧,继党事起,用事者必欲致重典,捃摭无所得,竟以微事诬捏,谪云山郡而卒。妣留守龙仁李氏,留守讳后山之女,赠贞夫人;妣贞夫人安东权氏,讳大后之女。先生大宪公之季子,权夫人之所生也。先生生才二岁,清弱多疾,权夫人甚爱重,常自囊药饵,随而调护,以是不许早就傅受书。然先生自幼天资颖悟,挺拔绝人,稍长知学,不待课督,刻意自奋,群居讲学,众或在傍喧戏,而常默坐手卷,终日不撤。权夫人尝窥见喜甚,曰:"吾儿能如此,吾无忧矣。"既而文辞大进,乙酉以策发解而因录名违规,不赴会试。

丙戌,仲兄罹世祸,畏约屏居,无意世事,遂弃举业,游第三兄玉洞先生、从兄素隐先生之门,习闻为学之方,朝夕定省之外,危坐一室,日取圣贤书,俯读仰思,有得必书焉。性至孝,每顺适太夫人之意,无所违拂,家用贫乏,亲自营办,不令太夫人忧。乙未遭内艰，居丧尽礼，不脱绖带，未葬食粥，既葬疏食苦盐，不使有姜桂之滋，既服阕，臧获什器之物，一无所留，尽籍归宗家，生计旁落，而处之晏如。立约家中，不许称贷求觅，惟以耕作所获，排日自给，委任干奴，御之有法，干奴亦尽力效劳，晚岁调用，亦赖此稍裕。

英祖大王丁未，朝廷闻先生名，有缮工监役之除，先生欲一谢恩命上京，以前例无谢恩，即日弃归。癸未国家有庆颁锡老之典，先生时年八十三，例授佥知中枢之衔，是年冬十一月感微疾，十二月十七日考终于寝室。门人受业及族在袒免之外者，或白布巾带，或吊服加麻，及葬而除，或有素带而终期者。

先生方颜颀身，眉目炯然，英气袭人，温粹和乐，色笑可亲则春风扬休，方毅严正，辞气峻洁则烈日秋容，禀赋既正，涵养亦至，威仪攸摄，不至大拘，宽广自如，和易中节，伊川所谓非体之礼也。其色庄，其言厉，其容舒而恭，其坐端而直，盥颒之所无点滴之痕，饮食之际无匙箸之声，中夜必寝，昧爽必兴，盥漱冠服，谒于家庙，退坐书室，几案必整。其读书也，清浊高低，声中音韵，其见于动静容止之间有如此者。事亲极其孝敬，虽衰老之后，或言及父母，未尝不戚然垂泪，至咽不成声，以早失大宪公，未识颜范为至恸。后遭大宪公不讳之岁，欲追服，已而曰退翁之于其先君，亦如吾之所遭，然退翁莫之行，退翁吾所师也，岂敢过也，是以不果焉。

其为学也，循先贤所定课读，以经书为先，继以《史记》诸子百家，无所不究。其读书也，字求其训，句索其旨，思之又思，要以深究自得为期，博学详说，随得有录。而以《孟子》为始，名其所著曰《疾书》，语学者曰："妙契则吾岂敢，疾其书之义则吾窃有取焉。"亦可见先生之于此学，传圣贤之心法，而继斯学之几绝，亦可以知先生之眷眷切切于悯俗学之含糊鹘突，因循无得，至于晦天理穷人欲也。是故于《庸》、《学》、三经、《近思录》、《心经》等诸书，皆以此意，各有论著。而如井田正朔考、《易学图书》揲蓍算期、《中庸》十章大旨、管仲不死伯夷论等诸说，多有先贤未发之论。至于“四七理气”之辩，自退翁、高峰以后，更有牛、栗二公之争，为世大议论久矣。又谓东方之学，莫盛于退溪李子，以其常时效法之小者言之，匙箸之无声，盥洗之无滴，书札之自名是也。而其大则采《遗集》及《语录》所记言行，依《近思录》次第，以为《李子粹言》，又编论礼之说，以为《礼说类编》，以寓尊慕而体行之。尝默究弊原，咸思救策，有《藿忧录》《僿说》等诸编，而《僿说》者余力所及，时著为说，及其成帙，列其条例，授门人安鼎福使之整厘。论及《乐学轨范》，亦有著述。至于东邦俚谈之类切实人情者，亦皆采而解说其旨，名曰《百谚解》。东人之贵耳贱目，自党论以来尤甚，若非读先生《论》《孟》二序而得朱夫子《集注》之本心，岂能知我先生勤苦著述之意哉。

若夫先生之学则博而赡，简而核，其处己也宽栗而乐易。其处家也严正而俭节，其接人也整齐而温和，其与宗族也和厚而敦睦，其处乡党也无贵贱，不威而善教，其教人也平易易知，勿论贤愚，皆获其益，譬如群饮于河，各充其量，才周万物，识达古今。至于六经之奥义，百家之异说，研穷搜抉，判然胸中，亦于当世之务，无所不周，如有用我者则举而措之矣。然抹摋世路，不得一试，而赍志以没，虽若可恨，而天饷八耋之寿，著书明道，有继往开来之功，则是天于先生，存厚养得多矣，于先生有何加损。

星湖是实学派著名代表人物，他反对儒学者对儒家经典的绝对信奉和空理空谈，坚持实事求是的态度，强调不能盲从，须有创造精神。星湖上承李珥、柳馨远之学风，下启丁若镛之实学，成为实学派中祖，对洪湛轩、朴燕岩一派产生了很大影响。星湖之最大贡献在于使朝鲜实学形成完整体系，在他的学说影响下，许多著名学者齐集于其门下,形成在当时和后世都有巨大影响的“星湖学派”。此学派学者尖锐批判封建专制统治的各种弊端,要求改革和整顿政治、经济,发展生产,富国强兵,具有鲜明的爱国主义精神,并带有某种启蒙主义色彩。在社会政治改革方面,星湖批判身份制度,认为奴婢法、科举制、门阀制、嫡庶政策、僧侣儒生等的存在,皆是国家衰弱之根源;认为土地私有制是封建社会万弊之源,立足于重农思想,主张均田制,限制土地兼并。在哲学上,星湖持唯物主义观点,主张“格多则知进”,人靠头脑认识事物,但又认为“上智下愚不移”。在自然观方面,坚持地圆学说与太阳中心说,对地壳变动、潮水涨落等自然现象的理解比较科学。此外,星湖对数学、医学、农学等领域也有广泛研究,特别关注朝鲜历史、文学、风俗和艺术,有《星湖僿说》《藿忧录》《四七新编》《丧威前后录》《自卜编》《百谚解》等,文集有《星湖全集》。

二、“经世致用”的治学态度

十八世纪上半叶的朝鲜,李朝封建统治者在思想文化领域独尊朱子学,把一切同朱子学相违背的见解都斥之为“异端邪说”,加以严禁。在这种文化高压政策下,以星湖等为代表的实学家们向朱子学提出大胆挑战,表现了极其可贵的斗争精神。

谢宝森在《朝鲜实学大师李瀷的哲学思想初探》一文中指出,星湖对当时社会上存在的《朱子语录》不容怀疑的专横风气表示了强烈不满。在他考校出朱熹之《中庸》注释有误后,不无感慨地指出,“儒门禁纲后来转急矣”,“但曰一字之疑则妄也,考校参乎则罪也。朱子之文尚如此,况古经乎？东人之学难免鲁莽矣”。他认为把《朱子语录》句句当作真理,以朱子之是为是,以朱子之非为非,把朱子学以外的学说“设为禁纲,刀锯以待人”,是不利于学术发展的。他反对把儒家经典当作教条照搬照抄,而对其精神实质不求甚解的恶劣学风。他说,今日朱子学家“胡仑吞枣,依样画葫,强对臆说,以为高致。其于帖骨帖肉处,却未必有得。是以标榜为儒者,其众如牛毛,其得如麟角”。

对于朱子学家们崇尚空谈性命,述而不作,脱离实际,只在字句上兜圈子、钻牛角尖的歪风,星湖深表忧虑。他说:“余谓自宋以还,儒学转深转急。一字两字之义,深究极讨,辨说盈箧,人便汩汩没没,又不免急于知而缓于行,此正吾辈所当深念。”星湖认为朱子学内部在某些命题上随心所欲、无限发挥,结果莫衷一是,纷争不已,把本来很简单明白的道理弄得玄而又玄、高深莫测、烦琐不堪。以在朝鲜朱子学内部的四端七情之争为例,星湖批判说:“四七理气之辨,人谓始见于《朱子语类》之孤章者非也。朱子作《中庸章句》,与人心道心合同而言之,所谓性命形气,即理气之断案。四端亦原于性命,与道心固同一其物。朱子又谓七情便是人心,人心者不过形气上饥饱寒燠之等,而或逆或顺,七者便从这里生,初无可晦之义也。流传海外,把作宗门旨诀,演绎张大之,则自我退陶李子始。于是执经者拳拳奉持,言室满室,言堂满堂,唯以不得与为深耻。其意益玄,故其说益繁,如海滚波,疑贰纷争,反入于和泥拖水,讲贯变为闹场则亦异矣。”(《星湖先生全集·四七辨证跋》)

谢宝森指出,在批判朱子学空疏学风的基础上,星湖提出了自己的治学主张:

第一,针对当时不允许对朱子学有一丝一毫怀疑的专横霸道之风,星湖主张读书不要迷信盲从,而要大胆怀疑、标新立异。他用以子之矛陷子之盾的办法延伸朱熹之意说:“小疑则小进,大疑则大进,只是多著疑不妨。”在当时,这对于解放人们的思想,破除对朱子学的迷信,具有肯定意义。

第二,针对当时朱子学坐而论道、沉湎于空谈之歪风,星湖强调读书要重于行。他说:“读书虽多,不能行之,犹不读也。读而能行之,虽一言可也。”星湖沿着唯物主义之认识路线,对“格物致知”做了不同于朱熹和王阳明的解释和发挥。他说,“格,穷至也”,“为欲致知,先极其物理亦宜。然致非有他路,不过格其一物二物,至于无不格而已”,“物格则致知在其中”。就是说,要求得知识,首先要明白事物本身包含的道理,通过对一个一个具体事物的认识而“致知”。他又说,“格多则知进”,“今日得一事,明日得一事。有不学,学之不能,不措也;有不辨,辨之不得,不措也;有不行,行之不笃,不措也。此之谓进也”。通过对事物不断的“学”“辨”“行”,人的知识才会有长进。

第三,针对当时朱子学夸夸其谈、严重脱离实际的现象,星湖提倡实事求是的学风。他在学术研究中深究细考,态度严谨、认真。例如,他反对轻易把道听途说据为信史,认为“风传便信,非可托者”,“以其依稀道听之说指以为实,甚可惧也”。他认为,对历史资料的可疑之点,既要敢于怀疑,又不要轻率下断语,不妨采取史家存疑的办法,“姑遵史策而著之,别立一言辨其可疑可矣”。

第四,针对当时朱子学的高谈阔论和毫无意义的纷争,星湖主张“经世致用”的为学宗旨。由于受中国明末清初之进步思想家王夫之、黄宗羲、顾炎武等人的唯物主义学风影响,星湖在学术研究实践中十分注意“务实”“致用”。例如,在著名的《生财》篇里,星湖对朝鲜八道之地理位置、山脉河流海域之走向、土特产品之分布情况做了详尽考察,指出各地根据不同自然条件因地制宜发展农、牧、林、渔和各种副业的有利因素。他认为,东方虽偏,物之产也足以自赡其用,其要不外于选廉白去贪弊也。可见,他研究自然地理,不仅是为发展生产,而且贯穿着改革弊政的意图。为“卫国保民”,他仔细研究了外敌入侵朝鲜的历史,从地理学的角度,分析外敌入侵的必经之路,建议在险要之地设立关隘,重兵防守,并指出国都必须建在军事易于防守的位置上。这些研究都体现了“经世致用”的为学宗旨。

这里,需要顺便指出,星湖等朝鲜实学家“求实重据”的治学方法和同时代中国乾嘉考据学(汉学)派是相同的,但是二者又有所不同。乾嘉学派到后来愈加脱离实际,不问时事,逃避政治,专以训诂考据为目的,流于支离破碎、偏狭烦琐的考证;而星湖等朝鲜实学家则借鉴并发展了顾炎武、颜元、戴震等反理学思想家“经世致用”的治学目的和学风,此点体现了星湖治学之进步倾向。

三、“气不灭”的元气本体论

谢宝森研究认为,星湖在丰富的自然科学知识基础上,形成了自己的元气本体论思想。在朝鲜古代哲学史上,对于世界本体之认识,久已存在主气与主理之争,这反映了唯物论与唯心论之对立。星湖之本体论基本上属于前者。他认为世界一切莫不由气构成,“凡盈天地间者,莫非气也。然其触结为物即气之精英,此《易》所谓精气为物”。承认世界的物质性。当然,这种朴素唯物主义精气论是有局限性的,由于承认精神的东西也是由气构成,混淆了物质和精神的差别,很容易导致理气二元论,给有神论以可乘之机。

在“气本”的基础上,星湖提出了“气动”“气化”的观点,认为气的有规律的运动变化创造了万物。他说:“气有阴阳则两也。一阴一阳造化所由出,广博微密,妙合无差,所以不测。然其所以为一阴一阳者,乃一气之往来。”

星湖认为人也是由气生成的,“太古之时必先有天地而后有人。天地间元有人生之理? 而其始无有,则气化而生”。他把人之生死只看作气的聚散,“及老而死则阴气浮散,此《易》所谓游魂为变。变者,变生为死,其气亦在天地间”。

星湖不仅继承了中国宋代唯物主义哲学家张载和朝鲜十六世纪唯物主义哲学家徐敬德之“气不灭”的思想,而且有所发展。一方面,他认为充满宇宙空间的“大气”是永存不灭的。“此天地之大气言,则气无不充。故无大无小,物无不充也。有器于此,气充其中。器久而毁坏,气则不灭。虽百易其器,器充同然。不可谓前者消后者长也。”另一方面,他发挥说:“大气中物之有生气者,亦各自有其气。人有人气,物有物气,虽在大气之中,而与之相通,其自有之生气,充满其体,始于胚胎,中于盛壮,终于衰灭,与形体同其生死。”这样,他把气区分为“大气”和“生气”两种。构成宇宙整体的“大气”永存不灭,而充满物体的“生气”则同形体共存亡。

四、认识论上的唯物主义见解

谢宝森指出,星湖汲取了当时西方先进的自然科学思想,比以往哲学家前进了一步,开始从人脑功能入手来探讨认识论问题。他根据汤若望的《主制群征》指出,“脑之为一身之主可知”,“有脑故物触之时,不待思量便即愓动者,脑之为也”。但他没有摆脱时代局限,只把脑当作感觉器官,而思维器官仍然是心。他说:“知其有物触而然者心也,然则觉在脑,知在心。”因此,星湖对人的意识的探讨仍围绕着心来进行。

星湖在《心统性情图说》中明确回答了意识是“人心”的产物。他说:“心有血肉之心,有神明之心。血肉之心是五脏之一,即所谓神明之舍也。神明之心是血肉之心中气之精英,即所谓出入存亡者也。不言血肉则无以明心之动静及性情之根委;不言神明则又无以明夫静而统性、动而统情者,皆心之为也。”(《星湖先生全集·

心统性情图说》)这就从理论上对意识主体做了唯物主义的解释。

星湖反对主观唯心主义“心外无物”的主张。他认为人的感觉不是主观自生的东西,感觉来源具有客观性,人心能真实地反映外界事物的面貌。他认为从这一点来说,似乎可把人心比作镜子和水,“今论心之体则曰未来而不迎,方来而毕照,既去而不留,此疑若与鉴水相似”。但是,鉴与水只能“受物来照”,只是机械而被动地反映事物,而心则不同,“然有人相逢十数年之后便识其面,闻其名,而知其为人,是不留之中有留者存耳”。他认为,心能“活物”,原因在于心有“应灵”,“目既接便能识认,方是为应灵也,故曰魄能藏往。若只如鉴水之阅物,则乃一迷周无觉之人矣”。所谓“应灵”,就是人心具有记忆、思维的能力,这就使人对外界客观事物的反映具有更高级能动的性质。对此,星湖以形象的比喻说明:“心比于鉴,鉴空而不活;心比于水,水活而不觉;心比于猿,猿觉而不灵。然则心终不可喻乎?空处喻鉴,活处喻水,觉处喻猿,加之以灵得矣。”

星湖在对土石(无生命的物体)、草木(植物)、禽兽(动物)和人心对比后,明确否定了“天心”之存在。他说:“天地之心何也?此与草木之心一般,亦无所谓知觉也。天何尝有五脏之心也?其自然运行昭明,感格者理之固然,非有意而为也。”他认为天体运动变化是按本身固有之规律进行的,既没有动物知觉,更没有人心的“应灵”,而是同土石草木一样无知无觉。因此,他说:“《易》曰,复见天地之心乎?天地以生物为心,故一阴一阳,阳复而见心,心者不过以理之自然者言。何尝如人心之见善而喜,见恶而怒也?”否定“天心”是星湖对无神论的一个贡献,在客观上动摇了封建专制统治的“天命”、“天人感应”和“皇权神授”的思想基础。

星湖对认识的阶段性,以及感性认识和理性认识的关系问题,也做了颇有见地的论述。他在肯定人的感觉是客观可信的同时，强调感觉只是认识的第一步。“目司视，耳司听，鼻司嗅”，“口司言司食”，“舌能辨味”，知觉由此而生，但感觉同认识毕竟是两个不同的阶段。他说：“知觉之理自在。物既来矣，白便知白，黑便知黑，皆在未动之前。然后方是思量白黑之何物、何名，何以有、何以处，是之谓发。发者，动也。当其未发之前，虽有知觉，心固寂然矣。”显然，星湖把人的认识明确区分为“知觉”（心处静态）和“思量”（心处动态）两个阶段，处于“知觉”阶段时，还只是对客观事物的直观反映（判断黑白），是对事物表象的认识。在“知觉”的基础上，心开始发动，“思量”事物的本质（何物、何名，何以有、何以处），这就使认识升入抽象思维的第二阶段。星湖这种见解，对认识发展的阶段已经有了某些初步认识，应该说是很有价值的。

但是，在“知”“行”关系的问题上，星湖却离开了唯物论的立场，主张“知先行后”。他说：“然自躬行孝悌而言，则先知而后行者固无可疑。若以读书穷理之心言行，则彼朦然无识之人，亦何能遽读书穷理？其读书穷理，知之理先通也。或有先知先觉者导使为之，或渠能自觉得合当如此，乃能去读书穷理，岂非知先于行乎？”又说：“先知后行，知不进则行不进。”当然，星湖的“知先行后论”是针对“以知为行”的主观唯心主义“知行合一论”的。同时，他所说的“知”首先是指封建道德规范，“行”主要是指个人对这种道德的践履。他曾说：“余谓知者将欲行之也，行莫先于孝。”所以，星湖论及的知行问题，不同于我们今天所说的理论和实践的关系。但是，从认识论的角度来考察，星湖把“知”的作用片面地加以夸大，认为无知便无行，因而在知行观上便不能不陷入唯心主义。

如何求得真知？星湖认为主要办法是读书穷理。他说：“在初学致知为先，致知者读书穷理为要。”由此出发，在个人思想修养方法上,他主张“静中有物”,而反对佛家禅法的“静坐思悟”。他说:“主静之法如青天白日不容议为,若专以此为楼,合眼闭眉,不肯推究,亦不肯读书,问之则曰我方本源上加工,此与野狐禅何殊。一著事端手忙脚乱,坑阱可待也。”可见,星湖的“静中有物”,就是强调读书穷理对人生修养的重要性,这与佛家主观唯心主义的“闭门思过”修养之道确有不同。当然,这种修养方法仍轻视社会实践,星湖没有也不可能克服旧唯物主义的通病。

谢宝森分析指出,星湖在掌握丰富自然科学知识的基础上,在同朱子学客观唯心论的斗争中,系统地阐发了实学的唯物主义哲学观点。但由于朱子学居于独尊的正统地位,星湖之实学不得不以尊孔孟为名,行反朱子学之实,他的批判不可能全面彻底。同时,受到地主阶级思想家的阶级和时代限制,星湖也不可能完全摆脱朱子学根深蒂固的影响,于是在他的某些论述中也或多或少地存有朱子学之印记。

参考文献:

1. 谢宝森:《朝鲜实学大师李瀷的哲学思想初探》,《浙江学刊》1982 年第 3 期。

2. 衷尔钜:《朝鲜李朝实学大家李瀷的经世致用思想》,《东方论坛》2001 年第 3 期。

3. [韩] 李成茂:《星湖李瀷的生涯和思想》,《朝鲜时代史学报》第 3 期,1997 年。

韩元震

韩元震(1682—1751),字德昭,号南塘。清州人。朝鲜朝后期理气二元论哲学家,主张人物性异论的湖学派代表人物之一。谥文纯。

一、生平(据尹凤九《南塘韩公行状》整理)

东之韩,皆箕子之裔。考勤修公以文行见称士友,妣朴氏有妇道,教子女以义方。及公生八岁,始入学,口读甚钝。过数年,文理大进,应口领悟,一览辄诵。祖县监公欲禁其闲游,更教百余行,即使背诵,不错一字。又抽诸书中少儿难解者以试之,无不通晓。县监公大奇之曰:"昌吾门者此儿也。"公十八,欲治经应举,先读《大学》,病世之治经者,不识文义,细究经旨,仍翻然自喜曰:"学问穷格之工,不过在是。"即废学究业,便脱然以圣贤之学自期。公之志学,实始于此。

公才知超诣,识解明透,深究《易》、《诗》、《书》、四子书,至如《太极图说》《通书》《启蒙》《经世》《律吕》诸文字,无所碍滞,义理源头,已见大意。又以为异端邪说,必先觑得其为害之本领,然后可以辞而辟之。又谓天文、地理、兵家、算数,儒者亦不可不知,泛滥诸家,尽得纲领。年二十一,闻寒水权先生得华阳嫡传,讲道黄江之上,往从而学焉。先生叩其所存,知已为大儒也,赠诗以归之曰:“妙岁高才学孔朱,说经精博似君无。”盖喜吾党有人也。翌年,历拜金农岩先生于三洲,半日论学,农岩曰:“君聪明不患不足,但发得太早在耳。”因亲意,或黾勉赴举。丁亥,发解优等,考官金公镇圭称之曰:“此非知道者不能。”辛丑,冬十一月,始入侍诚正阁,参讲书筵。东宫因讲官言闻公经学高明,屡赐顾问。未几党祸作,时事大变,泰耉为言宫僚不可苟充,实指公而言也,公即弃官归。

公曾撰先师行状,总论以理气说为主意而结之曰:“朱子殁,吾道东矣,其任传道之责者,惟栗谷、尤庵两先生为最著云。”“最著”二字,原于朱子行状,自有来历。盖公学于先正,门路甚正,其学以居敬、穷理、实践、修行为务,该精粗具本末,可谓有用之实学也,需世之通儒也。

其言人与物不同,而人与人同,物与物同之性者,是就气中,各指其气之理,而亦不杂乎其气而言也。各指故人与物不同,不杂故人与人同、物与物同,而同为可循之性也,即所谓并包不杂不离者而言也。其言人人不同、物物不同之性者,是以理与气杂而言之也,即所谓专以不离者而言也。且人于万物之中,独得其正通之气,故其心为最灵,而其性为最贵。夫虚灵知觉,为一身之主宰者心也,万善具足,为一心之准则者性也。心者,二五精英之气,其用至变而不可测,形而下者也;性者,二五纯粹之理,其体至微而不可见,形而上者也。盖心之为物,气聚而体虚,虚故不昧,气故不齐。自其体虚而不昧者言,则湛一虚明;自其气聚而不齐者言,则谓清浊粹驳也。性在此气而即其未发,虚明而单指言,则谓之大本之性,兼指其气禀不齐而言,则谓之气质之性。此公论理气心性之大略也。

公又尝言圣贤出处之义,以为孔孟之辙环历聘,一出于至诚恻怛、急于救世之意,何尝屑屑较计于道之必行与否耶?惟天民者,必其道可行然后出焉，其必底意思，已不免偏矣，元非出处之中矣。然其如此者，亦其君臣之义未前定也，若后世君臣之分素定者，又不得如彼，伊川、考亭膺命讲官，其义可见也。朝鲜朝先贤，亦自寒暄、一蠹，以至两宋先生，无不膺命。独先师未尝一出者，盖固有义在，而本不以不出为高也。其必以坚卧山林，不膺君命，为儒者定法，则孔、孟、程、朱俱不免为"胡乱"就之矣，岂其然哉。以此观之，公之出处大略，亦可知也。

公所著有《经义记闻录》，记平日所闻于先师而奉质者也；有《朱书同异考》《退溪集疏释》，即尤翁始之未卒而先师之所尝命者也；有《仪礼补》，采取朱子说，编辑而未及修润成书；有《庄子辨解》《禅学通辨》《阳明集辨》，皆卫道辟异之遗意也；又有《居观录》《韩氏妇训书》《家礼疏义签论》《家礼源流疑录》《近思录注说》《伊洛渊源录》《心经附注札记》《春秋别传》《古事便览》，诗文集三十卷藏于家。公自少规模气象，俨若老成，无把捉矜持之容，而起居行动，自准绳墨，未尝为崖岸斩截之行，矫激近名之事，而受善之量，容物之德，自其姿性然也。

二、"未发心"论

李甦平在《论南塘韩元震的性理学思想》一文中认为，南塘与巍岩李柬一样，在"未发"问题上深化、细化了朱熹的思想，但与巍岩不同之处是南塘从"理气观"上对"心"进行了详细论述。从而，"未发心论"成为南塘学术思想之特色。

从学脉上讲，巍岩和南塘同属栗谷学派，即朝鲜性理学中"主气"一脉。但巍岩是主气学派中侧重于"理"的一方，而南塘是主气学派中侧重于"气"的一方。这是湖洛学派在理论上的一个根本区别。所以，南塘的理气观具有明显的重气特点。

南塘重气的特点表现在，在强调“理气不离”的基础上，将“气”与“心”联系起来解释，主张“心即气也”。他说：“若夫天地万物之形，气之为也，其所以为天地万物者理也。理无形而气有形，理无为而气有为，此则理气之别也。理寓于气，气以行理，有是理则必有是气，有是气则必有是理；理外无所谓气，气外无所谓理。则理气虽非一物，亦不能顷刻相离也。”这里，南塘在指出理与气的区别（有形与无形，有为与无为）之后，强调的是理气“不能顷刻相离”。在“理气不离”的前提下，南塘提出“心即气”之命题。他在《拟答李公举附未发气质辨图说（丙申）》一文中指出：

> 心即气也，性即理也。气有清浊美恶之不齐，而理则纯善，故单指理为本然之性，兼指理气为气质之性。性非有二体也，只是气质之兼、不兼而有二名耳。气虽有清浊美恶之不齐，而未发之际，气不用事。故善恶未形，湛然虚明而已矣。虽则湛然虚明，其气禀本色之清浊美恶则亦未尝无也。故即其湛然虚明无所掩蔽于天理者而单指其理，则为本然之性；因其气禀本色清浊美恶之不齐者而兼指理气，则为气质之性。故朱子曰：“喜怒哀乐未发之时，只是浑然。所谓气质之性，亦皆在其中。至于喜怒哀乐，却只是情也。”斯言也恐未可以改评也。（《南塘先生文集》卷十一）

《拟答李公举附未发气质辨图说（丙申）》表示的是南塘的“未发心”。此图说中的“气”，是同时含有“湛然虚明”（虚明）与“气禀”（浊恶）两方面的气。南塘将“湛然虚明”理解成气质之纯善。他说：“气质纯善云者，亦若只指其湛然虚明底气像而言，则固不始不可。愚见亦以为然矣。”南塘将“气禀”理解成有善恶。他说：“愚所谓善恶者，指其气质有清浊粹驳者而言也。”可见，南塘以“气”解释“心”，这时的“心”（未发心）既包含了“湛然虚明”的本体，也包含了“气禀不齐”方面。对此,他有明确的论述:“湛然虚明,气禀不齐,皆以气言。而湛然虚明,是言未发气像,朱子所谓心之本体,指此而言也。气禀不齐,是言气禀本色,朱子所谓心有善恶,亦以此而言也。”“湛然虚明”和“气禀不齐”都是说的气。这里的“湛然虚明”指的是心之本体,是纯善的;“气禀不齐”指的是气禀本色,有善恶之分。南塘认为,气禀之有善恶也就是心有善恶。这样,气质的善恶问题就转换成了心的善恶问题。

虽然南塘认为“未发心”具有“湛然虚明”和“气禀不齐”两个侧面,但是与此同时他指出“湛然虚明”与“气禀不齐”存在于一心之中。关于这一点,他用铁镜与潭水之关系加以说明。

> 镜水之譬,愚自谓粗合性命之实体。盖镜水则心也,镜水之明止,即心之未发虚明也。潭之大小,铁之精粗,即心之气禀不齐也。镜水之明止与铁潭,决非二物,无界分部伍之可以各寻者,则心之虚明与气禀,亦犹是耳。即其未发虚明而单指理,为大本之性,以其气禀不齐而兼理气,为气质之性,而虚明气禀,又非二物,则此所以性无二性而心无二心也。[《南塘先生文集》卷十一《拟答李公举附未发五常辨(乙未冬)》]

李甦平分析指出,南塘认为铁镜之明与潭水之止,如同心之未发虚明;而铁之精粗与潭之大小,又如同心之气禀不齐。由于铁镜由铁制成,因此,不论铁之精粗,它与镜是一事物的两个侧面;潭水置于潭中,不论潭之大小,它与水也是一个事物的两个侧面。这就是说,“未发心”之“湛然虚明”的本体与“不齐”的气禀,同时是心之两个侧面。换言之,南塘认为“虚明气禀,又非二物”。这就是说,“虚明”与“气禀”非为两物,而是一物(即“未发心”)的两个侧面。他的这一思想在《与沈信夫》一文中也明确提出过,如:“虚灵则气禀之虚灵,气禀则虚灵之气禀,非有二物也。气禀虚灵,原只一物者。"文中的"虚灵"即指"湛然虚明"的心之本体,南塘曾讲过:"未发之虚明,即心之虚灵也"。在南塘的思想中,"未发心"既有"虚灵"之纯善的一面,又有"气禀"之有善恶的一面。这就在逻辑上必然得出他所主张的"未发心体有善恶"的结论。而这一结论,正成为洛论者批评的对象,尽管南塘一次也没有说过"未发心体有善恶"。

三、"性三层"说

朱子学者们将其气质中的自在之理命名为性,此时的性和理既是同一者,又相互区分。就性即理来看,性是理的收敛,这一点上性与理是相同的。但一个是理,一个是性,它们又是相互区分的概念。二者的区分是因理和气质的关系而产生的。即使没有气质的前提,理也是可以成立的存在概念,但性是必须以气质为前提才能成立的概念。若不考虑气质而谈内在于气质中的性时,可以确保性与理的同一性;但若考虑气质的层面,则不能不说二者的区分。朱子学者们根据与清浊粹驳的气质之关系的不同,将性细分为本然之性和气质之性,前者强调的是与理相同的性的一面,而后者强调的是与理相区别的性的一面。

洪正根提出,南塘与朝鲜其他朱子学者一样,认为性是必须以气质为前提才能成立的存在概念,认为性与理既相同又有区分,将性看作有本然之性和气质之性两个层面。但南塘从清浊粹驳的气质出发进一步将人与其他存在的气质相区分,延伸出性的三方面。他认为性中有超形气的人物皆同的性、因气质的人物不同但人人相同的性、杂气质的人人不同并且物物不同的性之区分,这就是南塘的"性三层"说。

元震窃疑以为性有三层之异:有人与物皆同之性、有人与

物不同而人则皆同之性、有人人皆不同之性。[《南塘先生文集》卷七《上师门(戊子八月)》]

南塘还认为,在这三层性中,超形气之性和因气质之性是本然之性,而杂气质之性是气质之性。南塘的因气质的本然之性是将有善恶的气质和理设定为不杂的关系后形成的。南塘认为因气质的本然之性是万物共有而人物不同的,是因五行的差异而产生的五常的差异。他认为这种人物不同的因气质的本然之性与周濂溪所说的"各一其性"、孟子所说的犬牛人之性以及朱子所说的偏全之理意义相同。另外,他还用本善之体自若内在的状态来表达这种人物不同的本然之性,即将内在于各个存在的人物性异的本然之性看作善的状态。他还试图将这种性看作实事中真正的性。相对于主张人物性同论的巍岩李柬,南塘主张人物性异论的性,指的就是这一因气质之性。

洪正根认为,南塘主张人与物的本然之性不同,其争论点不在于二者之本然之性是善还是不善,而在于物之本然之性是偏还是全。即前提是人和物的本然之性都是善的,在区分二者时,重要的是本然之性的偏全问题。因气质的性是因人和物的气质偏全而有差异的性,这一点就是从将性和气质视为不离的关系方面来考虑的。南塘在将因气质之性与超形气之性对比的情况下,谈及性有时也用气质之性来表达。但这时的气质之性不是具有善恶属性的性,而是在各个存在中都具有的本然纯善的性的层面上而言的,不是从严格的实事意味上来说的气质之性。

虽然将因气质之性在有善恶的气质不杂的层面上称之为本然之性,但考虑到气质偏全的气局之理,不能说这是在人物性同的一元上所察赋的性。因为要想确保一元上人物性同的地位,必须不受形气所缚才有可能,而因气质之性是受气质影响的人物不同的性。

南塘用超形气之性来说明一元上人物性的相同。超形气之性指的是“不囿于形气”之性。据此,南塘展开了他的“天命全体,无物不赋”的理论。但仔细观察会发现,南塘所谓超形气之性中,依然考虑了形气(气质)的存在性,同其因气质之性一样,只是没有从逻辑上考虑这个形气的存在,只是说说而已(不犯形气),并不是完全无视形气的存在性。超形气之性在任何情况下指的都是气质中的理,而不是气质外的理。不考虑气质,而单指气质中的理,这就是超形气之性。南塘将万物皆同的超形气之性看作气局处的理之体,这一点充分表现了他在超形气的性中考虑了形气的存在。他将超形气之性看作太极之性。气局处上论的太极(理之体)不是属于统体一太极,而是属于各具一太极。由此可以看出,南塘所论的超形气之性是各具一太极的性。在理论结构上,南塘的超形气的本然之性和因气质的本然之性虽然因人物性同异、偏全、一元和特殊而有区别,但具有同中异、异中同的特征,起着互相补充的作用。南塘依据超形气来说明本然的人物性的相同的方面,依据因气质来说明本然的人物性的相异的方面。

杂气质之性相当于“分殊之分殊”,指的是考虑到人人、犬犬、牛牛的气质差异的气质之性。南塘考虑到内在于各个气质中的刚柔善恶的具体差异,以此来论杂气质的气质之性。南塘还认为在因气质的性上掺入气质的话,杂气质阶段的性就会成立,就理论结构上来说,这个性是在因气质之性的基础上成立的,是为解释在超形气和因气质的性阶段不能说明的人人、物物的具体差异而设立的。

关于这三层性,南塘主张本质上只是一性,即超形气、因气质和杂气质的性是对一处的一性因看法的不同而分析和命名的性的三个层面。南塘的这种观点既区分了三层的性,又说明了它们之间的关系。

南塘继承李珥理气二元论的哲学思想,认为“天地未生之前,只有理气而已”,“从源头言,则理气有先后,从流行言,则理气无先后”,反对李滉“理为体,气为用”的观点,认为理自身也有体用,而理之用通过气显现出来。

他反对“七情”之外还有“四端”的见解,认为“七情”(包括四端)皆“气发而理乘之”。他的“四七理气说”与其“人心道心说”有紧密联系。

在南塘看来,人的意识里,皆有先天道心和个别人心,而人心受天地之气,即受自然之物而成,耳目口体是也;道心则受天地之理,即受客观精神而成,仁义礼智是也。他说:“道心四七之为道义而发者,善一边也;人心四七为口体而发者,兼善恶。”这就是说,四端七情都是气之发,人心道心也借气之作用才发之,所发之皆气。然而,人心与道心对心之作用之差异,因受物质、错觉之作用,或受道义之作用而各相异。他指出:“其所感者不同,故所发者亦异,食色感则人心发,道义感则道心发。”

他把人性分为“本然之性”和“气质之性”,认为本然之性是纯善的,人人皆有之,而气质之性有善有恶,因人而异。但是,本然之性寓于气质之性,故两性并非各自独立存在。所以,他认为,性发之前纯善,性发之后有善有恶。

他从理气二元论出发,主张人物性相异论,认为“性者理气之合,理在气中,然后为性,若不在气中,则当谓之理,不当谓之性”。所以,他认为性则因气质而言,是杂气质,若超形气则非性而理,理通而同,而性局而异,人物之性相异。

他反对李柬的人物性同论,指出,“人则尽得五行之秀,故五常之德无不备，物则或得一气之秀，而不能尽得其秀，故虎狼之仁，蜂蚁之义之类，仅存其一德之明，而其余德则不能有也”，“人为最灵，而备有五常之性，禽兽则昏而不能备，草木枯槁则又并与其知觉者而无焉”。此后朝鲜哲学界，围绕南塘之人物性相异论（湖论）与李柬之人物性相同论（洛论）展开了长期的无谓烦琐之争。

在理气关系上，南塘根据自己的理解对朱熹的很多观点进行了整理。他将理气的本无先后、理先气后与气先理后分别解释为流行、本原和禀赋，并且导入了离看和合看的方法，理气的关系因看待方法的不同而有差别。关于理一分殊，南塘认为理一是专言理，而分殊则是兼言气。而且，理一指的是理，而分殊指的是性，故性与理相区别。即，万物之理是上天禀赋的理一之理，而万物之性则是因气质的分殊之理。关于理通气局，南塘认为性是因气质之理，故不是理通，而是气局，将栗谷的“理通气局”创造性地发展成了“理通性局”。

性三层说是南塘的独特学说。他用超形气之性来说明人物性在一元处的相同。因气质之性在同种事物（人与人）间是相同的，而在异种事物（人与物）间则是相异的。而杂气质之性则考虑到了万物的气质差异，是纯粹的气质之性。三层性其实为　，只是看待的方法不同而已。这充分体现了南塘的三分法思维。

南塘以朱熹对《孟子·生之谓性章》的注释指出，犬牛人相互区别的性是因气质的本然之性，人禀受了五常的全德，而物则不能，故应当看作与人不同层次的存在。对此，李甦平认为，在以上理论的基础上，按照朱熹的理同气异来综合整理南塘的性三层说，可以窥知南塘对朱熹理论的新发展。超形气之性从一元的角度表现了万物性的普遍性。由于从逻辑上没有考虑气的存在而单指理，则不论气同异与否，理永远都相同。此时理同、性同。因气质之性在理气不离、不杂的基础上采用“各看”的方法,如此一来,同种间气同、理同、性同;而不同种间气异、理异、性异。可见,因气质之性既体现了同种事物之性的普遍性,又体现了异种事物之性的特殊性。杂气质之性是纯粹的气质之性,它综合考虑了万物的气质差异。此阶段人人、物物均不同,这种不同全是由于气质而生,故气异、理异、性异。如此一梳理,理气同异便显得很明确了。

参考文献:

1. 李甦平:《论南塘韩元震的性理学思想》,《延边大学学报(社会科学版)》2009 年第 2 期。

2. 邢丽菊:《朝鲜朝时期“人物性同异”论争的理论来源及其差异——巍岩李柬与南塘韩元震之人物性同异论比较》,《哲学研究》2008 年第 11 期。

3. [韩]洪正根:《朝鲜学者韩元震的性三层说以及任圣周对此的见解》,《齐鲁文化研究》第 5 辑,2006 年。

4. [韩]金泰年:《南塘韩元震思想的背景和形成过程》,《韩民族文化研究》第 20 卷,2007 年。

慎后聃

慎后聃(1702—1761),字耳老、渊老,号河滨、遁窝。居昌人。朝鲜朝后期性理学家。

一、生平

成宗大王、燕山君时期名门大家居昌慎氏后孙,成宗大王的亲家、临瀛大君之婿、燕山君的丈人,曾任领议政慎承善(1436—1502)是遁窝九代祖,燕山君的妻舅、中宗大王的丈人,赠领议政益昌府院君慎守勤(1450—1506)是其八代祖。但因中宗大王反正时慎守勤反对起事,慎氏三兄弟(守勤、守英、守谦)被杀。中宗大王元妃慎氏被废黜后,遁窝先世门户急剧衰落。肃宗大王二十八年(1702),遁窝生于汉阳外家,为家中长男,父龟重(1682—1744),母雨溪李氏。

从遁窝家门的学统、党色来看,大约从其曾祖父时期即属南人,其父随祖父慎憙之庶弟慎懋(1629—1703,别名晚湖先生)修习,而慎懋为许穆之兄遁溪许厚(1588—1661)门人,许厚曾师从张显光修习。遁窝少年时期师从塾师朴世兴,在遇到星湖李瀷之前从其父处修习家学,因此自然也属于南人学脉。

据其《百果志》后记自述:“余幼时,见古人花谱之属,喜其博洽,欲效其体,作《百果志》。既而觉吾性分之内,日用之间,自有真当用心处，而尚恨其牵于气禀，累于物欲，困于病沉之所夺，而为之不力，终恐无闻而死，何暇及于此等闲漫之事乎？以此绝意不为，而顾其前日之发力于此，而磋过时节者，已为不赀，则又为之惄然自伤，而不能释于中也。虽然往事无可言者，诚能自今为始，顿革旧习，鞭约近里，孜孜不怠，则庶其未死之前，终有所成，而可以追补乎前愆矣。"《百果志》是遁窝十四岁时编写的，他十岁以后博览群书，对稗说类、杂著类都有涉猎。这种读书生活一直持续到他二十一岁时。二十二岁的遁窝开始追悔过去，删削《太平遗记》《续列仙传》等稗说，甚至扔掉少时抄录的《四韵艰字抄》，表现出排斥文学创作的决心，走上了学问研究之路。

遁窝二十二岁时所作《谷谱》虽不及《衿阳杂录》优点多，但是在实用方面作用突出，可知他当时就把学问目标定位于实用的实学之上。二十二岁之后，儒学者遁窝的学问姿态即穷经实得，他深入研究经书后发现实用之理，并将之付诸实践。遁窝从此将热情倾注于所谓原始儒学倾向的著述活动中，体现了豪放的经学者面貌。正如星湖在遁窝墓碣铭中所说，作为儒学者，遁窝"不拘泥旧说，别为一说"，摆脱了程朱性理学者一边倒的经学观，确立了自己的学问世界。

遁窝作为在野文人，留下了对多种古典的集解、总按、答疑、图义、评要、后说、纂要、记疑等成果，《周易象辞新编》和《周易通义》是其各类著书中具代表性的力作。年谱中记载了其著述篇目如下：

(1)《河滨集：内篇》(手抄本，十五本)：《深衣书》《小学答疑(上)》《大学后说》《中庸后说》《图书要论》《洛书后说》《范数图说》《期三百注说》《易义随录》《春秋杂识》《书经集解总说》《李星湖易经疾书纂要》《易学启蒙补注》《阳易记疑》《来易纂要》《正义八论》《程朱说》《诸家论篇次》《折中义例》《折中纲领》《崔易略评》《杂书随笔》《八家总评:儒家、道家》《八家总评:法家、名家、墨家、纵横家、杂家、兵家》《内教》。

(2)《河滨杂著》(手抄本,三本):诗、书文(墓志铭、通文、行迹类等)、传、遗事。

(3)《河滨杂著》(手抄本,一本):《自警说》《削玉华经》《削杂说》《金华外篇》《杂术五篇》《题手抄兵学指南后》《题太平遗记后》《题四韵艰字抄后》《削经说》《削杂记诸篇》《雅言》《读书录》《物外胜地记》《察通录》《物产记》《动植杂记》《海东方言(上、下)》《众籁通说》《百果志》《谷谱》《岁时记》《疑四首》《策问三首》。

(4)《周易象辞新编》(手抄本,一本)。

(5)《(遁窝)西学辨》(手抄本,一本)。

(6)《温陵志》。

(7)《昭恩录》。

遁窝在六十岁时所撰的《读书记》中说,自己平生最爱读《中庸》,读了不下千万遍,《大学》亦读过上万遍,《尚书》和《周易》也读过数千遍,《诗经》《论语》《孟子》也读过千余遍,《小学》百余遍,《礼记》和《春秋》五十余遍,《周礼》《仪礼》《孝经》亦读过数十遍。遁窝以正统儒学经典为主的阅读倾向使他恢复了重视实在性的原始儒学精神,摆脱了性理学世界观的局限。

遁窝在交河金城村时主要与无名人士交游,因此相对于师承关系之学者,其独立学者性向明显。遁窝与同时代的李瀷、安鼎福等实学者相比,更偏重于经学方面的研究。他排斥以词章为主的科举之学,在尊重朱子学的同时反对一边倒的学问倾向,表现出复古的实证性认知态度。与遁窝相比,李瀷对西洋事物特别是天文、地理,体现出浓厚的兴趣。在对西学的批判上,遁窝较为激烈。

二、西学意识和批判态度

遁窝在《西学辨》中对《灵言蠡勺》《天主实义》《职方外记》三本西学书籍先后做了讨论。琴章泰指出,遁窝之所以首先讨论揭示天主教灵魂论的《灵言蠡勺》,是因为他认识到天主教的"灵魂"概念是天主教教理的根本课题,这也是他批判天主教的最根本前提。遁窝在批判西学的态度中显露出两个特征:其一是将天主教与佛教相联系并加以批判;其二是关心作为西洋文化的世界地理和西方教育制度的同时,根据中华意识和儒家传统确立其评判立场。

1. 将西学与佛教相关联而批判

遁窝在《西学辨・天主实义》中说,"其归趋,则不过以天堂地狱之说恐诱之,以为人死而精灵不灭,故天主待其死而赏罚之",指出天主教教理的宗旨"天堂地狱说"和"精灵不灭说"是佛教的学说。由此他说,"吾未知异于佛氏者何事也,同于吾儒者何事也,区区掇拾乎佛氏之余论,反以斥佛为名,玛窦诸人,不徒吾儒之罪人,抑亦佛氏之反贼也",指出利玛窦等人信奉的天主教实是在拥有与佛教相同特征的前提下排斥佛教。

除"天堂地狱说"和"精灵不灭说"之外,天主教的保持童贞、与世俗隔绝、教化世人向善与佛教的"劝善"相同,弥撒与佛教的"顶礼"相同,舍弃世间福音隐遁山林修行与佛教的"出家"相同,保弟斯摩之礼、共斐儿玛藏之礼与佛教的"忏悔"相同等。遁窝将两者相似之处一一列举出来,从根本上表明了对天主教的批判立场。

对于天主教教理,遁窝在《西学辨・职方外纪》中说,"皆祖述乎佛氏之绪余。而其见之陋,又出于佛氏下。此等说,视诸佛氏,尤为浅露,曾何足以诬人,适足自状其荒诞而已”,认为天主教处于佛教之下的劣等地位,并且指出“欧罗巴之学,颇已盛行于中国,至于我东人,亦多有悦慕而称道之者”。他警告当时对西学进行积极讨论的知识分子,表现出以辟异端论作为认识论基础的明显意图。

2. 对世界地理和西洋教育制度的批判

琴章泰指出,遁窝否定《职方外纪》中提到的世界地理知识,强调中国中心论。他曾说,“中国处天下之中,得风气之正,自古迄今,圣贤迭兴,名教是尚,其风俗之美,人物之盛,固非外国之所可及”,认为中国是世界的中心,风气端正,长久以来圣贤层出不穷,崇尚儒学,其风俗之美和人物之繁盛是外国不能企及的。与此相对,“彼欧罗巴等诸国,不过穷海之绝域,裔夷之偏方,不能自进于华夏,今乃徒以其土地之大小,略相仿佛,而辄敢并列而混称之者,固已不伦之甚矣”。可见,遁窝贬低西洋诸国,否认其与中国并列的地位。遁窝秉持传统道学的华夷意识,表现出与其师李瀷积极接受世界地理知识并做合理吸收的迥异的立场。

遁窝对《职方外纪》中介绍的西洋教育制度很关心,认为虽然西学中由小学、中学到大学的设置、考试制度及人才选拔制度与儒家相似,但两者教授内容存在差异。他认同儒家教授的天命本然之善、日用伦常之道,主张在小学阶段涵养德性、培养根基,大学阶段根据小学所学穷理、修身,提高德行,拓展事业,保持天命之善和人伦之序,揭示了儒家从小学到大学对于德性和人伦培养与实践的一致性。与此相对,遁窝认为西洋小学中教授的内容(古贤名训、各国史书、各种诗文、文章议论)不能达到培养德性、巩固根基的目的,忘却了教育核心;中学教授的内容(伦理学、物理学、形而上学)为丧失根据之学;大学教授的内容(医科、治科、教科、道科)是低下的技术。他站在儒家综合一贯的立场,批判西洋学问专门、分化。遁窝在《西学辨·职方外纪》中说"未尝略及于涵养德性、培壅根基底事,此已全昧乎本领之所在矣。其涵养培壅之功,缺于小学,则及乎中学,所以辨所以察者,将欲何据而为之基乎。判然为三件物事,而不能相贯通也"。

遁窝的《西学辨》处处体现了依据程朱性理学的论理维护朱子宇宙观和中华主义地理观念的视角。因此,他对于十八世纪后半叶西洋报纸的传入和社会上思潮的变化,持保守意识。他排斥天主教主张的"精灵不灭说"和"天堂地狱说",是由于此与自己的哲学思想截然不同,并不是单纯地排斥外来宗教,当然也是通过对天主教进行批判表达儒学主张的优越性。与当时对朱子学一边倒的学风不同,遁窝在信奉尊崇儒学的同时,追求实学倾向的新学问,主张在正统儒学中寻找新的实学实践方法。

参考文献:

1.[韩]琴章泰:《遁窝慎后聃的西学批判理论与争点》,《宗教学研究》第20卷,2001年。

2.[韩]杨承民:《穷经实学者河滨慎后聃与〈南兴记事〉》,《古典文学研究》第27辑,2002年。

3.[韩]姜秉树:《河滨慎后聃的四七论展开——喜怒理发说的形成背景及其影响》,《韩国实学研究》第22卷,2011年。

4.[韩]姜炳守:《河滨慎后聃的易学研究与理解》,《韩国思想史学》第16辑,2001年。

李象靖

李象靖(1711—1781),字景文,号大山。韩山人。朝鲜朝后期性理学者。谥文敬。

一、生平(据李光靖《三兄大山先生行状》整理)

上祖文孝公穀、文靖公穑父子文章节行德业,闻于天下,世所称稼亭先生、牧隐先生是也。入国朝代有闻人,曾祖讳孝济,祖讳硕观,考讳泰和,俱以厚德重望称。妣载宁李氏葛庵先生玄逸之孙、密庵先生栽之女,服习典训,闺范甚备。先生生安东之苏湖里第,于次居三,幼颖悟出人。五岁受字学,偏旁点画,皆能识别。七岁受十九史,读之不倦,文词笔札,不肃而成。资性英睿,而笃于伦理,父母兄弟之间,未尝违忤。十二三岁,遍读四书。十四就学于锦阳外王父,初读《小学》,到难解处,使之解,先生应口对,密庵先生曰:"汝已晓文义矣。"自是岁必一往,往辄留四五月,讲《孟子》《中庸》《太极图》《西铭》《家礼》《朱子书节要》等书。己酉,与金章天翼汉、权士安正宅、金退甫乐行、金云若翼溟十余人,讲《近思录》月余日,士安每称之曰在朱门吴伯丰其人也,已慨然有向上勉学之意。

少颇泛滥于文章、律吕、筹数之学,璇玑玉衡、期三百、深衣丧服之制,靡不考究,得之于心而应之于手,不为依文按本而止。一日忽谓曰文章于道,一小技耳,古人已有玩物丧志之戒,笾豆器数,何莫非吾人合理会事,而非道之至者,于是一切从事于经传之中。自辛亥以后,将四子、程朱书、《心经》等书,一依朱夫子读书法,优游浸渍,敏用钝工,义理肯綮,字句深奥,无不做题目入思议,大而彝伦,细而动静云为,无不致谨以详,宁深毋浅,宁密毋疏,如是者有年,渐觉其融会而贯通焉。元陵乙卯,占大小解额,俱中复试,先生无喜色。是冬将《纲目》一帙上龟潭,考究历代治乱得失之迹,间有论著。丙辰讲《启蒙》。戊午除连原丞,先生至则割己捧除民瘼,不数月而邮卒大苏,马皆健肥。暇日将《论语》早晚闲看,以浇灌胸中。己未四月,呈三辞,不待报而归。于是携得数三村秀,俯仰一室,左右图书,讲究者愈益精,体验者愈益密,艰关贫病,不以属心,有时疏粝不继,晏如也。或夜深月明,独坐小塘边,或体倦神疲则徘徊游泳于静观之下,所以陶冶性灵、玩乐鸢鱼之妙者,盖亦深且专矣。而远近学子,亦多闻风负笈而至者。辛酉除徽陵别检,壬戌还属承文院副正字,十二月升正字。丁卯五月除典籍,九月迁礼兵郎。

先生自少以兴起斯文为己任,立必俱立,成不独成,故自朝至暮,勉勉循循而未尝倦也。终日所论,不出乎孔孟程朱之言,而诵之如己言,说之益亲切,自洒扫应对,至于精义入神,自诚意至于平天下,而于反躬实践毋自欺谨其独之戒,未尝不三致意焉。壬申讲《近思录》于泗院,乙酉讲《大学》于庐院,辛卯讲《太极图》于鲁院,会者辄百余人,亦多有感发兴起之效。天之陀先生于一时者,殆所以磨砻渐染,以扶持一脉斯道之传于将坠也欤。上疏勉进君德,曰立志、曰明理、曰居敬、曰体天、曰纳谏、曰兴学、曰用人、曰爱民、曰尚俭,末乃曰右九条者,皆修德养心之要,出治行政之本。虽平常易近无新奇斩绝之论,然圣学之本统,王政之纲领,大略具焉。

先生之学，学之博而必造乎约，守之内而不遗乎外，规模大而节目详，显微一而体用全，义理无穷，故工夫亦无尽，而恒有歉然惕厉之意。呜呼，朱子以后退陶先生崛起东服，真积力久，业广功崇，以续百载不传之绪。及门诸贤，后来豪杰，次第继作，以卫斯道，厥功伟然。而晚近以来，耆德远矣，儒风寖衰，上者泥于文义，下者溺于声名，莫之救以正。先生发端启关于外门，而沉潜积累之工，自得为多，真觉圣言之不我欺。理义之悦于心，学际天人而自视犹欿然，行贯神明而不自以为足，德愈盛而心愈下，道弥尊而礼弥恭，望门而令人起敬，入室而僾然可亲，不求物而物应，不施德而人孚，宽而有制，清而不矫，慕古而不泥，处义而不乖，英气藏于敛饬，坚苦著于烦剧，道理流行于一身，物我两忘于心上，体道进德，死而后已。观于疾病死生之际，又足以验平生之所养矣。造道精深，践履笃宾，虽曰退陶之适传可也。

大山在学问上执着于经学，坚持尊理立场，反对星湖学派将理气对等看待的主张。此外，比起性理学，他更加侧重于实践性学习，著有《四礼常变通考》《约中编制》《退陶书节要》《心动静图》《解理气汇编》《敬斋箴集说》《心无出入说》《朱子语节要》《密庵先生年谱》《心经讲录刊补》《延平答问续录》等。

二、理主气资说

刘明钟指出，大山主张理主妙、气资具，即“理主气资说”。愚潭丁时翰和葛庵李玄逸批判栗谷的浑沦说而主张理主气辅说，这与大山的理主气资说相近。愚潭说：“以其理气妙合之中，理常为主，气常为辅。”大山反对权相一的理动一边说。他在《答权清台（甲子）》中说：“盖理之与气，本相须以为动，相待以为静，动静交资，体用相循。然理者，所主以动静之妙也；气者，所资以动静之具也。”六十一岁时，他在《答李仲久(辛巳)》中说：“第鄙意以为理也者，所主以动静之妙也；气也者，所资以动静之具也。故此动静二字，或就理上说，或就气上说，惟在所见如何耳。如‘动静所乘之机’此动静，当以阴阳看。盖阴阳，动静为之机，而太极乘载其上耳。清台丈见谓‘如此则理成死物，此动静亦太极也’，反复累百言而不合，然区区亦不谓‘太极非自动静’而使之动静。”大山认为，动静是气，太极是使之动静的原因。他晚年在《重答李仲久别纸(辛巳)》中说：“盖闻理者所主以动静之妙也，气者所资以动静之机也。故主理而言，则曰理涵动静(以本体言)，曰理有动静(以流行言)；主气而言，则曰动静者气也，曰动静者所乘之机。如此平说，方可并行而不悖，今曰‘才有动静’便是气，则虽主气而言，而终觉语快。”他认为动静的主妙为理，气是帮助动静的关键，动静虽为气机，但主宰动静的是理。“气之所以动静者，实此理之所宰，则亦不害为理之有动静也”，气之所以有动静，实际上理是主宰。

清台权相一指出，大山的“理主气资说”有“认气为理”的可能性，主张生成论式的“理生气”，成为大山的论敌。清台在《答李景文象靖》中说，“最初源头，理生气，理生气后之时，此处岂合看气字耶”，主张“理生气说”或“理动而气生说”。

大山在《答李学甫问目》中解释理有动静的意义时说：“理是所主以动静之妙，气是所资以动静之具。若无此妙则空个具，无缘自作动静。盖其主张纲纪者，此理也，而气则为其材料器械而已。所以说理有动静，故气有动静。”大山将“理有动静”解释为“理是所主以动静之妙，气是所资以动静之具”，“‘太极，形而上；阴阳，形而下’者，以对待者言而别其道气之限也”(《大山集·理气动静说》)，进而区分形而上下。

三、理气动静说

刘明钟指出，岭南退溪学派在批判栗谷派的“理无为”和“气发理乘一途说”时，只阐明了“理生气”和“理动静”而主理，但未阐明“理有动静”和“理无动静”的真正含义，也未对“理先气后”和“气先理后”这两种学说进行系统论述。

1. 理有动静论

主理来看，理有动静。权相一专主主理，固守“理有动静”。大山在《理气动静说》中对此进行了批判，对“理有动静”的真正含义进行了解释：

> 问：“太极理也，理如何动静？有形则有动静，太极无形，恐不可以动静言。”朱子曰：“理有动静，故气有动静，若理无动静，气何自而有动静乎？且以目前言之，仁自是动，义便是静，此又何关于气乎？”（《大山集》卷三十九《理气动静说》）

2. 理无动静论

主气来看，理无动静。大山对“理无动静”解释如下：

> 问：“动静者，所乘之机。”朱子曰：“太极理也，动静气也，气行则理亦行，二者常相依而未尝相离也。太极犹人，动静犹马，马所以载人，人所以乘马，马之一出一入，人亦与之一出一入。盖一动一静，而太极之妙未尝不在焉，此所谓‘所乘之机’，无极二五所以妙合而凝也。”又曰：“动静非太极，而所以动静者乃太极也，谓非动静外别有太极则可，谓动静便是太极之道则不可。”……又曰：“太极是理，阴阳是气，理无形而气有迹。气既有动静，则所载之理，亦安得谓之无动静？”（《大山集》卷三十九《理气动静说》）

即谓动静非太极。动静的原因是太极，虽动静之外非别有太极，但不能说动静为太极。

理无动静论即“理乘气动”。大山对此论述如下：

> 谨按前六段，以理之有动静者言；后七段，以理之无动静者言。夫理一而已矣，而其为说者不同，将何所适从哉？窃意天地之间，只有理气之动静。理也者，所主以动静之妙也；气也者，所资以动静之具也。故据其所主之妙而言，则其所以能动而能静，与动静之不失其序者，皆此理本然之妙也。以其所资之势而言，则其动者即阳之辟，静者即阴之阖，二者皆形而下者，而理特乘载其上，以主其发挥运用之妙耳。盖动静二字，只识使用底字，故随其所指，皆可通用。然究其分，则固属乎气之一边，而气之所以动静者，实此理之所宰，则亦不害为理之有动静也。盖理本搭于气，故谓之有动静也，而其本体之无为者自若，实主于气，故谓之无动静也，而其至神之妙用，又未尝或损也。(《大山集》卷三十九《理气动静说》)

综上所述，对于“理有动静”与“理无动静”，大山认为：第一，在所谓理气动静中，理是动静的主宰，气是帮助动静的工具。第二，所谓动静的主宰，动静之后不变其序，此为理本来的妙用。第三，所谓帮助的工具，气与阴阳两者为形而下者，理是在动静阴阳之上发挥妙用的主宰，此理为形而上者。第四，动静是被使役的工具，也叫通用的工具。虽然动静的分属是气，但是理是使气动静的原理，因此可以说“理有动静”。第五，理的本原是无为，实际上，气有动静，理无动静，但是不能否认理的至神之妙用，因此不能以“理无动静”作结，而应说理“无为而有为”或者“未动而能动者”。理虽自身无动静，但可使气发动，因为理主宰动静发用，所以可以将理的动静表达为理的发用。

对“理无动静”，大山进一步评说道：

彼见道体之无为，而谓动静阖辟机自尔也者，固陷于认理为死物之科，而或病其为此，而偏主理有动静之说，则又恐近于无位真人闪烁自在之失，而凡后七说者，皆在所废矣。(《大山集》卷三十九《理气动静说》)

大山指出，无论是理无动静论还是理有动静论，都存在偏重各自观点的弊病，虽然是因为有动静之理，气才有动静，但理本身并无动静。

四、理气先后说

朱子和退溪对于理气，从存在论上认为“理先气后论”成立，从现象论上则认为“理气无先后论”成立。于此，大山分别例证如下。

1. 理先气后论(分开说)

大山在《理气先后说》中说：“朱子曰：‘太极，只是天地万物之理，未有天地之先，毕竟先有此理。动而生阳，亦只是理；静而生阴，亦只是理。’”(《大山集·理气先后说》)即天地万物存在之前已经先有理的存在。“问：‘先有理，抑先有气？’曰：‘理未尝离乎气，然以形而上下言，岂无先后。’”从形而上下的角度讲，理是形而上者，气是形而下者，因此可以说理先气后，先有理才有与之相对应的气。

“若论本原，即有理然后有气；若论禀赋，则有是气而后理随而具”，从本原即形而上来讲，理先气后也。“又曰：‘自见在事物而观之，则阴阳涵太极；推原其本，则太极生阴阳。’”事物都是太极(理)内在于阴阳(气)之中，但从根源上讲太极生阴阳。“太极动而生阳，理生气也”，太极动而生阴阳，不是太极动而阴阳生成的意思，也不是所谓原理或条理的理生所谓资具的气，而是气的生成源于太极，要先有使气发生的理才合理，即朱子所说“气根于理而日生”。

2. 理气无先后论(浑沦说)

从事物现象论来看,理气无先后。若有理气,则定相随,理不能脱离气,气聚则理生,理和气本无先后,有此理必有此气,无气则无理存在之所。

大山在《理气动静说》中对于理先气后与理气无先后阐释如下:“盖有是理而后方有是物,若无是理,则是物固无从而有焉。故推原其本,则当以理先者言。然理非悬空独立之物,必以气为田地材具,而贮载于其中,则又初无先后之可言也。”

尽管事物生成以前理就存在了,但是从事物生成的最初开始是先有了作为材料道具的气。这时,因理内在于气,故理先气后。即万物生成以前理先气后,万物生成以后,因为理在气中,所以理气无先后。

理先气后是主次的分开,理气无先后是兼理气的浑沦。分开说者只坚持理先气后,而浑沦说者只坚持理气无先后,这在大山看来都是迂腐的见解。大山如此的见解不仅继承了朱子、退溪的观点,而且将栗谷派的浑沦说和权相一等的分开说,通过辩证法实现了扬弃统一。

五、四端七情说

主气来看四七浑沦,主理来看四七分开。在论证四端和七情的关系时,大山分为浑沦说和分开说两方面。

1. 四端七情的浑沦说

大山在《四端七情说》中说:“按人禀天地之气以为体,得天地之理以为性,而理气之合则为心。故其寂感动静之际,相须而为体用,未发而一性浑然,已发而七情迭用。是乃此心之全体大用,而孟子所谓四端者亦包在其中矣,此《中庸》《大学》《乐记》之旨,而周程朱氏相因而为说,退陶先生所谓浑沦言之者是也。”

四端七情浑沦来讲,是“七包四”。《中庸》所谓若无喜怒哀乐之四情即达道,《大学》所谓若无忿懥、恐惧、好乐、忧患亦即达道,《乐记》中说“人之好恶无节,则是物至而人化物也。人化物也者,灭天理而穷人欲者也”,便是证据。

程颐在《颜子所好何学论》中指出:“外物触其形而动于中矣,其中动而七情出焉,曰喜怒哀乐爱恶欲。情既炽而益荡,其性凿矣。”大山对于“七包四”之说曰“言喜怒哀乐,而四端之理固浑然于其中矣”,又说“言七而四在其中”,此即大山主张的四端七情浑沦说。

2. 四端七情的分开说

分开论主张四端为主理之情,七情为主气之情。理乘气而行,故理气不相离,但在“发”上有宾主的差异,故四端是理发气资的主理的情,七情是气发理乘的主气的情,这就是分开说。大山在《答李希道(甲子)》中说:“四端非无气之随也,而天理为主而气为客;七情非无理之乘也,而形气为主而理为客。其客主之所形,其分又乌得以不殊哉?”

刘明钟指出,只有兼顾浑沦说和分开说才能正确地认识四端和七情的关系,浑沦说中埋气互发是不成立的,而分开论中互发是成立的,因此大山的门人定斋柳致明(1777—1861)说:“分开说者,将理与气双立对待之谓也。”即将主理发与主气发分立对待。大山在《答李希道(甲子)》中说:“夫彼所谓同,同而无异,而吾所谓同,同而异;彼所谓一,一而不二,而吾所谓一,一而二。彼但有浑沦,而吾以分开者而兼言;彼但有一道,而吾以互发者而并论。”栗谷派的同,只有同而无异,只有一没有二,只有浑沦而忽视分开,但是大山的同,同而异,是一而二,同论浑沦和分开,不忽视互发中的气发,此为大山与栗谷学派在论理上的差异性。退溪和大山的论理中包含着辩证法的论理，但栗谷派所坚持的只是解释了自然现象兼理气的浑沦说。

刘明钟指出，大山李象靖的学统属于退溪李滉—鹤峰金诚一—敬堂张兴孝—葛庵李玄逸—密庵李栽一脉，大山之后发展为损斋南汉朝—定斋柳致明—西山金兴洛—恭山宋浚弼等理主气资说的学脉。由此来看，大山对学问谱系的贡献在于对浑沦说和分开说不偏不倚，通过辩证的方法破除了偏见。

大山引用退溪《答奇明彦论四端七情第一书改本》中“大抵义理之学，就同中而知其有异，就异中而见其有同。分而为二，而不害其未尝离。合而为一，实归于不相杂，乃为周悉而无偏也”之说，以同异理论将义理之学统一起来，主理者用理先气后把握理本质的世界，主气者认识了理气无先后的现象世界；分开说中四端主理的情与七情主气的情对立，浑沦说中则是“七包四”。

大山统一综合的哲学与韩国历史上的三教融合、李牧隐的思想统一策等，都对韩国性理学的发展和民族精神史上的救国运动做出了重要的贡献。

参考文献：

1.［韩］刘明钟：《18世纪性理学史上大山李象靖的思想地位——浑沦说和分开说的统一》，《东方学志》第113辑，2001年。

2.［韩］罗大容：《大山李象靖的理主气资和浑沦而分开》，《东洋哲学研究》第73辑，2013年。

3.［韩］金胜泰：《李象靖的“理气统看”和李珥性理学辨析》，《东西哲学研究》第60卷，2011年。

4.［韩］金雨衡：《愚潭性理学的特征及其对大山李象靖产生的影响》，《韩国哲学论集》第26卷，2009年。

任圣周

任圣周(1711—1788),字仲思,号鹿门。丰川人。朝鲜朝后期性理学家,唯物论代表人物之一。谥文敬。

一、生平

鹿门生于忠清道清风老隐洞,丰川任氏老隐公任适之次子,因晚年生活在公州鹿门洞,世称鹿门先生。《行状》云:“十余岁已知有圣人之学,癸卯春手摸大圣像,奉安所居之楼,晨昏与群昆弟,正衣带参拜,退则定省之外,闭户读书,绳行矩步,俨然有成德气像。”1725年,鹿门随父赴任咸兴判官,1727年回到汉城与亲戚们一起生活。“年十六时,因看栗谷语,有省知天人合一之妙,而大志立。”(《鹿门先生文集·行状》)他向往天人合一,用性理学的观念树立自己的人生观,追求圣学和圣人之道,十六岁这年应当说是鹿门学术生涯中具有重要意义的一年。十八岁丁父忧,次年随母、兄搬到清州,钻研学术。鹿门不仅重视性理学理论的研究,也非常重视家内仪礼,在家里实行《仪礼》规范。在鹿门所处的时代,实学和西学在朝鲜广为流行,性理学却相对衰微,但他仍义无反顾地选择了性理学,力图运用性理学来解决现实问题。

丁未年(1727)十二月二十日,鹿门给陶庵李縡写信拜师,后在陶庵处修学,钻研学术。后来,鹿门将1730年至1734年这五年间向陶庵请教以及两人互相讨论的内容整理为《寒泉语录》,主要记载着他对学问的态度、同其师陶庵关于四书三经的部分讨论和《心经》中关于七情概念的见解。1733 年,鹿门兄弟二人均通过了司马试。1734 年,鹿门独自上华阳山研习《中庸》。1736 年,与宋明钦、宋文钦(两人为宋浚吉的后代)到怀德的玉溜阁讲读《大学》。通过这种学习和研究,鹿门对性理学中的理气心性问题有了较为深入的了解。

鹿门于 1750 年任思悼世子(即庄献世子)翊卫司洗马,1752 年任庄献世子侍直,1754 年任任实县监,后于 1774 年回到鹿门洞钻研圣学,1782 年迁往原州山湖,五年后又回到鹿门洞并卒于此。

鹿门的著作,以对经典的注释为主。《鹿门集》中主要有关于心性论的《答李伯讷》《玉溜讲录》,关于人物性同异论的《鹿庐杂识》《人物性图并说》《与渼湖金公》《答金幼道》《次渼湖神气吟三篇,再叠因足成心性杂咏(己丑)》,关于气和气质等的《与渼湖金公(乙卯)》《金幼道一原分殊说签》等。此外,其中还有他早年在学习《小学》《论语》《中庸》《仪礼》《周易》《尚书》《大学》时所作的注释。其中《鹿庐杂识》比较深入、系统地论述了理气论和人性论思想,可看作是鹿门性理学思想的代表作。

二、理气论

全善女在《任圣周哲学思想初探——以理气论和人性论为中心》一文中提出,鹿门求学初期受到洛论较大影响,后又受到张载的气思想、程颢的道器一体思想及孟子浩然之气思想和性论的影响。其后,还受到了罗钦顺的影响。经过对各种哲学思想的整合,鹿门提出了极富特色的理气论和人性论。

1. 理气同实论

全善女认为,鹿门"理气同实"之理气论,不同于以往"不相离"、"不相杂"、形上形下区分的以既成理论为基础的理气论。继朱子之后,理气论被广泛地理解为理气不相离、理气不相杂,理为形上、气为形下,理先气后等。理气不相离,指的是理气不可分开;理气不相杂,指的是理气决是二物。形而上者是原理,是道德性善的依据;形而下者是具体事物,是善恶交叉在其中的现实。理先气后,指的是理气在一元上的先后。

鹿门认为决是二物、不可分开、不相离、不相杂、理本气末、理先气后等都是为了解释理气关系的便利而讲的。如果不仔细梳理这些理论,就会在理气问题上陷入思维混乱。在理气问题上,鹿门首先指出,虽然程朱的理气论中已经阐明了理气的含义,但是后人在解释的过程中却由于各因文脉而导致与其本义不同的混乱现象。他说:"理气之说,自经程朱发明,太煞显焕,更无余蕴。但其为说,或对证异指,或随意放言。"

鹿门认为出现这一情况的主要原因在于朱子把理气解释为"所谓理与气,此决是二物。但在物上看,则二物浑沦,不可分开,各在一处,然不害二物之各为一物也;若在理上看,则虽未有物而已有物之理"(《朱文公文集·答刘叔文》)。其中"决是二物"意思是说理和气在概念上是严格区分的,其职能也不同,在这里主要用于强调理气不相杂的命题。"不可分开"是指理和气在具体的事物中并非分开而独立存在的实在,在于强调理气不相离的命题。随之,鹿门指出,当时湖洛两论的当事者均过于依赖朱子的"决是二物"。他说:"今人不识此意,只信朱子'决是二物'之语,往往真以理气为有两个物事。"

这里所讲的今人指的是湖洛论者。也就是说,"决是二物"只是一种概念性的区分，但是湖洛论者却把它看作是区分理、气为两个独立的实体的依据，这是一种误区。因此，鹿门以为有必要以“理气同实”为前提重新建构理气论。首先，他用“理气同实”的理论否定了“理是形而上者，气是形而下者”和“理先气后”的观点，摒弃了把理当作善的根据、把气当作恶的根源的说明方式。也就是说，鹿门认为作为现象的具体事物和作为本原的理同时不离、不杂。因此，不仅在实事中有理气同实，而且在一元中也是理气同实。

鹿门认为之所以发生“湖洛论争”，是因为湖洛两派只重视“决是二物”，把理和气理解为个别造成的，所以有必要以“理气同实”“心性一致”或“理气一致”“心性同实”为中心重新建构性理学的理气论。他说：“论理气，则必以理气同实、心性一致为宗旨。”

何谓“同实”？《鹿门集》中没有对“同实”的含义直接而明确的解释，因此，我们有必要先了解“同实”的字面含义。字典上对“同”字的解释是多种多样的，归纳起来就是一样、相同、都是、同一等；对“实”的解释归纳起来有内容、背景、本质、真等。以这几种解释来看，都是比较接近于“同”的意思，本质、真比较接近于“实”的意思。这么一来，“同实”可以被解释为都是本质。鹿门在论及“理气一致”命题时所提到的“同实”便比较接近上述含义。他说：“以理一，则心亦同，性亦同。以分殊，则心亦异，性亦异。此正所谓心性同实、理气一致者。”

鹿门对气的实在性也做了明确的回答。他说：“万理万象也，五常五行也，健顺两仪也，太极元气也，皆即气而名之者也。”[《鹿门先生文集·鹿庐杂识(己卯庚辰)》]在鹿门看来，理从太极发展到万理的过程和气从元气发展到万象的过程有着逻辑上的一致之处。因此，理和气都是实实在在地存在。《鹿门集》中记载着很多这方面的观点。试举几例加以说明：

(1)通局二字，不必分属理气。盖自其一原处言之则不但理之一，气亦一也。一则通矣。自其万殊处言之则不但气之万，理亦万也。万则局矣。[《鹿门先生文集》卷十九《鹿庐杂识(己卯庚辰)》]

(2)分阴阳五行万物而各言之，则曰万殊，曰小德。气也如此，理也亦如此。器亦道，道亦器也。[《鹿门先生文集》卷十九《鹿庐杂识(己卯庚辰)》]

(3)夫气外无理，性外无物。主气而言则万者固气也，一者独非气乎？主理而言则一者固理也。万者独非理乎？噫！理气之判而为二也久矣。[《鹿门先生文集》卷十九《鹿庐杂识(己卯庚辰)》]

(4)自理而言，则理本纯，故气自纯。从气而言，则气之纯，即理之纯。理不纯，则气固无自以纯矣。[《鹿门先生文集》卷二十六《次渼湖神气吟三篇，再叠因足成心性杂咏(己丑)》]

在这里，鹿门表达了有关理气论的基本观点。

第一，鹿门认为理和气是同实的，而且一同存在于一时一处(同时同所)，理或气不能凌驾于彼此而存在，也不能各自作为一个独立实体而存在。

第二，鹿门以“理气同实”说明理和气的关系不是一种从属或主宰与被支配者的关系。而且，理和气在先后、上下、主宰的关系上是没有差别的。因为理和气是一致的，所以从理的角度去理解理和气是相符合的，从分殊来看理万(分殊)和气万也是相符合的。

第三，鹿门强调不是只有理才是本体，气也是本体，必须要在本原或事物中同时掌握理气。

2. 气一分殊

气一分殊只从字面上理解,容易误解为与理一分殊相对的理论,但事实并非如此。鹿门认为:“万理万象也,五常五行也,健顺两仪也,太极元气也,皆即气而名之者也。今人每以理一分殊,认作理同气异,殊不知理之一,即夫气之一而见焉。苟非气之一,从何而知其理之必一乎?理一分殊者,主理而言,分字亦当属理。若主气而言则曰气一分殊,亦无不可矣。”[《鹿门先生文集·鹿庐杂识(己卯庚辰)》]在这里,鹿门认为如果理一分殊是真理,那么,气一分殊同样是真理。

全善女指出,鹿门的气一分殊对解答当时的人物性同异论争有着重要意义。“理一分殊”“理同气异”“理通气局”都属于关于性的概念、差异性的理气本体论,湖洛两派以此展开了激烈的论争。在性的概念方面,洛论者主张理一、理同、理通的人物性同论,而湖论者主张分殊、气异、气局的人物性异论。鹿门认为“湖洛论争”是混淆了理和气的概念而引起的论争,论争双方或把一元、本然从属于理,或把特殊、气质从属于气,只强调一方,隔断理和气,从而形成主气或主理的偏见。他认为,在“理气同实”的前提下理一分殊及气一分殊都有可能。理一分殊是理一和理分殊;气从一元来说是气一,从分殊来说是气分殊,所以也可以看成气一分殊。

3. 自然和理

鹿门主张理之纯善、所以然、主宰性,用自然来解释所以然,用自然的主宰来理解主宰性。

“理气同实”是贯穿鹿门哲学的基本思想。他认为“理气同实”从概念上是有明确区分的,并且可以通过它去理解性善的普遍性。因此,从主气的观点去理解他的哲学是不全面的,那只能是对其哲学一部分的重视。

全善女认为，比起同时代的其他性理学者，鹿门并没有把气当作唯一的实在，也没有固守主气的立场。因此，不能把他的以“理气同实”为依据的理气论划归“唯气论”。“唯气论”一般是把宇宙内的唯一实在看作是气，但是《鹿门集》中却没有使用这类论述。被他看作唯一实体的“虚圆盛大底物事”指的是合理气，而理或气并未被看作唯一。因此，理气同实论不能被简单归结为主理或主气论。之所以在某种程度上把他的理气论评价为唯气论，是因为他在理气“决是二物”下把气看作是唯一的实体，具体来说是因为他把“虚圆盛大底物事”理解成气。但是，实际上鹿门把理气看作是一个事物的两个侧面，即以理气不相离为中心。并且，“理气同实”也是以理气不相离为前提而成立的。

三、人性论

全善女从人物性相异、心性一致、心善恶四个侧面，对鹿门人性论的特征做了分析。

1. 人物性异论

鹿门人性论的整体结构并没有脱离传统的性理学理论，但是他的人性论较之其他性理学理论，更为重视性理学的根本观念。所谓性理学的根本观念是指人的尊严及价值。鹿门以人的尊严和价值为主轴，深入探索了符合人的尊严和价值的道德义务及其实践方法。在心性论上，鹿门肯定心和性差异的同时，主张心性一致。鹿门在“理气同实”的前提下，一方面肯定“理一分殊”，另一方面又主张“气一分殊”。以此为基础，鹿门把儒家性理学的“性”诠释为实在概念，由此提出了性善的普遍性及其实现的可能性。

鹿门从当时性理学者的“人物性同异论争”开始发展自己的新的人性论观点。因此，有必要首先考察一下鹿门对人物性同异论的看法。从鹿门二十五岁时对《中庸》所作注释可以看出，他是站在人物性同论的立场上。鹿门认真研读《孟子·生之谓性章》后，在三十六岁至三十七岁时改变立场转而主张人物性异论，在四十八岁至四十九岁时完成了其著作《鹿庐杂识》，由此确立了自己的人性论理论体系。鹿门认为，人和事物的性无论是本然之性还是气质之性都是相异的。他批判洛论派因为不知道本然之性离不开气质之性而认为"天命之谓性"中的性既是本然之性又是气质之性，从而陷入人物性同论。鹿门主张，"性即理"是人物性异论的依据。

2. 心性一致论

鹿门在吸收横渠、邵子、朱子等学者对心性的不同观点的基础上，提出了心性一致论。鹿门说，论理气则必以理气同实、心性一致为宗旨，认为区分心和性是没有意义的；对人来说，气质才是实在的，心和性只不过能说明这个气质的一面而已，心和性没有各自的存在领域。鹿门说，心是气质之灵，性是从人的心中具体化的德。他的心性一致论是指气外无心、心外无性，心和性其内容是一致的。鹿门认为，从人的具体性出发，用有利的理说明人性善的抽象性的性善说，不是孟子性善说的本旨，真正的性善说需要更具体的人心被认为是善的证据。而人的心要达到纯善，构成心的气就要纯善。

3. 心善说

鹿门的新"性善说"主张人性善就是气质善、人间善，从而将传统的"性善说"按心性一致论的立场进行重新定义。鹿门是在心善被认可时人间众人皆善的前提下主张"心善"。从心具有具体性和能动性的方面来看，此观点是比较贴近于气的，所以，鹿门主张人性善就是气质善。

4. 恶的问题

全善女提出，鹿门认为人间的善性起因于气质的正通性，他为说明恶的问题引用了“渣滓”的概念。心没有恶的，气与心湛一本体，并在心中游行，无所不至。凡夫中出现恶的想法和行动是因为气质为心之质干，这气质中有渣滓。鹿门认为，人的气质正通，而本体游行，无所不至，但是从现实来看各人品质不同、道德倾向也千差万别，所以说人的普遍的正通性中都不得不有渣滓的差异。渣滓完全不存在于达到天人合一境界的圣人，只存在于不完全的众人。渣滓部分被搅拌到魂魄、血气、五脏、本体等气质中，因此，心未发时，正通的气质中的昏昧不影响本体的游行，但是气质运动时，渣滓也随之运动，从而阻挡本体的湛一，本体也就因气的原面貌失去而出现各种恶行。

全善女认为，从上述鹿门对渣滓的理解来看，渣滓不是与人的本体对立而阻挡善性的独立的实在，而是本体自身的质，对德性的体现起着制约的作用。更重要的是，这样的渣滓虽说对本体的游行有着影响，但最终还是制约不了本体的。鹿门强调，湛一之气受气质中的渣滓之累是一时的现象，并不会存在被渣滓永久性地掩蔽正通气质陷入非道德的现象。

鹿门作为唯物论代表之一，在哲学上认为世界统一于“太和之气”，它在空间上“无内无外”，在时间上“无始无终”。鹿门反对“理先气后说”，认为理气不可分，气是理之主宰，理是气的当然之则（必然规律）。在认识论上，鹿门认为认识由客观事物作用于感觉器官和心而形成。心作为思维器官，是物质的最高发展“气之精英”所引起。鹿门反对天赋才能的存在，强调“不亲经历，则不能真知”，体现了知识来源于经验的观点。

参考文献:

1. 全善女:《任圣周哲学思想初探——以理气论和人性论为中心》,延边大学2010年硕士学位论文。

2. [韩]洪正根:《朝鲜学者韩元震的性三层说以及任圣周对此的见解》,《齐鲁文化研究》第5辑,2006年。

3. [韩]郑炳连:《鹿门任圣周的生涯和学术倾向》,《退溪学报》第101卷,1999年。

安鼎福

安鼎福(1712—1791),字百顺,号顺庵、汉山病隐、虞夷子、橡轩。京畿道广州人。星湖李瀷门人。朝鲜朝后期文臣、学者。谥文肃。

一、生平(据《顺庵先生年谱》整理)

肃宗大王三十八年(1712),先生生于堤川县之榆院寓第。十岁,始入学,先读《小学》。二十六岁,读《性理大全》。先生自幼少时,意谓士生斯世,不可以一艺成名。其于经、史、诗、礼之外,阴阳、星历、医药、卜筮,以至于孙吴佛老之书、稗乘小说之类,自有书契以来文献之可征者,无不博观。自十五六岁,已称其该洽,至是始留意于性理之学而叹曰:"始焉耻一物之不知,终焉不知身心之贵,则所谓睫在眼前人不见也。"遂潜心玩究,手钞而口诵。英祖大王十三年(1737)五月,读《心经》,作《治统》《道统》二图。十五年己未,撰《下学指南》,作《井田说》。以《周礼》为主,参以《孟子》、《公羊传》何休注、班志及朱子说以成之。十七年辛酉,撰《内范》。盖欲体朱子之遗意,而篇目略仿朱子所定书,凡六篇,名之曰《内范》。

二十二年丙寅十月,往谒星湖李先生。李先生讳瀷,在安山星村。先生慕其德义,往拜而师事之。二十三年丁卯十二月,论卦变之说。二十四年戊辰十二月，往谒星湖先生，草《洪范衍义》。二十六年庚午，先后授从仕郎、朝奉大夫，作《杂卦说》。明年辛未，又著《(杂卦)后说》。二十七年辛未二月，例升朝散大夫义盈库奉事，入京谢恩。质问《家礼》疑晦处。四月，授奉正大夫。五月，授中训大夫。上星湖先生书，论卦爻辞义及读《易》之法。二十八年壬申五月，以《孟子》七篇中疑义，条列禀质。二十九年癸酉十月，编次《李子粹语》。十二月，上星湖先生书，论《纲目》笔法之可疑者。三十一年乙亥五月，读礼书，以《家礼》为主，而先自丧礼始，考以三礼，参以《通典》及先儒诸说。三十三年丁丑正月，改定祭礼，告于先庙。《希贤录》成。七月，上星湖先生书，论西洋学术之非。《临官政要》成。三十四年戊寅正月，论妇女首饰。三月，论鬼神之理。十月，论读《易》、读《诗》之法。十二月，作《校证家礼附赘序》。三十五年己卯，《东史纲目》成。正月，上星湖先生书，论《易》先后天之义。二月，论《诗经》义。十一月，论列国音韵、古今历法。三十六年庚辰十二月，答权哲身书，有《雅》《颂》疑问，故先生逐条答之。

三十七年辛巳四月，建书斋，与乡里从学后进，议建书斋于德谷洞中，名之曰丽泽斋，逐月相会讲《小学》。三十八年壬午十一月，编次《僿说类编》，星湖先生所撰，属先生删正分类，书凡十二卷。三十九年癸未三月，《百选诗》成、《史鉴》成。四十二年丙戌，作《陶靖节赞》。十月，答权哲身书，论阳明致知之说。四十三年丁亥正月，论理气说，始草《列朝通纪》，裒辑国朝故事及文集、野乘诸书，编年而成之。四十四年戊子五月，与邵南尹公书，论殇不立后之义。十一月，论《大学·听讼章》。四十六年庚寅五月，与大山李景文书，论四七说。闰五月，与邵南尹公书，论古人学问之工末学之弊。又论《家礼》非晚来定书。八月，答权哲身书，论四七说。四十七年辛卯，答邵南尹公书，邵南有书问《易》本义之可疑，《丽史》

及《纲目》高丽庙制之疑晦处,先生辩释而答之。四十八年壬辰,答权哲身书,论九畴。五月,除翊卫司翊赞,入京谢恩。本月壬戌,入参书筵,是时书筵讲《心经》。五十一年乙未,《朱子语类节要》成。正祖大王五年辛丑四月,《家礼集解》成。十年丙午七月,作《东铭图》。十五年辛亥卒。

纯祖大王元年辛酉九月,特赠资宪大夫、议政府左参赞兼知义禁府事、五卫都总府都总管广成君。是年□月,掌令郑瀚上疏疏略曰:呜呼,明正学熄邪说,即我先大王苦心也。惟其阐明正学之道,必自崇奖正学之人而始之。故广成君臣安鼎福,即先朝胄筵之臣也,其学问则经经而纬史,其门路则濂洛而关闽,读书七十年,菀然为当世之大儒,先大王顾问于雷肆之席而知其然也,奖诩眷待之音,屡形于丝纶之间,是以后生学者莫不矜式而宗师。及夫洋书始出,慨然异教之肆行,人类之尽化,著书而辨之,则有《天学考》《天学问答》等书,严下而斥之,则不以姻亲而容之,余风遗韵,至今尚存,而一种士类之能知拒诐放淫者,未必非其力也。今若崇奖而表章之,则亦可为明正学熄邪说之一助。臣谓故广成君臣安鼎福,亟施褒赠之典宜矣。答曰:"询大臣处之。"大臣回启曰,安鼎福读书卫道,力排邪学,曾闻其名,实合嘉奖。然而朝家赠职,系是重典,事难擅议于一台臣之言云云。《传》曰:"安鼎福赠职事,言固可用则何待众人之言而听施,况当此辟邪之日,宜有表异之举,故同知中枢府事安鼎福特赠正卿,以示奖励之意,遂赠左参赞。"同治十年辛未三月,赠谥曰文肃。

顺庵继承了星湖李瀷之学问,以实际应用为目的,深入研究实学,批判以往的历史学、地理学,对于后来的文献史学者产生了很大影响,对十七世纪到十九世纪以经世性、批判性、实证性为特征的韩国实学做出了较大的贡献。顺庵著有《橡轩随笔》《地理考》

《覆瓿》等，其中《覆瓿》收录了汉文小说《洪生远游记》《女容国传》等。

二、儒学思想

顺庵从学脉上属于星湖学派，从学缘关系上看上承李滉、郑逑、许穆、李瀷，下启黄德吉、许传。顺庵自三十五岁师从李瀷，受到教导。从文集上看，顺庵与李瀷直接相见只有三次，双方主要是以书信形式进行学问上的交流，信的内容大都与经学、历史、天主学、历法、音韵等有关。李瀷弟子中不乏尹东奎、慎后聃、李秉休等优秀的人物，顺庵在同师门中各位弟子的学问交流中受到了很大启迪。由于顺庵从学于李瀷时，其学问已经形成了一定的体系，所以学问倾向上前后并没有发生太大的变化。

顺庵十分尊崇朱熹，钦慕李滉。其师李瀷曾说，“如果学者能通过阅读朱子书进入那道门的话，天德、王道的全体大用都包含在里面了”，“东方有退溪，正如中国有孔子”，要求弟子学习朱熹前，须先学习李滉。顺庵论证经学或先贤的言行时，经常举朱熹和李滉的例子，其理气心性论也基本遵循朱熹和李滉的学说。他将收录退溪言行的《道东录》增修为《李子粹语》，又仿效李滉的《朱子书节要》编成《朱子语类节要》。顺庵虽然尊敬朱熹和李滉，但是并没有原样照搬他们的见解。顺庵认为，即使出自朱熹或者李滉之说，如果有错误，也应该坚决地采取批判的态度。

顺庵幼时在学问上涉猎广泛，从阴阳、星历、医药、卜筮、兵法、老庄、佛教到稗乘、小说，几乎无所不读。二十六岁时，精读《性理大全》《心经》，开始正式学习程朱学，其后以此为基础编著了多部书籍。在众多书籍中，仿效《小学》所著的《下学指南》是把握其学问倾向的重要书籍。

顺庵在《下学指南》中，引用了诸多学者的言行，有以朱子为代表的中国的历代人物，还有朝鲜朝李滉、李珥、徐敬德、曹植、金宏弼、郑汝昌、赵光祖等为代表的诸多儒学者。他之所以将"下学"作为书的题目，是因为在他看来圣人的道也脱离不了日常的人伦。顺庵说，所谓的"学"是知和行的总称，要学习的东西就是圣人的教诲。圣人从我而知，以平常心行事而到达人伦的极致。他说："学习圣人的道不过是仰望圣人的知和行，因此不会脱离日常的人伦。"他还引用《论语》中孔子的话，说孔子所说"下学而上达"中"下"指的是低且近的地方，低且近从而易于理解的东西不就是日常的人伦吗？还说，应该从此处开始学习并不懈努力，经历艰难的境地之后，心身才能合一，苦痛交织才会消失，愉悦轻快的境地才能到来。整体来讲，他强调"下学"的意义和重要性。

顺庵如此强调"下学"的原因在于当时程朱学的学者们都过度地倾向于"上达"。他批判当时的学风时说："今之学者，大抵不屑于下学，而徒役心于性命理气、四七之辩，今日为学，明日便说此道理，虽自谓学贯天人，夷考其归，与娼家之诵礼无异，此果何益哉。退溪之时，此道之原本不明，故必以濂溪《图说》为先，时义然矣。当时南冥有手不知洒扫应对之节，而口谈天理之讥，此则不知老先生本意而然也。当今之世，义理之说，已烂漫矣。学者所行，实不出于南冥之语，仆亦阅历多少岁月，见如此人多矣。欺天欺人欺心，而能有为学乎？"[《顺庵先生文集·答南宗伯书(丙午)》]在顺庵看来，如果没有坚实的"下学"基础，那么对于"上达"的理气、心性的论议也是虚无缥缈的探究。

顺庵非常强调读书的重要性，认为人在一定的年龄必须根据个人能力阅读一定的书籍才能增长知识。他劝告后学要通读经学、程朱学和史书。他根据程端礼的《读书分年日程》，对读书顺序做了规定:“八岁未入学之前,讲《性理字训》。入学之后,读《小学》书正文,次读《大学》经传正文,次读《论语》正文,次读《孟子》正文,次读《中庸》正文,次读《孝经》正文,次读《易》正文,次读《书》正文,次读《诗》正文,次读《仪礼》并《礼记》正文,次读《周礼》正文,次读《春秋》经并三传正文。自八岁约用六七年之功,则十五岁前,《小学》书、四书、诸经正文可毕。又自十五岁志学之年,即当尚志,读《大学章句》《(大学)或问》,次读《论语集注》,次读《孟子集注》,次读《中庸章句》《(中庸)或问》,次钞读《论语或问》之合于《集注》者,次钞读《孟子或问》之合于《集注》者,次读《易》《书》《诗》《礼记》《春秋》。又四书本经既明之后,日看史,仍温前书。次读《通鉴》及参《纲目》,次读韩文,次读《楚辞》。又《通鉴》、韩文、《楚辞》既读之后,约才二十岁或二十一二岁,学作文、经问经义、古赋古体制、诏章表、四六章表。按人之为学,欲学圣人,而圣人远矣,其言在于方册,则读书为学之先务。”(《顺庵先生文集·德谷书斋月朔讲会约》)顺庵还引用了以朱子和吕东莱为代表的诸多学者的学说,强调没有实践的读书是无益的,读书后在实践中求道,才能使读书有意义。

顺庵在史学领域表现出色,在儒学经典治学方面的才能也得到承认,同时被时人认为是关心现实政治的大儒学家。其与经学相关的论述有《洪范演义》《家礼集解》《杂卦说》《诗经名物考》《小学讲义》《下学指南》等,史学方面有《东史纲目》《东史问答》《史鉴》《列朝通记》《广州志》《木州志》等,政治方面有《临官政要》。

三、其他成就

顺庵生活于市场经济开始活跃、中人阶层逐渐崛起的时期。为了缓解中人阶层身份上的要求,他制定了《洞约》。《洞约》是以中国宋代的《吕氏乡约》为基础进行创新的乡村自治规约。此外，他依据地方行政官的经验刊行了行政指南类书籍——《临官政要》，主张改善税赋制度、刑罚制度、贷粮制度、奴婢制度等。

在顺庵所处时代，天主教影响范围逐渐扩大。顺庵从学问的角度，看到天主教对当时朝鲜社会的不利影响，从而采取了批判的态度。顺庵论证了天主教传入朝鲜的过程，详细地指出了天主教的天堂地狱说、精灵不灭说等存在的问题。为了通俗易懂地表达自己的意见，他还著述了《天学考》和《天学问答》。另一方面他将当时盛行的阳明学斥为异端。

顺庵是一位将经世致用的经世论与现实相结合，致力于克服不合理现实的新保守性向的性理学者。他在学问观和社会、政治、历史、天主教等领域的见解，反映出了在其他学者身上不多见的多样化学问倾向、主体性和独立意识。顺庵不墨守成规，主张在时代的变化中维持和发展儒学，是一位具有主体性意志的杰出儒学家。

参考文献：

1.［韩］郑墡谟：《安鼎福的〈朱子语类节要〉考》，《韩国实学研究》第25卷，2013年。

2.［韩］林荧泽：《性理学和实学的相关性问题——〈函丈录〉分析》，《韩国实学研究》第25卷，2013年。

3.［韩］文石允：《顺庵安鼎福的性理说——以〈拟问〉的内容为中心》，《韩国实学研究》第25卷，2013年。

4.［韩］赵汉硕：《安鼎福的生活和思想》，《儒生文化》第9卷，2006年。

5.［韩］安映尚：《顺庵安鼎福的四端七情说——以星湖学派内部论争为中心》，《韩国实学研究》第3卷，2001年。

洪大容

洪大容(1731—1783),字德保,号弘之、湛轩。南阳人。朝鲜朝后期哲学家、自然科学家,实学派北学论的主要代表人物之一。

一、生平(据朴趾源《洪德保墓志铭》整理)

德保没,越三日,客有从年使入中国者,路当过三河。三河有德保之友,曰孙有义号蓉洲。曩岁余自燕还,为访蓉洲不遇,留书具道德保做官南土,且留土物数事,寄意而归。蓉洲发书,当知吾德保友也。乃属客赴之曰:“乾隆癸卯月日,朝鲜朴趾源,顿首白蓉洲足下:敝邦前任荣川郡守南阳洪湛轩讳大容字德保,以本年十月廿三日酉时,不起。平昔无恙,忽风喎噤喑,须臾至此,得年五十三。孤子薳哭擗,未可手书自赴,且大江以南,便信无阶,并祈替此转赴吴中,使天下知己,得其亡日,幽明之间,足以不恨。”既送客,手自检其杭人书画、尺牍、诸诗文共十卷,陈设殡侧,抚柩而恸曰:“嗟乎德保,通敏谦雅,识远解精,尤长于律历,所造浑仪诸器,湛思积虑,创出机智。始泰西人论地球而不言地转,德保尝论地一转为一日,其说渺微玄奥,顾未及著书,然其晚岁益自信地转无疑。世之慕德保者,见其早自废举,绝意名利,闲居爇名香鼓琴瑟,谓将泊然自喜,玩心世外,而殊不识德保综理庶物,剸棼剑错,可使掌邦赋使绝域,有统御奇略,独不喜赫赫耀人,故其莅数郡,谨簿书,先期会,不过使吏拱民驯而已。尝随其叔父书状之行,遇陆飞、严诚、潘庭筠于琉璃厂。三人者,俱家钱塘,皆文章艺术之士,交游皆海内知名,然咸推服德保为大儒,所与笔谈累万言,皆辨析经旨,天人性命,古今出处大义,宏肆俊杰,乐不可胜。及将诀去,相视泣下曰:'一别千古矣,泉下相逢,誓无愧色。'与诚尤相契可则微讽君子,显晦随时,诚大悟决意南归。后数岁,客死闽中。潘庭筠为书赴德保,德保作哀辞,具香币寄蓉洲,转入钱塘,乃其夕将大祥也,会祭者,环西湖数郡,莫不惊叹,谓冥感所致。诚兄果,焚香币,读其辞,为初献。子昂,书称伯父,寄其父《铁桥遗集》,转传九年始至,集中有诚手画德保小影。诚之在闽病笃,犹出德保所赠乡墨嗅香,置胸间而逝,遂以墨殉于柩中,吴下盛传为异事,争撰述诗文,有朱文藻者寄书言状。噫,其在世时,已落落如往古奇迹,有友朋至性者,必将广其传,非独名遍江南,则不待志其墓以不朽德保也。"考讳栎,牧使;祖讳龙祚,大司谏;曾祖讳潚,参判。母清风金氏,郡守枋之女。德保以英祖辛亥生,得荫除缮工监监役,寻移敦宁府参奉,改授世孙翊卫司侍直,叙升司宪府监察,转宗亲府典簿,出为泰仁县监,升荣川郡守数年,以母老辞归。

英祖四十二年(1766)冬,湛轩以子弟军官的身份,跟随作为冬至谢恩使书状官的叔父洪檍赴清廷,是年十二月至翌年二月,湛轩逗留北京。他跋涉数月游历中国是为求学开眼界。在北京,他实地考察了当时中国的政治、经济、文化等各方面的情况,还接触了西方的自然科学和技术。在此期间,他结识了进京赶考的钱塘学者潘庭筠、陆飞、严诚、孙有义等人。他们言语不通,以笔代言进行了大量交流,湛轩广博的天文学学识使这些清朝学者大为叹服。其挚友潘庭筠每称"洪君博闻强记"。湛轩与钱塘学者讨论了天文、经义、性理、历史、风俗、艺术种种话题。他与严诚交情最笃,结拜为兄弟,在杭州曾流传洪严友谊的佳语。湛轩回朝鲜后,严诚客死他乡。湛轩此后与其他几位朋友一直保持书信联系,直至终老,其往来书信后结集为《杭传尺牍》。这种友谊一直传承下来,此后北学派学者朴齐家、李德懋也到北京与潘庭筠等人结为莫逆之交。

湛轩在北京拜见了当时在华的德国人钦天监副哈列尔斯威泰因(P. Antoine Gogeisl,汉名鲍友管)、别监库盖瑟,还亲到宣武门天主教堂参观考察了西洋的器物,到建国门参观考察了古观象台。湛轩四处走访搜寻,进行深入考察研究,并一一记录,形成了"北京学",后撰写出著名的《湛轩燕记》。访问中国后,湛轩积极主张改革时弊,对外开放。当时朝鲜部分文人以朝鲜为"小中华",轻浮自傲,蔑视清朝,主张"尊明攘夷"。湛轩批判了这种封闭俗鄙之论,力主北学,打破陈腐的"夷夏之辨"。北学中国,即学习清朝先进的典章制度、器物利用,实现经世济民、富国强兵。此是为"北学论"之发轫。

湛轩对天文、地理、历史、哲学、数学、兵法、音乐等均有较深的研究,撰写了大量论著,收录在《湛轩书》中。其代表著作是《医山问答》《筹解需用》。

二、宇宙自然观

李英顺、金成镐在《试论洪大容的实学思想》一文中提出,在朝鲜朝后期哲学家中有不少人持"地转"观点,如李瀷、金锡文都有这方面的论述,还自设观测设施和实验设备进行实证科学研究,进而引发思想史转向。而真正引起当时朝鲜学界思维方式变化的当数湛轩,他的实学自然论思想,作为整个北学派实学思想的逻辑起点,是从宏观的宇宙认识开始的。

在朝鲜,地圆说并不是首先由湛轩提出的。关于地圆的说法,早有金锡文提出“三大丸说”,这无疑启发了湛轩关注地、月、日等问题,并对“地圆说”做了在当时条件下较好的论证。如果说“地圆说”是湛轩按照先辈的观点所做论证的话,那么“地转说”则是其独立的发现。其实,科学的地球自转说在欧洲已于十六世纪提出,但直到湛轩时代,这一学说尚未传到朝鲜半岛。湛轩是以自己的方式从事天文学研究,独立发现地转的。这种思维方式虽带有民族和地域文化色彩,但不是封闭的,而是开放的。在此基础上,湛轩进一步提出了宇宙无限的思想,他认为满天的星宿都和地球一样,是宇宙中的一个天体,而无数的天体“散处空界”,宇宙是无限的。关于宇宙无限的思考,也同样是湛轩以自己的方式认识宏观宇宙的一个发现。如果说“地圆”“地转”的思想,还属于天文学范畴的话,那么“无量之界”的思想则是整体宇宙观的问题,即哲学问题。湛轩正是以自己的“地圆”“地转”“无量之界”的一整套宇宙观,为北学派的实体论拓开了新局面,超越了以往实学家们“经世致用”的思想高度。同时“无量之界”也进一步批判了腐儒死抱的“天圆地方”说,表现了湛轩作为北学派实学奠基人积极进取的精神。

湛轩在正面阐述自己的“地圆”“地转”和宇宙无限思想的同时,也批判了传统的“地心说”。他在《医山问答》中,借“实翁”之口说:“盖五纬包日而以日为心,日月包地而以地为心。……日为五纬之中而不得为众星之正中,日且不得为正中,况于地乎?”就是说,连太阳都不是众星的中心,更何况地球?推翻“地心说”,不但需要智慧,而且需要勇气。在西方,哥白尼的“日心说”完成了这个使命,在宗教神学上打开了一个缺口。但是,“日心说”是革命的,却不是科学的,西方人是经过了哥白尼学说的过渡才由德国库萨的尼古拉和意大利的伽利略等人完成“宇宙无限说”的。西方人确立“地圆”“地转”和宇宙无限思想经历了文艺复兴时期几代人的努力。而在东方的朝鲜，湛轩以自己的思维方式一次性地确立了这个学说，表现了北学派实学的进步，其内在的力量是强劲的。

此外，湛轩的银河“众星以为界”的思想和“银河无数”的观点，是对“宇宙无限说”的佐证和具体的阐释。湛轩的宇宙天象论在当时的历史条件下，是有创见的，不乏深邃之处，而这种“宇宙无限”“银河无数”的划时代宇宙自然观的转换，使北学派实学的世界观系统发生坐标位移，并且在“气”实体思想中得到展开。

三、心性实体论

日本学者小川晴久在其所著《韩国实学与日本》一书中，十分推崇湛轩的“实心实学”，并将其与日本学者三浦梅园的实学思想进行比较，寻“实心实学”之根于孟子、王阳明，而纵论湛轩心性实体思想的历史地位。湛轩的“实心实学”在第二代北学派文学思想家朴齐家那里得到精深的阐发与展开。湛轩的心性实体论与他的宇宙实体论是相一致的，认为心性不离气质。他从自己新的世界观出发，给“心性”这个老问题以许多贴近近代的阐发。这里有两点需要说明：第一，由于朝鲜当时的医学、人体科学水平有限，湛轩尚不了解“能知能觉”是人脑而不是心的特性，在这方面，湛轩的心性实体论是有局限的。但是，他力图以“气”实体为基础，从实有的人及其“能知能觉”的特性建立心性论，以克服宋明理学以及朝鲜性理学脱离现实的心性论弊端的努力是可取的。第二，为了建构自己“心性”实体的学说体系，湛轩分“气”为“清”“浊”不等，同北宋张载以来的“气”论思想接近，但是他把“气”神秘化的程度似比张载更深。湛轩用“气”论证“合”为实有之后，进一步阐述“心性”的问题。

“性”是儒学思想的基本范畴之一。宋明理学主张,性分两种:“天命之性”纯善,“气质之性”可善可恶。作为十八世纪朝鲜朝后期北学派实学奠基人,湛轩在回应旧有的传统哲学和文化的时候,采取了扬弃的态度。从今天去考察,其思想仍不乏精到之处。对性的界定,湛轩仍是从自己的宇宙观和“气”实体的哲学前提出发,认为性只是实有之物的规定、规律、法则,也就是总称的“理”。这与他的“气”实体论是相一致的。湛轩沿用了先秦儒家的道德概念仁、义、礼、智来解“性分”,意欲复兴先秦儒家思想,并把仁、义、礼、智升华为超越道德的一般哲学的“万善”范畴。湛轩这个“万善”所含之义,与他所说的性、理是一致的,就是“无善无恶”、随顺自然的规律、法则、属性。这里所说的人、物、天、性、理与仁、义、礼、智是互为一致的,“其实一也”,只是一个“心性”随顺“气”实体之自然,体现了“心性”的实体性。

心性论的重要问题是善恶问题,程朱理学和朝鲜性理学都主张“性善说”。真正的善,应是站在“心性”实体立场上,随顺“心性”之自然,顺理以趋善。湛轩从自己对“心性”实体的“性善”的理解出发,认为随顺物则就是仁、义、礼、智之善,如此就能向宇宙扩展传统的善性。

实行实用与“实心”是统一的,否则就会徒具“圆顶方趾”,“与犬马无别”。湛轩的心性实体通过实践实用来体现,十分强调实行工夫。他引孔子的话说,圣贤文章,不以文为主,“未尝有意于文”,而是“自然成章”,认为孔子“文不为主”是在知行一致的基础上,达到“自然成章”。

四、经济实学

实行论哲学的基本思维取向是从主体与客体的系统联系上把

握问题,它与偏于主体的绝对化抽象或偏于客体的神化崇拜相比,是一种历史的进步,代表北学派实学在实行论上达到较高水平。实行实学转换在社会领域,就是"经世致用""利用厚生"的主张。

李英顺、金成镐提出,湛轩在回答中国学者关于朝鲜学界情况时言及当时朝鲜学"有三等,有义理之学,有经济之学,有词章之学"(《湛轩书外集·吴彭问答》)。在湛轩那里,"义理""经济""词章"三者是有机地结合在一起的,不可偏废。只有合"经世致用""利用厚生"的"义理"与"词章"为一,才能产生"经世济民"的有用之学。

湛轩在"经世致用""利用厚生"方面,重视土地改革问题,在土地问题上的理想仍是孟子的"制民之产",同时他批判腐儒们口谈虚玄,不从土地问题入手解决社会危机。在封建社会,土地是最基本的生产资料,是国计民生的基础。明君贤相、改革家,无不是在解决好土地问题上下功夫。朝鲜英、正两朝,土地兼并严重,贵族的私田扩大,公田相对减少,国家财源渐枯,经济、政治和一系列社会矛盾日益激化。湛轩作为北学派实学的奠基者,看到了土地问题的严重性。湛轩以井田制为"分田制产"的理想。但是,他清楚地认识到,时代变化了,历史发展了,古道不可能完全不走样地施行,必须制定适合实际情况的相应田制。

从湛轩的田制思想中可以看到,他作为北学派实学的奠基人,首先是厚今的,同时,他亦是尚古的。他以井田古制作为理想田制,明白这个井田古制又需要通变以适于今。厚今和尚古二者似乎是矛盾的,其实纵观湛轩的实学思想和世界观方面的历史性进步,这正是他历史主义倾向思想的深刻性所在,显示出北学派实学的思想厚度。

那么怎样实现"分田制产"呢?湛轩在《林下经纶》中具体提出

了均田的主张,即将全国的土地平均分配,以户为单位,“各受二结”,身死三年后收回,分给他人。湛轩看到了土地制度是实现其社会理想的基础。他的均田主张,就是在新的历史条件下“复井田”的具体化。抑制两班贵族的土地私有、土地兼并以实现社会改革,这是现实的“行王道”。当然,这在朝鲜社会后期,只能是空想。

李英顺、金成镐认为,湛轩的哲学思想对朝鲜唯物主义哲学的发展有重要影响。湛轩反对当时占据意识形态统治地位的朱子学,提倡研究实用之学。他系统地阐述了实学的学说,号召人们学习北学即当时中国的文化以及通过中国传入的西方文化。湛轩等实学者认为,为朝鲜朝文化水平的提高和国力的增强,必须站在自主的立场学习北学。

参考文献:

1. 李英顺、金成镐:《试论洪大容的实学思想》,《东疆学刊》2006 年第 1 期。

2. [韩]陈礼淑:《湛轩洪大容性理学的见解小考》,《汉文古典研究》第 24 卷,2012 年。

3. [韩]田英俊:《朝鲜后期北学派形成的嚆矢湛轩洪大容》,《历史与实学》第 26 卷,2004 年。

朴趾源

朴趾源(1737—1805),字美仲,号燕岩、烟湘、洌上外史。潘南人。朝鲜朝后期学者、实学家、小说家。

一、生平

燕岩之祖为知敦宁府事弼均,父师愈,母为咸平李昌远女。燕岩生于汉城盘松坊冶洞,十六岁开始师从实学派思想家荣木堂李亮天学习《孟子》《史记》等,年轻时未应科举,直到三十岁左右,通过与实学家洪大容交流,开始了解西方科学。其自身生活穷困却长时期只专念于学问。1768 年,移居至白塔附近,与朴齐家、李书九、徐常修、柳得恭、柳琴成为邻居,在学问上进行了深刻的交流,特别是对洪大容、李德懋等的利用厚生思想非常感兴趣。1769 至 1770 年,隐居黄海道金川燕岩峡,研究农耕方法。后游历名山大川,接触人民生活,研究社会。1780 年,随堂兄朴明源率领的使团到中国祝贺乾隆七十岁生日,游历了北京和承德,与清朝学者尹嘉铨、王民皞等多次进行笔谈,切磋学问,并把在此期间的见闻整理成《热河日记》,具体阐明了北学中国、利用厚生的观点。在其代表作《虎叱》《许生传》中,处处展现着摆脱时代束缚及用新的眼光看待事物的进步学者的面貌。他的主张反映了北学思想,认为应接受清朝的文明来改变朝鲜落后的现实,以达到富国强民的目的。

1786 年，步入仕途，曾任平市署主簿、司仆寺主簿、汉城府判官、安义县监、沔川郡守、襄阳府使。在担任沔川郡守期间，留下了《课农小抄》《限民名田议》等作品。1801 年退隐，1805 年病逝于汉城。

二、"利用厚生"的北学思想

燕岩继承了实学派先驱柳馨远和李瀷的思想，在其著作中极力提倡研究现实问题，学习先进文化、技术，改革现行不合理的制度。他批评儒家修身齐家和治心养性的虚伪性，主张"利用厚生"，在《课农小抄》和《限民名田议》等文章中，提出改进耕作方法和限制土地过度集中等进步主张。朝鲜王朝在经历了"丁卯之役"与"丙子之役"之后，朝中一度出现了讨伐清朝的"北伐论"。在这种背景之下，乾隆四十五年(1780)六月，燕岩与堂兄朴明源跟随祝贺清朝乾隆皇帝寿辰的使团，越过鸭绿江来到北京、热河等地，并于同年十月末回到汉阳。燕岩在游历中国的这五个月时间看到清王朝实际上已经牢牢地掌握了中原政权并代表着先进的文化，因此，对清朝的许多细节都予以了仔细观察和记录，并撰写了《热河日记》。在这部作品中，他主张学习清王朝的先进技术与商业流通，让落后的朝鲜王朝也变得富强起来。他的北学思想引起了李德懋、朴齐家、柳得恭和李书九等许多学者的共鸣，他们主张积极地接受清朝的文化，主导了十八世纪后期朝鲜社会的变革。

如果说北学中国是燕岩谋求改变朝鲜落后的面貌、实现"富国裕民"理想的重要途径之一，那么"利用厚生"观念则是这一重要途径的理论根基。燕岩有关"利用厚生"的论述，有极其深刻的哲学内涵和时代意义。他在《热河日记·渡江录》中说："利用然后可以厚生，厚生然后正其德矣。不能利其用而能厚其生，鲜矣。生既不足以自厚，则亦恶能正其德乎！"在这里，他把"利用""厚生""正德”三者的关系进行了因果排序，即“利用”是“厚生”的前提，“厚生”是“利用”的结果。此二者也是手段和目的的辩证关系，手段为目的服务，目的是通过手段的逐步实施而最后达到的。“利用厚生”一语始出于《尚书·大禹谟》，有关原论述为“正德，利用，厚生，惟和”，意为对人来说“正德”即端正德行为头等大事，甚至至高无上，而“利用”与“厚生”可以放在次要的位置。其中反映着中国古代圣哲们对伦理道德与日用经济因果主次关系的思想逻辑，在中国这种逻辑框架影响了几千年，成为儒家人伦哲学的基本排序和行为规范。然而，燕岩把这条传统的逻辑规范颠倒过来了。在他那里，“利用”与“厚生”是“正德”的基本前提和先决条件，如果不具备这一基本前提和先决条件，那么“正”其“德”只不过是一句空话。也就是说，一个社会或一个国家，如果不能发展经济，不能使人民的生活充裕的话，要端正人们的德行是很难办到的。

许明哲认为，燕岩的北学思想并不是形成于一朝一夕之间。早在燕行之前，他的好友洪大容、朴齐家、柳得恭等已经访问过中国，从他们的“燕行录”中，燕岩已初步了解到清代文物制度的先进，并经常与好友讨论“北学中国”的必要性。这一次的燕行实现了他多年的愿望，所以他决心好好利用这次机会。他沿途细心观察一切可观之事与物。使团一行初渡鸭绿江时江水大涨，他拔佩刀割芦苇，琢磨着如何“利用”它。“飕飕穿行芦荻而行。余于马上，拔佩刀，斩芦一竿，皮坚肉厚，而不堪作箭，只合笔管矣。”（《热河日记·渡江录》）他进入中朝边境栅门时以敏锐的眼光观察到：

栅内闾阎，皆高起五梁，苫草覆盖。而屋脊穹崇，门户整齐。街术平直，两沿若引绳然。墙垣皆砖筑。乘车及载车，纵横道中。摆列器皿，皆画瓷，已见其制度绝无村野气。（《热河日记·渡江录》）

从屋顶到庭院,从笔直的街衢到用砖筑砌的墙垣,还有路上的乘载车辆、屋中摆放的器皿,他观察得仔仔细细,对它们的一扫"野气"惊叹不已。使团一行到辽东凤凰城附近时,他也以欣羡的目光观察到:

> 缓步出门,繁华富丽,虽到皇京想不更加,不意中国之若是其盛也。左右市廛连亘辉耀,皆雕窗绮户,画栋朱栏,碧榜金扁,所居物皆内地奇货。边门僻奥之地,乃有精鉴雅识也。(《热河日记·渡江录》)

虚心学习的思想远强于羡慕的忌心,探索的诚意远多于欣赏景观的惰性。许明哲指出,如何以实业救国,这是燕岩多年潜心研究的课题,也是他的实学思想的重要内容。他一方面为避士祸,另一方面为研究畜牧业和农耕,从繁华的汉城搬到黄海道金川郡的深山僻谷燕岩峡生活。他在《热河日记·太学留馆录》中说道:"盖余之所取乎燕岩者,尝有意于牧畜也。燕岩之为区,在万山中,左右荒谷,水草最善,足以养马牛骡驴数百。尝试论之,国俗所以贫者,盖由畜牧未得其道耳。"他是一位"实心""实业"的实学思想家。在朝鲜应奉行的"实业"中,他把畜牧业放在非常重要的位置,甚至强调"国俗所以贫者,盖由畜牧未得其道耳"。燕岩认为,在富国政策中,畜牧业起着至关重要的作用,因为在当时的情况下,交通运输和农业耕作等都离不开马、牛等牲畜。这可以说是抓住了当时朝鲜社会问题的要害之一。他进一步提出,振兴朝鲜畜牧业的首选途径就是学习清朝先进的畜牧之法。作为一名实学思想家,他立志以"实心""实业"改变朝鲜落后的面貌。他曾对士、农、工、商的各个分野一一详细地调查和研究,掌握了丰富的第一手资料和相关知识。

三、哲学思想

燕岩将实学思想广泛应用于学问研究之中,除在文学创作、工商业和农业发展等方面提出了一系列的改革措施之外,还对自然科学进行了较为深入的研究。燕岩在对宇宙天体的认识上同实学派学者洪大容的观点是一致的,他们否定传统的“地圆说”和“星纪分野说”,提倡“地动说”和“宇宙无限说”。

洪大容提出“宇宙无限说”,燕岩在此基础上具体分析了太阳和地球及月球和地球之间的关系,认为太阳大于地球,地球大于月球。燕岩还承认宇宙的客观存在,认为宇宙是由微尘组成的,即承认万物起源的同一性。燕岩还提出了“人物性同”的思想论调,即所谓的人类只不过是“虫之一种族也”,并以“人物性同”为思想根源,探析人性和物性的关系问题。他在作品《虎叱》中就具体阐释了人与动物之间的关系,“夫天下之理一也。虎诚恶也,人性亦恶也,人性善,则虎之性亦善也”,认为人与物在生成之时是不存在差别的,人即物,同物有着共同的本性,而这种万物一体的思想同样适用于人性与物性的关系问题。

燕岩将这一思想具体运用到了“华”和“夷”的关系问题上。在燕岩生活的李朝时代,华夷之论甚嚣尘上,“中华”代表的是文明世界,而“夷狄”则代表了野蛮。对于清朝应当看作是文明的代表,还是野蛮的代表,是当时朝鲜社会争论的主要问题。以燕岩为代表的北学者主张学习清朝的先进文明,他们批判当时的华夷论,提出了北学思想。他们认为,正如“人物性同”一样,中华文明同夷狄文明虽然存在着差异,但是它们在本质上同样存在着一致性,在一定程度上都体现了人类文明的发展,都有值得借鉴和学习的地方。

在十八世纪,燕岩想要造福社会的这种热情并没能改变朝鲜王朝。他的追求反而成为违背理学宗旨的异类思想，最终埋没于“文体反正”运动中。1792年，正祖对来自中国的明清小品及稗官杂书下达了禁令，对士大夫阶层的文章进行了全面检查。这是朝鲜王朝开展“文体反正”运动的标志，旨在复兴古体文，改革堕落文风。燕岩的《热河日记》则被认为是败坏朝鲜王朝文风的元凶。然而，随着时间的流逝，他作为时代的先驱，反而受到越来越高的评价。

燕岩以实学作为思想主导，通过自己的文学创作将实学延伸到社会各个领域。正德、利用、厚生的思想在中国早已存在，而燕岩将这一思想进一步发挥，着重指出了“利用厚生”的重要性。他认为，利用成则厚生行，厚生行则正德成，正是在这一思想的指导下，将“利用厚生”同人们的现实生活结合起来。燕岩提出文学创作应该“即事写真”，反映社会现实问题；同时主张通过学习中国先进的科技和文化来改变朝鲜社会的落后局面，提出发展工商业、进行海外通商等措施，还通过实地考察，为农业的发展提出了很多改革方案。燕岩以“利用厚生”为主导的实学思想既丰富了朝鲜实学的内涵，同时也为朝鲜社会的发展起到了重要的推动作用。燕岩在文学上反对盲目仿古和追求技巧的形式主义，主张“文以写意”“法古创新”和“模写真境”，对实学派思想和文学的发展做出了贡献。

他指出了朝鲜对清朝的错误认识，对此提出改革方案；并对当时朝鲜文人只专注于朱子学这一现象进行了反思，强调应该在儒学的本质中寻找改革的理论依据。因此，直至今日，他的作品依然能够吸引那些追求新生活的读者。燕岩为追求新世界而付出诸多努力，在十八世纪朝鲜实学史上具有重要意义。

燕岩一生留下了诸多重要作品。其中，《热河日记》是一部纪行文学作品，这部作品以旅行日记的形式详细记述了作者1780年出使中国时从鸭绿江畔途经凤凰城、辽阳、沈阳、山海关、北京，终到热河又返回北京途中的所见所闻，可谓苦心经营之作。书中有沿途风景和风俗人情的描写，有和中国人士交游的记述，其中有关政治、经济、哲学、文化、历史、天文、地理等的记载，具有重要的史料价值。《热河日记》中所强调的是摆脱以中国为中心的世界观，但主张在实践上接受清朝的先进文物，以改变朝鲜落后的现实。当时朝鲜社会蔓延着反清复明的风气，他的主张虽然在很大程度上未被社会接受，但刺激了当权者和知识分子。对于这部作品的创作目的，他在序中说道："吾涉辽野，入渝关，徜徉于金台之墟，由密云，入古北口，纵观乎滦水之阳，白檀之北，风谣习尚，有关治忽，城郭宫室，耕牧陶冶，一切利用、厚生之道，皆在其中，始不悖于立言设教之旨矣。"正因为这种"立言设教"，以显扬"一切利用、厚生之道"，这部长篇巨著被后世称作"天下至奇文章"，燕行文学的魁首。综观《热河日记》，北学中国以实现"利用、厚生之道"是贯穿始终的基调，而"富国强兵"是其灵魂。

《两班传》描写的是一名书生喜爱读书，却迫于生计用钱买官，最终因厌倦两班阶层的虚伪生活重新回到平民阶层的故事。这部小说对朝鲜王朝存在的问题进行了赤裸裸的批判和讽刺。也许正是因为燕岩较晚开始习字读书，所以才能用独特的文学体裁、新的思考方式撰写出《两班传》这样的作品。

《虎叱》讲述了以德行高尚著称的北郭先生与以贞洁而出名的寡妇私通，被人发现，半夜逃到野外，路遇老虎乞求饶命，被老虎斥之为"天下之巨盗，仁义之大贼"，这部作品借老虎之口揭穿了满口仁义道德的儒学者的伪善面目。《秽德先生传》写掏粪者的勤劳和儒学者吃喝玩乐的寄生生活。《许生传》讲述了弃学经商的许生和

“边山群盗”(即农民起义军)在无人岛上建立了一个作者理想中的平等社会的故事。

燕岩创作的汉诗有四十余首,如《丛石亭观日出》《道中乍晴》《田家》等,大多描绘田园景色和农民辛勤劳动的场景。燕岩很多作品长期以抄本流传。1900 年,出现了一部两卷本的燕岩作品选集。1916 年,朝鲜诗人金泽荣在中国上海将燕岩的部分著作编为三卷本的《燕岩集》予以出版;1931 年,朝鲜出版了包括燕岩全部著作在内的六卷本《燕岩集》。

参考文献:

1. 许明哲:《朴趾源〈热河日记〉的文化阐释》,延边大学 2009 年博士学位论文。

2. 陈冰冰:《论朴趾源的实学思想》,《当代韩国》2013 年第 1 期。

3. [韩]林荧泽著,李学堂译:《韩国学:理论与方法》,济南:山东大学出版社,2010 年。

4. 李岩:《朴趾源〈热河日记〉的实学精神和文艺观探析》,《延边大学学报(社会科学版)》2007 年第 1 期。

5. [韩]林荧泽等:《燕岩朴趾源研究》,坡州:人之纹出版社,2012 年。

丁若镛

丁若镛(1762—1836),原名归农,字美镛,号茶山、与犹堂、三眉、俟庵、紫霞道人、苔叟、簭翁、铁马山人等。罗州人。朝鲜朝后期文臣、学者、实学之集大成者。谥文度。

一、生平

晋州牧史丁载远第四子。1762 年,英祖认为思悼世子无能,将其困于柜中杀死,是为壬午祸变。丁载远对此事十分气愤,一怒之下辞官回乡,而茶山正出生于此年。幼年时茶山开始攻读儒家经典和诗律。十六岁时,受实学家星湖李瀷关注朝鲜王朝现实与百姓生活的作品影响,决心追求有益于实际生活的学问。二十二岁时,进入成均馆学习。1776 年,开始研究实学。1789 年,文科甲科及第,走上了为官之路。茶山的官场之路在早期可谓顺利平坦,最初官职是从七品的禧陵直长,后陆续升为正六品的司谏院正言和正五品的司宪府持平。1792 年,任弘文馆修撰,开始编写书籍,也正是此时,他以西方的筑城之法为基础,设计出城制与起重机,为修筑水原城做出贡献。1794 年,任京畿道暗行御史,惩治贪官污吏,得到了正祖之信任和百姓之爱戴。

茶山深受西学影响,也因天主教事件受害。1801 年,在李朝镇压天主教时茶山受其兄牵连,被流配长鬐,次年改流配康津,从此开始了长达十八年的流配生活，如此长久的艰苦生活，使茶山领悟了许多道理。茶山在偏远山村与百姓们共同生活，目睹了朝鲜王朝后期百姓遭到压迫的真实情况，写出了许多对百姓生活有实际意义的不朽名著，如研究国家赋税与财政政策的《经世遗表》，研究地方事务的《牧民心书》，以及载有麻疹与天花疗法的《麻科会通》等。茶山把谪居之中遇到的苦难，全部升华成了学问。

1818 年，茶山终于结束了流配生活，回到故乡。十八年的流配生活对其思想的发展产生了深刻影响。他以坚贞不屈之信念和顽强之意志，刻苦钻研实学和西洋新学，一生中有关哲学、历史、文学、地理、政治、经济以及语言等方面的主要著作均成于此时，被释回乡后，继续潜心著述，卒成实学大家。1822 年，茶山回顾自己的人生历程，起别号“俟庵”，“俟庵”出自“百世以俟圣人而不惑”这一经典名句。在理学名分论盛行的时代，茶山强调通过“实事求是”和“利用厚生”来改变国家。

茶山兴趣广泛，著有《与犹堂全书》五百零八卷，囊括了其一生主要作品，在政治方面著名的有《经世遗表》《牧民心书》等；文学方面以汉诗、政论见长，有《饥民诗》《夏日对酒》《狸奴行》等；此外，还有《孟子要义》《周易四笺》《易学绪言》等著作。

二、实学思想

茶山继承并发展了先行的星湖学派和北学派实学家之思想，从实学立场出发，反对儒学者“空理空谈”，主张结合实际研究学问，强调各种学问研究均应以达到“利用厚生”为目的。在科学技术方面，他认识到技术在社会生活上的巨大作用，在修筑水原城中自造起重机，和朴齐家等人一起推广种痘法；在治学方面，反对“空理空谈”和形式主义，主张结合实际研究学问；在政治方面，反对门阀主义和世袭制，提倡土地公有、共同耕作、按劳动量多寡分配的“闾田制”；在文学方面，反对单纯的“吟风咏月”和形式主义，强调文学的教育意义。茶山就土地制度、政治制度、租税制度、宗教和国防等提出了一系列社会改革方案，这些改革方案中有以往实学家所没有的创见，达到了当时朝鲜最先进的思想水平，是为朝鲜实学思想之集大成者。他将“经世致用”“利用厚生”和“实事求是”之实学会通为一，又将西方技术、科学精神融会贯通，完成了庞大的实学思想体系建构。茶山曾概括自己的学问体系说：“六经四书，以之修己；一表二书，以之为天下国家，所以备本末也。”他将经学和经世学两个领域合二为一，形成了自己的学问体系——“茶山学”，对朝鲜近代思想的发展具有重要意义。

三、儒学思想

1. 天理和人欲

茶山是朝鲜实学之集大成者，其思想具有“反朱子学”“脱性理学”之特性。他认为，朱子之人欲观是消极的，天理、人欲具有二元论价值体系，人欲是人所固有的要素，而且是支配人类行为的原动力。茶山与朱子在天理人欲观点上的不同，究其根源就在于他们对人性看法的不同，即朱子主张“性即理”，而茶山主张“性嗜好”。茶山认为，性理学把人之本质属性规定为不变的教条，主张道德责任在于选择本性和人欲的自律性。在天理和人欲的关系问题上，茶山大胆肯定了人欲的合理性和正当性，把人欲看成是人类生活必不可少的条件之一，此理论之根据就在于其“性嗜好”说。茶山认为，在原始儒学思想中，都是以“嗜好”来说明人性的，从而批判性理学“天即理”“性即理”的思想。他认为，性理学过于偏重“天理”，而相对忽视人本质属性上的“人欲”，批判性理学形而上学的

“人性”是虚空和渺茫的,从而主张人性的实践性。他说:“性之为字,当读之如雉性、鹿性、草性、木性,本以嗜好立名,不可作高远广大说也。”(《心经密验·心性总义》)也就是说,动物有动物之性,草木有草木之性,这都是它们本身固有嗜好之性,不是性理学所说的“天理”之性。而且,“人心之有嗜好,犹其形躯之有嗜好。吾所谓嗜好者,借形躯之嗜好,以证吾心之所好耳”。他以形体之嗜好来论证“性嗜好”之合理性,并认为“性”不是观念的和形而上学的,而是实实在在的体现。人性之根本在于嗜好,而且嗜好是非常朴素、简明和直接的。茶山认为,人欲本身并没有善恶之分,不过是人们在节制这种欲望时赋予了道德价值而已。

2. 仁学观

蒙培元在《丁若镛的“仁学观”》一文中认为,茶山从当时的时代问题出发,对儒家四书进行了系统研究和注释,提出了自己的独特解释。“仁学”就是其中最重要的一个问题。茶山之“仁学观”同中国宋明儒家有许多不同之处。从方法角度看,茶山之“仁学”思想,采用“回到原点”之方法,即回到孔子所撰义本,力图克服宋明儒家的“解释过当”。更明确地说,就是摆脱宋明儒家的“心性”之学,建立儒学伦理本位之学说,因此,具有明显的批判意识。但是,茶山的批判是积极的,所谓积极的,一方面是说,他的解释是为回答时代课题,解决现实人生问题,而不是为批判而批判;另一方面,他对宋明儒家的批判,是在继承其理论成果的基础上做出的,绝不是否定其全部理论成果。比如,他对朱子的许多解释是极其肯定的,并对其学说加以吸收。从内容方面说,茶山之“仁学观”代表了他对孔子仁学的理解,具有强烈的时代和地域特征。

“仁”是孔子儒学之核心,“孝”是孔子仁学之重要内容。但“孝”与“仁”究竟是什么关系?这是仁学解释学的重要问题。茶山意识到此问题之重要性，提出了与宋明儒家不同的解释。茶山认为，仁是孔子儒学之命脉，也是人生命之根本。“窃尝思之，吾人之一生行事，不外乎仁一字。何则？仁者，人伦之爱也。天下之事，有外于人伦者乎？父子、兄弟、君臣、朋友，以至天下万民，皆伦类也。善于此者为仁，不善于此者为不仁。”（《论语古今注·颜渊第十二》）人类生存，离不开人伦关系，人不是孤立的个人，而是以“类”之方式存在的，这个“类”，其主要含义就是“伦类”，仁存在于“伦理”之中。他用“仁”概括人一生行事，实际上是将人之本质规定为仁。但仁从何处开始呢？从孝开始。这里所说的“开始”，不仅是从时间上说，孝先而仁后；而且是从内容上说，孝是仁之根本。仁建立在孝之上，而孝即仁的根本所在。在宋明儒家的解释下，仁是普遍的道德理性，孝是实践仁之重要途径；在茶山的解释之下，仁是现实伦理关系，孝是仁之实质内容。宋明儒家强调人性的自我体认，茶山强调伦理原则的现实把握。

蒙培元指出，茶山之仁学观与其性命之学有密切关系，而其性命之学实质上是一种宗教学说。茶山一方面重视“人伦”“人事”“人功”，以此说明仁德之何以可能；另一方面，又重视人的终极关怀，并且以天即上帝为终极实在，将人之生命意义系之于天视为终极目的。这里涉及一个重要理论问题。在性命问题上，茶山主张“天人合一论”；而在仁之问题上，茶山走出了“天人合一论”，将仁归之于人的问题。这种一分一合，构成了茶山儒学思想的最大特征。

茶山对天的看法，与宋儒有根本不同。宋儒认为，天是自然界之全体，但又有理气之分。从形而上的角度看，“天即理也”，因此有“天道性命”之说，有“本然气质”之说。仁即“本然之性”，亦即“本体之心”。但在茶山看来，天是外在超越的终极实在，是人格化的上帝,在人之外监视人的一切活动。但是,他也认为,人性是天之所命,即所谓“天命谓性”是也。茶山所说之“性”,是上帝出于对人的眷顾而赋予人的,即在初生之时,命于人以性。而这个性,不是宋儒所说的“心性”之性,即不是形而上者之理,而是“好德恶耻”之欲望而已。茶山又把“为仁”与“事天”说成是“下学”与“上达”的关系。人只能在后天学习中成就仁德以“事天”,而以“上达天德”为终极目的,至于能否“上达”,似乎并没有必然性。他认为,只有圣人能够“达天德”,但“超凡入圣”的可能性还是存在的。

茶山继承徐敬德、李瀷的“气元论”传统,主张只有通过感觉方可认识外界事物,又吸收当时自然科学的成就,形成唯物主义自然观,反对一切宗教神秘论和迷信宿命论。他认为,世界起源于物质性之气“太极”。他说:“太极者谁也,天地之胚胎也。”气有“轻清”和“重浊”之分,谓之“两仪”,两仪又生四者即天、地、水、火,形成宇宙万物。“万物之生,皆受气化。”他反对一切宗教宿命论,揭露了风水说、择日法以及相术的虚伪和危害。但他的唯物主义是不彻底的,对当时哲学上的理气之争采取折中态度。他认为,从世界本质上看,“气元论”是对的,但从认识过程上看,“理元论”也有道理。其哲学思想包含着朴素的辩证法因素,指出:“凡在天地之间者莫不变敚”,“在他之物”,“皆两瓣相合”,“一阴一阳之谓道者,天之所以生育万物”,而其变化是由事物自身运动引起的。

在认识论上,茶山反对“万物皆备于我”的唯心主义先验论,认为人通过感觉器官才能认识外界事物。他说:“物与我之相接,其门路在于耳目,耳收声而纳之于心,目收色而纳之于心。”“非此有形之接于耳目,何以知无形之理。”但他把思维器官看作心,表现出直观性和幼稚性。他否认“惟上智下愚不移”,强调只要努力,任何人都可变成聪明人。在伦理道德观上,茶山反对天赋道德观,主张

“仁、义、礼、智之名成于行事”之后，强调人性之差别不是先天的，而是取决于后天教育，指出“上智下愚之非性品明矣”。但他没有摆脱唯心主义伦理道德观，而从性善说出发，维护封建等级制度。他认为“人则乐善耻恶，修身向道”是“各受天命不能移易”，肯定了严格区分等级制度的必要性，强调这是“圣人驭世安民之大权”，是“今日之急务”。

茶山是十八世纪末到十九世纪初朝鲜进步的唯物论哲学家，是朝鲜开化运动的先驱者之一，是卓越的实学思想之集大成者。他的实学思想在韩国哲学史上占有重要地位，对朝鲜近代反封建的民主主义革命运动发挥了巨大启蒙作用，为朝鲜近代思想开化奠定了基础。茶山站在实学思想之立场上，对封建专制统治、封建地主土地私有制和正统朱子学进行揭露和批判，提出一系列社会改革方案，在政治、经济、宗教等各个领域形成卓越的实学思想体系，达到了实学史上未曾有过的最高水平。虽然茶山进步的社会改革主张没有被当时的统治者采纳，但是对朝鲜思想文化的发展起了重要作用。

茶山被认为是汉字出现以来留下最多著作的韩国学者，其著作涉及宗教典籍、政治、经济、法律、医学、农事、筑城等方面，是一个各方面皆通的全能型人才，因此也被称为“韩国的达·芬奇”。茶山虽然身为贵族，但仍然胸怀改造现实的想法，他主张对政治机构和地方行政制度进行全面革新，并且希望在土地均分的基础上按照劳动量去分配劳动成果。此外，他曾任京畿道的暗行御史，大力打击祸害百姓的贪官污吏，还凭借筑城术被认为是朝鲜王朝最杰出的工程师。茶山为近代朝鲜王朝带来了一片曙光，他已经实现了自己的夙愿，成为为朝鲜朝世人指引方向的明灯。

参考文献：

1. 方浩范、東景南：《丁若镛实学中“仁”学思想体系的建构——孔孟仁学思想体系的复归与继承》，《孔子研究》2008 年第 1 期。

2. 蒙培元：《丁若镛的“仁学观”》，《泉州师范学院学报》2006 年第 1 期。

3. 朱七星：《朝鲜封建社会末期实学思想的集大成者——茶山丁若镛》，《延边大学学报(社会科学版)》1979 年第 S1 期。

4. [韩]宋载卲著，李学堂译：《韩国汉文学思想研究》，济南：山东大学出版社，2009 年。

5. 姜日天：《丁若镛的天道观与 18、19 世纪韩国实学形而上学》，《湖湘论坛》2010 年第 3 期。

洪奭周

洪奭周(1774—1842),初名镐基,字成伯,号渊泉。丰山人。朝鲜朝后期文臣,被时人推尊为命世大儒。谥文简。

一、生平

祖为领议政乐性,父为右副承旨仁谟。渊泉十三岁开始模仿《宋名臣录》撰写《三韩名臣录》,从小就展现出对学问超乎寻常的渴望和追求。二十岁时通读经礼、子史等书,进而自成一家,有过目不忘的本领,被同僚惊叹。1795 年,殿讲试第一,获得直接参加殿试之特权,同年及第。1797 年,为承政院注书。1807 年,任吏曹参议。1808 年,升嘉善大夫,任兵曹参判。1815 年,出任忠清道观察使,第二年先后任都承旨、副提学、吏曹参判。1832 年,成为两馆大提学。1834 年,再任吏曹判书。1835 年,升议政府左议政,但受到谋反事件牵连被免职。1842 年卒。渊泉在 1803 年和 1832 年两次前往清朝,其间拜访清朝学者,回朝鲜后持续以书信交流学问。渊泉虽官至左议政,但始终以布衣自居,学问广博,精通经史,谙熟理学,被时人推尊为命世大儒。

洪显周所撰《家状》称其"本之以经礼,参之以子史,总括乎六艺之林,泛滥乎百家之丛,未弱冠,学已大成矣"。在《洪氏读书录序》中,渊泉自称:"余生六岁而知读书,今三十余年矣。盖尝有志于博学多闻之事，而不得其要。凡诸子百氏术数之书，以及乎稗官杂记谲诞嵬琐不经之谈，亦时时泛滥出入。”

据渊泉外孙韩章锡所撰《墓志铭并序》记载：

> 先生以正学直道，嶷然自立于世也，不极龃龉矣乎。然而先生忠诚贯金石，德行通神明，故自朝廷以至四方，自士大夫以至闾阎小人，无不信之如蓍龟，仰之如泰山乔岳。而先生渊乎其深也，温乎其恭也，休休乎其有容也。又其出处进退，磊落光明，无一不出于正，其临大事决大疑，无一不出于至诚，无一不合于大公。……先生以中正纯粹之资，辅之以学问之力，其所以行之终身者，人能履其一，君子则谓之不朽，若先生，始可谓命世真儒已矣。世之称先生者，或高其文章，或伟其相业，而至其立心制行，一本于诚，揆之古圣贤而无愧者，未必尽知之。……而先生之德，无所于考矣，及取遗书而读之，性与天道，若有所心传意授者，而口不能道也。呜呼唏矣。铭曰：有尧舜君民之志，而才足以致之；居伊周辅弼之位，而德足以莅之；寻孔朱继开之旨，而文章足以兴起之。何天之降大任于斯，而不与之其时。（《渊泉先生文集》卷四十四）

渊泉一生著述颇丰，编有《续史略翼笺》《象艺荟粹》《丰山世稿》《戴记志疑》《麻方统汇》《尚书补传》等，另著有《学海》《永嘉三怡集》《东史世家》《鹤冈散笔》等。渊泉的部分著作后由韩章锡编为《渊泉集》。

二、儒学思想

渊泉继承了栗谷李珥和农岩金昌协之学统，竭尽全力探究《论语》《大学》《春秋》《周易》《尚书》等儒学经传，在文、史、哲等多方面都展现出才华。其学问之形成，一是继承了家学，受其祖父洪乐性和父亲洪仁谟的影响。渊泉在《先考右副承旨赠领议政府君家传》中说：其父“专意古人之学，自经史诸子、诗歌古文，以及阴阳时日、卜筮医药、孙吴老佛之书，无所不诵读”。可见，渊泉之志于学并最终取得显赫的学术地位与其家学渊源密不可分。二是受到当时汉阳学问氛围的影响。崔锡起指出，十八世纪以后朝鲜京畿地区和地方的学风明显不同，京畿地区的学者对只讨论空洞的性命理气这一做法持怀疑态度，开始追求实学，而地方学者仍然纠结在性理学论争中。渊泉继承了金昌协的学统，又是在汉阳长大，因此主要受到了主张实事求是和务实的实学的影响。他对当时的学风做了以下判断：

> 末俗之情，悦于新闻；博辩之士，矜其所长；考订之学，亦无愧其竞尚于一时也，疲精劳神，役于无益之辨。及其习气渐书浮华，渐反求身心而兀然不知其所得，试之事为而茫然无一长之可见，则亦鲜有不怃然而自丧者也。（《鹤冈散笔》卷六）

渊泉把朱子学作为学问之根本，致力于研究朱子著述，并铭记于心。他还对明末的考证学者们做了批判：

> 朱子之道，垂诸万古而不刊。明季以后，自号为儒者，往往以掎朱子为能事，多见其不知量也。朱子著述至富，门人所缀缉，又不免失其旨，其细者容或有异同，至大义所盘，虽圣人复起，不能易也。（《鹤冈散笔》卷六）

渊泉认为朱子之道可以流传千古，因此对明儒的评价也是以有无朱子学的经脉为依据的。他偏重训诂学，视朱子学为学问的基础。不过，他对脱离朱子学脉自成一脉的学说并不排斥，由此可以看出渊泉并不固守朱子学，而是以开放包容的心态来面对其他学说。

他把做学问的重点放在实事和务实上，对当时流行的考证学持有批判态度。他以批判性的眼光注视着当时中国学界的动向，在《鹤冈散笔》等著作中提出了解决当时朝鲜社会所面临的各种现实矛盾的实践性对策。为纠正当时朝鲜学界的弊病，渊泉主张“求放心”和“实事求是”，崇拜清朝顾炎武，强调经济致用之学问。

三、《洪氏读书录》

林日波、沈曙东在《朝鲜时代私家书目〈洪氏读书录〉初探》一文中提出，《洪氏读书录》是渊泉指导其弟宪仲读书治学的“推荐书目录”。此类书在传统目录学中当以清朝道光年间龙启瑞编纂的《经籍举要》为最早，最有影响的当推张之洞《书目答问》，但其编撰成书较《洪氏读书录》晚六十多年。渊泉结合自己的读书教训，自叙其编撰起因及目的：“吾弟宪仲，亦有志于学，于经史诸书，颇涉其崖略。……吾惧其自足而止也，又惧其如余之泛滥而不得其要也。于是取凡余之所尝读而有得，与夫所愿读而未及者，列其目识其概而告之。”

四部分类法是中国传统目录学的主流分类法。这一分类思想肇始于魏晋之间的荀勖、李充，当时还只是以甲、乙、丙、丁的名称部次群书。唐初，魏徵主持修撰《隋书·经籍志》时遂正式采用经、史、子、集之名来概括各部类书籍的性质内容。其后，国家图书目录如北宋的《崇文总目》、清代的《四库全书总目》，史志目录如《旧唐书·经籍志》《新唐书·艺文志》《宋史·艺文志》《明史·艺文志》，私家目录如南宋晁公武的《郡斋读书志》、尤袤的《遂初堂书目》、陈振孙的《直斋书录解题》等，均采用四部分类法。

同样，编撰于纯祖十年(1810)的《洪氏读书录》也借用经、史、子、集四部分类法对所选书籍进行列举、解题。全书共著录书籍分经部、史部、子部、集部三十一类四百六十五种。其中，经部包括

《易》(十六种)、《书》(八种)、《诗》(七种)、《礼》(二十三种)、《春秋》(十九种)、四书(十四种)、《孝经》(四种)、《小学》(十一种)、《乐》(四种)、总经(两种)共十类一百零八种,史部包括史(编年十八种、纪传二十六种、别史七种)、野史(二十三种)、稗史(纪言三种、纪人十三种、纪事七种)、志(总志七种、礼仪五种、典法五种、职方十种、艺文四种)共四类(不包括子目)一百二十八种,子部包括儒家(五十四种)、农家(七种)、医家(二十九种)、兵家(十二种)、老家(九种)、法家(四种)、杂家(五种)、数家(五种)、天文家(五种)、数术家(四种)、艺术家(三种)、说家(论说六种、记述两种、考证三种、评艺八种、类书两种、杂纂两种)、小说(五种)、释家(十种)、总子(一种)共十五类(不包括子目)一百七十六种,集部包括总集(二十三种)、别集(三十种)共两类五十三种。在总数多达四百六十五种的书籍中,朝鲜人自撰的有六十三种。

与其他的四部分类目录相似,《洪氏读书录》在各类前都有小序,叙述各类特点及源流。各书解题主要著录书名、卷数、时代及作者,其次或叙述内容,或评论得失,是一种简单的"综述体叙录"。每一类书分别中国、朝鲜,而后又按时代顺序排列。渊泉对目录学分类及其"辨章学术,考镜源流"的功能有相当深刻的认识,亦有家学渊源。作为推荐书目录,渊泉大都有自己的择书标准,虽然他没有具体说明,但是从相关书籍的解题当中,可大体归纳如下:(1)其书大旨推尊程朱理学,且影响广远;(2)其书作者为文奇伟古雅,且学识博赡,出类拔萃;(3)其书中保存有前代文献;(4)其书为人习称,流传日久;(5)其书有助于广见闻、增学识;(6)其书有助于辨惑释疑;(7)其书有助于考订史实,补救正史之缺憾;(8)其书有助于发扬美政,保存古制;(9)其书有助于彰明一家一派之流弊,或有助于惩戒后学;(10)其书文辞古雅,有法取则;(11)其书为同类著作之开端;(12)其书承皇命撰次而成于诸臣之手;(13)其书作者人品高洁;(14)其书历时久远,已成古籍;(15)其书可备一家之学说,或一代之体制,或一代之宗主。

林日波、沈曙东认为,渊泉如此选书的主要原因在于他清醒地认识到中国古籍浩如烟海,学者往往止于博览而无暇精研,最终一无所得。渊泉曾说:"暨世降而文弥盛,为学者浸离其本,而以空言相夸竞。竹素之传,日以滋多,读者虽白首,不能及其什一。其务博者,往往穷日夜弊精神,唯记诵之为务,是以读书愈多而心愈放,闻识益广而德业益荒。"(《渊泉先生文集·洪氏读书录序》)因此,如何对中国古籍慎择约取,挑选出其中的重要著作是他必须解决的首要问题。当然,这也在很大程度上反映了他的学术态度和偏好。

渊泉是一味地尊崇宋学鄙弃汉学的。首先,他指出:"宋人以考证碑版、法帖为事,自公(欧阳修)始。迄于近世,其书滋多,竟以精博相高,要之皆无益之察也。"在《中论》的提要中,渊泉更是把在考据上下功夫的乾嘉学派诸人等同于"鄙儒",他说:"其《治学》篇有曰:'鄙儒之博学也,务于物名,详于器械,考于诂训,摘其章句,而不能统其大义之所极,以获先王之心。'故使学者劳思虑而不知通,费日用而无成功。呜呼!近世考证之弊,古人其知之矣。"其次,虽然中国时处清朝统治时期,但他实际上仍把明朝视为正统,屡称"皇明""大明",甚至有"礼失而求诸野"的思想。他指出:"中国之儒,言礼者多矣,详于考古而忽于通今。我朝素以礼仪称,士君子平居相讲,率以是为先务。"即言,他并不十分认同清代学术,所选清人著述数量远不及唐、宋、明人的多。再次,由于尊崇朱子理学,洪氏对相关朱子之书广为收录,像《近思录》《伊洛渊源录》《朱子大全》《朱子语类》《朱子全书》《朱子节要》等,而沉迷于义理、考据、词章之学的清代学者的著作几乎不入其法眼，即使像顾炎武这样明末清初的大家，在洪氏看来“炎武之学大抵长于考证，然其人固醇儒也”，尊其人却鄙薄其学问。因此，仅收录其《日知录》《音学五书》《亭林集》等作品。

四、道文观

渊泉与金迈淳之文当时合称朝鲜古文双璧，被称为“渊台文章”（金迈淳，号台山）。渊泉提倡道学文学论，主张“心外无文，道外无心”，认为“文”是表现“心”之物，在净心过程中积累的学问便成为德，成为道，成为语，成为文，即德、道、语、文皆为一体。他指出，现在的人们没有用心去学习，只是用嘴喊着仁义诚敬，语和文没有相结合，心和语也相背离。他对那些仿效秦汉古人风格形式进行诗文创作的文学派进行了批判，说秦汉的古文连韩愈、欧阳修这样的大文豪也自叹不如，何况他们那些人呢。他认为模仿秦汉古文是非常愚蠢的事情，强调文学包罗万象，不断变化，之所以不能回到古代，不是因为人们才能不足，而是当前形势决定的，人们应写出能率真展现自己心境的文章。

渊泉忠实地听从了正祖大王之观点，为改变文体反正后的保守局面提供了理论性依据。他主张在文道合一之基础上，创作顺应时代的文章。清朝桐城派继承了唐宋派古文家的见解，渊泉接受了桐城派之古文论，并使之体系化。他认真研究了唐代韩愈，宋代欧阳修、曾巩，明朝归有光和清朝顾炎武、方苞等人的古文理论，使之与当时时代精神相符合，以唤醒文学之时代宿命。渊泉并不注重古文的人为修饰，他认为古文是简洁表现中蕴含着深厚意义，缜密逻辑下传达“道”的文章，极力排斥没有实际意义的修饰。渊泉强调应通过韩愈和欧阳修学会真正的古文，明确反对秦汉拟古论者。另外,渊泉通过唐宋和明清诸家的文评,指出了学文的具体方向。其弟子俞莘焕继承并发扬了他的文章学,形成了“因文入道论”。

许卷洙指出,渊泉出身于朝鲜朝后期文翰世家,他不是单纯的古文家,而是在学习正统儒学之基础上撰写古文。渊泉认为好文章应像经书那样单纯表达想法,不必太专注于修饰,学习唐宋古文是学习经书的必经之路。他是正祖文体反正政策的忠实追随者,并没有盲目地拥护处于危机的朱子学,也没有对之进行批判,而是努力学习,找到朱子学之长处并加以灵活运用,把它当作文学之动力。他反对李梦阳、李攀龙等前、后七子派所主张的拟古文和袁宏道主张的小品文,虽对清朝的文学潮流有所关注,但并不认同。渊泉没有受到朝鲜后期文学界出现的各种现象的影响,在尊崇朱子学的基础上做学问,虽历经两次燕行,接触到大量清朝书籍,但是没有接受东亚整体的新潮流、新变化,只坚守传统学问,这种姿态不能不说也存在一定的问题和局限性。

参考文献:

1. 林日波、沈曙东:《朝鲜时代私家书目〈洪氏读书录〉初探》,《山东图书馆季刊》2008 年第 3 期。

2. [韩]崔锡起:《渊泉洪奭周的学问倾向和〈大学〉解释的特征》,《汉文学报》第 15 辑,2006 年。

3. [韩]许卷洙:《渊泉洪奭周家门的文学环境和文学倾向》,《汉文学报》第 15 辑,2006 年。

4. [韩]金赛苗:《渊泉洪奭周的考证学批判面貌和意义》,《汉文学论集》第 32 辑,2011 年。

金迈淳

金迈淳(1776—1840),字德叟,号台山。安东人。朝鲜朝后期文臣、学者,对性理说有独到见解,在人物性同异论争中批驳韩元震的湖论,与同时代的洪奭周同享盛名,是丽韩十大家之一。谥文清。

一、生平

父为参奉履锈,母为竹山安氏宗周之女。台山自幼聪颖,六七岁时一天内便能读懂百余行《通鉴节要》,对历代官制了如指掌,具有超常的理解力。1795 年,兵科及第。1799 年,忠清道儒生金云柱上疏称台山的族祖农岩金昌协的学说是异端邪说,引起台山强烈批判。由于此事,台山受到正祖大王器重,却被其他掌权者嫉恨。1800 年,正祖大王提拔台山为抄启文臣。台山一直把正祖视为圣人,以报答知遇之恩。1801 年,二十六岁的金迈淳晋级为六品官,任别兼春秋。1802 年,先后担任兵曹佐郎、弘文馆副校理、议政府检详,因精通汉文,还担任过汉学教授。二十八岁时,台山作为问礼官前往义州迎接中国使臣时充分展现了其汉文功底。1805 年,英祖大王继妃贞纯王后去世,台山代时任平安道观察使的姜山李书九撰写了《贞纯王后殡殿进香文》献上,这篇进香文广泛流传,后来俞莘焕还为之添加了注释。

三十一岁时，伯堂兄金达淳被赐死，台山受此事影响，在之后的十九年里，一直隐退在家，不问世事，很少与人接触，以谈论时事为禁忌。与世隔绝的台山全心投入到修己中，思考君子之道，反省过去，在忧郁之中观照生活，努力克服挫折。通过努力，他恢复了善心，巩固了儒生精神，对世态度也渐渐变得友善。晚年的台山和悦而慈爱，化为心胸宽广的君子。十九年的隐退期里，台山取得了许多成果。1812 年，三十七岁时台山完成了《朱子大全札疑问目标补》二十四卷的编写。台山之所以能潜心研究朱子学，有几大原因：一是农渊（指农岩和三渊，台山先祖）文道合一的家学传统；二是正祖大王真诚的鼓励和劝说；三是摒弃博雅而注重精深，抛弃外物而强调内面省察、为己之学的学问性格。四十岁以后，台山主张“文道不可离”，在学问上到达了成熟期。四十六岁时，台山与从流配地返回的朝鲜实学巨儒茶山丁若镛进行了深刻的学问交流。与茶山的此次交流，在学术、文章、政治和思想上给台山带来巨大影响，他开始关心利用厚生和经世致用，对海外文明产生好奇。五十岁时，台山结束了漫长的隐退生活，再次踏入仕途，担任了杨川县令，之后还先后担任了安边府使、楚山府使、庆州府使等地方官职，还曾在京畿地区任江华留守职。

台山未特别拜过师，但学问与学术都能自成一家，这与其家学传统有密切关系。台山继承并传扬了农渊家学，完成了宋时烈未完成的《朱子大全札疑》，整理完善了曾遗失的条目，并添加自见，著成《朱子大全札疑问目标补》，所作《三韩义烈女传序》被赞为千古绝调。此外，台山还著有《台山公移占录》《篆余日录》《洌阳岁时记》等。《洌阳岁时记》是台山在 1819 年所著关于岁时风俗的书，洌阳即指现在的韩国首尔，书中主要按月记录了宫中、官衙和民间的风俗，成为韩国故事及民俗的重要资料。

二、儒学主张

1. 对考证学的见解

台山对考证学的观点与秋史金正喜明显不同:“近日学者,动称汉儒,所积憾于朱子者,以其不纯用古注。而开卷第一义,朱子之所尊尚者,却又掉头不讲。毕竟其学,非宋非汉,只是自己之私见。实事求是者,果如是乎?”(《台山集·榕村第三》)台山在上述引文中批判了清朝考证学者代表人物阮元。在台山看来,朝鲜后期学界流行的大都是汉学,学问目的和主要活动都是在找朱子学之瑕疵,他们批判朱子学最重要的论据是未纯粹使用古注,但并未研究性理学的核心内容“居敬穷理”。对那些只知道批判朱子学的考证学者,台山不禁发出疑问,“实事求是”真的如此吗?台山对喊着“实事求是”的口号攻击别人来炫耀自己博学的现象进行了驳斥。考证学专注于挖掘经传的字句,这对经学研究有很大帮助,但是由于各种学问交错混杂,这种挖掘反而会在某方面歪曲经传本来的意义,背离儒家宗旨。台山之所以批判考证学,不仅仅是因为他们随意编辑经传,凭主观制造典故、滥用典故、混淆事实,而且在台山看来,考证学有很大问题,其研究成果会动摇性理学之根基。

清朝考证学者阮元在其著述《性命古训》中认为禁欲是佛教伦理,儒家是佛教亚流。台山看了阮元的著作后大为震惊,认为性理学理念来自佛教伦理这种思想完全否决了朱子学之根基,按照这种思想,朱子学也会被视为异端学说。台山对此进行了批判:

> 情生于性,而七情有欲,则性中无欲,孰为此言程朱无是也。簠簋笾豆,栋宇筦簟,欲之本于天者,此固性之所有也。酒池肉林,峻宇雕墙,欲之徇乎人者,此亦性之所有乎?圣贤之使人寡欲遏欲者,欲其审察于天人之分,性之所有则循之,

性之所无则禁之，如是说欲，已自平正。今乃凭借斥翻，专为一欲字，建立宗旨，不问其当有当无，一则曰性，二则曰性，以佛氏绝欲为钳制吓喝之资。吾未知其意欲发挥性字，恐人之谓性无欲，而性之德有不备欤？欲尊崇欲字，恐人之谓欲非性，而欲之用有未尽欤？吾恐此学之行，一转而不为颜山农也者几希矣。(《台山集》卷十七《榕村第三》)

《性命古训》主张欲是人之本性，因此不能根绝，想要根绝的是佛教。台山用性理学之伦理对此进行了反驳，“情生于性，而七情有欲，则性中无欲”，这是性理学最基本的伦理。绝欲虽是佛教伦理，但性理学理论是按照“天理之欲”来遏制“人欲”，指出了这两者在根本伦理和概念上的不同。作为朱子学之忠实学者，台山意识到有必要明确区分佛教伦理和性理学伦理，他在《题日本人论语训传》中说：

其学专以外面事物为主，而不肯反之于内，故凡言仁，必以安民释之；凡言礼，必以仪制释之；凡言道，必以诗书礼乐释之。遇《集注》本心全德、天理节文，自然本体等训，必极口骂詈以为浮屠之学，具粗浅荒谬，大概如是。而尤乖悖者，有曰：“私欲净尽、天理流行，乃释氏断烦恼、修菩提之教，心之有私欲亦理也，若果净尽则非人也。”又曰：“有气质然后有性，宋儒信孟轲谬说，以性为本善，而谓人皆可以为圣人，此佛氏之见也。夫学者，将以为善去恶而至于圣也，性非本善，欲非可净，圣非人所能为，则彼所以为学者何事，而所以屈首注圣人书者，又何意也？”(《台山集》卷八)

台山认为自身所处的时代“儒教衰微，禅学盛行”，这与传统儒者的想法没有太大差异。台山认为，佛教之所以能够一而再再而三地流行，主要是因为它研究心性，心性是人身之根本，因此只要人类不断绝，与此相关的学说就会一直存在，而心性的主导权和邪正就成了问题。心性研究的主导权倒向佛教，这使台山极为担忧，因为他认为佛教伦理是邪说。佛教的可怕之处在于它与性理学有相似的伦理体系，人们难免会受到迷惑。即邪之兴，由于诧正；伪之作，由于假真。要想改变这一现象，使邪学没有依靠，就必须明确儒家的心性论。

然则彼所谓识心见性者，其说虽非，未可谓无所由；而使其说猖狂自肆，得售眩乱，则亦两汉诸儒不讲心性之过也。仁义不行而杨墨托焉，其差也至于无父无君。无父无君可诛也，仁义之道，不可废也。心性不讲而禅释托焉，其弊也至于空虚寂灭；空虚寂灭可斥也，心性之说，不可绝也。今恶禅释而讳言心性，何异于恶杨墨而讳言仁义乎？（《台山集》卷十七《榕村第三》）

有人认为，朱子学在心性方面只重复着毫无意义的争论，没有发挥到正学应起到的作用，其学说与佛教教理一样，这种批判性的说法在考证学界蔓延，使台山深刻认识到，如果不阐明正确心性说，反而会助长错误心性说。

2. 洛学的继承

在湖洛论争方面，台山忠实继承了农渊学说，在二十岁时就明确了自己的立场，支持洛论。台山努力在洛论和湖论之间保持客观，公平接受双方学术成果，公正地指出其中出现的伦理性错误。台山虽然没有留下相关著述，但有不少资料都能表明他批判湖论支持洛论，比如，他在寄给忠清道湖论学者韩始裕的信中所说：

形气之心，气质之性，虽同就气上说，而形气者以耳目口鼻而言也。朱子所谓上知不能无者也。气质者以清浊粹驳而言也。张子所谓君子有不性者也，其意味面目，煞有不同。今

> 以耳目口鼻之欲炽荡而不节者，谓由于气质之浊驳则可，直以形气之心，谓发于气质之性，得无少疏耶？……而愚意则气质之质字有两义，有以形质言者，有以资质言者。就耳目口鼻上论气质，则为形质之义；就清浊粹驳上论气质，则为资质之义。然则此所谓指气质者，当以形质字活看，不当与资质字混看也。（《台山集》卷六《答韩掌令》）

台山在信中指出湖论把形气和气质相混的错误，要求湖论派正确理解和使用性理学概念。台山同意“不离不杂”的观点，在此大前提下，指出韩元震学说之不整合性：

> 南塘曰：“不离不杂四字，发明理气之情无余蕴。”此言至当。以专言不杂，并句不离，不杂专言不离，分三层说性，此论自以为至精细，然其最下层专言不离者于区处，过不及之气禀，虽似巧妙，而上中二层之分属，专言并包者，终不能无疑。盖其中层所谓人与人同，物与物同之性，即指天命之性也。未知天命之性上面，更有所谓专言之性，可以别立一层者乎。然则子思何故秘惜，第一层不以示人，而姑以第二层为造端托始之大题目乎？（《台山集》卷十五《天之第一》）

三、《朱子大全札疑问目标补》

《朱子大全》研究是朱子学的一部分，起始时间相对较早，主要分为两大方向：一是进行节要、选集；二是对其进行注释，注释工作又分为两大类，即《朱子书节要》注释和《朱子大全》注释。尤庵宋时烈著述《朱子大全札疑》（以下简称《札疑》），对《朱子大全》进行了整体注解，农岩金昌协作为尤庵之弟子，在此过程中做了很多工作。《札疑》促进了朱子学研究，在它的影响下，《朱子大全》注释书目如雨后春笋般出现，其中最引人注目的就是农岩金昌协的《朱子大全札疑问目》(以下简称《问目》)。《问目》收录并解释了在研究《札疑》过程中所产生的疑问,书中见解和观点被大部分人接受。台山在隐退期间几乎对家中所有文献都进行了查阅整理,而当时农岩的《问目》只留有手抄本,台山担心其中部分内容已经遗失,便下决心对其进行补充,于是编成《朱子大全札疑问目标补》(以下简称《标补》)。《标补》是继《札疑》《问目》之后对《朱子大全》详尽解释之书,可以看出台山怀有继承尤庵、农岩学术成果的使命感。

《札疑》全体浩博,未易容议,而粗疏错误,又不胜其点检。才觉碍眼,即取《问目》参对,则早已历历说出,更无毫发余憾。或语句若无甚异,而一两字多少,精彩顿别。此时心下之快乐,非盲篦痒爪所可比拟。若其初未会疑,待此始觉,与《札疑》之先已全用者,又不在此数也。始知天授神解,信非阿好之言,而紫阳元勋,端的有归矣。第当初《札疑》取舍,何故如彼,殊不敢知也。窃闻农祖本意,《札疑》成书后《问目》草稿不欲存留,㧑谦归美,自是盛德然也。为后人者,固宜将顺,而顾今见行《札疑》,既多可疑,传讹袭谬,为病不少,则匡救为公,将顺属私,轻重缓急,合有裁商。愚意《问目》中精解紧释见漏于《札疑》者,与虽入而被增损者,钞作一书,以广同好。其全文录入与增损而不失旨者,姑从删落,以体平日本意,于义恐为两得。故方用朱黄,随阅标过,而写役纸政,势须稍费功力,未知何时能成此志也。三夏同课,既承乐闻,何幸何幸。(《台山集》卷五《上归渊从兄》)

农岩曾说,《札疑》刊行之后《问目》就没有必要问世了,但是台山并不如此认为。台山比较了尤庵的《札疑》和农岩的《问目》,他发现许多重要观点在《札疑》里并没有得以体现,《问目》比《札疑》问世晚,若没有机会以《问目》增补《札疑》,不得不说是学术界之损失。正是意识到这个问题,台山才编撰了《标补》。《标补》最大的成果便是增添了对朱子书的注解。农岩的《问目》从《朱子大全》卷二十四开始进行注解,缺少对卷一到卷二十三的注释,《标补》添加了对此部分的注释,汇编成三卷。除此之外,他在《标补》中还对《札疑》和《问目》未涉及的重要部分进行了注解,并用“无《札疑》”“无《问目》”进行了标注,而他对前人没有发掘出的人物、地名、典故、制度和历史事实及朱子生涯和学问等多种信息进行的缜密考证,也都记载到了书中。

十八世纪到十九世纪,实学和朱子学继承了上个时代的成果不断得以发展,古文写作重视祖述程朱之学,追求“文道合一”,台山便是其中一员。台山作为朱子学者,一方面努力克服理学论争,另一方面重整了朱子学之伦理以应对考证学的流行,为深化朱子学研究而努力。他是宋学派典型人物,却与朝鲜朝后期教条化和礼教化的朱子学划清界限,把诚笃和怀疑精神当作学问特别是经学之根本,以这种态度和思想对四书五经中各种各样的难题进行了注释。同时,台山作为文学家,提出了独到的散文论,致力于实现古文创新。

参考文献:

1.[韩]琴东铉:《金迈淳经学特征的局面相关研究》,《东方汉文学》第22辑,2002年。

2.[韩]金哲范:《金迈淳的散文与文艺特征》,《汉文学报》第5辑,2001年。

柳致明

柳致明(1777—1861),字诚伯,号定斋。全州人。朝鲜朝后期文臣、学者。大山李象靖外曾孙,曾在李象靖、柳范休、郑宗鲁和李瑀等门下修学,赞成退溪之说,在理之动静争论中主张理活物说。

一、生平

定斋外祖家是十八世纪后期引领退溪学统的大山李象靖家门。大山作为定斋的外曾祖父,虽在定斋五岁时去世,但仍与定斋结下因缘,对定斋的学术影响颇深。定斋曾在大山门人川沙李宗德门下修学,舅父李秉运、李秉进、李秉远兄弟作为其学问上的前辈,也给予了许多指导。1805 年,兵科及第,历任承文院副正字、成均馆典籍、司谏院正言、司宪府持平和世子侍讲院文学等官职。1831 年,任全罗道掌试都事。1832 年,被提拔为弘文馆教理。1835 年,为右副承旨,后历任楚山府使、工曹参议。1847 年,为大司谏。1853 年,升嘉善阶,后又历任汉城左尹、兵曹参判。1855 年,疏请追尊庄献世子,遭大司谏朴来万弹劾而流配祥原智岛,后被释放。1856 年,为嘉义大夫。1857 年,在弟子为其建造的雷岩晚愚斋中教书。1860 年,为同知春秋馆事。1861 年,去世。

定斋精通经学、性理学、礼学等多个领域,继承了李滉、金诚一、张兴孝、李玄逸、李栽和李象靖之学统,培养出李震相、柳宗乔、李敦禹、权泳夏、李锡永、金兴洛等诸多学者。定斋著有《读书琐语》《礼疑丛话》《家礼辑解》《学记章句》《常变通考》《朱节汇要》《大学童子问》《太极图解》《大山实记》《知旧门人往复疏章》等,逝世后有九百余名儒生为其送葬。

对定斋的学行,后人为其所作《墓志铭并序》中有以下记载:

先生以近道之资,立志坚笃,内而家庭之训导既早,外而师友之讲明又的,熟之于日用事物之间,敛然于低平易近之地。读书穷理,明其理也;待人接物,循其则也;容色必庄,非作意也;言语精详,非有择也。及其充养之久,面背睟盎,举一世推之以宗师,而斯道之统,自有所归矣。盖其日见之行,则事亲尽志体之养,未或有违。闺门之内,肃雍和悦,不知贫窭之为苦,阙炊之夕,欢笑满室。有过者谆谕之,有志者奖诩之,大同而未尝流徇,独异而不设崖岸。立朝五十年,一意恬退,未曾一日处可为之地,而亦随位尽分,论仪文而正直不挠,陈大义而不避鼎镬,掌试而正士趋,分忧而济民命,特施措之一端也。其律之身心,则规圆矩方,其用也,鉴空衡平,其体也,敛容端坐,有如尸如塑气象。(《定斋先生文集》附录卷三)

二、心性论

定斋同其他性理学者一样,从天人合一角度解释人。郑洛灿认为,定斋处于大山之性理学说到朝鲜末期寒洲李震相之件理学的中间阶段。因此,定斋围绕性理学的议论虽然活跃,却未出现新视角,而是侧重于对既有理论的广泛研究。定斋的理概念比大山的主理论更为深刻,从理动静说上升到了理活物说。他对太极、理气和动静等概念解释说:

《太极图说》,无极而太极。朱子曰:"无极只是说这个道理，当初元无一物。”又曰：“无形之极，故曰无极。据此则释以无之极，如何？”无极之释，以所引朱子说谓无之极，亦自有据。但无之极极字，言无之至也。太极之极，准极之极也。两极字异释，未知如何。朱训极字不止此，更加究玩。太极动静，此动静，或以理言，或以气言。兼理气看，如何？理者，所主以动静之妙也。气者，所资以动静之具也。故动静字，于理于气，皆可用。然谓动静里面，兼理气则恐未然。阴阳互根，阴根于阳，阳根于阴。而究其脉络，则阴根于阳中之阴，阳根于阴中之阳。阳中之阴，即阴之根乎阳也，不可言阴根于阳中之阴；阴中之阳，即阳之根乎阴也，不可言阳根于阴中之阳也。阳变阴合，阳变为阴，故生水阴。阴合于阳，故生火阳之义欤。变合之意，终是未莹。阳动阴随说，变合字已尽，何必别生疑耶。五行各一其性，五行之性，绝不相近，此其气质之性也。然气质之中，太极具焉，此性字，以太极看如何。（《定斋先生文集》卷六《答金子翼问目》）

定斋认为，理是动静的妙之所在，气是动静之工具。他再次确认了大山之理主气资说，太极主宰动静，理是唤起气的主体，持主理论立场。定斋认为，理无形，气有形，他将两者对比来说明气无动静、理有动静，驳斥理无动静说，巩固了退溪学统的理有动静说。定斋为了更加明确理的能动性，指出理是活物，各处流动，无所不至，将理看成无用之物无疑是错误的。他说：

理气有形而上下之分，而理无形，气有迹，故气之有动静易见，而理之有动静难知也。朱子曰：“理有动静，故气有动静。若理无动静，气何自而有动静乎？”又曰：“恻隐之发，心包蓄不住气，著脚手不得。”前一节，言气之动静，必资乎理也；后一节，言理之动静，无俟乎气也。然理无为而气为之材具，故后之言者，多归于理无动静之见，非惟滞于偏见者为然，以尊信退陶者，而亦往往为其所中。至大山先生，为理气动静说，而曰理本搭于气，故谓之有动静也，而其本体之无为者自若也，实主于气，故谓之无动静也，而其至神之妙用，又未尝或损也。是其为言周遍精切，而理之有动静者，益可见也。如曰理无动静，则是特认为死灰无情之物，而气便无所自而为动静矣。大抵是理活物也，洋洋乎流动充满，无乎不在，是岂漠然无为者哉。故曰："天道流行，发育万物。"又曰："一阴一阳之谓道。"又曰："太极动而生阳，静而生阴。"夫其所谓道也，太极也，即理之谓也；曰流行，则非有静而无动也；曰阴之阳之，则非一于无为也；曰动而生阳，静而生阴，则又直言理之动静也。今于四端之发，独曰理不能自发也，发之者，气也，是将曰天道非流行也。流行者，阴阳也，非阴之阳之也，乃阴阳为之也，是不亦害理之甚乎。意见一差，生出许多弊病，学者可不深念而屡省之哉！（《定斋先生文集》卷十九《理动静说》）

定斋在此宇宙本体论之立场上理解心性，认为情是性之发指直接发现出来的东西，意是心之发指经营往来的东西，指出了情（性发）和意（心发）的差别。性存于心中，心存于身中。他认为念、虑、思全部包含于意中。念挂于心，虑在于思，思究其源在于身体到达之地。他以心性和情意为中心，阐明了对随心变化的多种局面的概念性认识。郑洛灿分析指出，定斋通过对比心和明德的概念来把握心性论。"且心是合理气，而明德就心上指道理光明照澈者言，则须是主理，方见与个心有不同处。若曰是主气则心与明德有何分别耶？幸更见教也。"（《定斋先生文集·答李忠立别纸》）"明德为合理气底物事，而未尝言主理。虚灵不昧乃心之部伍，具理应事。心之所统底，则与心字训释，只是一般。若主理则谓之性足矣,应万事去之亦无害。且独气独理,不可以为明,理与气合,然后方成光明底物。只言合理气也,何必更说主言理耶?言主理者,以合理气故也。若纯是理,则著主字不得。今言主理,则谓之性足矣,恐看性字不去矣。请反以为之说。曰明德只是合理气,则只说心足矣,何必更言明德耶?具理应事,皆是明德之能也,故谓功用者以此。而高明非之,谨当更思之。至于紧要处,在上明字,而不曾做贴骨之工云云,良庸愧服。"(《定斋先生文集·与李忠立别纸》)

此外,定斋还对《中庸》里提到的性和道概念之区分做了细致研究,对人物性同异论争也予以深切关注。他没有站在人物性同论和性异论的任何一边,而是客观地分析争论之根据,持客观立场。他说:

> 湖洛两家,各占一边,互相诋斥,非此书之旨。且其争辨起于天命之性,则谓人物不同者,尤所未安。何也?以天命之性,从一原处说下来,则不可以异体者混言之也,故谓人物之性同者,《中庸》之旨也;异者,孟子之意也。而谓之同,非离绝形气也,即形气而指其本体也;谓之异,非遮拦墙壁也,随气质而指其所具也。苟去气质上指言本体,则亦《中庸》之旨也。来辨大概执其要矣,但至其有生一句,有似以一原属之未生以前,恐是文句之失,未及照管。又或有理气混紊处,如云人物所受有清浊之别,未可如此说,当云人物有通塞之别,而所具有偏全之异,然后方是说性也如何。[《定斋先生文集》卷五《答玉德卿(丙午)》]

三、四端七情论

定斋在四端七情问题上做出了诸多论议。四端七情论是退溪一派性理学之核心问题,定斋概括了退溪一派四端七情论之传统。郑洛灿指出,退溪虽然同时提出了浑沦说和分开说两个观点,但是浑沦说兴起后,葛庵李玄逸在分开说的立场上用极端的“理尊气卑”理论批判了浑沦说,以诫后人。大山重新研究浑沦说和分开说,把握住了两说之平衡。葛庵与大山之间的观点差异是退溪学派内部理论纷争所致,定斋在解开这个矛盾时把大山之说当作基准。定斋将四七之情与性进行对比,性有本然和气质之差异,情有理发和气发之不同,因此孟子谈到本然之性和四端时侧重了理。理和气本来就不能分离且相互作用,但是须像帅和卒那样有地位上的区分才行,不能出现理弱气强、喧宾夺主的现象。因此,他指出,“即所以证成四端气发之说,而窃以为未也。盖四端之有不中节,固是气使之然,然其所从来,则分明是天理之发,而特为气所掩而然耳,固不可以是而为发于气也。退溪论舜之诛四凶、文王之怒,而曰虽气发,而理乘之为主,故其善同也,政与此意,互相发也”(《定斋先生文集·上损斋先生禀疑》)。像这样,定斋在四端七情方面的态度是理主气资甚至是理帅气卒,他认为理主是理气关系的基本结构。

退溪之后的朝鲜性理学者一般把四端七情与本然气质进行对比说明,但定斋提出,四七中有些东西是本然和气质不能对应的。他说:“本然之性主于理,气质之性兼理气。而其下即系以循理而发为四端,合理气而发为七情。则所谓循理而发者,非主理之性之发者乎?合理气而发者,非兼理气之性之发者乎?又谓中图以本然之性,主四端而为之;下图以气质之性,主七情而为之,则条绪脉络,尤极分晓。窃谓性之有本然气质固也,而但曰循理而发为四端,合理气而发为七情,而不言四发于本然之性,七发于气质之性者,非偶然也。……大抵四七,自有所主所从之分,即理与气也。

其理即性之所谓本然也，其气即性之所谓气质也。然而但曰四端发于理，而不曰发于本然之性；七情发于气，而不曰发于气质之性者，以性一而已，非本然自为一性，气质自为一性故也。”（《定斋先生文集·与李忠立别纸》）定斋通过比较四七和人心道心来说明其相似点和差异，更加明确了四七的概念。人心道心虽然与四端七情相似，但是人心道心出自心之发，四端七情本来就是性之发，是各自分离的。因此，四七可以浑沦，可以分开，人心道心却不可以如此。四端不能看作道心，七情也不能看作人心，但是心为主宰，如果道心成为主宰，那么人心则会听命。与此相比，性不能拘束心，四端和七情不能互相统摄，这便是四端七情与人心道心的差异。

郑洛灿认为，在性之四端仁、义、礼、智中，定斋最看重的是仁。他比较并研究了朱子的《仁说》与南轩张栻的《仁说》，展现出对“仁”这一概念的关注。“仁之体具于心，而为万善之长，所以为心之全德，所示心能运用德性之云，未知何人所说，而有似以此心用彼性，未稳大矣。……以爱言仁，有昧于本体之失，故多说爱之理，以见由其有是理。是以其情能爱，言爱不足以尽仁，而仁之得名，盖以此也。《论语》训仁，以此理得于天而具于心，故曰心之德。然是即所谓爱之理也，不待遏欲存理处方见，是不外乎爱之理也。”（《定斋先生文集·答金继孟问目》）定斋说仁是“心之德”，是万善之长，包含义礼智。虽然义礼智也是“心之德”，但是只在讲“仁”的时候才说“心之德”，就是因为仁囊括了四端。他认为，真正的仁是“以一人而体四海之广，以一心而通天下之志，血脉贯通，诚意交注，痒疴疾痛，若刀割针扎之，无不切于吾身者”（《定斋先生文集·读书琐语》）。他还把仁和恕进行对比，“恕则随事勉强，仁则全体不息。恕如把火，逐物去照；仁如大明普照，开眼便见”。他认为，仁是整体的、自明的，恕是部分的，要不断努力的。他以此来理解仁的实践方法。

定斋是十九世纪前期朝鲜岭南学派之重要代表人物，他保守地继承了退溪学派的理论，把性理学理论传统与时代相结合，在传承性理学理论方面起到了重大作用，之后岭南退溪学派两大中心人物李震相和金兴洛即其弟子。定斋受大山李象靖的影响很大，没有留下自身独特的见解，但是作为继承者，他充分发挥了自身作用，细致地研究分析了前人提出的理论，把儒家理念视为核心，重点放在对仁的解释上，由此也显示出了他独特的视角。

参考文献：

1. [韩]郑洛灿：《定斋柳致明的教育方法论》，《教育哲学》第40卷，2010年。

2. [韩]金洛镇：《定斋柳致明与西山金兴洛的重视本心哲学》，《栗谷学研究》第16辑，2008年。

3. [韩]刘明钟：《退溪的分开说和剔拔说——定斋柳致明的理解》，《退溪学报》第87卷，1995年。

金正喜

金正喜(1786—1856),字元春,号阮堂、秋史、礼堂、诗庵。庆州人。朝鲜朝后期实学家、金石学家、诗人。

一、生平

朝鲜王朝后期,庆州金氏与安东金氏、丰壤赵氏共同组成望族阶层,而阮堂就是庆州金氏之子孙。阮堂于 1786 年出生于忠清南道,传说在其出生时,后山即将枯萎的树木受其灵气滋润而重新茂盛。他从小才气出众,著名实学家朴齐家见其字迹后,决定将其收入门下。在这位北学派大家的教导下,阮堂继承了洪大容和朴趾源"吸收外物而善己"的北学思想。二十四岁时,阮堂考取科举生员,并随父亲同去清朝,如愿以偿获得了与清朝书画巨匠接触的机会,所接触者不乏考证学派艺术家翁方纲(1733—1818,字正三,号覃溪,晚号苏斋)及巨儒阮元(1764—1849,字伯元,号芸台、雷塘庵主,晚号怡性老人)之属。通过与他们的交流,阮堂学到了考证学的真髓。他还目睹了汉代之后的优秀拓本,大长见识。北汉山上有所谓"无学大师碑",阮堂根据在清朝积累的深厚学识,指出此碑实为新罗真兴王巡狩碑,他也因此跻身金石学界大学者行列。阮堂在经学、佛教、诗文、绘画等方面也有着很深的造诣,是十九世纪东北亚的著名学者。

阮堂初入仕途之时较为顺利,曾一度任兵曹参判,然而随着在官场上的步步高升,他卷入了朝鲜王朝高层的党派之争,终在1840年被流配到济州岛。这在朝鲜王朝流配之刑中是最为残酷的,受刑之人要被困在布满荆棘的围墙内以防止逃脱,但晚年流落到此处的阮堂正是在这样的环境中创造了人生中最辉煌的艺术作品。为克服流配之地的孤寂,阮堂不断创作,以至于磨穿了十方砚台,写废了上千杆笔,终于达到了“字即为诗,诗即为画”之至高境界,创出了世人所熟知的“秋史体”。他用枯笔技法所作之《岁寒图》,表达了其内心世界和高尚情操,代表着文人画之独特性质。这个时期,阮堂所写所画的,不仅是他的泪与汗水,也是他的灵魂。这位学者不仅为世人留下了“秋史体”和《岁寒图》,也在诗与散文里留下了自己的独到见解。1849年,阮堂第一次流配生活结束,却在两年后再次遭到流配,其晚年在京畿道的果川度过并卒于此,享年七十一岁。著有《覃研斋诗稿》《阮堂集》《礼堂金石过眼录》等,汉诗代表作品有描写农村自然景色的《题村舍壁并序》《骤雨》,以及吟咏考古发现的《石歌》等。

二、与中国儒者的交往

1809年,刚刚科举及第的阮堂得到随父亲金鲁敬前往北京朝贡的机会。在北京,他搜集了大量经史、书画方面的资料,结识了多位中国儒者,尤其得到了敬仰已久的翁方纲和阮元的器重,成为两人的座下弟子。翁、阮二人无疑是阮堂会通汉宋之学而终有所成的两大导师。1809年冬,阮堂在北京保安寺街见到了翁方纲。翁方纲精于经史考据之学,也非常注重文学,精通金石书画。在诗歌方面,他以杜甫、黄庭坚、苏东坡为正统,治学不强分汉学、宋学门户,不排斥义理养心之学。翁方纲许阮堂为其弟子,后又赐号

“诗庵”。阮堂在画兰时常用此号,以彰良师美意,似乎可以推测在翁方纲这里,最吸引阮堂的可能不是经典方面的训诂考据,而是偏重金石书画的艺术气息。他从翁方纲处见识了较李朝文人更丰富奇妙的笔墨法度和艺术构思。翁方纲收藏的大量书画作品使阮堂大开眼界,他丰富的著作如《经义考补正》《苏斋笔记》使阮堂大为叹服。拜访过翁方纲,下一个对象便是阮元。当时,阮元刚刚满四十七岁,却已是名满京城的大学问家和政治家。他培养了大批门人学者,刊刻了大量流芳千古的经典。他表面上继承戴震的观点以训诂考据来研究古代经典,但有着博大的胸襟,其弟子、门生、幕僚很多并非专主汉学考据。阮元在学问上其实不是一个拘泥汉学考据的学究,更像是一个学术的号召者和组织者。阮元在北京为官期间,有较多的机会与朝鲜学者交往,朴齐家、金正喜、李尚迪三代朝鲜学人都深受阮元影响。

文炳赞指出,阮堂回国后一生所用字号甚多,大都可从他两位中国老师身上寻到渊源。如金正喜一号“阮堂”,乃是表达对阮元之敬重;而其号“诗庵”,则可溯源自翁方纲;“礼堂”之号,则是表达对清代中期礼学大家凌廷堪之敬仰。此可见他与翁、阮等经师交谊之深及对清代学术之向往。阮堂回国后的三十年里,仍与清朝学界保持密切联系,与阮元、翁方纲有着频繁的书信往来。阮堂经常就一些学术问题致函请教翁、阮,而翁、阮亦对这位朝鲜弟子关照有加,凡所问询皆详细指教。除学问交流外,阮堂与翁、阮两位老师多有书籍的交流互赠,翁方纲曾把自己新刻的文集寄送给阮堂,也烦请阮堂在朝鲜帮助搜求清朝不见之书。

三、义理之学

阮堂的经史考据学思想主要来源于清朝戴震、阮元等考据学者的性理学说，认为汉儒的训诂学是寻求义理的唯一途径。文炳赞通过《金正喜的义理学建构——〈私弊辨〉与戴震义理学》一文研究认为，阮堂的著作《私蔽辨》正是对戴震性理思想的总结和承袭。《私蔽辨》中有言：

道释自贵其神识，而儒者在善治事情。凡人之患二，曰私曰蔽。私生于欲之失，而蔽生于知之失；异氏尚无欲，君子尚无蔽。异氏之学，生静以为至；君子强恕以去私，而问学以去蔽，主以忠信，而止于明善。凡生于其心，必发于其事，私者逞己以纵欲无良。……记曰：夫民有血气心知之性，而无喜怒哀乐之常，应感起物而动然后心术形焉。凡有血气心知，于是乎有欲。性之征于欲，声色臭味而爱畏分，既有欲矣，于是乎有情。性之征于情，喜怒哀乐而惨舒分，既有欲有情矣，于是乎有巧与智。性之征于巧智美恶是非而好恶分。(《阮堂先生全集》卷一)

阮堂正确把握了“尊德性”和“道问学”的关系，认为问学可以除去私心的弊端，使人渐渐向善。阮堂又说：

生养之道，存乎欲者也；感通之道，存乎情者也。二者自然之符，天下之事举矣。尽美恶之极致，存乎巧者也，宰御之方，由斯而出；尽是非之极致，存乎智者也，贤圣之德，由斯而备。二者亦自然之符，精之以底于必然，天下之能举矣。君子之治天下也，使人各得其情，各遂其欲，勿悖于道义；君子之自治也，情与欲使一于道义。夫遏欲之害，甚于防川，绝情去智，充塞仁义。人之饮食也，养其血气；而其问学也，养其心知，是以贵乎自得。血气其养，虽弱必强；心知得其养，虽愚必明，是以贵乎扩充。君子独居思仁，公言言义，动止应礼，竭所能之谓忠，履所明之谓信，平所施之谓恕，驯而致之，仁且智，不私不蔽者也。君子之未应事也,敬而不肆,以虞其疏,事至而动,正而无邪,以虞其伪,必敬必正而要于致中和,以虞其偏与谬。戒疏在乎戒惧,去伪在乎慎独,致中和在乎达礼精义至仁尽伦,天下之人同然而归之善,可谓至善矣。(《阮堂先生全集》卷一)

阮堂重视人的欲望、感情的实现和疏通,把握住了戴震性理学说的精髓。达情遂欲才是人生存、修养的最基本条件,问学是增加知识、扩充自己心性良知的方法。阮堂还借助先秦儒家经典中的"忠""信""恕"等思想范畴,来破除宋儒单纯讲求天理忽视人欲必将流为虚无的弊端。可见,阮堂接受了戴震"通经以明道"的思想。经书是圣贤之道的留存,学者循此而探,自能会通先秦儒家的精神,不必执后儒的"臆见"来误会古经。阮堂在较为简短的《理文辨》中更清楚地表达了对宋明道学辗转附会朱子学说、歪曲"理"字的批判:

圣人之心浑然一理,此义最难理会,非浅学辈所可轻易下说也。当先定理字之为何义,然后乃可的确。孔孟以来理字云者,惟文理、条理、义理等数语而已。朱子曰:"理无情意计度造作,只是个洁净空阔底世界,无形迹,他却不会造作。"若以此训看之,圣人之心以理究证,宁不难言而难晓也。又或有理字之他训,或曰天曰性,而性天之义,又互相窒碍难晓焉,所以此说之极难理会也。今以在传注中,而妄引轻说可乎?所以三家村中,讲高头讲章之冬烘先生,为樵童牧竖说都都平丈,无非传注之朱子说,而彼何以知心性理气之为何语也,是以冬烘谓之稗贩朱子也。今所妄引,又一稗贩朱子也。又与朱子所云此是释氏《论语》,非孔氏《论语》者,不幸近之耳。(《阮堂先生全集》卷一)

在先秦儒家经传中，“理”字没有被放到极高地位，只是条理、文理等意义，并没有多少形而上的内涵。其形而上的意义都是后儒附加上去的。对此，宋儒朱子尚能明了，但后儒辗转附会朱子学说，使“理”失去本义，走入虚无妄诞。文炳赞指出，阮堂的这些意见是与清儒戴震、凌廷堪、阮元、焦循一脉相传的性理学说。阮元所撰《性命古训》，将义理学上溯自汉代儒者，阮堂应该有所研习而且受其影响。

四、书法艺术

李光德在《海东书坛亚圣——金正喜》一文中认为，在阮堂所有成就中，最伟大的莫过于书法艺术。阮堂的书法最初效仿唐代大家颜真卿、明代大家董其昌，自访问中国十余年后，复追从翁方纲，渗入了初唐泰斗欧阳询笔意。这一方面是因跟从翁方纲学习欧体而受了影响；另一方面是他以阮元《南北书派论》《北碑南帖论》的理论来认识欧阳询书法。他在一定程度上可以说促进了碑派书法的“朝鲜化”，也使清朝的碑学研究者拓宽了眼界。阮堂的手札以帖为主，兼融碑意；匾额、对联多从隶法，兼取帖意，不拘一格，又别具一格，显示了一位艺术家的博大胸怀。他既天真又倔强，平和与刚烈的性格共融互补。金承烈在为《阮堂先生全集》所写跋文中称道阮堂书法气象宏大，包罗深广，风格多变。

从阮堂身上，我们看到了汉字文化圈内对书法与书法家的要求具有共同性。从其书法遗迹可见，自访清归国后十余年间，阮堂书法多蹈袭翁方纲，而其书论愈渐精深。他从西汉隶书求索书法渊源，并经常临习与西汉隶书接近的古镜铭，以寻求质拙劲健的淳古气息。从他的作品中，我们可以看到荒率雄健的用笔、顿挫显明的点画、恣肆跌宕的风姿，傲岸奇诡、狂放不羁的书法品格。阮堂书法点画空间的布局紧密奇险，运笔的过程中线条具有强烈的节奏感和冲击力，与中国书家徐渭、傅山的乱头粗服有契合之处。他说，正书与行书之源发于隶，欲确定隶之波磔，须习西汉隶。隶书最上处在于古拙，而“拙”处最不易得。汉隶之长处正在于“拙”，若仅追求书作外之美，此所谓“书字匠”者。清古高雅之精神，非轻易所能得。无文字香、书卷气之作品，绝无古拙之味。其意在于强调不写隶书则不能具有高强的书法本领，而要写好隶书，则非具有广博深厚的知识素养不可。因此，阮堂在临写汉隶古镜铭上颇下功夫。他将隶书融于楷、行之中，潜心追求古拙方劲之书风，一变传统之习气，反巧为拙，呈奇峭之势，接近清人翁同龢晚年书风，面目为之一新，创造了“秋史体”，誉满朝鲜半岛和东亚书坛。“秋史体”是究阮堂书法观和书法创作风格的一个总体描述。

阮堂之学问研究相当广泛，精通经学、史学、佛教，更有天文、地理、算术，还有诗文、书画、篆刻，对金石考证和鉴识古董也颇擅长，因此被赞为博学君子，一世通儒。经学方面，除著有《实事求是说》外，还有《周易虞义考》《礼堂说》《壹献礼说》《易筮辨》《尚书今古文辨》等。史学是金石考证的基础学问，他博览正史、别史、杂史等诸类史书，在著述中引用了诸多典故及史例。阮堂对当时砚作禁忌的佛教非常感兴趣。白坡大师是朝鲜佛教界之代表人物，在与阮堂讨论有关佛书和禅理的内容时，竟辩不过阮堂，此事成为流传后世的佳话。佛教方面，阮堂撰有《题川颂金刚经后》《白坡像赞并序》《题海鹏大师影》等，能克服社会压力提笔著写佛教方面的书籍，可见其思想之坚定。阮堂在中国学习金石学，并以此为基础，在韩国学界开金石学之先。

阮堂一身兼经学家、金石学家、书法家，以书法成就为最，其一生对于韩国乃至汉字圈内的文化艺术可带来许多启迪。阮堂之艺术论，无论是绘画还是书法，都要求高度精神美，他把这种精神称为“文字香”“书卷气”。李光德认为，从阮堂书法中，可以感受到朝鲜民族强烈的独立、自主、自强的性格，令人震撼、振奋。阮堂以丰富的学养、深厚的功力，孕育着变革书风之志向。天才的创造力和对书学的切身体验相辅相成，使他完成了朴齐家、申纬未果的书风变革大业，开拓了近代韩国书法的表现领域。时光流逝，人们更加认识到阮堂书法的真正价值。阮堂称得上是时代之先驱者、革新思想之鼻祖，是一位创造了多方面辉煌业绩的韩国巨匠，是中韩文化交流的使者和功勋人物。

参考文献：

1. 文炳赞：《朝鲜时代的韩国以及清儒学术交流——以阮堂金正喜为主》，《船山学刊》2011 年第 1 期。

2. 文炳赞：《金正喜的义理学建构——〈私弊辨〉与戴震义理学》，《科技风》2008 年第 23 期。

3. 李光德、梁勇第：《海东书坛亚圣——金正喜》，《社会科学家》2007 年第 S1 期。

4. 田丰：《乾嘉汉学思想的东传与升华——以金正喜〈实事求是说〉为中心》，《学海》2013 年第 5 期。

5. 朱七星：《清代考据实学与金正喜的实学思想》，《延边大学学报（社会科学版）》1995 年第 2 期。

李圭景

李圭景(1788—1856),字伯揆,号五洲、啸云居士。全州人。实学派四大家之一李德懋之孙。朝鲜朝后期实学派思想家。

一、生平

五洲是朝鲜朝后期著名实学家、诗人李德懋之孙。其学问来自博学多才、通达诸子百家的祖父。正祖大王在奎章阁录用检书官时,李德懋与柳得恭、朴齐家、徐理修合称为“四大检书”,颇受正祖大王器重,奎章阁每次编书时他都会参与。早年,李德懋跟随沈念祖等人前往北京,与清朝文人墨客交游。回朝鲜后,名气日盛。五洲之父光葵也是长期在奎章阁工作的实学者。在家风熏陶下,五洲认真研究了有关朝鲜和中国古今事物的数百种书籍,编成《五洲衍文长笺散稿》,涉及天文、历数、种族、历史、地理、文学、音韵、宗教、书画、风俗、冶金、兵事、草木、鱼类等领域,包含一千四百余个条目,共六十册,堪称百科全书,其中每一项他都以“辨证说”来考核事物真伪。因此,《五洲衍文长笺散稿》在韩国被称为考证学书籍的鼻祖,是研究科学技术史和民俗学的宝贵资料。其中《人体内外总象辨证说》探讨了人体的构造和机能,书中所体现的医学意识虽未脱离西洋古代医术范围,但是作为最早记录西洋医术的著作之一,受到了较高评价。此外,五洲关心经济,对当时官员和富商囤积居奇、牟取暴利的现象主张严厉禁止。他认为货币只为非农民阶层提供了方便,有损农民的利益,支持李瀷之废钱策。在对外经商方面,他强调开市和交易之必要性。1832年,英国商船要求与朝鲜交易时,五洲主张特许开市,但条约要从严签订。其在《五洲书种博物考辨》,提出了关于东西古今广泛事物的新知识,为朝鲜社会营造了改革新气氛;在《白云笔》中,提出了农政方面的改革措施。

五洲一生隐居不仕,勤于著述,最终成为朝鲜朝后期著名实学家。据姜信沆在《李圭景的의言语·文字研究》一文中统计,五洲文字学方面的文章就有二十三篇,其中专门讨论"说文"的《说文辨证说》,收在《五洲衍文长笺散稿》中。

二、儒学思想

五洲本质上是性理学者,在性理学理论上知识非常渊博,编有《大学辨证说》《小学古今二学辨证说》《中庸辨证说》等,淋漓尽致地阐发了自己的学问观点。他在《中庸辨证说》中说,朱子已有《中庸集注》,所以后代儒学者都应该追寻朱子的训诂。五洲在性理学上知识渊博,思想包容统和。他接受了朱子、陆九渊和王阳明的思想,甚至还有道教和佛教思想,这种会通型思想成为他追求博学之基础。五洲把性理学置于首位,利用对佛教和道教的基本认识,取其之长来完善性理学体系之不足。

此时,朝鲜的朱子学者们多主张理一性,认为理是具有神之意志的最高主宰。五洲用唯物论解决了理和气谁先谁后的问题,他认为世界的始原不是精神上的理,而是物质上的气,精神是物质之派生物,上至天体下到万物甚至人类都是由气而生。他说,在世界混沌之时,只有一气,天空的生成和万物的出现都是源于一气,没有其他变数。如果没有气,天地万物源于何处？因为气的存在,才有了天地万物。之后,一气充满宇宙,无始无终,虽无穷但也有清浊厚薄之分,且自身可以进行运动。五洲强调,除物质上的气之外,再没有任何东西能够成为世界万物形成的始原,认定了万物之源的气能够自己运动。但是他也承认,在世界万物由气而生时,经历了由气到质、由质到形体的发展过程。他认为,在气填满的天地间,气凝聚成为质,这种现象是为形。由此可知,五洲认为万物皆具有由气而生的质,是以“气有聚有散”的方式生成的,这也决定了质之形体。五洲对太极的理解也与他人不同。在朱子学中,一般认为太极是世界形成之前一种先验存在的、作为绝对精神实体的根源性的理,天地万物皆形成于太极中。不过,五洲认为,所谓太极,即天地分开之前阴阳相互交合的样子;所谓阴阳,即天地形成之后太极分开的样子。综上所述,我们可知,在理气的根本问题上,他与朱子学见解相反,站在唯物论的角度上承认气一性。

三、考证学风

五洲学问的形成受清朝考证学风之影响,朝鲜社会内部追求博学的氛围也起到很大作用。五洲一生隐居,全面专注于著述活动,《五洲衍文长笺散稿》中反映了他的部分思想。其交游对象主要有崔汉绮、崔瑆焕、金正浩等。

申炳周指出,五洲说历史是国家的镜子,能够展现过去并开启未来,过去是法,现在要借鉴过去。他强调历史的现实性意义,指出记录历史的方法有褒贬和编记两种。五洲之考证学风体现在对中国史的渊博考证中。他的《二十三代史及东国正史辨证说》对中国史书进行了细致考证,展现了学问之深度,书中广泛引用了中国古代文献及李德懋的《青庄馆全书》、李瀷的《星湖僿说》等资料。

五洲对朝鲜的风俗、地理、物产等也进行了诸多考证。《东方旧号故事辨证说》介绍了朝鲜社会日常所使用的名称典故。朝鲜古时曰九夷和六部，近代曰君子国、礼义邦、小中华，统称朝鲜、三韩、海东、左海、大东、青丘、震檀、槿花乡，五洲在文中对这些名称进行了考证。五洲对外国历史和文化非常重视，他说外国也有历史，要把他们的历史作为参考。他之所以关注包括越南、日本等国家的历史，就是因为意识到了这些国家与朝鲜的交流。五洲不仅对朝鲜的历史进行了大量考证，还对物产、香徒、俗乐等容易忽略的方面进行了细致考察。五洲的祖父李德懋也曾对朝鲜的风土生活进行考察，并留下不少诗作，被称为“朝鲜的风谣”。五洲正是继承了这种家门传统，他在《郁陵岛事实辨证说》中详细叙述了平民安龙福努力寻找郁陵岛的故事，表现了对国土的爱惜，强调即便是身份低微的人也能大有作为。

五洲晚年居住在忠清道地区的农村，并进行著述活动，《五洲衍文长笺散稿》就是在这段时间完成的。申炳周指出，《五洲衍文长笺散稿》的最大特征是采用表现作者主观见解的“辨证说”形式。五洲在序言中强调，“名物度数”之学虽比不上性命义理之学，但是不可以废除。这种精神贯穿于《五洲衍文长笺散稿》整体内容的始终。《五洲衍文长笺散稿》集中了前人的学术成果，展示了十九世纪朝鲜文人的学问和思想水平，具有重大意义。五洲凭借继承的家学以及与崔汉绮、崔瑆焕等人的交流，逐渐接受了西方和清朝的学问。

四、伦理道德及宗教观

五洲秉持传统的儒家伦理道德观念，将当时三纲五伦的道德秩序合理化，强调人类遵守道德规范的重要意义，说人若没有道德，就和禽兽无异，认为封建道德秩序是不能违反的自然秩序。这样的伦理道德见解代表着封建统治阶级的道德观。五洲虽然倡导封建伦理道德合理化，但也修正了朱子学者们的伦理道德说，提出了合理性见解。他提出，人们的道德实践离不开物质需求，抛开物质需求来讲人欲、讲善恶是不对的。这与朱子学者们的天理和人欲观念形成对比，是对遵从天理即为善、遵从人欲则为恶的禁欲主义伦理道德观的修正。

五洲的伦理道德观虽然整体上带有封建性，但是他提出人们的道德实践与经济生活有密切关系，这是非常有价值的思想。五洲反对宗教迷信，他对佛教的天堂地狱说、轮回说等进行了批判。他反对天主教传入朝鲜，不承认天堂地狱说的荒唐理论。他曾说，天主教的弊病比老庄、佛教、杨朱、墨翟更加严重，批判耶稣教是邪学，要想克服这个弊端，就必须阐明性理学的正学地位。

五、社会政治思想——主张富国和通商

五洲主要生活在十九世纪初中期，这一时期西洋势力逐渐涌入朝鲜。为寻找一个合理对策，知识群体内部逐渐开始重视对外认识问题。五洲也不例外，他在西学和对外认识上的文章主要有《用气辨证说》《白人辨证说》《地球辨证说》《斥邪教辨证说》等，涵盖天文、历法、数学、医药、宗教等多个领域，参考的汉译西学书有近二十种。五洲深知西洋科学技术之优越，如果想实现富国的理想，就应该吸收西洋文物之长，取用需要的部分。他认为，在继承传统思想的同时应该接收新思潮，开放思想，这种开放性思想后来演变成开国通商论。

五洲意识到朝鲜封建社会的落后，在对世界发展趋势有了一定把握的基础上，他认为开国和通商是实现国家富强的良策。当

时朝鲜封建统治阶级为维持落后的封建统治秩序，对新兴的科学文化进行无情镇压，实施锁国政策。在这种情况下，五洲主张应废除锁国政策，与国外进行贸易，以使国家富强。他认为，要想使国家摆脱衰微贫困，就必须改变落后的锁国政策，因为那样会使国家更加衰弱，开国后要积极学习其他国家的科学技术，提高实力强化国防。可见，他的开国论是以爱国精神为基础的。申炳周指出，五洲提倡富国和通商，主张最大限度地灵活运用国土内部所藏资源和潜在的文化力量，向生活富足、生产先进的国家看齐。五洲关注度量衡和货币的作用，从市场的由来和功能出发，主张开国通商论。他在《场市辨证说》中，主张统一朝鲜市场开放日期，追求无投机和高利贷的商业繁荣。其关于开国通商的文章还有《西洋通中国辨证说》《与番舶开市辨证说》等。五洲曾说，开放市场，与其他国家进行交易，双方都有利益可图，中国与朝鲜交易，获得了很多利益，国家经济水平上升；只有朝鲜还在担心开国通商会引起兵乱，不敢主动进行交易，以致生活拮据。还说高丽时代的松商们曾往来于东方，却不知变更，若与西南的船舶进行贸易，将会更快实现富国。他对十六世纪学者李之菡主张与琉球国交易的想法给予了很高的评价。

五洲把博学作为学问的中心，积极主张开港与西方进行通商。十八世纪末至十九世纪中叶，西方国家不断将侵略魔手伸向朝鲜，朝鲜社会内部出现了资本主义因素，在此期间，批判朱子学而主张实学的代表人物就是五洲和崔汉绮。五洲与之前的实学家不同，他对外部世界有相对较多的认识，自身思想中也融入了资本主义因素，积极倡导开国论。他认为，封建国家的锁国政策远远落后于时代，长此以往绝不可能实现国家富强，这样的实学理念反映了近代社会的政治要求。五洲的社会政治见解虽然未脱离封建主义之桎梏,但其开国论却成为开化派思想家们思想理论的依据,在当时历史条件下具有进步作用。

参考文献:

1. 黄卓明:《李圭景〈说文辨证说〉探微》,《长江大学学报(社会科学版)》2012 年第 8 期。

2. [韩]申炳周:《19 世纪中叶李圭景的学风和思想》,《韩国学报》第 20 期,1994 年。

3. [韩]任明杰:《五洲李圭景实学的一方向:对西势的认识》,《汉文学报》第 28 辑,2013 年。

李恒老

李恒老(1792—1868),本名光老,后改为恒老,字而述,号华西。星州人。朝鲜朝后期性理学家,主张主理论和二元论。谥文敬。

一、生平

父李晦章,母全义李义集之女。华西三岁熟知《千字文》;六岁读完《十九史略》,写《天皇地皇辨》。十二岁时,学习《书传》。1808 年,泮试合格。当时,掌权者普遍利用科举考试栽培亲信,华西对这种现象非常愤怒,连出入科举场地都感到羞耻,因此自始至终都未参加科举。放弃科考后,华西拜访了汉城的任鲁和砥平的李友信,与此二人结为好友。丁父忧后,华西专注于学问。三十岁时,仰慕其学问和品格的年轻学子越来越多,为避开世俗之扰,他周游于双磎寺、高达寺等寺庙,专注于研究四书三经和《朱子大全》。华西的学问和德行逐渐为朝廷所知,1840 年被任命为徽庆园参奉,不赴。之后被任命为地方守令,仍不赴,专注于在古寺和乡里实施《闾塾讲规》,以促进讲学。在此期间,卫正斥邪论者崔益铉、金平默、柳重教等都在其门下学习。1862 年,因李夏铨事件入狱,旋被释。1864 年,受赵斗淳引荐,被任命为掌苑署别提,全罗道都事、持平、掌令等职,均以身体抱恙拒绝。1866 年,丙寅洋扰爆发,以同副承旨的身份入宫,向兴宣大院君提议攻打洋人,持主战论,之后升为工曹参判兼经筵官,后因反对重建景福宫、万东庙和过重赋税惹怒大院君,罢官归乡。

华西是朝鲜朝后期著名的性理学者,主张主理论和二元论,在朝鲜遭受侵略的危机下,主张斥邪义理论。著有《华西集》,编有《宋元华东史合编纲目》《门人语录》《周易传义同异释义》《朱子大全札疑辑补》《辟邪录辨》等。

二、儒学思想

华西之学问背景是主理哲学,他与湖南学派的奇正镇和岭南学派的李震相被称为朝鲜后期主理哲学三大家。华西把孔子的春秋大义、孟子的义理之论、朱熹的儒佛之辨和尊王攘夷视为义理精神之脉络,追崇朱熹和宋时烈。在宇宙论方面,非常重视《周易》的《系辞》和周敦颐的《太极图说》。他反对罗钦顺一派所提倡的理气一物说,并对该派的宇宙观进行了猛烈批判。

姜大德认为,华西的儒学思想可大致分为三部分,即理气论、人性论和社会论。在理气论上,华西以道的本体太极、理、气等概念为中心,说明宇宙和事物的存在原理;在人性论(也可称为心性论)上,通过心、性、情等概念,说明与宇宙相关的人间的存在及责任;在社会论方面,他站在社会角度阐明了实现宇宙原理和人间责任之方法。华西把理主气客的理气论与尊王攘夷的社会论结合起来,形成了形而上学的基本思想机制,成为指导其行动伦理的根本要素。

1. 理气关系

华西思想体系的重要基础是理主气客,即主理的性理学观念。虽然他的理气观继承了朱熹理气不相离、不相杂的观点,但是他的主理观更加坚守性理学价值。华西认为，理无形无为，而气有形有为。理和气虽在概念上可加以区分，但在现象上并不是各自独立存在的。

> 盖天下无无气之理，亦无无理之气。欲择无气之物而名之曰理，则终无言理之地矣；欲指无理之地而名之曰气，则亦无言气之地矣。所谓理气，只在人分合看。（《华西先生文集》卷十五《溪上随录二》）

上面引用文中“无气之理”是指与气完全分离之理，“无理之气”则指与理完全分离的气。华西同时否定了“无气之理”和“无理之气”现象，认为不能将理和气分开理解，“无气之理”和“无理之气”都是不存在的。华西的理气观从理气不相离的角度理解世间现象，可知他继承了李珥的理气无先后论。但是他并没有把理和气看作一物，反而用朱熹的理气“决是二物”说反驳罗钦顺的理气一物说，从这一点也可以看出，华西继承了李珥的观点。李珥曾说：“非理则气无所根柢，非气则理无所依著。既非二物，又非一物，非一物故一而二，非二物故二而一也。非一物者，何谓也？理气虽相离不得，而妙合之中，理自理气自气，不相挟杂，故非一物也。非二物者，何谓也？虽曰理自理气自气，而浑沦无间，无先后，无离合。”[《栗谷先生全书·答成浩原(壬申)》]李珥用“一而二”的观点批判了罗钦顺的理气一物说，同时用“二而一”的观点修正了李滉以理气互发说为前提的理先气后说。

> 理气妙合，不可以相离；然理自理气自气，亦不可以相杂也，故从古圣贤皆分别言之。道心人心（在心上分别理气），形而上下（在形器上分别理气），本然气质（在性上分别理气），克己复礼，遏欲存理（在情意上分别理气），皆是岂不知理气浑合无间之妙，而如是区区分别于名义之间，而反犯此二歧二本之

归耶。(《华西先生文集》卷十八《南塘集记疑》)

从上述引文中可以看出,在理气关系上,华西同时维持着不相离和不相杂的平衡关系,基本上继承了李珥的理气观。但是他注重在道心和人心、形而上和形而下、本然和气质、克己复礼和遏欲存理上区分理和气,秉持理气不相杂的观点。因此,他虽然批判罗钦顺的理气一物说,但对李滉的理先气后说则大体上予以肯定,这也是他与李珥的不同之处。

愚按理气相须之物也。栗谷曰非气则不能发,非理则无所发,此则不易之定理也。但同一发也,而有主理主气之不同。虽所发(主理主气)之不同,而不害为发之之为一也。发则一也,而不害为理气之分歧也。退溪之分,栗谷之合,各有发明。然四端七情之分属人心道心,终似未安。栗谷曰七情不如四端之粹,四端不如七情之全,此亦不易之论也。[《华西先生文集》卷二十二《三渊先生行状记疑(丁未七月)》]

华西虽然肯定理先气后说,但是对理气互发说却予以否定。华西之所以不否定理先气后,是因为宇宙万物的生性论思想蕴含其中。李滉指出的理的实际存在合理化的根据,即"太极生两仪""太极动而生阳""静而生阴"。华西也从此出发引出"理自生气,气生于理"。华西既主张理气不相离又关注理气不相杂的意图是什么呢?在理气不相杂的观点中,他把理看作是实际存在的世界万物的本原,甚至出现了"理生气"的生性论解释。他注重理气不相杂,是因为考虑到了理的多义性。

而华西之所以继承李珥理气无先后观点的同时又肯定李滉的理先气后论,是因为要巩固程朱性理学价值论的威严。在李朝时代,程朱性理学价值论是一种文化理念,可以说是朝鲜民族精神生活的思想基础。当时,西方文明涌入朝鲜,与朝鲜固有文化发生了一定的冲突，在这种情况下，华西不能抛弃朝鲜社会思想基础的程朱性理学。因此，在理气无先后的观点上也必定要区分理和气。

华西力图通过主张理先气后来巩固程朱性理学的价值论。在他看来，理和气是两个不同的方面，是使存在成立的二元条件。理成为性（本性、本体），性又将宇宙秩序中的太极作为个体实现；为使性实现自我，气则变成形（形体、道具）。理和气在一个事物中密切相关，互不可分。但是，他在严格区分理和气的同时，对二者进行区别对待，认为两者之间有尊卑贵贱、大小轻重、先后中外、主客存亡的差异。在他看来，理和气之所以会有这些差异，是因为理无论何时都具有善的属性，而气则有善和不善之分。理和气结合时或相合或相违，相合时天下安定，相违时天下混乱。若理为主，气为次，则万事有序，天下太平；相反，若气为主，理为次，则万事混乱，天下不安。为使宇宙中万物安定、天下太平，华西的主理说强调灵活运用理和气，要对理和气差别对待，这就形成了气无论何时都听命于理的理主气客的哲学理论。

2. 尊王攘夷

华西的尊王攘夷思想追求王朝秩序的安定，倡导勤王、忠君、爱民的思想，力图保障专制王朝的纯洁性和正统性。姜大德指出，华西是孔孟程朱学统传承者，尤其继承了尊王攘夷的思想。华西认为，清朝建立后，中华的文化正脉要由朝鲜维持了。宋时烈是孝宗大王时期极力主张排清北伐的人物，华西的尊王攘夷思想便源自宋时烈，宋时烈的反清思想则源自朱熹的反金思想，可以说朱熹、宋时烈、李恒老的攘夷思想是一脉相通的。

> 自伏羲以上，无文籍可考。自伏羲以下，至于我朝，班班可考而知也。抑阴、扶阳、遏恶、扬善八字，羲文周孔之大旨也。就人一心上，分别形气性命，弱彼强此，尧舜禹相传之大

旨也；克己复礼，遏欲存理，鲁邹教学之大旨也；明天理正人心，尊中华攘夷狄，《春秋》《纲目》及《东史》之大旨也。（《华西先生文集》卷三十一《讲戒》）

尊中华攘夷狄，穷天地之大经；黜己私奉帝衷，有圣贤之要法。（《华西先生文集》卷十五《溪上随录二》）

尊明排清是朝鲜的保国之道，与事大思想是相通的，在精神上连接了明朝和朝鲜。这种观念由于明朝援朝抗倭的"再造之恩"得以强化。华西的思想根基在于尊中华攘夷狄，其中中华超越国境，上升为人伦的、文化的价值观。在华西看来，圣贤的道超越了国家的存亡。因此，华西的尊王攘夷思想是以性理学价值观为基础的。他从对外意识和文化意识出发，立足于以中国为中心的华夷论。华西的尊王攘夷思想以文化的自存为背景，具有自主精神，建立在守护民族、国家和文化的意识之上，在阻挡外来侵略上被视为排斥倭洋的实践性行动纲领。

三、为民意识

华西怀有强烈的民本意识。他认为，在国家现实问题中，最为重要的便是国民生活的安定和富裕，治农（经济）和御贼（国防）是国家的重要课题，为民做事不仅仅是国家各种活动的第一目标，也是君主和朝廷官员们及其他士大夫阶层人员的义务。华西认为，知识阶层应该经常心念百姓，正坐读书本身并没有什么意义。

华西不仅极力倡导为民思想，还带头实践。比如，每到农忙季节时，若邻居中有贫困者或举办婚丧大事的人家，他都会予以帮助。他曾捐出数十石的粮食建立私家社仓，以预防凶年的到来。为了救济家境不好的人家，他曾拿出数百缗银钱。华西把庶民的生活看作根本，认为维持好民本是王和上层阶级的义务，国家兴盛的根本就是民生。为解决民生问题,他主张土地分配均等,以君王为首的上层阶级勤俭节约,以充实国库,救济百姓。

姜大德认为,华西是朝鲜王朝后期义理论之代表人物,民族抵抗意识之先锋。其门下培育出一大批卫正斥邪、倡议护国的中心人物,如崔益铉、金平默、柳重教和柳麟锡等。华西之"心说"以主理论为基础,反对心即理、心即气说,主张心合理气说。但是像柳重教所指出的那样,他固守理尊气卑,以理断心,因此其"心说"成为"心传说",是以心传主理论为背景的。他的心传主理论主张视君如父,视国如家,强调爱国思想和自主意识,是朝鲜王朝末期卫正斥邪论的思想基础,后来升华为民族运动的指导理念。华西在理气论上虽然固守主理的哲学立场,认为理和气两者不能对等,但在道德意识衰微的当时,成为向往纯善、实行大义的理论依据。

参考文献:

1. [韩]姜大德:《华西李恒老的生涯和思想基础》,《关东史学》1984 年第 2 期。

2. [韩]金根浩:《试论华西李恒老性理说的心学特征》,《栗谷学研究》第 26 辑,2013 年。

3. [韩]金根浩:《华西李恒老理学的心论研究》,高丽大学 2008 年博士学位论文。

4. [韩]姜必先:《华西李恒老的心性论》,《儒学思想研究》第 27 辑,2006 年。

奇正镇

奇正镇(1798—1879),原名金赐,字大中,号芦沙。幸州人。朝鲜朝后期性理学者,根据理一分殊理论独创了理的哲学。谥文简。

一、生平

父在祐,母安东权德彦之女。芦沙七岁时就理解了性理哲学之深奥道理,十岁便通读了四书。1815 年双亲去世,按照父亲遗言,搬家至长城河南。1828 年,参加乡试。1831 年,司马试获状元,随后闻名于朝廷,先后被任命为康陵参奉、显陵参奉、司饔院主簿,均不赴。四十岁之后,在学问上逐渐成熟,聚徒讲学,一心追求圣贤之道、探究性理之学。1862 年壬戌民乱爆发后,撰写《壬戌拟策》,指出时政之弊端,并提出解决方案,但由于当时朝鲜朝廷规定诉状须末尾署名并封好呈上,于是放弃上疏。1866 年丙寅洋扰爆发,法国入侵朝鲜,芦沙应时事上"六条疏",这是第一封《丙寅疏》,其内容包括针对外侵的六项防御措施,主张确立民族主体性,为当时的锁国政策做了补充。其卫正斥邪思想即以此疏为理论基础。高宗大王大赞芦沙之见,接受了此疏中提出的改革措施。得高宗大王赞赏后,芦沙先后被任命为司宪府执义、同副承旨、户曹参议、同知敦宁府事,皆不赴。为辞同知敦宁府事职,芦沙再次上疏,此即第二封《丙寅疏》。疏中,他严厉地批评了当时朝鲜存在的陋习,指出士大夫阶层没有做到清正廉洁,令人担忧,奉劝实践"三无私"精神。之后,受命为工曹参判、经筵特进官,均不赴。1877 年,因优老典获授嘉义大夫。晚年将家搬至月松,营建澹对轩精舍,1879 年卒。

芦沙一生培养了诸多学者,其学问和思想由金录休、赵性家、郑载圭、李僖锡、李最善、奇参衍等弟子继承下来。1892 年,赵性家为芦沙作行状。1901 年,崔益铉为其作神道碑铭。1906 年,郑载圭为其作墓碣铭。1927 年,建立高山书院,供奉他与赵性家等六位文人,于每年春秋祭祀。《芦沙渊源录》《高山书院志》分别于 1960 年、1968 年刊行。芦沙一生著述不多,但均为性理学思想的重要论著。其代表作有对《太极图说》中"定"字进行解释的《定字说》,对理气及李珥的"理通气局说"进行评论的《理通说》,还有反映其核心哲学思想的《纳凉私议》和《猥笔》。1882 年,《芦沙集》问世。1890 年,《答问类编》刊行,此书记录了他与弟子的问答,也体现了其哲学思想。

二、儒学思想

芦沙学问非师承所得,而是独自通过对宋代学者周敦颐、张载、程颢、程颐、朱熹等人的主张进行研究探索取得的。继李滉、李珥之后,他克服主理和主气的争论,根据朱熹的理一分殊论,提出了自己的理之哲学体系。他的哲学思想在宇宙构成、人间本质解释、四端七情和人心道心问题、人物性同异问题、善恶问题方面,与朱熹所谓理一分殊的理体、理用伦理一脉相通。他克服了用理和气解说宇宙现象的理气二元论,认为应该把人间心性甚至道德问题放在价值优先地位。针对人物性同异问题,他综合了主理、主气的心性论和人物性同异论。

朝鲜性理学界的主理派强调理之能动性,而主气派否定理之能动性,强调气之作用。这种观点的差异不仅在理的能动性与否上,还集中在“性即理”观和“气中之理”观,即本然之性和气质之性的关系上,以及理气和善恶的关系上。对此,芦沙强调理的主宰性和优越性,明确了理一元论的立场,而且这种态度比其他任何学者都坚定。芦沙认为,理是所以然之故,是所当然之责,是宇宙万物生成的实际促进力量,是宇宙万物内在的现实动力。因此,在他看来,理和气并不是合一关系,而是理包含气的关系。针对理气关系,他说:

若从源头论,一理之初,万有已足,如种著土,不得不生,故万有之气,由此而生。若就流行看,有一物方有一理,有万象方有万理,有若乘气变化而旋旋生出。善观者知其为流行边说话,不执言迷旨则可矣。若迷厥旨,以为理本无准则,东西南北,惟气之从,是理不为气之主,反听命焉,不亦左乎。天下未有无种而生者,理乎理乎,其万有之种子欤。(《芦沙先生文集》卷十六《答人问第二》)

万有之根于理,既闻命矣。敢问人事之不善,亦根于理而生乎?曰善乎其问之也。不善者,善之不直遂者也。不善亦安有别根乎?善之不直遂,有或掩闭激荡震撼者矣。天物之以掩闭激荡震撼而夭阏者亦多矣,上天无心,因其材而笃焉,故此理无不直遂者。人事不然,以一己之私,增减天物,于是理之不直遂者始多矣。仁不直遂而为贪吝,义不直遂而为残忍,礼不直遂而为谄佞,知不直遂而为邪谲,以其害于善而谓善之仇敌可也,以其本于善而谓善之孽孙亦可也。是果外此理而别有根柢乎?曰理本可直遂,而有不直遂则听命于气固也,曰此不知理之过也。理者种子也,但有必然之妙,非有能然之力,以其有必然也,故可直遂;以其非有能然也,故或不直遂,莫非理也,其本然则有在矣。惟圣人主于必然,以致其能然而后,本然者得矣。是之谓继天之所不能,深哉。(《芦沙先

生文集》卷十六《答人问第三》)

芦沙明确了理和气的主从关系,阐明了气从于理,气之发源于理之发。气对理无任何影响,而理则可以在某种程度上影响气。因此,在他看来,理一分殊的意义不单纯在于万物皆具一"理"的性理学概念上。作为本体(即太极)的理中已经包含了宇宙万物,同时理进行分殊形成一物一理的世间万象。在分殊的世界里,个别性和差异性的存在不是气的作用,而是气在理的命令下变动的结果。理一之理分殊后存在于事物中形成各自之理。因此,芦沙认为,理一分殊并不是说理一和分殊有本质差异。他明确指出:

> 诸家言人物之性,其归虽殊,窃意其所蔽一也。曷言蔽之一?蔽在理分相离。曷言理分相离?详诸家之意,一是皆以理为无分之物,分为因气而有,限理一于离形气之地,局分殊于堕形气之后,于是理自理分自分,而性命横决矣。性命横决,而论性始为天下裂矣。以肤浅所闻,分也者理一中细条理,理分不容有层节,分非理之对。分殊二字乃对一者也,理涵万殊故曰一,犹言其实一物也,殊非真殊,故曰分殊言所殊者特其分限耳。一句两语相须为义,除一个不得。故说理一时,可知分之已涵;说分殊时,已见一之自在。(《芦沙先生文集》卷十六《纳凉私议》)

把万象中包含的万理称之为分殊,只因为它局限在个体上,与理一的"理"并没有本质性差异,因此"分也者理一中细条理"。这种理一分殊理论对《尚书》中的"上道下器"也做了新的阐释。"上道下器,皆以形而言之。一形一理,即所谓分殊者。"(《芦沙先生文集·纳凉私议》)芦沙的理是理一和分殊的统一,因此太极也具有形而上和形而下一理贯穿始终的意义。他论述理和气时不把两者对立,提到李珥的气局时通常用"分"来解释。

像这样，他用理一元论的观点看待理一和分殊，对“所以然”的意义也有了新的诠释。即“所以然”是因天命如此而不得不那样，并不是天命之外存在“所以然”。徐敬德和李珥曾解释气的作用为自律性，芦沙批判了此观点。徐敬德用“机自尔”来说明气的运动。李珥认为，气“非有使之”，具有自律性。对此，芦沙指出：

阳动阴静，骤看皮面，果似自行自止；若深原其实，则壹是天命使之然也。天命然也，故不得不然。此之谓所以然，非天命之外，别有所以然也。今曰其机自尔，自尔虽不俟勉强之谓，而已含由己不佗由之意。又申言之曰非有使之者，说自尔时，语犹虚到，非有使之，语意牢确，真若阴阳无所关由而自行自止者。只此两句，浅见已不可晓。一阴一阳之谓道，一日无阴阳则天命无所施，不诚无物，天命一日或息则无阴阳矣。皮之不存，何物可以动静也。非有使之一句内，天命既息矣，天命息而阴阳因旧，实所未闻。(《芦沙先生文集》卷十六《猥笔》)

芦沙据理一元论，指出阴阳(理)的运动是根据天命进行的，气的运动是受理支配的，明确了理气的主从关系。但是，他也指出，如果承认了气的自身运动，则理和气都是万物的本原，“又理弱气强。吾惧夫气夺理位也”。这种观点与李滉的主理论非常相似，但是芦沙同意了理发，并没有承认李滉“理气互发说”中的气发，因此不能说他与李滉的观点一致。芦沙反对李珥的“气发理乘一途说”，对“气发而理乘之”中的“理乘之”进行了极力批判：

故理发二字，为今日学士家一大禁避语，而才见有段落行变化成条理者则曰气也。问孰主张是？则曰其机自尔，非有使之者；问所谓理者落在何方，则曰乘之矣。初既无使之然之妙，末又非有操纵之力，寄寓来乘，做得甚事。有之无所补，无之靡所阙，不过为附肉之疣，随骥之蝇，呜呼可怜矣。究厥端由,原于乘字失其本旨,骎骎致得理轻而气重,直至气夺理位,为万事本领而后已。一字之失其本旨,其祸乃至于此乎。(《芦沙先生文集》卷十六《猥笔》)

芦沙主张,主理宰气的发动,气发从属于理发,不接受"气发而理乘之"的观点。他的一元论解释了形而上的道和形而下的器,对心性论的道心和人心也进行了新的诠释,并再次评价了李滉的四端七情论和湖洛两派论争的人物性同异问题。

三、大一统思想

芦沙十一岁时,曾为全罗道昌平的春秋亭撰写记文,他在记文中写道:"匹夫而行万乘之事,一言而为百代之惧,经之以阴阳,纬之以赏罚,质之以仁义道德,拟之以威仪文章,其归不过止于尊攘。尝曰:'知我者其惟《春秋》乎,罪我者其惟《春秋》乎,岂不以知其不可为而为之于不得已也。'"(《芦沙先生文集·芦沙先生年谱》)之后芦沙自称明朝遗臣,说:"我东一域,大明遗臣,以海外藩臣,志复宗国,欲除华乱,惟我孝宗大王,亦知其不可为而为之。实是孔氏之大一统《春秋》之义,如日中天。于是幽闺妇女、草野小人,皆有腔子里春秋云云。"(《芦沙先生文集·芦沙先生年谱》)即主张朝鲜的使命是兴复"宗主国"明朝,除掉中华的难敌,实现尊华攘夷。孝宗大王虽不是天子的身份,但应行大一统的春秋义理。

芦沙之所以形成这种以尊华攘夷为基础的大一统思想,是因为他出身于老论家门,当时老论支配层继承了宋时烈的北伐思想。芦沙的五代祖奇挺翼(1627—1690)是宋时烈的门人,芦沙的家门延续老论思想,芦沙本人也与宋时烈的家门有密切关系。芦沙的大一统思想在高宗大王二年(1865)撰写的《请复万东庙疏》中再次体现。在这份代表湖南儒生的上疏中,芦沙指出万东庙不应该在君王变更时摧毁再建,而应该得到保存,摧毁万东庙违背了朝鲜百姓的意志。之后,他指出明朝对朝鲜有再造之恩,是经历万世都不能遗忘的,这一点正祖大王曾下旨让家家户户都铭记此恩,高宗大王也应该依循正祖的主张。芦沙在对万东庙再建的态度上与其他儒生无异,但是他让高宗大王以国王身份回归正祖的主张并学习正祖的做法这一点,还是值得关注的。芦沙期待朝鲜在实现春秋大义的同时对内加强集权,实现臣民统一的大一统。

十九世纪中期到二十世纪初这段时间,是朝鲜历史的重大变革期。进入十九世纪后,朝鲜统治阶级搜刮掠夺的残暴行径,终于引发了百姓起义,与此同时西方列强和日本对朝鲜的通商压力逐渐演变成武力示威。在这种时代背景下,鲜末巨儒芦沙的学行颇为引人注目,可谓鲜末儒学性理学者中最具代表性的人物。他生活在十九世纪朝鲜内忧外患的高峰期,那个时代混乱而无序,为解决时代问题,他努力寻找对策,在剧烈的时代变化中,克服混乱无序的现实情况,取得了诸多业绩。他经历了历史变革期,是历史的证人,他的学问及人生历程中体现的实践性生活姿态都是珍贵的历史遗产。

参考文献:

1. [韩]崔复熙:《奇正镇的理一元论思想》,《韩国哲学论集》第17卷,2005年。

2. [韩]金峰坤:《芦沙奇正镇的思想形成和卫正斥邪运动》,《朝鲜时代史学报》第30期,2004年。

3. [韩]朴鹤来:《奇正镇的心论和明德说》,《韩国思想史学》第16辑,2001年。

俞莘焕

俞莘焕(1801—1859),字景衡,号凤栖。杞溪人。朝鲜朝后期文臣、学者。谥文简。

一、生平

曾祖大司宪彦述,祖佥知中枢府事汉纯,父县监星柱,母全州柳德普之女。凤栖曾师事金迈淳、洪奭周、吴熙常(1763—1833,号老洲)。1844年,凭借良好的学问和德行被荐为缮工监监役,后来历任监察、社稷署令和永禧殿令。其任全义县监时,废除了黄口、白骨等税目,努力倡导儒学之风,受到百姓爱戴,但也因此受到监察司谋害,被流配洪川。从流配地归来后便断了做官之念,专注于研究学问和培养后人,尹秉鼎、徐应淳、金洛铉、尹致祖、金允植、南廷哲等一大批学者均出于其门下。

凤栖是朝鲜朝后期性理学大家,主张理气神化论,不仅精通儒家的各种经传和史书,对律历、算数也有很深研究,学问贯通政治、经济、军事等多个领域。当时儒学界中关于人物性同异的争论逐渐激化,湖西学者主张人物性异论,为标明这一主张,在华阳书院竖起上刻宋时烈所题"蜜岂性信"之碑。对此,凤栖认为,此语根本不能成为人物性论的论据,也没有明确阐明这场论争的实质,因而反对立碑。凤栖著有《泖东粹言》《东儒渊源》等。

尹秉鼎所撰凤栖《行状》节录如下：

先生柳氏出也……生于汉师长兴坊第。……戊子，以亲命从游洪渊泉先生，以书贽老洲吴先生学焉。上溯洙泗洛闽之源，下逮四七往复之下，讲论多出人意表，吴先生甚器之，视不以齿。……甲辰，冢宰朴公岐寿，以经行荐于朝，除缮工监监役。乙巳，以监造上号册宝劳，升六品，屡迁主长兴库簿、司宪府监察，令社稷署、永禧殿。丁未，以全义县监，副拟承恩点……凡有民诉，既判其曲直，又晓以道理，落讼者退无怨言。敦劝乡士，以《小学》为本，诗赋以旬课，《庸》《学》以月讲，未逾岁，儒化菀兴，氓俗丕变。出号，不严而威，豪猾屏息，穷蔀稍苏。黄口白骨之签于军籍者，为数百，并蠲荡之，则军布有阙，乃捐俸钱千余，吏之厚稍食者，亦自愿各出力，合得二千金，分俵各里设稧，而岁取殖以补其阙。约条成，为五方旗，洞长各以其方色，率坊民，齐会于庭，馈以酒食，谕以矫救之意，又演其情，为词以歌之，民大悦。……

湖中诸儒，议立华院庙庭之碑，碑文乃尹屏溪所著，而文中，有"蜜岂性信"一句，此盖尤翁言，而湖中士林，有为人物性不同之论者，每引此言以为证者也。于是，先生为太学诸生，简湖儒以折之，其辞曰……真、刘二家，各守一义，而武夷之院，未闻有引《中庸》、引《孟子》而为碑者。古之君子，岂不欲直己而折人哉。诚以后人甲乙之争，不干于先圣先贤而揄扬圣贤非一人一家之私，不以天下共公之言而言之，则非所以揄扬之道也。尤翁，东方之孔朱也；华阳，尤翁之昌平武夷也。"蜜岂性信"四字，非《大传》之一句，则乃《论语》之一句也。华阳碑文之引此一句者，亦非所以揄扬尤翁之道，其文之归于不用,职此之由也。又引渼湖先生已定之论言,此斯文大事,非一人可私,且斯院,邻近皇庙,殆与配享无异,所以论撰表章者,一主《春秋》义理,而理气之说,无甚著题,至若"蜜岂性信",未必为人物性不同之证,渼翁皆言之详矣。而一边则以为然,一边则以为不然,各习其师,不相为谋。如欲索言生出无限葛藤,岂若置而不言之为愈乎?大抵两边各引尤翁说为证,如孟、杨之于孔子,真、刘之于朱子,这边那边,俱是吾党长老,今不敢断之以孰为孟子、孰为杨氏。……

先生美貌秀干,声音洪亮,视官稍短,常施镜,而视力到老益晶明。讷于发言,而至于与人论文说理,语淋漓不休。性刚方且严,常佩韦而戒之,典凝敦朴之仪,人望而畏之,而接之又温然春和,疾遽之色不设于貌,畦畛之言,无发于口,处己接物,一于悃愊,肫肫之意,中乎积而外乎著,此盖先生天赋之厚,而晚益笃学力践,言动施措,出于浑然,为成德君子矣。其事父母以至孝,友兄弟以实心,申申于宗族,眷眷于朋友,恭于奉公而以直道不挠,庄于莅民而视之如伤。至丁教诲学者,自趋隅以上,未尝无施焉,以讲明斯道为己任,常竟晷讫讫,穷年兀兀,或俯就之,或引进之,随人才高下,俾各有造。故自戊戌以来至易箦,前后凡二十余年,除从宦时若干,皆讲明讨论之日,凡今士友之以文学操行见称者,盖多出于门下从游也。经传训义、理气心性之论,剖析极精,蚕丝牛毛,不足以谕其微妙,妙悟独得,往往见人所未见。而明体适用,皆可措之事业,井井乎虡立而笱横,粲粲乎璋判而圭合,经之纬之,不为无用之说。义利公私之分、异端邪说之弊,如欧罗巴之类,断之如快刀利刃,辟之如神搜霆击。其为文也,绳墨极正,地步极高,非六经四子之文不为,而矢口肆笔,皆秦汉以上人语也,而必

贯之以道,道与文为一,深造奥域,洞见大原。斯文之士,不一辞归,诚真儒者寡矣。(《凤栖集》附录)

二、理气神化说

凤栖对理气说的态度与当时性理学者的批判性立场不同,提出了对理气的独特看法,特别是以宋代性理学者的理气说为基础,针对在变化世界里不变而绝对的“理”是怎样实现的这一论点与当时其他性理学者展开了论争。凤栖年幼时曾与李观洙一起学习,对理和气的根本立场受其影响,甚至完全接受了李观洙的理气看法,并把它当作定论。

李成伯曰:“凡论理,须以当然本然者为先,而其自然者,则由夫本然者推之;其所以然者,则即夫当然者逆之,庶乎其不差矣。若外夫当然本然,而求其自然所以然,则鲜有不飃于认气为理之弊。”余常深服此语,以为不易之定论。[《凤栖集》卷七《读书记(下)》]

李观洙最重视的是所谓“本然”的本原层面和“当然”的道德层面,与“自然”或“所以然”相比,更强调“本然”和“当然”。凤栖深受这一观点影响,引用陈淳对理的解释,具体表达了自己的想法,即强调不能从价值中立的自然原理上去把握理,而应该从道德层面去把握。

理有能然、必然、当然、自然。(陈北溪记)而能然、必然、自然,非所以说理者也。何也?能然者,理之乘气者也,乃所谓神也。必然、自然,亦或有由于气机者,尚可以保其必然而听其自然耶?至于当然,则一于善而已矣。是以,不离乎气,吴先生所谓此理本色者,是也。是故,朱子以当然为要切处,其为人之意深矣。[《凤栖集》卷七《读书记(下)》]

如上所述,在理的各个层面中,凤栖把与道德本性结合的“当然”作为理的核心。他认为,把理认定为“能然”“必然”“自然”等只不过是为说明“理乘气”或“由气而生”,即自然变化原理。这一看法虽没有全面否决理的价值中立性,但还是强调了理的本色与道德性原理的结合。因此,他主要是从道德层面去理解“理”,在这一点上继承了朱子与吴熙常的观点,并再次确认了这种观点的妥当性。

凤栖虽把重点放在了理的道德性上,但也没有忽视现实世界中气的具体作用。换句话说,他以理的无形无为和气的有形有为的理气论为基础,把通过气展现出的理与由理引发的气相结合。因此,他对张载、程颐、朱熹等人提出的“神化”予以关注,并创造出了自己的一套理气论主张。“理一(太极)而气二。(阴阳)二而一者(阴阳一太极),神也;一而二者(太极生两仪),化也。”(《凤栖集·理气神化说》)凤栖的这种观点既说明了栗谷的理气观点,又通过“神化”的概念解释“一而二,二而一”,可以说是从动态侧面把握了理气关系。他没有单纯地把理和气理解为本原性实体和现象世界的变化主体,而是把理气关系具体化。“说理,不说神不备;说神,不说理不明。说理不说神,理气成二物;说神不说理,理气成一物。……整庵曰:‘非太极,不神,然遂以太极为神则不可;非阴阳,不化,然遂以阴阳为化则不可。’须看他合看离看。”(《凤栖集·理气神化说》)凤栖的这种看法在倡导理解变化现象中的理的同时也强调了理气不相离和不相杂的均衡关系。如果忽视具体现象中潜在的理,理气则纯粹成为两个事物,只有注意到具体现象,理和气才能视为一物。神和化虽分别来源于理和气,但如果理气和神化一一对应,就会错误地把握理气关系。他认为,理气和神化的关系不相离、不相杂,即强调对合看和离看的均衡理解。

那么,他对“神”又是怎样理解的呢?首先,他提出神的意义为

"妙万物","妙万物"指代并说明了"能妙",指出"神也者,妙万物而为言者也。老氏之众妙,佛氏之妙有,其亦有见于神乎。……妙万物者,能妙之谓也"。即"神"展现了现象世界的微妙,在他看来,儒学与道教、佛教并无差异。但是如果从这种意义上把握"神",就会得出气为现象世界变化的原因,即气为主宰的结论,他对此进行了批判。他引用了庄子之说引发"神"的意义,指出了只在"能妙"的角度把握"神"的意义时出现的问题。

> 庄子曰:"南海之帝,为倏;北海之帝,为忽;中央之帝,为混沌。倏与忽,时与遇于混沌之地,混沌待之甚善。"其说不亦奇乎。倏也者,阳之神也;忽也者,阴之鬼也;混沌也者,太极之混然者也。倏与忽,时与遇于混沌之地者,阴阳一太极之谓也。混沌待之甚善者,太极动而生阳,静而生阴之谓也,其于斯道之原几矣。但帝者,主宰之称也。太极阴阳,均之主宰,则道之与器,其别安在?然则其所谓混沌者,乃气之混然也,非理之混然也。见其能妙,而不见其所妙,此之谓也。(《凤栖集》卷四《理气神化说》)

凤栖强调,把握"神"的意义,不能只注重"妙万物"的"能妙",还要关注"本然之妙"的"所妙"。"惟朱子所谓本然之妙者,与妙万物不同。何也?妙万物者,能妙之谓也;本然之妙者,所妙之谓也。"(《凤栖集·理气神化说》)现象世界微妙的表现不是依靠发挥具体作用的气,而是依靠使这种变化成为可能的理,因此要在理为主宰的角度去把握"神"的意义。他还批判说:"见其能妙而不见其所妙,此乃所以为佛老也。"(《凤栖集·理气神化说》)凤栖强调在变化的具体现象中均衡理解理和气,把"神化"与《中庸》的"费隐"结合,更加具体地解释了"神化"的意义,谓"费隐者,神化之本也;神化者,费隐之用也"。费隐又是何意?凤栖对此提出了自己的见解,认为:“《中庸》有脊。何谓《中庸》之脊?费隐之说,是也。费隐有脊。何谓费隐之脊?鬼神之说,是也。”(《凤栖集·中庸鬼神对》)费隐是神化之本,“费而隐者,即其所当然,而语其所以然也”(《凤栖集·中庸鬼神对》)。

“理气神化说”是凤栖理气论的核心,以理为中心确定了现象世界中的自然原理和道德原则,强调以实现善为基准的道德,而道德的实现在于人类。

三、对明德和未发说的见解

凤栖对十八世纪以来畿湖学界的核心论争——“湖洛论争”的主要论点很感兴趣,其师吴熙常是洛论的宗匠,因此凤栖对湖洛之争也有所关注,特别对明德和未发提出了自己的见解。明德和未发是“湖洛论争”的主题,与心相关,由此可知凤栖所关注的是人行为的主体——心。当时畿湖学界关于心的论证层出不穷,在这种情况下,凤栖没有对明德进行理气论解释,而是强调要忠实于《大学》之旨。“明德之旨,不须多言,须要识章句所训二十一字,加一字不得,减一字不得。”(《凤栖集·答闵正字》)他在寄给洪奭周的信中说:“《大学·明德》章句,虚灵不昧,所以训明字也。然则以具众理而应万事,为德字之训,可乎?人之所得乎一句,正训德字。虚灵不昧,以具众理而应万事三句,俱训明字。若但以虚灵不昧四字,为可,以全释明字,则是释氏之真空定慧,庄周之虚室生白,皆足以为明德,是岂吾朱子分金秤出之本旨哉?”(《凤栖集·上渊泉洪先生》)他在给门人闵胄显的信中也说明可以“具众理”和“应万事”的有无区分儒家和佛教。

凤栖认为,明德未显现时具有无形的理,显现后,虽是由气回应,但气是因为理才回应的。他在理气不相杂的角度对明德进行了解释。由此可知,凤栖反对“明德理气论争”中只规定理或气的一方。他认为明德可视为理,但又不只强调理的主宰性,“所贵乎明德者。为其理无不具,事无不应”。明德是理气一体的,更加需要关注的是构成心的气所具有的有为性。

他的明德说与他在“湖洛论争”中所持未发的论点是一脉相承的。他通过未发说对湖论和洛论进行了结合,把未发问题与道德性修养相关联进行解释。他继承了洛论的传统,但并不固守洛论派观点,他强调“公听并观”的态度,包容湖洛双方的立场。他通过未发说确认了对“众人的未发有无”和“圣凡的未发同异”的态度。针对“众人的未发有无”,他在接受众人不存在未发这一观点的同时,认为“此亦随人禀赋不同,性静者,须或有此时节,此甲说也”(《凤栖集·未发说》)。他对“圣凡的未发同异”也不拘泥于一种观点,认为“合而言之曰,同处同而异处异”。

凤栖强调世界之本原性、道德性原理,这集中体现在现实世界中理的实现上,并且认为理的实现应从具体现实中寻找,注重变化的现实和作为实践主体的人的能动性。凤栖继承了畿湖学统,同时积极应对时代变化,化解了畿湖学统的分化危机,畿湖学派思想由是成为十九世纪中期朝鲜稳健开化论的思想基础。

参考文献:

1. [韩]朴鹤来:《凤栖俞莘焕的哲学思想研究》,《民族文化研究》第 54 卷,2011 年。

2. [韩]卢大焕:《19 世纪中叶俞莘焕学派的学风和现实改革论》,《韩国学报》第 72 期,1993 年。

3. [韩]林英杰:《五洲李圭景实学的一方向:对西势的认识》,《汉文学报》第 28 辑,2013 年。

崔汉绮

崔汉绮(1803—1877),字芝老、芝密,号惠冈、明南楼。朔宁人。朝鲜朝后期唯物主义哲学家,也是改造传统理学、提倡新“气学”的代表人物。谥靖孝。

一、生平

惠冈先祖世代定居开城。高祖一代,为跻身士族而勉励孝行。高祖崔文徵致孝行而积学问;曾祖崔之崇武科合格;其养父崔光铉武科合格后,从1814年起任官,后回故乡开城扶山洞,建归耕堂,与金宪基、韩敬履等学者共作诗文;其生父崔致铉也尽孝行,尤以诗才闻名。惠冈深受家学之影响。

十九世纪的朝鲜正值势道政治,1840年,惠冈获势道家赵寅永和洪奭周荐举,但他以无意仕途为由予以谢绝了。1834年,惠冈与好友金正浩合作刊印《万国经纬地球图》,并立志专心于学问研究、地图制作及地志编纂。

1836年,惠冈著《神气通》《推测录》。本年十月,合并二书,以《气测体义》(“气测”的“气”取自《神气通》,“测”取自《推测录》)为题在北京正阳门内的人和堂刊印发行。在此期间,惠冈在其所修气和堂、肯业斋、藏修楼、养闲亭等书斋进行著述活动。

肯业斋是惠冈为修习实业和教养之业之学人所建。他认为,民生之业分事功之业和人道之业,农业、商业、医业、工业、文业等为事功之业,而人道之业是参天地、明伦理、制纲纪、树立学问之根本、统括诸业而使之成就的事业,每个人都应选择适合之业修习。

惠冈六十五岁后,作为学者声名日高。1871 年朝鲜遭受辛未洋扰之时,六十九岁的惠冈受江华镇抚使郑岐源之邀,阐述自己对外交、军事等方面问题的意见。1876 年,朝鲜准备打开国门,而最早得知这一消息的可能也是惠冈。他让其子崔柄大献上反对开国的《斥邪疏》,其子也因此而遭流配。惠冈或许认为应在无法避免开国的状况下保留国家自主性。

惠冈晚年极为关注财用,所著《财教》一书虽然遗失,但通过弟子金秀实转述其师言语的文章,可以窥见惠冈晚年思想的极大转变。"窃念财者,民生日用,养生送死,不可须臾离者也。……礼义财用,相须而成。务财用而不顾仁义者,固无足言;语仁义而不念财用,亦非可羞耶?"经辛未洋扰一事,惠冈晚年更加致力于对富国强兵等问题的研究。

惠冈在十九世纪三十年代提出"神气"和"推测"的概念,在五十年代使之进一步发展,系统总结了前人对"气"的认识,并由此提出解决当时朝鲜社会各种复杂矛盾的方案,试图对逐渐迫近的西学挑战做出主体回应。惠冈把当时所能接触到的思想加以会通,从广阔视野对自然、社会等问题做了深入探讨,致力于阐明人类和谐共存之新方向。

二、气学及其宗旨

惠冈秉承徐敬德、任圣周等气不灭传统,在近代自然科学基础上,建立气一元的哲学体系。他以"气"为世界本原,认为"充塞天地,渍洽物体,而聚而散者,不聚不散者,莫非气也","天地人物之生”,“皆由气之造化”;“后世之阅历经验,渐渐明乎气”;天地万物虽有“形质之差异”,但“何物非气之所资生,何物非气之所由成也”;天地万物都统一于气,其“气是一也”。

惠冈将其生活之时代理解为新学问兴起、物理获得阐明的时代。他通过阅读各种新书意识到自身恰逢东西文明大转换时期,为了解、介绍新文明,他奉其一生建构气学这一新学问体系。尽管身处实行锁国政策的朝鲜,未有机会与境外学者交流,但他预见到不久之将来,世界各国对学问与政教相互比较、舍虚取实的时代就要到来。

通过《神气通》和《推测录》,可以窥知惠冈气学的形成过程。《神气通》讲气之体,《推测录》讲气之用。《神气通》的“神气”是了解气学形成背景的重要概念。

依惠冈之见,人情和物理首先通过感觉器官由外而入,受到神气习染,在发生作用时表现于外,由此形成“入”“留”“出”三个阶段。可见,理从最初就具备于心的性理学思想为惠冈所否定。惠冈认为,神气是天地和人物实象之形质,如果真能对之加以推明,那么事物和著述就都会变得精实。此外,神气由经验见闻的积累而充实,由岁月积累而有力,由运化积累而神明,由推测积累而德彰,至此则志刚而能和。

在认识论上,惠冈从气一元论出发,对认识的主体与客体、认识过程、知与行等问题做了系统论述,推进了唯物主义认识论的发展。他认为人身上的感官为人提供认识的可能,然而如果无客观事物,人就不能认识事物。当客观事物与感觉器官相接触,作为认识器官生理基础的“神气”在“发用”时才产生认识。在他看来,认识过程是从简单感觉开始的,经过知觉、表象、推理和判断达到理性认识。人的认识离不开感性认识,若无“记忆”“经验”,“平生屡闻数见之事物”也将与“初见之事物”一样。惠冈认为,“知行先后,自有进就之序”,在认识开始时“由行而有知”,获得知识后“由知而有行”,主张“行先知后”,反对知先行后说和知行合一说。惠冈虽然对唯物主义认识论有一定贡献,但仍未摆脱唯物主义的朴素性和直观性。

此外,惠冈吸取西方大气说以补充气学,把大气中有形质看作“千古之大阐明”,又把关于神气形质之事载入书册比作“长夜世界,太阳升天”,更把伽诺(Jun Sebastiandel Cano,1476—1526)绕行地球一周之事评为“天地之开辟”,认为由此可破除迷信,使万事弄明了方向。惠冈通过天文学、地理学、机械学等理解气之机制被阐明的过程,认为没有机械学就不能对气加以说明,没有天文学和数学就不能对气加以分析。由此可见,他已经认识到不借助自然科学知识是不能对气加以讨论的。

惠冈之气学建立在天文学的发展与地球自转和公转的解明、自然科学中机械论的基础之上,是在对尊崇虚理的心学、理学及神天(天主)的批判过程中形成的。关于气学之形成,他说天文学提示气学的方向,地球的自转和公转相当于气学的入门。

惠冈对虚无及空寂之概念予以彻底摈弃。他批判说,老子之虚无和佛家之空寂只看到气之性质中无形和无滞的一面,而对其充满宇宙生出万物的一面则全无所见。按照惠冈的观点,只有把老子之“无”(“有生于无”)和佛教之“空”全换成“气”,才能使意思通顺,错误得以纠正。惠冈认为道教和佛教尊崇虚无,基督教和伊斯兰教侍奉神天。

惠冈生活在理学逐渐失去政治功能、西学受到排挤之时代,因此他以儒学为基础对理学加以批判,试图主动吸收西学。具体而言,他从儒学吸取伦理仁义,从西学吸取天文学、数学和气说,对于佛教则把虚无换为实有,主张调和三者融而为一。

惠冈不是议论性善说和理气心性的儒者,他认为善与恶、虚和实之概念在人与物之关系中产生,在关系确立之前,上述概念不可能产生。由此可见,他是在人间关系与“行事”中设定善恶的。依照惠冈所言,不了解人的行事,人的善恶就无法验证;不讲人的行事,就不能指出人的吉凶。

惠冈指出,在近代,地球的回转理念变得清楚,可用于实验的工具也已具备。他认为,气之体用可通过积蓄的事实加以验证,气之运化可由实践加以确认;另外,一切变化都产生于气之积蓄,秩序井然的宇宙运行也是由于气的活动。宇宙中只有气,是他在1857年发表的《气学》中阐明的观点。他还认为,天下人人活用、全人类都应佩服之学问就是气学。

惠冈之气学中,最重要的就是他在十九世纪五十年代对气之性重新做出的解释。在《神气通》和《推测录》里,“活动运化”这一气学核心概念还未使用,此时,惠冈和先学一样用“气之流行”和“气之运行”等词语表示气之作用。惠冈在十九世纪五十年代编辑《地球典要》的过程中,通过法国传教士布诺阿(Michel Benoit,1715—1774,汉名:蒋友仁)的《地球图说》确认了地球自转与公转的规律。他根据地球自转与公转,确信宇宙中没有不运动循环的事物,提出“活动运化”之新概念。他认为,认识气之“活动运化”,首先要了解地球为球体,其次要知悉地球自转和公转,最后通过了解大气(清蒙)而完全清楚。由此可知,地球之知识和大气说,对惠冈气学之形成有着深刻的影响。

惠冈认为,把地球日月星辰回转之原理、寒温干湿发生之理由及成长衰老承顺之方向三者合在一起的要点就是“运化”。又认为,一身运化是修身之要谛,交接运化是齐家之要谛,统民运化是治国之要谛，大气运化是平天下之要谛，其中统民运化是气学之要，也是各种运化的根本。他之所以把统民运化看作气学之根本，是为安定当时动摇的民心，治民安民。

"活动运化"是惠冈气学之宗旨，也是其气学与以往有关气的学说的不同之处。他批判说，性理学者虽然认为气是有形的，可实际上把它看作无形的，只对它加以议论，而未对它进行观察、验证。与此相对，气学之场合则是有形有质，既可用眼睛确认，又能用实验证明。另外，惠冈也用"活动运化"之概念说明人间社会，他把"活"与饮食和财用、"动"与接济和应酬、"运"与随时和因机、"化"与佩服和应和结合起来分别加以说明，认为"活"中有生气的意味，"动"中有振作的意味，"运"中有周旋的意味，"化"中有变通的意味，这些意味分别包含在"活动运化"之中。还认为，"活"表示生命性，"动"表示运动性，"运"表示循环性，"化"表示变化性；所谓"活"表示宇宙中存在的所有事物都有生命，所谓"动"表示宇宙中只有动而没有静，静是动的安静状态。

惠冈认为天下之事以和为本，重视人道，同时也积极而宽泛地把握五伦。他以人道为基础，试图把它作为使世界和谐的理论而将之普遍化。他认为父子、君臣、夫妇、朋友等不仅是社会的成员，而且也是世界的成员，因此努力由人道使世界各国的人们相通和谐。他在十九世纪五十年代末把以五伦为基础的人道看作普遍性的东西，并加上"兆民有和"，由此作为具体表现人类和谐之新德目的六伦而加以提倡。由于标举六伦，惠冈克服了以往只限于个人、家族与国家的五伦的界限，把六伦作为使世界人类和谐的人道纲领。

在朝鲜思想史上，惠冈超越了理学时代，在十九世纪中期开辟了气学新纪元。他主动接受西学，建立了气学这一新学问，提出气学之神气。惠冈作为朝鲜十九世纪卓越的学者和儒学思想家，他的哲学思想连接古代哲学和近代哲学，具有承上启下的作用，对朝鲜近代哲学的发展产生了重要影响。

参考文献：

1. [韩]权五荣著，邢东风译：《崔汉绮的生涯与气学》，《思想与文化》2009 年第 00 期。

2. 李明洙、曹玮：《崔汉绮的气学和近代认识的境界》，《韩国研究论丛》第 22 辑，2010 年。

3. 唐艳：《朝鲜朝末期实学家崔汉绮的气哲学思想》，《韩国研究论丛》第 21 辑，2009 年。

4. 赵立强、高琳娜：《论朝鲜本体论气哲学思想的发生渊源——以崔汉绮的神气思想为中心》，《黑河学刊》2009 年第 7 期。

5. [韩]林荧泽：《惠冈气学的思想》，《大东文化研究》第 45 辑，2004 年。

朴珪寿

朴珪寿(1807—1877),字桓卿、瓛卿、鼎卿,号瓛斋、桓斋、瓛斋居士等。潘南人。燕岩朴趾源之孙。朝鲜朝后期文臣、实学者、开化论者。谥文翼。

一、生平

瓛斋是朝鲜朝末期实学思想通向开化思想的架桥者,生于汉城嘉会坊斋洞,父朴宗采(1780—1835),母全州柳氏,祖朴趾源,高祖朴弼均。从高祖黎湖朴弼周为金昌协和金昌翕门人,是十八世纪洛论中心人物之一,其党色属于西人老论系列,学脉属于主张人物性同论的洛论系列。

瓛斋出生之前,祖父燕岩朴趾源已经去世,瓛斋虽未得到祖父的直接教诲,但其父得到了燕岩的直接训导,因此瓛斋在父亲的教导之下,对实学思想有了初步了解。

从出生到1830年,为瓛斋的修学期;以纯祖末年代理国政的孝明世子的突然去世为契机而蛰居研究学问的时期,为其隐遁期;从1848年科举及第到去世为止,为其仕宦期。其人生最重要的仕宦期又可以分为哲宗时代和高宗时代两个时期。

瓛斋治学受父亲朴宗采,外从祖柳訸,表叔李正履、李正观影响较大。朴宗采作为燕岩次男,曾编辑《燕岩集》和燕岩言行录《过庭录》。朴宗采妻叔柳诉与晚年的燕岩交游,深受其化,而李正履、李正观兄弟则是燕岩妻弟李在诚之子。通过这样的人脉,可以具体确证瓛斋传承的乃燕岩之实学。

在《尚古图会文义例》中,瓛斋阐发了大量治道、制度、刑政、财赋、礼论、兵论等经世内容,实学倾向明显。此外,瓛斋与燕岩一样,主张“地圆”“地转”说。在《居家杂服考》中,瓛斋继承了宋时烈以后老论学界的主张,这种主张同时也是燕岩提到的士大夫衣冠制度改革论。瓛斋主张自天子至士,其根本为士,故玄端之类的“士服”应为衣裳之根本,这种关于服饰的礼说是对燕岩士论的发展。此外,《答金德叟论箕田存疑》一文,也继承了燕岩在《课农小抄》的《箕子田记》中所披露的见解。

1840 年以后,隐遁期的瓛斋在思想和学问上发生了重大变化。以李正履兄弟在 1839 年至 1840 年燕行为契机,瓛斋了解了第一次鸦片战争前的海外局势,开始关注海防;通过李正履购来的《经世文编》,瓛斋接触到顾炎武、魏源等人的经世学成果,在学问方向上完成了由隐遁初期的复古礼学研究,向西势东渐世界巨变下经世学研究的转变。在《辟卫新编评语》中,瓛斋依据魏源的《海国图志》,在批判天主教和西洋诸国侵略行径的同时,披露了对东方文化优越性的确信,并乐观地展望通过东西交涉,西洋人将被东方文化所感化。这种思想表明,瓛斋在应对新的时代局势时,逐渐克服了祖父实学的影响,突破了局限,在思想上出现了“东道西器论”的萌芽。

在宪宗大王末年才出仕的瓛斋曾任龙冈和扶安地方官,回归中央官职后,曾任庆尚左道暗行御史、热河问安副使、晋州按核使等职。此后又历任司谏院正言、司宪府掌令、成均馆大司成、吏曹参判、工曹判书、平安道观察使等职。

1856 年“亚罗号事件”发生，1860 年英法联军占领北京和天津，咸丰帝避难热河。1861 年，瓛斋以问安使节副使身份出使清朝，目击了当时中国的形势，结识了沈秉成等八十余名清朝人士。

1866 年，瓛斋被任命为平安道观察使。同年 8 月，美国“舍门将军号”武装商船入侵朝鲜。从 11 月开始，朝鲜对天主教徒展开了大规模的迫害运动。瓛斋认为，民众之所以追随天主教，是当局没有正确教化的缘故，其所任职的平安道便未发生迫害行动，因此主张应该善导而非处罚。1869 年，瓛斋转任汉城府尹，除刑曹判书。此后，在任大提学时又作为进贺使正使身份，与书状官姜文馨、首译吴庆锡一起，第二次出使清朝。

在这次燕行过程中，瓛斋目睹了清朝为应对西洋冲击而展开的洋务运动，确信开国和开化的必然性。归国后，于 1873 年升任右议政，此后数次向兴宣大院君提出开国的必要性，但均未得到采纳，即于次年辞职。1875 年初任判中枢府事，转入闲居生活。此后，其思想倾向由实学逐渐转化为开化，在内在地继承了实学思想的近代指向层面的基础上，形成了进取的开化思想。

瓛斋一生私淑丁若镛、金迈淳、赵钟永、洪奭周、尹定铉等实学前辈，并与南秉哲、金永爵、金尚铉、申应朝、尹宗仪、申锡愚等文友交游。瓛斋门下，培养出了金玉均、朴泳孝、金允植、俞吉浚等主导朝鲜开化运动的杰出人物。

瓛斋死后配享高宗庙廷，谥号文翼。著述有《瓛斋集》《瓛斋绣启》。

二、自然观

瓛斋认为：“凡所谓学者，皆实事也。天下安有无实而谓之学也者乎？”（《瓛斋丛书》六）可见其坚持实学的学问观。对此，其门人金允植曾说,“大则自区划国家制度之机,小则金石考古仪器杂服之细,研究而求其知,实事而求其正。学问规模之大,综合理致细腻而精致,无非补佐经典,阐明先王之道。平生不欲无实空言,必欲求其实质”(《瓛斋丛书·序》),即阐明了师门之学追求实事求是的性质。由此可见瓛斋思想以实学为依归。

瓛斋对天文历法造诣颇深。他在《或人论天体》中,详细介绍了盖天说、浑天说、宣夜说、昕天说、穹天说、安天说等六大传统天文学说的得失,主张地球是正圆的球体,四周为气所环绕,故能浮而不堕,认为“阳气之清明而无形者,为天。阴气之博厚而成质,为地也。不曰上下,而曰内外,言天之包地,非地之戴天也”。即天地是内外关系,而非上下关系,天包地。还认为,天即绕地回转运行的气的总体,即续气。

> 夫太虚寥廓,充塞者气也。无上无下,无始无终,续气浑浑,凝聚成质,周布虚空,旋转停住,所谓地日月星是也。(《瓛斋丛书》一)

这种认识与洪大容在《医山问答》中所说“太虚寥廓,充塞者气也。无内无外,无始无终,积气汪洋,凝聚成质,周布虚空,旋转停住,所谓地月日星是也”几乎完全一致。他认为,天包地而四时运行,“今乎天,无形也,无体也,无事也,浑浑乎其包斯地而已矣,穆穆乎其运四时而已矣”。他说:“天包地外,地居天中,则天地之尊卑,何尝有定位之。只凭人物之所观察而言也。”(《瓛斋丛书》一)由此提出所谓“天尊地卑”或“地之戴天”的观念是错误的。同时提出,所谓“天圆地方”亦非指“形体”而言,而是指天地之德,天不停地回转运动而生育万物之德圆满,地因以正位载万物而其德方正。这与洪大容主张的“地静天运,人之常见也。无害于民义,无乖于授时,因以制治,不亦可乎”,以及朴趾源所言“谓地方者,谕义认体;说地球者,信形遗义。意者,大地其体则圆,义则方乎”之意非常相似。瓛斋与朴趾源一样,都是在义理论的观点上谈论天圆地方。瓛斋说“今夫地,中立而不倚,正位而不依,与日月并丽焉,与星宿并列焉”,并强调说:

> 夫地者,阴气之聚,而水土之质也。其体正圆,团团亭亭,无依无系,与日星并丽,而万物得依附于其面也。(《瓛斋丛书》一)

瓛斋在自然观和华夷观上受洪大容影响较大,通过华夷论的辩证自觉而考虑到朝鲜的现实局面,从而对中美日等国有了新的认识。

洪大容否定了“华夷之分”和“内外之分”,在相对论的基础上否定了中国为世界中心的观念,确立了“华夷一也”的新的世界观。瓛斋继承了北学派的世界观,认为地球是圆的,故所有国家都可以相对成为世界之中心。这表明瓛斋的思想中已经存在力图摆脱“宗主国”束缚的开化意识。

对于中国称朝鲜为“礼义之邦”的赞语,瓛斋认为要辩证地看待。

> 辄称礼义之邦,此说吾本陋之。天下万古,安有为国而无礼义者哉?是不过中国人嘉其夷狄中乃有此,而嘉赏之曰“礼义之邦”也。此本可羞可耻之语也,不足自豪于天下也。……今辄自称礼义之邦,是不识礼义为何件物事之口气也。(《瓛斋丛书》六)

这种在对等的立场上,认为中国称赞朝鲜为“礼义之邦”是羞耻之事的看法,可以说是近代朝鲜受到洋扰之后国内进步人士自我反省的产物。

三、社会观

对北学派来说,传统华夷论的变化即意味着身份制的改革。在功利主义、实用主义的观点上,"华"与"夷"的重新界定即与能力为主的身份观一脉相通。他们认为,华夷无法游离于现实而由空虚的名分所决定,四民的身份同样也不能与其能力无关而由空虚的名分所决定。同时华夷并不意味着国权的差异,四民也不意味着人权的差别。

瓛斋在身份观上受到北学派影响,其中受祖父朴趾源影响最大。他虽承认士农工商的差别,但与北学派实学者一样,认为这只是职分的差别而非身份的差别。他说:"夫士何为者也?夫士者,圣人之大本,而闻道者之美名也。"他认为成为"士"取决于孝悌忠顺的实践。而所有人都具有孝悌忠顺之德,故都具有成为士的可能性。

> 夫人之有孝悌忠顺之德也,何莫非士也。士之以百亩为己忧,勤力以长地财者,谓之农;士之饬五材,辨民器,开利用厚生之物者,谓之工;士之贸迁有无,通四方之珍异,以资之者,谓之商。其身则士,其业则农工贾之事也。(《瓛斋丛书》一)

瓛斋认为农工商的区分不过是职业上的分类,但均为士之所业。他以舜、伊尹、傅说、后稷、端木赐等为例,说他们以农、渔、商而聚财,但均不离士之道。士如为官按照职责不同而名称有异。

> 士之受其职,居其官,作而行之,曰士大夫。士之忻忻休休,容民畜众,论道经邦,燮理阴阳,曰三公。……士之辨方正位,体国经野,设官分职,以为民极,受帝之命,恭己南面,曰天子。其身则士,其爵则天子也。(《瓛斋丛书》一)

在他看来，三公、天子在身份上无不为士，只不过是职分上有所差异而已：尧、舜、禹、汤、文、武、伊尹、傅说、周公等，士而有其位，而行其道者；仲尼、颜渊、子思、子舆等，士而无其位，而守其道者也。

他进一步议论，说两班“稍有地阀者，辄称两班，此为最堪羞耻之说，最无识之口也”（《瓛斋丛书》六），批判了当时朝鲜社会中的地阀族阀意识。

瓛斋活跃的时期正处于朝鲜民族危机到来之际。在这样的时代状况之下，传统的卫正斥邪论和大院君的锁国政策作为解决外势围困的应对之策，是被动的而非能动的。两次燕行使瓛斋的世界观发生了巨大变化。瓛斋认为，应对时局变化的内政外交之策应因时而定。

> 先生喟然叹曰：“顾今宇内，情形日变，东西诸强并峙，与曩日春秋列国之时相同，会盟征伐，将不胜其纷纭矣。我国虽小，处东洋之纽枢，如郑国之在晋楚之间，内治外交，不失机宜，则犹可自保，不然则昧弱先亡，天之道也。”（《瓛斋丛书》六）

他认为当时朝鲜国内的政治经济矛盾是天主教徒扩散和农民抗争的根本原因，只有果断实行社会变革才能阻止民心的离叛，才能能动地应对国际局势。他主张通过开国外交以避免朝鲜在国际社会上被孤立，通过通商和接受技术文明实现富国强兵。为此，他尤其强调开国的必要性。

> 吾闻，美国在地球诸国中，最号公平，善排难解纷，且富甲六洲，无启疆之欲。彼虽无言，我当先事结交缔固盟约，庶免孤立之患。（《瓛斋丛书》六）

但当时的朝鲜社会，锁国论调甚嚣尘上，瓛斋对此亦无力对抗，最后只能辞职。

瓛斋的开国论基本上继承了北学派的海外通商论,但为应对西方列强的挑战,瓛斋强调不仅要接受其先进文明,还要有保持国家独立的外交手段,这意味着朝鲜开化思想的萌芽。其思想为主导开化期的金玉均、朴泳孝、金允植、俞吉浚、金弘集等人所继承,在实学派与开化派之间起了架桥者作用。

参考文献:

1. [韩]金明昊:《瓛斋朴珪寿研究》(一)(二)(三),《民族文学史研究》第4、5、6卷,1993、1994、1995年。

2. [韩]金明昊:《实学与开化思想的关联——哲宗时代朴珪寿的活动与燕岩的影响》,《大东文化研究》第36辑,2000年。

3. [韩]金仁圭:《北学派对朴珪寿思想形成的影响》,《东洋哲学研究》第28辑,2002年。

任宪晦

任宪晦(1811—1876),字明老,号鼓山、全斋、希阳斋。丰川人。朝鲜朝后期文臣、学者。谥文敬。

一、生平

父天模,母南阳洪益和女。鼓山生于纯庙辛未,天资异禀,言行有度。弟子田愚为鼓山所作的《全斋任先生神道碑铭并序》记载:"梅山先生洪文敬公之门,儒贤辈出。以孝友诚敬,清通缜密,阐明斯文,裨补世程,则如我全斋任先生者,盖鲜矣。……生有异质,才学语,已能读书。稍长,言动有度。尝贽见刚斋宋先生,甚器重之。既又谒文敬公。参判公临没,属曰:'就正有道。'"鼓山家族中人才辈出。七代祖任弘望师事宋时烈和宋浚吉。肃宗大王在位时,任弘望积极支持宋时烈的理论。在担任蔚山副使时,任弘望经常去拜访遭流配的宋时烈。五代祖任征夏于1714年文科科举及第走上仕途,于1721年因参与党争而辞职。1725年,老论派重新当权,任征夏得以官复原职。此后,任征夏更加坚定地站在老论派一方。

1834年,二十四岁的鼓山前往青川参拜宋时烈的华阳书院。此后,鼓山成为畿湖学派的一员。1836年,鼓山前往怀德鳌村拜访宋稚圭,并拜其为师,这使得鼓山有机会接触宋时烈的学问和思想。鼓山也与其祖辈们一样,坚守老论思想。鼓山交际广泛,经常拜访金迈淳、洪奭周、洪直弼等人。1842年,鼓山正式师事洪直弼。1848年,鼓山与师门学子共同编纂《五贤风雅》。鼓山从中得以学习赵光祖、李滉、李珥、金长生、宋时烈及朱熹的思想。

1858年起,鼓山先后被任命为孝陵参奉、活人署别提、经筵官、大司宪、祭酒等职,均不赴。1862年,鼓山与金平默展开关于性理学说的论争。1868年,鼓山与赵炳德就"生之谓性"展开论战。

1875年,鼓山向崔益铉和金平默阐述自己对于时局的判断,主张恢复明朝在朝鲜的地位,脱离清朝对朝鲜的统治。

田愚在为其师鼓山所撰神道碑铭中评价说:

> 诚者天道,亦粤圣本。四时百行,昭著无隐。于惟先生,性于忠信。美质如玉,滢澈温润。观厥居庭,孝以成身。生事葬祭,受敬真纯。中孚之妙,格天动物。宗圣是慕,事事观法。文敬曰咨,吾道有托。今日后生,某为第一。尊让大义,明诚真诀。笃信师说,循涂守辙。皋鹤声闻,玉帛绎续。出处语默,前修绳尺。怀宝藏器,莫究厥施。用不扶待,而扶持之。士不自重,进退乖宜。风俗盛衰,有系于斯。禹颜同道,邹舆只眼。宜乎众人,莫窥其闻。神州陆沉,宇内化戎。千载旷感,葛陶两翁。吾儒事业,粤有二造。仕则施泽,处则传道。有来甡甡,勖以躬行。识见为先,不欺是程。时危世乱,令判熊鱼。至其临命,病士骛虚。循始究终,允蹈实理。全归所受,不怍于己。小子铭述,庸质来裔。(《全斋任先生神道碑铭并序》)

鼓山继承了洪直弼之思想,持主气论,崇尚学问与事功之倾向也十分明显。著作有《鼓山先生文集》《鼓山先生续集》等。

二、儒学思想

十九世纪中叶，主气阵营内以洪直弼和李恒老为中心展开了关于明德应该看作是主气的还是主理的学术论争。当时的儒学大家李恒老创立了明德主理论，两派之间由此展开论争。1842年，金平默首先提出关于明德的十五个问题向洪直弼发难，洪直弼解释说明德即本心，本心是主气的，即气乃明德之本，理从属于气。洪直弼的弟子将这一主张概括为"心统性情"说。1849年，这一论争达到高潮，洪直弼直接写了万余字的信件寄给李恒老的弟子崔鸿锡批判明德主理论。他引用陆九渊的"心即理"说和王守仁的"良知即天理"说，认为如果将明德看作性或理，那么陆九渊和王守仁的学说就不再存在不同之处。

鼓山关于明德即本心的大前提与李恒老、金平默相同，但他认为"具体理应万事"，应将本心以体和用来把握，明德虽然是形而下的，但是理是形而上的，所以本心既可以看作是形而下的，又可以看作是形而上的。鼓山主张，要辨别明德到底是主气的还是主理的，只需弄清明德到底是有为还是无为的就容易把握了。根据理是否有情意来看，明德是有情意、有知觉的事物，而理则是无情意、无知觉的事物，因此鼓山主张明德主气。

鼓山认为，主张主理说的金平默所论"虚雾不昧，以具聚理"是自相矛盾的。《鼓山先生文集》中收录了他对金平默学说的批判：

> 《大学·明德章》章句，必其有以尽夫天理之极，即经文之至善，至善即明德之准的，来谕果是矣。但以指明德为形而下，致疑于以天理为形而下者，则恐不然。明德虽形而下，所具之理，即形而上也。章句所谓天理，非指心而言，乃以心所具之理而言，从其心而谓之形而下，从其所具之理而谓之形而

上，是所谓随其地头而言各有当，有何不可？试以洒扫应对言之，洒扫应对，即形而下也；洒扫应对之所以然，即形而上也。洒扫应对，虽是形而下，不可谓无天理，虽有天理，亦不可并洒扫应对，许之以形而上也。以此反隅，可以见明德之为形而下，所具天理之为形而上也。愿闻至教。

朱子曰，动而无动，静而无静，此言理也。又曰："妙用谓之神。"神以理言也，此似可疑。而老洲云："此理之发用敷施，专藉乎神，故《易》中凡言理之用处，多以神字当之，然宜活化看，不可以此直把神为理也。"此说恐见得精密。且朱子有"太极自会动静"之语，此亦恐非谓理亦如气有情意有造作也，只是理为气之主宰，能之者气，而所以使之能之者，即主宰之理，故曰"太极自会动静"也。大抵理既为气之主宰，则谓之块然一个死物，固不可；虽非死物，谓之有情意有造作，尤不可。然则能底神底，专归之形而下者，果皆非朱子之旨乎。

邵子曰"心为太极"，虽似以心为理，而此亦只以理之统会于心而云然，恐非直把虚灵知觉底心，为太极也。《语类》云，"心之理是太极，心之动静是阴阳"，此说恐十分分晓。不审高明，以为如何？

朱子曰"性犹太极""心犹阴阳"，此为性是理、心是气八字打开处，而来谕以心犹阴阳为兼理气而言。盖阴静者，虽是太极之体所以立；阳动者，虽是太极之用所以行：此即一阴一阳之谓道之意也。单以阴阳言，则毕竟是气也，何可以单言气为非耶？若以阴阳未尝无理，而谓不可单言气，则天下本无无理之气，是则无一物可以单言气者也。今以阴阳为兼理，不亦不可欤？

朱子曰，心比理微有迹，比气自然又灵。愚以为于此觑得破，则可以知心是气而非理也。何也？黄勉斋有形气神理之说，盖理一而已，故不可以理比理；气有形气神三者之分，故可以以气比气。其曰比理微有迹者，以气之神比理故也。其曰比气自然又灵者，以气之神比气质之气故也。神与气同一形而下，而有灵不灵者。何也？神是至虚至灵，湛一精爽，气是清浊粹驳，有万不齐故也，以其自然又灵，有异于气质，因谓神形而上者，愚不敢知。苟如是，朱子又何以云灵处只是心不是性，性只是理乎，乞更详细剖破。

来谕又谓心与理一，谓所具者理则可，谓与理一，则恐太无道器之别。且以散在事物，为形而上，主于吾身，为形而下，为不可者，恐亦未然。天下元无无理之物，则主于吾身者，何独无理？但所以具是理者，专在于虚灵不昧之心，故以主于吾身者，属之形而下也。至于心字地头之分作四层，盛见固当，但精爽便是神，今反属之气机者，无乃未妥耶？心之部位间架，必欲井井无差，须如真西山所谓圆外窍中者，是心之体（谓形质也），虚灵知觉者，是心之灵（灵谓精爽也，言其妙则谓神明不测），仁义礼智信，是心之理（理，即性也），然后可以绝渗漏而不偏倚矣。以此照勘，多少来谕，恐难为的确之论也。心以理言，则虚灵不昧具众理者，果似不免为以理具众理之归，而老兄欲为分疏，则曰《中庸》“天命之谓性”，亦当以理命理疑之乎？《大学》“明明德”，亦当以心明心疑之乎？此两条语意，果与彼相衬乎？夫天之所命，便是性也，有何以理命理之疑乎？明其明德，即是工夫之不得不尔者，又何嫌于以心明心乎？若以以心明心，致疑于明明德，则如正心、存心、尽心、求放心等语，俱是可疑者耶。此等处，政好活看，不以辞害意可也。冀幸折衷以示之也。

老兄以本心二字,做形而上者,窃见本意,亦非只管守此虚灵之识,而都无讲学明理之事,则士友之以陆王斥之者,似乎太过,老兄之不服固也。然而不欲气上看理,专以所具之理,并虚灵不昧称理者,此所以来士友之斥也。千万照在,无守先入之见,如何如何?[《鼓山先生文集》卷三《答金稚章平默(癸丑)》]

鼓山在学问的现实意义方面同样继承并发扬了洪直弼的思想。鼓山认为应严格区分华夷,甚至认为华夷之辨高于君臣之别,痛斥异端之害。

鼓山力主华夷观,在其于1875年所著《书纲巾先生传》中很明显地体现出来。他自称“大明遗民”,对“异端”的认识带有非常保守的倾向。在十九世纪后半期朝鲜社会经历了一系列变化之后,鼓山作为儒者,依然固守常道,这种坚守对当时许多朝鲜儒家学者影响巨大。

鼓山反对“出位论政”,信奉“不在其位,不谋其政”“思不出其位”等教条,并将其作为自己及弟子的行动指南。鼓山作为一代儒学家,全力维护正论,并力图建立传统伦纲,说明其思想存在明显的消极一面。

参考文献:

1.[韩]权五荣:《任宪晦及其学派的思想和活动》,《韩国学报》第96期,1999年。

2.[韩]黄义东:《全斋任宪晦的性理学研究》,《韩国思想与文化》第24辑,2004年。

3.[韩]韩基范:《全斋任宪晦的礼学思想》,《韩国思想与文化》第24辑,2004年。

李震相

李震相(1818—1886),字汝雷,号寒洲。星山人。朝鲜朝后期儒学大家,寒洲学派创始人。

一、生平

父寒皋李源祜,母义城金氏。寒洲作为长子生于星州大浦,七岁时遵循凝窝李源祚的教导专心学习朱子学。十八岁,作《性命圆说》。二十岁时,参拜陶山书院,私淑退溪。二十七岁,在增广东堂试中状元及第。三十岁时,取“祖述云谷(朱子),宪章陶山(退溪)”之意,名书斋为“祖云宪陶斋”。三十一岁,都会复试合格。三十二岁,增广生员试合格,入成均馆。翌年,在前往汉阳科考途中弃考归家,埋头研究朱子学说。三十五岁时,拜访当时退溪学统宗匠定斋柳致明,讨论性理学并接受其教诲。四十岁时,再次拜访柳致明及其高徒西山金兴洛,与退溪学派真正结下学缘。

寒洲平生处在东方遭逢风云突变的历史时期。1860 年,他听闻清朝咸丰帝逃往热河避难的消息,便呈交了希望朝鲜借此机会废除对清朝事大政策的疏文。1862 年,时晋州等三南地区发生民乱,朝廷设置了三政厘整厅,命进呈革除三政弊端之策。寒洲知悉后,立刻呈递了《应旨对三政策》。1866 年,他仿照古代圣贤的理想制度,拟写了《献忠录》,其中包含了符合朝鲜社会现实的典制、官录、科举、兵制等方面的改革方案。他将《献忠录》呈给国王,虽然意见并未被采纳,但由此可以看出寒洲面对现实的积极态度。1871年,大院君执政期间下达废除祠院的命令,寒洲便上京呈递《请复设祠院疏》。1876年,他听闻江华岛事件,将尚州一带的师友聚集起来组成义兵,但得知和议后便作罢了。1880年,他亲自去釜山的日本馆,斥责日本人道:"骗术是摧毁友谊的媒介,贪图利益是变杂乱的根源。"他对日本抛弃朝日邦交信义的行为进行了严厉的谴责。1884年"变服令"出台,寒洲又作《衣制论》批判其不合理之处。从以上寒洲的事迹可以看出,他和当时大多数的在野儒生一样,持尊华攘夷、斥邪卫正的立场。

寒洲留下了多部著作。从寒洲性理学方面的著述可知,他研究了程朱理学的性理说以及退溪学统的性理说。寒洲在二十三岁编撰《心境道述》,二十四岁著《跋丁愚潭四七辨证》,三十五岁著《大学札义》《中庸札义》《太极图札义》,三十六岁著《通书札义》《近思录札义》,四十一岁著《四七新编疑义》,四十四岁著《论语札义》《朱子大全札义》《退溪集札义》《启蒙札义》,四十五岁著《孟子札义》。其中,由于朱熹的初年说和晚年说相互矛盾,寒洲对此冥思苦想,历经十年最终写出了《朱子大全札义》。

寒洲在研究性理学说的过程中,对主气论进行了批判。他二十三岁时编写的批判栗谷四七论的《异端说》被不断修改,历时十三年,最终以《四七辨》之名问世。另外,还著有批判南塘韩元震的《南塘集辨》《朱子言论同异考辨》,批判中国罗整庵的《困知记辨》,批判农岩金昌协四七说的《论金农岩四端七情说》,批判鹿门任圣周性理说的《任鹿门集考辨》。

寒洲对后世影响较为显著的著作还有三十四岁时完成的《直字心诀》。此书是从儒家经典以及先哲的著述中收集直的概念和实例汇编而成，寒洲在此书中主张天地生万物、圣人处理万事的原理是“直”。在斥邪卫正的漩涡中，寒洲为阐明春秋大义编写了《春秋集传》；传承了郑逑以来岭南的礼学之脉，汇集岭南诸礼说编为《四礼辑要》。寒洲性理学方面的著述还有《心经圆说》《心即理说》《理学综要》等。寒洲晚年对《周易》产生兴趣，留下了《启蒙札义》《易学管窥》《三易考》《易卦原象》等与易学相关的著作。

寒洲去世后，其弟子郭钟锡、许由、李承熙等人编刊了其文集。文集一经问世，就呈给退溪学统所在的陶山书院，却由于其中的“心即理说”主张招致了猛烈的批判。尚州的儒林竟将其文集付之一炬，后该地儒林虽重新接受了寒洲的思想，却仍将寒洲此行作为退溪学统内的一件大事记载入册。

二、哲学思想与寒洲学派

寒洲一生专注于性理说的研究。他的性理说被概括为理气上的“唯理的理发一途说”和心论上的“心即理说”。他的性理说不仅与畿湖学派栗谷李珥的性理学主张极其不同，而且与退溪的性理说也有差异。正因为如此，他的学说才在退溪学派内遭到批判。但若仔细地研究一下，寒洲比任何人都积极地继承了退溪性理说的核心，甚至还促使其更加发展。尽管寒洲与退溪没有明确的师承关系，但最后还是将其归为退溪学统。

寒洲学派的活动时期是从朝鲜末期开港期开始，历经大韩帝国时期、日本殖民统治时期，到独立建国初期结束，真可谓是在急变动荡的近现代漩涡里生存。能动地、积极地参与现实是寒洲学派的突出特点。从这点来说，岭南的寒洲学派可以与华西学派及芦沙学派相提并论。从理论和运动的多样化、包容性以及持续性的层面来看，寒洲学派无疑更值得肯定。寒洲学派的活动可分成三个阶段。

第一阶段是朝鲜末期开放港口前后。这一时期主要是寒洲李震相在活动。他上疏反对大院君废除祠院,得知江华岛事件后组织了义兵,又积极上疏"斥洋斥邪"。"变服令"一颁布,他就写文章反对。此正是坚持斥邪卫正论的典型的在野儒生形象,但又略有不同。他到访了位于釜山的日本馆,还登上了西洋近代器物的象征——火轮船。虽然这些行为本身不能立即显示出很大的意义,但为他的后学们探索了道路。总而言之,这一时期的寒洲派学人一方面同其他学派的儒生一起推崇斥邪卫正论,另一方面则隐藏着后来显示出的差异性。

第二阶段是大韩帝国时期。这个阶段主要是寒洲的嫡传弟子们在活动。其中,俛宇郭钟锡与李震相之子兼弟子韩溪李承熙最为活跃。他们在1895年"乙未事变"以及1905年日韩签订《乙巳条约》时进行了激烈的上疏运动,同时还向各国公使馆寄去了信函。李承熙甚至向在海牙举行的万国和平会议发送了书函。这种从开始就诉诸万国公法的方式作为寒洲学派的特点一直延续至日本殖民时期的"巴黎长书"事件。但这似乎是从李震相的行迹中早可预见的事。这一时期寒洲学派的活动主要是在斥邪卫正论立场上展开起义运动,与继开化派之后开展的爱国启蒙运动颇为不同。当然,他们的活动内容也局部体现了这两条路线。他们批判地看待这两种方式,认为要走与这两条路不同的第三条路,李寅宰很好地证明了这一点。总之,这个时期他们走上了具有部分开明色彩的道学者之路。

第三阶段是从日本殖民统治到独立的这一时期。此阶段寒洲的嫡传弟子及再传弟子都展开了活动,内容的多样性是这一阶段寒洲学派活动的特点。首先值得一提的是郭钟锡及其弟子心山金昌淑主导的“巴黎长书”事件。之后在整个日本殖民时期，金昌淑等人开展了许多更为激进的运动。继金昌淑后，李承熙和李炳宪在朝鲜开展孔教运动，被迫出逃之后，二人分别在中国东北地区、朝鲜国内继续展开孔教运动。还有一部分寒洲派学人在日本殖民朝鲜后走上了归隐之路，埋头研究学问和培养晚辈。他们在继承和传播寒洲性理学的同时，致力于西方思想的研究，其中最令人瞩目的是李寅宰关于西方哲学的研究。寒洲学派的开放性姿态为研究西方哲学提供了前提。

寒洲学派试图将韩国朱子学进行近代化的改变。寒洲学统的宗旨是“心即理说”，承接这一宗旨的是“唯理的理发一途说”。“心即理说”不仅与栗谷李珥的“心是气说”展开正面交锋，而且也不同于退溪李滉的“心合理气说”，由于与朝鲜时期一直被视为异端的阳明学的“心即理说”之说法相同，此说在朝鲜性理学界掀起了轩然大波。然而，寒洲李震相的门生致力于拥护、继承寒洲的“心即理说”，从而使学派内部的纽带更为牢固了。寒洲学派哲学思想的发展大致也可分为三个阶段。

第一阶段，寒洲继承和发展了退溪学统的主理的“理气互发说”，并提出了游离的“理发一途说”，后来又在此基础上提出了“心即理说”。他以运动的质的差别为依据，只把“能动能静，自动自静”的理之发看作是真正的理发，认为其是理的主宰性内容。他认为自己主张的“心即理说”与阳明学的“心即理说”绝不相同，反倒是继承了退溪心说的正统，是正宗的性理学。

第二阶段，以郭钟锡和李承熙等寒洲嫡传弟子为中心，他们积极地拥护、继承寒洲的“心即理说”。郭钟锡继承了“心即理说”，并使之有了更大的发展，有所谓“本心”之说，同时还介入了畿湖学派尤其是华西学派的心说争论。寒洲去世后，他的文集一问世就引来了安东和尚州地区退溪派学人的激烈批判。郭钟锡和李承熙则竭力拥护寒洲的学说,就这样,寒洲的"心即理说"作为寒洲学派学统和道统的内容固定下来了。

第三阶段,寒洲的嫡传弟子和再传弟子把"心即理说"内面化,同时以多种形态发扬光大。李承熙以"心即理说"为依据,创造出了朱子哲学式的孔教思想;李寅宰以"心即理说"的朱子哲学的立场研究西方古代哲学;河谦镇从寒洲学统角度整理了朝鲜时期及之前的儒学发展史。李炳宪的今文经学研究虽不能与"心即理说"硬扯上关系,但从寒洲学派理论方面的包容性来看,它在某种程度上可以看作是寒洲学派的哲学余韵。

参考文献:

1. [韩]尹丝淳:《寒洲李震相性理学的"心即理说"》,《孔子学》第 20 卷,2011 年。

2. [韩]李相益:《寒洲李震相的主理论及其批判》,《温知论丛》第 27 辑,2011 年。

崔益铉

崔益铉(1833—1906),字赞谦,号勉庵。庆州人。朝鲜朝末期硕儒,杰出的爱国志士。

一、生平

崔益铉是朝鲜历史上的一代硕儒,也是近代杰出的爱国志士,世称勉庵先生,原籍庆尚道庆州,据说是新罗时期崔致远的后裔;生于京畿道抱川郡,十四岁时拜当时的大儒华西李恒老为师,并接受了其理学思想。勉庵深受儒家思想熏陶,在师从李恒老期间萌生了忧国爱民的卫正斥邪思想、为国如家的忠义思想,认识到尊王攘夷的春秋大义,以实现王道政治为己任。同时,他受到华夷之辨的影响,不承认清朝为中华正朔,而尊奉明朝为正统,这导致他排斥别国,尤其抵制日本。哲宗大王六年(1855),勉庵参加科举考试,并获明经科甲科及第,被任命为顺康园守奉官,转任新昌县监,随后在成均馆、司宪府、司谏院、吏曹等衙署任职。勉庵在官场一向以清廉正直、刚强不阿著称,仇视独裁和腐败现象,被视为朝鲜王朝时期士林中拥有最大美德的人物。勉庵因此名声大噪,再加上学问广博,许多士子慕名前去门下求学,他逐渐成为朝鲜儒林的领袖人物之一,其门生也遍及朝鲜各地。

二、弹劾大院君

1864年,高宗李熙即位,其生父兴宣大院君摄政,成为当时朝鲜的独裁者。大院君大力强化专制主义,实行包括裁撤书院等一系列令儒林不满的措施,并倾力重建象征王权的景福宫。由于景福宫工程所需款项奇缺,大院君命令全国百姓贡献财物,巧立名目,收取愿纳钱,甚至大肆卖官鬻爵以充景福宫工程的巨款。高宗十年(1873),大院君为笼络儒林,起用勉庵为同副承旨,负责草拟国王教旨。从这时起,勉庵卷入了一场宫廷政变,第一次陷入历史的风口浪尖。勉庵上任不久就上疏批评大院君裁撤书院之策。这个奏疏经过大院君的审核,竟然被递交到了高宗的手里。大院君之所以如此,一是上疏中没有直接提及大院君,一是大院君认为高宗不会“忤逆”他。谁料高宗看了奏疏竟然嘉奖勉庵,并给他升了官,这令大院君十分不悦。高宗敢违背自己的亲生父亲,是因为王妃闵妃。闵妃由于世子册立的问题与大院君产生矛盾,已经韬光养晦多年,正欲使自己的娘家骊兴闵氏联合丰壤赵氏、安东金氏一起发动政变打垮大院君,勉庵的上疏给了她绝佳的机会。高宗和闵妃深夜密召勉庵,授予其亲近臣子才有的命召牌(表示国王有要事托付),让他上疏弹劾大院君,使其下台,如此,高宗便可亲政。勉庵为高宗的信任所深深感动,认为自己逼退大院君是为国尽忠,便立刻写下弹劾大院君的奏疏,并于当年十一月三日(1873年12月22日)递交给高宗。不幸的是,同日他就因不当言事的罪名被流配到济州岛,围篱安置。但这只是高宗和闵妃为了避免勉庵在首都汉城(今首尔)遭到大院君的报复而采取的形式上的处罚,其真正目的是保护勉庵免受迫害。

在弹劾大院君的奏疏中,勉庵痛斥大院君的失政:“皇庙之撤,君臣之伦斁矣;书院之罢,师生之义绝矣;鬼神出后,父子之亲紊矣;国贼申雪,忠逆之分混矣;胡钱之用,华夷之别乱矣。惟此数三条件,打成一片,天理民彝,固已荡然而无复存矣。加之以土木愿纳之类,相为表里,而为殃民祸国之资斧者,几年于兹矣,此非变先王之旧章、斁天下之彝伦而何哉?”并由此总结为“政变旧章,彝伦斁丧”来抨击大院君。勉庵针对大院君裁撤书院之举说:“臣窃惟古之教者,家有塾,党有庠,州有序,国有学。……今我朝之成均,是古之国学也;乡校,是古之州序也;书院,是古之党庠也。……且夫设院之本意,则讲学藏修,实为之主,而乡先生崇德报功,乃其余事也。不谋广置,但嫌叠享,并与其已举者而加废之,存十一于千百,则深违学校之古制,大失创设之本情。”(《勉庵先生文集·辞户曹参判兼陈所怀疏》)认为裁撤书院是废弃教育、埋没人才的愚民之举,影响国家的安危。他还称“特因任事之臣(即大院君)壅蔽聪明,操纵威福,纲目俱弛,而致有今日之痼弊也”。最关键的是,勉庵指出高宗和大院君是君臣,大院君不应以生父名义凌驾于高宗之上,为恢复君臣之伦,大院君不应干预朝政。这篇奏疏虽不乏勉庵囿于儒家君臣理论和华夷观的腐陋之见,但也处处体现出他忧国忧民、不畏权贵的精神。高宗顺理成章地接受勉庵的奏疏,宣布自己和大院君是君臣关系,始行亲政,并命令大院君离开京城,不许参与政事。大院君恼羞成怒,指使手下官员洪淳穆等人伏阙请旨杀勉庵。但高宗在闵妃的支持下不为所动,这些亲附大院君的官员又集体辞职,企图架空政府,这正中闵妃下怀,闵妃迅速把自己的亲信安插在朝廷各部,并不准大院君进宫。大院君无计可施,只好离开京城。勉庵的奏疏竟成了使大院君十年势道政治垮台的关键一招。勉庵也在一年多以后被赦免,任户曹参判。

高宗十年(1873)大院君倒台后,名为高宗亲政,实际上是闵妃外戚集团掌握政权。闵妃集团对外政策明显比大院君时期厉行的锁国政策宽松许多。高宗十二年(1875),日本欲打开朝鲜国门,派军舰骚扰江华岛和釜山一带,史称“云扬号事件”。第二年,日本以“云扬号事件”为借口派使臣带领军舰侵入江华岛,逼迫朝鲜打开国门。闵妃集团面对国内主战的呼声,最终还是向日本妥协,派申櫶、尹滋承与日本人谈判。

勉庵本来就深受尊王攘夷、夷夏大防思想的影响,得知此事后自然强烈抵制。高宗十三年(1876)正月二十二日,勉庵联合司谏张皓根率领数百名儒生在昌德宫门前持斧上疏,坚决反对同日本谈判、缔约。勉庵上疏分析《江华条约》的不平等性,认为“和出于彼之乞怜,则是强在于我,而我足以制彼矣,其和可恃也。……今日之和出于彼之乞怜耶?出于我之示弱耶?我之宴安而无备,畏怯而求和,为目前姑息之计者……则向后溪壑之欲,何以充之”,且相关条款将对朝鲜社会产生冲击,指出“彼之物货,类皆淫奢奇玩……我之物货,类皆民命所寄产于地而有限者也”,会带来后果不堪设想的掠夺性贸易。勉庵还提出“倭洋一体”,与日本媾和将会输入“洋贼”之“邪学”,动摇朝鲜的民族精神,使国家走上亡国之途,表示如果朝廷不接受他的主张,就立即以斧劈头而死。闵妃集团本来倾向开放,但畏惧日本的武力威胁,一面同意日本的条款,与其缔结《江华条约》;一面立刻将勉庵逮捕,下令将其发配到黑山岛,并以武力驱散在宫门前示威的儒生。

勉庵被发配到黑山岛以后,在那里兴办学塾,成立了一心堂和黑山书社,与当地的一些文人学士研究学问,吟诗作赋。勉庵在黑山岛所作诗文大都表现了忧国忧民、孤愤失意的情怀。现今黑山岛上的浅村还保存着“勉庵崔先生谪庐遗墟”。另外,勉庵还特别钟情于黑山岛上的一块岩石,用朱熹的“为我重指掌”一句将其命名为“指掌岩”。他还在指掌岩上题写了“箕封江山,洪武日月”八个大字,充分表达了对祖国大好河山的热爱。高宗十六年(1879),勉庵获得赦免,离开了黑山岛,回到了故乡抱川。

三、反日活动

勉庵被放逐归乡以后的十多年间,致力于招收门徒、钻研学问,对政治绝少干预。但他实际上成为十九世纪末朝鲜卫正斥邪运动的精神领袖。这一时期,朝鲜的局势发生了翻天覆地的变化,“隐士之国”朝鲜终于全面打开国门,而朝鲜原来的“宗主国”清朝与后来居上的日本在朝鲜半岛的争夺日趋白热化。日本在面对清朝的固有优势而处于下风的情况下,一方面秣马厉兵、静待时机,另一方面通过经济侵略,大肆掠夺朝鲜的农产品。勉庵在《江华条约》缔结前所陈奏疏中的内容竟一一应验。终于,高宗三十一年(1894),朝鲜爆发东学党起义,给日本以绝佳时机。日本利用清朝出兵朝鲜的机会,调兵入侵朝鲜,扶植亲日傀儡政府,并发动了中日甲午战争,接着驱逐了清朝在朝鲜的势力,开始了对朝鲜的吞并进程。

这段时间勉庵虽然没有参与政治,但对日本蹂躏朝鲜的一切行径都了如指掌。高宗三十一年(1894),亲日政权成立后,推行所谓“甲午更张”,在日本“指导”下模仿其进行内政改革。“甲午更张”虽然带有资产阶级改革的性质,短期和表面上有利于朝鲜社会的进步,但实际上却是日本同化、合并朝鲜的过渡政策。勉庵深知“更张”背后的日本阴谋,于是向朝廷上了一道《请讨逆复衣制疏》,请求废除“甲午更张”的一切措施,处决朴泳孝、徐光范等开化派“逆贼”,并问罪于侵略朝鲜的日本。然而日本对朝鲜的侵略变本加厉,甚至在1895年发动乙未事变,残忍杀害了朝鲜的国母——闵妃;接着又指使亲日的金弘集内阁下达“断发令”,要求朝鲜男子一律剪掉长发,改留西式发型。“断发令”是日本同化朝鲜阴谋的露骨表现,因此勉庵毅然站出来对“断发令”进行抨击和抵抗,最后被逮捕至汉城,投入监狱。勉庵被投狱后始终拒绝断发,表现出坚强的民族气节和志士精神。最终,1896 年 2 月 11 日,“俄馆播迁”事件发生,亲日内阁倒台,“断发令”被废,勉庵也得到释放。

乙未事变和“断发令”在朝鲜引发全国性的骚乱,第一次反日义兵运动(乙未义兵)风起云涌。“俄馆播迁”后从亲日派手中获得权力的高宗不得不采取怀柔政策平息义兵运动。勉庵是当时朝鲜儒学界的领袖,威望极高,又在二十多年前受高宗知遇之恩,所以于 1896 年被任命为“宣谕大员”,到全国各地招安义兵。二十年未涉仕途的勉庵再次做官,1898 年以后先后被任命为宫内府特进官、议政府赞政、中枢院议官、京畿道观察使等高级官职。但由于勉庵坚持儒学,看不惯当时社会上的开化风气,加之不满官场的腐败和倾轧,这些职务都被他主动辞退。正是由于与当时社会方枘圆凿,勉庵再度归乡,住在忠清道定山,并游历各地,从事教育事业。但这并不代表他不问国事,勉庵在此期间还曾向高宗上“时务十五条”,提出“修武备”“明大义”等建议,体现出他忧国忧民的忠正之心。

1904 年 2 月,日俄战争爆发,日本又一次入侵韩国,并在日俄战争爆发后不久逼迫大韩帝国政府签订《日韩议定书》,把韩国拉进日本阵营;又在同年 8 月强迫大韩帝国政府签订第一次《日韩协约》,开始了对韩国外交的控制。国难当头,已经隐居数年的勉庵再次奋起反抗。他于 1904 年收到高宗皇帝的密谕,并在次年伊始进入汉城与高宗面谈。勉庵坚决主张反抗日本,并提出了“人才择用”和“聚敛禁止”等五条时务策。正由于如此,勉庵遭到日本人的迫害,日本驻韩司令长谷川好道令日本宪兵将其逮捕,强制押往抱川监禁。被释放后,他又一次上疏痛斥日本和卖国贼的罪行,结果再遭逮捕,押至定山,后又释放。1905 年 11 月 17 日,日本强迫大韩帝国政府签订《乙巳条约》,将韩国变为事实上的殖民地。勉庵得知后悲愤欲绝,立刻上了一道《请讨五贼疏》,要求高宗皇帝向国内外宣布《乙巳条约》无效,并处置李完用、朴齐纯等对日缔约的“乙巳五贼”。由于《乙巳条约》的签订,韩国又一次爆发了反日义兵运动,勉庵对此感到异常兴奋,十分关心和支持各地义兵的反日斗争。此时七十三岁高龄的老儒勉庵,毅然决定亲自起兵反抗日本。

1906 年 6 月 4 日,勉庵与林秉瓒等八十多人在全罗北道泰仁的武城书院举义,他们还发布檄文,声讨日本罪行,号召人民起来斗争:“我有邻国而不能自交,使他人代交,则是无国也;我有土地人民,而不能自主,使他人代监,则是无君也。无国无君,则凡我三千里人民,皆奴隶耳、臣妾耳。夫为人奴隶,为人臣妾而生,已不如死矣。”还发表了名为《寄日本政府》的义举疏略,提出要进兵北上汉城与日本统监伊藤博文谈判。之后勉庵在淳昌结集义兵队伍,自任义兵大将。勉庵带领的起义队伍作战英勇,多次打败日军,直逼全罗道首府全州城,义兵队伍也发展到近千人。被日本控制的韩国政府先是派人来招降,许以高官厚禄,但勉庵不为所动,严词拒绝;接着韩国政府派遣大军前往全州,准备镇压勉庵领导的义兵运动。勉庵在交战的过程中得知这是政府军(镇卫队),认为不应同胞相残,便致书镇卫队统帅韩镇昌,劝其退兵以避免自我残杀。谁料韩镇昌不但不退兵,反而利用勉庵的天真和义兵的麻痹袭击义兵。勉庵的义兵队伍猝不及防,阵脚大乱,义兵将领郑时海阵亡,勉庵和林秉瓒等人被俘,后被押往汉城。勉庵的义兵举义就这样昙花一现,被镇压了。

勉庵在被俘后，再一次表现出他的民族气节。他在被押送汉城的途中，一直吟诵着屈原的《离骚》和诸葛亮的《出师表》，以抒发他的愤懑失意和壮志未酬。由于勉庵名望很高，所以统监府没有将他判处死刑。8月，勉庵等人被判流放对马岛，监禁在严原卫戍营里。勉庵见自己身陷囹圄，加之年事已高，对亡国在即而自己报国无门感到十分痛苦。他对一起被流放的林秉瓒说："八十非从戎之年，然吾所以如此者，图所以取大义于天下。"在被囚禁的痛苦和煎熬中，勉庵选择了以死明志。11月，勉庵绝食而死，并留下绝命诗一首："起瞻北斗拜琼楼，白首蛮衫愤涕流。万死不贪秦富贵，一生长读《鲁春秋》。"

勉庵不仅是一名儒学家，也是杰出的爱国志士，一生中因多次触怒统治者，而遭罢免、流放、入狱，但正是崇高的民族气节和忠贞的爱国精神使他备受朝鲜半岛人民的尊敬。他逝世时，遗体被运回韩国，码头男女老少万余人，皆呼号先生，哭声震地，而他的败死，也导致了义兵运动陷入低潮。据黄玹所著的《梅泉野录》记载，"自益铉败，两湖士大夫益丧气，不敢复言举义矣"，由此足见勉庵影响之大。到了现代，由于朝鲜半岛民族主义上升，抗日殉国的勉庵受到朝鲜和韩国的推崇。朝鲜前领导人金日成在其回忆录《与世纪同行》中就提到勉庵绝食殉国的事迹，并将此作为朝鲜人民抗日斗争的典范之一；韩国于1962年授予勉庵建国勋章的荣誉，以表彰他为韩国独立运动做出的贡献，并在多地为他修祠立像，让韩国人民永远缅怀与铭记。

但是，勉庵坚持性理学，思想非常保守，对当时朝鲜的社会转型和历史的前进方向持保守态度。他不仅敌视甲午农民战争，也厌恶各种近代化的社会改革，这就体现了他思想中落后、迂腐的一面。勉庵对1897年高宗称帝持坚决反对态度，说高宗应继承朝鲜孝宗大王的遗志，恢复中华，继承大明之皇统，否则只能流于有名无实而已。

勉庵一生著述颇丰，他的诗歌、散文、书信、奏疏被收录在《勉庵集》中。

参考文献：

1. [韩]朴成淳：《勉庵崔益铉心主理说研究》，《韩国史学报》第27期，2007年。

2. [韩]卢仁淑：《勉庵崔益铉思想研究》，《青岚语文教育》第26卷，2003年。

3. [韩]吴硕元：《勉庵崔益铉的义理思想》，《东洋哲学研究》第31辑，2002年。

田　愚

田愚(1841—1922),本名庆伦、庆佶,字子明,号臼山、秋潭、艮斋。潭阳人。任宪晦门人。朝鲜朝末期性理学者、韩国近代著名思想家。

一、生平

艮斋出生于全罗北道全州,父田在圣。艮斋七岁入学,九岁能吟诗,十八岁与洛中才子共习时文,二十岁读《退溪集》,二十一岁师事全斋先生任宪晦,三十岁仿《近思录》编《五贤粹言》。三十五岁论"性为心宰",谨守朱子思想。三十六岁后,连年迁徙各处,专以讲学为务。七十岁时,于壁门悬一联云:"万劫终归韩国土,一生命附孔门人。"八十二岁以疾终。曾任缮工监假监役、典设司别提、江原道道事。艮斋以继承、发扬朱子学为己任,主要著述有《艮斋私稿》《秋潭别集》《艮斋礼说》等。

二、儒学主张

《艮斋礼说》是田愚以古代儒家礼学尤其是以朱子礼学为宗的礼学思想论集,既继承朱子礼学与宗法思想,又有所发展创新。田愚较为注重宗法问题,《艮斋礼说》卷一就专设《宗法》章,集中体现了艮斋之宗法思想。大宗必是始祖之嫡系子孙世代相继承之宗嗣。宗子是大宗的嫡长子，嫡长子以外其余诸子是为小宗，小宗共奉大宗，大宗者尊之统也，以宗统配合政治上的君统。故大宗嫡长子继承制为宗法制度核心，丝毫不可动摇。同时，艮斋还强化对尊者、长者的忠孝思想。可以说，艮斋之宗法思想“发前未发为多”，即在前人基础上有所发展，有所创新。

《艮斋礼说》共分六卷，包含冠礼、婚礼、通礼、丧礼、祭礼、国礼等。虽然从分卷设定和每卷内容来看，此书和朱子《家礼》不同，但在体例上两者基本是一致的。《艮斋礼说》除多一卷《国礼》外，内容上又有许多新发展。

儒家历来重视宗法制度，所谓非嫡长子不敢祭其父，嫡长子继承制是宗法制度的核心。艮斋认为，“非大宗无相后之义”。他说：“礼‘非大宗无相后之义’，此是天地之间亭亭当当、直上直下之正理。玩而味之，不觉其义之精而仁之至也。后世此礼不行，故父子之伦大乱。父子乱则君臣、夫妇如之何其可正也？人家立后之变，所闻所见，有不忍言者，今以必宗子始须立后立法。如继祢之宗无后，非兄弟之子，无得取以为后。继祖之宗无得逾五寸，继曾祖之宗无得逾七寸，余皆以是为差，要之取最尊位以下子孙使奉其祀。”“古者非大宗不敢立后，此圣人体人子之至情，断以大义也。”“‘非大宗无相后之义’，此虽注疏说而其义则实天地间直上直下之正理。而后世帝王不以为意，人家亦鲜有行之者，岂易父移天是小事欤。”

在古代，大宗即“百世不迁之宗”，由嫡长子世代相传，嫡长子继承制是宗法制度之基础，关系君臣、夫妇之伦，即不仅关系到家族尊卑秩序，更涉及国家治乱。如果不遵守嫡长子继承制，则是“易父移天”之大事，无论是帝王还是民众，都会给予高度重视。如果长子无后，则从兄弟之子中取以为后。如果长子亡，可由弟代之。艮斋在《艮斋礼说》"兄亡弟及称摄当否"条中指出："《礼经》有'兄亡弟及'之文。兄死无后，则其弟代之。一如其兄之为，不可以摄言之。但兄妻在而欲立后，则其弟难于遽行主人之事也。此尤翁所论恐当，从之。"在立后之事上，虽然没有明确说由兄妻主持，但至少其弟不宜主持。艮斋所解释兄死兄妻在的情况下有关立后事宜，充分表明他对兄妻地位的维护，实则也是对嫡长子继承制的维护，以防在特殊情况下，对这种制度造成损害。

不仅如此，在女婿拜见女方长辈时，也要贯彻宗法制原则。《艮斋礼说》卷一有"婿见妇之宗子宗妇"一条："问：'《家礼》：婿见妇父母，妇父非宗子，则先见宗子夫妇。宗子固当见，而宗子之妻何以见之？'答：'宗子宗妇以君道处之，故婿亦见妻之宗子宗妇欤。'"即说如果妻的父亲不是宗子，女婿就应首先拜见宗子夫妇。《艮斋礼说》亦载："长子冠于阼阶不问宗支皆然之喻恐得之。""长子妻嫁无育，只有庶子几人者，择庶子之贤者以继宗祀，此是正理，故先贤多以升嫡为是矣。""继祢之宗无子，则以兄弟之子为子。继祖之宗无子，则以从兄弟之子为子。……推而至于继曾祖、继高祖之宗，亦当以此例之，此恐为天理之至、人伦之正。……继十代宗孙无子，则亦当求之于同十代以下同宗支子，可也。"

另外，艮斋还强化了对长者尊及对君忠孝之思想。对父母尽孝自不必言，但对待身份较特殊的长辈也要持以敬。他在"族谱庶子下当书母某氏"一条云："问：'庶子谱例不书其母，是为无母之子，窃涉未安。庶子名下注书母某氏某之女，未知如何？'答：'族谱庶子下书母某氏某之女，天理人情之所当出也。'"

对父母长辈要孝敬，对君要忠。父有罪而被君诛，自不必言说。若父无罪被错杀，作为人子的同时又作为臣，该如何处置？艮斋在"臣无仇君之义"条写道："臣无仇君之义，故父虽无罪而见诛，只得含冤不仕而已。若如伍员复仇之为，则君与路人何别?”即若父被君错杀，虽说杀父之仇不可不报，但杀父者是君，臣民须对君尽忠。艮斋认为，遇到这种情况，人子也只得含冤不仕而已，而不主张复仇。含冤不仕既表示对君的一种态度，又表示对父被冤死的遗憾与哀悼。这表明艮斋忠君与孝父的思想是统一的。在二者中，君比父略重，同时也反映了艮斋关于国的利益大于家的利益之思想。

艮斋提倡所忠之君应是正统之君，这种思想和嫡长子继承制是一致的。艮斋在“夷狄不许正统”条中言：“方逊志《正统论》，夷狄、贼后、篡逆三者，虽统一天下，不得以正统许之。此义至严不可违也。彼虽用华制，而秉史笔者但当书之，以微见其嘉之之意而已，不可遽将先王之正统以与之，此正所以存天下之大防以垂万世之至戒也。”是说，夷狄、贼后、篡逆三者即使得到统治权，也不是正统。即使他们在统治中用中华体制，也不能承认，秉史笔者也应如此书，以警惕后世，谨防类似事件再次发生。

总之，《艮斋礼说》内涵可谓博大精深，既有对先秦及先秦以降儒家礼学的深入研究，又结合朝鲜朝传统之礼加以发挥和创新。正如石农吴震泳在《艮斋礼说跋》中说：“先生生于道术分裂、礼仪乱无之世，倡率匝域搢绅，讲明周孔之旨，身体力行，八十年之间尽其继开扶植之功，功莫京而德至盛也。夫性理精微广博，为天地人物之大原，礼之本固于是乎尽矣。然其仪文常变之，古今不一，世儒各以所见言之，必待如朱子之精切权度，裁合于周公之六经，乃免乎末之丧本变之害常矣。先生雅不欲苟然有为，难不遑著有成书，平生论礼未尝毫有俯循世情，而直从圣训之法上见得天理人伦之本然出来，故发前未发为多。”

二十世纪初，大韩帝国一步步沦为日本殖民地，加之西学冲击，民族文化岌岌可危。艮斋出于强烈的民族意识，力倡国家独立，反对日本入侵，对依附敌国的逆臣切齿痛恨，对数百年来作为国家意识形态的儒学的衰落扼腕不已。艮斋认为："近年朝野之人，无不以外国开化为美而喜趋之，先圣制度为陋而羞称之。今既行之数十年，得无毫末，而丧逾丘山，论者犹谓儒术不可用。吁，真梦寐也！是犹痴子狂夫舍布帛菽粟，而惟火缎画饼是求。……以臣愚见言之，所谓儒术者能使人君信贤而爱人，人臣尊主而庇民；能使将帅折冲而御侮，士卒亲上而死长；能使邻邦释怨而归德，民俗好义而尊上。如此而君不显、国不治者，未之闻也。儒术之与开化，彼此利害之辨，不啻天渊之判。"

在《上全斋先生（壬申）》中，艮斋对"中正仁义，动静之说"做了辩证性论述。

> 中正仁义，动静之说，前辈所论不一，诚有未易定者，但据濂溪本意，则四者即五行之象，中仁是木火，阳也动也，正义是金水，阴也静也（此农岩语）。且中正，即礼智，而不曰礼智而曰中正者，盖仁义礼智，以性之本体言，如孟子之所云。而中正仁义，以性之流行言，如《易》之元亨利贞也，故曰其行之也中（以无过不及言），其处（《语类》"处"作居字尤分晓）之也正（以无少偏倚言），其发之也仁（以发育言），其裁之也义（以收敛言）。此《图解》所以以正义为静为体，中仁为动为用，而得濂翁之本意者然也。然而《大全》答张吕二书，却谓以正对中，则中为重；以义配仁，则仁为本。又谓中仁皆未离乎静者，正义皆以感物而动为言，后自觉其未安而改之。其言曰，《答敬夫书》所谓主静之说，则中正仁义之动静，有未当其位者，当云以中对正则正为本，以仁配义则义为质，乃为无病，此为定论也。退溪于《东莱书》，注之曰：此书与《答敬夫书》，皆以中仁

属静,《图说》本注,以正义属静,恐正义为静的确,故《记论性答稿》以此为定论矣。然中仁为静,必有说,更详之。今揆以义理之所安,而既如彼,考诸议论之早晚,而又如此,则愚向来所签,似未为全无所据也。延稿所载栗尤两先生语,愚未敢知也。退翁则每以《图解》《大全》之不同为疑,累年推究而后,始自谓粗得其所以然之。故其言曰:自中与仁静处为体而言,则正与义动处便是用,自正与义静处为体而言,则中与仁动处,却又为用。盖四者,皆有体用,故又互相为体用,所以两说虽异,不害为同归。此正《节要》注所谓中仁为静,别有说者然也。然若泛论四者体用之义,则如此说,亦未为大失,但为其戾于周子之意,故朱先生于此二说,一取而一舍之。今退溪以为两说不害为同,故《札疑》以为大非朱先生本意,于此,亦可以见尤翁之定论有在也。其答延公语,以本注,为与周子意不同者,恐是失于照检而然也。愚意似此,未审先生尊意,以为如何?(《艮斋先生文集前编》卷一)

艮斋坚守儒学阵地,倡儒学以抵御西学。后人称他是韩国最后一位传统意义上的知识分子。艮斋确实是李朝末期仅存之大儒,也是韩国历史上不世出的大儒。他的出处大节在朝鲜数百年来未有之变局中显得异常重要,成为新旧时代交锋中的焦点和符号。艮斋以得于孔子、朱子及退溪、栗谷、尤庵之学养,为韩国精神价值之保存,为民族文化之延续与发扬,做了最后的抗争。后人赞曰:“先生学问出处,谨守孔朱之训、栗尤正传,确乎不拔,磨而不磷,挺然于世风颓靡之中,天下非之而不顾,超然于名誉得丧之表,举世不知而不悔。”(《最近艮斋学的研究活动及未来课题》)

参考文献：

1. 解光宇、解立：《论朱熹与田愚的宗法思想》，《合肥学院学报（社会科学版）》2008 年第 4 期。

2. [韩]金有坤：《艮斋田愚的〈中庸〉解释的特征》，《东洋哲学研究》第 65 辑，2011 年。

3. [韩]罗钟善：《艮斋田愚的“书简文”中义理精神和抗日意识考察》，《东方汉文学》第 43 辑，2010 年。

4. [韩]李天承：《艮斋田愚的道德心启发及儒教文化传承》，《儒教思想研究》第 36 辑，2009 年。

5. [韩]李钟雨：《艮斋田愚心性论中的主宰问题》，《儒教思想研究》第 26 辑，2006 年。

6. [韩]梁成武：《最近艮斋学的研究活动及未来课题》，《艮斋学论丛》第 10 卷，2010 年。

柳麟锡

柳麟锡(1842—1915),字汝圣,号毅庵。高兴人。朝鲜朝末期儒学家、义兵将领。

一、生平

毅庵生于江原道春川,幼年时受教于叔父柳重教和学者金平默,十四岁起师从李恒老。李恒老主张朝鲜对内维系儒家道统,坚持春秋大义,对外尊华攘夷,同时又延续“北伐派”的主张,要求北伐清朝,反清复明。李恒老一派(华西学派)的主张对当时内忧外患的朝鲜具有非常深远的影响,尤其是在欧美、日本势力入侵朝鲜后,李恒老及其门人更是坚持“卫正斥邪”,坚决反对天主教等洋教及当时社会流行的开化思想,接连发起一系列反抗运动,因此又被称为卫正斥邪派。

除毅庵之师李恒老外,毅庵的叔父柳重教也是华西学派的重要代表。毅庵自幼在华西学派的熏陶下成长,后来成为卫正斥邪运动的领军人物之一。1876年,朝鲜与日本缔结《江华条约》前夕,毅庵联合江原道、京畿道儒生上“斥洋疏”,与在首都汉城持斧上疏的崔益铉遥相呼应,共同提出了抵制“倭洋一体”的口号,坚决反对与日本修好通商。毅庵发起的这次上疏运动很快以失败告终,影响也非常有限,但这是他第一次重要的政治活动,也奠定了他一生为“卫正斥邪”奔走的活动基调。

1868 年,李恒老死后,由金平默继承他的道统;1891 年,金平默去世,由毅庵的叔父柳重教接续之;1893 年,柳重教去世,毅庵被推为华西学派道统的继承者。其后,毅庵在忠清道堤川聚徒讲学,欲在乱世中将华西学派之旨发扬光大。史书载,“及省翁(指柳重教)没,门下进者皆以所事事麟锡,同门诸贤,亦多处门生,远近莫不慕仰以斯文宗匠”,可见那时的毅庵在朝鲜已经是一位很有名望的硕儒了。

1894 年,日本发动甲午中日战争,夺取了对朝鲜的控制权。日本在朝鲜扶植以金弘集为首的亲日傀儡政府,并在“甲午更张”的名义下实行一系列改革,这些改革从表面上看在于推进朝鲜的近代化,事实上是加紧了日本对朝鲜的侵略和同化。1895 年 10 月 8 日,日本公使三浦梧楼策划暗杀了亲俄的朝鲜闵妃,史称“乙未事变”;12 月,金弘集亲日政府颁布“断发令”,下令所有朝鲜男子一律剪掉长发,并鼓励人民穿洋服。乙未事变和断发令严重伤害了朝鲜人民的民族感情,使朝鲜人民积聚已久的反日反政府情绪爆发,终于引发了乙未义兵运动(第一次义兵运动),导致朝鲜社会出现空前的混乱和动荡。毅庵在义兵运动爆发之初,曾聚集门徒,提出“处变三事”:一曰举义扫清,二曰去之守旧,三曰致命遂志。最初,他因丧事在身选择“去之守旧”之法,但在这年年末,他的徒弟安承禹、李春永等人在京畿道砥平里起义,行军至毅庵所住的堤川时,竭力恳请毅庵出面举义。毅庵答应了他们的请求。于是,毅庵被推戴为义兵大将,以“复仇保形”(指为国母闵妃复仇和保住朝鲜男子的发型)为旗号发动起义。

随着毅庵的加入,乙未义兵运动达到高潮。毅庵颁布了《檄告八道列邑》之文,呼吁“上自公卿,下至士庶,孰无哀恸迫切之志?此诚危急存亡之秋!各自寝苫枕戈,亦皆赴汤蹈火。期区宇之再造,见天日之复明。奚但为功于一邦,实是有辞于万世”。毅庵的号召得到广泛响应,闻庆的李康年、砥平的金百先等率义兵队伍闻讯赶来,与毅庵联合作战。其中金百先出身平民,是一位胆识过人、骁勇善战的将领,他率领的炮兵是重要的攻城力量。毅庵部下李春永高兴地对金百先说:“将军至,事无忧矣!”这些义兵被整编为一支部队,由毅庵任总大将,统率全军。在毅庵的指挥下,义兵运动席卷朝鲜忠清道、江原道、庆尚道等地区,攻城略地,切断电线,袭击地方官衙和日本官吏、军人、商人,杀死亲日官吏,一时震动全国。1896 年 1 月,毅庵率军攻打忠清道重镇忠州,金百先率军夜袭东门,奋力登城。金百先身先士卒,头一个登上城楼,杀死守城哨兵,打开城门。义兵冲入城内,处死了忠州观察使金奎轼,一举占领忠州城,毅庵义兵运动进入全盛时期。

当时“俄馆播迁”已经发生,金弘集等被杀,朝鲜亲日内阁被李范晋等人主导的亲俄政权取代。亲俄政权一方面宣布废除断发令、蠲免赋税,一方面派人招抚义兵。各支义兵部队在政府软硬皆施之下相继解散,唯独毅庵认为“大义未伸、国仇未报”而拒绝撤兵。这时,毅庵的义兵队伍发生分裂。义兵攻克忠州以后,金百先遭儒生安承禹嫉恨。一次,他率军乘胜追击逃窜的日军,要求安承禹增派援兵,因安承禹一兵不发,最后败北而归。而毅庵非但不处罚安承禹,反而以违反军规为由下令将金百先斩首。义兵队伍莫不为金百先感到冤屈,“自是以后,物情惨淡,军容更不振”。这不能不说是毅庵自毁长城,为其失败埋下伏笔。1896 年 4 月,朝鲜政府派张基濂镇压毅庵义兵,义兵面临的形势极为严峻。安承禹以破釜沉舟之决心迎战,但由于金百先被杀后军心浮动,所以义兵队伍很快被张基濂率领的官军击溃,安氏本人在被俘后遇害。此后,毅庵所率义兵攻陷的诸多城市接连失守,队伍不得不向平安道、黄海道一带转移,最终以价川为中心继续进行抗日爱国斗争。

毅庵率义兵在平安道一带屯驻时,由于势力大为削弱,遭到了当地观察使、郡守的攻击,加上朝鲜各地义兵队伍均已解散,只有毅庵一支孤军,敌我力量悬殊,时有战败,所以不得不继续撤退。此情况下,毅庵决定率部队渡过鸭绿江,前往中国辽东地区。毅庵部队“所过索资粮,颇有不戢之谤”,但仍有许多人感念毅庵的忠义,跟随他渡江。毅庵率军来到中国的怀仁县(今辽宁桓仁),在中国政府要求下解除部队武装。1896 年 9 月,毅庵的义兵部队终于在浑江边解散,毅庵的义兵将领生涯也告一段落。

此后毅庵在吉林通化定居,建立村落,继续讲学,史载“麟锡建夫子庙,习俎豆,勤耕稼,边俗化之”。所以有人称赞他:“彼毅庵之徒,一介布衣,近寓江左四五年间,文风蔚然。”1897 年,朝鲜高宗派人前去招抚毅庵,表示亲日派已被击退,断发令已经废除,希望他回国。毅庵也上疏向高宗谢罪,并前往鸭绿江南岸的朝鲜楚山居住。他与朝鲜政府的关系有所缓和。高宗下诏称:“尔之能改悔自首者,极为嘉尚。特赦尔罪,以开自新之路。”但毅庵仍未放弃他的原则,在上疏中表示“必报国仇,必保华脉”,坚持驱除日本人以为闵妃报仇,坚持保住“小中华”(指朝鲜)的国脉。1897 年 10 月 12 日,高宗李熙自称皇帝,改国号称“大韩帝国”。毅庵站在小中华和事大主义的立场,对高宗称帝表示坚决反对。他说:“吾国帝大明,是孝庙与老先生(指宋时烈)所立光明大义而世守者也。天下无二帝,不当复帝皇明。”(《毅庵先生文集·与宋渊斋》)并指出高宗“则只得谨守华法,以帝先王先祖所帝之皇明,为待天下真主之作而已”(《毅庵先生文集·答崔勉庵》)。显然,毅庵仍希望延续明朝正统。

由于对政局不满,1898 年春毅庵再度进入中国。1900 年,毅庵移檄韩国国内,号召为闵妃复仇。此时中国国内义和团运动兴起,韩国国内风传毅庵将联合义和团进攻韩国,一时“传闻狼藉”。1905 年 11 月,日本强迫大韩帝国签订《乙巳条约》,将韩国变为事实上的殖民地,韩国义兵运动再起。1907 年 7 月,日本逼迫高宗退位,随后又强迫韩国签订《丁未七款条约》,解散大韩帝国军队,韩国第二次义兵运动进入高潮。这时毅庵再度潜回国内,于顺川郡起义,“建旗一呼,投者云集”。但毅庵这次起义的影响已大不如前了,很快被日军镇压,他不得已于 1908 年 7 月亡命俄国海参崴。此后,他试图促使李相卨、李范允等抗日势力进行整合。经过毅庵的努力,1910 年 6 月,这些义兵的势力终于得到统合,称“十三道义军”,毅庵被推为义兵的都总裁。随后,毅庵发布了檄文,于 8 月挥师南下。《日韩合并条约》签订后,日本最终吞并了朝鲜半岛,还同俄国交涉,要求俄国阻挠义兵活动,终于使十三道义军瓦解。毅庵的武装抗日活动就这样结束了。

之后毅庵住在俄国海参崴,继续以讲学形式宣扬抗日精神。1911 年中国爆发辛亥革命,清王朝被推翻,中华民国建立。毅庵起初对清朝的灭亡感到十分高兴,但对于中华民国采取西式共和政体又很失望。他说:“中国乃天下中心,不可一日无帝。”同时他又写了《与中华国政府》的书信寄给南京临时政府,主张中国应重建华夷秩序,以维持世界和平。1914 年,毅庵移居中国奉天省西丰县,继续教化当地朝鲜族居民。1915 年,在奉天宽甸去世,享年七十四岁。

二、儒学思想

毅庵是朝鲜李恒老创立的“华西学派”的直接传承者,因此他的思想自然属于朱子学(理学)的范畴,在近代朝鲜的特殊背景下,他将李恒老卫正斥邪的思想付诸实际并发扬光大,成为卫正斥邪运动的领军人物。作为理学家,毅庵认为“理在气先”,理与气之关系表现为理在上乘气,气在下载理。此二者是一而二、二而一的关系。毅庵接受了李恒老的理主气客说,指出:“其所本者理,所形者气,而理气元是帅役上下者。”这种理气关系即“理主气客”“理帅气役”“理上气下”，隐含着毅庵为卫正斥邪论寻求理论基础的意图。

尊华攘夷也是毅庵思想的一个重要方面，用他的话说，就是“守华终身”。他的主张跟宋时烈以来的朝鲜历代朱子学者的“尊周大义”一脉相承，都是奉明朝为正朔，否定清朝，并认为朝鲜作为“小中华”延续着明亡以后中华之血脉。他对中国极度推崇，说：“吾之慕中国，非我独为也，吾三先师，吾东诸先贤为之已甚矣。先贤、先师为之已甚，吾不敢不为也。”（《毅庵先生文集·宇宙问答》）他还说：“盖中国，世界之一大宗，天地之一中心也。中国立则世界定而天地成，中国跌则世界乱而天地毁。”他在给中华民国的书信中说他所保之国不是朝鲜，而是中华一脉，救国之道也就是“保华之道”。此外，他对清朝的看法也并非那么仇视，他表示：“盖清国之陆沉帝王神州，毁裂华夏法服，诚万古莫大之变、莫大之罪。……然论其罪则在顺治，而不在后孙，独有不能用夏之罪耳。……使彼已能用夏，则亦可仇乎？其于我国，素许以自守礼秩，而至近年甲申之变，又赖其力而免为倭洋。……今日清固夷狄，而倭洋又夷狄之降为禽兽者也，为去禽兽之祸，则庶无不可藉力于夷狄也。……且清虽曰非类，其中亦有中华古族，为其朝列而诚心相爱者，其视突厥、契丹、回纥则有间焉。”［《毅庵先生文集·呈同志诸公（丁酉九月九日）》］因此，毅庵来到中国后和中国人之间的关系非常融洽，他讲学时“清人亦襁负而至，声闻东方”。

毅庵的思想也非完全泥古不化，他之所以排斥开化派势力，是因为认为“夫夺人之国，先夺人心；夺人心，土地不难夺也”，因此坚决反对开化党借助外国（尤其是日本）力量实现文明开化。他不反对引进西方的科学技术，但认为一定要派有爱国心的人出国留学，这是朝鲜近代卫正斥邪派中比较独特的观点。

毅庵在当时朝鲜社会受到的评价分为两面。一方面，部分儒学者给予他很高的评价，认为他作为卫正斥邪派的代表人物贯彻了儒家思想和士人精神，同时又积极抗击日本侵略，挽救国家危亡，具有崇高的民族气节，将之奉为“斯文宗匠”。当时的处士黄玹这样评价道：“麟锡，故持平重教从侄，而李恒老门人也。以儒学著，而慷慨有气义。”但另一方面，毅庵也遭到了开化派的非难。当时的社会主流不把他当作鸿儒，而是作为匪徒来看待。当时有记载道：“毅庵年前为义兵大将，为官兵之所败，率其略干徒党，以辽东某县逃越。柳某原来排外思想弸中者。”而著名开化派官员金允植则这样描述毅庵：“以义兵魁首，为官兵所败，逃入辽东，诱引韩、清子弟以排外斥洋之语，人多信从。至是与义和团相合，将有贻害本国之举”，并说“人多笑其狂妄”。可见，开化派对毅庵非常反感。另外，也有部分儒学者批判毅庵固守事大主义和小中华思想，比如柳寅植便说：“毅庵之崇华庙，吹嘘庄窜，至不忍见，使士气委靡，民风懦弱，皆此辈事大之论为之祟也。”可见，毅庵尽管具有渊博的学识和高度的爱国热情，但在他生活的年代却是极具争议的人物。

到了现代，随着朝鲜半岛民族主义的盛行，曾领导抗日义兵运动的毅庵所获评价也变得很高了。韩国在 1962 年追叙毅庵建国勋章总统章，表彰他对韩国独立运动做出的贡献，后又将他定为应予纪念的独立运动家。

参考文献：

1. 崔文植：《柳麟锡的著书生涯与其文集》，《延边大学学报（社会科学版）》2000 年第 2 期。

2. ［韩］金鸿铭：《柳麟锡的北开论与儒林派的反日运动发展》，《韩国东北亚论丛》第 15 卷，2000 年。

3. ［韩］崔根德：《毅庵柳麟锡先生的生涯和学统》，《栗谷学报》第 2 卷，1996 年。

郭钟锡

郭钟锡(1846—1919),字鸣远,号俛宇。玄风人。朝鲜朝末期学者、独立运动家。

一、生平

俛宇四岁起师从父亲李源兆及李鸿烈等学习四书五经,十二岁丁父忧,其后广泛涉猎先秦时代儒家经典及道佛经典。后取堂号为晦窝,专心于朱子性理学。二十岁时,即颇有学名。二十五岁时成为李震相弟子,深化了心即理说。1883 年,移居安东府春阳,探索退溪学问的精髓,并参与了畿湖学派论争。1895 年,除比安县监,不就。当时乙未义兵兴起,俛宇曾赴安东和堤川义兵阵营。1896 年,移居居昌茶田后,即给美国、英国、法国、俄国、德国等的公使馆发文谴责侵略朝鲜之事,显示了诉诸公法的特点。

1899 年,俛宇编纂了《寒洲集》,校阅了《南冥集》,表明他的学问性向并不受正统退溪学主理说束缚,对畿湖学派的"人物性同异论争"也表现出一定程度的关注。

俛宇早年所著《晦窝三图》《四端十情经纬图》为他后来的学术研究奠定了基础。其谓心即合理气而言之,气则为五行之气,性则为仁义礼智之理。对理气之发则认为,理为本,气为手段。理乘气,其乘正气则为经,即四端;其表出则为纬,即十情。即四端以理为主,十情以气为主,然均为理乘气,表明了其主理说立场。

其于三十二岁时著《理说》,五十四岁时著《理气论》,强化了主理说。但他并未止步于性理学,在发给各地儒林的书函中,留下了礼学、经学和汉文学方面的诸多论述,在地理、农业、算学、兵法方面也有著述。他与阳明学者也有交游,并有《公法会通》《古代希腊哲学考辨》等著作。庚戌国耻(指1910年《日韩合并条约》的签订)前后,儒学者的态度大致分为亡命、起义、自靖三类,俛宇属于广义上的自靖论者。他虽未为国捐躯,但始终选择了苦行之路。七十四岁时,发起巴黎长书事件。

著有《俛宇文集》。死后祭享于尼东书堂、茶川书堂、山仰斋。1963年,韩国政府追授其建国勋章独立章。

二、儒学思想

在1910年朝鲜王朝灭亡前后,俛宇与艮斋田愚并称这一时期的道学双璧。二人分别作为退溪学派和栗谷学派的最后人物,培养了大量弟子,并留下了规模庞大的著述,堪称当时巨儒。

1. 传统与未来的桥梁

俛宇作为寒洲李震相高第,以"韬晦自养"为学问目标,确认了圣贤相传心法之真诠为"主理",在《理诀》中说:"吾学贵主理,此天地之常经也,古今之通谊也,列圣之心法也,相传之宗旨也。"[《俛宇先生文集·理诀(下)》]俛宇在寒洲门下与寒洲之子韩溪李承熙,寒洲弟子许愈、尹胄夏等同门多有交游,编写了针对性命理气问答内容的《赘疑录》,受到寒洲认可。而俛宇对作为继承退溪学统、体得朱子宗旨、振作士风的儒宗寒洲敬仰有加。这从其所撰寒洲行状中可以得到确认。

俛宇对西洋学术持开放态度,对西方文化具有包容性的理解。

他不仅研究西洋文物制度、历史等，还试图在道学基础上对其加以吸收。这与他自幼涉猎老佛和诸子百家的学术经历不无关系。后来为了恢复国权，复兴朝鲜儒教，俛宇更是认为有必要学习西方学问，特别要在科技方面发觉西方文明的长处，在知己知彼的层面上加以接受。他认为，西方势力以爱民、教民、富强三纲领为政，而朝鲜和清朝政治上无政、无教、无民、无武。俛宇认为西方科技是在哲学和宗教基础上发展起来的，这种在今天看来似为常识性的看法在当时却是先驱性见解。他认为，要延续儒教命脉必须学习西方文明：

世事之滚到今日，不待智者而早已逆料矣。其端则职由于吾辈之专尚虚谈，不究实务，元气虚乏，而外邪乘之耳。纵使孔孟作于今时，正须随遇通变，因物制宜，以为内修外攘之道尔。为吾辈谋者，亦惟用力于目前之实务，博求天下之书，如公法、律令、宪政、交际、物理、兵制，其他农工技艺之类，所宜随材而课育之，以待异日之自振。恐不必遽自消缩，以俱戚于沟渎，如米洲之红人、斐洲之黑奴而已也。世之君子，其闻此言，亦将大声加讨于钟之无状矣。然而于叔亨乎，吾何敢不吐所怀耶。惟如是然后吾孔孟之宗教可保也。（《俛宇先生文集》卷七十四《答河叔亨》）

但需要注意的是，俛宇学习西方文明的主张实际上是为恢复国权而采西思考的产物，他已经锐利地看破了西方科技背后侵略者的帝国主义本性。其主张同样具有东道西器论者所有的认识上的矛盾。

2. 融合主义儒学的先驱

俛宇不拘泥于学统和党色，未表现出闭锁教条的学问态度，亦未盲目追从师说。他不仅提出了四端十情说等性理学说，还干预了畿湖学派的“人物性同异论争”和“明德理气论争”等。这与其师寒洲不拘泥于党色的学问倾向不无关系。俛宇的文集中不乏批判朝鲜党争,担忧学术分裂、党色分裂的文字,而护党的言论则少有发现。这表明他正视学术分裂的弊端、追求大同团结的夙愿。

一自二老(退、栗)以后,宗之者殊派,转相葛藤。宗栗者急于斥退,而不究义理之当然;宗退者勇于攻栗,而只用辨舌之哓然,如此而那望其合于大同,而归于至当哉?于是退栗两是非之论,经数百岁,对垒立帜,而终未臻大一统之地。噫嘻!此岂二先生当日本意乎,亦岂后生为先师卫道之诚乎?宁欲无言。[《俛宇先生文集》卷一百四十一《书韩南塘人心道心说后(辛未)》]

俛宇一生以"融合""大一统"为信条,绝难找到其关于追求"小异"的"分派"行动。其与退溪学派、南冥学派、华西学派、芦沙学派、艮斋学派的学人广泛交游。与开城出身的金泽荣和阳明学者黄瑗等也有交往。他试图融合退溪之学和南冥之学。在这个意义上,俛宇可被看作是近代不多见的融合型学者、疏通型儒者。在发送巴黎万国和平会议的长书之前,他派出湖西儒生柳浚根并让艮斋田愚作为儒林代表签名同参也是出于这种认识。

3. 退溪学派性理说的集约

俛宇通过寒洲李震相继承了退溪李滉的学问,并进一步深化了寒洲的心即理说。俛宇二十八岁时接受了寒洲的心即理说并奉为学问宗旨,其性理学的特性也在于心即理说,其学问从整体上以心即理说为基础。

俛宇的学问特征在于"集约"。俛宇综合先儒存在争议的既有学说,以己见使之体系化。这种学问特征也是受到其师影响,俛宇认识真理的方法是反应、参互、类比、推理、达权,而推理方法则是活用寒洲提示的竖看、横看、倒看的三看法,构成了与其他学者确然有别的研究方法论。

寒洲的心即理说被退溪派学人视为异端而遭排斥。俛宇曾与批判和怀疑其师门学说的学者们展开真挚讨论，并使心即理说成为固定的学说。他意识到“心即理说”的提法易与阳明学混淆，“论心无如心即理之明了，亦无如心即理之难”，特对寒洲学派的“心即理说”与阳明学之“心即理说”做出分别：

自阳明之言心即理，天下之言心者，以理为讳，要以反阳明之宗旨，而遂乃曰心即气也，以此较彼，说甚快矣，然细究其实则兹莫非改头换面之阳明也。阳明以真阴真阳之流行凝聚者，谓之心、谓之天理，则其所谓心即理者，认气为理而谓心为理也。然则渠所谓理者，即吾之所谓气，而非吾所谓仁义礼智爱恭宜别之实理也。其为心即气者固自若也，乌在其恶阳明而反其旨欤？平说心者，只当曰兼理气，而直说心则不妨曰心即理也。吾所谓理，非阳明之所谓真阴真阳，而直指其仁义礼智爱恭宜别之统于吾心者也。孟子曰，仁人心也，又曰心之所同然者理也义也；程子曰，心也性也，天也一理也；邵子曰，心为太极；朱子曰，心固是主宰底，而所谓主宰底即是理也。千古相传宗旨如一，则以理为理而谓心为理者，有何涉于阳明，而有何讳于吾学乎？

仁义之四德而此心具焉，性情之一理而此心该焉，所贵乎心者以其理也。但心以浑然者言，性以粲然者言；心则贯动静通有无，性则单指其未发之真体也；泛言心则气之为偏体者亦在其中，而直言性则单指其粹然之理也。是则虽有分别，然性之全体亦自浑然，而心之妙用亦自粲然；性之蕴固亦该动静而不偏，而心之本体固亦是未发之真也。普说性则亦不无随气质而偏全者，而紧说心则亦单指其主宰之理也。然则心与性，一而二、二而一，有分别也得，无分别也得。千古言性，莫善于孟子，命之流行，气固承载，而及其为性，性者理也，初非和却气以为性，则理之粹然者，固安有不善乎？是则邹夫子之看得真认得实，而性善二字之为儒学宝箓也。然而谓性为善而却不说破性之是理，故后之言者从而起疑，杂气言性，认理为气，荀之恶、扬之混、韩之三品、胡之无善恶，皆此类也。

千有余年，始得程子而发挥之曰性即理也，于是皦日升昊，淫云披解，而凡有眸子者，莫不见知其日之为日而万古常明也。是以自后言性者，不复敢以恶为性、杂气作性，而性本善、性即理之宗旨，昭乎其不可晦矣。独于心之一字，敢生睥睨之意，始之涓涓荧荧，终焉滔滔炎炎，力攻心本善之论，主张心即气之说，蔓延宇内，殆成铁案，今天下不知几人荀、几人扬、几人韩而胡矣。何幸天相斯文，否极必泰，寒洲李先生出而溯孟程之遗绪，考朱退之正传，著心即理之说而辨阳明之谬见，破世儒之胡叫，以功论之，殆亦今世之程子也。但世泯瞀而眩曜，一淄渑而同混，苟非真体验实见得而打到他昭旷之原者，夫孰知斯言之不可易，又孰知斯人之大有功于吾学也？呜乎噫哉！［《俛宇先生文集》卷一百二十八《心性杂记(癸酉)》］

这里，俛宇具体分辨了阳明学所说心即理只是名目上的心即理，实际上是指心即气，而寒洲所说心即理，则是“仁义礼智爱恭宜别之实理也”，“平说心者，只当曰兼理气，而直说心则不妨曰心即理也。吾所谓理，非阳明之所谓真阴真阳，而直指其仁义礼智爱恭宜别之统于吾心者也”。由此可见，其心性说的要点在于“心合性气”。这里的“气”指水火木金土的五行之气，这里的“性”则指仁义礼智之理。对于理气之发则认为理为发之主，气为发之资，理气发时纵横错综，其理乘气直发为经称为四端，理乘气旁生为纬成为十情，四端以理为主，十情以气为主；在理乘气发上则相同，因此说“理发一途”。这里虽提及的是十情，但他在展开心性论时则基本上议论的是七情。他以经气说明四端，以纬气说明十情，在气的范畴上说明四端与十情，而以经合纬则显示出与退溪说的差异。其四端十情经纬说近则承袭寒洲之说，远则受到旅轩张显光之影响，而旅轩之说部分地接受了栗谷的说法，因此，虽然观点上不同，但俛宇的经纬说有栗谷的理论在内。

俛宇留下的近二百卷的巨帙《俛宇集》，是朝鲜朝继《宋子大全》之后规模最大的著述，间接证明了其学问范围之宽泛，涉及性理学、礼学、经学、农业、地理、兵法等。此外，俛宇对西方宗教、哲学、历史等也显示了关心。可见，俛宇在固守道学世界观的同时，并未简单地把西方列强遽称为夷狄禽兽而加以排斥，而是采取了承认其实际存在的态度，并且能够直面眼前的事实，在一定程度上接受了变化了的世界现实。这表明俛宇是一位具有开放思维的先觉式学者，他力图敏锐把握朝鲜社会和周边世界的变化，并试图从理论和实践上提出应对之策。

参考文献：

1. [韩]李昤昊：《俛宇郭钟锡的论语学和经学史的位相》，《南冥学研究》第28辑，2009年。

2. [韩]崔英成：《俛宇郭钟锡在韩国儒学史上的位相》，《南冥学研究》第27辑，2009年。

3. [韩]权五荣：《19世纪的岭南学界和俛宇郭钟锡的理学》，《南冥学研究》第28辑，2009年。

4. [韩]洪元植：《俛宇郭钟锡的性理说——以寒洲性理说的继承为中心》，《南冥学研究》第27辑，2009年。

5. [韩]李义康：《俛宇郭钟锡汉诗的人格美》，《南冥学研究》第28辑，2009年。

黄 玹

黄玹(1855—1910),字云卿,号梅泉。长水人。朝鲜朝末期学者、爱国诗人,与姜玮、李建昌、金泽荣合称彼时文学四大家。1910年,听到日韩并合的消息后,自杀殉国。

一、生平

梅泉是朝鲜世宗时名臣黄喜的后代,生于全罗南道光阳郡凤岗面西石村,后来搬到求礼郡。他从小就聪明过人,表现出极高的天赋,早年师从乡间宿儒王锡辅。1878 年,他来到汉城游学,遇见姜玮、李建昌、金泽荣等著名文人,相互交流文学。1880 年,梅泉以金刚山纪行诗成就文名。1883 年,梅泉应父母之命,参加科举考试,并在保举科初试得了第一名,但是考官以其出身农村将其名次改为第二名。他对朝廷的腐败感到愤怒,未参加会试、殿试即返乡。1888 年,他不敢辜负父亲的期待,再次参加科举考试,终于考中状元。但梅泉看不惯官场的腐朽,加上当时朝鲜时局动荡,他没有接受官职就再次返回故乡。

梅泉返乡后,在求礼郡的万寿洞筹设书房供自己专心读书。他不仅创作大量诗文,还进行历史、经济等方面的研究。梅泉读书万卷,尤其精通明史。其亦四处游历,深入接触社会。1894 年以后,随着朝鲜社会转型的加剧和民族危机的加重,梅泉为了给后世留下那个风雨如晦年代的珍贵资料，直到1910年殉国前一直用随笔的形式记录下自己的所见所闻。其所著《梅泉野录》《梧下纪闻》等，详细记录了十九世纪末二十世纪初朝鲜社会各方面的状况，成为后世研究朝鲜近代史的重要史料。

1899年，梅泉上“言事疏”，主张广开言路，改革国政。1905年11月，日本趁着日俄战争胜利之机，强迫大韩帝国政府签署《乙巳条约》，使韩国沦为事实上的殖民地。梅泉悲愤欲绝，先后写下《闻变三首》和《五哀诗》，表达他对卖国贼的痛恨和对爱国志士的哀悼。他甚至想亡命中国，然后和好友金泽荣一同展开反日运动，但没有实现。他在家将梅福、管宁、张翰、陶渊明、司空图、梁震、家铉翁、谢翱、顾炎武、魏禧等十位中国历代乱世洁身之士的事迹题诗作画，以此做成十幅屏风，以自勉。后来他又创办新式学堂，但被日本人强制关闭。

梅泉听说《日韩合并条约》签订、韩国灭亡的消息后，留下四首绝命诗，便服鸦片自杀了。后来《庆南日报》主笔张志渊因曾刊登梅泉的绝命诗，而遭到日本总督的迫害。梅泉所作四首绝命诗如下：

乱离滚到白头年，几合捐生却未然。今日真成无可奈，辉辉风烛照苍天。

妖气暗翳帝星移，九阙沉沉昼漏迟。诏敕从今无复有，琳琅一纸泪千丝。

鸟兽哀鸣海岳颦，槿花世界已沉沦。秋灯掩卷怀千古，难作人间识字人。

曾无支厦半椽功，只是成仁不是忠。止竟仅能追尹縠，当时愧不蹑陈东。[《梅泉集》卷五《绝命诗(四首)》]

梅泉代表作有《梅泉集》《梅泉野录》等。

二、儒学思想

梅泉自幼聪明好学，据黄瑗所撰《先兄梅泉公事行零录》记载："七岁入塾，便能嗜读书。塾在家山之背数里，路有松林，父母虑有兽患，不令夜往，公乘间潜往，读书而归。幼不好戏，每伶人来村前呈技，村人皆聚观，而公独读书自如。其在塾也，未尝与同队作嬉。幼在塾，文理早融，能代师教同队。盖读史略时，能教《通鉴》。读《通鉴》时，能教《孟子》。读《孟子》时，无书不能教。……始读朱子《纲目》，一岁再周，阖眼字皆森森。至佛法始入中国，问师曰：'此大事也，而不纲而但目之何也？'师不能答。乙巳十月之变，痛哭不食者累日。闻诸公殉节之报，作诗赞之，既又作十节诗以自况。"但梅泉一生在性理学方面并没有留下多少著述，这与他的现实认识有关。朴文镐在《梅泉黄公墓表》中说：

> 始梅泉之少也，尝裔刺候邻乡之儒林老师，将请业，见其展两手夹挑炉火，心窃以为儒者虽贵真率，何至于是，不委贽而退。遂厌儒者陈腐之学而不之求，惟专力于文章之业。(《梅泉集》卷首)

这显示他起初并非无意于儒学，而是出于对腐儒的嫌恶。对此，梅泉曾说：

> 我朝立国，与赵宋同，真儒辈出，亦庶几洛建之盛，而积势所趋，浮慕成痼。及其久也，未尝无虚伪之混焉。……乃近世之士则生前稍自修饰，身后必有几卷文字，劈理抽气，张皇饤饾，又推所谓立言者而成其志状，则又未尝非俨然道学先生。(《梅泉集》卷六《东溪草堂记》)

梅泉辛辣地批判了性理学的痼疾。"隐逸独行之伦，不必皆说心说性，而奇伟卓绝，辉映千古者何限？"(《梅泉集·东溪草堂记》)他厌恶腐儒的做派,从本性上对道学先生感到反感。因此,相对于性理学著述,梅泉留下的主要是关注社会现实的诗篇。

对于梅泉之诗,朴畅铉曾说:“诗具理致、气力、声响三者,然后方为名家。今观梅泉先生之诗,其理致之工,如春蚕之作茧;气力之劲,如壮士之斫营;声响之亮,如哀筑之鸣堂。诗至于此,可以千古,而况兼有巍巍之大节者乎?”(《梅泉集·评语》)可见梅泉之诗不仅显示出非凡的才质,而且有巍巍大节,更具真正价值。

对于治学之道,梅泉主张博学反约和穷格万物。“卢君性茂,自南原南走百许里,访余万寿山中,执册请益。……夫博学反约,非止为圣门教人之术,凡九流七略,莫不皆然。故古人之学,未尝规规一涂。举天下之书,无不披阅;举天下之物,无不穷格。包罗旁魄,汪溢大肆,而末乃就其才性之所近,撮英荟粹,勒成一家。”(《梅泉集·送性茂序》)因此,梅泉的学问也是涉猎广泛,以期于有益世用。据《黄玹传(壬子)》《梅泉黄公墓表》等记载,梅泉在治学方面,“好考观历代史籍所载治乱盛衰之迹,以及兵刑钱谷之制”。“九流百氏,靡不通贯,长于历史兵刑钱谷之书,尤熟明清人文集。”“《纲目》及《明史》尤熟,国朝典故,无不搜览,了如指掌。”

从以上叙述来看,梅泉并未局限于儒学,而是对诸子百家无不贯通,对历代史籍所载治乱盛衰之迹致力考观,亦喜读朱子《纲目》、《明史》及明清文集,还嗜读兵刑钱谷之书,并有了一家之见。他对佛教也持包容态度,并没有将其视作异端。

儒者开口骂佛,盖以不如此则吾道不尊耳。然而非通论也。佛于异端家最后出,其论议类从心性起,见其徒名于世者,皆恬静遗荣利,自甘灰灭而无慕无闷,若是者曷可少哉。今夫周孔之学,无以尚矣。……然《诗》《礼》发冢之訾比比焉,而于古圣贤之言,又多妄生枝节,沾沾自标榜,而不知其自陷

于不瑅。呜呼,其视佛者之纯笃虚湛,宁无愧色。(《梅泉集》卷六《题大乘庵云公手抄华严经后》)

梅泉指出儒者对佛教的错误观念,显示出学问上的开放性。

梅泉在学问上私淑茶山之学,对于茶山丁若镛学问的实用性评价极高。

丁茶山名若镛,研究古今,留心民生国计,讨论著述,穷源极委,要为有用之学,而皆可为后世法。若《牧民心书》《钦钦新书》《邦礼草本》《田制考》等诸书是也。在东方殆可谓旷前后绝,而比诸柳磻溪、李星湖之学,抑亦益大以肆者也。(《梅泉野录》卷一)

茶山天才既高,掩贯百家,只务实用。故其著述,不规规求合古人,而微有驳杂之病。虽无愧于马端临、顾炎武诸人,而文章终不逮明清以来诸名家。然不可以此而易彼也。(《梅泉野录》卷一)

梅泉受茶山影响至大,其学问倾向也如茶山一样,重视现实性和实用性。

梅泉看出,甲午以后东方世态大变,因此购读汉译本的泰西(西洋)书籍。正如金泽荣所说,梅泉"亦尝游心于泰西利用厚生之术,思有以救时之艰焉"。为了拯救时局,梅泉曾以开放的姿态积极吸取利用厚生之学。为此,梅泉把西方技术与西式教育区分开来,致力于在朝鲜建立学校,开展新式教育。

论义理则尊华而攘夷,谈政治则贵王而贱伯,此自挟册伊吾者类能言之,非必老生也。然以今天下之势观之,凡古昔中国之人之所当夷之而不齿者,反肆然以抗,非惟抗也,其雄鸷诡谲,绦旋钳勒,骎骎压中国而上之,于是乎天下无夷。呜呼,天下无华夷,天下有王伯乎?今以洋外诸国,方诸徐戎荆蛮则夷非可论，直魑魅耳，以彼狙诈富强之术，方诸桓文之节制则伯非可论，直劫盗耳。号称学古者，即当洗耳蹈海之不暇，况可与之上下其论乎。然国焉而不可任其自亡，民焉而不可任其自歼，惟当奋励振淬，力与之敌，得免弱肉强食，然后始可以号于天下曰我亦人耳。其术顾安在哉？不过曰效彼富强。欲富强，不过曰效彼学问。此近日学校之新，所以于喁相闻也。

或曰："混称学问而流于异教则如之何？"余曰："否否。我东笃信儒学，五百年濡染浃洽，虽妇人孺子，举知孔孟以外无他道，一朝夺而之他，虽赏之而不为劝，刑之而不为驱，此可毋庸。惟百工伎艺，其在中国，亦皆出自神圣，传而修之，智巧日增。夫以今日之所用，较之创制之始，则炎、轩、垂、斮，亦将缩手而却走矣。然则彼虽闭境自守，无与于我，我固当师其巧而利其器，以一脱坏墣之陋，而求合乎古圣人利用厚生之本意可也，况欲与之奋臂而角逐乎？"问者又曰："学校者，所以明圣人之道者也。苟如子言，道将恶乎明？"余笑曰："道之在天下，万古如一日，不以桀纣而歆，不以尧舜而丰。载之六经，寓之万事，坦然如九轨之涂，不行则有之而明固自如也。镜本明矣，以人之不照而将不明乎？且余闻之，今夫新学校者，亦莫不右汉文之学，置经师首为之课，而犹患其不能专也。故凡其临文讲义，授者必倍励，听者必倍省，一日而得旬日之工，其视前日里塾郡庠悠泛为文具者，所得不翅倍蓰。盖天不变，道亦不变，子视苍苍在上者灏然常新，则无疑乎吾道之或变也。"（《梅泉集》卷六《养英学校记》）

由此可见，梅泉虽以诗名，但其学贯通九流百氏，积极倡导西方学问和技术，致力于开展新式教育，启发民众。

梅泉在汉学上造诣极高，与姜玮、李建昌、金泽荣合称为彼时文学四大家(或与李建昌、金泽荣合称“韩末三才”)。他生性正直,不肯与黑暗势力同流合污,被誉“文章气节冠冕士林”。金泽荣评价道:“玹诗清切飘劲,在本朝艺苑中,指不多屈。而其所咏古今人,伏节捐躯之事者甚多,莫不倾肝倒肠,极其悲痛,然后乃已,非天性笃好而能然哉?加羔裘于锦衣之上,虽三尺之童,无不知其美也。以玹之文章而加之以姱节,其光垂百世,奚疑焉。”

梅泉虽是一名在野人士,但他给后人留下了宝贵的史料和历史经验。对国家、民族命运的关心和忧虑,加上最后的自杀殉国更彰显了他的忠贞。1962 年,大韩民国追叙梅泉建国勋章。

参考文献:

1. [韩]李章熙:《黄玹的生涯及思想》,《亚细亚研究》第 60 辑,1978 年。

2. 朴忠禄、杨伟群:《爱国之歌:朝鲜诗人黄玹的诗歌创作》,《延边大学学报(社会科学版)》1995 年第 1 期。

3. [韩]李义康:《梅泉黄玹的抒情诗中流露的两种意识》,《汉文学报》第 23 辑,2010 年。

李炳宪

李炳宪(1870—1940),号真庵、白云山人。陕川人。郭钟锡门人。真庵继承了康有为之学术思想,致力于研究今文经学,是韩国历史上研究今文经学独一无二的大家,也是儒教改革思想家、孔教运动指导者。

一、生平

1903 年,真庵迁居汉城,当时李氏朝鲜时局面临翻天覆地的变化,他阅读了康有为之变法说以及有关世界局势的大量书籍,渐渐崇尚开化思想。1914 年,真庵首次来到中国拜访康有为,从此到 1925 年的十二年间他五次访华,接受康有为的指导。1926 年以后,真庵致力于构筑孔教思想的经学基础。

真庵之经学思想在其于北京所著《宗教哲学合一论》中首次展露。在《宗教哲学合一论》一书中,真庵指出西方将哲学与宗教看作是真知与迷信的对立,而东方的儒教则是摆脱了封建迷信的宗教与哲学的统合体。

真庵的文集在中国和韩国曾部分刊行,但大部分以亲笔遗稿本留存下来。1989 年,亚细亚文化社影印刊行了《真庵典书》。作为追求儒教组织化的儒教改革思想家,真庵主张树立独立的儒教教坛,在韩国儒学史上留下了独特的足迹。同时作为继承了康有为今文经学的韩国儒学家,其在韩国经学史上谱写下的新篇章具有重大意义。

二、《儒教复原论》

真庵曾经拜访李承熙、张福枢、崔益铉、奇宇万等大韩帝国末期的代表性儒者,以深造儒学。他在时代的变化之中,体察到开化的必要性。四十五岁时,他前往中国北京访问孔教会和孔道会,甚至前去香港向康有为求教。他主张,维持国家命脉的民族精神是宗教;在中国与韩国,儒教就是国家的生命,因此挽救已亡的朝鲜之唯一方法是恢复儒教。此后,他多次访问中国,一方面向康有为求教,另一方面在韩国创建培山书堂,置文庙和道东祠,以扩展孔教。

真庵师从康有为,在今文经学方面著述颇多,主要有《诗经附注三家说考》、《诗经补义》、《书经传注今文说考》、《尚书补义》、《易经今文考》、《清凉易课》[《易经随得录(上)》]、《云房易课》[《易经随得录(下)》]、《易经小笺》、《礼经今文说考》、《春秋经笔削考》。这显示出真庵的今文经学素养,以及其研究领域之广。

1919 年,朝鲜境内展开了三一运动,真庵就此事件写道:"自去年国丧归于今春山后,中外骚动,万岁之声,不绝于京乡,余惟以苟全视息为念,在研究撰述纤史之际,完成了《儒教复原论》。""苟全视息"四字可以理解为压抑心中的苦闷以待将来。在《儒教复原论》一书中,真庵的儒教改革论思想渐趋系统化。在开展孔教运动过程中,真庵将孔教思想与强烈的民族意识相结合,将儒教思想与民族独立相结合,于 1921 年写成《历史教理错综谈》《吾族当奉儒教论》。

真庵强调宗教具有的普遍性、现实性和进步性价值,他主张废弃传统的乡校式的儒家教学模式,采用教会式的儒家教学模式,具体主张如设立教堂,供奉孔子,翻译儒家经典著作,选定专门的教士向大众传授儒学。真庵所设培山书堂作为中国孔教会支部,是近代朝鲜最早的民立文庙。

但真庵的孔教改革运动终因遭到保守的儒林人士反对而失败。此后,真庵专心致力于今文经学的研究和著书活动。

三、真庵与康有为

1903 年,真庵在汉城购得梁启超所著《戊戌政变记》一书,在得知康有为的名字后,开始阅读汉译《泰西新史揽要》及《万国公报》等书籍报章。1910 年,李氏朝鲜被日本吞并后,真庵曾数次渡海来华,登泰山,拜曲阜,与康有为会晤论道,以求经世之学。

1914 年,四十五岁的真庵来到中国,前往北京拜访孔教会,并于是年 4 月下旬,终在香港与康有为相见。"先生曰:'承蒙远道来访,欢喜之至。'余曰:'得遂平生夙愿,深感欣慰和幸运。'"真庵与康有为的第一次香港笔谈便由此开始,在港期间,二人就当时朝鲜半岛的政治局势及今后方策大略进行了交流。真庵向康有为诉说,日本吞并朝鲜后,很多有志之士都被迫流亡海外,希望康有为能教他救国救民的方策。康有为指出:"中丽两国之宗教,则儒教是也。以儒教为自国之生命,救教为救国之前提,则已亡之国,庶乎其有望也。"儒教是中韩两国的生命所系,若把救教作为救国的前提,那么已灭亡的国家亦有希望复兴。康有为的这番话成为日后朝鲜儒士推行孔教运动的巨大推动力。

1920 年,他到上海辛园拜访了康有为,呈上了自己所著《儒教复原论》请康氏指点。他着重提出,当时朝鲜半岛儒教布教活动非常微弱,儒教团体涣散,若要通过儒教来聚合民心,重振国家,就必须采用正确的布教方法,如建立教会、培养教士、翻译中国儒家经典,让普通朝鲜民众也能通过阅读韩文译本的儒家经典,参与其中,领略儒家精神。作为回礼,康有为赠给真庵《新学伪经考》一书,并告诉李氏,古文经学是刘歆伪造的,要取得孔子真经,发扬孔子三世、太平、大同的理念,就要进行儒教改革,就必须分清古文与今文的区别。

真庵为在朝鲜实现真正的孔教教义,竭尽全力地为建造培山书堂和文庙奔走四方,又到中国通过康有为获取临摹圣像、购置真经。但是,事情进行得并不顺利,上述工作是他在 1923 年第四次访华时,经过七个月的逗留才完成的。1923 年 6 月,真庵再次在青岛见到了康有为,在曲阜的孔令健、顺卿等人的帮助下,孔子像的临摹迅速完成;所购书则经过康有为的审定,确定了《韩诗外传》等二十种。这样。装载圣像的船赶在培山书堂落成之前于 9 月 9 日开始了归国的航程。但是,前述在书堂内设立文庙的事,遭到了来自各地乡校的为难。

真庵毕生致力于追求国家独立与民主自由,倡导儒教改革与孔教运动。他认为,国之命脉,在于民族之精神,而团结民族、维持精神之方,唯有独一无二之宗教,国可亡而教不可亡,只有儒教获得振兴与发展,朝鲜才能实现民族与国家复兴。

参考文献:

1. 马国平:《康有为与朝鲜儒者李炳宪——海外所见康有为手迹》,《岭南文史》1996 年第 1 期。

2. [韩]薛锡圭:《真庵李炳宪的现实认识和〈儒教复原论〉》,《南冥学研究》第 22 辑,2006 年。

3. [韩]朴美拉:《李炳宪的孔教运动中出现的神道论研究——由性即理到心即神的转换》,《东洋哲学研究》第 38 辑,2004 年。

4. [韩]李相星:《真庵李炳宪的儒教改革论和孔教运动——以〈儒教复原论〉为中心》,《韩国哲学论集》第 4 卷,1995 年。

5. [韩]刘准基:《真庵李炳宪的儒教改革论》,《韩国史研究》第 47 辑,1984 年。

金昌淑

金昌淑(1879—1962),字文佐,号心山、躄翁,别名金愚。韩国近代学者、爱国儒学教育家。

一、生平

心山是朝鲜朝中期岭南文阀世族义城金东冈之十三代孙。父頀林,母仁同张氏。心山生于庆尚北道星州郡大家面沙月里。虽然出生于名门望族,但他早年即抛弃安逸的生活,积极投身于救国运动中。此后又因“革新儒林”运动遭受许多艰难困苦。本名昌淑,后改名为单字愚,日本帝国主义统治时期,又改名为躄翁。其平生也如“躄翁”二字,充满了艰苦卓绝的斗争。

心山克服了李相龙、柳寅植、金东三、朴殷植、申采浩等人的思想局限,积极学习近代国家理念,寻求新的方法打击封建主义和复辟主义思潮。心山之所以投身于革新儒林运动中,起决定作用之人是其父金頀林。其父敏锐地认识到当时朝鲜社会的变化,积极向儿子传授应打破门阀士族阶级观念的先进思想。受父亲的影响,心山与李承熙一起积极投身于救国运动。1905 年《乙巳条约》签订后,心山与李承熙一起呼吁应使“乙巳五贼”得到应有的惩罚。1909 年,心山积极反对公然主张韩日合并的宋秉畯、李容九等人。与此同时,为恢复国权,心山与李德厚、朴仪东等人一起创建了思想启蒙团体——大韩协会星州分会。1910年初,心山不顾周围人士的反对,怀着应培育符合新时代要求的书生的坚定信念,在自家祖上的书院晴川院舍内设立星明学校,积极投身教育救国运动。

尽管心山为救国运动付出了巨大努力,韩国还是沦为了日本的殖民地。心山痛叹道,国家已亡,书生尚存人间实在是耻辱。此后心山沉迷于醉酒,似精神病患者一样度过了数年。但是在母亲的严厉教诲之下,此后五年间心山两耳不闻窗外事,一心向学。心山深厚的学问素养大多是在这一时期积累的。

在1919年三一运动的影响下,心山摆脱了隐遁生活。当时号召发起三一运动的三十三名先进的民族代表中唯独缺少儒林代表。心山痛叹这一情况,反省应重新树立儒学之魂。与此同时,心山与郭钟锡等一起作韩国独立请愿长书,主张向巴黎和会派遣代表。心山的这一主张获得了李中业、郭大渊、柳浚根、金榥等韩国一百三十七名儒林代表的签名支持。心山来到中国上海,将韩国独立请愿长书托人转交给在巴黎的韩国青年党代表金奎植。这一事件史称“巴黎长书事件”或“第一次儒林事件”。

随着日本帝国主义对朝鲜半岛监视的强化,主张韩国独立的运动不可能再在韩国国内进行。韩国临时政府议政院决定将临时政府暂时设在中国上海。此后,心山辗转于中国的上海等地,以临时政府议政员的身份开展韩国独立运动。20世纪20年代中期,韩国临时政府下的团体出现路线对立和主导权纷争问题。1925年,心山与李会荣一起试图建立独立运动基地以打破临时政府陷入的僵局。

同年,心山悄悄回到韩国国内,为韩国独立运动筹备军资。这就是“第二次儒林事件”。持续八个月的军资筹备活动并没有取得预想的效果。心山认为，之所以会这样，是因为日本的残酷统治使得韩国失去了民族精神。因此，为唤醒即将逝去的民族魂，心山认为应打破日本的统治，彻底清算亲日派。1926年，罗锡畴向象征日本侵略者的东洋拓殖株式会社和朝鲜殖产银行投射炸弹，这与心山的积极倡导不无关系。

1928年，心山被押送回国接受法庭的审判，获狱刑十四年，但他放弃为自己辩护的权利，拒绝上诉。这是心山不认可日本的殖民统治而采取的无视日本法律的方法，即使是死，也不向日本殖民主义者投降，反映了心山的坚定信念。

在大邱监狱，心山遭到狱警的严刑拷打，下半身失去知觉，但心山的气节依然毫不动摇。监狱长要求心山阅读崔南善的《不咸文化论》并写出感想。一般在这种情况下，投身于独立运动的许多人都会变节，但是心山却愤怒地将书扔在地上。心山用行动尖锐地批判了崔南善的卖国行径。

心山虽然气节高尚，但在家庭面前却是一个普通人。心山在监狱服刑期间常常因对身体虚弱的二儿子关心不够而自责。

不仅心山积极投身于独立运动，心山的两个儿子也为独立运动而献身。在北京进行抗日斗争的长子焕基被逮捕后遭受了日警的严刑拷打，最终死在狱中。次子灿基因领导学生运动，两次入狱，遭受了让人无法忍受的身体折磨，并最终献出了宝贵的生命。

为了实现祖国的真正独立，即使是在1945年韩国光复之后，心山的热情也没熄灭。他在星州积极支持"临时治安维持会"的工作，并为与大邱的势力联合而积极周旋。岭南、湖南人士在汉城创立民众党，推举心山为党首，但被心山以政党的成立有碍民族统一为由拒绝。

心山为独立运动献出了自己的全部精力，无暇照顾家事。心山的家产也全部捐献给了独立运动，以至于晚年不能负担起自己的住院费用。心山晚年辗转于破旧的旅馆与医院之间，最后于1962年以八十四岁高龄辞世。

二、儒学教育

在韩国，信奉儒家思想、崇拜孔子的人士被称为儒林，儒林的组织叫作儒道会。1945年8月韩国光复以后，同年10月，韩国儒林两千五百余人集于成均馆，创立儒道会总会，拥戴心山为委员长。心山为振兴韩国儒学付出了毕生精力，在他的倡议和主导之下，韩国儒教和儒学得到了较好的保存和发展。以下简述韩国儒教和儒学的教育现况，这些成果都与心山当年制定的发展策略和规划分不开。

在心山的推动下，1946年，韩国教育部批准设立成均馆学院（即后来的成均馆大学），但明伦堂容纳不下现代规模的大学，只好在旁边购地建校舍，此即（学校法人）成均馆大学。同时，儒道会为管理原来的成均馆而组织了（财团法人）成均馆。据心山提出的（财团法人）成均馆章程，该财团的目的是基于儒道精神阐明道义、扶植伦理、发展文化、振兴公德。成均馆的重要任务之一就是一年举行两次释奠大祭。春祭在农历二月上丁日，秋祭在农历八月上丁日。

1945年以后，在心山的推动下各地乡校各自组成财团法人，全国二百三十二所乡校恢复活动，春秋祭文庙，宣扬儒学。后来，因韩国当局重视传统国民礼节，乡校纷纷开办寒暑假礼节学校，招收放假的初等学校和中等学校的学生，教习如洒扫进退应对、晨昏请安、长幼有序等传统礼节。

乡校开办礼节学校以后，社会反应良好，有的学校组团去学习传统礼节。乡校的社会教化功效有目共睹。

三、《躄翁七十三年回想记》

《躄翁七十三年回想记》是心山自传体回忆录,书中详细记录了心山在各个时期的经历。心山七十三年的经历大致可以分为五个时期。第一时期(1905—1910),这一时期是大韩帝国末期,深感亡国之痛的少年心山在星州感受到了即将亡国的压力,开始了救国活动。《乙巳条约》签订后,心山与老师李承熙进呈《请斩五贼疏》。对于一进会的卖国求荣行为,心山积极向中枢院递交奏疏予以声讨。同时,心山积极加入大韩协会,并组建星州支部。为打破阶级观念,心山利用断烟会的基金开设学校,积极开展新式教育。第二时期(1910—1918),庚戌国耻之后,心山无法抑制内心的悲痛,整日饮酒,以佯狂之态度日。受母亲的教诲,心山隐居家中,开始专心读书,致力于儒学研究。心山的学问积累和汉文功底均形成于这一时期。第三时期(1919—1927),这一时期心山以抗日独立运动家的身份在韩国独立运动史上占据一席之地。第四时期(1927—1945)。1927年,心山在上海租界的英国人别墅内被日本警察逮捕并押送回韩国。之后,在大邱监狱遭到严刑拷打,但他仍不屈不挠地进行了狱中斗争。由于日本帝国主义对其施加的狠毒刑讯,心山几度挣扎在死亡边缘。由于病情严重,心山被假释出狱,在大邱和蔚山等地疗养数年,但身体已残废,被迫回星州老家。这一时期,心山仍积极地开展反对日本帝国主义强迫性的创氏改名运动。第五时期(1945—1962),这一时期是从韩国光复到心山去世为止。这一时期心山极为担忧民族分裂问题,反对朝鲜单独选举。由于同李承晚、金奎植等右翼势力意见不合被孤立,心山将所有力量倾注于重组儒林和成均馆大学。后因反对李承晚政权独裁，心山被驱赶出成均馆大学。在首尔居无定所的心山，最后在国民的哀悼声中辞世。

参考文献：

1. [韩]张再天：《心山金昌淑先生的生涯和忠义实践》，《青少年与孝文化》第 13 卷，2009 年。

2. [韩]权仁浩：《心山金昌淑的独立、反独裁、统一、儒教运动与现实》，《儒生文化》第 24 卷，2013 年。

3. [韩]朴洪植：《心山金昌淑的儒教精神和救国运动》，《韩国学论集》第 26 辑，1999 年。

4. [韩]宋恒龙：《心山金昌淑与儒学精神》，《大东文化研究》第 19 辑，1985 年。